Wolfgang Thillmann

DAS UNTERNEHMEN GEBRÜDER THONET

RHEIN
MOSEL
VERLAG

RHEIN-MOSEL-VERLAG
Bundesbahnhof 1, 56859 Bullay/Mosel
Deutschland
Tel.: 06542/5151
E-Mail: rhein-mosel-verlag@t-online.de
www.rhein-mosel-verlag.de

ISBN 978-3-89801-707-7
D.30
Ausstattung: Stefanie Thur
Titelfoto: Sessel Nr. 14, © Wolfgang Thillmann
Foto Rückseite: Büste Michael Thonet, © Wolfgang Thillmann

Wolfgang Thillmann

Das Unternehmen Gebrüder Thonet

1796 – 1924

Eine Möbelfirma erobert die Welt

Inhalt

1. Forschungsstand und Zielsetzung der Arbeit

Die Geschichte des Unternehmens Gebrüder Thonet ist bis heute nahezu ausschließlich eine Geschichte der Möbel des Unternehmens, die kunstgewerbliche Museen oder Museen mit Designabteilungen in chronologischer Abfolge – von Boppard nach Wien nach Mähren – präsentieren. Die zu den Ausstellungen erscheinenden Kataloge machen den bei weitem größten Anteil aller Veröffentlichungen aus. Deren Beiträge beschäftigen sich überwiegend mit den Objekten, die politischen, ökonomischen, sozialen und kulturellen Bedingungen, unter denen sie produziert und konsumiert wurden, werden so gut wie nicht thematisiert. Daten und Informationen zu dem Unternehmen selbst liefert – angeblich zuverlässig – nach wie vor die mehr als 120 Jahre alte firmeneigene Erzählung.[1]

Unabhängig von Ausstellungen erschienen lediglich drei Publikationen[2], in denen sich, wie auch in einigen wenigen Katalogbeiträgen, Hinweise auf einen anderen Zugang als über die Möbel finden. Ole Bang machte bereits 1979 den Erfolg des Stuhls Nr. 14 an dessen Nützlichkeit, erschwinglichem Preis und guter Form fest, die ihn zu einem »sozialen« Möbelstück, das sich jeder leisten konnte, werden ließ. Christopher Wilk wies ein Jahr später auf das neuartige Herstellungsverfahren hin, dessen Möglichkeiten das Unternehmen perfekt nutzte, unter anderem auch auf die sich daraus ergebenden globalen Marktstrategien. Für Karl Mang waren es die rationellen Herstellungs- und Versandmethoden, die ein billiges Produkt ermöglichten, das aufgrund vielfältiger Varianten trotzdem kein Massenprodukt war, womit Thonet Möbel zum Inbegriff und Begründer einer neuen Wohnkultur werden konnten.

Doch all diese Hinweise wurden nur selten aufgenommen und weiterverfolgt, um die Möbel oder das Unternehmen nun in einem umfassenderen Kontext zu betrachten. Hinzu kam, dass in den 1980er Jahren Möbel aus gebogenem Holz als Sammelgebiet entdeckt wurden. Die Zahl der Publikationen zu den Möbeln stieg ebenso wie deren inhaltliche Qualität abnahm. Es erschienen eine Reihe von Ratgebern und reich bebilderten Coffee Table Books, in denen man viele Möbel sah, aber so gut wie nichts über sie erfuhr.

Museale Ausstellungen in den beiden letzten Jahrzehnten präsentierten die Möbel unter verschiedenen Aspekten, so beispielsweise die letzte 2020 im Museum für Angewandte Kunst (MAK) in Wien[3] – bei der der Autor als Gastkurator beteiligt war – in der auch die Möbel vor, neben und nach Thonet gezeigt wurden. Hiermit war zumindest eine gewisse historisierende Betrachtungsweise gegeben, die jedoch ebenso bei den Objekten stehenblieb und ökonomische und soziale Aspekte der Möbelforschung, wie sie zum Beispiel Hans Ottomeyer bereits 1987 für die Zeit des Biedermeier gefordert hatte[4], nicht berücksichtigte.

Die Literatur zu der Firma Gebrüder Thonet aus der Zeit vor dem Zweiten Weltkrieg ist übersichtlich. Bereits 1896 veröffentlichte das Unternehmen zum 100. Geburtstag des Gründers, Michael Thonet, das bereits erwähnte Gedenkblatt mit firmengeschichtlichen und familienbiographischen Informationen und Daten.[5] Die Authentizität dieser Firmengeschichte glaubte man durch ihre Herausgeber – Söhne und Enkel – hinreichend belegt.[6] Dabei wurde jedoch übersehen, dass in dieser Schrift die Familie ihre eigene Sichtweise hinterlassen hat. Trotzdem blieb das Gedenkblatt nicht nur für die Zeit bis zum Zweiten Weltkrieg, sondern ist bis heute die vorherrschende Erzählung.[7]

Wilhelm Franz Exner (1840–1931), der mit der Familie Thonet bekannte erste Direktor des Technologischen Gewerbemuseums in Wien, veröffentlichte 1876 erstmals eine Publikation über die Technik des Holzbiegens, bei der das Unternehmen Gebrüder Thonet im Mittelpunkt stand und ausführlich vorgestellt wurde.[8] Exner erhielt in der ersten Hälfte der 1870er Jahre von Seiten der fünf Söhne Michael Thonets zahlreiche Auskünfte über die Entwicklung des Verfahrens von den Anfängen in Boppard bis hin zum Biegen von Massivholz wie auch interne Informationen über die von dem Unternehmen hierfür entwickelten speziellen Maschinen. Dieses Buch ist so bis heute eine wertvolle Quelle zum Verständnis der technischen Seite des Biegens von Holz. Einer der ersten, der sich der Informationen aus Exner bediente, war der Chemiker Louis Edgar Andés.[9] Er beschäftigte sich in seinem 1903 erschienenen Werk *Die Holzbiegerei. Herstellung der Möbel aus gebogenem Holz* vorwiegend mit dem technischen Aspekt des Verfahrens und sah vor allem in den »vervollkommneten maschinellen Vorrichtungen«[10] den Grund für den bedeutenden Aufschwung dieser Industrie »in den letzten Jahrzehnten«.[11] Neben einer Beschreibung der Eigenschaften der hierzu verwendeten Hölzer stellte Andés ausführlich die Maschinen und Hilfsmittel vor, die nicht nur der Möbelherstellung dienten, sondern in vielen anderen Bereichen Anwendung fanden.

Hermann Heller, über den nichts weiter bekannt ist, veröffentlichte 1920 im Selbstverlag eine Lebensbeschreibung Michael Thonets[12], in der er auf die drei zuvor genannten Publikationen – das Gedenkblatt, Exner und Andés – verwies, sich inhaltlich und chronologisch jedoch nahezu ausschließlich an dem Gedenkblatt orientierte, ja, man könnte geradezu von einer Neuauflage sprechen, worauf schon ein Zeitgenosse Hellers hinwies.[13]

Einen neuen Ansatz hingegen verfolgte Bruno Otto in seiner Dissertation 1931.[14] Er verwies erstmals auf die Bedeutung wirtschafts- und besonders gewerbepolitischer Maßnahmen für das Entstehen der mitteleuropäischen Bugholzmöbelindustrie, so die Abschaffung des Zunftzwangs und die Patentgesetzgebung, Faktoren, welche den Industrialisierungsprozess erst ermöglichten. »Lag der merkantilistischen

Gewerbepolitik schon eine ganz bewusste Schätzung der Industrie zugrunde, so war der ökonomische Liberalismus als das wirtschaftspolitische System, das im Verlaufe des 19. Jahrhunderts im Innern der Staaten fast vollständig zur Herrschaft gelangte, der Fabriksbildung in noch größerem Maße förderlich.«[15] Der Großteil der Ausführungen von Bruno Otto ist dabei dem Unternehmen Gebrüder Thonet gewidmet, in den biographischen Teilen übernimmt er die Darstellung von Heller, somit die des Gedenkblatts. Die politische Situation nach dem Ersten Weltkrieg, welche zu einer völligen Umgestaltung der finanziellen und rechtlichen Struktur von Großunternehmen, somit auch der Gebrüder Thonet, führte, bildet den Abschluss seiner Ausführungen. Bis 1931 ist Bruno Otto der Einzige, der für seine Untersuchung die Arbeiten von Werner Sombart und Gustav Schmoller nutzte, auf die er mehrmals und ausdrücklich verweist.[16] Erst in der neuesten Forschung zur Unternehmensgeschichte wird auf Schmoller und Sombart wieder Bezug genommen.[17]

Nach dem Zweiten Weltkrieg rückten die Bugholzmöbel – die Kernkompetenz der Firma Thonet – als frühe Beispiele des Industriedesigns zunehmend in den Fokus des Interesses. Es ist auffallend, dass es nahezu ausschließlich Architekten oder Designer waren, welche die frühen Ausstellungen kuratierten und textlich begleiteten. Der Fokus lag einmal auf dem Bugholzmöbel als einem ersten Beispiel für die Einführung industrieller Fertigungsverfahren in der Möbelindustrie in der zweiten Hälfte des 19. Jahrhunderts, zeigt darüber hinaus aber auch ein grundsätzlich wachsendes Interesse an Gestaltung.[18] Untersuchungen zu Möbeln als Träger von Bedeutung, womit eine Einordnung in einen umfassenden historischen Kontext möglich gewesen wäre, fanden nicht statt.

In einer ersten Präsentation 1953 in New York zeigte das MoMA unter dem Titel »THONET, 1830 – 1953« in einer Kabinettausstellung eine Auswahl von Möbeln aus den 1830er bis in die 1950er Jahre. »The story of Thonet furniture (presented here on the occasion of the firm's 100th anniversary in the United States) reads like a chapter in the history of industrialization.«[19]

In der von dem amerikanischen Industriedesigner Henry Dreyfuss konzipierten Ausstellung der UCLA Art Galleries 1961 wurden die Bugholzmöbel als frühe Beispiele des Übergangs von einer handwerklichen zu einer industriellen Fertigung beschrieben. »The miracle performed by Michael Thonet was to solve what remains industry's greatest problem – the marriage of the craftsman and the machine.«[20]

Auch die Präsentation des Österreichischen Bauzentrums 1965 richtete ein Architekt, der Wiener Karl Mang, ein.[21] Ebenso wie bei der Ausstellung der UCLA Art Galleries 1961 beschrieb Mang in dem begleitenden Katalog eine Entwicklung, die nahezu zwangsläufig von den Anfängen der Werkstatt in Boppard zu den massenhaft erzeugten Möbeln in den mährischen Fabriken führen musste. »Konstruktive

Wahrheit und Materialgerechtigkeit lassen um 1860 bereits ein anonymes Produkt entstehen, das alle Anforderungen des beginnenden Massenkonsums erfüllt.«[22]

Hans Buchwald, 1933 in Wien geborener und 1940 in die USA emigrierter Kunsthistoriker und Architekt, war verantwortlich für die Ausstellung des Carpenter Center for visual Arts der Harvard University im Jahr 1967, die sich nahezu ausschließlich auf Stühle aus gebogenem Holz beschränkte. »They [the chairs] were the product of a direct and brilliant response to specific formal considerations and to a set of particular cultural, technological, economic and social conditions.«[23] Diese Präsentation in einem universitären Umfeld begleitete den Semesterkurs »Form from Technolgy«, dessen Ziel es war, den Studenten ein Bewusstsein ihrer Verantwortung bei der Gestaltung ihrer Umwelt zu vermitteln und auf diese Aspekte bei ihrer Arbeit, ebenso wie es das Unternehmen Gebrüder Thonet einhundert Jahre zuvor getan hatte, zu achten.[24] Welche Voraussetzungen dies waren, wurde jedoch nicht weiter ausgeführt. Hans Buchwald schlug eine Verbindung von Michael Thonet zum Bauhaus, da dieser bereits im 19. Jahrhundert mit seinem handwerklichem Können und der Offenheit für neue Technologien das vorweggenommen habe, was 50 Jahre später bei der Programmatik des Bauhauses eine wesentliche Rolle gespielt habe.[25]

Doch interessierten sich Architekten nicht erst in den 1950er und 1960er Jahren für Bugholzmöbel, sie gerieten bereits um 1900 als anonyme Industrieprodukte zunehmend in deren Fokus. Der österreichische Architekt und Architekturkritiker Adolf Loos beispielsweise verwendete und überarbeitete traditionelle Modelle für die Ausstattung von Kaffeehäusern, Architekten der Wiener Secession entwarfen vollständig neue Möbel für ihre Projekte oder für die von ihnen gestalteten Innenräume. Zu nennen sind hier Otto Wagner, Koloman Moser und Josef Hoffmann, deren Entwürfe von den Bugholzmöbelproduzenten umgesetzt wurden, während Gustav Siegel, Marcel Kammerer und Otto Prutscher in den Entwurfsbüros der Unternehmen als Angestellte arbeiteten.[26]

In den 1920er Jahren bedienten sich Architekten der klassischen Thonetschen Möbel – bemerkenswerterweise nicht der Architektenentwürfe aus dem Anfang des Jahrhunderts –, deren schlichte und funktionale Formen sie als perfekt geeignet für ihre Raumgestaltungen und passend zu ihren Gebäudeentwürfen erkannten. Der bekannteste dürfte Le Corbusier (eigentlich Charles-Édouard Jeanneret-Gris) sein, der seine Wahl des Thonet Stuhls folgendermaßen begründete: »Wir haben den schlichten Thonetstuhl aus gebogenem Holz ausgewählt, der zweifellos der gewöhnlichste und billigste Stuhl ist. Und wir glauben, dass dieser Stuhl, der in Millionen von Exemplaren auf dem europäischen Festland und in beiden Amerika in Gebrauch ist, Adel besitzt.«[27]

In einigen Publikationen wurde wiederholt auf die industrielle Dimension des Fertigungsverfahrens hingewiesen, ja sogar die Geschichte des Unternehmens Gebrüder Thonet mit der von Ford verglichen[28], was jedoch bislang zu keinen weiterführenden Untersuchungen in dieser Richtung führte. Eine wissenschaftliche Auseinandersetzung im universitären oder außeruniversitären Bereich fand nicht statt. Im Mittelpunkt standen die Möbel als »anonyms objects of everday life«.[29]

An der Darstellung der Firmengeschichte in dem Gedenkblatt kamen gelegentlich Zweifel auf, doch dessen sakrosankte Omnipräsenz verbot zwar nicht, doch verhinderte eine intensivere Beschäftigung mit der Geschichte von Firma und Familie. So wurde diese vermeintlich authentische Quelle aus dem Jahr 1896 nicht nur in den 1960er Jahren, sondern noch nahezu 100 Jahre später als Reprint veröffentlicht, allerdings versehen mit dem mahnenden Hinweis, »daß heutige Erkenntnisse aufgrund zahlreicher Originaldokumente in einigen Punkten damit nicht voll übereinstimmen«.[30] Was nicht übereinstimmte, erfuhr man allerdings nicht.

Sozialgeschichtliche Fragestellungen wie etwa nach den Bedingungen, welche das Unternehmen vorfand, als es 1858 seine Produktion in die agrarischen Gebiete des damaligen Habsburgerreiches verlagerte und welche Folgen die Industrialisierung für die überwiegend hart am Existenzminimum dort lebende Bevölkerung hatte, wurden nicht gestellt. Die Begründung, dass es die Schwierigkeit der Holzbeschaffung war, welche das Unternehmen veranlasste, »die Fabrication nach einer waldreichen, gut bevölkerten Gegend in der Provinz zu verlegen, wo der Fabrik frisch geschlagenes Buchenholz direct aus dem Walde zugeführt werden konnte und wo billige ländliche Arbeitskräfte zur Verfügung standen«[31], beschreibt nur die Bedeutung des Standorts als kostensenkender Faktor für das Unternehmen, scheint jedoch als Erklärungsmodell bis heute zu genügen. Einzig Ladislav Baletka verwies 1989 in einem Aufsatz auf wesentlich vielschichtigere und komplexere Zusammenhänge. So waren es weitreichende Veränderungen in der Erwerbsstruktur, wirtschaftliche und soziale Änderungen nach der Abschaffung des Feudalismus, Missernten und Hunger, die einen idealen Boden für die sich in Ostmähren in der zweiten Hälfte des 19. Jahrhunderts ansiedelnde Bugholzmöbelindustrie bereiteten.[32] Doch blieben auch diese Hinweise unbeachtet und Fragestellungen dieser Art wurden bis heute nicht wieder aufgenommen.

Bugholzmöbel fanden verstärkt ab den 1980er Jahren Eingang in die Museen, die ebenso wie auch private Sammler begannen, Bestände aufzubauen oder zu ergänzen.[33] Als ubiquitäre Massenerzeugnisse galten sie im Gegensatz zu den Kunstmöbeln des 18. und beginnenden 19. Jahrhunderts vorher eher nicht als sammelwürdig.

Es fanden eine Reihe von größeren Ausstellungen statt, die, wie auch eine zunehmende Anzahl eigenständiger Veröffentlichungen, ein ungebrochenes Interesse an diesen Möbeln zeigten. In mehr oder weniger ausführlicher oder auch anspruchsvoller Form widmeten sich Sammler, Liebhaber und Kunsthistoriker verstärkt den Möbeln aus gebogenem Holz. Dabei waren es eher die speziellen Vorlieben der Autoren, die das Thema ihrer Beiträge in den Katalogen bestimmten als eine dezidierte Fragestellung in der Ausstellung, die von den Kuratoren aber auch häufig gar nicht gestellt bzw. bewusst offengehalten wurde. Deren Titel waren so allgemein gehalten, dass nahezu jedes Thema Platz fand.[34] Viele Aufsätze konnten wissenschaftlichen Ansprüchen nicht genügen. Setzte man einen Schwerpunkt, war es wieder das Design, in dessen Kontext die Bedeutung der Möbel überwiegend betrachtet und thematisiert wurde.[35] Der Begriff »Design« wurde meist unspezifisch benutzt, bezeichnete häufig alles, was auf irgendeine Art und Weise gestaltet war, somit eine nahezu unbegrenzte Bandbreite von Zugängen ermöglichte. Dass es sich beispielsweise bei den Thonet Möbeln gerade nicht um bewusst gestaltete Objekte, sondern um das perfekte Ergebnis einer sich aus den Bedingungen eines neuartigen Herstellungsverfahrens zwangsläufig ergebenden Form handelte, es damit vielleicht gerade ein Beispiel von »Nicht-Design«[36] war – was schon in den 1960er Jahren verschiedentlich thematisiert wurde[37] – übersah man oder es wurde nicht beachtet.

Neben der Objektgebundenheit war es auch die Verengung auf diesen Aspekt, die es verhinderten, dass man das Phänomen Thonet nun umfassend in den Blick genommen hätte. So wies Christopher Wilk, Kurator im V&A Museum in London, schon 1980 auf die zunehmende Zahl von Veröffentlichungen zu dem Thema Design hin, mahnte aber das Fehlen einer Geschichte der Bugholzmöbelfirmen und speziell des Unternehmens Gebrüder Thonet an. »Although in recent years an increasing number of publications on modern design or modern decorative arts, have appeared, virtually no reliable company histories have been written. Despite the enormously important role played by such companies in the development of design during the last century and a half, attention is normally focused on the more well-known designers, with the manufacturer shown only a minor role. Yet in the case of Thonet, the producer assumed a leading role.«[38]

Technik-, wirtschafts-, sozial- oder kulturgeschichtliche Betrachtungen lagen weit außerhalb des Fokus' der Museen oder Sammler. Es gab und gibt sowohl in der deutsch- als auch in der englisch-, französisch- und italienischsprachigen Literatur so gut wie keine Untersuchungen, die nach den Bedingungen der Möglichkeit dieser Möbel gefragt hätten. Auch Ansätze derart, dass man die Entstehung und den Erfolg dieser neuen Möbeltypen oder -formen unter dem Aspekt gesellschaftlicher oder sozialer Veränderungen in der zweiten Hälfte des 19. Jahrhunderts untersucht hätte[39], wie sie sowohl für Möbel als auch andere thematisch verwandte Bereiche vorliegen, gibt es nicht.

So findet sich auch bei den letzten größeren Präsentationen Thonetscher Möbel nichts Neues. Der Katalog der Ausstellung des Hofmobiliendepots 2005 in Wien[40] bot einen historischen Überblick der Geschichte der Firma, die sich an dem bereits Bekannten orientierte. Hinzu kam der Aufsatz eines Sammlers »Besessen vom Besitzen« und die nochmalige Zusammenstellung von Kennzeichnungen der Thonetschen Erzeugnisse, wie sie mehrfach bereits publiziert worden war.[41] Die Ausstellung des Grassi Museums in Leipzig 2014 zeigte die Produktion von Thonet Frankenberg nach 1945.[42] Die Neue Sammlung in München präsentierte 2019 die von einem Designer eingerichtete Ausstellung »Thonet & Design«, in der Thonetsche Möbel von 1840 bis heute gezeigt wurden.[43] Vier Zeiträumen wurden jeweils typische Möbel zugeordnet, die begleitenden Aufsätze wiederholten aber auch hier lediglich bereits Bekanntes oder formulierten eher fragwürdige Thesen.

Einige wenige Aufsätze vergangener Ausstellungen stellten die Möbel in einen sozialen und kulturellen Kontext, fragten beispielsweise nach den Zielgruppen und Konsumenten der Thonetschen Möbel.[44] Wirtschafts- oder unternehmenshistorische Aspekte allerdings spielten so gut wie keine Rolle und wurden wenn, dann in Fachzeitschriften veröffentlicht, die wiederum von Sammlern oder Museen nicht zur Kenntnis genommen wurden und werden.[45]

Das grundlegende Ziel dieser Arbeit ist es, das Unternehmen Gebrüder Thonet unter wirtschafts-, technik-, kultur- und sozialgeschichtlichen Fragestellungen zu betrachten und dabei Quellen einzubinden, die bislang nicht vorlagen oder aber nicht beachtet wurden.

Die Arbeit ist in drei größere Teile gegliedert. Der erste beschreibt die Zeit Michael Thonets in Boppard und Wien, der zweite die Geschichte des 1853 gegründeten Unternehmens bis zum Ende des Ersten Weltkriegs, der dritte schließlich die Jahre von 1918 bis 1924. Sowohl für die Bopparder und Wiener Zeit als auch für die Jahre nach dem Ersten Weltkrieg wurde eine sich an der Chronologie orientierende Darstellung gewählt, während der zweite Teil – Fabriken, Filialen und Ausstellungen – thematisch aufgebaut ist. Auch für den thematischen Bereich spielt die Chronologie natürlich eine Rolle, doch werden diesen drei Themenbereichen Erörterungen vorangestellt, welche die wirtschaftlichen, politischen und sozialen Bedingungen, unter denen die Industrialisierung in der zweiten Hälfte des 19. Jahrhunderts in Österreich stattfand, grundsätzlich beschreiben. Die unternehmerischen Entscheidungen der Gebrüder Thonet sind nur vor diesem Hintergrund zu verstehen.

Die Kenntnis der Besonderheiten der industriellen Herstellung von Bugholzmöbeln wiederum ist Grundlage des Verständnisses der Organisation der Arbeitsprozesse in jeder ihrer Fabriken. Die speziellen Eigenheiten des Verfahrens gelten für alle Produktionsstandorte und werden daher der Entstehungsgeschichte der Fabriken vorangestellt und ausführlich erläutert. Zur Herstellung von Bugholzmöbeln benötigte das Unternehmen keine qualifizierten Arbeiter, was es unter anderem ermöglichte, die Produktion in die ruralen Gebiete des Habsburgerreiches zu verlagern, wodurch sich erhebliche Kostenvorteile ergaben. Ausführlich wird die Frage erörtert, wie das Unternehmen mit »seinen« Arbeitern umging, wie hoch die Löhne waren, welche Fürsorge es ihnen vor den verbindlichen Regelungen der Sozialgesetzgebung in den 1880er Jahren zukommen ließ.

Zu all diesen Fragen: Was in den Fabriken des Unternehmens von wie vielen Beschäftigten unter welchen Bedingungen produziert wurde, lagen bisher so gut wie keine Informationen vor. Mit Hilfe statistischer Unterlagen, den sogenannten Jahresausweisen, lässt sich erstmals die Entwicklung einer jeden einzelnen Fabrik im Detail nachzeichnen. Zusammen mit – wenn auch verstreuten – Informationen aus persönlichen Briefen der familiären Gesellschafter der Firma wird erkennbar, aus welchen Gründen Standorte errichtet wurden, wo deren Produktionsschwerpunkte lagen, welche Schwierigkeiten auftraten und wie diese bewältigt werden konnten.

Alles, was produziert wird, muss auch konsumiert, muss verkauft werden. Die Frage, wie die Firma dies organisierte, wird in dem nächsten Kapitel der Arbeit beschrieben. Vertrieb und Logistik sind angewiesen auf entsprechende Transportmöglichkeiten und hier kam den Gebrüdern Thonet eine Entwicklung zugute, die mit den dampfgetriebenen Verkehrsmitteln – für das Gebiet der Monarchie in den 1830er Jahren – begonnen hatte, so dass das Unternehmen in den 1850/60er Jahren bereits ein relativ gut ausgebautes Schienennetz vorfand. Gegenüber vielen anderen Produzenten, welche den Verkauf ihrer Waren nicht selbst übernahmen, sondern an Zwischenhändler lieferten, bauten die Gebrüder Thonet ein eigenes Filialnetz auf. In den großen Zentren und Metropolen fungierten diese Filialen als Verteilzentrum für örtliche oder regionale Händler, während man in kleineren Städten auch mit dem Fachhandel zusammenarbeitete. Das Vertriebsmodell wird an einigen Beispielen erläutert, darüber hinaus aber auch die expansive Vertriebspolitik des Unternehmens, die mit der Errichtung von Standorten in Wien und der Monarchie begann und Anfang der 1860er Jahre bereits nach London und Paris ausgeweitet wurde. Aus einer geographischen Statistik nach der Jahrhundertwende ist ersichtlich, welche Umsätze das Unternehmen schließlich in allen fünf Erdteilen machte.

Die Bedeutung von Gewerbe-, Industrie- und Weltausstellungen für die industrielle Entwicklung in der zweiten Hälfte des 19. Jahrhunderts ist unbestritten. Die Gebrüder Thonet bedienten sich dieses Mediums in vielfältiger Weise und nahmen regelmäßig an diesen Leistungsschauen teil. In den 1850er Jahren waren sie sich noch unschlüssig darüber, welchen Weg sie einschlagen sollten: Massenmöbel oder Luxusware. Diese Unentschiedenheit kann anhand der Bestückung der Ausstellungen nachgewiesen werden, wobei mit der Weltausstellung 1862 in London die Entscheidung für die einfachen Gebrauchsmöbel gefallen war. Parallel zu dieser Ausstellung eröffnete das Unternehmen seine erste eigene Verkaufsniederlage außerhalb der Monarchie. Dieses Muster – die Eröffnung eines Verkaufsstandorts gleichzeitig mit der Teilnahme an einer Ausstellung – findet sich in den nächsten Jahren und Jahrzehnten vielfach und kann mit zahlreichen Beispielen belegt werden.

In den Jahren 1914 bis 1918 kam die Produktion nahezu zum Erliegen. Nach dem Krieg versuchte man durch eine Aufteilung des Unternehmens in verschiedene Handels- und Aktiengesellschaften an die Vorkriegserfolge anzuknüpfen. Doch musste dies nahezu zwangsläufig scheitern, wenn man einmal die wirtschaftlich eher fragwürdigen Entscheidungen, aber auch die zunehmenden Auseinandersetzungen der Familienstämme berücksichtigt, womit die Erfolgsgeschichte des Unternehmens Gebrüder Thonet bereits nach nur 70 Jahren endete.

2. Quellenlage

Für die Bopparder Zeit

Für die Untersuchung der Frühzeit Michael Thonets in Boppard wurden Archivalien aus den 1830er und 1840er Jahren ausgewertet, die – so viel sei vorweggenommen – die bisherige Darstellung des Gedenkblatts mehr als fraglich erscheinen lassen und vieles in den Bereich der Mythen verweisen. Notariatsunterlagen im Landeshauptarchiv in Koblenz geben Auskunft über die Verträge, die Michael Thonet in Boppard mit verschiedenen Geldgebern schloss, um sein Patent zu verwerten. Der Patentantrag in Preußen selbst und der damit einhergehende Schriftverkehr ist im Geheimen Preußischen Staatsarchiv in Berlin abgelegt. Lokal- oder regionalgeschichtliche Dokumente in den Archiven der Stadt Boppard und Koblenz geben einen Einblick in die familiäre Situation der Thonets. Wie sich aus einigen wenigen Hinweisen in Publikationen aus den 1980er Jahren schließen lässt, wurden diese Unterlagen teilweise wohl auch eingesehen, doch fehlt jeder Hinweis auf die Quellen und einen Anmerkungsapparat sucht man vergebens.[1] Erst bei der Ausstellung des Landesmuseums Koblenz im Jahr 1996 warf erstmals ein Historiker einen Blick auf die Familie und Werkstatt Thonet bis 1842 und ihre Stellung im Bopparder Wirtschafts- und Gesellschaftsleben und bearbeitete dies wissenschaftlich.[2]

Für die Wiener Zeit

Für die Zeit Michael Thonets in Wien liegen bisher zwei Untersuchungen vor. Helmut Lang nutzte für seine 1989 und 1996 erschienenen Aufsätze Unterlagen aus dem Österreichischen Staatsarchiv, dem Wiener Stadt- und Landesarchiv und dem Niederösterreichischen Landesarchiv.[3] Langs Ausführungen konnten für diese Arbeit durch zusätzliche Quellen aus dem Archiv der Österreichischen Nationalbibliothek ergänzt und erweitert werden.

Für die industrielle Phase

Für die Zeit nach 1858, als das Unternehmen Gebrüder Thonet die Fertigung von Wien nach Mähren verlagerte und dort mit der industriellen Produktion von Möbeln begann, stellte sich die Forschungssituation bis 1989 wesentlich schwieriger dar. Nahezu alle Unterlagen, die Auskunft hierüber hätten geben können, befanden sich, bedingt durch die Folgen des Zweiten Weltkriegs, in der Tschechoslowakei, waren für Forscher aus dem Ausland somit nicht oder nur sehr schwer erreichbar. Auch nach der Öffnung der Grenzen gestaltete sich die Arbeit in den Archiven schwierig, da die Bestände nicht indiziert waren.[4] Die Firmenarchive in Frankenberg/Deutschland und Wien/Österreich, in denen sicher umfangreich Unterlagen vorhanden gewesen sein dürften, waren nach Auskunft der Familie ausnahmslos und vollständig durch den Krieg vernichtet worden.[5] Nach der Öffnung der Grenzen 1989 waren die Archive in der Tschechoslowakei wieder zugänglich, doch stellte sich heraus, dass ein Teil der Dokumente zu dem Unternehmen Gebrüder Thonet während der Zeit des Kalten Krieges außer Landes gebracht worden war. Nach der Privatisierung geschah vielfach gleiches mit den Unterlagen, welche an den ehemaligen Fabrikationsstandorten noch vorhanden waren.

Was in Tschechien, bis 1992 noch Tschechoslowakei, übrigblieb, wurde im Staatlichen Bezirksarchiv in Třebíč (Státní okresní archiv Třebíč) aufbewahrt und befindet sich heute im Mährischen Landesarchiv in Brünn (Moravský zemský archiv v Brně). Die dortigen Bestände betreffen vor allem die beiden mährischen Fabriken Koritschan und Bistritz, waren jedoch bei Einsichtnahme weder thematisch noch chronologisch oder sonstwie geordnet. In der heutigen Slowakei ist der Bestand unter der Signatur »TU« (Thonet Uherce) im Staatsarchiv in Nitra (Štátna archív v Nitre) in 99 Archivboxen (škatule) abgelegt. Es handelt sich um Unterlagen, welche sowohl Betriebsteile der Thonetschen Herrschaft Groß Ugrócz als auch die dortige Fabrik des Unternehmens betreffen. Hierzu gehören u. a. Amts- und Geschäftskorrespondenz, Kassenbücher und Bilanzen, Produktionsstatistiken und die Dokumentation aller firmeninternen Vorgänge bis in die 1940er Jahre. Anerkennenswerterweise hat der Archivar Otomar Gergelyi 1964 eine Inventarisierung vorgenommen, die eine erste Orientierung bietet. Eine Schwierigkeit ergab sich dadurch, dass das Verzeichnis für die einzelnen Boxen Inventarnummern nennt, die sich jedoch nur teilweise und unvollständig auf den Mappen in den Boxen finden. Um Verwirrungen zu vermeiden wurde daher in vielen Fällen lediglich auf die Nummer der entsprechenden Box verwiesen. In den Mappen finden sich darüber hinaus auch Dokumente, die man nach der Systematik dort nicht erwarten würde, so z. B. Ordner mit Korrespondenz aus dem Jahr 1892, worunter sich dann aber auch andere Jahrgänge oder Dokumente finden, die nicht der Korrespondenz zugehörig sind.

Die Fabrik und Herrschaft wurden ausschließlich von Familienmitgliedern geleitet und auch deren umfangreicher privater Schriftverkehr ist in dem Archiv in Nitra einsehbar. Beide Archive, sowohl das in Tschechien als auch das in der Slowakei, wurden für diese Arbeit genutzt. Auch ein Teil der in den Westen gelangten Archivalien stand für diese Arbeit zur Verfügung, darunter ein Konvolut von 199 privaten Briefen aus den Jahren 1856 bis 1869, größtenteils verfasst von Franz, dem ältesten Sohn Michael Thonets, welches die Neue Sammlung in München zusammen mit weiterem Material wohl Ende der 1990er Jahre erworben hat.

Die Geschichte der Thonetschen Standorte und die Entwicklung der Firma kann durch diese Vielzahl von Unterlagen umfassend beschrieben werden. Es kommt dieser Arbeit zugute, dass das Unternehmen alle betriebsinternen Vorgänge akribisch dokumentiert hat. Mit Hilfe des mittlerweile vorliegenden Archivmaterials in Tschechien, der Slowakei, Österreich und in Deutschland ist es möglich, den Übergang von einer rein handwerklichen zu einer manufakturellen und schließlich einer industriellen Herstellung von Möbeln detailliert nachzuzeichnen. Die Auswertung umfangreicher betriebsinterner Unterlagen zeigt ein umfassenderes Bild des Aufbaus und Ablaufs der Produktion und Organisation der Distribution des Unternehmens als es bisher möglich war. In einer Vielzahl von Briefen der familiären Geschäftsführer finden sich Informationen zu dem Unternehmen ebenso wie zu privaten Angelegenheiten. Diese private Korrespondenz ergänzt die unternehmensgeschichtlichen Ansätze um biographische Aspekte, womit sich ein umfassendes Bild des »Phänomens Thonet« ergibt, das weit über das hinausgeht, was eine bisher überwiegend an den Objekten orientierte Betrachtung leisten konnte. Erstmals kann so nicht nur eine Geschichte der Möbel des Unternehmens, sondern eine Geschichte des Unternehmens Gebrüder Thonet vorgelegt werden.

3. Boppard 1796–1842

3.1. Familiäres und Gründung der Werkstatt

Michael Thonet wurde am 2. Juli 1796 in Boppard am Rhein geboren. Sein Vater Franz Anton (*31.08.1761, † 18.07.1837) war von Andernach 1778 in das circa 40 Kilometer rheinaufwärts gelegene Boppard gekommen, die Gründe dafür sind nicht bekannt. Franz Antons Vater, somit Michael Thonets Großvater Johannes (*21.01.1730, † 10.07.1805), lebte in Andernach und übte den Beruf eines Chirurgen (»Feldschehrer«) aus. Er war zweimal verheiratet, aus den beiden Ehen stammten dreizehn Kinder. Dessen Vater wiederum, Antonius Thonet (*11.07.1695, † 1752), bestritt seinen Lebensunterhalt in Andernach als Krämer. Bei den Vorfahren väterlicherseits lässt sich niemand finden, der als Schreiner oder in einem holzverarbeitenden Gewerbe tätig war. Franz Anton Thonet arbeitete in Boppard als Gerber.[1] Das Recht, dieses Gewerbe auszuüben, hatte er sich erheiratet; der verstorbene zweite Mann seiner Frau Anna war Gerber gewesen[2] und um das wirtschaftliche Überleben der Familie zu sichern, drängten die Zünfte darauf, dass die Witwe möglichst bald wieder heiraten sollte, um »sie und ihre Kinder vor Armut zu schützen.«[3]

Michael Thonets Mutter, Anna Margarethe geb. Fischbach verwitwete Lamesin, verwitwete Lukas (*1759, † 01.01.1815), brachte in die Ehe mehrere Kinder mit, unter anderem einen gewissen Johannes Lukas, somit ein Halbbruder von Michael Thonet. Dieser verstarb 1834 und Michael übernahm die Vormundschaft für dessen Kinder.[4] Franz Anton und Anna Margarethe hatten drei Kinder, die am 23. April 1793 geborene Margarethe, den 1796 geborenen Michael und Sophie, die am 22. Juli 1799 das Licht der Welt erblickte. Von den beiden Schwestern kennen wir lediglich das Geburtsdatum, über ihr weiteres Leben ist nichts bekannt.

Die Jugend Michael Thonets fiel in eine politisch unruhige Zeit. Am 29. Oktober 1794 marschierten französische Truppen in Boppard ein. Nach dem Staatsstreich vom 4. September 1797 entschied die Regierung in Paris, dass das Rheinland vollständig annektiert werden sollte. Es wurde eine republikanische Verwaltung eingerichtet und eine ihrer ersten Amtshandlungen war die Aufhebung des Zunftwesens, wie es 1791 schon in Frankreich geschehen war. Jeder Handwerker hatte damit die Möglichkeit, bei der Munizipalverwaltung einen Gewerbeschein zu beantragen. »Viele Altgesellen, die nach den Zunftregeln keine Aufstiegsmöglichkeiten hatten, konnten sich nun selbständig machen. Umgekehrt wurde damit der Konkurrenzkampf zwischen den Betrieben eröffnet, den die Zünfte gerade zu vermeiden suchten.«[5] Diese Regelung galt bis 1815, als das Rheinland in der Folge des Wiener Kongresses an Preußen fiel. Für die berufliche Zukunft Franz Anton Thonets und vor allem seines Sohnes

Michael war diese zunftfreie Zeit entscheidend, da sie »Handlungschancen«[6] bot, wie sie unter zünftigen Bedingungen nicht möglich gewesen wären.

Michael Thonets Vater, Franz Anton, gehörte nicht zu den erfolgreichen und damit vermögenden Vertretern seines Berufsstandes. In einer im gleichen Jahr durchgeführten Erhebung, eines »état des commerçants ou fabricants«, werden 35 Gewerbetreibende in Boppard aufgelistet, wobei zwar sechs Gerber zu den relativ hoch Besteuerten gehörten, nicht jedoch Franz Anton Thonet.[7] Die finanzielle Lage der Familie verbesserte sich in den nächsten Jahren nicht. In den Repertorien des Notars Deynet findet sich 1813 ein Hinweis darauf, dass Thonets Vater gegen Ende der napoleonischen Ära offensichtlich in finanzielle Nöte geraten war: »Obligation de François Antoine Thonet et Marguerite née Fischbach sa femme de Boppard d'une somme de 382 francs, 67 centimes au profit de Mr. Augustin Knoodt á Boppard, 28. Juli 1813.«[8]

So wird beispielsweise in einigen Publikationen erwähnt, dass Franz Anton zur Zeit der Französischen Revolution sein gesamtes Vermögen von 36.000 Francs verloren habe.[9] Dies würde voraussetzen, dass er zuvor beruflich recht erfolgreich gewesen war, was eher unwahrscheinlich ist, wie an noch weiteren Quellen deutlich gemacht werden kann. Betrachtet man das Wenige, was über die Familie Thonet in diesen frühen Jahren in Boppard zu erfahren ist, so hatte Michael Thonets Vater Zeit seines Lebens offensichtlich große Schwierigkeiten, angemessen für den Unterhalt der Familie zu sorgen. Als Gerber konnte er deren Existenz kaum mehr sichern und war gezwungen, sich nach anderen Erwerbsquellen umzuschauen.

Michael, der einzige Sohn der Familie, hatte nach seiner Volksschulzeit eine Tischlerlehre absolviert; dass er sich nicht für das Gerberhandwerk entschieden hatte, erklärt sich sicher auch mit dem wenig einträglichen Geschäft des Vaters. Der Sohn dürfte diese Lehre spätestens 1810 begonnen und nach einer Lehrzeit von drei Jahren beendet haben.[10] Was lag also näher, als einen Gewerbeschein für das Handwerk zu beantragen, in dem der Sohn ausgebildet wurde oder bereits war. Es ist sehr wahrscheinlich, dass die Werkstatt schon während der französischen Zeit gegründet wurde, was auch die oben angeführte Obligation zugunsten des Augustin Knoodt aus dem Jahr 1813 erklärt. Die Einrichtung eines Schreinerbetriebs erforderte ein gewisses Kapital, über das die Familie nicht verfügte, es sich also leihen musste.

Die Werkstatt florierte, doch war offenbar nicht der Vater die treibende Kraft für den sich einstellenden Erfolg, vielmehr war er es, der wirtschaftlich auf den Sohn angewiesen war. 1816 stellte Franz Anton ein Gesuch, Michael vom Dienst in der preußischen Landwehr freistellen zu lassen. Das Schreiben selbst ist nicht erhalten, doch im »Correspondenz Register« der Bürgermeisterei Boppard 1815/16 findet sich ein Eintrag, in dem der Bürgermeister den Landrat bittet, dieses Freistellungsgesuch des Vaters zu unterstützen. Dies ist das einzige aus dieser frühen Zeit erhaltene Dokument. Darin heißt es: »In betreff des hier neben rubrizierten Gesuchs habe ich die Ehre Euer Hochwohlgeboren zu bemerken daß die Schilderung welche der Bittsteller [Franz Anton Thonet, Michaels Vater] von seiner Lage macht, ganz der Wahrheit gemäß ist. Durch den Krieg in die dürftigste Lage versetzt und wegen seines hohen Alters des eignen Erwerbs unfähig, würde er schon längstens den Bettelstab haben ergreifen müssen, wenn nicht einige seiner Anverwandten ihm in dieser äußersten Noth hülfreiche Hand geleistet hätten. Ehe sein Sohn zur Landwehr gezogen würde, war dieser es, welcher durch sein Gewerbe sich und seinen Vater ernährte; und daß er es noch ferner thun werde, wenn er für immer in die bürgerlichen Verhältnisse zurücktreten könnte, läßt sich mit Zuversicht von seinem rechtschaffenen und tadellosen Betragen erwarten. Aus allem diesem mögen nun Euer Hochwohlgeb. selbst schließen, von welcher Nothwendigkeit es für den armen bedrängten Vater ist, daß der Sohn gänzlich seiner Landwehrpflichtigkeit entbunden werde und sich seinem Gewerbe ganz ungestört widmen könne.«[11]

Dieser Eintrag ist in mehrfacher Hinsicht bemerkenswert: Es ist von einem erwerbsunfähigen Vater die Rede, was bedeutet, dass der Sohn im Alter von nicht einmal zwanzig Jahren bereits für den Unterhalt der Familie sorgen musste. Es ist anzunehmen, dass er dies nicht als Geselle in einer fremden Werkstatt tat. Das Jahr der Gründung einer eigenen Werkstatt wäre somit nicht erst 1819, das Jahr, welches in dem Gedenkblatt[12] genannt wird, sondern spätestens 1816. In einem heimatkundlichen Aufsatz wird im Zusammenhang mit dem Antrag des Vaters auf Befreiung von der Landwehrpflicht das Jahr der Eröffnung der Thonetschen Werkstatt sogar auf 1815 datiert.[13] Ein dritter Hinweis findet sich in einem Schreiben Michael Thonets aus dem Jahr 1838 an die Bürgermeisterei. Er erhielt eine Anzeige wegen der vorzeitigen Inbetriebnahme einer Leimsiederei und führte in seiner Stellungnahme dazu aus, dass er zwar Einrichtungen dazu schon getroffen habe, er aber keine Zuwiderhandlung gegen bestehende Gesetze erkennen könne, »da ich nur zu meinem eigenen Bedarf [Leim] jetzt fabriziere, so wie ich solches schon seit 21 Jahren in mehreren früheren Wohnungen in der Stadt hier gethan habe […]«.[14] Hiernach würde die Thonetsche Schreinerei bereits 1817 existiert haben und nicht erst 1819 gegründet worden sein, wie in der Familienchronik zu lesen.[15]

Am 13. April 1820 heiratete Michael Thonet die einundzwanzigjährige Anna Maria Grahs (auch Graß oder Grass) (*23.02.1799, † 10.01.1862), Tochter von Nikolaus und Catharina Grahs, die in Boppard eine Metzgerei besaßen. In dem Jahr der Hochzeit lebte nur noch Anna Marias Vater, die Mutter war bereits am 18. März 1814 verstorben. Michael Thonets Vater, Franz Anton, arbeitete zu dieser

Zeit nicht mehr als Gerber, sondern ging dem Sohn in der Werkstatt zur Hand; in dessen Heiratsmatrikel vom 12. April 1820 wird der Vater nicht mehr als »tanneur«, sondern als Schreiner ausgewiesen.[16] Reinhard Lahr schreibt dazu: »Hätte Thonets Vater bis dato mit Erfolg eine Gerberei betrieben, so hätte mit Gewißheit der einzige Sohn des Hauses diese übernehmen müssen. Die Tischlerei indes muss damals bereits floriert haben, sonst wäre Michael wohl kaum imstande gewesen, im damals ungewöhnlich frühen Alter von knapp 24 Jahren den Ehestand einzugehen und eine Familie zu ernähren.«[17]

Bereits im Jahr der Eheschließung kam der erste Sohn, Franz, zur Welt. Es folgten bis 1841 insgesamt 13 Kinder, sieben Söhne und sechs Töchter, von denen sechs Nachkommen bereits im Jahr der Geburt verstarben und zwei Töchter 1848 in Wien durch ein tragisches Unglück umkamen.[18] Die fünf Söhne Franz (*21.12.1820 Boppard, † 08.01.1898 Wien), Michael (*30.09.1824 Boppard, † 25.12.1902 Wien), August (*28.03.1829 Boppard, † 06.03.1910 Arco), Josef (*29.05.1830 Boppard, † 22.08.1887 Maria Enzersdorf) und Jakob (*30.10.1841 Boppard, † 10.11.1929 Mödling) sollten 1853 Gesellschafter der in diesem Jahr gegründeten Firma Gebrüder Thonet werden und sie zum größten Möbelhersteller in der zweiten Hälfte des 19. Jahrhunderts machen.

Die Entscheidungen, die Michael Thonet in den 1820er und 1830er Jahren in Boppard traf und die Möglichkeiten, die sich ihm in seinem Gewerbe boten, sind nur vor dem Hintergrund der politischen Veränderungen während der französischen Zeit zu verstehen; entscheidend war die Aufhebung des Zunftzwangs, die es ihm und dem Vater erst ermöglichte, eine eigene Werkstatt zu gründen. Zwar wurden die Zünfte nach dem Zuschlag des Rheinlands an Preußen wieder zugelassen, hatten aber bei weitem nicht mehr den gleichen Einfluss wie am Ende des 18. Jahrhunderts. Preußen verfolgte eine liberale Wirtschaftspolitik und förderte frühindustrielle Produktionsformen nicht nur in den Stammlanden, sondern auch in den progressiven Rheinprovinzen. Die Zünfte mit ihren restriktiven Regeln hatten sich schon lange als ein Hemmnis der wirtschaftlichen Entwicklung erwiesen, versuchten trotzdem immer wieder, ihre alten Rechte wiederzubeleben, weshalb sich die offiziellen Stellen häufig zu Richtigstellungen veranlasst sahen.[19]

Die Zünfte wehrten sich verständlicherweise gegen die neuen Regelungen mit allen ihnen zur Verfügung stehenden Mitteln. Die Sinnhaftigkeit zünftiger Regeln wurde häufig damit begründet, dass hierdurch eine Art von »Handwerkersozialismus« garantiert werde, somit ein wirtschaftliches Gleichgewicht aller Zunftmitglieder. Doch waren die Unterschiede der Vermögen tatsächlich ganz erheblich, denn auch innerhalb der Zünfte hatte immer schon ein Wettbewerb stattgefunden, bei dem sich einige wenige Werkstätten als wirtschaftlich stark behaupten konnten.[20] Im

Zentrum der politischen Kritik an den Zünften stand die Beschränkung der Anzahl der Gesellen und Lehrlinge, die ein Meister beschäftigen durfte, da hierdurch ein echter wirtschaftlicher Wettbewerb verhindert wurde.

Michael Thonet hat in jedem Fall von diesen frühen wirtschaftsliberalen Entwicklungen profitiert. Nicht erst am Ende der 1830er Jahre, als er in seiner »Fabrik« 20 bis 25 Mitarbeiter beschäftigte, sondern bereits zu Beginn seiner selbstständigen Tätigkeit. In der Schreinerei wurde zu dieser Zeit noch traditionell handwerklich gearbeitet. Das Auftragsvolumen war gut und damit einhergehend die Zahl der Mitarbeiter größer, als es unter Beachtung ehemaliger Zunftregeln möglich gewesen wäre. Die Kundschaft für die im biedermeierlichen und spätbiedermeierlichen Stil verfertigten Thonetschen Möbel dürften Weinbauern, Gastwirte, Händler und Privatiers in und im Umkreis von Boppard gewesen sein, die aufgrund ihrer Stellung und des damit verbundenen Einkommens oder vorhandenen Vermögens über die finanziellen Mittel für solche Erwerbungen verfügten.[21] In Anlehnung an Christian Kleinschmidt könnte man von einer städtischen oder regionalen »Proto-Konsumgesellschaft«[22] sprechen. Die Thonetschen Möbel konnte sich im Gegensatz zu denen der Berufskollegen, die für weniger begüterte Kunden[23] einfachere Möbel herstellten, nicht jeder leisten, doch jeder, der über ein mehr als auskömmliches Einkommen verfügte und bereit war, es in dieses Segment des Konsums zu investieren.

Die Berufsstruktur der Stadt war in den 1820/30er Jahren überwiegend vom Weinbau und vom Handwerk geprägt. 1789, im Jahr der Französischen Revolution, hatte Boppard 2.172 Einwohner, in einer Bürgerliste von 1807 sind 2.852 verzeichnet und 1841, ein Jahr bevor Michael Thonet nach Wien ging, waren es 3.810.[24] Neben Tagelöhnern, Handwerkern aus den verschiedensten Bereichen und Winzern findet sich zu dieser Zeit lediglich ein größerer Betrieb, die Baumwollfabrik der Gebrüder Doll, in der etwa 120 bis 150 Personen beschäftigt waren, die jedoch wegen wirtschaftlicher Schwierigkeiten 1822 geschlossen werden musste.[25] Die Thonetsche Werkstatt arbeitete bereits Ende der 1820er Jahre nicht mehr nur für den lokalen Bedarf, sondern agierte regional. Michael Thonet hatte sich eine gewisse Reputation erworben, was beispielsweise seine Tätigkeit als »vereidete[r] Taxator« bei Inventuren und Versteigerungen belegt, so bei dem umfangreichen Nachlass des Bopparder Gastwirts Johann Wirz und dessen Ehefrau Anna.[26]

Der Erfolg der Werkstatt erlaubte es dem jungen Tischler, Wohnung und Betrieb in neue Räumlichkeiten zu verlegen. 1832 erwarb er ein wesentlich größeres Grundstück: Haus Nr. 72 in der Franziskanergasse.[27] Es lassen sich keine Schuldverschreibungen oder ähnliches finden, was auf finanzielle Schwierigkeiten zu dieser Zeit schließen ließe. Bereits zwei Jahre vor diesem Umzug hatte Michael Thonet mit den ersten Versuchen einer neuen Herstellungstechnik seiner Möbel begonnen. »Anfangs des

Jahres 1830 machte Michael Thonet die ersten Versuche, Möbelbstandtheile aus dicken Fournieren zu biegen.«[28] Es ist anzunehmen, dass diese Versuche einer der Gründe waren, den Standort zu wechseln. Die beengten Verhältnisse in der alten Werkstatt boten nicht mehr den Raum für die Vielzahl von Experimenten zur Weiterentwicklung eines neuartigen Herstellungsverfahrens, wobei ja auch der reguläre Werkstattbetrieb noch weiterlaufen musste.

3.2. Das neue Herstellungsverfahren

Michael Thonet hatte bisher nur kleinere Teile von Stühlen wie die leicht geschweiften Lehnschwingen aus »dicken Fournieren« hergestellt. Die Ausweitung der Versuche, nun auch größere Bestandteile von Sitzmöbeln aus geschichtetem Holz zu fertigen, wurde initiiert durch einen Stuhltyp, der Anfang der 1830er Jahre im Mittelrheingebiet modern wurde. Der sogenannte »Englische« Stuhl, ein Typus des Seitenrahmenstuhls mit seinen zwei identischen Seitenteilen.

Abb. 1:
Links: »Englischer« Stuhl, Wolfgang Knussman, Mainz, um 1840,
Rechts: Bopparder Sessel[29], Michael Thonet um 1840

Die stilistischen Einflüsse von Mainz als einem der Zentren der Möbelherstellung am Mittelrhein reichten auf jeden Fall bis nach Boppard und Michael Thonet kannte die dort vorherrschenden Möbel-Moden. Zu nennen wären hier vor allem die Firmen Kimbel, Knussmann und die 1825 gegründete Möbelwerkstatt von Anton Bembé.[30] Vergleicht man gewisse gestalterische Elemente von Thonets Sitzmöbeln mit zeitgleich gefertigten Stühlen dieser Hersteller aus Mainz, wird das Vorbild augenfällig.[31] (Abb. 1) Neben Sitzmöbeln fertigte Michael Thonet noch andere Möbeltypen wie beispielsweise dieses Lesetischchen – hier das Modell für die Gewerbeausstellung 1842 in Mainz (Abb. 2), bei dem er sich zwar an dem traditionell biedermeierlichen Formenkanon orientierte, aber auch schon die gestalterischen Möglichkeiten seines neuen Verfahrens nutzte.[32]

Abb. 2:
Bopparder Lesetischchen,
Michael Thonet, 1842

Solange noch die flächigen und geradlinigen Formen des Klassizismus – in Mainz bis etwa 1815 – gefragt waren, gab es keinen Grund, diese Möbel anders als in der traditionell handwerklichen Technik aus geschnittenem Holz herzustellen: Sie wurden aus Kostengründen meist aus Einzelteilen minderer Hölzer gefertigt und anschließend mit exotischen oder Fruchthölzern überfurniert. Auch als ab der Mitte des Jahrzehnts der Einfluss des Wiener Biedermeier mit seinen floralen, eingelegten oder aufgemalten Ornamenten zunahm, versprach eine andere als die traditionelle Fertigung keine Vorteile. Doch begannen die Möbelformen weicher zu werden, man verwendete zunehmend geschwungene Teile, die Beine und Lehnen der Sitzmöbel wurden runder und gekurvt. Je stärker diese Formen geschweift waren, umso mehr Material wurde bei dem Herausschneiden dieser Teile aus dem Holz verschwendet. Hinzu kam, dass die statischen Verhältnisse bei dem Einbau eines geschweiften Stuhlbeins oder einer gerundeten Rückenlehne im Gegensatz zu rechtwinklig eingebauten Teilen der Haltbarkeit und Stabilität nicht förderlich waren. Um 1830 wurde dann der Englische Stuhl populär, der seinen Ursprung im klassischen kurulischen Stuhl hat. »Seinen Höhepunkt hat er in Mainz Anfang der dreißiger Jahre.«[33], somit zu einer Zeit, als Michael Thonet begann, sich intensiver mit den Möglichkeiten einer neuartigen Herstellungsmethode dieses Möbeltyps zu beschäftigen.[34] Im Unterschied zu den Biedermeierstühlen Wiener Art findet sich bei dem Englischen Stuhl erstmals ein Seitenrahmen, bei dem die geschweiften Formen in einer durchlaufenden Linie liegen – daher der Name »Fluchtenstuhl«. Dieser Stuhltypus war damit geradezu prädestiniert dafür, ihn auch technisch entsprechend, d. h. in einer tatsächlich und nicht nur optisch durchlaufenden Linie aus einem Material zu fertigen, womit man beides, Materialverschwendung und Probleme mit der Stabilität und Haltbarkeit würde vermeiden können.

Als Schreiner wusste Michael Thonet, dass Holz grundsätzlich biegbar ist und dass »man schon zeit [seit] mehrere Jahren die Erfindung gemacht hat, inn Hölzer verschiedene Biegungen zu geben, theils mittels Dampf oder durch Einweichung in Wasser, oder mittels Feuer«.[35] Konnte er bei der Konstruktion der Lehnschwingen auf bereits bekannte Techniken zurückgreifen, so erforderte die Herstellung der gebogenen Seitenrahmen eine Vielzahl zeit- und kostenintensiver Experimente[36], die weit über die Verfahren hinausgingen, die bisher im Tischlergewerbe üblich waren. Für die Lehnschwingen benutzte Michael Thonet noch Furniere von gleichmäßiger Stärke, doch für die Seitenrahmen benötigte er Furniere – er bezeichnet sie als »Holzschienen« – mit je nach Biegeradius wechselnden Dicken, zu deren Herstellung er eigens eine spezielle Vorrichtung, er nennt sie »Schneitmaschine«, bauen musste.

Die Schienen einzeln zu biegen, wäre zu aufwändig gewesen: Wegen der wenn auch nur leicht unterschiedlichen Radien, hätte er dafür jeweils eine eigene Form benötigt. Michael Thonets Lösung war, die Schienen zusammengepackt als Bündel in einem heißen Leimbad zu erhitzen, womit sie alle zugleich biegbar wurden. Bei allen bisher bekannten Verfahren waren das Biegen und Verleimen immer getrennte Arbeitsschritte gewesen, von Michael Thonet wurden diese nun in einem zusammengefasst.[37]

Das erweichte Bündel wurde in eine Form eingelegt und gepresst. Auch bei der Konstruktion der Formen war noch eine Verbesserung im Sinne einer rationelleren Fertigung möglich. Michael Thonet beließ das Schienenbündel breiter, als man es für einen einzelnen Seitenrahmen brauchte. Er konnte es so, nachdem es aus der Form entnommen und getrocknet war, in der Längsrichtung aufschneiden und erhielt so zwei oder mehrere Rahmenteile: »[...] pour former tout un coté de chaise, elles puissent être coupées en plusieurs parties, et servir ainsi à composer trois, quatre chaises et même plus.«[38]

Bei all diesen Versuchen in der ersten Hälfte der 1830er Jahre ging es Michael Thonet darum, eine grundsätzlich bekannte Herstellungsmethode weiterzuentwickeln, wobei Aspekte einer kostengünstigeren Fertigung durch sparsameren Holzverbrauch, das Zusammenfassen bisher getrennter Arbeitsschritte, somit die Erzeugung identischer Teile in kürzerer Zeit und damit der effektivere Einsatz von Arbeitskraft eine wesentliche Rolle spielten. Der Englische Stuhl bot für all diese Experimente das formale Repertoire.

Der Einsatz von Maschinen spielte in der Thonetschen Werkstatt keine Rolle, da keine Antriebskraft zur Verfügung stand. Spezielle Werkzeuge wie die »Schneitmaschine« zur Herstellung der Schienen und andere mechanische Hilfsmittel wurden in der Werkstatt gefertigt, ebenso die hölzernen Formen, in welche die Schienenbündel eingelegt wurden. Die metallenen Leimpfannen bezog man von einem örtlichen Schmied oder Schlosser. Eine gewisse »Individualisierung« jedes einzelnen Möbels war durch die Verwendung eines jeweils verschiedenartigen Oberflächenfurniers möglich. Doch darunter verbarg sich das Ergebnis eines technisch komplexen, innovativen Verfahrens, welches durch die Gleichheit der Teile bereits die Ansätze einer standardisierten Herstellung aufwies.

3.2.1. Der Beginn wirtschaftlicher Probleme

In wirtschaftlicher Hinsicht eröffneten sich für viele Handwerksbetriebe in den 1830er Jahren neue Möglichkeiten der Vermarktung: Von einer auftrags- hin zu einer absatzorientierten Produktion. Man fertigte nicht mehr auf Bestellung, sondern auf Vorrat. Hier kam eine Entwicklung zum Tragen, die für andere Gewerke bereits wesentlich früher eingesetzt hatte: Das sogenannte Verlagswesen, nach denen Verleger aus berufsfremden Bereichen, aber auch aus der Handwerkerschaft, die Kunden mit Waren versorgten. Wenn sich auch dieses Vertriebsmodell für Möbel – beispielsweise in England erstmals bei Chippendale – durch zunehmende Spezialisierung und Standardisierung bereits um 1750 nachweisen lässt, fand es allgemeine Verbreitung erst am Ende des 18. Jahrhunderts. Die Antwort der Schreiner auf das Verlagswesen war die Einrichtung von sogenannten Möbelmagazinen, bei denen es sich um Lager- und Verkaufsräume handelte, in denen Neuwaren vorgehalten und auch angeboten wurden.[39] War man bei einem Verleger in gewisser Weise von diesem abhängig – auch von dessen Preisgestaltung –, so hielt man bei der Angliederung eines Möbelmagazins an die Werkstatt alles in eigener Hand. Wenn es auch keinen Beleg dafür gibt, so ist zu vermuten, dass Michael Thonet spätestens ab der Mitte der 1830er Jahre ein solches Magazin in der Nähe seiner Werkstatt besessen haben dürfte, wie es beispielsweise für die Werkstatt von Vater und Sohn Mündnich in Koblenz – ein in der Größe vergleichbarer Betrieb[40] – ab 1839 nachweisbar ist.[41] Der Vorteil des Thonetschen Herstellungsverfahrens lag ja gerade darin, dass die Möbel sehr schnell und in großer Anzahl gefertigt werden konnten und nicht erst dann hergestellt werden mussten, wenn ein konkreter Auftrag dafür vorlag. Dies wäre bei den etwa 20 bis 25 Mitarbeitern, die in der Werkstatt arbeiteten[42], auch gar nicht effizient gewesen. Sie mussten auch zu Zeiten beschäftigt werden, in denen keine aktuellen Bestellungen vorlagen. Einen weiteren Hinweis auf die Existenz eines Möbelmagazins gibt die Aussage Michael Thonets vor dem Niederösterreichischen Gewerbeverein, über einen Vorrat von Teilen für 800 Stühle zu verfügen[43], was auf der einen Seite den Vorteil seines standardisierten Herstellungsverfahrens unterstreicht, auf der anderen Seite aber auch heißt, dass diese Möbel nicht verkauft werden konnten – oder durften. So findet sich in den Verträgen zur Anmeldung und Verwertung der Patente mit Johann Walther van Meerten und Johann Ruhl aus dem Jahr 1841 die Bestimmung, dass es Michael Thonet ab Vertragsbeginn untersagt ist, die nach dem neuen Verfahren angefertigten Möbel in den nächsten fünf Monaten zu verkaufen.[44]

Wenn Möbel oder Möbelteile vorgehalten wurden, bedeutete dies ein wirtschaftliches Risiko, da neben dem handwerklichen Können auch kaufmännisches Geschick und Verständnis vorhanden sein mussten. Eine absatzorientierte Produktion erforderte Vorausleistungen in Löhne und Material, setzte somit eine breitere Kapitalbasis als bei dem bisherigen Geschäftsmodell voraus. Die meisten Handwerker verfügten nicht über das notwendige Eigenkapital, sondern finanzierten es durch Kredite oder Verbindlichkeiten anderer Art. Aus diesem Grund scheiterten viele von ihnen bei dem Versuch, die Vermarktung ihrer Produkte selbst in die Hand zu nehmen; andererseits gab es aber auch Fälle, in denen ehemalige Meister ihre Tätigkeit ganz auf diesen Bereich verlagerten, sie wurden Kaufleute. So unterhielt oben erwähnter Peter Mündnich ein Möbelmagazin nicht unter der Werkstattadresse, Koblenz, Castorsgasse 32, sondern in der Rheinstraße Nr. 9, welches nach seinem Tod von dem Sohn Peter und dessen Bruder Jakob weitergeführt wurde.[45]

Die zunehmenden wirtschaftlichen Probleme in den 1830er Jahren – über die wir durch eine Reihe von Schuldverschreibungen und Darlehen gut unterrichtet sind – und letztendlich das unternehmerische Scheitern Michael Thonets in Boppard hatten ihre Ursachen nicht allein in den zeitlich und finanziell aufwändigen Versuchen, die er in seiner Werkstatt anstellte und auch nicht – wie in der Gedenkschrift kolportiert – in den Kosten der Anmeldung der Patente[46], vielmehr beruhten sie auf einem vollkommenen Unverständnis dieses neuartigen Vertriebsmodells, für welches das von ihm entwickelte Verfahren im Grunde perfekt geeignet war. Dessen Vorteile kamen nur dann zum Tragen, wenn die Werkstatt auf Vorrat fertigte. Dies aber verlangte eine gesunde Kapitalbasis, die bei einer auftragsorientierten Produktion, wie Thonet sie bisher betrieb, nicht zwingend notwendig war. Man kaufte das Material, das man für den aktuellen Auftrag benötigte, der Kunde zahlte nach Erhalt der Ware.

Das Kapital konnte sich Michael Thonet eine Zeitlang durch die Aufnahme verschiedener Hypotheken und Schuldverschreibungen besorgen. Dies verschaffte ihm etwas Zeit, löste aber nicht die grundsätzlichen Probleme. Es findet sich eine Schuldverschreibung vom 27. März 1838 über 800 Taler, wobei die Eheleute Thonet das Grundstück des Wohnhauses und ein kleines Stück Feld als Sicherheit einsetzen mussten.[47] Bei dem Notar Leymann aus Koblenz war eine weitere Obligation zugunsten der Gebrüder Caspers eingetragen. Auch der Koblenzer Gold- und Silberschmied Joseph Mantell und der ebenfalls aus Koblenz stammende Bankier und Kaufmann Leopold Seligmann hatten Thonet Geld geliehen[48], welches sie nach der überstürzten Abreise Michael Thonets nach Wien unter der Drohung, ihn verhaften zu lassen, zurückforderten.[49]

Technische Herausforderungen und handwerkliche Aufgaben stellten für Michael Thonet kein Problem dar. Er arbeitete geradezu besessen an deren Lösung, doch hatte er keinerlei Sinn für kaufmännische Vernunft und Verantwortung, welches beides für eine erfolgreiche wirtschaftliche Zukunft in Boppard erforderlich gewesen wäre.

Michael Thonet entspricht dem Typ des Fabrikgründers im 19. Jahrhundert, der aus dem Handwerk kommt. Er ist kein Kaufmann, geschweige denn ein Financier, der über ein entsprechendes Kapital verfügt.[50] Michael Thonet blieb Zeit seines Lebens immer der »schlichte Handwerker«[51], als der er sich selbst bezeichnete, und aus diesem Grund musste er mit seinen Plänen einer Produktion »im Großen« in Boppard scheitern. Den Anforderungen an eine auch kaufmännisch verantwortungsvolle Leitung seiner Werkstatt war er nicht gewachsen.[52]

3.2.2. Ein Beispiel wirtschaftlicher Naivität: Die Einrichtung einer Leimsiederei

Ein Beispiel für Michael Thonets sprichwörtliche Naivität in finanziellen und wirtschaftlichen Angelegenheiten ist der Kauf der Michelsmühle zusammen mit dem Bopparder Apotheker Martin Genius. Am 2. September 1837 erwarben sie diese von den Eheleuten Breidbach zum Preis von 1.200 Talern mit der Absicht, dort im folgenden Jahr eine »Leimsiederey« einzurichten.[53] Thonets Anteil an dem Kaufpreis betrug 600 Taler. Es ist zu vermuten, dass eine oder mehrere der oben genannten Schuld- und Hypothekenverschreibungen mit dem Erwerb der Mühle im Zusammenhang stehen. Es stellt sich die Frage nach dem Grund für diesen Kauf. Ab 1836 soll Michael Thonet in der Lage gewesen sein, Möbel vollständig in der neuen Technik der Schichtverleimung – bei der man erheblich größere Mengen an Leim als eine herkömmlich arbeitende Werkstatt benötigte – herzustellen.[54] Die Produktion sollte nun, in der vagen Hoffnung einer Steigerung der Nachfrage, erheblich ausgeweitet werden: »Die eleganten Formen, verbunden mit Leichtigkeit, Haltbarkeit und Elasticität, bei verhältnismässig billigem Preise gefielen allgemein und es war vorauszusehen, dass solche Sitzmöbel sich bald grossen Absatz und allgemeine Beliebtheit verschaffen würden.«[55] Durch die Verwendung von identischen Pressformen für die meisten Teile der Möbel hatte die Fertigung den Charakter einer standardisierten Kleinserie. Die Möglichkeiten einer Rationalisierung des Herstellungsverfahrens waren so weit ausgeschöpft, wie dies in einem Handwerksbetrieb möglich war. Der Bericht der Allgemeinen Deutschen Industrie-Ausstellung in Mainz 1842 konstatierte: »[…] die Arbeit [geht] schneller wie bei den auf gewöhnliche Weise gefertigten Stühlen von Statten.«[56] Michael Thonet konnte dank seines Verfahrens kostengünstiger als eine traditionell ausgerichtete Werkstatt arbeiten, weitere Einsparungen in dieser Hinsicht waren nicht mehr möglich.

Michael Thonet scheint von einer Steigerung der Nachfrage nach seinen Möbeln bereits 1837 so sehr überzeugt gewesen zu sein, dass er Vorbereitungen traf, diese Nachfrage unter nochmaliger Reduzierung der Herstellungskosten bedienen zu können. Bei dem Leim, den er in großen Mengen benötigte, ließ sich der Bedarf auf zweierlei Art decken: Er konnte ihn kaufen oder selbst herstellen, was jedoch bei den mit der Erzeugung verbundenen Umständen nur in einem eigens dafür eingerichteten Betrieb möglich war. Die Tatsache, dass es in Boppard zahlreiche Gerbereien gab, die als Rohstofflieferanten für den Hautleim in Frage kamen, war sicher mit ein Grund für die Entscheidung Thonets, ihn selbst zu erzeugen.

Dass ein Partner, der Apotheker Genius, an diesem Geschäft beteiligt war, kann als Hinweis gedeutet werden, dass Michael Thonets finanzielle Möglichkeiten hierfür nicht ausreichten.

Es finden sich in dem Schriftverkehr zu den Einwendungen gegen die Leimfabrik einige Bemerkungen, die darauf verweisen, dass Michael Thonet möglicherweise auch daran dachte, die Leimfabrikation gewerbsmäßig zu betreiben, d. h. den Leim zu verkaufen. Für diese Vermutung spricht beispielsweise seine Antwort auf die Anzeige eines Polizeidieners, in der ihm vorgeworfen wurde, »mit der Fabrikation von Leimleder, auf der Breidbachs Mühle angefangen wozu er nach Concession nachgesucht habe«[57], obwohl ihm diese noch nicht vorlag. Michael Thonet äußerte sich dazu: »Eine Anzeige zu machen oder mein Geschäft anzumelden hielt ich jetzt noch nicht für nöthig da ich, wie vorher gesagt, nur zu meinem eigenen Gebrauch als Tischlermeister, ohne bisher noch etwas verkauft zu haben.«[58]

Michael Thonet hatte wohl vorerst tatsächlich nur die Absicht, den Leim zum eigenen Gebrauch zu verwenden, doch die Formulierung »ohne bisher noch etwas verkauft zu haben« kann als Hinweis darauf gelesen werden, dass dies für die Zukunft durchaus geplant war. Auf der Gewerbeausstellung 1839 in Koblenz präsentierte Martin Genius, Thonets Partner bei diesem Geschäft, eine »Probe von Tischler-Leim«[59]. Der Name Thonet findet sich hier allerdings nicht. Es ist denkbar, dass es eine Absprache zwischen Thonet und Genius gab, dass ersterer den Leim für den eigenen Bedarf nutzte, Genius hingegen der Erlös aus einem Verkauf zustehen sollte. Genius hatte immerhin die Hälfte des Kaufpreises gezahlt und er wird dies nur mit der Aussicht auf einen entsprechenden Gewinn getan haben.

Thonet und Genius hatten die Konzession zum Betrieb ihrer Leimsiederei erst nach einem längeren Rechtsstreit mit Christian Brentano – dem Bruder von Clemens Brentano – erhalten.[60] Brentano hatte zusammen mit seiner Frau Emilie und deren Schwester Wilhelmine die oberhalb der Michelsmühle gelegenen Marienberger Klostergebäude 1830 gekauft[61], um dort ein Mädchenpensionat einzurichten. Bereits 1837 wurde die Schule wieder geschlossen und die Besitzer hatten die Absicht, den Marienberg zu verkaufen.[62] Sie fürchteten allerdings, dass wegen der starken Geruchsbelästigung, die mit dem Betrieb einer Leimsiederei in der nahegelegenen Michelsmühle verbunden sein würde, ein Verkauf schwierig werden könnte. So wandte sich ein Graf Moritz zu Bentheim-Tecklenburg am 28. April 1838 in einem vertraulichen Brief an den Ober-Präsidenten in Koblenz und forderte die Behörde auf, dem Schreiner Thonet eine Konzession zur Errichtung einer Leimsiederei nicht zu erteilen.[63] Seine Schwiegermutter, eine Freifrau von Bordes, habe die Absicht, den Marienberg zu kaufen und »wenn es nach näherer Besichtigung gefällt, zu einem Sommeraufenthalt für uns einzurichten«.[64] Nun habe man aber die Nachricht erhalten, »daß ein Schreiner mit Namen Thonet zu Boppard die Absicht hegt, ganz in der Nähe des Klosters und zwar grad bei jenem Theil welcher am bewohnbarsten ist (nur circa 80 Schritt entfernt) eine Leimsiederey anzulegen«.[65] Er zitiert aus einem Dekret vom 15. Oktober 1810, nach dem »die Fabrik einer Leimsiederey in die erste Classe der ungesunden und unangenehmen Anlagen gestellt [ist]«.[66] Auch die Verkäufer hatten mittlerweile einen Advokaten, Dr. Longard, beauftragt, gegen die Erteilung einer Konzession für den Betrieb der Leimsiederei vorzugehen. In seinem Schreiben vom 6. Juni 1838 an den Landrat weist Longard ebenso auf diese behördliche Anordnung hin, die eine Leimsiederei wegen »ihrer ungesunden, oder widrigen Ausdünstungen aus der Nachbarschaft von Privat Wohnungen verbannt hat«.[67]

Trotz dieser Einwendungen erhielten Thonet und Genius am 29. Dezember 1838 die Konzession zum Betrieb ihrer Leimsiederei. Wegen der starken Geruchsbelästigung war dies allerdings mit Auflagen verbunden: »[…] stets für einen gehörigen Abfluß des Einweichwassers zu sorgen und den Schüfstein [Schornstein] in einer angemessenen Höhe aufzuführen.«[68]

Christian Brentano, seine Ehefrau und die Schwägerin Wilhelmine konnten die Marienberger Kloster-Anlage am 5. Juni 1839 schließlich an den Badearzt Dr. Franz Joseph Schmitz verkaufen.[69] Dieser hatte die Absicht, hier eine Wasserheilanstalt zu errichten. In den nächsten Jahren ließ er die Gebäude aufwändig sanieren, den Orgelborn, einen kleinen Bergbach im Marienberger Park verrohren und legte auf dem Gelände mehrere Teiche an.[70] Dagegen wehrten sich nun Thonet und Genius, da dieses Vorgehen gegen die mit dem Erwerb der Mühle verbundene Teichgerechtigkeit[71] verstieß, somit nicht mehr sichergestellt war, dass, wie in dem Schreiben des Landrats als Voraussetzung für die Erteilung der Konzession formuliert, »stets fließendes Wasser, womit das verunreinigte Einweichwasser fortgeführt werden kann«[72], zur Verfügung stand. Es ließ sich nicht ermitteln, wie diese Angelegenheit am Ende ausging.[73]

Diese Begebenheiten um die Leimsiederei und den Marienberg wurden ein wenig ausführlicher geschildert, da sie dem später verbreiteten Narrativ, seine Heimatstadt und die Behörden hätten Michael Thonets Genie nicht erkannt und darüber hinaus seinen unternehmerischen Plänen auch noch Steine in den Weg gelegt, widersprechen.[74] Thonet und Genius erhielten die Konzession zum Betrieb einer Leimsiederei trotz der Einsprüche, so dass man hier sicher nicht von Willkür oder Ignoranz der Behörden sprechen kann. Auch die Nicht-Erteilung des Privilegs durch das preußische Finanzministerium wird in diesem Zusammenhang gerne angeführt, obwohl, wie noch zu sehen sein wird, die Begründung der Ablehnung nach den damals üblichen Kriterien erfolgte.[75] Darüber hinaus lassen sich an dieser Episode aber auch zwei wesentliche Charaktereigenschaften Michael Thonets erkennen. Er konzentrierte sich alleine auf die handwerklich-technischen Aspekte seiner Arbeit, die wirtschaftlichen und finanziellen Auswirkungen seines Handelns waren ihm nicht bewusst. Man kann annehmen, dass er davon überzeugt war, mit einer eigenen Herstellung von Leim seine Möbel noch günstiger anbieten zu können. Dass er dies über Schuldverschreibungen finanzieren musste, scheint ihn nicht bekümmert zu haben, er vertraute darauf, eines Tages alles Geld wieder zurückzahlen zu können. Zum anderen verfügte er aber offensichtlich über die Gabe, andere für seine Ideen und Projekte so zu begeistern, dass sie von deren Erfolg überzeugt waren und sich finanziell engagierten, wie in dem Fall der Leimsiederei der Apotheker Genius und wie es sich nur kurze Zeit später bei der Patentverwertung noch deutlicher zeigen sollte.

3.3. Die Konkurrenten am Mittelrhein

Michael Thonet war in den 1830er Jahren nicht der einzige Tischler am Mittelrhein, der sich innovativer Fertigungsmethoden bei der Herstellung der modernen englischen Stühle bediente. Auch andere Schreiner experimentierten mit Bauteilen aus verleimten Furnieren und gelangten dabei zu anderen Lösungen. Dass in diesem Kontext heute alleine der Name Michael Thonet genannt wird, hat vielfältige Gründe.

Eine der Ursachen liegt darin, dass die Sitzmöbel dieser nahezu unbekannt gebliebenen Tischler bis auf ein einziges Exemplar nicht mehr erhalten oder nachweisbar sind. Zeitgenössische Beschreibungen belegen deren innovative Herstellungstechnik jedoch zweifelsfrei. Zudem kam diese Art von Stühlen Mitte der 1840er Jahre wieder aus der Mode, sie wurden von Modellen abgelöst, welche der Formensprache des aufkommenden Historismus verpflichtet waren. Für deren Herstellung bot die Schichtverleimung keinerlei Vorteile mehr, neue Anwendungen, welche eine Weiterentwicklung nahegelegt hätten, waren nicht in Sicht, so dass das Verfahren von den mittelrheinischen Tischlern bald wieder aufgegeben wurde, somit folgenlos blieb.

Michael Thonet wusste mit Sicherheit von den zahlreichen Konkurrenten, die ebenso wie er mit der Herstellung von Bauteilen aus verleimten Furnieren experimentierten und auch über seine Versuche in der Bopparder Werkstatt informiert gewesen sein dürften. Doch in der Jubiläumsschrift, in welcher der Gründervater der Bugholzmöbelindustrie, der beharrlich, in mühevoller und aufopferungsreicher Arbeit dieses Verfahren entwickelt haben soll, gefeiert wird, werden keine Konkurrenten erwähnt.[76]

In zeitgenössischen Ausstellungsberichten und Zeitungsmeldungen finden sich indes die Namen einiger Tischler, die in ihren Werkstätten schichtverleimte Möbel herstellten: Peter Honard in Mainz, Andreas Müller und Peter Mündnich (auch

Mündenich oder Müntenich) in Koblenz und Philipp Jakob Kertell in Bingen.[77] Neben den Erzeugnissen aus der Thonetschen Werkstatt ist bis heute einzig ein Stuhl von Peter Josef Mündnich bekannt[78], von den anderen, Honard, Müller und Kertell, kennen wir nur die Namen. Die beiden letzteren stellten unzweifelhaft Stühle in der Art wie Thonet und Mündnich her, bei Honard ist es nicht ganz eindeutig. Er wird zwar in einem Zusammenhang mit Kertell und Thonet genannt, doch könnten seine Stühle auch in traditioneller Herstellungstechnik erzeugt worden sein, wofür die gegenüber den beiden genannten Tischlern niedrigeren Preise der von ihm 1842 zur Ausstellung nach Mainz gelieferten »Muster von Strohstühlen« sprechen könnten. »Die berühmten Mainzer Stühle mit Stroh- und Rohrsitzen fehlten auch nicht, ich erwähne nur die von Peter Honard in Mainz, zu circa 1 ½ Thlr. per Stük, Kertell in Bingen und Thonet in Boppart [sic] hatten aber hierin das ausgezeichnetste geleistet, namentlich was Leichtigkeit der Holzarbeit betrifft.«[79]

Vergleicht man die Thonetschen Stühle mit den Beschreibungen derjenigen seiner Konkurrenten, so ist ihnen gemeinsam, dass sie ebenso wie diese überwiegend aus schichtverleimtem Holz bestehen. Die zunehmende Konkurrenz am Mittelrhein zeigt, dass die grundsätzlichen Vorteile der Herstellung von Bauteilen aus verleimten

Abb. 3: Peter Mündnich, schichtverleimter Stuhl, Koblenz um 1843

Furnieren nicht alleine Michael Thonet, sondern auch anderen Tischlern bekannt waren. Ob diese ihre Lehrzeit in der Thonetschen Werkstatt in Boppard absolviert und so die speziellen Eigenheiten des Verfahrens kennengelernt hatten, lässt sich ebenso wenig beantworten wie die Frage, ob Michael Thonet der eigentliche Erfinder dieser Art der Schichtverleimung ist. Zwar hat der Verfasser bisher die These vertreten, dass ehemalige Lehrlinge das Thonetsche Verfahren kopierten und modifizierten[80], doch haben sich im Verlauf der Untersuchungen zu dieser Arbeit doch Zweifel daran ergeben, vor allem wenn man die unterschiedlichen Verfahren und die konstruktiven Besonderheiten ihrer Sitzmöbel im Vergleich zu den Thonetschen betrachtet.

Die Werkstatt Mündnich[81] zeigte auf der Allgemeinen Deutschen Gewerbeausstellung 1844 in Berlin »einen, in den einzelnen Theilen, aus mehreren Stücken zusammengeleimten Stuhl von Nußbaumholz [...], welcher mit viele Mühe gearbeitet ist, und ungeachtet seiner Zierlichkeit und Leichtigkeit, eine große Dauerhaftigkeit verspricht, aber bei einem etwaigen Zerbrechen sehr schwer wieder herzustellen sein möchte«.[82] (Abb. 3)

Diese Beschreibung könnte ebenso für einen der Thonetschen Stühle aus der Bopparder Zeit stehen. Die Mündnichs in Koblenz fertigten diese Art Möbel etwa zur gleichen Zeit wie Michael Thonet seine Stühle in Boppard. Auf der Innenseite der seitlichen Zarge des erhaltenen Exemplars findet sich ein Stempel: »Möbel Magazin/ von Peter/Mündnich/Hof Tischler/COBLENZ«. Das Prädikat Hoftischler wurde Vater Mündnich 1843 verliehen. Hieraus und aus weiteren archivalischen Unterlagen lässt sich für diese Art von Stühlen ein Produktionszeitraum von mindestens fünf Jahren nachweisen. Vielleicht wurde diese Art von Stühlen auch schon früher und so lange hergestellt, bis sie durch den aufkommenden Historismus – an dessen Formenrepertoire sich die Mündnichs am Ende der 1840er Jahre orientierten – obsolet geworden waren.[83]

Mündnichs Stuhl wirkt zierlicher und eleganter als der Thonetsche. Die Breite der Seitenrahmen und auch ihre Stärke sind wesentlich geringer als die der Thonetschen Modelle. Mündnich packte mehr und dünnere, durchgehend gleichstarke Furniere für die Seitenrahmen zusammen, während Thonet dickere Furniere, »Schienen«, nahm und die Stärken dort reduzierte, wo eine geringere Belastung auftrat oder engere Radien gebogen werden mussten. Keine Furniermühle zu dieser Zeit war jedoch in der Lage, Furniere in wechselnden Stärken herzustellen, weshalb Michael Thonet die bereits erwähnte, eigens hierfür konstruierte »Schneitmaschine« nutzte, während Mündnich seine Furniere von einer der beiden in Koblenz ansässigen Furnierschneidereien bezog.[84] In den Bereichen, in denen engere Radien gebogen werden mussten, reduzierte er lediglich deren Anzahl, während Michael Thonet die Furniere mühsam selbst sägen und nachbearbeiten musste.

Für die Queraussteifung der Beine verwendete Mündnich – ebenso wie bei der Mittelehnschwinge – ein wellenförmiges Schichtholzteil, welches mittig unterhalb des Sitzes angebracht war, während Michael Thonet zwei Queraussteifungen zwischen die Vorder- und Hinterbeine ein wenig oberhalb der Fußschlaufen einarbeitete. Die Lösung bei Mündnich ist überzeugender und praxisnäher: Bei einigen Bopparder Sesseln und Fauteuils ist die vordere Querverbindung gebrochen oder fehlt ganz. Offensichtlich kam man beim Gebrauch mit dem Unterschenkel dagegen oder trat gar versehentlich darauf, was bei der Fragilität der Konstruktion leicht zum Bruch führen konnte. Bei dem Stuhl von Mündnich ist die Aussteifung so weit nach hinten versetzt, dass sie mit den Füßen nicht zu erreichen ist.

Philipp Jakob Kertell aus Bingen ist ein weiterer Tischler, der Stühle in der Art wie Thonet und Mündnich sie herstellten, anbot. Und ebenso wie Thonet und Honard präsentierte auch Kertell seine Erzeugnisse auf der Allgemeinen deutschen Industrie-Ausstellung 1842 in Mainz: Unter anderem vier Stühle und zwei Sessel in Nußbaum-, Kirschbaumholz und Mahagoni.[85] In einem Gutachten der Commission des Großherzoglich Hessischen Gewerbevereins vom Januar 1842 findet sich eine Beschreibung seiner Stühle, die zweifelsfrei aus Schichtholz konstruiert sind. »Der Möbelfabrikant Kertell aus Bingen producirte zwei Stühle, wovon der eine mit Mahagony fournirt und gepolstert, der andere aus Nußbaumholz, gleichfalls fournirt und mit Rohrsitz versehen war. [...] Ihre Festigkeit, bei verhältnismäßig sehr geringer Dicke und Breite des Holzes, beruht auf einer eigenthümlichen Art der Zusammensetzung, die wir zwar im Wesentlichen nicht für ganz neu erklären können, die aber demohngeachtet in Bezug auf die besondere Ausführung von der Zusammensetzung ähnlich construirter Stühle – soweit solche uns bekannt geworden – abweicht. Durch diese Abweichung ist es dem Verfertiger möglich geworden, in Bezug auf Form sowohl, wie auf Festigkeit des Stuhls, seinem Fabrikat Vorzüge zu geben, welche die im Wesentlichen auf der nämlichen Zusammensetzungsweise beruhenden ähnlichen Fabrikate nicht besitzen. Die gebogenen Seitenteile des Stuhls bestehen aus einem Stück und sind dergestalt gefertigt, daß kein verschnittenes Holz daran befindlich ist, oder, wie es die Schreiner bezeichnen, keine Fasern über Holz gehen. Diese Theile des Stuhls erhalten hierdurch, bei verhältnismäßig sehr dünnem Holz eine Festigkeit, wodurch sie einer Gewalt, welche schicklicherweise dem Stuhl zugemuthet werden kann, vollständig widerstehen.«[86]

Alle Eigenschaften, welche die Stühle von Thonet und Mündnich auszeichnen, finden sich ebenso bei Kertell: Die große Festigkeit bei verhältnismäßig geringer Dicke und ebenso die gebogenen Seitenteile aus einem Stück. Doch sind die Stühle von Thonet und Mündnich verleimt, nicht so bei Kertell: »Die Seitentheile machen für sich bestehende Theile aus und sind mit den Querstücken des Stuhls nicht zusammengeleimt, sondern vermittelst durchgehender, wenig sichtbarer Eisen zusammengeschraubt. Diese Verbindungsart der einzelnen Teile mit einander ist in mehr wie einer Beziehung sehr zweckmäßig; Sie verleiht dem Stuhl eine bedeutende Festigkeit und Dauerhaftigkeit gegenüber den auf gewöhnliche Weise verfertigten Stühlen, […]. Es entsteht endlich durch die bemerkte Art der Zusammensetzung, bei vorzunehmender Versendung der Stühle, auch noch der große Vortheil, daß dieselben durch Zerlegung in ihre einzelnen Theile in einen sehr kleinen Raum verpackt werden können; zu einem Dutzend Stühle ist eine Kiste von 23 ½« lang, 22« breit und 3' hoch vollkommen genügend.«[87]

Produktion und Verbreitung der Möbel der Firma Gebrüder Thonet ab dem Ende der 1850er und die des Philipp Jakob Kertell in Bingen am Anfang der 1840er Jahre sind zwar nicht vergleichbar, doch ist es bemerkenswert zu sehen, dass sich ein bislang so gut wie vergessener Tischler bereits Gedanken um praktische Aspekte seiner Sitzmöbel machte und Lösungen fand, die später bei einer massenhaften Produktion in industriellem Maßstab tatsächlich zum Tragen kamen und eine weltweite Verbreitung erst ermöglichten.[88]

Der letzte bis heute namentlich bekannte Tischler, der sich des Verfahrens, Möbelteile aus zusammengeleimten Furnieren herzustellen, bedient hat, ist ein gewisser Andreas Müller aus Koblenz. »Der hiesige Schreiner Andr. Müller hat auf dem Kasino 6 Stühle zur Ansicht ausgestellt, welche ganz aus zusammengeleimten Fournieren von Nußbaumholz bestehen. Diese Art Möbel, welche seit einiger Zeit in öffentlichen Blättern mehrfach erwähnt und besprochen wurden, bieten Vorzüge dar, die auf keine andere Art zu erreichen sind. Mit einer großen Leichtigkeit verbinden sie eine bedeutende Stärke und Elastizität. Ihre Stärke verdanken sie dem Umstand, daß nur Längenholz an denselben vorhanden ist, weil die Fourniere nur in Richtung der Holzfaser geschnitten werden, daß der zwischen den Fournieren befindliche Leim selbst eine bedeutende Stärke und Elastizität besitzt. […] Ein Stuhl des Herrn Müller wiegt ohne Polster zwischen 4–5 Pfund, und dennoch kann der stärkste Mann auf demselben nicht nur zuversichtlich sitzen, sondern auf den 2 Hinterfüßen des Stuhles schaukeln, ohne daß das Holz nur den leisesten Ton gäbe. Diese Art von Benutzung der Fourniere ist nicht neu, sondern schon vor langer Zeit hier und dort versucht, jedoch nicht umfangreich in Ausübung gebracht worden. Der Tischler Thonet in Boppard zeichnet sich ebenfalls durch Arbeiten dieser Art vortheilhaft aus.«[89]

Dieser Bericht erschien nahezu gleichlautend auch in anderen Zeitschriften, so im Februar 1842 in der Allgemeinen Polytechnischen Zeitung, unter der Überschrift: »Stühle aus Fournieren.«[90]

3.4. Der Versuch einer Konsolidierung: Der erfolglose Patentantrag in Preußen

Michael Thonet reichte am 25. August 1840 einen Patentantrag bei der Bürgermeisterei seiner Heimatstadt Boppard ein. Die Neuigkeit, auf die er ein Patent beantragte, bestand darin, dass er ein Verfahren entwickelt hatte, geschweifte Möbelbestandteile aus Furnierbündeln herzustellen. Als Vorteile seiner Methode gegenüber der alten, nach der geschweifte Bauteile aus massivem Holz geschnitten wurden, nannte er deren größere Festigkeit bei geringerem Holzaufwand, ihre Leichtigkeit und eine schnellere Fertigung durch die Verwendung identischer Formen.

Bei den Gründen, welche ihn veranlassten, nun plötzlich ein Verfahren schützen zu lassen, welches er immerhin schon seit einigen Jahren anwandte, dürften folgende Überlegungen eine Rolle gespielt haben. Einmal ging es Thonet darum, sich einer zunehmenden Konkurrenz zu erwehren, gleichzeitig war es aber auch ein letzter verzweifelter Versuch einer wirtschaftlichen Konsolidierung. Dass dieses Vorhaben jedoch wenig Aussicht auf Erfolg haben würde, zeigt bereits ein Blick auf die Praxis der preußischen Patentgesetzgebung in den 1840er Jahren, die seit 1815 in dem sogenannten »Publikandum über die Ertheilung von Patenten«[91] festgeschrieben war und bis 1877 galt.[92]

Das Patentwesen in Preußen war von Beginn an ein Instrument der Wirtschaftspolitik, wobei mit deren zunehmender Liberalisierung die Patenterteilung immer restriktiver gehandhabt wurde. Im Jahr 1840, in dem Michael Thonet seinen Patentantrag stellte, wurden in Preußen lediglich 53 Patente erteilt.[93] Da die Zahl der Patentanträge nicht bekannt ist, lässt sich nicht ermitteln, wie viel Prozent der eingereichten Patentanträge dies entspricht. Doch dürfte das Verhältnis ähnlich gewesen sein wie in den Jahren 1845 bis 1853, in denen zwischen 400 und 600 Gesuche pro Jahr gestellt wurden und die Zahl der erteilten Patente lediglich zwischen 55 und 87 lag. Die weit überwiegende Anzahl der Gesuche wurde abgelehnt.[94] Auch die Gewerbevereine sprachen sich zunehmend gegen einen Erfindungsschutz aus, da dieser »ein Hemmschuh der Industrie sei und durch ein System von Belohnungen für verdiente Erfinder ersetzt werden müsse«.[95]

Wesentlich für die Erteilung eines Patents in Preußen waren der Nachweis der Neuheit und Nützlichkeit der Erfindung. Die Dauer eines Patents konnte bis zu 15 Jahre betragen, war meist jedoch wesentlich kürzer, da die Neuerung möglichst rasch der Allgemeinheit zur Verfügung stehen sollte.

Der behördliche Gang des Verfahrens war genau festgelegt: Das Gesuch wurde an die zuständige Bezirksregierung gerichtet, die es an das Ministerium sandte, die es an die technische Deputation weiterleitete. Diese nahm eine Prüfung auf Neuheit vor und schickte es mit einem Gutachten an das Ministerium zurück. Der Minister entschied über Gewährung oder Ablehnung. Dessen Entscheidung wurde an die zuständige Bezirksregierung übersandt, welche sie dem Antragsteller zukommen ließ.

Zu dem Patentantrag Michael Thonets ist nur das begleitende Schreiben erhalten, aber weder eine detaillierte Beschreibung des Verfahrens noch die später beigelegten Zeichnungen oder der nach Berlin mitgeschickte Modellstuhl. Es finden sich in dem Begleitschreiben eine Reihe von Hinweisen, welche Thonets finanzielle Schwierigkeiten zu dieser Zeit erahnen lassen.[96] Auf dem Eingangsschreiben an die Bezirksregierung in Koblenz findet sich zwar schon der Vermerk: »event.[uell] zu befürworten«, doch beauftragte die Behörde den Bauinspektor Lassaulx zu prüfen, ob es sich bei der von Michael Thonet zum Patent angemeldeten Methode tatsächlich um eine Neuerung handle, in Preußen ein wesentliches Kriterium für eine Patentierung.

Lassaulx kam zu dem abschließenden Ergebnis, dass »dessen [Thonets] Ansprüche auf Ertheilung eines Patents begründet erscheinen dürften«.[97] Dieses Gutachten, zusammen mit allen Anlagen, schickte die Bezirksregierung am 28. Oktober 1840 nach Berlin mit der Bitte, Michael Thonet das Patent zu erteilen. Die Technische Deputation äußerte jedoch Bedenken und bezog sich dabei auf das Gutachten von Lassaulx, der darauf hingewiesen hatte, dass »das fragliche Verfahren in Wien zur Anfertigung gewundener Theile der Treppenwangen und Handlehnen in gleicher Art schon häufig angewendet worden ist«.[98] Die Prüfungskommission hielt es zwar für wahrscheinlich, »daß diese Vorrichtung zur Anfertigung geschweifter Möbelarbeiten etwas Neues enthält, worauf demnächst das beantragte Patent ertheilt werden könnte«, war sich jedoch nicht sicher und empfahl, »dem Thonet aufgeben zu lassen, durch Zeichnung oder Modell eine deutliche Darstellung von der Presse zu liefern, die er zu dem in Rede stehenden Zweck vorgerichtet hat, und das dabei in Anwendung gebrachte Verfahren deutlich zu beschreiben«.[99] Michael Thonet kam der Aufforderung nach und stellte ein »nachmaliges Gesuch«.[100] Neue Beschreibungen und ein Modell der Presse wurden nach Berlin geschickt.[101]

Bezüglich des Umfangs des Patents ist dem beiliegenden Brief zu entnehmen, dass es nun nicht mehr allein darum ging, »dem Holze alle denkbaren Biegungen beizubringen«, was das Verfahren der Herstellung von Bauteilen aus Schienen beschreibt, sondern auch »das Formen der erhabenen Figuren«.[102] Letzteres bezog sich auf die Fertigung der Mittel-Lehnschwinge, die aus drei Furnieren bestand und in die ein Relief in Form zweier liegenden Lyren eingepresst wurde. Auch das hierbei angewandte Verfahren sollte ganz offenbar patentiert werden. In diesem Schreiben finden sich darüber hinaus nochmals aufschlussreiche Hinweise auf Thonets finanzielle Situation und seine Zukunftspläne. »Da Bittsteller bei einer zahlreichen Familie sehr unbemittelt ist, so sieht er sich noch zu der weiteren Bitte veranlaßt ihm hochgeneigtest das Patent für die ganze Monarchie und auf wenigstens acht Jahre bewilligen zu wollen. Sollte ihm dies nicht gewährt werden, so würde sicher die Zeit seines Patentes eher abgelaufen sein, als seine Erfindung gehörig bekannt geworden ist und dadurch für ihn irgend eine Entschädigung möglich geworden wäre, eben weil ihn seine dürftige Lage daran verhindert die Sache sogleich im Großen betreiben und einigen Nutzen daraus ziehen zu können.«[103]

Michael Thonet befand sich im Frühjahr 1841 tatsächlich in einer »dürftigen Lage«, worauf die bereits erwähnten zahlreichen Schuldverschreibungen hinweisen. Verzweifelt mutet sein Versuch an, sein Verfahren nun dadurch zu schützen, dass er, bevor ein Patent bewilligt wird, nichts mehr verkaufen will. »[...] hat ein Patent für seine Erfindung nachgesucht, und will, bevor ihm dasselbe zugestanden ist, keine Verkäufe machen.«[104] Das Verfahren war bekannt und die vorläufige Einstellung des Verkaufs könnte es nicht verhindern, dass andere Tischler weiterhin »Stühle aus Fournieren« verkaufen würden. Seine »dürftige Lage« hingegen würde sich nur noch weiter verschlechtern, wenn er den Verkauf bis zur Erteilung des Patents einstellen würde. Es handelte sich bei den in diesem Schreiben nach Berlin angeführten Gründen sicher nicht um eine Art taktisches Vorgehen, das Vorgeben einer angespannten Situation, um das Patent möglichst rasch zu erhalten, sondern die Verhältnisse waren tatsächlich so.

Dieser zweite und ausführlichere Antrag Thonets wurde nochmals der Technischen Deputation zur Prüfung vorgelegt. Sie kam zu dem endgültigen Ergebnis, dass das von Thonet beantragte Verfahren nicht patentierfähig sei, da weder das Pressen von Furnierblättern in Schablonen noch »das Pressen der verzierten Holzsachen in Reliefs« etwas Neues sei, »und demnach dürfte der Bittsteller nur abschläglich zu bescheiden sein«.[105]

Das Finanzministerium schloss sich dieser Beurteilung an, setzte Michael Thonet von der Entscheidung in Kenntnis und schickte die Beschreibungen, Zeichnungen und den Modellstuhl nach Boppard zurück.[106] Michael Thonet gab sich mit diesem Bescheid allerdings nicht zufrieden und schickte einen Monat später ein weiteres Schreiben nach Berlin. (Abb. 4) Darin bedauerte er die Entscheidung und vermutete, dass sein Antrag abgelehnt wurde, »weil er aus Unkenntniß in derartigen Dingen, sein Gesuch nicht richtig gestellt hat; [...] da er als schlichter Handwerker mit derartigen Dingen ganz unbekannt ist, so bittet er Ein Hohes Finanz-Ministerium ihm doch gütigst die nöthigen Winke zu ertheilen, um das Ziel seiner Bemühungen endlich doch zu erreichen«.[107]

Am Ende dieses Schreibens findet sich nun erstmals ein Argument, das darauf verweist, dass es Thonet nicht mehr alleine um den Schutz seiner Erfindung ging, sondern dass diese in Preußen auch verwertet werden sollte. »Da der Unterzeichnete gesonnen ist, seine Erfindung auf dem Wege der Subscription in dem preußischen Staate zu veröffentlichen, so bittet er, um Zeit zu den hiermit verknüpften Reisen zu haben, ihm das Patent auf wenigstens fünf Jahre gütigst zu ertheilen.«[108]

Doch auch dieser letzte Versuch scheiterte. Das Ministerium in Berlin ließ sich auf diese Argumentation gar nicht erst ein, konnte wohl auch keinen allgemein volkswirtschaftlichen Nutzen in dieser Erfindung sehen und begründete seine Ablehnung nach wie vor mit der fehlenden Neuheit.[109] Nur wenige Tage nach dem

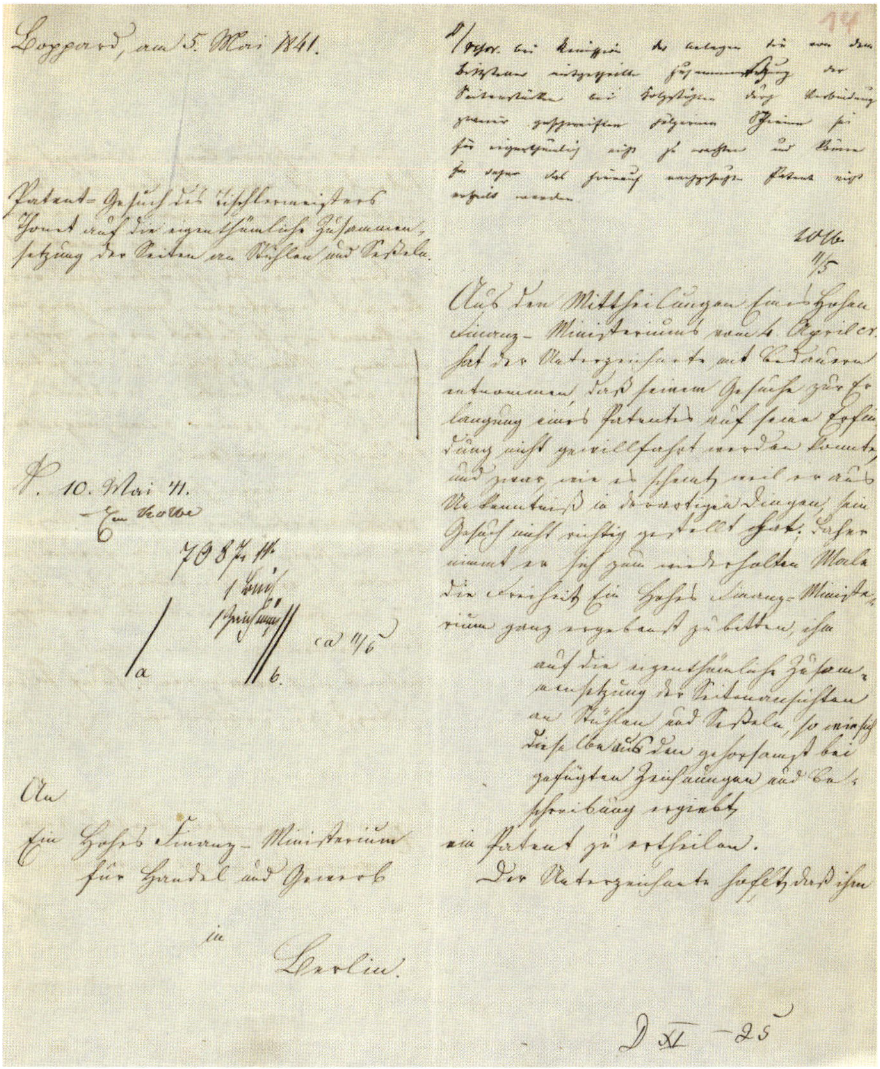
Boppard, am 5. Mai 1841.

Berlin.

Abb. 4: Erste Seite des Schreibens Michael Thonets an das Finanzministerium in Berlin, Boppard, 5. Mai 1841

Schreiben Thonets wurde der ablehnende Bescheid ausgefertigt. »Bei Rückfertigung der mit Ihrer (+ anderweiten) Vorstellung vom 5ten d. M. eingereichten Zeichnung und Beschreibung eröffne ich Ihnen, daß die daraus ersehene Zusammensetzung der Seitenstücke bei Holzstühlen durch Verbindung zweier geschweifter hölzerner Schienen für neu und eigenthümlich nicht zu erachten ist u. Ihnen daher auch das hierauf nachgesuchte Patent nicht ertheilt werden kann. Berlin, der Finanz Minister, In dessen Abwesenheit, Unterschrift.«[110] (Abb. 5)

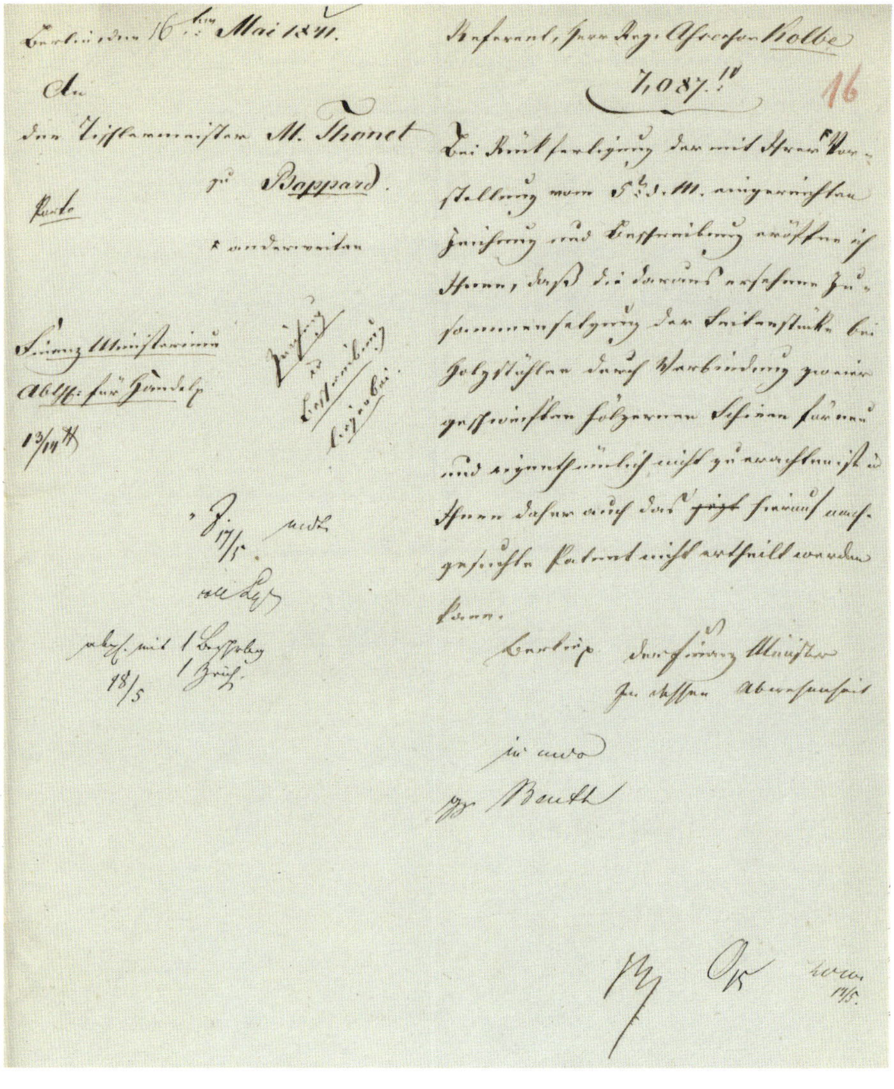
Mai 1841.
M. Thonet
Boppard.
7,087
16

Abb. 5: Endgültig ablehnender Bescheid des Finanzministeriums an den Tischlermeister Michael Thonet zu Boppard, Berlin, 16. Mai 1841

3.5. Johann Walther van Meerten

Michael Thonets Versuch, sein Herstellungsverfahren in Preußen schützen zu lassen, war im Frühjahr 1841 endgültig gescheitert. In dieser schwierigen Situation brauchte er Hilfe, vor allem brauchte er dringend einen Geldgeber, den er in dem Bopparder Privatier Johann Walther van Meerten fand.[111] Wer war dieser Johann Walther van Meerten, dessen Namen wir in der Thonetschen Überlieferung vergebens suchen? In einigen Publikationen wird er vage als einer der »Financiers« Thonets in Boppard beschrieben. »Kurze Zeit später gelang es ihm [Michael Thonet], Bopparder Kaufleute, darunter auch einen Herrn van Meerten, zu interessieren, die gegen eine Gewinnbeteiligung das nötige Geld vorstreckten.«[112] Dies ist zwar richtig, wird van Meertens Bedeutung aber in keiner Weise gerecht. Allein die Tatsache, dass Michael Thonet, van Meerten und andere – stets aber unter der Federführung van Meertens – von April bis Oktober 1841 zahlreiche Verträge über die Anmeldung und Verwertung von Patenten im Ausland schlossen, zeigt dessen herausragende Bedeutung, die weit über eine lediglich finanzielle Unterstützung hinausging. Michael Thonet musste spätestens ab der endgültigen Ablehnung seines Patentantrags in Preußen im Frühjahr 1841 erkennen, dass er den zunehmenden Schwierigkeiten alleine nicht mehr gewachsen war. Johann Walther van Meerten nahm die Dinge in die Hand und versuchte, Thonets wirtschaftliche Verhältnisse wieder zu konsolidieren. Es war van Meerten, der mit seinem diplomatischen Geschick schließlich die Verbindung zu Metternich und nach Wien herstellte und so eine der entscheidenden Voraussetzungen dafür schuf, dass die Firma Gebrüder Thonet zu einem der weltweit größten Möbelhersteller in der zweiten Hälfte des 19. Jahrhunderts werden konnte. Umso erstaunlicher sein völliges Übergehen in der Familien- und Firmengeschichte.

Johann Walther [Johannes Woltherus, auch: Johannes Walterus, Jean Gautier] van Meerten wurde am 5. Mai 1810 in Lommel in den Niederlanden geboren. Der Vater, Hubert van Meerten, war 1797 als Student der Rechtswissenschaften an der Universität in Utrecht eingeschrieben und lebte ab 1832 in Neuwied, wo er als Berater des Fürsten zu Wied beschäftigt war. Der Sohn, Johann Walther, heiratete am 21. Februar 1836 in Neuwied die zwanzigjährige Maria Friedericke Wilhelmine Herborn, Tochter des Fürstlichen Regierungssekretärs Georg Ernst Herborn, der ebenso wie Johann Walthers Vater in Diensten des Fürsten zu Wied stand. Bei der Geburt des ersten Kindes, Maximilian Wolterus Hubert Ernst wird Johann Walther in der Taufurkunde als Bürger[113] und Conditor bezeichnet. Ob er diesen Beruf tatsächlich auch ausgeübt hat, ließ sich nicht feststellen; doch die Familie van Meerten verfügte über ein beträchtliches Vermögen, so dass er wirtschaftlich darauf nicht angewiesen gewesen sein dürfte.

Wann Johann Walther van Meerten und seine Frau nach Boppard übersiedelten, ist nicht bekannt, doch muss es in der Zeit zwischen 1838 und 1840 gewesen sein.[114] Im August 1840 erwarb van Meerten von dem Bopparder Privatmann Johann Peter Franz de Laforgue die sogenannte Kammeraths-Mühle (auch Lukas- oder Lukasen-Mühle), die dieser wiederum nur wenige Monate zuvor, am 10. Februar 1840, von dem Müller Lucas Neunzehn gekauft hatte.[115] Van Meerten kaufte die Mühle mit allen Einrichtungsgegenständen zu einem Preis von 1.800 Talern preußisch courant und erwarb in den folgenden Jahren immer wieder auch Grundstücke an das Mühlengelände angrenzend.[116] Man kann davon ausgehen, dass er dieses »Gut« – in einigen Verträgen mittlerweile so benannt, ebenso wie van Meerten nun »Gutsbesitzer« – nicht selbst bewirtschaftete, möglicherweise auch einige Parzellen verpachtete.

Van Meerten verfügte zu dieser Zeit über erhebliche finanzielle Mittel. Nach dem Tod des Vaters beantragten er und seine Schwester Catharina Margarita Huberta, die ebenso in Neuwied verheiratet war, den Verkauf der sich in den Niederlanden befindlichen Immobilien, was mit gewissen Schwierigkeiten verbunden war, letztendlich aber ermöglicht wurde.[117] Darüber hinaus erhielt er eine »Kapitalsumme von dreitausend Gulden Niederländisch Courant oder sechszehnhundert sechszig sechs Thaler zwanzig Groschen Preußisch Courant«[118] aus der Löschung einer Hypothek in den Niederlanden. Weitere 3.000 Taler stammten aus der Cession einer Schuld- und Hypothekenverschreibung. Van Meerten übertrug die Forderungen daraus im November 1840 an den Bopparder Kaufmann Friedrich Brust.[119]

Seine finanzielle Situation ermöglichte es Johann Walther van Meerten, in Boppard ein Leben als Rentier[120] zu führen und einen Teil seines Geldes in die Patentierung des Thonetschen Herstellungsverfahrens zu investieren. Hierbei würden beide Seiten profitieren: Michael Thonet sah eine Chance, seine wirtschaftliche Lage wieder in Ordnung zu bringen, van Meerten hoffte, aus dem investierten Kapital Gewinn ziehen zu können.

Wie oder wann der Kontakt zustande kam oder wer initiativ wurde, ist nicht bekannt. Der gemeinsame Wohnort spielte sicher eine Rolle, doch weder van Meertens Leben als Privatier noch seine mögliche Ausbildung legen es nahe, dass er sich nun um Fragen patentrechtlicher Art und die wirtschaftliche Verwertung von Patenten hätte kümmern können. Dies wurde ihm auch relativ bald bewusst und er bediente sich entsprechender Hilfe.

3.5.1. Die Patentanträge im Ausland

Im Folgenden werden die insgesamt vier Verträge über die Beantragung von Patenten im Ausland, welche Johann Walther van Meerten mit Michael Thonet und noch weiteren Geldgebern zwischen April und Oktober 1841 schloss, ausführlich vorgestellt. Die Initiative hierzu ging allein von van Meerten aus. Michael Thonet war nur Nebendarsteller, was unter anderem auch erklärt, weshalb diese Verträge in der Thonetschen Überlieferung nicht erwähnt und der Name van Meerten in dem Gedenkblatt nicht genannt werden durften.[121] Umso mehr ist es für eine korrekte Darstellung der Thonetschen Familien- und Firmengeschichte notwendig, auf die maßgebliche Rolle Johann Walther van Meertens hinzuweisen.

Der erste Vertrag über die Erwirkung von Patenten im Ausland wurde am 14. April 1841 bei dem Notar Holthof in Boppard zwischen Michael Thonet und Johann Walther van Meerten geschlossen. Van Meerten verpflichtete sich, alles notwendige zu unternehmen, für die Erfindung Michael Thonets, »Tischlerarbeiten, besonders Stühle und Sessel aus gepreßtem Holz darzustellen [...] Patente für die Staaten Frankreich, England und Rußland zu erwirken, sowie den Verkauf der erlangten Patente in diesen Staaten auf die möglichst vortheilhafteste Weise nach bestem Wissen und Gewissen einzuarbeiten und zu bethätigen«.[122] Darüber hinaus war vertraglich festgelegt, dass alle hierzu notwendigen Auslagen – Reise-, Verpflegungs- und Transportkosten – van Meerten zu tragen hatte. Die erheblichen Kosten für die Anmeldung der Patente legte er vor und sollte diese zinslos aus dem zu erwartenden Gewinn, der gemeinschaftlich sein sollte, zurückerhalten. Neben noch weiteren Regelungen fallen folgende zwei Vereinbarungen auf: »Sollte die Angelegenheit kein günstiges Resultat liefern, sodaß sämtliche Auslagen [...] sich nicht zu zwei hundert Prozent rentieren«, ist Thonet verpflichtet, van Meerten »zu einem Drittel an seinem in der Verfertigung erwähnter Arbeiten bestehenden Geschäfte beteiligen, wogegen denn wieder, um dies Geschäft in Schwung zu bringen, van Meerten sich verpflichtet, vor seiner Abreise dem Thonet ein Darlehn ad circa fünfhundert Thaler gegen fünf Prozent auf Handschrift zu geben«.[123] Hinzu kam eine Art Verkaufsverbot: »Thonet darf von heute ab [14. April 1841] ohne Bewilligung des van Meerten sich mit Niemand rücksichtlich des in Rede stehenden Geschäftes einlassen, um so weniger diese Verfahrungsart zur Darstellung der gedachten Arbeiten anderen mittheilen, noch auch angefertigte Arbeiten binnen einem Zeitraum von fünf Monaten absetzen.«[124]

Zwischen van Meerten und Thonet muss es einen geschäftlichen Kontakt bereits vor dem Abschluss des ersten Vertrags gegeben haben. »Zur Gewährleistung für die getreue und gewissenhafte Ausführung des andurch übernommenen Geschäftes seitens des van Meerten sollen dem Thonet sowohl ein früheres Darlehen von fünfhundert

Thalern als das erwähnte, welches Thonet noch erhalten soll, […] als Bürgschaft dienen.«[125], heißt es in dem ersten Vertrag. Wofür Michael Thonet diese 500 Taler benötigte, ist nicht bekannt, doch findet sich in dem Vortrag des Hof- Clavier- Instrumentenmachers Streicher vor dem Niederösterreichischen Gewerbeverein über die Besonderheiten des Thonetschen Verfahrens die Bemerkung, dass nach den ersten Versuchen »vor ungefähr acht Jahren«, weitere Versuche folgten, »bei welchen ihn sein jetziger Associé, Herr Van Meerten, auf das erfolgreichste unterstützte«[126]. Es ist anzunehmen, dass die erwähnten 500 Taler zu dieser Unterstützung gehörten, van Meerten die finanziellen Schwierigkeiten Michael Thonets kannte und er wusste, worauf er sich im Frühjahr 1841 nun einließ.

In einer Vollmacht, die Michael Thonet van Meerten nur kurze Zeit nach dem Vertragsabschluss, am 8. Mai 1841, erteilte, wird dieser als der »Special-Bevollmächtigte« Thonets benannt und es wird unterschieden für die Fälle, in denen der Verkauf des Patents »in den Staaten Englands« oder »in den Staaten Frankreich und Rußland« erfolgt. Bei den letztgenannten behielt sich Michael Thonet ein endgültiges Zustimmungsrecht vor: »sobald der Vollmachtgeber ihn genehmigt haben wird«, bei dem Verkauf des Patents in den Staaten Englands konnte van Meerten jedoch selbst entscheiden, »[…] es zu verkaufen zu dem Preise und unter den Lasten, Clauseln und Bedingungen, die er für angemessen halten wird, ohne daß die Genehmigung von Seiten des Vollmachtgebers nöthig sein wird«.[127]

Der Sinn dieser Regelung ist nicht eindeutig; es könnte mit erwartbaren Schwierigkeiten bei der Anmeldung und Verwertung des Patents speziell in England zu tun haben. Indiz dafür ist, dass van Meerten und Thonet sich hierbei später der Hilfe des in London lebenden Kaufmanns Johann Jacobsohn bedienen werden.

Nur zwei Tage nach Ausstellung der Vollmacht für van Meerten, am 10. Mai 1841, wird ein weiterer Vertrag aufgesetzt, in welchem überraschenderweise ein neuer Vertragspartner auftritt, der Naturalienhändler Johann Ruhl aus Wiesbaden.[128] Dieser Vertrag ist bis auf kleinere Änderungen mit dem ersten vom 14. April 1841 nahezu identisch. In dem letzten Absatz findet sich ein Verweis auf diesen: »Der zwischen den Comparenten Thonet und van Meerten unterm vierzehnten April dieses Jahres von dem instrumentierenden Notar abgeschlossene Vertrag ist durch Gegenwärtigen aufgehoben.«[129]

Sollte nach dem ersten Vertrag van Meerten Michael Thonet ein Darlehen in Höhe von fünfhundert Talern gewähren, so geht diese Verpflichtung nun auf Johann Ruhl über: »[…] wogegen dann wieder, um dies Geschäft in Schwung zu bringen, Herr Ruhl sich verpflichtet, vor seiner Abreise dem Thonet ein Darlehn von fünfhundert Thalern, erforderlichen Falles bis zu achthundert Thalern gegen fünf Prozent auf Handschrift zu geben.«[130] Michael Thonet sollte nach wie vor die

Hälfte des gemeinschaftlichen Nettogewinns erhalten, von den restlichen fünfzig Prozent Ruhl und van Meerten jeweils fünfundzwanzig. Auch in dem Falle, dass sich die ganze Angelegenheit nicht zu zweihundert Prozent rentieren sollte, werden die Bestimmungen entsprechend übernommen: »[…] so können die Herren van Meerten und Ruhl keine anderweitige Entschädigung fordern, als daß Herr Thonet verbunden [verpflichtet] ist, dieselben zu einem Drittel das heißt Jeden zu einem Sechstel an seinem der Verfertigung erwähnter Arbeiten bestehenden Geschäfte zu betheiligen […].«[131]

Die Staaten, in denen die Patente beantragt werden sollten, werden nicht mehr einzeln aufgelistet. Patente sollen »für alle andern Staaten, wo sie es für zweckdienlich erachten werden, mit Ausnahme von Preußen«[132], beantragt werden. Über das Patentgesuch Thonets in Preußen war ja noch nicht endgültig entschieden, erst in der zweiten Maihälfte gab es den ablehnenden Bescheid aus Berlin.[133]

Dass van Meerten und Ruhl nun tatsächlich der Forderung nachkamen, »die Angelegenheit möglichst zu beschleunigen und daher gehalten [sind], die erforderlichen Reisen spätestens binnen vier Wochen von heute ab anzutreten«[134], ist nur für van Meerten und den französischen Patentantrag nachweisbar. Dieser wurde von van Meerten im Juli 1841 eingereicht, wobei sich bemerkenswerterweise der Name Thonet in dem Antrag nicht findet und auch das französische Patent wurde am 16. November 1841 alleine van Meerten erteilt.[135]

Dieses Patent sollte ausschließlich dazu dienen, Lizenzen zu verkaufen. Es enthält daher Passagen, die den Interessenten auf die schnellere, effektivere Herstellung identischer Möbel und Möbelteile und einen sparsameren Einsatz von Arbeitskraft und Ressourcen gegenüber einer traditionell handwerklichen Herstellung ausdrücklich hinweisen: »Sous le rapport de la main-d'œuvre, l'économie est encore plus remarquable; car je forai remarquer d'abord que les feuilles peuvent être débitées à l'avance, assez larges pour que, une fois réunies pour former tout un coté de chaise, elles puissent être coupées en plusieurs parties, et servir ainsi à composer trois, quatre chaises et même plus. De cette sorte Ie travail est extrêmement rapide, les chaises sons toutes identiques de formes et dimensions. J'ajouterai, de plus, qu'une telle chaise est non-seulement bien plus économique sous le rapport de la main-d'œuvre, mais encore sous le rapport de la matière première.«[136] Darüber hinaus werden in dem Antrag noch eine Vielzahl weiterer Anwendungen genannt, die weit über den Möbelbau hinausgehen.[137] All dies verweist darauf, dass es in erster Linie darum ging, potentiellen Interessenten die Vorteile des Verfahrens und dessen vielfältige Anwendungsmöglichkeiten vor Augen zu führen. Es ist zwar nur der Patentantrag für Frankreich bekannt und nicht die Anträge für die anderen Staaten[138], doch werden auch diese entsprechende Hinweise enthalten haben.

Am 9. September 1841 wurde ein dritter Vertrag geschlossen. Es kam ein weiterer Vertragspartner hinzu, der in London lebende Kaufmann Johann Jacobsohn.[139] Dieser sollte sich um die Patentanmeldung in England kümmern, wofür ihm ein entsprechender Anteil aus den fünfzig Prozent von Ruhl und van Meerten zugesichert wurde. Für diese Abtretung hatte er »die Summe von vier tausend fünfhundert Gulden oder zwei Tausend fünfhundert Taler preussisch courant an die Herren van Meerten und Ruhl zu entrichten, welche Summe ihm, dem Herrn Jacobsohn jedoch aus dem ersten ([gestrichen:] in England) erzielten Gewinnste wieder zurückbezahlt und vergütet werden solle«.[140] Michael Thonet sollte die Hälfte dieser Summe erhalten, van Meerten und Ruhl je ein Viertel, doch »haben die Herrn Thonet, van Meerten und Ruhl diese Summe in das fragliche Geschäft zu verwenden«.[141]

Es war vereinbart, dass Jacobsohn die Summe von 2.500 Talern nicht in einem, sondern in Teilbeträgen zahlen sollte, wobei der letzte direkt in London an van Meerten und Thonet zu entrichten war, denn überraschenderweise hatten sie die Absicht, sich selbst in London um die Patentangelegenheit zu kümmern: »Die von dem Betrage von zweitausend fünfhundert Talern noch verbleibenden Rest hat Herr Jacobsohn an die Herrn van Meerten und Thonet in London zu entrichten, sobald dieselben dort angekommen sein werden.«[142] Es ist eher unwahrscheinlich, dass eine solche Reise stattgefunden hat.

Aus den bis jetzt abgeschlossen Verträgen ist ersichtlich, dass van Meerten sein finanzielles Risiko zunehmend zu minimieren versuchte. Möglicherweise hatte er anfangs mit erheblich geringeren Aufwendungen gerechnet, als dann tatsächlich zu leisten waren, möglicherweise spielten auch Befürchtungen auf schwindende Erfolgsaussichten eine Rolle. Dies erklärt die Suche nach weiteren Geldgebern, erst Ruhl, dann Jacobsohn, wobei deren finanzielle Beteiligungen zwar den zu erwartenden Gewinn von van Meerten schmälern, doch auch dessen möglichen Verlust minimieren würde. Für Michael Thonet änderte sich grundsätzlich nichts: Er erhielt zum einen hohe direkte finanzielle Zuwendungen aus den Beteiligungen der Vertragspartner, zum anderen würde sein hälftiger Anteil bei einem erfolgreichen Ausgang der Patentangelegenheiten nicht angerührt.

Organisation und Vorgehensweise aller notwendigen Schritte in der Patentangelegenheit lagen ausschließlich in den Händen von van Meerten. Am 3. Oktober 1841 bevollmächtigte Johann Ruhl ihn, alles Nötige in dieser Sache auch in seinem Namen zu unternehmen, »[…] um ihn in Beziehung auf das gemeinschaftliche Geschäft für die Erfindung Holzarbeiten aus gepressten Schienen darzustellen, Patente zu erwirken und die erwirkten Patente zu veräussern, gänzlich und in allen Theilen zu vertreten, daher für ihn und in seinem Namen alle erforderlichen zweckdienlichen Schritte zu thun, alle nöthigen Acten und Contracte aufzunehmen und zu unterzeichnen, und zu deren Vollziehung Wohnsitz zu erwählen, namentlich mit dem Hause Platon et Compagnie in London abgeschlossenen Vertrag in Vollzug zu setzen«.[143] Um welche Firma es sich bei Platon et Compagnie handelt und welche Art von Vertrag mit dieser abgeschlossen wurde oder werden sollte, konnte nicht ermittelt werden.

Nach und nach schlichen sich Zweifel ein, ob Jacobsohn die in dem Vertrag vom 9. September vereinbarten Zahlungen tatsächlich leisten würde. Dieser hatte sich »das Recht vor[behalten], binnen dreißig Tagen von heute ab an die Herren van Meerten und Ruhl den Betrag […] von zwei Tausend fünfhundert Talern nach Boppard zu senden oder binnen dieser Zeit, von dem Vertrage wieder abzustehen, so daß, wenn die Einsendung dieses Betrages von dreizehnhundert achtzig [und] acht Thaler zwanzig sechs Groschen acht Pfennig binnen gedachter Frist nicht erfolgt, gegenwärtiger Vertrag als nicht existierend und aufgehoben anzusehen ist«.[144]

Van Meerten sicherte sich ab, suchte und fand einen weiteren Geldgeber: Joseph Wilhelm Fischer, mit dem er und Ruhl am 3. Oktober 1841 einen Vertrag über eine Beteiligung an der »Erwirkung und Veräusserung von Patenten« schlossen. Fischer sollte einen Betrag von achthundert Talern zahlen, welche ihm aus dem Gewinn wieder vergütet werden sollte.[145] Sollte Jacobsohn allerdings doch noch zahlen und dieser Vertrag somit Gültigkeit erlangen, so ist »gegenwärtiger Vertrag gänzlich unwirksam und als aufgehoben und nicht existierend anzusehen, und sind die Herrn Ruhl und van Meerten verpflichtet, dem Herrn Fischer das eingeschossene Kapital ad achthundert Thalern nebst Zinsen zurückzuerstatten und demselben außerdem eine angemessene Entschädigung zukommen zu lassen«.[146]

In letztgenannter Vereinbarung findet sich ein Passus, in dem überraschenderweise bereits von einem Patent für Österreich die Rede ist. Man rechnete offensichtlich damit, dass es erteilt würde und auch verwertet werden könnte, spricht auch ganz konkret schon von einem Gewinn, weshalb Fischer zwar entsprechend der Anteile von van Meerten und Ruhl aus dem Vertrag vom 10. Mai jeweils zu einem Drittel an deren Anteil beteiligt werden sollte, »mit Ausnahme jedoch des in Österreich sich ergebenden Nettogewinnes wovon Herr Fischer von dem Antheile des Herrn Ruhl fünf Prozent und von jenen des Herrn van Meerten drei Prozent erhalten soll«.[147]

Aus der Zeit von November 1841 bis zum Frühjahr 1842 sind keine weiteren Verträge bekannt und es gab in dieser Hinsicht offensichtlich auch keine weiteren Bemühungen in der Patentangelegenheit. Die einzigen Patente, von denen man weiß, dass sie erteilt wurden, sind das französische und das für Österreich im Juli des folgenden Jahres. Es gab allerdings noch Patentgesuche in anderen Staaten und man bemühte sich, noch weitere zu erhalten. So heißt es ein Jahr später in einem Brief von Franz Thonet an seinen bereits in Wien weilenden Vater unter anderem: »Ich fange mit Doktor Schmitz ein Kompagnie Geschäft an, und zwar in St. Martin, […]

und in den Ländern, wo noch kein Patent gelöst ist, werden wir suchen auf welche Art es immer sei, Geld daraus zu ziehen.«[148]

3.5.2. Der Aufenthalt in Wien

Im Frühjahr 1842 schließlich trugen Michael Thonet und Johann Walther van Meerten vor dem Niederösterreichischen Gewerbeverein in Wien ihr Anliegen um eine Patentierung des neuen Herstellungsverfahrens persönlich vor; am 16. Juli 1842 wurde es ihnen von der k. k. Allgemeinen Hofkammer auf die Dauer von fünf Jahren erteilt.[149]

Michael Thonet blieb anschließend in Wien, der Großteil der Familie kam im Herbst, Franz im Frühjahr 1843 nach. Wie lange sich Johann Walther van Meerten in Wien aufhielt und wann er nach Boppard zurückkehrte, ist nicht bekannt. Doch dürfte er noch einige Zeit in der Hauptstadt geblieben sein, da das Patent ja verwertet werden sollte und er wird dies Michael Thonet nicht alleine überlassen haben. Dafür spricht auch eine Meldung in der *Wiener Zeitung* vom Herbst des nächsten Jahres. »Holz in allerhand Formen zu biegen, für Galanterie- Tischlerarbeiten, Radfelgen, Schiffsarbeiten etc. ist von Thonet und Van Meerten aus Boppard am Rhein dem Vereine vorgezeigt worden.«[150] Dass sich van Meerten von Juni 1842 bis September 1843 ununterbrochen in Wien aufgehalten hat, ist allerdings höchst unwahrscheinlich; seine Familie lebte in Boppard und im Februar 1842 war der zweite Sohn Maximilian Walther geboren worden. Doch belegt der nochmalige Aufenthalt im Herbst 1843, dass van Meerten nun alles daransetzte, endlich einen Gewinn aus seinen Investitionen zu erhalten.

3.5.3. Van Meerten verlässt Boppard

Johann Walther van Meertens finanzielle Lage scheint sich ab 1842 zunehmend verschlechtert zu haben. Ab 1844 versuchte er mehrmals, den gesamten Besitz in Boppard zu verkaufen. Dies ist umso überraschender, als man nach der Übersiedlung dorthin nicht den Eindruck haben konnte, dass die Familie die Absicht hatte, nur kurz zu bleiben. So erwarb van Meerten, nachdem er im August 1840 das Mühlenanwesen gekauft hatte[151], im Januar 1841 insgesamt mehr als 5.000 qm Land, direkt an die Mühle angrenzend.[152] Im September des gleichen Jahres kaufte er nochmals nahezu 3.000 qm »Wiese und Baumacker«, »Ackerland und Strauchholz«[153] dazu. Mit der Mühle und allen Parzellen zusammen besaßen die van Meertens nun mehr als 10.000 qm Gelände.

Am 30. November 1844 schließlich fand sich mit dem Bopparder Lederfabrikanten Julius Schaarwächter[154] ein Käufer für das van Meertensche Anwesen und es wurde vereinbart, dass Schaarwächter die Mühle samt aller dazu gehörenden Grundstücke am 1. Mai des folgenden Jahres übernehmen sollte.[155] Drei Wochen vor diesem Termin trat Schaarwächter jedoch von dem Vertrag zurück, da er »[…] den beabsichtigten Gebrauch von dieser Mühle nicht machen könne und außer Stande wäre, die Kaufbedingungen zu erfüllen[…]«.[156] Nach diesem gescheiterten Verkauf fand sich kein weiterer Interessent, weshalb sich die Familie entschloss, die Mühle und das gesamte Inventar nun versteigern zu lassen.[157]

Die Meldung erschien in zahlreichen, auch überregionalen Zeitungen unter der Überschrift: »Verkauf eines herrschaftlichen Landsitzes nebst Mahlmühle und Ländereien.«[158]

Abgesehen von der spürbaren Eile, zeigt ein Passus der Bedingungen der Versteigerung, dass sich die wirtschaftliche Lage der van Meertens weiter verschlechtert hatte. Hieß es in dem Kaufvertrag vom November 1844 mit Schaarwächter noch: »Die Verkäufer [Eigentümer waren van Meerten und seine Ehefrau gemeinsam] garantieren für Freiheit von Hypotheken und Privilegien […]«[159], so lastete auf den Immobilien nun eine Hypothek, »jedoch soll der Steigpreis zur Abtragung derselben vorzugsweise verwendet werden«.[160]

Während das Inventar im Wert von 174 Talern und 18 Groschen versteigert werden konnte, fiel das Gebot für die Mühle zu niedrig aus, weshalb die van Meertens dem nicht zustimmten. Nur fünf Tage später fand sich doch noch ein Käufer, Franz Heinrich Maurer, aus Darmstadt stammend, der ein Domizil in Boppard suchte und die Mühle nebst allen Grundstücken zum Preis von 3.800 Talern erwarb.[161]

Damit war das Bopparder Abenteuer der van Meertens beendet. Dass weiterhin ein Kontakt zu den Thonets bestand, ist eher unwahrscheinlich. Es sind keine Quellen bekannt, die darüber Auskunft geben könnten. Auch das genaue Todesdatum von Johann Walther van Meerten ließ sich nicht ermitteln, da sich dessen Spur nach dem Verkauf der Mühle verliert und auch keine Zivilstandsunterlagen erreichbar sind. Bekannt ist lediglich die Hochzeitsurkunde des 1842 geborenen Sohnes Max, in der Galveston in Texas als Aufenthaltsort des Vaters genannt und als sein Beruf »Ökonom« angegeben wird. Die Gründe, warum er dorthin ging oder auswanderte, sind nicht bekannt. Johann Walther van Meerten verstarb möglicherweise auch dort. In einer Genealogie der Familie van Meerten wird als sein Todesjahr, allerdings ohne Nachweis, 1857 angegeben, was bedeuten würde, dass sich die Eheleute haben scheiden lassen.[162] Die Ehefrau Maria hatte am 26. Juni 1850 in Bonn den Schneidermeister Friedrich Fleck geheiratet. Sie verstarb am 12. Mai 1890, im Alter von 74 Jahren, ebendort.[163]

3.6. Der Mythos Metternich

Eines der entscheidenden Ereignisse für die Erteilung des Privilegs in Österreich und somit den Aufstieg und Erfolg der Firma Gebrüder Thonet soll – so heißt es übereinstimmend in allen bisherigen Publikationen – die Begegnung Michael Thonets mit dem österreichischen Staatskanzler Klemens Fürst Metternich im September 1841 auf dem Johannisberg gewesen sein.[164] Ursächlich für diese schicksalhafte Begegnung sei eine Ausstellung in Koblenz gewesen, an der Michael Thonet teilgenommen habe, wodurch der Fürst auf ihn aufmerksam wurde. Er habe großes Interesse für die ausgestellten Möbel an den Tag gelegt und Michael Thonet auf sein Schloss Johannisberg im Rheingau eingeladen. Michael Thonet sei dieser Aufforderung nachgekommen und habe sich bei dem Fürsten eingefunden, der ihn ermunterte, nach Wien zu gehen. Die entsprechende Aufforderung findet sich als wörtliches Zitat in dem Gedenkblatt. »Mein Lieber, in Boppard werden sie immer ein armer Mann bleiben, gehen sie nach Wien, ich werde sie dort bei Hofe empfehlen; die Fahrt soll sie nichts kosten. Sie können mit dem Cabinetscourier von Frankfurt nach Wien fahren.«[165]

Die Fakten erzählen indes eine andere Geschichte, wie im Folgenden zu sehen sein wird. In dem Gedenkblatt werden, ein wenig überraschend, weder das genaue Datum noch der Ort dieses Ereignisses, welches für die Gründungslegende des Unternehmens so wichtig werden sollte, genannt. Hier heißt es lediglich: »Gelegentlich einer Ausstellung in Coblenz im Jahre 1841 […].«[166] Ein Markt, der zumindest zeitlich mit der im Gedenkblatt erwähnten Ausstellung gemeint sein könnte, fand in Koblenz vom 20. bis zum 27. September 1841 auf dem sogenannten Paradeplatz, heutiger Görresplatz, statt. Die neu errichtete Handelskammer hatte 1834 zwei solcher Märkte, einen jeweils im Frühjahr und einen im Herbst, angeregt. Der Stadtrat behandelte den Antrag in seiner Sitzung am 13. Januar 1835 und sprach sich schließlich dafür aus, »daß eine zweymalige Jahresmesse, jede von 14 Tagen – welche nach der Messe [nicht lesbar] falle und somit die erste am zweiten Montag nach Ostern, die andere am dritten Montag im September ihren Anfang nehme […]«.[167] Vorrangig ging es um die lokale oder regionale Bedarfsdeckung und den Verkauf der mitgebrachten Produkte. Eine Auflistung der Aussteller des Marktes in Koblenz, wenn es eine solche Liste denn gab, ist nicht erhalten. In Anzeigen in der örtlichen Presse, in denen einige Aussteller auf ihre Teilnahme an dieser Veranstaltung hinweisen, finden sich von 1836 bis zu besagtem »Jahrmarkt« im September 1841 kein einziger Schreiner oder auch nur ein Vertreter eines anderen holzverarbeitenden Gewerbes. Bei den Ausstellern handelte es sich meist um Personen des reisenden Gewerbes, um Tuch- und Stoffhändler und Händler für Schmuckwaren; es wurden Esswaren angeboten, ein Naturalienkabinett wurde präsentiert und am Rande des Geländes gastierte im Herbst 1841 auch ein Zirkus.

Die Märkte fanden darüber hinaus nicht in einem festen Gebäude, sondern im Freien statt. Wegen der Ausrichtung und Durchführung dieser Veranstaltung ist es so gut wie ausgeschlossen, dass Michael Thonet daran teilgenommen hat. Er konnte weder erwarten, hier seine Möbel zu verkaufen noch neue Käufer zu gewinnen.[168] Diese Aufgabe hatten Ausstellungen, die von den zu dieser Zeit sich zahlreich etablierenden, meist lokalen Gewerbevereinen ausgerichtet wurden und den Betrieben eine Möglichkeit boten, ihre Erzeugnisse in einem entsprechenden Rahmen vorzustellen und anzubieten.[169]

In Koblenz erfolgte die Gründung eines solchen »Vereins zur Beförderung des Gewerbefleisses«[170] 1835; dessen Satzung genehmigte der damalige Oberpräsident von Bodelschwingh am 3. Februar 1836. In den Statuten war unter anderem festgelegt: »Der Verein wird in Coblenz alle zwei Jahre öffentliche Ausstellungen des Gewerbefleisses veranstalten und damit eine Preisbewerbung verbinden.«[171] Die erste Präsentation mit 102 Ausstellern fand im Oktober 1837 in der Aula des Königlich Preußischen Gymnasiums, heutiges Görres Gymnasium, statt.[172] Die zweite wurde am 13. Oktober 1839 eröffnet, doch hatten sich hierfür nicht einmal mehr die Hälfte der Teilnehmer der ersten Ausstellung gemeldet.[173] In der letzten Sitzung des Gewerbevereins vor dieser Präsentation, in der die geringe Zahl der Aussteller schon bekannt gewesen sein dürfte, findet sich zu den Gründen für das mangelnde Interesse der Gewerbetreibenden und die geringe Resonanz in der Bevölkerung nichts, lediglich die Bemerkung: »Berathung über die nächste Ausstellung.«,[174] wie auch das Protokoll – verglichen mit allen vorhergehenden – merkwürdig kurz ausfällt.[175]

Nach diesem enttäuschenden Beginn stellte der Verein seine Aktivitäten für einige Jahre erst einmal ein. Nach den Aufzeichnungen im Protokollbuch fanden vom 26. September 1839 bis zum 23. März 1844 weder Sitzungen noch Versammlungen statt und erst am 23. März 1844 versuchte man einen Neuanfang. In dem Protokoll dieser Sitzung, vier Jahre nach der letzten, heißt es: »Herr Haslacher legte einen Rechnungsabschluß für die früheren Jahre bis 1840 vor, wobei sich ein Defizit von 11 Thl. 1 Gr. 9 Pf. ergab«[176], was belegt, dass der Verein tatsächlich nur bis 1840 aktiv war. Darüber hinaus kam es wegen der vierjährigen inaktiven Zeit auch zur Wahl eines neuen Vorstands.[177]

Die Zeitschrift, welche der Verein von Januar 1836 bis Dezember 1839 monatlich herausgegeben hatte[178], wurde nicht wieder aufgelegt. Doch der versuchte Neuanfang war nicht erfolgreich, und der erste Koblenzer Gewerbeverein wurde 1847 schließlich aufgelöst.[179]

Die Geschichte des ersten Koblenzer Gewerbevereins wurde ein wenig ausführlicher beschrieben, um zu belegen, dass 1841 keine Ausstellung in Koblenz stattfand, an der – wie in dem Gedenkblatt kolportiert und in einigen späteren Publikationen behauptet[180] – Michael Thonet hätte teilnehmen können. Es ist zu vermuten, dass diese imaginäre Ausstellung lediglich als Erklärung dafür herhalten musste, wie sein Kontakt zum österreichischen Staatskanzler Klemens Fürst Metternich hat zustande kommen können; der Name van Meerten durfte, wie in zahlreichen anderen Fällen auch, nicht genannt werden.

Die Antwort auf die Frage, wie es zu der Einladung auf dem Johannisberg kam, steht nicht mit einer Gewerbe- oder Kunstausstellung in Koblenz im Zusammenhang, auch nicht mit der Begeisterung des Fürsten beim Anblick der Thonetschen Möbel, die er erst bei dem Besuch auf dem Johannisberg zum ersten Mal zu Gesicht bekam, sondern mit den Patentanmeldungen im Ausland, um die sich Johann Walther van Meerten seit dem Frühjahr kümmerte.

Er war es, der den Kontakt zu Klemens Fürst Metternich herstellte und diesen dann in Begleitung Michael Thonets auf dem Johannisberg, etwa dreißig Kilometer von Boppard und fünfzig von Koblenz rheinaufwärts gelegen, besuchte. Ein erster Hinweis auf den gemeinsamen Besuch findet sich in dem Vortrag des k. k. Hof- Clavier-Instrumentenmachers Streicher vor dem Niederösterreichischen Gewerbe-Verein: »Sie [Thonet und van Meerten] waren indessen so glücklich, schon im verflossenen Jahre Sr. Durchlaucht dem Herrn Fürsten Metternich, während seines Aufenthaltes im Schlosse Johannisberg, ein derlei Rad zur Ansicht übergeben zu dürfen [...].«[181] Der gemeinsame Besuch von van Meerten und Thonet bei Metternich macht auch insofern Sinn, als ersterer ein großes Interesse an einem erfolgreichen Fortgang der Patentangelegenheit hatte, die bisher finanziell nicht befriedigend verlaufen war. Mit Klemens Fürst Metternich – durfte man ihm die Thonetsche Erfindung vorstellen – hätte man möglicherweise einen einflussreichen Fürsprecher für die Gewährung eines Privilegs in Österreich. Würde dieses erteilt, ließen sich dort Lizenzen verkaufen und endlich Gewinne erzielen. Johann Walther van Meerten wusste offensichtlich, wie der Kontakt herzustellen war. Sein Vater, Hubert, hatte von 1832 bis zu seinem Tod als Berater des Fürsten zu Wied gearbeitet, seine – Johann Walthers – Frau war die Tochter des Fürstlichen Regierungssekretärs Georg Ernst Herborn. Van Meerten kannte somit dieses Umfeld und die Gepflogenheiten. Das Protokoll in Adelskreisen war ihm geläufig, er wusste, an wen man sich wenden, welche Wege man gehen musste und diese Erfahrungen halfen ihm, eine Audienz bei Metternich auf dem Johannisberg zu bekommen.

Van Meerten und Thonet reisten im September 1841 auf den Johannisberg. Neben der Präsentation einiger Möbel und anderer Gegenstände erhielt Metternich eine Abschrift des französischen Patentantrags[182] mit den dazugehörigen Zeichnungen und ein Michael Thonet betreffendes »Wohlverhaltenszeugnis« des Bopparder Bürgermeisters Jacobs, ausgestellt am 7. September 1841. Beide Dokumente befinden sich im Archiv der Familie Metternich im staatlichen Zentralarchiv Prag.[183] Die einzig überzeugende Erklärung dafür, dass Metternich diese Dokumente überreicht wurden, ist die, dass van Meerten ihn nach der Präsentation der Möbel gebeten hatte, in Wien die Möglichkeit einer Patentierung des Verfahrens in Österreich prüfen zu lassen.[184] Auf einem beiliegenden Zettel findet sich hierzu folgende Bemerkung:

> »H.[errn] J. W. van Meerten
> zu Boppard am Rhein
> N. [ebenstehende] Adreße an welche das Privilegium
> für H. Michael Thonet & C°. [Compagnon] zu senden
> ist. Das Privilegium ist an H. M. Thonet
> & C°. auszufertigen. «[185]

Drei Dinge sind bemerkenswert:

1. Michael Thonet war im September 1841 bereits nicht mehr alleiniger Inhaber der Werkstatt. Die Patentanträge, die bis jetzt gestellt worden waren, hatten kein »günstiges Resultat« geliefert, so dass Thonet nun laut des ersten Vertrags vom 14. April 1841 verpflichtet war, van Meerten »zu einem Drittel an seinem in der Verfertigung erwähnter Arbeiten bestehenden Geschäfte [zu] beteiligen«.[186] Da es aber bisher noch keinen Gewinn aus einem Geschäft gab, nahm van Meerten seine Drittelbeteiligung als Option für zukünftige Geschäfte wahr und wurde in allen folgenden Verträgen und Patentanträgen immer als Compagnon genannt.
2. Die Angabe einer Adresse, an welche das Privileg zu senden sei, verweist darauf, dass es zu diesem Zeitpunkt keinesfalls geplant war, dass Thonet oder van Meerten persönlich nach Wien kommen sollten, um dort ihr Anliegen vorzutragen.[187] Insofern macht die in der Gedenkschrift kolportierte Aufforderung Metternichs, Thonet solle nach Wien kommen, keinerlei Sinn. Warum sollte Metternich Michael Thonet empfehlen, das Lebensumfeld zu wechseln? Es ging lediglich um die wirtschaftliche Verwertung von Lizenzen, die man nach Erteilung eines Privilegs hoffte, verkaufen zu können. Für eine Prüfung der Erfolgsaussichten eines Privilegs in Österreich war es nicht nötig, persönlich vor Ort zu sein, wenn Metternich versprach, die Unterlagen dort vorzulegen.

3. Es ist bereits von einer Ausfertigung des Privilegs die Rede. Man ging offensichtlich davon aus, dass die Erteilung kein Problem sein würde.

Das Treffen mit Metternich hatte Johann Walther van Meerten vermutlich schon lange geplant. Bereits in dem Vertrag mit Jacobsohn vom 9. September findet sich folgende Vereinbarung: »Der Herr Jacobsohn erhält in Beziehung auf die Staaten von Preussen und Östreich keinen Antheil an diesem Geschäfte, sondern nur für alle übrigen.«[188] Es bestand somit bereits vor dem Abschluss des Vertrags mit Jacobsohn die Aussicht auf eine Patentierung in Österreich und Jacobsohn hätte als später eintretender Vertragspartner bei einem erfolgreichen Ausgang keinen Anteil hieraus erhalten. Hinzu kommt das Datum des Wohlverhaltenszeugnisses des Bopparder Bürgermeisters, welches Metternich bei dem Treffen auf dem Johannisberg erhielt. Dieses war bereits am 7. September mit der Absicht ausgestellt worden, es zusammen mit dem Patentantrag Metternich zu überreichen.

Doch war Metternich wirklich an einer Fertigung der Thonetschen Möbel in Österreich interessiert, so, wie es bisher immer gelesen wurde? Ähnliche und modernere Möbel gab es auch in Wien. Es waren nicht die Möbel, für die van Meerten sich Metternichs Interesse erhoffte, sondern das wirtschaftliche Potential des neuartigen Herstellungsverfahrens. Versucht man, sich vorzustellen, worüber die drei Herren bei dem Besuch auf dem Johannisberg gesprochen haben, so wird Michael Thonet seine Erfindung erläutert und van Meerten dem Staatskanzler von den Patentgesuchen im Ausland berichtet haben. Und, vor allem, wird er Metternich auf die volkswirtschaftlichen Möglichkeiten dieser Erfindung hingewiesen haben.[189] Ebenso wie bei den Patentanträgen im übrigen Ausland war es ja nie die Absicht gewesen, dort Bopparder Sessel oder Fauteuils zu fertigen, sondern ein Verfahren anzubieten, mit dem sich Möbel und andere Holzarbeiten schneller und kostengünstiger herstellen ließen. Das war es, womit man Metternichs Aufmerksamkeit wecken konnte. In der Gedenkschrift ist von all dem nicht die Rede, sondern von der Begeisterung des Fürsten über die Möbel Michael Thonets, über das Stöckchen, das er von ihm erhielt und auch über die Wagenräder.

In einigen Publikationen wird vermutet, dass es vor allem letztere waren, die Metternichs Interesse weckten.[190] Räder spielten bei allen Patentanträgen van Meertens keine Rolle und die Räder, die man am Anfang der 1860er Jahre erfolglos – beispielsweise den Omnibusgesellschaften in London – anbot, dienten einer rein zivilen Nutzung, wiewohl man auch versuchte – allerdings ebenso erfolglos – Patente dafür zu erhalten, um sie der preußischen, englischen und französischen Armee zu verkaufen.[191]

Für Metternichs Bereitschaft, prüfen zu lassen, ob ein Patent in und für Österreich erteilt werden könne, spielten andere Gründe eine Rolle. Als überzeugter

Vertreter einer merkantilistischen Gewerbepolitik war es sein Interesse, neue Industrien und Gewerbe nach Österreich zu holen; nicht, weil er fürchtete, dass die Armeen fremder Mächte in den Besitz der Thonetschen Räder kommen könnten, aber auch nicht, weil er glaubte, dass man in Wien mit der Herstellung spätbiedermeierlicher Sessel und Fauteuils Thonetscher Art erfolgreich sein würde. »Zwar lag es nicht in seiner Kompetenz, in die innere kommerzielle Entwicklung der Habsburgermonarchie einzugreifen. Er tat es trotzdem aus seiner Erfahrung als Unternehmer und bewies über den Rahmen seiner eigenen Herrschaft hinaus Tatkraft und frühindustrielles Ingenium.«[192] Wie in anderen kontinentaleuropäischen Ländern setzte die Industrialisierung in Österreich deutlich zeitverzögert ein. In England hatte sie bereits Ende des 18. Jahrhunderts begonnen[193], in Österreich auf breiterer Basis in den 1830er Jahren[194]. Es bestand insofern ein großer Nachholbedarf. Nach Metternichs Überzeugung war es die Aufgabe des Staates, diesen Übergang von einer handwerklichen zu einer fabrikmäßigen Produktionsweise durch wirtschaftspolitische und speziell gewerbepolitische Maßnahmen zu fördern und damit zu erleichtern. »Ein besonderes Engagement entwickelte auf diesem Sektor der österreichische Staatskanzler Fürst Metternich.«[195] Dazu brauchte man aber auch solche Gewerbe, bei denen die begründete Aussicht bestand, dass sie ein über das Handwerkliche hinausgehendes Potential hatten. Als solche stellte van Meerten Metternich die Thonetsche Erfindung vor, damit konnte man sein Interesse wecken.

Metternich war nicht nur Politiker, sondern stand durch seine vielfältigen eigenen ökonomischen Unternehmungen gewerblichen und technischen Neuerungen sehr aufgeschlossen gegenüber, was beispielsweise auch bei den geschäftlichen Aktivitäten seiner Eisenhütte in Plaß, in der mehr als 400 Personen beschäftigt waren, deutlich wird.[196] Auch die relativ schnelle und problemlose Verleihung des Thonetschen Privilegs lässt sich alleine aus gewerbepolitischen Gründen erklären; Metternich musste in diesem Fall nicht intervenieren oder gar protegieren.

Der Mythos Metternich spielt in der Thonetschen Firmengeschichte eine wesentliche Rolle und hat zentrale Bedeutung auch für das Selbstverständnis der Familie. Die Art der Darstellung in dem Gedenkblatt bedient sich dabei bekannter Motive, wie man sie erstmals in Künstlerbiographien finden kann: Klemens Fürst Metternich wird die Rolle des Kenners zugewiesen, der bei einer zufälligen Begegnung das unvergleichliche Talent des Handwerkers Michael Thonet erkennt und ihm empfiehlt, nach Wien zu gehen, wo dieser schließlich ein Möbel-Imperium errichtet.[197] Der Handwerker wird in die Sphäre des Künstlers entrückt, sein Werk, die Schaffung eines neuen Möbeltyps, erhält den Rang eines Kunstwerks, eine neue Industrie entsteht. Aus dem Handwerker wird ein Genie. Legendenbildungen dieser Art vermitteln ein

Bild der Zeit, in der sie entstanden sind und werfen ein Licht auf das Selbstverständnis des am Ende des 19. Jahrhunderts längst weltweit agierenden Unternehmens Gebrüder Thonet. Im weiteren Verlauf verselbstständigen sich bestimmte Erzählmuster, werden zu nicht mehr hinterfragten Topoi der Firmengeschichte, tradiert von den folgenden Generationen, welche die Laufbahn des Biographierten und die Firmengeschichte weiterhin in diesem Sinne inszenieren.[198]

Jedoch nicht erst in dem Gedenkblatt, 1896, sondern bereits in den zahlreichen Nachrufen zum Tod Michael Thonets wurde dieser Mythos ausgebreitet und gepflegt: »[…] und Fürst Metternich war es, der ihn aufforderte, sofort nach Wien zu kommen, um diese großes Aufsehen machende Erfindung einzuführen und ihr schnelle Verbreitung zu geben.«[199] In den folgenden Jahren – noch zu Lebzeiten der Söhne – wurde die Legendenbildung weiterbetrieben. In dem Österreichischen Journal vom Dezember 1881 heißt es: »Ein österreichischer Cavalier, Fürst Metternich, der so epochal in der Politik wirkte, forderte Thonet auf, hieher zu kommen.«[200] In den Nachrufen bei dem frühen Tod von Josef Thonet, 1887, wurde Metternich nochmals bemüht. »Der Verblichene […] ist mit seinem Vater und seinen vier Brüdern über Veranlassung des einstigen Staatkanzlers Fürsten Metternich aus seiner Heimat Boppard am Rhein nach Wien übersiedelt […].«[201] In zahlreichen Zeitungsartikeln aus den 1870/1880er Jahren, welche die Geschichte des Unternehmens nachzeichnen, findet sich immer wieder dieser Mythos, dem die folgenden Generationen, aufgestiegen in die industrielle Elite Österreichs, sicher auch wohlwollend gegenübergestanden haben dürften.[202]

Dieses Narrativ übernehmen Autoren bis heute, der Faden wird weitergesponnen. Die ungewöhnlich schnelle Erteilung des Privilegs bereits zwölf Tage nach der Anhörung vor dem österreichischen Gewerbeverein konnte offenbar nur auf den Einfluss Metternichs zurückzuführen sein.[203] Auch Jaromíra Šimoníková nimmt an, dass »Kanzler Metternich sein Versprechen gehalten hat und hat offensichtlich die schnelle Erledigung des Gesuchs Michael Thonets für die Erteilung des österreichischen Privilegiums unterstützt«.[204] Doch schreibt diese Sichtweise nur die Erzählung des Gedenkblatts fort und macht so lange Sinn, bis keine andere Begründung möglich scheint und neue, bisher unbekannte Fakten oder ein weiterer Akteur auftauchen: Nicht ohne Metternich, ohne Johann Walther van Meerten wäre Michael Thonet in Boppard immer ein armer Mann geblieben.

3.7. Das Ende in Boppard

Michael Thonet und Johann Walther van Meerten hielten sich im Frühjahr 1842 in Wien auf, um ein Patent für Österreich zu beantragen und Verwertungsrechte daran zu verkaufen. Es war nicht geplant, dass es ein langdauernder Aufenthalt sein sollte, noch im März hatte Thonet Gesellen gesucht, die »dauernde Arbeit in der Fabrik gepreßter Möbel in Boppard finden«.[205] Damit die Familie in der Zwischenzeit handlungsfähig blieb, hatte der Vater am 1. Juli 1842 seine Ehefrau Anna und den ältesten Sohn Franz durch eine Vollmacht mit allen Rechten ausgestattet, seine Interessen in Boppard wahrnehmen zu können.[206] Doch spitzte sich die Lage dort immer weiter zu. In einem Brief vom 8. September 1842 an den Vater in Wien beschreibt der älteste Sohn Franz die Situation.[207] Die Gläubiger drohten, den Vater und auch van Meerten verhaften zu lassen; Möbelsendungen nach Wien wurden mit Beschlag belegt. Überraschenderwiese äußerte Franz die Absicht, in Boppard zusammen mit einem Dr. Schmitz ein »Compagnie Geschäft«[208] zu eröffnen, hatte schon Pressen und Schraubzwingen aus der Werkstatt in Sicherheit gebracht und kündigte an, bei einer möglichen Versteigerung weitere Werkzeuge und Gerätschaften ersteigern zu wollen. Auch die Beschickung der am 12. September 1842 beginnenden Allgemeinen Deutschen Industrie-Ausstellung in Mainz belegt, dass Franz, gelernter Tischler, seine Zukunft immer noch in Boppard sah.

Das Patent für Österreich wurde zwar erteilt, konnte jedoch nicht verwertet werden, da sich keine Lizenznehmer fanden. Eine Rückkehr nach Boppard war ausgeschlossen. Es waren keine finanziellen Mittel zur Begleichung der Schulden vorhanden, was die Voraussetzung gewesen wäre, dort wieder arbeiten zu können. Dies war spätestens im September 1842 offenkundig. Franz schrieb nach Wien, dass die Mutter und die Geschwister zu dem Vater kommen werden, sobald sein Geschäftspartner Schmitz das Geld gegeben haben wird.[209] Und auch er hielt sich noch die Option Wien offen: »Geht die Sache [seine Pläne in Boppard] nicht, so hab ich meinen Paß in der Tasche und kann jeden Augenblick abreisen.«[210]

Am 24. Februar 1843 schließlich wurde »[…] auf Anstehen des Franz Thonet, Tischler zu Boppard wohnhaft, als Bevollmächtigter seines Vaters Michel Thonet, Tischler, zu Wien wohnhaft«[211], der Bopparder Besitz von Michael Thonet versteigert. Diese Versteigerung war durch den Verzicht der Gebrüder Caspers das »Immeuble« mit Beschlag zu belegen[212], erst möglich geworden, ebenso wie durch die Bürgschaft von van Meertens Ehefrau Maria über die Summe von 422 Talern, die sich Michael Thonet und Johann Walther van Meerten im August 1842 von dem Koblenzer Bankier Seligmann geliehen hatten.[213]

Das Wohnhaus, »nebst Nebengebäude, Stall, Hofraum, Garten und allem sonstigen Zubehörungen« ersteigerte für 1.185 Taler der Blechschmied Werner Krämer, eine Parzelle von »zwanzig Ruthen sechs und neunzig Fuß Acker« für 61 Taler der Schneider Anton Deisenroth.[214] Der gesamte Erlös betrug somit 1.246 Taler. Die Gläubiger wurden abgefunden und Franz konnte nach Wien abreisen.

Ein bemerkenswertes und überraschendes Detail aus der Zeit der Thonets in Boppard soll nicht unerwähnt bleiben. In Notariatsunterlagen fand sich ein Dokument, aus dem ersichtlich ist, dass Michael Thonet kurz vor seiner Reise nach Wien noch versucht hatte – vermutlich zur Finanzierung der Reise und der Kosten des Aufenthalts dort – Geld aus einem Wechsel zu erhalten, den der Bopparder Uhrmacher Jacob Schuster ausgestellt hatte.[215] In dem Repertorium des Notars Holthof fand sich lediglich die Erwähnung dieses Vorgangs, die Akte selbst, aus der sich weitere Informationen über Anlass und Summe dieses Geschäfts entnehmen ließen, ist nicht mehr auffindbar. Dies ist der einzige Hinweis darauf, dass sich Michael Thonet nicht einmal Geld leihen musste, sondern dass es auch jemanden gab, der ihm Geld schuldete.

4. Wien 1842 – 1858

4.1. Das Privileg für Österreich

Michael Thonet reiste im Frühjahr 1842 nach Wien, »um das von ihm für Oesterreich angemeldete Patent zu verwerthen«.[1] In einem Brief vom 15. Mai 1842 – so er selbst diesen Brief verfasst hat[2] – an seine Familie in Boppard beschreibt er ausführlich und in allen Details, wie Fürst Metternich sich persönlich um ihn kümmerte, mit welcher Begeisterung dieser vor den Hofbeamten das neue Herstellungsverfahren der Thonetschen Erzeugnisse erläuterte und anordnete, die Möbel auch ins kaiserliche Palais zu bringen. Auch dem Kaiser, so Thonet weiter, hätten die Möbel außerordentlich gefallen und er habe den Wunsch geäußert, einige davon zu behalten. Darüber hinaus sei ihm auch noch eine Privataudienz bei einem Minister zugesagt worden.

Ein Patent für Österreich, das Michael Thonet hätte verwerten können, war allerdings zu dieser Zeit, im Mai 1842, weder beantragt noch erteilt. Die Prüfung des zu patentierenden Verfahrens fand erst einen Monat später statt, am 16. Juli wurde das Privileg dann verliehen. Das Datum von Thonets Ankunft in Wien: »am 7. d. abends in Wien angekommen«[3], ist höchst fraglich. Michael Thonet reiste von Boppard über Nürnberg und Regensburg nach Wien. In Nürnberg kam er am 2. Mai an und übernachtete im Gasthaus »Strauß«[4], in Regensburg zwei Tage später im Gasthaus »Dampfschiff«[5]. Der Zeitpunkt der Ankunft in Wien ist bei der Strecke, die er von Regensburg nach Wien noch zurückzulegen hatte, nur schwer nachvollziehbar. Darüber hinaus ist zu fragen, ob Michael Thonet tatsächlich von Metternich mit der Begeisterung, ja, ob er überhaupt von Metternich in Wien empfangen wurde, wie er es in dem vermeintlichen Brief euphorisch geschildert haben soll. Auch die Privataudienz bei dem zuständigen Minister – dessen Name nicht genannt wird – lässt sich nicht belegen. Gewissheit könnte der originale Brief geben, so er denn noch existiert. Doch ist dessen Aufbewahrungsort nicht bekannt, das Gedenkblatt ist die einzige Quelle, aus dem in der Folgezeit dann auch fleißig zitiert wurde. Bei der Bedeutung, welche er für die Familien- und Firmengeschichte haben soll, »in ihm finden wir die Genesis der Geschichte des Hauses Thonet in Oesterreich«[6], ist dies mehr als überraschend. Zusammenfassend lässt sich sagen, dass weder die genannten Gründe für Thonets Fahrt nach Wien, das Datum seiner Ankunft dort noch die Umstände seiner Ankunft einer kritischen und unvoreingenommenen Überprüfung standhalten. Die Geschichte des begeisterten Empfangs Michael Thonets in Wien dürfte ein ebensolches Narrativ sein wie die Einladung Metternichs auf den Johannisberg und die Begeisterung des Fürsten über seine Erfindung mit der Aufforderung, nach Wien zu kommen. Es passt, dass in beiden Fällen Johann Walther van Meerten nicht genannt wurde.

Dieser kam – vermutlich einige Tage nach Thonets Ankunft – ebenfalls in Wien an.[7] Beide trafen Ende Mai/Anfang Juni den Hof- Clavier-Instrumentenmacher Johann Baptist Streicher, Sekretär des Niederösterreichischen Gewerbevereins, und baten um Prüfung der Möglichkeit einer Privilegierung des Thonetschen Verfahrens, Holz zu biegen.[8]

Vergleichbar mit Preußen war in der Habsburger Monarchie die Erteilung von Privilegien in der ersten Hälfte des 19. Jahrhunderts eine gebräuchliche Form der Industrieförderung. Sie diente einmal dazu, zukunftsfähige Gewerbe und Industrien ins Land zu holen, stellte gleichzeitig aber auch einen Schutz der Fabrikanten vor den Zünften dar. Das Privilegien-Recht, die mit der Erteilung betrauten Stellen, ebenso wie das Verfahren der Beantragung waren im Laufe der Zeit mehrmals geändert worden.[9] War es im 18. Jahrhundert noch ein Gnadenakt, so wurde mit dem am 16. Januar 1810 von Kaiser Franz I. erlassenen Privilegiengesetz jedem »Bewerber das Recht zugebilligt, Schutz auf eine Neuerung zu erwerben«.[10] Ab 1829 durfte die Hofkammer dann die Erteilung selbst vornehmen.

Darüber hinaus war zur Förderung von Wirtschaft und Gewerbe das Zunftrecht auch in Österreich gelockert worden, da dieses zunehmend wirtschaftlicher Prosperität im Wege stand. So hatte die Obrigkeit das Recht, auch Personen, die nicht aus der heimischen Zunft hervorgegangen waren, die Ausübung eines Gewerbebetriebs zu gestatten, was in den 1850er Jahren auch die vermeintliche »Protektion« der Firma Gebrüder Thonet gegen die vielfältigen Einsprüche der zünftig organisierten Wiener Tischler hinreichend erklärt.[11] In die gleiche Richtung weist die Erteilung von sogenannten Fabriksprivilegien, womit bestimmte Sonderrechte wie Zollbegünstigungen oder die Führung des Titels k. k. privilegierte Fabrik verbunden waren. »Die Erzeugnisse solcher privilegierten Fabriken waren urheberrechtlich nicht besonders geschützt. Es stand jedem frei, genau dasselbe zu erzeugen wie die privilegierten Firmen. Wirtschaftlich aber war tatsächlich ein Privilegium vorhanden, denn die kleinen Handwerksbetriebe konnten dort, wo sie mit einer solchen privilegierten Fabrik in Konkurrenz treten mußten, sich dieser gegenüber nicht behaupten.«[12] Nicht unwesentlich für die Verleihung im Falle des Thonetschen Privilegs war die Regelung, dass aufgrund des Anmeldesystems die Person oder die Personen, welche das Patent beantragten, nicht auch die Erfinder sein mussten. Das Gesuch wurde von beiden, Michael Thonet als Erfinder und Johann Walther van Meerten als seinem Geschäftspartner, gestellt. Dass auch Ausländern ein Privileg erteilt werden konnte, war bereits seit dem Privilegiengesetz von 1810 möglich.[13]

Der Ablauf des Genehmigungsverfahrens war – wiederum vergleichbar mit dem in Preußen – mehrstufig. Nachdem Thonet und van Meerten den Gewerbeverein gebeten hatten, dass er »eine nähere Begutachtung des besprochenen Verfahrens anordnen und genehmigen wolle«[14], trug Johann Baptist Streicher, späterer Vizepräsident des Niederösterreichischen Gewerbevereins, die Eigenheiten des Thonetschen Verfahrens und dessen mögliche Anwendungen am 6. Juni 1842 bei der Monatsversammlung des Vereins vor. Der Antrag auf Prüfung wurde genehmigt und anschließend durch den Verwaltungsrat einer besonderen Kommission zur Begutachtung zugewiesen. Am 4. Juli 1842 berichtete Hofbaurat Paul Sprenger über das Ergebnis. Das Biegen des Holzes sei eigentlich »eine bekannte Sache, [...] die Methode der Herren Antragsteller dürfte aber vielleicht mehr Vortheile bieten, und einfacher seyn«.[15] Dies aber sei in dem Text des Antrags nicht eindeutig zu erkennen, weshalb man die Herren Thonet und van Meerten eingeladen habe, ihr Verfahren genauer zu erläutern; dies vor allem im Hinblick auf die Frage, welche Vorteile ihr Verfahren denn gegenüber den bisher bekannten biete. Bei dieser Befragung hätten sie allerdings ausgeführt, »dass, indem sie gesonnen seien, das erhaltene Privilegium auf diesen Gegenstand an einen hierortigen industriellen abzutreten, sie sich nicht in der Lage befänden, das Geheimnis ihres Verfahrens mittheilen zu können«.[16] Die Kommission, so Sprenger, sehe sich daher außerstande, »das verlangte Gutachten der Herren Antragsteller über die Vortheile ihres chemisch-mechanischen Verfahrens, da dasselbe der Commission unbekannt ist, abgeben zu können«.[17]

Trotz der Weigerung Thonets und van Meertens, eine genaue Beschreibung des Verfahrens zu geben – möglicherwiese auch ein geschickter Schachzug[18] – wurde ihnen am 16. Juli 1842 von der k. k. Allgemeinen Hofkammer unter der Nummer Z 28.877/1.158 ein Privileg auf fünf Jahre erteilt. »Dem Michael Thonet und Comp. und dem J. W. van Meerten, Möbelfabrikanten zu Boppard in Rheinpreußen, derzeit in Wien, für die Dauer von fünf Jahren (auf diesen Gegenstand wurde unterm 16. November 1841 ein 15jähriges Kön. französisches Privilegium verliehen), auf die Erfindung, auf chemisch mechanischem Wege jeder Holzgattung alle möglichen Biegungen zu geben [...].«[19]

Die Erteilung dieses Privilegs wirft indes eine ganze Reihe von Fragen auf.

Es musste mittlerweile eine neue Vereinbarung gegeben haben, die wohl besagte, dass van Meerten nicht mehr nur – wie die anderen ursprünglichen Vertragspartner, Johann Ruhl und möglicherweise auch Joseph Wilhelm Fischer – mit einem festgelegten Anteil an einem Gewinn beteiligt war, sondern neben Thonet gleichberechtigter Antragsteller; van Meerten wird ja als eigenständiger Patent-Nehmer genannt. Dass sich keine schriftlichen Zeugnisse dazu finden, könnte damit zu tun haben, dass es zwischen Thonet und van Meerten auch mündliche Absprachen gab, wie es beispielsweise in dem ersten Bopparder Vertrag vom 14. April 1841 erwähnt wird.[20]

Nach den in Boppard geschlossenen Verträgen wäre eine Beteiligung von Ruhl und Fischer unstreitig gewesen.[21] Ruhl hätte laut des Vertrags vom 10. Mai einen Anteil von 25 Prozent aus dem Gewinn an den Patenten »für alle andern Staaten, wo sie [van Meerten und Ruhl] es für zweckdienlich erachten werden, mit Ausnahme von Preußen«[22], zugestanden. Jacobsohn hingegen wäre – auch falls er seinen Anteil bezahlt haben sollte – bei diesem Geschäft ohnehin nicht mehr mit dabei gewesen, da vereinbart worden war, dass dieser »in Beziehung auf die Staaten von Preußen und Östreich keinen Antheil an diesem Geschäfte [erhält]«.[23] Die Gewinnbeteiligung Fischers, Ersatz für Jacobsohn in dem Falle, dass sich dieser zurückziehen sollte, war folgendermaßen festgelegt worden: »Die Herren van Meerten und Ruhl beteiligen andurch den Herrn Fischer mit einem Drittel, sodass also von dem Nettogewinn Herr Thonet die Hälfte und Jeder der genannten Comparenten ein Sechstel erhält, mit Ausnahme jedoch des in Österreich sich ergebenden Nettogewinnes wovon Herr Fischer von dem Antheile des Herrn Ruhl fünf Prozent und von jenen des Herrn van Meerten drei Prozent erhalten soll.«[24]

Doch waren all diese Bestimmungen hinfällig, da sich aus dem Privileg für Österreich keinerlei Gewinn oder Nutzen ziehen ließ, weder unmittelbar nach Erteilung noch in der Folgezeit. So versuchten Thonet und van Meerten auch ein Jahr nach der Erteilung des Privilegs immer noch, dieses zu verkaufen, indem sie Verwertungsrechte anboten.[25] Doch war dies nahezu aussichtslos. In der Zeitungsmeldung heißt es weiter: »Man hat die Sache nicht für neu erklärt, da in Wien für verschiedene Anwendungen bereits Holz gebogen würde. Das Verfahren obiger Fabrikanten ist noch nicht bekannt, hat daher für uns zur Zeit auch kein Interesse.«[26] Der letzte Satz spielt auf die Aussage Thonets und van Meertens vor der Prüfungskommission an, dass »sie sich nicht in der Lage befänden, das Geheimnis ihres Verfahrens mittheilen zu können«[27], und dies bisher offensichtlich auch nicht getan hatten.

Insofern kam nun der Passus des Vertrags vom 10. Mai 1841 zur Anwendung, in dem als Entschädigung für den Fall, dass Patente nicht verwertet werden könnten, folgendes festgelegt war: »Sollte die Angelegenheit kein günstiges Resultat liefern, […] so können die Herren van Meerten und Ruhl keine anderweitige Entschädigung fordern, als daß Herr Thonet verbunden [verpflichtet] ist, dieselben zu einem Drittel, das heißt Jeden zu einem Sechstel an seinem der Verfertigung erwähnter Arbeiten bestehenden Geschäfte zu betheiligen.«[28]

Immerhin arbeitete Michael Thonet nach seiner Ankunft in Wien bei dem Tischler Clemens List nach der nun für ihn und van Meerten geschützten Methode, doch dürften die Einnahmen aus dem Verkauf der dort hergestellten Stühle eher gering gewesen sein und das vereinbarte »ein Sechstel« bei weitem nicht ausgereicht haben, dass Ruhl und van Meerten ihr investiertes Geld zurückerhielten, geschweige denn einen Gewinn erzielten. Van Meerten, immerhin Mitinhaber des Privilegs, befand sich zu dieser Zeit wieder in Boppard und versuchte, seinen gesamten Besitz zu verkaufen. Es lässt sich nicht klären, ob er von Thonet entschädigt wurde oder ob sein Geld verloren war. Musste oder wollte er in Boppard alles verkaufen? Welche Pläne hatte er?

In der offiziellen Firmengeschichte, dem Gedenkblatt, findet man die Antworten selbstverständlich nicht, da die Bopparder Verträge, Johann Walther van Meerten und keine der an den 1841 geschlossenen Verträgen beteiligten Personen dort überhaupt erwähnt werden.[29]

4.2. List, Leistler, Desvignes, Palais Liechtenstein und Schwarzenberg

Michael Thonet hielt sich seit dem Frühjahr 1842 in Wien auf. Seine finanzielle Situation war angespannt, die Gläubiger in Boppard drängten auf die Rückzahlung des geliehenen Geldes. Es war auch nicht zu erwarten, dass das Patent, welches er und van Meerten erhalten hatten, bald verwertet werden könnte. Er war gezwungen, sich eine Beschäftigung zu suchen und die fand er vorerst bei dem Wiener Tischler Clemens List.[30] Welche Vereinbarungen List und Thonet hierfür trafen, ist nicht bekannt. Es ist zu vermuten, dass Thonet Räume in der Listschen Werkstatt nutzen durfte und dort sowohl einfache als auch aufwändigere »Bopparder« Sessel nach dem patentierten Verfahren herstellte. (Abb. 6)

Informationen über Clemens List sind spärlich; seine Lebensdaten sind nicht bekannt.[31] Im Wiener Adressbuch von 1825 findet sich unter den Vergoldern ein Clement List[32], bei dem es sich um den gleichen handeln dürfte wie der 1834 aufgeführte »Bürger und Inhaber einer k. k. privil. Landesfabrik aller Gattungen Holz-Bronce-Waren«.[33] Sein Name wird erwähnt im Katalog der Wiener Gewerbeausstellung 1835[34], auf der er eine ehrenvolle Erwähnung erhielt. 1839 wurde ihm eine silberne Medaille für »Meubel-Fabrikation«[35] zugesprochen. Circa hundert Arbeiter verfertigten in seiner Fabrik Arbeiten im »chinesischen« und im »Renaissance-Stil«. Möbel derart, wie Michael Thonet sie herstellte – einfache Seitenrahmenstühle im englischen Stil, später auch aufwändigere mit der von den Bopparder Stühlen bekannten schlaufenförmigen Beinkonstruktion – waren in Wien schon lange nicht mehr populär und wurden nach und nach von solchen in historistischer Manier abgelöst.

Abb. 6: Einfacher Bopparder Sessel, Michael Thonet, Werkstatt Clemens List, Wien um 1843

Wie der Kontakt Michael Thonets zu Clemens List zustande kam, ist nicht bekannt. Ende September 1842 kamen der Sohn Michael und dessen Freund Jacob Henrich auf ihrer Walz nach Wien, wenig später kam die Familie nach. Man kann davon ausgehen, dass Michael, dessen Freund Jacob und schließlich auch Franz, der im Frühjahr 1843 nach der Versteigerung des Thonetschen Besitzes in Boppard nach der Residenzstadt aufbrach, zunächst einmal ebenso bei List Beschäftigung fanden. Dem Vater werden Mitarbeiter, die mit dem neuartigen Herstellungsverfahren vertraut waren, willkommen gewesen sein.[36]

Die Thonetschen Möbel wurden durch Clemens List verkauft. Er hatte neben seiner Fabrik in Gumpendorf noch ein Warenlager »auf dem hohen Markte 511«[37], wo man seine und die Erzeugnisse Thonets anschauen konnte. Dass dabei allerdings der Name Thonet genannt wurde, ist eher nicht wahrscheinlich.

Die Familie Thonet wohnte zu dieser Zeit in der Nähe der Listschen Werkstatt, wie ein Brief, den Franz im September 1842 von Boppard nach Wien schickte[38], belegt: »M. Thonet, auf der Windmühl, Maria Hilf, Große Schmi[e]dgasse Nro. 108.«[39] »Auf der Windmühl« meint den Bereich Obere Windmühle, ein schmales Areal im Westen des Bezirks Mariahilf, das von Gumpendorf umschlossen wurde und im Norden an die Mariahilfer Hauptstraße grenzte. Dort, Nr. 409, befand sich die k. k. privilegierte Landesfabrik des Clemens List.

Dieser hatte vor, sein Geschäft aus Altersgründen aufzugeben; ob ein möglicher Nachfolger weiter mit den Thonets zusammenarbeiten würde, war nicht sicher. Die finanzielle Situation der Familie Thonet ließ es zu dieser Zeit, 1843, nicht zu, dass eine Übernahme der Listschen Werkstatt in Frage gekommen wäre. Davon abgesehen brachte das privilegierte Verfahren für eine Fertigung der Art von Möbeln, wie sie in Wien mittlerweile verlangt wurden, keinerlei Vorteile und die Möbel, für deren Herstellung sich Thonets Verfahren eignete, entsprachen nicht mehr der aktuellen Mode. Vermutlich durch Lists Vermittlung kam der Kontakt zu dem englischen Architekten Peter Hubert Desvignes (1804–1883) zustande, der den Umbau und die Umgestaltung des Liechtensteinischen Stadtpalais' leitete. Für die nächsten Jahre sollte dieses Projekt nicht alleine den Lebensunterhalt der Familie sichern, sondern entscheidend für den Erfolg der Thonets in Wien und darüber hinaus werden.

Peter Hubert Desvignes wurde am 29. April 1804 in Konstantinopel, dem heutigen Istanbul, als Sohn eines Diamantenhändlers geboren.[40] Ab 1806 lebte die Familie in London. Mit 19 Jahren trat er in die Architekturklasse von William Atkinson ein und stellte in den folgenden Jahren einige Male in der Royal Academy aus. Desvignes war verheiratet mit der 1812 geborenen May Frances aus Kent. Das Paar hatte vier Kinder, die Frau verstarb kurz nach der Rückkehr der Familie aus Österreich am 28. November 1850 in Lewisham. 1835 hatte Desvignes an dem Wettbewerb für die New Houses of Parliament, die im Jahr zuvor durch einen Brand zerstört worden waren, allerdings erfolglos, teilgenommen. Ein Jahr später lernte er in London den Fürsten Alois Josef von Liechtenstein kennen, der sich auf einer seiner zahlreichen diplomatischen Missionen in England befand. Dieser plante, nach dem Tod seines Vaters Johann I. Josef von Liechtenstein im April 1836, den Umbau des Majoratshauses in Wien und ein englischer Architekt schien ihm am besten dafür geeignet. England war zu dieser Zeit führend, was Mode, Möblierung und Einrichtung betraf. Der Geschmack der Aristokratie hatte sich von Neoklassizismus und Neogotik abgewandt und ab dem Ende der 1820er Jahre erschienen zahlreiche Vorlagenwerke, welche dem Rechnung trugen und Einrichtung und Raumgestaltung in der neuesten Mode, dem Neo-Rokoko, zeigten. (Abb. 7) Desvignes hatte sich während seines Studiums intensiv damit beschäftigt und übernahm neben Planung und Umbau des ursprünglich barocken Gebäudes auch die Gestaltung der Innenräume und den Entwurf der Einrichtungsgegenstände.[41] 1836 übersiedelte er mit seiner Familie nach Wien, wo er bis Ende 1849 bleiben sollte.

Mit den anfallenden Holzarbeiten bei Umbau und Einrichtung des Liechtensteinischen Majoratshauses wurde der zu der damaligen Zeit bekannteste Wiener Möbelfabrikant Carl (auch Karl) Leistler betraut. Ebenso wie Thonet war auch er gelernter Tischler und hatte 1828 die 1794 gegründete Werkstatt des Vaters Matthias – damals noch in der Josefsstadt – übernommen. Zusammen mit seiner Ehefrau erwarb er 1841 eine große Liegenschaft in Gumpendorf Nr. 9, den ehemals Esterhazyschen Garten, wo er 1842 eine Fabrik zur Erzeugung von Möbeln, feinen Tischlerwaren und Parketten eröffnete. »Die größte Parketenfabrik [sic] in Österreich errichtete der Tischlermeister Hr. Leistler in Wien. Er machte eine Reise nach England, von wo er sämmtliche Arbeitsmaschinen bezog. Dieses großartige Etablissement befindet sich in einem pallastähnlichem Hause, welches der tüchtige und umsichtsvolle Geschäftsmann eigens zu diesem Zwecke in der Vorstadt Mariahilf erbaute.«[42] Mit dem Erwerb dieses Geländes und der Errichtung der Fabrik hatte Leistler einen passenden Standort für die umfangreichen Arbeiten für Palais Liechtenstein gefunden. Der Anlass, neben Leistler nun auch Michael Thonet für den Innenausbau mit hinzuzuziehen, war dessen Privileg, »jede, auch selbst die sprödeste Gattung Holz auf chemisch-mechanischem Wege in beliebige Formen und Schweifungen zu biegen«.[43] Obwohl in dem Antrag als Anwendung der neuen Technik auf Sessel verwiesen wird, ist die Beschreibung des Verfahrens doch so allgemein gehalten, dass es auf jede Art von Möbel- und Schreinerarbeiten anwendbar ist. Bis auf die Herstellung der bereits oben erwähnten einfachen Sessel aus gebogenem Holz, die

Abb. 7: Ballsaal im Palais Liechtenstein, Parkettböden Michael Thonet, 1844–1848

er bereits in Boppard gefertigt hatte, konnte Thonet in der Zeit bei List keinerlei wirtschaftlichen oder finanziellen Nutzen aus dem Patent ziehen. Dies änderte sich durch die Bekanntschaft mit Desvignes, der erkannte, dass das privilegierte Verfahren sich nicht nur für die Herstellung von Möbeln, sondern ebenso für die Parkettböden im Stil des Neo-Rokoko mit seinen vielfältigen Schweifungen eignete.[44]

Thonets finanzielle Situation erforderte es, diesen Auftrag anzunehmen, hier hatte er aufgrund seines Patents einen Vorteil gegenüber den andern Wiener Tischlern, die nicht in dieser Art und Weise arbeiten durften. Darüber hinaus konnte er nun erstmals sein privilegiertes Verfahren tatsächlich innovativ nutzen; nicht mehr zur Herstellung eines lange schon überholten Möbeltyps, sondern als ein Verfahren, welches Desvignes als perfekt geeignet erschien, um die Wünsche der Wiener Hocharistokratie nach Luxus und Prunk für die Innenausstattung ihrer Palais zu befriedigen. (Abb. 7)

Durch diesen Auftrag erhielt Michael Thonet einen kleinen Einblick in eine bisher unbekannte Welt und es ist nicht ausgeschlossen, dass er intuitiv erkannte, dass sich in diesem Umfeld – und vor allem durch die Zusammenarbeit mit Desvignes – neue Möglichkeiten für ihn eröffnen könnten.

Die kleine Schwierigkeit, dass sämtliche Holzarbeiten für Palais Liechtenstein – wozu auch die Parkettböden gehörten – bereits Carl Leistler zugesichert waren, wurde durch einen Vertrag zwischen diesem und Michael Thonet beseitigt, wonach letzterer alle Arbeiten für Palais Liechtenstein gegen feste Bezahlung in der Leistlerschen Fabrik ausführen durfte.

Bei der Herstellung der Parkettböden bediente sich Michael Thonet der gleichen Technik wie bei der Fertigung der Seitenteile der Bopparder Sessel; hier wie dort benötigte man lediglich zweidimensionale Biegungen. Ein auf dem Boden liegender Seitenrahmen eines Bopparder Sessels konnte ebenso auch für die geschweiften Formen und Muster von Parketttafeln dienen. Der Unterschied bestand lediglich darin, dass man für letztere aus dem mehrere Zentimeter hohen Furnierpaket wesentlich mehr formgleiche Teile erhielt, da man ja nur die Furnierstärke des Parketts brauchte, während für den Rahmen eines Bopparder Sessels oder Fauteuils mindestens 30 Millimeter breite Bauteile notwendig waren. Und ebenso wie bei der Fertigung der Bopparder Sitzmöbel war auch bei den Parketten durch die Verwendung gleicher Formen eine schnellere und kostengünstigere Fertigung im Vergleich zu traditionellen Verfahren möglich. »Zum einen konnte durch die Verwendung von Pressformen eine hohe Präzision bei hohen Stückzahlen erzielt werden, zum anderen konnte die Fertigung im Schichtpaket als zusätzliches Gestaltungsmittel genutzt werden. So wurden für die einzelnen Schichten unterschiedliche Hölzer aber auch variierende Furnierstärken gewählt, um ein differenzierteres und lebendigeres Furnierbild zu erhalten.«[45]

Diese Möglichkeiten in gestalterischer Hinsicht dürften für Michael Thonet keine Rolle gespielt haben, doch die Erzeugung größerer Stückzahlen mit Hilfe identischer Form findet sich bereits als ein wesentlicher Vorteil des Verfahrens in allen Patentanträgen. Allerdings musste die Idee einer Herstellung qualitätvoller Möbel »im Großen«, wie es beispielsweise in dem französischen Patentantrag formuliert wurde, vorerst zurückgestellt werden: »Or quelle comparaison peut-on établir entre la confection d'une chaise faite par un ébéniste, quelque habile qu'il soit, et d'une matrice comme celle que j'emploie; il est bien évident que celle-ci n'exigera pas Ie sixième du travail brut de la chaise; et, à l'aide d'une telle matrice, je puis faire quatre ou cinq chaises pendant que l'ouvrier ébéniste en fera à peine un coté.«[46]

Es entwickelte sich zwischen Desvignes und den Thonets im Laufe der Jahre eine freundschaftliche Beziehung und auch nachdem Desvignes schon lange wieder in England lebte, blieb der Kontakt erhalten.[47] Doch findet sich in den zahlreichen Briefen Desvignes' an den Fürsten Alois zu Liechtenstein während der mehrjährigen Bauphase nicht ein einziges Mal der Name Thonet. Lediglich nach der Fertigstellung wird Michael Thonet in einem Schreiben Desvignes' an den Fürsten erwähnt: »P.S. one Mr. Thonet is the inventor and has made some articles well deserving the trouble of seeing it.«[48]

Die Thonets verließen die Wohnung in der Großen Schmiedgasse und bezogen ein Haus auf dem Leistlerschen Fabrikgelände in der Berggasse Nr. 9, spätere Kaunitzgasse, in Gumpendorf. Zeugnisse aus dieser Zeit sind rar. In der Gedenkschrift wird über die Herstellung von Parketten, diverser anderer Teile aus gebogenem Holz und später auch von Sesseln berichtet, doch findet sich in der Tischrede des jüngsten Sohnes Jakob zu seinem 70. Geburtstag eine sehr persönliche Schilderung des Lebens der Familie zu dieser Zeit: »Ich war 4 ½ Jahre alt, – (weiter zurück geht mein Gedächtnis nicht) – mein Vater mit meinen Brüdern arbeitete damals noch bei Leistler. Wir wohnten in einem kleinen armseligen ebenerdigen Häuschen auf dem Leistlerschen Grunde. Es war an einem Sonntag Nachmittag. Nur meine Mutter und mein Bruder August waren zu Hause. Da fragte mich Bruder August: ›Männche (so nannte man mich; und auch mit 16–17 Jahren war ich immer noch ›et Männche‹) willste Klavierspiele lerne?‹ Ich sagte freudig zu und sofort begann der Unterricht. Das war mein erster Klavierunterricht und wahrlich nicht mein schlechtester! Bruder August componirte mir sofort ein leichtes Übungsstück, auf welches ich mich heute noch erinnere (Ich kann es euch vorspielen) – Wir haben dann im Leben viel zusammen musicirt, und harmonirt haben wir immer.«[49]

Sieht man von den in der Rückschau sentimental gefärbten Tönen ab, so scheint die wirtschaftliche Situation der Familie zu dieser Zeit auskömmlich gewesen zu sein. Der Lohn, den der Vater und die Söhne für die Parketten, später auch für

Stühle und sonstige Tischlerarbeiten erhielten, lässt sich nicht ermitteln, da die Rechnungen alle über Leistler gestellt wurden und dort die Arbeiten der Thonets nicht speziell ausgewiesen sind. Zudem fertigten sie bei den Parketten ausschließlich die geschweiften Muster, die Blindtafeln aber auch Leistler, der auch die Verlegung übernahm. Hilfreich zur Beurteilung des finanziellen Rahmens, in dem sich die Arbeiten für Lichtenstein bewegten, ist das »Verzeichnis über die beim Umbau des Palais Bankgasse 9 (früher Schenkenstr. 44) beschäftigten Professionisten unter der Leitung des Architekten Desvignes in der Zeit von 1840 – 1848«.[50] Hier werden die Gesamtsummen aller Gewerke für die Ausstattung des Stadtpalais aufgelistet. Insgesamt beliefen sich die Kosten auf 3.695.531 Gulden C.M. [Konventionsmünze][51], wovon der Tischler Carl Leistler die höchste Summe aller Handwerker, 927.284 Gulden C.M., erhielt.[52] Man kann davon ausgehen, dass Thonets Anteil daran nicht unbeträchtlich gewesen sein dürfte, was es ihm unter anderem dann auch ermöglichte, 1849 eine eigene Werkstatt zu eröffnen.

Thonets Beitrag zur Ausstattung des Palais beschränkte sich jedoch nicht nur auf die Herstellung von circa 900 qm Tafelparkett[53], welches in den Prunkräumen verlegt wurde. (Abb. 7) Als zukunftsweisend sollten sich die sogenannten Laufsessel erweisen, leichte Stühle, die bei Bedarf die repräsentative Möblierung ergänzten. Zum Einrichtungskonzept der Palais in Wien gehörten in der ersten Hälfte des 19. Jahrhunderts auch Laufsessel, die als Beistellmöbel dort platziert werden konnten, wo sie gerade benötigt wurden. Solche eher einfachen Sitzgelegenheiten wurden von Michael Thonet nach Entwürfen von Desvignes für Palais Liechtenstein gefertigt. Thonet hatte diesem bereits zuvor einen dem Geschmack der Metropole Wien angepassten Laufsessel in der Art seiner Bopparder Stühle präsentiert. (Abb. 8)

Es handelte sich hierbei um eine »freie Arbeit« Michael Thonets im Sinne eines Vorschlags für einen leichten Beistellsessel aus gebogenem Holz. Das Prinzip des Seitenrahmenstuhls aus der Bopparder Zeit ist noch im Untergestell erkennbar; doch der obere Lehnbogen und die Rücklehnholme bestehen erstmals aus einem einzigen durchlaufenden Bauteil. Dies erforderte eine dreidimensionale Biegung, die nur als eigenständiges Element gefertigt werden konnte und anschließend auf das Fußteil montiert werden musste. Das Problem wurde so zwar technisch gemeistert, doch der Sessel konnte formal nicht überzeugen. Dass Desvignes für diesen Entwurf verantwortlich gewesen sein könnte, ist so gut wie ausgeschlossen; dieses Möbel ist nicht in dem Interieur vorstellbar, wie er es gerade für das Palais Liechtenstein gestaltete. Es enthält keinerlei Zitate englischer und französischer Entwürfe, wie man es bei allen anderen Möbeln nachweisen kann.[54] Dieser »Wiener Bopparder« ist das letzte Möbel Michael Thonets, welches in die Vergangenheit weist und zeigt, wie sehr er, der schon seit einigen Jahren in Wien lebte, immer noch dem spätbieder-

Abb. 8: »Wiener Bopparder« Sessel, Michael Thonet, Werkstatt Carl Leistler, Wien um 1844

meierlichen Formenkanon verhaftet war. Waren die englischen Seitenrahmenstühle das Initial für Thonets Schichtholzexperimente in Boppard gewesen, so stellten nun die Entwürfe Desvignes' für die Liechtensteinischen Laufsessel die Herausforderung dar, sein Verfahren weiterzuentwickeln und zu modifizieren.[55]

Das grundsätzliche Problem der Schichtverleimung in seiner bisherigen Form war die Limitierung auf die Herstellung lediglich zweidimensionaler Teile, was bei der Herstellung von Parketten keine Einschränkung darstellte. Aber für Möbel, wie Desvignes sie passend zu dem Liechtensteinischen Neo-Rokoko Interieur wünschte, brauchte man geschweifte, dreidimensional geformte Bauteile mit runden Querschnitten. Traditionell wurden sie aus dem vollen Holz geschnitten und anschließend miteinander verleimt; so machte es Leistler bei der Umsetzung der Entwürfe Desvignes' für Sessel und Fauteuils.

Doch ebenso wie bei dem Englischen Stuhl in Boppard, so scheint es nun Michael Thonets Ehrgeiz gewesen zu sein, auch hier in Wien für diesen neuen Möbeltyp ein Verfahren zu finden, um diese Entwürfe konstruktiv besser herstellen zu können.[56]

Michael Thonet und die Söhne[57] experimentierten mit verschiedenen Verfahren. Als einzige Möglichkeit, geschweifte Bauteile aus Holz in einer tatsächlich und nicht nur optisch durchlaufenden Linie zu erzeugen, stellte es sich heraus, Stäbchen anstelle von dünnen Leisten – wie bisher – zu verwenden. Die Frage, ob dies eine Idee der Thonets war oder auf einer Anregung Desvignes' beruhte, lässt sich heute nicht mehr beantworten. Da es sich hierbei aber um eine Herausforderung der technisch handwerklichen Umsetzung einer ästhetisch formalen Idee handelte, ist davon auszugehen, dass der Anteil Michael Thonet nicht unerheblich gewesen sein dürfte. Unabhängig von der Frage nach dem »Erfinder« der Stabverleimung – wegen der nur millimeterstarken Querschnitte würde man besser von Stäbchenverleimung sprechen – war es die Herstellung der Parketten für das Palais Liechtenstein, welche dem modifizierten Biegeverfahren zugrunde liegt. Betrachtet man die Querschnitte der einzelnen Hölzer einer Parkett-Furnierlage nach dem Aufschneiden, so ist erkennbar, dass diese jetzt eine nahezu quadratische Form haben. Es gibt keine durch den Holzquerschnitt vorgegebene Biegerichtung mehr wie bei den »Schienen«, die nur über die lange Seite gebogen werden können; man hat jetzt Stäbchen mit einer Kantenstärke von 1 bis 2 Millimetern, womit nun auch erstmals dreidimensionale Bauteile aus einem Stück gebogen werden konnten.

An dieser Stelle ist es notwendig, genauer auf einige technische Aspekte des Thonetschen Verfahrens einzugehen. Wilhelm Franz Exner, der mit den Thonets befreundete erste Direktor des Technologischen Gewerbemuseums in Wien, hat dieses in insgesamt vier Entwicklungsstufen eingeteilt[58] und beschreibt diese – kurz zusammengefasst – folgendermaßen:

1. Ein in Leimwasser gekochtes Furnierpaket wird in einem Arbeitsgang in die gewünschte Form gepresst. Mit diesem Verfahren war die Herstellung lediglich zweidimensionaler Bauteile möglich, was jedoch für die in Boppard gefertigten Möbel genügte.
2. Das nach der ersten Stufe in Form gepresste Furnierpaket wird – senkrecht zur Breite der Furniere – aufgeschnitten. Das so entstandene Streifenpaket wird nochmals erwärmt, somit erneut biegbar. Dieses wird in eine neue Form eingelegt, wodurch man ein dreidimensional gebogenes Möbelteil erhält.
3. Die Furniere werden direkt in Streifen geschnitten, wodurch man eine Vielzahl von Stäbchen mit nahezu quadratischem Querschnitt erhält. Diese Stäbchen werden als Paket in Leimwasser erweicht und können anschließend in jede beliebige Form gebogen werden.
4. Thonet greift Stufe eins – das Biegen von Furnierpaketen – wieder auf. Durch ein schraubenförmiges Verdrehen während des Biegevorgangs, werden leicht dreidimensionale Biegungen möglich.

Die beiden Verfahren Stufe zwei und drei ermöglichten die Herstellung der von Desvignes gewünschten Formen für die Liechtensteinischen Sessel, doch kam bei beiden noch ein weiterer Arbeitsschritt hinzu: Die Möbel sollten runde Querschnitte haben, weshalb die rechteckigen Stabpakete nach dem Entnehmen aus der Presse rund geraspelt und geschliffen werden mussten. Sowohl die Liechtensteiner Sessel als auch – als letzte ihrer Art – die Sitzmöbel für die Weltausstellung 1851 in London sind auf diese Art und Weise gefertigt und stellen den Höhe- und Endpunkt in der Entwicklung der Thonetschen Technik der Stabverleimung dar. (Abb. 9)

Es ist kaum vorstellbar, welcher Aufwand hierfür notwendig war, an eine massenhafte Herstellung von Sitzmöbeln auf diese Art und Weise war nicht zu denken.

Die Bedeutung der Arbeiten für Palais Liechtenstein und damit auch die Bedeutung Desvignes' war den Thonets ganz offenbar noch am Anfang des 20. Jahrhunderts bewusst und ebenso dürften es auch Michael Thonet und die Söhne bereits zu ihrer Zeit eingeschätzt haben. Sie sahen den Ursprung ihrer Industrie in diesen Sesseln und es wird mehrfach betont, dass »die Bugholzmöbelindustrie aus der Kunstmöbelerzeugung hervorging, und das gebogene Holz auf eine solche erste Anwendung fand […]«.[59]

Abb. 9: Sessel für die Weltausstellung in London 1851, Michael Thonet, Wien 1851

Die Sessel für Liechtenstein stellte Michael Thonet in verschiedenen Ausführungen her: der Rücken geschlossen gepolstert, mit einem Medaillon oder lediglich mit einer Art Knoten versehen. (Abb. 10) Letztere Modelle wurden in Rechnungen wegen der Form der Rückenlehne auch als »Schlangen=Sesseln«[60] bezeichnet.

Die Holzteile sind entweder vergoldet oder poliert. Im Hinblick auf die Entwicklung hin zum Serienmöbel sind die einfachen, aus Palisanderholz gefertigten und lediglich polierten Modelle die interessanteste, weil zukunftsträchtigste Variante: Hinterbeine, Lehnholme und das »Knotenmotiv« der Rückenfüllung scheinen in einer Linie durchzulaufen, wurden aber hier noch aus zwei spiegelsymmetrischen Teilen geformt. Die Hinterbeine gehen direkt in die Rückenlehne über und werden mit dem Sitzrahmen durch Schrauben verbunden. Die Stabilität der Rückenlehne wird erreicht durch zwei Maßnahmen: einmal durch die zweifache »Verschlingung« des Stabbündels im Rückenscheitel, zum anderen durch die Aussteifung im mittleren Bereich; das Oval wird innen mit den Lehnholmen verschraubt. Diese Art der Ausführung, Holzbauteile nicht durch Verleimen, Verzapfen, Zinken oder andere holztypische Verbindungen, sondern durch Verschraubung zusammenzufügen, wird hier zum ersten Mal von Michael Thonet angewandt und sollte eines der entscheidenden Merkmale der künftigen Produktion werden. Ja, es kann geradezu als Voraussetzung der Möglichkeit massenhafter Herstellung von Möbeln aus vorgefertigten Teilen angesehen werden.

Abb. 10: Sessel für Palais Liechtenstein, in der Mitte der sogenannte »Schlangen=Sessel«, Michael Thonet, Wien 1844 bis 1849.

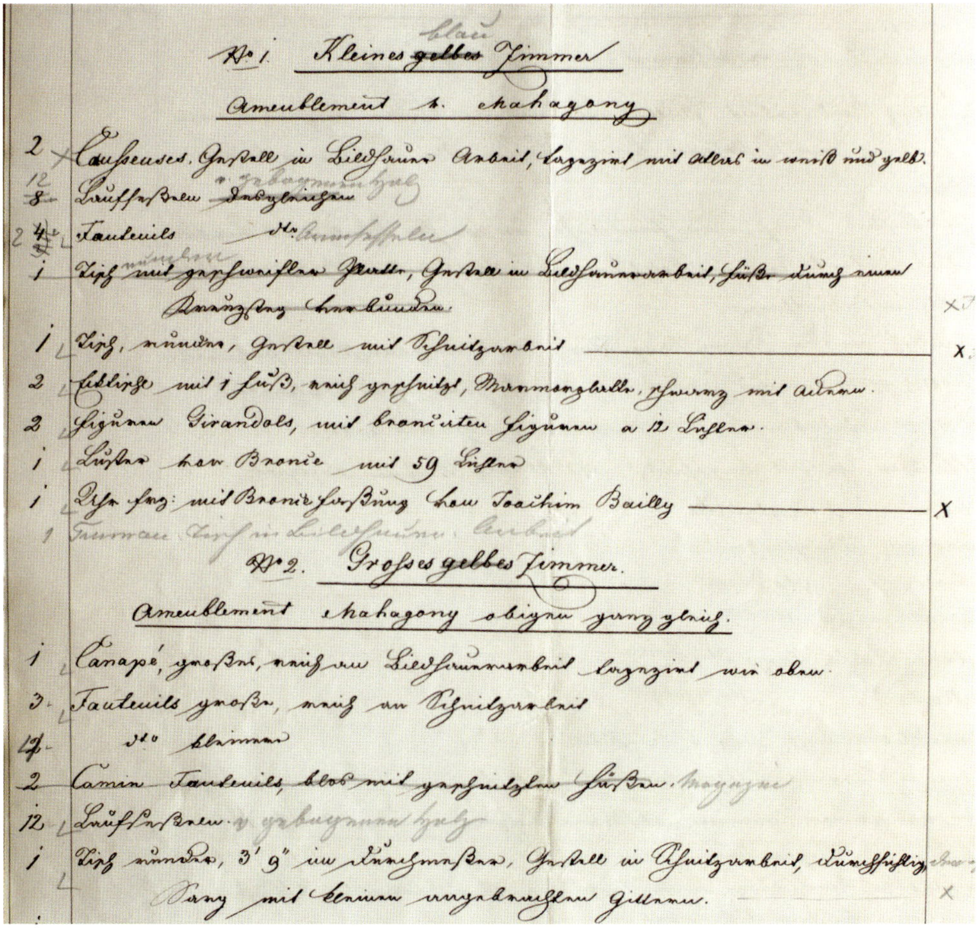

Abb. 11: Ausschnitt aus: Inventarium über die im fürstlichen Majoratshause befindlichen Gegenstände, aufgenommen im Monat Juni 1847

Doch sind die »Schlangen=Sesseln« tatsächlich die letzten in der Entwicklungsreihe der Liechtensteinischen Laufsessel? Dies unterstellt, dass Michael Thonet bereits zu seiner Zeit bei Leistler konsequent an der Idee weitergearbeitet hätte, »sich auf die Fabrication von Möbeln aus gebogenem Holz zu werfen und namentlich solcher, für welche ein grosser Absatz zu erzielen war«.[61] Zwar lassen sich die Sessel Michael Thonets für Liechtenstein, obwohl die Rechnungen von Leistler gestellt wurden und Thonets Namen nicht erwähnt wird, aufgrund ihrer Bauart eindeutig identifizieren, »4 Stück Sesseln auf das allerzarteste von Palisander Holz in allen Theilen gebogen«.[62] Wegen der Vereinbarung, dass Thonet in den Räumen der Leistlerschen Fabrik diese Arbeiten ausführte, die Sessel aber nicht unter seinem Namen geliefert wurden, ist es allerdings nicht mehr möglich, eine Chronologie ihrer Entwicklung zu rekonstruieren. Laufsessel wurden sowohl von Leistler als auch von Thonet geliefert. Für die Thonetschen findet sich gelegentlich der Zusatz »aus gebogenem Holz«, wie beispielsweise in einer Inventarliste über die im Palais befindlichen Gegenstände aus dem Jahr 1847: »Nr. 1. Kleines blau [gestrichen: gelbes] Zimmer, Ameublement a. Mahagony« und »Nr. 2 Grosses gelbes Zimmer, Ameublement Mahagony obigen ganz gleich.« Beide Räume waren eingerichtet unter anderem mit: »12 Laufseßeln [später mit Bleistift ergänzt: »a. gebogenem Holz«].«[63] (Abb. 11)

Doch ist nicht ersichtlich, um welche Ausführung es sich hierbei handelt. Es finden sich weitere Hinweise auf Laufsessel und für welche der zahlreichen Räume sie gedacht waren oder wo sie standen, doch helfen diese und auch frühe Photographien nicht weiter, da es sich eben um Laufsessel handelte, die in dem Raum platziert wurden, in dem sie gerade benötigt wurden.

Die Annahme, dass es – wie im Gedenkblatt suggeriert – eine Chronologie der Reduktion oder Vereinfachung gab, hinter der immer die Idee einer massenhaften Produktion und an deren Ende schließlich das massiv gebogene Bugholzmöbel stand, macht nur in der Rückschau Sinn. Doch verkennt dies die Lage Michael Thonets bei der Ausstattung des Palais. Als Handwerker hatte er die Wünsche und Entwürfe des Architekten auszuführen. Ebenso wie die Muster für die diversen Parketten nach den Zeichnungen von Desvignes wurden auch die Sesselmodelle nach dessen Entwürfen gefertigt. Wie für jeden Handwerker galt dies auch für Leistler und Thonet. Desvignes war mit einer solchen Vielzahl von Aufgaben betraut, dass er sicher nicht die Zeit hatte, sich mit einem der Tischler über die Möglichkeiten verschiedener Ausführungen eher untergeordneter Sesselmodelle auszutauschen. Die Thonetschen Sessel waren nur Laufsessel, ein kleines Detail innerhalb einer gewaltigen Gesamtaufgabe. Desvignes hatte den Auftrag, für Alois Fürst von Liechtenstein eine den Häusern der britischen Hocharistokratie gleichwertige Ausstattung zu entwerfen und so verwirklichte er »das für die erste Hälfte des 19. Jahrhunderts teuerste und luxuriöseste Inneneinrichtungsprojekt Wiens«.[64] Dabei griff er auf das üppige Formenrepertoire des »Zweiten Rokoko« zurück, formale Reduktion war hier nicht das Ziel.[65] Es wundert heute, dass in diesem Umfeld die »Vorläufer« der Bugholzmöbel verortet werden können, die mit ihrem Anspruch dem diametral entgegenstehen. Michael Thonet orientierte sich zwar grundsätzlich an Desvignes' »ästhetischem Programm«, doch hatte er vermutlich auch die Möglichkeit, Anregungen miteinzubringen, die aus der praktischen Arbeit in der Werkstatt resultierten. Dies ist am ehesten vorstellbar bei den »Schlangen=Sesseln« in ihrer provokativen Schmucklosigkeit. Der Sitz ist geflochten oder dünn aufgepolstert, die Rückenlehne bietet keinerlei Komfort. Es finden sich hier schon die »mageren Stäbe«[66], die Jakob von Falke in den 1870er Jahren bei den Bugholzmöbeln beklagen wird.

Es wurde auch die gegenteilige Vermutung geäußert, dass die »Schlangen=Sesseln« und diejenigen mit vollständig gepolsterter Rückenlehne die ersten waren, die Thonet für Liechtenstein gefertigt habe und die mit einem Rückenmedaillon später hinzugekommen seien.[67] Eine Untersuchung der verschiedenen Ausführungen der Thonetschen Sessel im Palais Liechtenstein und auch Archivrecherchen im Fürstlich Liechtensteinischen Archiv in Wien konnten diese eher auf stilistischen Analysen beruhende Vermutung weder bestätigen noch widerlegen, brachten aber Erkenntnisse über die Vielzahl der konstruktiven Möglichkeiten, die Michael Thonet erprobte, um die Entwürfe und Ideen Desvignes' umzusetzen. Die Ausführungen der Modelle mit Polstersitz und -rücken haben alle die charakteristische rautenförmige Verbindungsstelle auf der Rückseite, einige noch mit einem mittig durchlaufenden Stab. Diese Verbindung ist auf vielfältige Art und Weise ausgeführt: So scheint es bei einigen Sesseln, dass Lehnholm, Hinterbein und Sitz »nahtlos« ineinander übergehen. Dann wiederum gibt es Modelle, bei denen Fugen zeigen, dass es Einzelteile sind, die wahrscheinlich verschraubt und anschließend wieder abgedeckt wurden. Daher sollte man hier noch nicht von einem »Sitzrahmen« sprechen, da es nicht eindeutig feststellbar ist, ob es sich wirklich um einen Rahmen handelt, wie sie die späteren Modelle auszeichnen. Auch bei der Verbindung der Vorderbeine mit dem Sitz finden sich ganz verschiedene Ausführungen; dass in den ausgeschnittenen Rahmen die Vorderbeine eingepasst und mit diesem verschraubt und verleimt wurden, findet sich so nur bei der – vermutlich letzten – Ausführung der »Schlangen=Sesseln«.

Bei den Sesseln für Liechtenstein ist erkennbar, dass Michael Thonet, wie schon in Boppard, grundsätzlich nach dem Prinzip von Versuch und Irrtum arbeitete, wobei das leitende Interesse immer war: eine Optimierung der Konstruktion bei gleichzeitiger Reduzierung der Bauteile unter Berücksichtigung der Möglichkeiten, welche das jeweils aktuelle Herstellungsverfahren bot. In Boppard musste er »nur« das Herstellungsverfahren eines populären Stuhltyps verbessern. In Wien bestand die Herausforderung darin, die gestalterischen Vorgaben eines Architekten handwerklich-technisch umzusetzen; aber nicht an einem bereits etablierten Entwurf, sondern an etwas Neuem, etwas, das es vorher so noch nie gab. Dies war auch ein Glücksfall in dem Sinne, dass er nicht mehr auf einen bestimmten Stuhltyp festgelegt war, sondern dieser sich aus und bei der technischen Umsetzung ergab.

Michael Huey hat darauf hingewiesen, dass es für diese Sessel »sowohl in England in Sheratons ›Parlour Chairs‹ als auch in Österreich in Danhausers Sessel, dessen Rückenlehne mit ineinander verschlungenen, stilisierten Schlangen verziert ist, Vorläufer [gibt]«.[68] Doch betrifft dies lediglich das Motiv im Rücken. Sheratons »Parlour Chair« ist ein Seitenrahmenstuhl, Danhausers Entwurf ein Wiener Biedermeier Möbel. Die Bauteile haben rechteckige Holzquerschnitte, während der Liechtensteinische »Schlangen=Sessel« ausschließlich runde Querschnitte aufweist – wie bei den neuesten Gartenmöbeln, welche aus Metallrohren gefertigt waren und auch als Gartensessel auf der Basteiterasse verwendet wurden. Desvignes schrieb an seinen Auftraggeber: »I desired Mr. Kitchelt [korrekt: Kitschelt] (who made them after my pattern and suggestion) to send a sample of each only for Your Highness to see or chose [choose] or take – they are hollow which makes them lighter than the ordinary one.«[69]

Ein Zusammenhang der Thonetschen Sessel zu diesen neuen Möbeln aus Eisenrohr ist denkbar, lässt sich jedoch nicht sicher nachweisen. Indes: »Auffallend ist der enge Zeitraum, der Desvignes' entwerferische Zusammenarbeit mit Kitschelt, den oben zitierten Brief des Architekten und die Vermarktung der ›neuen‹ Eisenrohrmöbel in Wien verbindet.«[70]

Michael Thonet und die Söhne konnten ab der zweiten Hälfte der 1840er Jahre vermehrt wieder »eigenen« Plänen nachgehen[71] und begannen, an konstruktiven Verbesserungen ihrer Sitzmöbel und Möglichkeiten einer Vereinfachung des Herstellungsverfahrens zu arbeiten. Die Vermutung, dass Desvignes auch bei diesen Versuchen Thonet zur Seite stand, stützt sich vor allem auf das von gegenseitiger Wertschätzung geprägte Verhältnis der beiden. »P. H. Desvignes übersiedelte 1849 wieder nach England wo ihm ein grosser Staatsbau in Aussicht gestellt war, bei dessen Ausführung er die Familie Thonet, und zwar in England selbst, zu beschäftigen dachte. Dieser kam wegen verschiedener Umstände nicht zur Ausführung, weshalb auch die Übersiedlung der Familie Thonet nach England unterblieb.«[72] Welcher Staatsbau dies in England gewesen sein sollte, ist nicht bekannt. Desvignes fand nach seiner Übersiedlung zurück nach England dort keine entsprechende Anstellung mehr, konnte aber von seinem Vermögen wohl recht gut leben.[73] Die Ausstellungsgegenstände, welche Michael Thonet 1851 bei der Weltausstellung im Kristallpalast präsentierte, kaufte Desvignes für seinen Landsitz bei Lewisham.

Es lassen sich auch noch spätere Kontakte der Thonets zur Familie Desvignes nachweisen. Franz berichtet in einem Brief vom 21. Oktober 1864 aus Berlin von einer Reise nach London, bei der er den Sohn gleichen Namens getroffen hat: »Seit 8 Tagen bin ich endlich wieder einmal in Berlin. Es war mir gar nicht unangenehm wieder aus London fort zu kommen. Hubert Desvignes ist jetzt wieder zu Hause, die Zeit fällt ihm aber lang, bis er einmal wieder fort kommt. Er hat 3 Stellen in Aussicht, wieder als Doktor bei derselben Eisenbahnbaugesellschaft.«[74] Der Vater, Peter Hubert Desvignes, starb am 27. Dezember 1883 auf seinem Landsitz Hither-Green, Lewisham im Alter von 79 Jahren.[75]

Den überwältigenden Eindruck und die Bewunderung, welche das Palais Liechtenstein bei seiner öffentlichen Präsentation erregte[76], hatte zur Folge, dass die Aristokratie begann, sich auch für Thonets neue, moderne Möbel zu interessieren. Einer der ersten war Fürst Schwarzenberg, der für sein Wiener Palais ebenso Beistellsessel wünschte, wie er sie im Palais Liechtenstein gesehen hatte. Dem Auftraggeber war es vermutlich wichtig, dass zwar eine Verwandtschaft zu den Liechtensteinischen Sesseln erkennbar war, die neuen Modelle jedoch keine Kopien dieser sein durften. (Abb. 12)

Bei den Sesseln, die Michael Thonet für das Palais Schwarzenberg fertigte, liegen eine Reihe technisch unterschiedlicher Ausführungen vor, an denen sich beispielhaft seine Arbeits- und Vorgehensweise nachverfolgen lässt. Wenn es auch in der Nachbetrachtung so scheint, als ob es alleine Verbesserungen des Biegeverfahrens waren, die es Thonet schließlich ermöglichten, Stühle aus massiv gebogenem Holz herzustellen, so zeigen »Versuchsreihen« für verschiedene Bauteile dieses Schwarzenberg Modells, dass die Probleme wesentlich komplexer waren. Michael Thonet hatte sich mehr und mehr von einem Denken in handwerklichen Kategorien entfernt und Verfahrens-Lösungen entwickelt, die bereits auf die Möglichkeit einer stärker seriell geprägten Produktion verweisen.

Abb. 12: Sessel für Palais Schwarzenberg, Michael Thonet, Wien um 1849

Als Ausgangspunkt für den Schwarzenberg-Auftrag nahm Thonet den Liechtensteinischen »Schlangen=Sessel«, vereinfachte dieses Modell konstruktiv jedoch so, dass der Herstellungsaufwand wesentlich geringer war als bei dem Modell für Liechtenstein. Es war Michael Thonet bewusst, dass die bisher praktizierte Technik der Stabverleimung – die von Exner beschriebenen Stufen 2 und 3 – aufgrund des enormen handwerklichen Aufwands zur Herstellung größerer Stückzahlen nicht geeignet war. Er nahm daher die »alte« Technik der Schichtverleimung wieder auf, verbesserte und modifizierte sie – Exner Stufe 4 –, wie es sowohl an dem Schwarzenberg Sessel als auch an weiteren Modellen aus dieser Zeit nachzuweisen ist.[77]

Die Hinterbeine und Lehnholme des Schwarzenberg Sessels sind aus massivem Holz gefertigt, an die ein schichtverleimtes und gebogenes Bauteil angeschäftet wird. Dessen außenliegende Schichten bilden den oberen Lehnbogen, aus den innenliegenden wird das Rückenmotiv entwickelt, welches mit den Lehnholmen verschraubt wird. Um den Herstellungsaufwand für die Hinterbein/Rücklehn-Konstruktion zu reduzieren, experimentierte Michael Thonet eine Zeitlang damit, die Anzahl der Schichten für den oberen Teil zu verringern. Es finden sich für den Rücklehnbogen sechs-, später vierschichtige Ausführungen. Doch führte dies natürlich immer noch nicht dazu, dass man ein tatsächlich durchlaufendes Bauteil erhielt, weshalb diese Idee wieder verworfen wurde. Nur eine wirklich einteilige Ausführung der Hinterbein/Rücklehn-Konstruktion würde den Herstellungsaufwand entscheidend verringern.

Eine weitere, für die Möglichkeit einer seriellen Produktion entscheidende konstruktive Maßnahme ist eine möglichst einfache aber doch stabile Verbindung der Vorderbeine mit dem Sitzrahmen. Die aufwändige Bauart der Liechtensteinischen »Schlangen=Sesseln« – der untere Bereich des Rahmen wird ausgeschnitten und ein schichtverleimtes Bein dort eingepasst, verleimt und verschraubt – kam für eine Fertigung größerer Stückzahlen nicht in Frage.

Die Lösung, die sich sowohl vom Arbeitsaufwand als auch von der Stabilität her schließlich als die praktikabelste herausstellte, war es, in die Zapfen der massiven Vorderbeine ein Gewinde zu schneiden und sie in den Rahmen einzuschrauben. Doch dafür war der Rahmen eigentlich zu schmal, weshalb man an der auf der Bohrung für die Vorderbeine liegenden Innenseite des Rahmens ein Holzplättchen mit einer Stärke zwischen 4 bis 7 Millimetern anbrachte; eine Lösung, welche so auch grundsätzlich für die ersten massiv gebogenen Sitzrahmen beibehalten wurde. Bei den frühesten Schwarzenberg Sesseln berühren die Vorderbeine direkt den Rahmen, während sich bei zeitgleich gefertigten anderen Modellen zwischen den Vorderbeinen und dem Sitzrahmen schon Kapitelle finden, welche die Kontaktfläche des Vorderbeins mit der Rahmenunterseite vergrößern, was nicht unwesentlich für die Stabilität ist.[78] Die Kapitelle haben somit in erster Linie einen funktionalen

Grund, erst in zweiter Linie auch eine ästhetische Qualität. Sie sind nicht ein beliebig anzubringendes Accessoire, sondern notwendig, somit ein hervorragendes Beispiel für die Einheit und Harmonie von Form und Funktion. Diese Verbesserung wurde schließlich auch für die Schwarzenberg Modelle übernommen, dies allerdings zu einer Zeit, als sie bereits als Sessel Modell Nr. 1 angeboten wurden.

Offensichtlich glaubten die Thonets nach einer mehrjährigen Entwicklungsarbeit nun einen Stuhltyp und konstruktive Lösungen gefunden zu haben, mit denen eine Serienfertigung möglich war. Sie waren optimistisch, ein immer noch handwerklich geprägtes Fertigungsverfahren so weiterentwickeln zu können, dass es sich zur Herstellung von Möbeln eignete, »für welche ein grosser Absatz zu erzielen war«.[79]

4.3. Die erste eigene Werkstatt in Wien

4.3.1. Neue Modelle

»Im April 1849 machte Michael Thonet Carl Leistler den Vorschlag, mit ihm ein Compagniegeschäft zu gründen, derart, dass Carl Leistler das Betriebscapital, die Fabriksräume und Maschinen etc., Michael Thonet hingegen sein Privilegium zur Verfügung stellen würde und mit seinen Söhnen die persönliche Leitung der Fabrication übernehmen würde. Der Gewinn solle getheilt werden. Carl Leistler schlug dies jedoch ab, was zur Folge hatte, dass Michael Thonet den Contract mit Leistler löste und den Entschluss fasste, ein selbständiges Geschäft zu gründen.«[80] Die Gründe für Leistlers Ablehnung eines gemeinsamen Unternehmens werden in dem Gedenkblatt nicht genannt, doch wie an seiner Entscheidung im darauffolgenden Jahr erkennbar, hatte er andere Pläne und wollte sich auf Geschäftsfelder konzentrieren, für die das Thonetsche Privileg keine Vorteile bot.[81]

Michael Thonet mietete Räumlichkeiten mit daran anstoßender Wohnung im II. Stock in der Gumpendorfer Hauptstraße 396, Ecke Kaserngasse.[82] Dass die Thonets vorerst in Gumpendorf blieben, hat mit der Bedeutung dieser Vorstadt für die beginnende – und gegenüber anderen Staaten sehr späte – Industrialisierung in Österreich zu tun.[83] Bereits gegen Ende des 18. Jahrhunderts entstanden in Gumpendorf zahlreiche Werkstätten, später auch protoindustrielle Betriebe, so dass man es als eines der Zentren der sich um Wien herum ansiedelnden Industrie bezeichnen kann. Außer der Maschinen- und Metallwarenindustrie waren Lederwaren-, Papier-, Holzwaren- und eben auch Möbelbetriebe vertreten, weshalb es sich für die Thonets anbot, vorerst hier zu bleiben.[84]

Die Arbeit an Verbesserungen bereits bestehender Modelle ging weiter, neue, welche nicht mehr für Ausstattung von Adelspalais, sondern für den öffentlichen Bereich geeignet sein sollten, wurden entwickelt.[85] Im Niederösterreichischen Gewerbeverein wurden die neuen Thonetschen Möbel von dessen erstem Sekretär, Jakob Reuter, bei den regelmäßig stattfindenden Treffen besprochen, erstmals ausgestellt waren sie im Herbst 1850 in einer Art ständiger Ausstellung im k. k. technischen Kabinett, welches 1844 mit dem Fabriksprodukten-Kabinett zusammengeführt worden war und das sich im Polytechnischen Institut befand.[86]

Eine Abbildung der im technischen Kabinett ausgestellten Möbel ist nicht bekannt, doch in einem Bericht der *Österreichische[n] Illustrirte[n] Zeitung* aus dem Jahr 1852 findet sich neben einer Beschreibung auch eine Illustration, welche einige der zu dieser Zeit in der Thonetschen Werkstatt hergestellten Möbel zeigt. Es handelt sich um die vermutlich früheste Abbildung Thonetscher Möbel aus der Serienfertigung.[87] (Abb. 13)

Zwischen der Idee einer massenhaften Erzeugung von Möbeln, worauf die Vielzahl der experimentellen Ausführungen von Bauteilen hinweist, und dem Material, aus dem diese Möbel bestanden haben sollen, gibt es jedoch einen gewissen Widerspruch. Wenn es tatsächlich – wie von Reuter erwähnt – echtes Palisander- und Mahagoniholz war, so dürfte dies die Möbel in einem Maße verteuert haben, dass ein auch noch so günstiges Herstellungsverfahren sie für die meisten Interessenten unerschwinglich gemacht hätte.[88] Doch auch das Gedenkblatt spricht von Möbeln

Gebogene Holzarbeiten aus der Fabrik der Gebrüder Thonet in Wien.

Abb. 13: Vermutlich früheste Abbildung Thonetscher Möbel aus der Serienfertigung, 1852

»aus echtem Mahagoniholze gebogen« für das Café Daum, bei der Lieferung des gleichen Typs für das Hotel »Zur Königin von England« waren es »400 Sessel aus Eschenholz«.[89] Ein frühes Zeugnis ist in dieser Beziehung nicht ganz eindeutig. Michael jun. schreibt an den Freund Jacob Henrich aus Boppard: »[...] in Daum's Kaffeehaus auf dem Kohlmarkt haben wir das vordere Zimmer nach der Straße ganz einzurichten von Mahagoni nähmlich 4 Dutzend Sessel 20 Bankette rings um die Wände 16 Tische 1 Kredenzkasten, einige Etagere [...].«[90] Vermutlich ist damit gemeint, dass die Einrichtung des Zimmers in Mahagoni ausgeführt werden sollte, nicht aber, dass auch die Sessel aus Mahagoniholz bestehen mussten. So heißt es in dem nächsten Satz sinngemäß nochmals: »Herrn Bartl in Pest haben wir die erste Bestellung, nähmlich 4 Dutzend Sessel und 1 Dutzend Fauteuil schon gemacht, er bestellte aber jetzt noch mehr dazu und will, wenn wir damit fertig sind, den Speisesaal ganz von Mahagoni einrichten [...].«[91]

Von Buchenholz, dessen Billigkeit und reiches Vorkommen die Thonets 1855 in die mährischen Wälder gehen ließ, ist hier noch nicht die Rede. Doch war man sich des Problems der Holzart offensichtlich schon früh bewusst. So zeigte eine Untersuchung der stabverleimten Möbel für die Weltausstellung in London 1851 – mit deren Herstellung man im August 1850 begann –, dass diese nicht vollständig aus Palisander gearbeitet sind, sondern einen Kern aus Buchenholz haben. Um diesen herum sind Palisanderstäbchen gruppiert, so dass es am Ende wie ein Möbel vollständig aus diesem edlen Holz gefertigt aussah.[92] Gerade die Verwendung von Buchenholz als Kern zeigt, dass die Thonets mit diesem Material schon früh experimentierten, dies jedoch bei einem solchen Ereignis wie der ersten Weltausstellung nicht zeigen konnten oder wollten und ein Imitat von Palisander oder einer anderen wertvollen Holzart für sie keinesfalls in Frage kam.

Es ist wahrscheinlich, dass, wenn in zeitgenössischen Berichten von weniger prestigeträchtigen Ausstellungen als der in London von aus Mahagoni gefertigten Möbeln die Rede ist, es sich tatsächlich um Buchenholz handelte, welches mahagonifarben gebeizt wurde. Die erste Erwähnung von in Holzfarbtönen gebeizten Möbeln findet sich in einem Bericht über die Münchner Ausstellung 1854. »Die ausgestellten Möbel waren meistens aus Buchenholz und durch Beizen und Polieren dem Nußbaum, dem Palisander und anderen feinen Holzarten ähnlich gemacht.«[93] Im Laufe der nächsten Jahre wurden Möbel in noch weiteren Holztönen angeboten. Buchenholz hatte sich aufgrund seiner Eigenschaften nicht nur als sehr gut geeignet für das Biegen erwiesen, man konnte durch Beizen auch nahezu jede beliebige Holzart imitieren.[94]

Am Anfang der 1860er Jahre – man war mittlerweile in der Lage, massiv zu biegen – ist auch von Möbeln in Eiche die Rede, wobei es sich hier allerdings um solche handelte, die tatsächlich aus Eichenholz hergestellt wurden. Aufgrund eines permanenten Mangels an Buchenholz wusste sich das Unternehmen zu dieser Zeit nicht anders zu helfen, als Eichenholz zu nehmen, was technisch kein Problem war. Offensichtlich hatte die Firma damit aber auch den Geschmack des Publikums getroffen und entwickelte schließlich ein spezielles Verfahren, nun auch Möbeln aus Buche die Oberflächenstruktur von Eiche zu geben. Hieß es bei den Bestellungen bis dahin: »3 Armsessel N 3 Eichen [...] 3 Armsessel N 12 Eichen«[95], so heißt es nun: »18 Sessel Nr. 7 eichenartig, 3 Tischfüße Nr. 1 länglich eichenart«.[96] Doch die Probleme mit dem Rohstoff bestanden weiterhin, vor allem 1867 finden sich viele Hinweise darauf, dass man Möbel wegen des Mangels an Buchenholz immer noch aus Eiche fertigen musste: »[...] wir waren genöthigt die Tischfüß N 8 aus eichen zu biegen, da wir kein anderes Holz hatten.«[97] Nur vier Tage später heißt es: »Wir haben eichene Tischtheile geschickt, weil wir gar kein buchenes Holz haben [...].«[98] Buchenholz war aus wirtschaftlichen und auch technischen Gründen das Material der Wahl. Doch die bis weit in die 1860er Jahre reichenden Schwierigkeiten, es in ausreichender Menge zu besorgen, ließ die Gebrüder Thonet auch auf anderes Holz zurückgreifen, um die stetig steigende Nachfrage nach ihren Möbeln bedienen zu können.

Doch zurück an den Anfang der 1850er Jahre. Es gingen nach der Eröffnung der eigenen Werkstatt in Gumpendorf die ersten größeren Bestellungen für öffentliche Lokale ein: Neben dem Hotel »Zur Königin von England« in Pest und »Daums Kaffeehaus« am Kohlmarkt in Wien lieferte man auch nach weiter entfernten Städten wie beispielsweise Triest.[99] »[U]nser Geschäft vergrößert sich von Tag zu Tag, so daß wir jetzt schon 8 Gesellen und 3 Tagwerker haben, 2 davon haben immer an der Maschine zu schneiden, der andere raspelt alles, was wir verleimen ins Grobe, wir können nichts thun wie richten und leimen, unsere Wohnung mußten wir ganz zur Werkstätte machen und haben so viel zu thun, daß wir uns noch eine Wohnung aufnehmen mußten und Sandners Wohnung ebenfalls zur Werkstätte benutzen müssen [...].«[100] Das Verfahren war erkennbar noch nicht so weit entwickelt, dass es bereits für eine industrielle Produktion geeignet gewesen wäre, doch dauerten die Versuche in dieser Richtung an. Daneben gaben Aufträge des Adels weiterhin die Sicherheit eines regelmäßigen Einkommens, da man dessen Wünsche nach einer modernen Ausstattung erfüllen konnte.[101] In der bereits erwähnten handschriftlichen Firmengeschichte von 1919 wird diese Zweigleisigkeit anschaulich beschrieben: »In dieser Werkstätte [Gumpendorf, Hauptstraße 396] wurden nebst Kunstmöbeln (darunter jene die in der 1851er Londoner Weltausstellung aufgestellt gewesen), auch Sessel und andere Sitzmöbel erzeugt und wurden hierbei auch schon solche Typen geschaffen, welche sich noch in der heutigen Produktion erhalten haben.«[102]

Am 28. Juli 1852 beantragte Michael Thonet auf die Namen seiner Söhne das »ausschließende Privilegium auf die Erfindung, dem Holze durch das Zerschneiden und Wiederzusammenleimen jede beliebige Biegung und Form in verschiedener Richtung zu geben.«[103], welches ihnen am 23. August des gleichen Jahres gewährt wurde. Dieses Privileg schützte eine Herstellungstechnik, wie man sie grundsätzlich schon seit 1842 anwandte, erweiterte diese aber um die Möglichkeit dreidimensionaler Biegungen, was durch die Verwendung von Holzstäbchen statt der »Schienen« möglich wurde. Die Beantragung dieses Privilegs hat mit dem speziellen Herstellungsverfahren der »Kunstmöbel« zu tun.

In den Berichten über Ausstellungen, an denen die Thonets in den 1850er Jahren teilnahmen, werden immer wieder mit Messingeinlagen versehene Möbel beschrieben. Betraf dies bis zur Weltausstellung in London überwiegend Tischplatten, so zeigte man hier nun erstmals auch Sessel, Fauteuils und Canapés in dieser Bauart, somit Möbel, für die man dreidimensionale Bauteile benötigte. Diese allerdings waren nur in der Technik der Stabverleimung zu fertigen und diese Anwendung schützte das neue Privileg. Ebenso verhielt es sich mit den aufwändigeren Modellen, den sogenannten »Augensesseln«[104]. (Abb. 14)

Abb. 14: Die sogenannten »Augensessel«, links Modell Nr. 13, in der Mitte Nr. 6, rechts Nr. 9

Auch hier war aufgrund der speziellen Vorderbeinkonstruktion bis zum Ende der 1850er Jahre eine Herstellung allein in dieser alten Technik möglich und auch hier hatte man durch das erweiterte Privileg von 1852 das alleinige Verwertungsrecht; nicht die Form dieser Sessel war geschützt, sondern ihre Herstellungstechnik. Ihre Form ließ sich aber nur mit Hilfe dieser speziellen Technik erzeugen, was auch der Grund dafür ist, das von diesen Modellen keine Nachbauten der Konkurrenten existieren. Das durch das neue Privileg von 1852 geschützte Verfahren diente somit allein der Erzeugung der Art von Luxusmöbeln, wie man sie 1851 in London präsentiert hatte und die Beantragung des Privilegs nur ein Jahr nach der Ausstellung verweist ebenso auf diesen Zusammenhang. Die Thonets hielten sich zu dieser Zeit noch beide Optionen offen: Nicht Luxusmöbel oder Massenware, sondern Luxusmöbel und Massenware. Auch frühe Werbeinserate, in denen sowohl bürgerliche als auch adlige Kreise angesprochen werden, verweisen darauf: »[U]nd erlauben uns hiermit, dem hohen Adel und das geehrte Publikum darauf [auf günstigere Preise] aufmerksam zu machen.«[105] Die Aufzählung des Sortiments: »Salon-, Gesellschafts- und Speisezimmersessel, Fauteuils, Kanapées, Stockerl, Tische, Bettstellen«[106] verweist noch nicht auf die Massenbestuhlung von Lokalen oder Restaurants, sondern klingt eher wie ein Angebot für das Heim gut situierter Kreise, und in einem weiteren Werbeinserat vom November 1853 bieten die Gebrüder Thonet neben Sitzmöbeln noch einen Tisch zu dem eindrucksvollen Preis von 600 Gulden an.[107] (Abb. 83)

Zur Herstellung dieser Luxusmöbel allerdings hätten die Thonets keine Fabrik gebraucht, bei den zu erwartenden Stückzahlen hätte eine manufakturelle Produktion in einer erweiterten Werkstatt genügt; auch die Möbel für die Weltausstellung 1851 in London waren in Gumpendorf gefertigt worden. Im Hinblick auf eine industrielle Produktion hatte das Privileg von 1852 keinerlei Bedeutung und obwohl es ein im Grunde überholtes Herstellungsverfahren schützte, wurde es noch am 21. Juli 1864 »auf die Dauer des dreizehnten und vierzehnten Jahres«[108] verlängert. Das Unternehmen hatte mittlerweile zwei Fabriken errichtet, in denen massenhaft Möbel aus massiv gebogenem Holz hergestellt wurden. Doch offensichtlich glaubte man immer noch, zweigleisig fahren zu sollen, wobei sich die Arbeiten für das Luxussegment allerdings zunehmend auf die Herstellung von Parkettböden verlagerten, mit denen man bei der Weltausstellung 1862 in London Aufmerksamkeit erregt hatte.

4.3.2. Parkettböden

Die Parkett-Arbeiten für Palais Liechtenstein lösten eine große Nachfrage auch anderer Palais nach derartigen Böden aus.[109] Bereits in der ständigen Ausstellung des Niederösterreichischen Gewerbevereins waren neben Möbeln auch Parkettmuster von Thonet ausgestellt: »Dieses Sesselmuster [Nr. 4] wurde im Jahre 1850 im Niederösterreichischen Gewerbeverein ausgestellt, desgleichen Parkettenmuster mit aus verschiedenfarbigen Hölzern gebogenen Verzierungen.«[110] (Abb. 15)

Hinweise auf den Standort und Umfang der Parketten-Produktion geben Briefe aus der zweiten Hälfte der 1850er Jahre, in denen konkrete Aufträge erwähnt werden. »Wir haben Aussicht auf bedeutende Bestellungen [von Parketten] von Odessa ebenso haben wir 2 Salons für nach Hamburg im Handel, lauter grade. [...] Dann schreibt uns ob ihr draußen [in Koritschan] unverzüglich einige Tausend Blindta-

Abb. 15: Parkettmustertafel, Gebrüder Thonet, Wien um 1855

feln anfertigen lassen könnt, sonst müssen wir gleich dazu thun, daß wir hier solche machen lassen.«[111] Einen Monat später heißt es dann: »Das Eichen Holz werdet ihr doch zugeschnitten haben. Es werden von Stiffel [ein Händler, mit dem man zusammenarbeitete] wieder Parketten für 8 Zimmer gebraucht. Nächste Woche kommt sein Bruder, dann werden wir versuchen, das Geschäft zu machen. Für Blindtafeln werdet Ihr wol gesorgt haben.«[112]

Parkettböden wurden bis 1856 in der Werkstatt in der Mollardmühle gefertigt. Mit der Errichtung der Fabrik in Koritschan musste auch diese Produktion dorthin verlagert werden, was jedoch schwierig war, da hier noch nicht die passende maschinelle Ausstattung vorhanden war.[113] Letzte ausführliche Informationen über das Geschäft mit Parketten finden sich in Briefen von Franz Thonet an den Bruder Michael anlässlich der International Exhibition 1862 in London. Begeistert berichtet er über die Reaktionen der Besucher.

»Es sind mehrere Käufer an den Parkettböden unserer Ausstellung wir werden dieselben schon wegbringen. Dann lieber Josef möchte ich Dich recht sehr bitten uns doch umgehend Muster von unseren besten Parketten zu schicken, sowohl grade Muster als auch geschweifte, die wir machen. Die Preise sind hier hoch, Wir haben hier mit den reichsten und vornehmsten Leuten zu thun, die fortwährend nach Parketten fragen. Es wäre eine große Thorheit von uns von der Hand zu weisen, was sich uns von selber darbietet. [...] Ich habe gestern Lord Watkin versprechen müssen dieselben in 6 Wochen längstens hier zu haben, er baut ein neues Palais und will von unseren Parketten haben. Er ist einer von den reichsten Leuten in England, und ein guter Kunde zu uns.«[114]

Obwohl sich alle Anstrengungen ab dem Beginn der 1860er Jahre schließlich darauf konzentrierten, das Möbelgeschäft weiter auszubauen, wurde die Fertigung von Parketten nie aufgegeben. Sie fand nach der Aufgabe der Werkstatt in Wien erst in Koritschan, später in speziell dafür eingerichteten Räumlichkeiten in Bistritz statt. In einem redaktionellen Bericht des Mährischen Korrespondenten über die dortige Fabrik heißt es: »Von der Vollkommenheit der Maschinen werden Sie sich eine Vorstellung machen, wenn ich Ihnen bemerke, daß 200 Arbeiter täglich 100 Sessel und 100 Parquettafeln fertig machen und nebenher noch eine beliebige Anzahl Räder biegen.«[115] Wegen der nach wie vor bestehenden Nachfrage entschloss man sich 1873 schließlich, die Produktion von Parkettböden in eine eigene Fabrik zu verlagern. Zu diesem Zweck erwarb das Unternehmen 1873 einen bereits bestehenden Betrieb für Maschinen-Parketten in Gýmešské Kostolany[116], einer kleinen Ortschaft in Ungarn, nur etwa 30 Kilometer von der Fabrik Groß Ugrócz und 60 Kilometer von Nitra entfernt. So heißt es in einer Notiz von *Obzor Noviny*, einer Zeitung für Wirtschaft, Handwerk und häusliches Leben: »Veľkú fabriku na parkety (ozdobné štvorhanné kusy tvrdých dosiek, na dláždenie skvostných izieb), v Ghímsských Kostolanoch, pôvodne od viedenského doctora Bastlera založenú, kúpili tieto dni Bratia-Thonetovci za 12.000 zl. (zlatých).«[117]

Diese Parkettenfabrik war 1818 von der Familie Forgáč südöstlich des Ortszentrums errichtet, von einem Dr. Bastler übernommen und 1873 von diesem an die Gebrüder Thonet verkauft worden. Es war die seinerzeit modernste Parkettenfabrik in Ungarn, spezialisiert auf überwiegend maschinell hergestellte Parketten, sogenannte Maschinen-Parketten. Das Geschäft mit Parkettböden wurde von dem Unternehmen somit ebenso wie die Möbelherstellung in industriellem Maßstab betrieben. Die Gebrüder Thonet fertigten Parkettböden in dieser Fabrik bis Anfang der 1890er Jahre, ab 1892 ist dieser Standort nicht mehr nachweisbar. Bemerkenswerterweise finden sich in den jährlichen Statistiken, den sogenannten Jahresausweisen und auch in weiteren Unterlagen keinerlei Hinweise auf dieses Geschäftsfeld, was umso überraschender ist, als ansonsten alle geschäftlichen Vorgänge akribisch dokumentiert wurden. Grund hierfür könnte sein, dass es sich bei dem Parkettengeschäft wohl um größere Einzelaufträge für Privatpersonen oder gewerbliche Objekte handelte, wobei sich die Interessenten direkt an die Firma wandten, wie beispielsweise folgender Auftrag belegt. Der mit der Familie Thonet befreundete Wilhelm Lauer (1837 – 1894), jüngerer Bruder des Fabrikdirektors Carl Lauer in Groß Ugrócz, hatte Anfang der 1870er Jahre das neu erbaute Hotel seines Vaters in Olmütz übernommen. Dieser hatte die beiden nebeneinanderliegenden Häuser, Nummern 424 und 425 abreißen und hier in den Jahren 1871 – 1872 ein großes, vierstöckiges Haus »Hotel Lauer« errichten lassen.[118] Nach dem Tod des Vaters kümmerte sich der Sohn, Wilhelm, weiter um den Innenausbau des Hotels und hatte sich entschlossen, einige Zimmer mit Thonetschen Parkettböden ausstatten zu lassen.

»Lieber Franz,

Ich hatte dir seiner Zeit auf dein Schreiben wegen Parquetten geantwortet, konnte mich aber bis jetzt nicht entschließen, deren in m[einem] Hause legen zu lassen. Vorige Woche war ich in Wien & mit Josef [Thonet] in Pest & bin zur Einsicht gekommen, daß in allen besseren Hotel's Parquetten liegen, und will daher auch welche legen lassen. In Eurem Haus [Thonet Hof in Pest] sind nicht alle gelungen & haben sich im 4 Stock viele geworfen, ich will das nicht als Maßstab anne[h]men, da in den anderen Apartement sie schön und dicht sind.

Mein Bedarf wären 74 [quadrat] Klft. [Klafter] [265,66 m²] inclusive Mauerfri[e]sen, welche [wenn] du sie nicht lieferst, in Abschlag kommen würden & bis Anfang Juli zuliefern. Du kannst mir wie es dir eben bequem ist, die Muster zusammen stellen, oder wie du mir mittheilst vom Pesterbau[119] übrig geblieben sind & zerfallen die 74 Klft. auf 7 Zimmer folgend.«[120]

Es folgt eine Aufstellung der Flächengrößen der sieben Zimmer. Franz sagte die Lieferung der Parkettböden inclusive der Mauerfriese zu. Offensichtlich bestand auch die Möglichkeit, die Böden von Thonetschen Arbeitern legen zu lassen, dem Lauer grundsätzlich zustimmte, doch gab er zu bedenken, dass seine eigenen Leute in Olmütz das möglicherweise günstiger machen könnten.[121]

Es dürften Aufträge dieser Art gewesen sein – sicher nicht nur von mit der Familie bekannten Personen, doch vom Umfang her – welche die Thonetsche Fabrik in Gýmešské Kostolany ausführte. Dieser Geschäftszweig wurde lediglich in England, wo man bei der Weltausstellung 1862 Parkettböden erfolgreich präsentiert hatte, bis 1864 aktiv beworben.[122] Für alle anderen Märkte fanden sich keine Werbeannoncen oder ähnliches, ebenso gibt es auch keine Nachweise von Bestellungen über die Filialen. Doch noch weitere Dokumente belegen dieses Geschäftsfeld. So beantragten die Gebrüder Thonet beispielsweise am 23. Juni 1887 bei der Handels- und Gewerbekammer Olmütz einen Gebrauchsmusterschutz für drei Sessel aus gebogenem Holz. Die offizielle Firmenbezeichnung bei der Bekanntgabe der »Muster- und Modell Registrirungen« lautete: »Gebrüder Thonet, Möbel- und Parquetten-Fabrikanten in Bistritz am Hostein.«[123]

4.4. Wegweisende Entscheidungen

4.4.1. Die erste Verkaufsstelle im Palais Montenuovo

In den 1850er Jahren trafen die Thonets wegweisende Entscheidungen, welche die von Jakob in seiner Tischrede angesprochenen Aussichten in eine frohe und gesicherte Zukunft eröffnen sollten. Ebenso wie in Boppard die Thonetsche Werkstatt und der sich anfangs einstellende Erfolg erst durch den mit der französischen Herrschaft einhergehenden weitgehenden Wegfall jeder Art von zünftischer Beschränkung möglich wurde, geschah die Expansion der Thonetschen Unternehmungen in den 1850er Jahren in Wien und Österreich vor dem Hintergrund des mit dem Silvesterpatent vom 31. Dezember 1851 etablierten Neoabsolutismus.[124] Die Thonets werden sich in den nächsten Jahren innerhalb dieses Wirtschaftsraums bewegen, doch wird dieser rasch zu eng werden. Mit der Entscheidung, die Produktion nach Mähren zu verlagern, wurden zum einen die Voraussetzungen dafür geschaffen, auch über Österreich hinaus expandieren zu können, zum anderen wurde man damit auch weniger abhängig von der wirtschaftlichen Entwicklung im Kernland der Monarchie.[125] Die Lieferungen ins Ausland begannen spätestens mit der Teilnahme an den Ausstellungen 1854 in München und 1855 in Paris und die dortigen Erfolge werden das Unternehmen darin bestärkt haben, das Wagnis eines Fabrikbaus in Koritschan einzugehen. Doch im Unterschied zu der Situation in Boppard war Michael Thonet diesmal nicht auf sich alleine gestellt, die Söhne waren zunehmend aktiv. Das Unternehmen machte die Aufbruchstimmung der Gründerzeit zu seinem Programm, nicht bis ins Detail geplant, aber begabt mit unternehmerischer Kreativität stellten die Söhne die Weichen für eine erfolgreiche Zukunft.

Ende 1852 eröffneten die Thonets im Zentrum Wiens im Palais Montenuovo ihre erste eigene Verkaufsniederlage.[126] Dieses Palais in der Strauchgasse war in den Jahren 1851/52 im Auftrag von Wilhelm Albrecht Fürst von Montenuovo nach Plänen des Architekten Josef Winter als sogenanntes Zinspalais[127] errichtet worden. Die Familie wohnte dabei in der sogenannten Beletage, die übrigen Stockwerke und Räume wurden vermietet, um die Rendite des Gebäudes zu erhöhen.

Die Eröffnung dieser Filiale weist auf das erweiterte Geschäftsmodell der Thonets hin. Sie versuchten, neue Käuferschichten zu gewinnen, Kunden, denen man die Möbel präsentieren musste. Weg von einer auftrags-, hin zu einer absatzorientierten Produktion. War Michael Thonet mit diesem Vertriebsmodell in Boppard noch gescheitert, so achteten die Söhne jetzt vor allem auf dessen Finanzierbarkeit.

4.4.2. Die neue Werkstatt in der Mollardmühle

Durch diese Neuausrichtung war die bisherige Werkstatt zu klein und zu eng geworden und man suchte nach neuen und vor allem größeren Räumlichkeiten, die man schließlich in der Mollardmühle fand. »Als mit der Vergrößerung des Geschäftes die Räume in der Gumpendorferstraße nicht mehr ausreichten, übersiedelte Michael Thonet im Frühjahr 1853 in die, in der Vorstadt Gumpendorf, von ihm gemietete ehemalige ›Mollardmühle‹ wo sich vorderhand genügend Raum fand, dem Betriebe eine größere Ausdehnung zu geben.«[128] Es ist anzunehmen, dass der Plan, die Werkstatt zu vergrößern, bereits bei der Eröffnung der Filiale im Palais Montenuovo bestanden hatte; einmal wegen der Erweiterung des Angebots, aber auch, da die Werkstatträume für die inzwischen auf mehr als vierzig Mitarbeiter angewachsene Belegschaft zu eng geworden waren. Einhergehend mit dieser räumlichen Erweiterung änderten sich auch die Arbeits- und Produktionsformen. Die Werkstatt in der Gumpendorferstraße war ein klassischer Handwerksbetrieb. Es kamen zwar schon mechanische Hilfsmittel zum Einsatz, doch wurden diese nicht von Maschinen, sondern per Hand angetrieben. Die Zahl der Arbeiter ist nicht bekannt, doch verweist die Erwähnung der räumlichen Enge auf eine zunehmende Anzahl. Für die neue Werkstatt in der Mollardmühle indes liegen Zahlen vor: »Nach Übersiedlung in die Mollardmühle im Sommer 1853 waren dort 42 Arbeiter beschäftigt, und zwar 9 Tischler, 1 Drechsler, 8 Fournierschneider (Handbetrieb), 2 Leimer, 8 Raspler,

2 Beizer, 10 Polierer und 2 Zusammmenschrauber.«[129] Wie unschwer zu erkennen, war die Herstellung zwar bereits arbeitsteilig organisiert, die Tätigkeiten zeigen aber das immer noch aufwändige, handwerklich geprägte Herstellungsverfahren: Acht Mitarbeiter alleine waren damit beschäftigt, das Rohmaterial in Schienen und Stäbchen zu schneiden, acht Raspler mussten die aus den Formen entnommenen rechteckigen Bauteile in eine runde Form bringen, die Möbel mussten anschließend gebeizt und poliert werden und neun gelernte Tischler waren für alle anfallenden typischen Tischlerarbeiten zuständig. Die Verkaufspreise der zu dieser Zeit hergestellten Möbel waren wohl konkurrenzfähig im Vergleich zu denen anderer Wiener Tischler, doch noch ein gutes Stück entfernt von den wesentlich günstigeren Preisen der späteren Möbel. Für Sessel bewegten sie sich zu dieser Zeit zwischen 5 und 35 Gulden, Fauteuils wurden für 10 bis 46 Gulden angeboten, Canapés für 20 bis 90, Stockerl für 4 und Tische für 15 bis 600 Gulden.[130] (Abb. 83) Dies sind noch keine wirklich günstigen Möbel.

Trotzdem wies der Thonetsche Betrieb in der Mollardmühle bereits die Merkmale einer klassischen Protofabrik auf, in der Ende des Jahres 1853 erstmals eine Kraftmaschine zum Einsatz kam.[131] Hinzu kam, dass Flechtarbeiten außerhalb der Betriebsräume verrichtet wurden.[132] Dieses Modell übernahm das Unternehmen später auch für die Fabriken, wobei nicht nur die zeitaufwändige Arbeit des Flechtens, sondern vielfach auch die dem eigentlichen Biegeprozess vorgelagerten Bearbeitungsschritte in den unternehmenseigenen Zulieferbetrieben, den sogenannten Fabriksfilialen, ausgeführt wurden. Die Einrichtung der ersten Fabrik in Koritschan ist somit der konsequente Abschluss einer Entwicklung von einem traditionellen Werkstattbetrieb über eine protoindustrielle Produktion hin zur Errichtung einer Betriebsstätte mit allen Merkmalen einer Fabrik.[133]

4.5. Die Konkurrenz in Wien und Brünn

In der ersten Hälfte der 1850er Jahre war das Verhältnis der Thonets zu den bürgerlichen Wiener Tischlern offensichtlich noch nicht getrübt. Diese Vereinigung[134], deren Einfluss und Bedeutung mit der zunehmenden Industrialisierung mehr und mehr geschwunden war, unterhielt ein umfangreiches Möbellager in der Stadt, Obere Bäckerstraße 766, unweit des Stephansdoms. Hier boten sie die Erzeugnisse ihrer Mitglieder an, überraschenderweise aber auch die neuartigen Thonetschen Möbel. »Zugleich zeigen wir ergebenst an, daß die k. k. ausschließend priviligirte Fabrik der so beliebten gebogenen Holzarbeiten der Herren Gebrüder Thonet ihre Verschleiß-

Niederlage in Wien einzig und allein bei uns eröffnet habe, wo um dieselben Preise, wie in der Fabrik verkauft wird.«[135]

Mit dem zunehmenden Erfolg der Firma verschlechterte sich jedoch das Verhältnis zu den zünftig organisierten Wiener Tischlern merklich. Bereits im Februar 1855 legte deren Vereinigung, das Wiener Tischlermittel, gegen die Thonets eine Beschwerde wegen Gewerbestörerei ein.[136] Sie stützte sich spitzfindig darauf, dass die Gebrüder Thonet als Inhaber des Privilegs zwar das Holzbiegen ausüben, sie jedoch keine Möbel herstellen dürften, da sie keine bürgerlichen oder befugten Tischler seien. Die Thonets reagierten in der Weise, dass sie im April 1855 die Niederösterreichische Statthalterei um eine Fabrikbefugnis »zur Erzeugung von Meubeln und Parquetten und sonstigen Holzwaren« ersuchten, die ihnen am 8. Juli 1855 erteilt wurde.[137] Um diese zu erhalten, brauchten sie allerdings nicht – hier wird häufig wieder das Narrativ der Protektion Metternichs bemüht – Fürsprache von höchster Stelle. Der Staat hatte ein Interesse, sowohl durch die Erteilung von Privilegien als auch von Fabrikbefugnissen bestimmte Industriezweige zu fördern und gleichzeitig ein Mittel in der Hand, die Fabrikanten vor den Zünften zu schützen.

Doch die Wiener Tischler unternahmen weiterhin alles, um den Thonets das Leben so schwer wie möglich zu machen. Man warb Mitarbeiter ab, um an das Geheimnis ihres Herstellungsverfahrens zu kommen, bezweifelte die Neuheit des privilegierten Verfahrens, ja, unterstellte den Thonets gar, bei der 1848er Revolution mit den Aufständischen sympathisiert zu haben.[138]

Die Firma konnte sich all dieser Angriffe letztendlich erwehren. Die Oberbehörden erkannten die wirtschaftliche Leistungsfähigkeit des Unternehmens, was durch eine von dem Handelsgericht angeordnete Untersuchung ausdrücklich festgestellt wurde. »Die in dieser Richtung fortgeführte Untersuchung hat ergeben, daß die Privilegiumsbesitzer ein bedeutendes Capital verkehren, daß ihre Verkaufsnote vom 1. Mai 1852 bis 13. Juni 1853 23.952 fl ausweise und ihre Artikel nicht nur in den Kronländern und dem nahen Auslande, sondern selbst in fremden Welttheilen Absatz finden […].«[139] Die Thonets benötigten keinerlei Protektion, da sie sich aufgrund ihres wirtschaftlichen Erfolgs des Wohlwollens der Behörden sicher sein konnten.

Zu den Maßnahmen der Firma Gebrüder Thonet, sich den Behinderungen ihres Geschäftsbetriebs durch die Wiener Tischler zu entziehen, gehörte auch ein Gesuch vom April 1857, in welchem sie um eine Ausdehnung der einfachen Fabrikbefugnis auf eine Landesfabrikbefugnis für Niederösterreich nachsuchten.[140] Diesem wurde im November stattgegeben.[141] Die einfache Fabrikbefugnis berechtigte nur dazu, die erzeugten Waren an dem Ort anzubieten, wo sie hergestellt worden waren, bei der förmlichen Landesfabrikbefugnis dagegen war der Verkauf in allen Hauptstädten der Erbländer möglich.[142] Dieses Gesuch belegt die Ambitionen des Unternehmens, die

Geschäftstätigkeit weit über Wien hinaus auszudehnen, die Konkurrenten in Wien sollten schließlich keine Rolle mehr spielen.

Nach der Auflösung der Werkstatt in der Mollardmühle 1858 und der Verlagerung der Produktion nach Koritschan wurde diese Landesfabrikbefugnis »mit Dekret der mährischen Statthalterei am 14. September 1858 für Mähren übertragen«.[143] Damit konnte man zwar den Einsprüchen und Nachstellungen des Wiener Tischlermittels entgehen, doch traten nun die lokalen Tischler in Brünn auf den Plan. Neben der Verkaufsstelle in Wien hatte das Unternehmen spätestens im Juli 1858 dort im Palais Padowetz eine weitere Niederlage eingerichtet.[144] Die Brünner Tischlerzunft beargwöhnte dies kritisch und reichte bei der Gewerbepolizei eine Klage ein, dass in dieser Niederlage auch Möbel verkauft würden, die nicht von den Thonets selbst, sondern von anderen Wiener Tischlern gefertigt würden.[145] In einem in diesem Schreiben zitierten Brief und einer Aussage des Verwalters der Niederlage, Esvel Rosenfeld, wird deutlich, dass die Thonets diesen tatsächlich angewiesen und ermächtigt hatten, fremde Möbel unter ihrem Namen zu verkaufen.[146] Das amtliche Schreiben endete mit der Androhung gesetzlicher Bestrafung im Wiederholungsfalle. Doch konnte die Produktion in Koritschan in der folgenden Zeit dann in einem solchen Maße gesteigert werden, dass man nicht mehr auf die Erzeugnisse der Wiener Tischler zurückzugreifen brauchte. Es ist allerdings bemerkenswert, dass das Unternehmen die Möbel der Wiener Konkurrenten, die aufgrund des Thonetschen Privilegs noch nach der alten Methode gefertigt waren, als die eigenen ausgab und sie eigentlich dem Qualitätsanspruch der Gebrüder Thonet nicht genügen konnten. Darüber hinaus stellt sich die Frage, ob die Wiener Tischler wussten, dass die Gebrüder Thonet, mit denen es in den Jahren zuvor erhebliche Auseinandersetzungen gab, ihre Erzeugnisse nun unter ihrem eigenen Namen verkauften.

4.6. Firmengründung und Gesellschafterverträge

Nachdem Mitte des Jahres 1853 Werkstatt und Wohnung in die Mollardmühle verlegt worden waren, wurde am 1. November 1853 die Firma Gebrüder Thonet gegründet. Gesellschafter waren die Söhne, der Vater übernahm die Geschäftsleitung und die Vertretung der noch minderjährigen Jakob und Josef.[147] (Abb. 16)

Überraschenderweise war der zweitälteste Sohn Michael bei diesem wichtigen Ereignis nicht dabei. Er hielt sich zu dieser Zeit in Boppard auf, der Vater legte eine Vertretungsvollmacht vor, ausgestellt am 13. Oktober in Boppard.[148] Was der Grund für Michaels Aufenthalt in Boppard war, ist nicht bekannt.

Abb. 16: Michael Thonet und die Söhne »Gebrüder Thonet«, nach 1863

Der Zweck der Gesellschaft war die Verwertung des Privilegs vom 28. Juli 1852, »dem Holze durch Zerschneiden und Wiederzusammenleimen jede beliebige Biegung und Form in verschiedener Richtung zu geben«.[149] Es war vorgesehen, dass die Gesellschaft so lange bestehen sollte, wie das Privileg galt, mithin längstens fünfzehn Jahre. Auch die Möglichkeit einer Verwertung des Privilegs im Ausland hielt man noch für möglich, doch dürfe dies nur »für gemeinschaftliche Rechnung genommen und nur für gemeinschaftliche Rechnung ausgeübt werden«.[150] Einen interessanten Einblick in die finanziellen Verhältnisse der Thonets zu dieser Zeit bietet die nicht unerhebliche Höhe der Kapitaleinlage von 2000 Gulden C.M. eines jeden der fünf Gesellschafter.[151]

Es existieren keine Dokumente, aus denen hervorgeht, wessen Idee die Firmengründung war, auf wessen Veranlassung sie erfolgte. War es Michael Thonet, waren es die Söhne, die darauf drängten oder mussten sie überzeugt werden? War es eine gemeinsame Entscheidung und warum wurde der Vater nicht Gesellschafter? Wäre Michael Thonet Mitgesellschafter geworden, hätte man nicht den Namen »Gebrüder Thonet« gewählt. Der Vater war zu dieser Zeit bereits 57 Jahre alt, möglicherweise spielte dies eine Rolle, vielleicht sollte auch dadurch, dass allein die fünf Söhne gleichberechtigte Gesellschafter waren, der Zusammenhalt innerhalb der Familie auf diese Weise garantiert und gestärkt werden, worauf die ausdrückliche Vereinbarung hinweist, dass keiner der Gesellschafter »ein dem gesellschaftlichen Unternehmen nachteiliges Nebengeschäft betreiben [darf]«.[152]

Am 8. Februar 1862 wurde ein Nachtragsartikel zu dem Vertrag vom 1. November 1853 formuliert.[153] Grund war die Volljährigkeit von Jakob, der – bisher nur stiller Gesellschafter – nun als öffentlicher Gesellschafter eingetragen wurde. Ebenso wie seine Brüder war er damit verpflichtet, für alle »Verbindlichkeiten mit seinem ganzen Vermögen zu haften«.[154] Die Bestimmung aus dem Vertrag von 1853, dass keiner der Gesellschafter eine dem gemeinsamen Unternehmen nachteilige Tätigkeit ausüben darf, wurde übernommen – ja sogar verschärft. Mit ausdrücklichem Bezug darauf wurde nun »das abändernde Übereinkommen getroffen, daß keiner der Gesellschafter berechtigt sein soll, irgend ein Nebengeschäft für eigene Rechnung zu betreiben, indem jeder seine ganze, ausschließliche Thätigkeit nur dem gesellschaftlichen Geschäftsbetriebe zu widmen verpflichtet ist«.[155] Aus der nur spärlich vorliegenden Korrespondenz aus dieser Zeit lassen sich keinerlei Hinweise auf Nebengeschäfte der Brüder erkennen, doch zeigt das explizite Verbot, dass es solche möglicherweise vorher gegeben hatte. Auch der Sinn von solcherart »geschäftsnachteiligem« Verhalten erschließt sich nicht, immerhin hatte man schon die zweite Fabrik in Bistritz gebaut, es stand die Teilnahme an der Weltausstellung 1862 in London an und dort hatte man bereits seit 1860 die geschäftlichen Aktivitäten ausgeweitet.[156] Finanzielle oder wirtschaftliche Gründe dürften somit keine Rolle gespielt haben, von persönlichen Problemen zwischen den Söhnen ist nichts bekannt.

Eine weitere Änderung in diesem ersten Nachtrag bestand in der Regelung, »daß in dem Falle, wenn einer der Gesellschafter mit Tode abgeht, derselbe und beziehungsweise seine Erben, als aus der Gesellschaft ausgetreten zu betrachten sind. Die Erben sind daher nicht berechtigt, sich fortan noch an der Gesellschaft zu betheiligen; sie sind vielmehr verpflichtet, sich mit dem durch die bei einem solchen Todesfalle errichtende Inventur und Bilance auszumittelnden Gesellschaftsantheile abfertigen zu lassen«.[157] Nach dem Gründungsvertrag waren die »Erben berechtigt, aber nicht verpflichtet, seinen [des Erblassers] Gesellschaftsantheil zu übernehmen und in der Gesellschaft zu bleiben«.[158] Die Auszahlung der Anteile konnten die Erben nun erst nach Ablauf der Gesellschaftsdauer – 1. März 1880 – fordern, wohingegen den Gesellschaftern das Recht eingeräumt wurde, »diese Auszahlung auch vor dem angesetzten Termine, wann immer es ihnen belieben wird, zu leisten, und sich dadurch der weiteren Sicherstellung und Verzinsung zu entbinden«.[159] Wurde das Kapital nicht direkt ausgezahlt, so war es halbjährlich mit fünf Prozent zu verzinsen.

In einem weiteren Nachtrag vom 11. Oktober 1876 wurde diese Regelung nochmals modifiziert. Falls einer der Gesellschafter während der Vertragsdauer versterben sollte, »sind seine Erben oder sonstigen Rechtsnachfolger nicht berechtiget in der Gesellschaft zu verbleiben, sondern gelten als ausgeschieden«.[160] Die Auszahlung des Kapitals des verstorbenen Gesellschafters wurde wiederum ganz im Sinne der Firma geregelt, der es freisteht, es »wann immer halbjährig zu kündigen und nach Verlauf der Kündigungsfrist zu bezahlen«.[161] Die Verzinsung des Kapitals betrug nach wie vor fünf Prozent. Die Erben selbst konnten eine Zahlung erst nach dem Erlöschen der Gesellschaft, dem 31. Dezember 1886, fordern.

Die Gesellschaftsdauer wurde in allen Verträgen jeweils neu angepasst. War in dem Gründungsvertrag die Rede davon, dass die Gesellschaft mit dem Auslaufen des Privilegs von 1852 nach längstens fünfzehn Jahren ebenso erlöschen sollte, so ist es in dem Nachtrag von 1862 der 1. März 1880, in dem Nachtrag von 1876 nun der 31. Dezember 1886.

Es ist erkennbar, dass das Unternehmen zunehmend darauf achtete, dass durch ein Ausscheiden eines der Gesellschafter und der sich daraus ergebenden Ansprüche der Erben es keinesfalls dazu kommen durfte, dass Kapital aus der Firma abgezogen werden musste, wodurch sich möglicherweise ein finanzieller Engpass ergeben hätte und der Bestand des Unternehmens gefährdet worden wäre.

Dem diente auch ein weiterer Nachtrag zum Vertrag von 1876, nur drei Jahre später. Eben da man befürchtete, dass dies »den überlebenden Gesellschaftern möglicherweise empfindliche Nachteile bringen könnte, ohne den Erben oder Rechtsnachfolgern des Verstorbenen zu einem erheblichen Vortheile zu gereichen«[162], sollten die Erben das Kapital nun in Teilbeträgen erhalten: Zehn Prozent am 31.Dezember 1886, jeweils zwanzig Prozent am 31. Dezember der folgenden drei Jahre, den Rest von 30 Prozent am 31. Dezember 1890. Unberührt davon blieb die Möglichkeit der Gesellschafter, das Kapital auch früher zu kündigen und auszuzahlen. Die Verzinsung wurde von fünf auf vier Prozent reduziert, alle übrigen Bestimmungen des Nachtrags vom 11. Oktober 1876 blieben unberührt.

Am 31. Dezember 1886 schlossen die fünf Brüder Franz, Michael, August, Josef und Jakob einen neuen Gesellschaftsvertrag.[163] In diesem wurden nun die Söhne der bisherigen Gesellschafter als sogenannte Juniorgesellschafter in die Firma aufgenommen. Von dem Gesellschaftskapital von 3.000.000 Gulden besaßen die Brüder Franz und Michael Einlagen von je 250.000 Gulden, die restliche Summe – hundert gleiche Anteile zu jeweils 25.000 Gulden – erhielten die übrigen Gesellschafter.

Dieser kurze Abriss zeigt, dass das Wohl der Firma zunehmend oberste Priorität genoss, doch all diese vertraglichen Regelungen konnten es am Ende nicht verhindern, dass es mit dem Eintritt der Söhne der bisherigen Gesellschafter zu zahlreichen Streitigkeiten bis hin zu gerichtlichen Auseinandersetzungen in der Familie kam.[164]

4.7. Das Massivholzprivileg

1856 beantragte die Firma ein neues Privileg »zur Anfertigung von Sesseln, Fauteuils, Kanapees und Tischfüßen aus, mittels Dampf und siedenten Flüssigkeiten gebogenem Holze«.[165] Mit Hilfe des in diesem Privileg beschriebenen Verfahrens war es erstmals möglich, Holz massiv zu biegen. Man brauchte keine aufwändig zu fertigenden Schienen mehr, die als Bündel in einem Leimbad erweicht und anschließend rund geraspelt werden mussten. Massivholzstäbe wurden mit Hilfe von Wasserdampf biegsam gemacht, in eine Form eingelegt und nach weiteren Bearbeitungsschritten zu vollständigen Möbeln montiert.

Dieses Gesuch – das sogenannte Massivholzprivileg – wurde am 26. Februar 1856 bei der Niederösterreichischen Statthalterei gestellt. Das Genehmigungsverfahren nahm seinen instanzlichen Weg. Der Antrag wurde am 10. März an das Handelsministerium gesandt, welches das Polytechnische Institut um ein Gutachten ersuchte. Unter anderem zu der Frage »ob die Privilegiums-Beschreibung in Hinsicht auf Vollständigkeit, Klarheit und Verständlichkeit den Anforderungen der § 12 des a. h. Privilegien-Gesetzes entspreche«.[166] Man kam zu dem Ergebnis, dass der Antrag grundsätzlich allen gesetzlichen Erfordernissen genüge, die Beschreibung jedoch zu ungenau sei. Dies wurde den Antragstellern mitgeteilt, woraufhin diese am 7. Juni einen zweiten, erweiterten Antrag einreichten. Dieser wurde nochmals geprüft, diesmal mit einem für die Thonets zufriedenstellenden Ergebnis. In dem Bericht des Polytechnischen Instituts heißt es: »Die Verleihung dieses angesuchten Privilegiums kann nun anstandslos erfolgen. Den Bittstellern kann die Priorität ihrer Erfindung vom Zeitpunkte ihrer ersten Beschreibung zugestanden werden.«[167]

Am 10. Juli 1856 teilte das Handelsministerium der Niederösterreichischen Statthalterei die Erteilung mit und am 20. Juli wurde sie in der *Wiener Zeitung*, am 12. August im *Amtsblatt zur Wiener Zeitung* mit gleichlautendem Text bekannt gemacht: »Auf Grundlage des a. h. Privilegiengesetzes vom 15. August 1852, hat das Handelsministerium unterm 10. Juli 1856, Z. 17142/1447, den Gebrüdern Thonet in Wien, Gumpendorf Nr. 173, auf eine Erfindung und Anfertigung von Sesseln, Fauteuils, Kanapees und Tischfüßen, aus mit Dampf oder siedender Flüssigkeit gebogenem Holze, ein ausschließendes Privilegium für die Dauer von zwei Jahren verliehen. Die Privilegiums-Beschreibung, deren Geheimhaltung angesucht wurde, befindet sich im k. k. Privilegien-Archive in Aufbewahrung.«[168] Die gleichlautende Meldung wurde – wie üblich – nachfolgend in weiteren Zeitungen veröffentlicht.[169]

Es gibt keinen Nachweis darüber, wann die Gebrüder Thonet dieses Verfahren, Holz massiv zu biegen, so weit entwickelt hatten, dass es für eine industrielle Fertigung tauglich war und vor allem, wem diese entscheidende Innovation denn nun zuzuschreiben ist. Dies ist überraschend angesichts einer so bahnbrechenden Erfindung. Wer hatte den ebenso einfachen wie genialen Einfall, das zu biegende Holz nicht mehr in einem Leimbad zu erhitzen, sondern in Wasserdampf und vor dem Biegen eine fest und unverrückbar mit dem Holz verbundene Metall-Schiene auf der Außenseite anzubringen? Das Patent wurde auf die Firma Gebrüder Thonet angemeldet, doch war dies tatsächlich ein Einfall der Thonets? In allen Firmenschriften, allen Publikationen, welche sich mit der Geschichte des Unternehmens befassen, wird dies nie in Frage gestellt und stillschweigend vorausgesetzt: Derjenige, der das Patent anmeldet, muss auch der Erfinder sein. Doch findet sich in einem Nachruf bei dem Tod des Josef Thonet ein bemerkenswerter Satz: »Diese Erfindung, durch welche die Firma Thonet in verhältnismäßig kurzer Zeit einen Weltruf erlangt hat, ist, wie es heißt, auf die Anregung eines schlichten Arbeiters zurückzuführen.«[170] Aus der Formulierung »wie es heißt« lässt sich schließen, dass es ganz offensichtlich eine allgemein und öffentlich bekannte Tatsache war, dass ein »schlichter Arbeiter« den entscheidenden Hinweis gegeben hatte. Die Aussage kann zudem eine gewisse Authentizität dadurch beanspruchen, dass sie in dem Nachruf des Josef Thonet erschien. Es war offensichtlich nichts Ehrenrühriges damit verbunden. Und auch bei dem Tod von Michael Thonet jun. am 25. Dezember 1902 wurde der »schlichte Arbeiter« nochmals erwähnt.[171]

In dem Gedenkblatt, sechs Jahre zuvor, wurde die Geschichte jedoch noch ein wenig anders erzählt. Die Erteilung des Privilegs musste natürlich angesichts der Bedeutung der Erfindung erwähnt werden, dies geschah jedoch in merkwürdig sachlicher und kurzer Form. »Am 10. Juli 1856 wurde der Firma Gebrüder Thonet ein Privilegium erteilt: ›Auf die Anfertigung von Sesseln und Tischfüssen aus gebogenem Holze, dessen Biegung durch Einwirkung von Wasserdämpfen oder siedenden Flüssigkeiten geschieht.‹ Dieses blieb bis zum 10. December 1869 in Kraft, an welchem Tage es in Folge freiwilligen Verzichtes aufgelassen wurde.«[172] Nannte man keine Namen, weil man vermeiden wollte, dass Zeitgenossen darauf hinwiesen, dass dabei ein »schlichter Arbeiter« den entscheidenden Hinweis gegeben hatte? Die Erwähnung von dessen Namen oder zumindest ein Hinweis hätte die zweifelsohne vorhandene Leistung der Thonets nicht geschmälert.

5. Von Michael Thonet zu den Gebrüdern Thonet

Die Geschichte des Unternehmens Gebrüder Thonet beginnt mit der Firmengründung im Jahr 1853. Bis dahin ist es die Geschichte des Tischlermeisters Michael Thonet, der durch seine Beharrlichkeit – und auch Glück – in Boppard und später in Wien die Grundlagen zur Entstehung eines Möbelimperiums legte, das ab der Mitte der 1850er Jahre zunehmend von den Söhnen auf- und ausgebaut wurde. Es lässt sich kein Jahr oder Ereignis angeben, ab wann die Söhne die Leitung des Unternehmens übernahmen. Sie wuchsen langsam in ihren jeweiligen Tätigkeitsbereich hinein und spätestens mit der Errichtung der Fabrik in Koritschan lag die Geschäftsführung endgültig in ihren Händen, wobei dem ältesten Sohn Franz die führende Rolle zukam. Der Vater hatte seinen Teil beigetragen und konnte in den folgenden Jahren den Aufstieg der Firma zum weltweit größten Möbelhersteller verfolgen.

Bevor die Geschichte des Unternehmens Gebrüder Thonet erzählt werden soll, macht es Sinn, einen eingehenderen und genaueren Blick auf Michael Thonet zu werfen. In dem Gedenkblatt hat die Familie – 25 Jahre nach seinem Tod – ihre eigene Darstellung hinterlassen. Sein Leben wurde von den Söhnen so gedeutet, wie es von der Nachwelt gesehen werden sollte. Die familiäre Überlieferung könnte mit ein Grund dafür gewesen sein, dass sich in der Folgezeit niemand mit der Lebensgeschichte dieses Mannes oder der Geschichte der Firma eingehender beschäftigt hat. Doch vergleicht man die Darstellung im Gedenkblatt mit dem, was sich aus mittlerweile vorliegenden Briefen und weiteren Dokumenten entnehmen lässt, so ergibt sich ein in vielerlei Hinsicht anderes, aber auch facettenreicheres Bild Michael Thonets als das, welches von seinen Söhnen und Enkeln überliefert wurde.

Michael Thonet blieb Zeit seines Lebens immer der Handwerker, der sich am wohlsten fühlte, wenn er sich in seiner Werkstatt mit der Lösung handwerklich technischer Probleme beschäftigen konnte. Dies wird den Söhnen bewusst gewesen sein und dieses Bild wird in der Familienchronik auch immer wieder durch die Schilderung entsprechender Episoden bedient: »Wie oft sah ich Vater Thonet mit der Säge in der Hand in den Fabrikshof gehen, sich dort einen Pfosten durchschneiden und ihn selbst zu seiner Hobelbank heraufträgen. Jeder der ihm dabei helfen wollte, wurde abgewiesen.«[1] In Anekdoten dieser Art steckt natürlich das Narrativ einer nachträglichen Stilisierung des Firmengründers als einfacher und sparsamer Mann, doch dürfte Michael Thonet diesem Bild tatsächlich auch weitgehend entsprochen haben, wie man es aus seinen Briefen immer wieder herauslesen kann.

Allerdings konnte es diese Bodenständigkeit nicht verhindern, dass er sich bereits in dem kleinstädtischen Milieu von Boppard mit den Vorurteilen und dem Misstrauen seiner Mitbürger konfrontiert sah. Sie begegneten der Familie und dem Schreinermeister mit Vorbehalten, da er sich eben nicht in den gewohnten Bahnen seines Gewerbes bewegte. Seine auf wirtschaftlichen Fehlentscheidungen beruhenden finanziellen Eskapaden dürften sich schnell herumgesprochen haben und dass er sich mit Johann Walther van Meerten, einem Zugezogenen, zusammentat, dürfte ebenso misstrauisch beobachtet worden sein. »Eine Bopparder Überlieferung besagt, daß man dem Erfinder Michael Thonet wenig Achtung zollte. Man schüttelte den Kopf über einen Mann, der – in eine phantastische Idee vernarrt – den Boden unter den Füßen zu verlieren schien; [...]. Sein Weggang wurde als ein Zugrundegehen gedeutet. Nach dem rücksichtslosen Zugriff der Gläubiger muß die Armut der Familie Thonet sehr drückend gewesen sein. Noch vor 50 Jahren kannte man in Boppard das Zeugnis älterer Leute, nach denen die Thonets nicht einmal mehr ein Pfund Salz geborgt bekommen hätten.«[2]

In den Schreiben zu den Patentgesuchen für Preußen und den Verträgen mit Johann Walther van Meerten finden sich neben dem in solchen Schreiben Üblichen, Bemerkungen, welche Rückschlüsse auf die schwierige wirtschaftliche Situation der Familie zu dieser Zeit erlauben.[3] Dies dürfte Michael Thonet, für den das Wohlergehen seiner Familie im Mittelpunkt stand, sehr belastet haben. Doch sind keine Zeugnisse darüber vorhanden, wie er persönlich mit dieser Situation umging. Auch das Wohlverhaltenszeugnis des Bopparder Bürgermeisters, das zusammen mit dem Französischen Patentantrag Metternich auf dem Johannisberg überreicht wurde, bringt uns Michael Thonet nicht näher. Es enthält das bei solchen Gelegenheiten Erwartbare. »Daß der Schreinermeister Michael Thonet geboren und wohnhaft zu Boppard als ein in jeder Hinsicht geachteter Bürger hiesiger Stadt bekannt ist, im Rufe bester Moralität steht, in allen seinen Handlungen zuverlässig ist und nicht allein hier sondern auch in der Umgegend allgemeine Achtung und Zutrauen genießt; sich als Staatsbürger jederzeit fleckenlos ohne allen Tadel betragen hat, und durch seine eigene Erfindung der Methode Hölzer zu biegen, seiner zahlreichen Familie eine bessere Existenz aus diesem Erwerbe zu verschaffen, rastlos bemühet ist, wozu er bereits einen bedeuten [sic] Costen aufwand verwendet, und deshalb schon einer Anerkennung würdig ist, wird and [?] noch auf Verlangen amtlich bescheinigt und zugleich beurkundet, daß er als diesseitiger Bürger und Unterthan auf das Bürgerrecht anderer Staaten zu verzichten, die gewissenhafte Erklärung abgegeben hat.«[4] Bezeichnend für sein Verhältnis zu seiner Heimatstadt ist, dass er, nachdem er Boppard im Frühjahr 1842 verlassen hatte, nie mehr dorthin zurückkehrte.

Wie es den Thonets in Wien in den ersten Jahren erging, erfahren wir nicht. Sie werden sich hier vermutlich als fleißige Familie präsentiert und unauffällig verhalten haben. Das Leben war durch die Beschäftigung in der Leistlerschen Werkstatt auskömmlich. Die revolutionären Ereignisse 1848 bekamen die Thonets mit, doch wird es in der Rückschau von Jakob eher als eine interessante, ja amüsante Episode geschildert.[5] Es sind keine Urteile oder Stellungnahmen von Seiten der Söhne oder des Vaters hierzu bekannt, wie sie sich auch in späteren Jahren geradezu demonstrativ jeder politischen Stellungnahme enthielten.

Ein Ereignis indes, über welches wir nur aus Zeitungsberichten wissen – briefliche Zeugnisse liegen nicht vor – dürfte für die Familie sehr schmerzlich gewesen sein. Die Thonets lebten während der Zeit, in der der Vater und die Söhne für das Palais Liechtenstein arbeiteten, auf dem Leistlerschen Fabrikgelände in Gumpendorf. »Am 12. d. M. gerieth in der Wohnung eines Tischlers in Gumpendorf Nr. 9 die beim Ofen aufgehangene Wäsche in Brand, in Folge dessen eine in der Nähe befindliche Spiritusflasche zersprang. Von dem aussprühenden Weingeiste wurden unglücklicher Weise die beiden Töchter des Tischlers überschüttet, so daß sie hierdurch sowohl, als durch die theilweise Entzündung ihrer Kleider am Leibe eine gefährliche Verbrennung erlitten.«[6] Die beiden Töchter, Anna Maria und Gertraud, verstarben zwei Tage nach dem Unglück im Krankenhaus.[7]

Von den ehemals 13 Kindern von Michael und Anna Thonet waren bereits in Boppard sechs innerhalb eines Jahres nach der Geburt gestorben. In Wien bestand die Familie aus den Eltern und sieben Kindern, nach dem Tod der beiden Mädchen blieben alleine die fünf Söhne übrig, die später das Unternehmen Gebrüder Thonet gründen sollten.

In der folgenden Übersicht, welche die Kinder von Michael und Anna Thonet auflistet, fanden sich für die beiden Töchter Margarethe und Theresia sowohl in Archivalien als auch in weiteren Dokumenten unterschiedliche Angaben über das Geburtsdatum, ebenso bei dem Sohn Michael. Bei allen anderen können die Daten als nahezu gesichert gelten, wobei nicht ausgeschlossen ist, dass sich auch in Zukunft unterschiedliche Angaben finden könnten, die allerdings auch in verschiedenen zeitgenössischen Quellen wie beispielsweise in Kirchenbüchern oder Geburtsregistern ebenso nicht immer übereinstimmen.

Vereinfachter Auszug aus dem Stammbaum der Familie Thonet

Michael Thonet, *02.07.1796 Boppard, † 03.03.1871 Wien

∞ 13.04.1820, Anna Maria Crass, *23.02.1799 Boppard, † 10.01.1862 Wien

Name	Geburtsdatum/ Geburtsort: alle Boppard	Sterbedatum/Sterbeort
Franz	21.12.1820	08.01.1898 Wien
Anna Maria	18.04.1823	14.12.1848 Wien
Michael	30.09.1824 (auch 30.10.1824)	25.12.1902 Wien
Margarethe	24.03.1826 (auch 12.08.1826)	13.08.1826 Boppard
Sophia	31.05.1827	16.01.1828 Boppard
August	28.03.1829	16.03.1910 Arco
Josef	29.05.1830	22.08.1887 Maria Enzersdorf
Gertrud	09.12.1831	16.06.1832 Boppard
Gertraud	16.03.1833	14.12.1848 Wien
Johannes	15.08.1834	13.02.1835 Boppard
Heinrich	27.12.1836	25.08.1837 Boppard
Theresia	22.11.1839 (auch 29.11.1839)	12. 06.1840 Boppard
Jakob	30.10.1841	10.11.1929 Mödling

In einem Brief Michael Thonets vom 18. Dezember 1855 erfahren wir von einer Begebenheit, welche das Bild des Vaters um eine anrührende Facette ergänzt. Michael Thonet jun. hatte die Absicht, Jakob Mays 1830 geborene Tochter Gretel, die er noch aus Bopparder Zeiten kannte und mit der er in Briefkontakt stand, zu heiraten. Jakob May war ein Vetter Michael Thonets und besaß eine Apotheke in Oberwesel, einem circa 20 Kilometer von Boppard rheinaufwärts gelegenen Ort. Michael jun. bat seinen Vater, an Gretels Vater zu schreiben und ihn um Erlaubnis für diese Heirat zu bitten. In einem sehr persönlich gehaltenen Brief trug Michael Thonet den Wunsch seines Sohnes vor.[8] Doch die Bitte wurde abschlägig beschieden, da sich die Tochter, so der Vater, um Mays beide Schwestern, ihre Tanten, kümmern müsse. Vier Jahre später unternahm Michael Thonet einen weiteren Versuch. In seinem Brief weist er darauf hin, dass sein Sohn nun schon 34 Jahre alt und es an der Zeit sei, dass er heirate und von der Tochter könne der Vater doch nicht verlangen, dass sie als alte Jungfer ende. Die von ihrem Vater angeführten familiären Rücksichten dürften nicht das Glück der beiden zerstören.[9] Gretels Vater reagierte erstaunt auf dieses Schreiben, da er gehört habe, dass der Sohn Michael schon seit zwei Jahren verlobt sei und bald heiraten werde. Durch die familiären Umstände, die Versorgung der Tanten, sei es aber auch jetzt nicht möglich, dass er seine Zustimmung zu einer Heirat geben könne.[10] Nach dieser endgültigen Ablehnung konnte sich Michael offensichtlich sehr schnell trösten und heiratete nur wenige Monate später, am 19. Februar 1860, die 12 Jahre jüngere Johanna (Jeanette) Herbert. Das Paar hatte zwei Kinder.

Bei dem Versuch, die Militärpflicht der Söhne August und Josef – in Preußen – und Jakob in Österreich zu umgehen, zeigte sich Michael Thonet als ebenso besorgter wie auch als geschickt agierender Vater, der den Militärdienst im Falle von August mit einem Gefälligkeits-Attest verhindern konnte. In einer Mitteilung der Preußischen Regierung vom 31. Januar 1850 wurden die Militärpflichtigen des Kreises St. Goar, welche sich bei der Ersatzaushebung im Vorjahr nicht gemeldet hatten, aufgefordert, »binnen 3 Monaten, von heute ab, zur Ableistung ihrer Militairpflicht vor dem unterzeichneten königlichen Landraths-Amt sich zu gestellen, widrigenfalls sie die Verfolgung als Widerspenstige zu gewärtigen haben«.[11] Unter den Namen findet sich ein »Franz Thonet« mit dem Geburtsdatum 29. März 1829. Hierbei handelt es sich um eine Namensverwechslung mit August, wobei man sich bei dessen Geburtsdatum allerdings um einen Tag vertan hatte. Am 17. Oktober 1850 erging diese Aufforderung nochmals und dürfte schließlich auch die Thonets in Wien erreicht haben. Michael Thonet versprach sich von dem bereits erwähnten Tischler Erlach in Währing, bei dem August eine Zeitlang gearbeitet hatte, Hilfe und schilderte diesem die Situation. Auf dessen Veranlassung stellte ein befreundeter Bezirksarzt ein Attest aus, in dem dieser die Untauglichkeit von August für den Militärdienst feststellte. Dieses Schreiben wurde verschiedenen Behörden in Wien vorgelegt und schließlich, beglaubigt von dem preußischen Gesandten, zum Landratsamt nach St. Goar geschickt, »du kannst dir also die Lauferei denken, welche wir hatten, bis wir die Sache in Ordnung hatten, allein wenn man hier die rechte Leute antrifft und tüchtig schmirt, bekommt man alles«.[12] August blieb der preußische Militärdienst so erspart.

In der Aushebungs-Liste vom 17. Oktober 1850 findet sich auch die Aufforderung an einen «Johann Joseph Thonot aus Boppard« mit dem Geburtsdatum 29. Mai 1830, wobei es sich hier sicher um Michael Thonets Sohn Josef handelt. Die Verpflichtung für den Militärdienst in Preußen ergab sich daraus, dass beide Söhne zu dieser Zeit, 1850, noch preußische Staatsbürger waren. Auch ein Aufenthalt im Ausland entband nicht von der Militärpflicht. Josef Thonet musste allerdings, ebenso wie August, keinen Militärdienst in Preußen ableisten. Doch ist nicht bekannt, wie dies verhindert werden konnte.

Jakob hingegen, der jüngste, war 1841 geboren und somit nicht mehr in Preußen militärpflichtig, sondern wäre in Österreich eingezogen worden. Aber auch dies wusste der Vater zu verhindern, in diesem Fall allerdings mit legalen Mitteln. Seine Sorge wird in einem Brief vom September 1860 deutlich: »[...] ich habe gestern in der Zeitung gelesen daß die Altersklaße von 1840 diesen Monat ausgehoben wird, und die von 1841 die Jakob betrifft, schon im nächsten Februar jetzt kann man sich noch los kaufen, wenn der Krieg ausbricht was unvermeidlich scheint, so wird das los kaufen so wie auch im vorigen Krieg aufgehoben, man könnte ja den Vorwand nehmen, daß wir in London eine Niederlage gegründet hätten und das Jacob mit deren Führung nöthig wäre, Hr. Veck wird schon einen Ausweg in dieser Beziehung finden, es geht mir Tag und Nacht nicht aus dem Kopf bis ich hierin Beruhigung finde.«[13] Bei der vorgezogenen Aushebung der Rekruten, von der Michael Thonet hier schreibt, handelte es sich um »Vorsichtsmaßnahmen« der Österreicher wegen der »Zeitverhältnisse«. Kaiser Franz Joseph war 1859 als Oberbefehlshaber der Armee nach Italien in den Krieg gegen Sardinien-Piemont und Frankreich gezogen, den Österreich aufgrund der Unerfahrenheit seines Oberbefehlshabers und seiner militärischen Unterlegenheit verloren hatte. In der Folge befürchtete man Unruhen, für die man im Falle weiterer militärischer Auseinandersetzungen durch eine vorgezogene Aushebung der Altersklassen – zu der auch Jakob gehören würde – gerüstet sein wollte.[14] Michael Thonet, der sich schon seit geraumer Zeit wegen des Baus der zweiten Fabrik in Bistritz aufhielt, dürfte hiervon aus der Olmützer Zeitung *Neue Zeit* erfahren haben, in der, wie auch in allen anderen größeren Zeitungen des Reiches, diese Nachricht einen Tag später erschien.[15]

Josef und der Advokat der Familie, ein Herr Veck, kümmerten sich, wie von Michael Thonet gewünscht, um die Angelegenheit und erreichten die Freistellung von Jakob durch Zahlung eines hohen Geldbetrags. Josef informierte den Vater, dass man die Sache in Wien habe regeln können. Der Brief von Josef selbst ist nicht erhalten, doch in einem Schreiben des Vaters vom 7. Oktober 1860 wird die Angelegenheit nochmals kurz erwähnt: »Josef hat mir geschrieben daß er mit He. Veck auf dem Bureau war wo die Befreiungstax erlegt wird, es hat durchaus keinen Umstand und ist nur einfach eine Eingabe deswegen zu machen um die 1.500 fl[16] zu erlegen, was er künftige Woche thun wird.«[17]

Bereits vier Jahre zuvor, 1856, hatten Michael Thonet und die Söhne die österreichische Staatsbürgerschaft erhalten. Der Vater am 16. August, die Söhne am 9. Dezember, da noch die Bewilligung der preußischen Verwaltungsbehörde zur Auswanderung vorgelegt werden musste. Dies war jedoch nur eine Formsache, so dass Franz am 10. Dezember 1856 aus Wien schreiben konnte: »Gestern haben wir die Einbürgerungsdekrete für uns alle erhalten.«[18] Am 27. Dezember des gleichen Jahres leisteten Franz und August den »Unterthans-Eid«, Michael und Josef vermutlich erst später.[19]

Neben diesen familiären Aktivitäten war Michael Thonet natürlich immer noch für die Firma engagiert. Nach den Bestimmungen des Gesellschaftsvertrags von 1853 sollte er zwar die Aufgaben eines Geschäftsleiters übernehmen, wurde aber selbst nicht Gesellschafter, sondern übernahm lediglich die Vertretung von Jakob und Josef bis zu deren Großjährigkeit. Doch schaut man sich sein Tätigkeits- und Arbeitsumfeld in der zweiten Hälfte der 1850er Jahre in Wien und in Mähren an, so entsteht der Eindruck, dass er sich zunehmend und ganz bewusst aus der Leitung der Firma zurückgezogen und den Söhnen die Geschäftsführung überlassen hatte. Es ist anzunehmen, dass es Michael Thonet nach den Erfahrungen in Boppard bewusst war, dass er nicht in der Lage sein würde, ein Unternehmen aufzubauen und zu führen. Nicht 1853, als die Gebrüder Thonet in der Mollardmühle anfangs lediglich etwa 50 Arbeiter beschäftigten und keinesfalls nach der Errichtung der Fabriken mit am Ende mehreren tausend Beschäftigten.

Aus den wenigen Dokumenten aus den 1850er Jahren lässt sich schließen, dass der Vater an strategischen Entscheidungen nicht oder wenn überhaupt, nur am Rande beteiligt war. Er leitete und beaufsichtigte die Fabrikbauten in Koritschan und Bistritz, hatte ein Auge auf die maschinelle Ausstattung der Fabriken und kümmerte sich später auch um die Errichtung von Arbeiterwohnhäusern. All dies sind handwerklich praktische und überschaubare, organisatorische Tätigkeiten. Er machte Vorschläge zur Optimierung von Maschinen und war mit dabei, wenn sie aufgestellt und eingerichtet wurden.[20]

Ein zeitlich und inhaltlich zusammenhängendes Konvolut von 25 Briefen, die Michael Thonet während der Zeit des Baus der zweiten Fabrik 1860 in Bistritz an die Söhne schrieb, geben ein anschauliches Bild seiner Tätigkeiten am Anfang der 1860er Jahre.[21] Stilistisch und grammatisch sehr eigenwillig reiht er Gedanken und Einfälle aneinander, schnell und assoziativ springt er von einem Thema zum nächsten, vom Geschäftlichen zum Privaten, von familiären Angelegenheiten hin zu den Fortschritten beim Fabriksbau. »Die Maurer haben heute den 1. Stock zu mauern angefangen die Tramen [süddt. Dialektausdruck für Balken] liegen alle oben, mit so schwerem Holz ist eine beschwerliche Arbeit das Wetter war die vorige Woche ungemein schlecht wir mußten mehrmal an der Arbeit aussetzen, der Bau wird hübsch und großartig wir werden alles recht gemächlich einrichten ich hoffe daß ihr alle, der kleine Karl mit inbegriffen recht gesund seit, die Mutter ist ziemlich wohl und da heute schönes Wetter ist war sie lange im Park spazieren, ich bin recht gesund und habe feste Beschäftigung mit den Zimmerleuten, das Wagerl kommt mir sehr gut ich laße jetzt eine Drehwinde zum Holzaufziehen machen dadurch werden wir mit dem anderen Stockwerk viel eher und leichter fertig werden als mit den Tramen ebener Erde, es sind jetzt 126 Molkengäste hier es ist dadurch so lange die Kuhr dauert recht unterhaltentlich.«[22] Daneben finden sich in diesen Briefen immer wieder auch persönliche Bemerkungen, die seine Sorge um die Familie zeigen.

Das Geschäftliche überließ der Vater den Söhnen. Es finden sich keinerlei Hinweise darauf, dass er beispielsweise an der Schaffung neuer Modelle, der Präsenz des Unternehmens auf Ausstellungen, überhaupt an wegweisenden Entscheidungen die Expansion der jungen Firma betreffend, beteiligt war.

Auch nachdem das Unternehmen die Produktion 1858 endgültig nach Koritschan verlagert hatte, blieb das geschäftliche Zentrum Wien und hier wollten die Gebrüder Thonet Präsenz zeigen und wahrgenommen werden. Den Thonets war es wichtig, sich als ehrenhafte und in die Gesellschaft integrierte Bürger der Residenzstadt zu präsentieren. Beispielhaft hierfür steht eine kleine Episode aus dem Jahr der Einbürgerung. Im Februar 1856 fand – wie jedes Jahr seit 1853 – eine sogenannte »Armen-Lotterie« statt, an der sich neben dem Adel und dem Kaiserhaus auch verschiedene Wiener Firmen mit einer Spende beteiligten. Zu den »edlen Wohlthätern« gehörten ab diesem Jahr erstmals auch die Gebrüder Thonet, die »1 großen Salontisch von Palissanderholz«[23] beitrugen. Aufgrund solcher und ähnlicher Aktivitäten, ihres gesellschaftlichen Engagements, aber auch ihres wirtschaftlichen Erfolgs, erhielten Michael Thonet und die Söhne in den folgenden Jahren zahlreiche Orden und Auszeichnungen. Die Thonets waren in Österreich angekommen.

Wenn die wenigen vorliegenden Dokumente auch kein umfassendes Bild geben können, so gibt es Hinweise, dass Michael Thonet in den 1860er Jahren zunehmend mit gesundheitlichen Problemen zu tun hatte. »Vater wird sich hoffentlich besser befinden, er soll sich nicht so viel anstrengen.«[24], schreibt Franz besorgt aus London. »Vater kommt morgen, er wird nicht nach K[oritschan], kommen ich werde ihm sagen daß er hierbleiben und seine alten Knochen ausruhen soll.«[25], heißt es Ende 1868 und ein Jahr später: »Vater ist noch immer nicht ganz wohl, werde ihn nicht nach Hallenkau reisen lassen.«[26]

Seine angeschlagene Gesundheit veranlasste Michael Thonet, sich in den Jahren 1863 und 1864 während der Sommermonate zu Kuraufenthalten in das von Wien nicht weit entfernte Baden zu begeben, das schon den Habsburgern als Kurstadt und Sommerfrische gedient hatte. Er wohnte in einem der zahlreichen Pawlatschenhäuser in der Neugasse Nr. 552, heute Josefsplatz 9, im darauffolgenden Jahr dann ein wenig komfortabler in dem Hotel »Zum schwarzen Adler« in der Rathausgasse.[27] Bereits am 10. Januar 1862 war Michael Thonets Frau Anna in ihrem Haus in Wien, Leopoldstadt 626, im Alter von 62 Jahren an Tuberkulose verstorben.[28] Wie aus vereinzelten Bemerkungen aus Briefen zu entnehmen ist, scheint Anna Thonet nicht ernsthaft krank, aber doch immer schon kränkelnd gewesen zu sein. Es findet sich allerdings nichts Konkretes, es ist allgemein von Beschwerden oder von Unwohlsein die Rede.[29] Bekannt sind ein Kuraufenthalt 1859 in Baden[30] und auch während des Fabrikbaus in Bistritz unterzog sich Anna Thonet einer Kur; Spaziergänge und eine sogenannte »Molkenkur« sollten Besserung bringen.[31] Diese ständige Sorge um seine Frau begleitete Michael Thonet die letzten Jahre und ihr Tod wird ein schmerzhafter Einschnitt in seinem Leben gewesen sein.

Woran Michael Thonet konkret litt, lässt sich nicht sagen. In einem der Briefe, den er während seines ersten Kuraufenthalts 1863 an die Familie schickte, spricht er davon, dass er Seidlitz Pulver einnehme, eine Art Universalmedizin, welche zu dieser Zeit vor allem gegen Unterleibsbeschwerden verordnet wurde. Doch scheint es sich nicht um ein eindeutig lokalisierbares medizinisches Problem des Vaters gehandelt zu haben, eher plagten ihn wohl zunehmend die Beschwerden des Alters. Aber er klagte nicht, blickte zufrieden auf sein Leben zurück und weiß die Firma in den Händen der Söhne gut aufgehoben.

»Ich bin seit Samstag in Wien auf Besuch und werde diesen Nachmittag wieder nach Baden fahren es gefällt mir dort so weit gut, allein die Zeit fällt mir doch sehr lang [...]. Morgens nach dem Bade wird in loco gefrühstückt dann wird sich wieder niedergelegt und über dem Lesen kommt gewöhnlich ein kleines Schläfchen, dann ein Spatziergang nach dem Park alwo die Musikbande von 12 bis 1 Uhr spielt, nachher zu Mittag gespeist dann wieder geruht über dem Lesen eingeschlafen – nachher ins Kaffehaus Kaffe trinken und Zeitungen lesen, ein kleiner Spatziergang gewöhnlich darauf mitunter Kartenspielen. [...] ich habe mir einen köstlichen Heurichen [Heurigen] aufgesucht das Seitel zu 10 x [Kreuzer] dazu etwas ad Faustibus [eigentlich ex faustibus, aus der Hand] gewickelt wird, ich gustire mich dabei besser als als[sic] im nobelsten Gasthofe. Ich bin ziemlich gesund nur fehl[t] mir der besonde[re] Appetit den ich früher gehabt, der Magen wird immer älter, ich nehme jetzt alle tage ½ Seitlitzpulf[v]er, vielleicht wird es dadurch aus[g]eputzt. [...] Den Tantchen Caroline und Emilie wird es wohl noch gut in Koritschan gefallen und werde sie wohl in 3 Wochen wenn ich euch besuche noch treffen, was macht der dicke Julius[32] ist sein Ausschlag besser die kleine Emilie[33] wird wohl recht munter sein führt die Kinder nur oft spatzieren ins frei und in die frische Luft das sie abgehärtet werden, unsere Jeanette wird wohl auch munter und gesund sein. Küsse für Emilie und Julius und her[z]liche Grüße an euch alle von eurem euch liebenden Vater.«[34]

Neben seiner grundsätzlichen Bescheidenheit war Michael Thonets Zeit seines Lebens geprägt von einem Streben nach Harmonie und Eintracht in der Familie. Ganz traditionell sollten beispielsweise möglichst alle an hohen Festtagen wie Ostern oder Weihnachten zusammenkommen. »[...] es wäre uns daher sehr lieb und würden uns recht freuen wenn Cari und Franz oder Jeannette und Michel oder auch beide Frauen, einer muß das Haus hüten mit Jakob nämlich am nächsten Samstag um 12 Uhr in Hullein eintreffen. Wir haben jetzt die Wohnung in Ordnung [...]. Josef wird am Samstag auch in Hullein eintreffen, da die Feiertage in Wien ohnedies in der Niederlage nichts zu thun ist so könnte Jakob auch über die Feiertage hier bleiben wir fahren nach den Feiertagen alle zusammen nach Koritschan, und Jakob nach Wien bis Josef ihn wieder ablöst.«[35]

Die beiden letztbekannten Briefe sind undatiert, dürften aufgrund des Inhalts aus dem Zeitraum von 1863 bis 1865 stammen. Michael Thonet macht Vorschläge zur Verbesserung der Ausstattung der Fabriken und der Optimierung von Maschinen. Dieses Thema, die Beschäftigung mit handwerklich technischen Aufgaben begleitete ihn sein Leben lang, ob in der kleinen Werkstatt in Boppard oder nun in den Fabriken in Mähren und Ungarn. Doch spricht er hier überraschenderweise auch von einer »Lustreise«, die er den Söhnen und deren Frauen versprochen hat. So kannte man ihn bisher nicht. Man spürt die Freude des Vaters, mit der Familie bald einige Tage zusammensein zu können. »[...] es ist also festgesetzt, daß die Lustreise nächsten Freitag stattfindet unsere Jeannette [Frau von Michael] soll daher Mittwoch Abend hier eintreffen damit wir Donnerstag noch in Wien zusammen bleiben können, ich freue mich schon zum voraus mit meinen Kindern eine so schöne Reise zu machen wir wollen nämlich auch Pest besuchen ich werde dafür stat[t] 4–500 Gulden hergeben.«[36]

Über die letzten Lebensjahre Michael Thonets liegen nur spärliche Informationen vor. Die Anerkennung seiner Lebensleistung wurde 1863 durch die Verleihung des

Goldenen Verdienstkreuzes mit Krone, 1867 des Ritterkreuzes des Guadeloupe Ordens und 1869 des Ritterkreuzes des Franz Joseph Ordens gewürdigt. Unterbrochen von einigen wenigen Reisen zu den Fabriken hielt er sich in diesen Jahren wohl überwiegend in Wien auf. Doch bis 1864 findet sich keine Wohnadresse in der Residenzstadt.[37] Dies dürfte seinen Grund darin haben, dass er die Fabrikbauten in Koritschan und Bistritz leitete und dort auch jeweils für einige Jahre lebte. Hielten er und seine Frau Anna sich in Wien auf, werden sie vermutlich bei einem der Söhne oder auch in eigenen Räumen gewohnt haben, waren aber wohl dort nicht offiziell gemeldet. Ab 1864 hatte Michael Thonet dann eine ständige Wohnung in der Leopoldstadt, Große Stadtgutgasse 42. Die Leopoldstadt war zu dieser Zeit das Zentrum der Thonetschen Aktivitäten, dort befanden sich die Geschäftszentrale und die Wiener Verkaufsfiliale der Firma, darüber hinaus noch Lager- und Arbeitsräume in der Franzensbrückengasse.[38] Michael Thonet wird in diesen Jahren auch noch gelegentlich in der Firma aktiv gewesen sein, doch überwiegend den Erfolg und die Arbeit der Söhne zufrieden begleitet haben.

Michael Thonet starb am 3. März 1871 in seiner Wohnung in der Leopoldstadt. In den Nachrufen ist von Altersschwäche die Rede, nach den Angaben in dem Gedenkblatt soll er sich »in Folge einer Erkältung, welche er sich bei der Besichtigung eines Waldes in Ungarn zugezogen hatte«[39] nicht mehr erholt haben. Michael Thonet wurde auf dem St. Marxer Friedhof beerdigt. Die Grabstelle ist noch auffindbar, doch der ursprüngliche Grabstein nicht mehr erhalten. Heute befindet sich dort ein nachträglich angebrachter Gedenkstein mit der Inschrift: »Michael Thonet, Erfinder der Holzbiegetechnik 1796–1871«. Mit der Eröffnung des Zentralfriedhofs 1874 wurde der Marxer Friedhof, wie auch weitere kommunale Friedhöfe in Wien, geschlossen. Als erster der Söhne Michael Thonets verstarb 1887 Josef, der auf dem Zentralfriedhof beerdigt wurde. Im gleichen Jahr kaufte die Familie dort ein Grundstück zur Errichtung eines Mausoleums, welches 1888 nach Plänen der Architekten Fellner und Helmer, die auch das Eiserne Haus in der Kärntnerstraße und den Thonet Hof am Stephansplatz geplant hatten, errichtet wurde.[40] Eine sehr plastische Vorstellung dieser Familiengruft gibt ein zeitgenössischer Zeitungsbericht, in welchem neben anderen auch dieses Thonetsche Grabdenkmal auf dem Wiener Zentralfriedhof anschaulich beschrieben wird.

»Wir haben eine aus edelstem Materiale aufgeführte Tempelhalle vor uns, die mit ihrer reichgegliederten Umfriedung kaum weniger Areale bedeckt, als Weyr's Denkmal für die Opfer des Ringtheaterbrandes;[41] es ist jedenfalls das größte Denkmal, das bisher von Privaten errichtet wurde. Das Ganze ist in edler Spät-Renaissance gehalten; sechs mächtige Säulen, deren Schäfte aus rothem schwedischen Granit, deren Capitäle und Basen aus Bronze sind, tragen die reich cassetirte Decke. Das

Gebälk und die Verdachung sind aus röthlichgelbem Granit, die mittlere Rückwand ist aus tiefschwarzem Gabbro (einem Marmor, der in der Nähe von Eggenburg gebrochen wird) und enthält eine Nische, für welche der talentvolle Bildhauer Charlemont[42], der jüngere Bruder der in der letzten Zeit so vielfach genannten Maler, die in Bronze ausgeführte lebenswahre Büste des Gründers der Firma Thonet, Herrn Michael Thonet, modellirt hat.«[43]

Die Gestaltung dieser »Tempelhalle« lag im Stil der Zeit. Der sakrale Charakter des Friedhofs wurde nach und nach zugunsten sozialer Selbstdarstellung verdrängt, ist in diesem Fall aber auch Ausweis der finanziellen Möglichkeiten der Familie. »Dieses Mausoleum hat einen Kostenaufwand von 40.000 Gulden verursacht« [44], ein Betrag, mit dem man damals in Wien auch ein Zinshaus erwerben konnte. Es ist anzunehmen, dass Michael Thonet, dessen Leichnam am 30. Oktober 1888 exhumiert und in das Mausoleum überführt wurde, seine letzte Ruhestätte auf dem Marxer Friedhof angemessener erschienen wäre als die Selbstdarstellung der Familie mit diesem steinernen Monument.

6. Die industrielle Herstellung von Bugholzmöbeln

6.1. Die Verlagerung der Produktion von Wien nach Mähren

Zu seiner Bopparder Zeit war es das Ziel des Tischlers Michael Thonet, qualitätvolle Stühle aus möglichst wenigen Einzelteilen zu bauen, gleichartige Bauteile für möglichst viele Anwendungen zu nutzen und diese in großer Anzahl herstellen zu können. Aufgrund der Verwendung identischer Formen bei der Herstellung der Bauteile waren bereits die Bopparder Stühle grundsätzlich für eine serielle Produktion geeignet, wie auch die noch schichtverleimten Sitzmöbel am Anfang der 1850er Jahre in Wien. Doch mit der Möglichkeit, ab 1856 Holz massiv zu biegen, war die überwiegend handwerkliche Herstellung obsolet geworden und das Unternehmen gleichsam gezwungen, ein industrielles Produktionsverfahren zu entwickeln.[1] Hierbei konnte man sich zwar in Teilbereichen der Erfahrungen bedienen, welche man in dem mittlerweile recht großen Betrieb in der Mollardmühle mit seinen am Ende etwa achtzig Beschäftigten gemacht hatte, doch war eine fabrikmäßige Erzeugung unter den dortigen Bedingungen aus vielerlei Gründen nicht mehr möglich. Dies zeigt das Beispiel der Wiener Tischler, welche von den Erfolgen der Gebrüder Thonet insofern profitieren wollten, als sie begannen, ähnlich aussehende Möbel herzustellen, doch aufgrund des Thonetschen Privilegs gezwungen waren, dies noch in überwiegend handwerklicher Manier zu tun. Diese ehemals kleinen und mittleren Betriebe, auch wenn sie zu größeren Werkstätten mit entsprechender maschineller Ausstattung ausgebaut wurden, erreichten nie die Produktivität einer Bugholzmöbelfabrik mit Tausenden von Beschäftigten.[2]

Die Firma Gebrüder Thonet wurde zwar 1853 gegründet, doch eine tatsächlich industrielle Produktion begann erst vier Jahre später mit dem Bau der ersten Fabrik in Koritschan, die 1857 die Arbeit aufnahm. Die Gesellschafter der Firma waren die fünf Söhne Michael Thonets, der älteste Franz, im Jahr der Firmengründung 33, Michael und August 29 bzw. 24 Jahre alt. Josef war noch nicht großjährig, ebenso der 1841 geborene Jakob. (Abb. 16)

Der Vater und die Söhne hatten zwar seit der Verlegung der Werkstatt von der Gumpendorferstraße in die Mollardmühle Erfahrungen mit einer protoindustriellen Produktion, doch sahen sie sich nun vor Herausforderungen gestellt, auf die sie nie vorbereitet worden waren. Franz, August und Michael waren als Schreiner ausgebildet, auch von Josef ist dies anzunehmen, Jakob ging noch zur Schule. Der Einzige der Söhne, der über das Handwerkliche hinausgehende Erfahrungen verfügte, dürfte Franz gewesen sein, der 1842/43 mit der Auflösung der Thonetschen Werkstatt in Boppard betraut war und die Präsenz der Thonets auf der Weltausstellung 1851 in

London organisiert hatte. Es finden sich in den nur sehr spärlich vorhandenen Dokumenten aus dieser Zeit keinerlei Hinweise darauf, ab wann die Gebrüder Thonet die Möglichkeiten einer industriellen Herstellung konkret ins Auge gefasst hatten, doch der kurze Zeitraum von der Firmengründung im November 1853 bis zum Kauf des Fabrikgeländes in Koritschan im August 1855 belegt, dass das Unternehmen in diese Richtung plante und trotz der nicht unerheblichen Kosten und der Finanzierung über Wechsel das Wagnis eines Fabrikbaus einging.[3]

Der Grund für den Bau der Fabrik in Koritschan soll die Möglichkeit einer kostengünstigeren Produktion gewesen sein. Neben der Nähe zum Rohstoff Holz werden auch immer wieder die ungelernten und damit billigen Arbeitskräfte angeführt, die man aufgrund des neuen arbeitsteiligen Verfahrens nun beschäftigen konnte. »Es wurde die Theilung der Arbeit im vollsten Sinne des Wortes durchgeführt. Professionisten wurden zur eigentlichen Sesselfabrication nicht mehr verwendet.«[4] Diese Beschreibung ist richtig, lässt jedoch eine nicht unwesentliche Voraussetzung hierfür außer Acht. Die politisch motivierte Abschaffung des Systems der Grundherrschaft und aller damit verbundenen Rechte und Pflichten im Zuge der 1848er Revolution »[…] setzt einen Überschuss an handwerklichen Kräften auf dem Land frei und verstärkt die Migrationsbewegung in die Städte, die auch durch den Ausbau des Eisenbahnnetzes gefördert wird«.[5] Doch eben nicht alle ehemaligen Untertanen brachen nun in die Städte auf, einige blieben innerhalb ihres bisherigen Lebensumfelds und bildeten eine »disponible Überschußbevölkerung«[6], derer sich das Unternehmen bedienen konnte.

Als eine weitere Voraussetzung für die Verlagerung der Produktion aus der Metropole Wien in die agrarisch geprägten Landesteile kommt eine Eigenschaft des neuen Möbeltyps hinzu, welche es in dieser Form zuvor nicht gab: Bugholzmöbel sind zerlegbar und können somit kostengünstig transportiert werden.

Auch ein traditioneller Möbelhersteller hätte – wie die Thonets – dorthin gehen können, wo er die billigsten Arbeitskräfte findet. Abgesehen von dem Problem des Grades der Qualifizierung der Arbeiter bei der traditionellen Möbelherstellung hätte der Rohstoff, das Holz, dorthin transportiert werden müssen, was in dem Fall wirtschaftlich gewesen wäre, wenn die Ersparnis an Lohnkosten die Transportkosten nicht übersteigt. Doch das entscheidende Problem taucht auf, wenn die Möbel zum Kunden geliefert werden. Auf herkömmliche Weise gefertigte, verleimte Möbel sind nicht in dem Maße zerlegbar wie Bugholzmöbel, das Transportvolumen ist ungleich größer und auch Schäden während des Transports sind leichter möglich. »Es war für die Möbelfabrikanten also billiger, den Rohstoff Holz zu transportieren als später die daraus gefertigten sperrigen und empfindlichen Möbel. Die Transportkosten waren geringer, wenn die Möbel dort hergestellt wurden, wo die Kunden wohnten.«[7]

Die Zerlegbarkeit ist somit die Voraussetzung, woraus sich erst der Standortvorteil der Fertigung des Bugholzmöbels gegenüber einem Möbel aus traditioneller Herstellung ergibt. Dies war mitentschcidend für alle Fabriksbauten der Gebrüder Thonet.

Die nächste Eisenbahnstation Bisenz lag nur etwa 20 Kilometer von Koritschan entfernt und der Transport mit Pferdefuhrwerken dorthin war keine Schwierigkeit. Der in der ersten Zeit notwendige Parallelbetrieb der Werkstatt in Wien und der Fabrik in Koritschan bedeutete zwar zusätzlich eine Herausforderung, doch war abzusehen, dass dies nur vorübergehend sein würde.[8]

Den für die Möbelproduktion notwendigen Rohstoff, das Buchenholz, sicherten sich die Thonets in allen Fällen durch den Abschluss entsprechender Lieferverträge, später durch den Kauf von Wäldern und Herrschaften.[9] Damit behielten sie einmal die Kontrolle über die Zuverlässigkeit der Lieferungen, waren aber auch unabhängiger von den Preisen, welche die Wald- und Sägewerkbesitzer verlangten.[10]

Der Transport des Holzes aus den Wäldern zu den Fabriken wurde von dem Unternehmen teilweise selbst bewerkstelligt, doch schloss man auch mit Einzelpersonen entsprechende Verträge. Im Fall der zweiten Fabrik in Bistritz beispielsweise verpflichteten sich die Grundbesitzer Anton Priwara, Franz Hubik und Franz und Johann Skacal, »den H. Gebrüder Thonet das zum Betriebe ihrer Möbelfabrik in Bistritz notwendige Holz, welches in den Bistritzer gutsherrlichen Waldungen in der Zeit vom 18. April 1866 bis 1. Oktober 1867 zur Schlagung gelangen wird, vom Schlagplatze bis am Fahrwege abzurücken, am Wagen aufzuladen, im Hofraume dieser Fabrik zuzuführen, und hier wieder abzuladen«.[11] Wie sehr das Unternehmen eine Störung oder Einschränkung der Produktion wegen fehlenden Nachschubs fürchtete, wird an folgendem Vertragspassus deutlich: »Haben die oben erwähnten Grundbesitzer in Solidum den H. Gebrüder Thonet für den aus Anlaß der verweigerten oder sonst aus was immer für einem Grunde unterbliebenen Verrichtung der benannten Leistungen, entstandenen Schaden selbst jenen zu ersetzen, welcher ermittelt werden würde, wenn daraufhin Unterlassung der übernommenen Verrichtungen, die Möbelfabrik in Stillstand gerathen sollte.«[12]

Die Stämme mussten, bevor sie aus den Wäldern in die Fabriken transportiert wurden, zugeschnitten und anderweitig vorbereitet werden, was in möglichst direkter Nähe der Holz-Einschlagplätze geschehen sollte, weshalb das Unternehmen nahe gelegene Sägewerke zu kaufen oder zumindest zu pachten suchte. Hätten die ganzen Stämme in die Fabriken transportiert werden müssen, wären die Kosten ungleich höher gewesen. Transportleistungen wurden meist von den örtlichen Bauern durchgeführt und nach Volumen berechnet. Da die Bauern wegen landwirtschaftlicher Arbeiten wie Aussaat und Ernte nicht immer zur Verfügung standen, war das Unternehmen gezwungen, selbst Transportmöglichkeiten zu schaffen und hielt an jedem Standort eigene Fuhrwerke vor.[13]

Schon relativ rasch nach der Gründung der ersten beiden Fabriken in Koritschan und Bistritz war erkennbar, dass die Gebrüder Thonet bei weitem nicht die Stückzahlen erzeugen konnten, die der Markt verlangte. Die Antwort des Unternehmens war die Auslagerung bestimmter Fertigungsschritte in Zulieferbetriebe – sogenannte Fabriksfilialen – welche Möbelteile für die Weiterbearbeitung in den Fabriken vorbereiteten. Dort wurden die Hölzer entsprechend ihrer geplanten Verwendung aufgeschnitten, gedrechselt, ausgehobelt oder auch schon roh geraspelt und geschliffen. Als Halbfertigprodukte, die sogenannte »Rohware«, kamen sie anschließend in die Fabriken, in denen das Biegen sowie die Endbearbeitung erfolgten.

Wie wichtig die Sägewerke und Fabriksfilialen waren, wird deutlich an der Anzahl der dort Beschäftigten. So weist das Unternehmen beispielsweise für 1890 insgesamt 5.767 Arbeiter aus, von denen allein 1.021, nahezu 18 %, in den 15 Fabriksfilialen und Sägewerken tätig waren.[14] Die nach Koritschan und Bistritz in den 1860er Jahren errichteten Standorte Groß Ugrócz, Hallenkau und Wsetin waren ursprünglich als

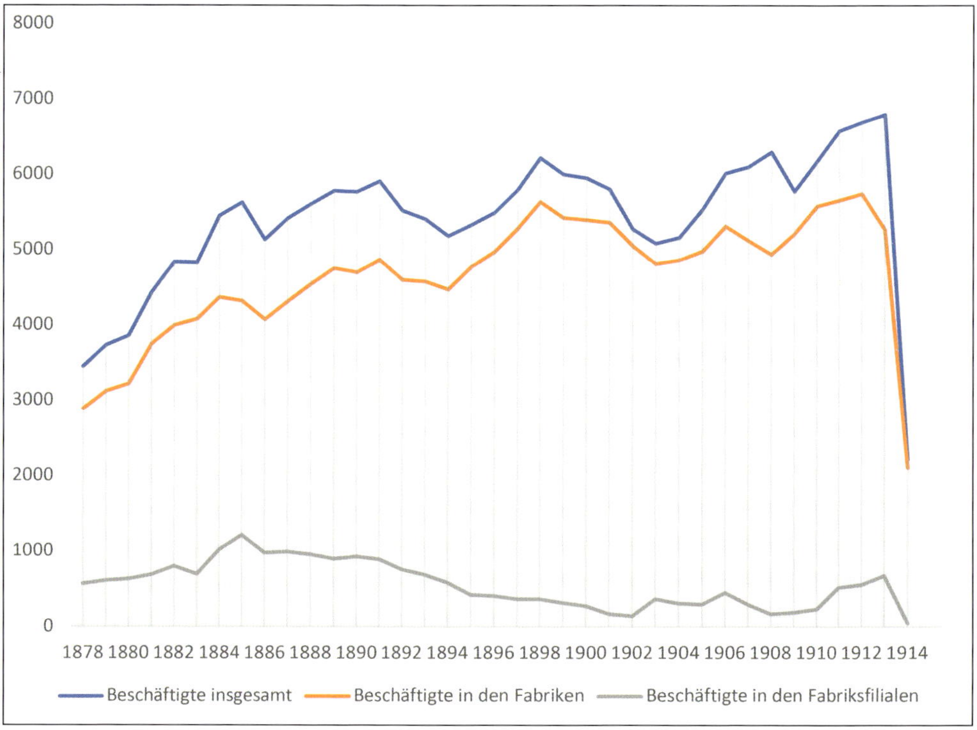

Grafik 1: Beschäftigte insgesamt, hiervon in den Fabriken und den Fabriksfilialen, 1878–1914

Zulieferbetriebe geplant worden, wurden schließlich aber doch zu eigenständigen Fabriken ausgebaut.[15] Schon kurz nach der Gründung richtete das Unternehmen hier Biegereien ein und Arbeiten, die ansonsten den Hauptfabriken vorbehalten waren – Beizen, Polieren, die Montage und das Verpacken – wurden nun auch in diesen ehemaligen Filialen ausgeführt.[16] Die vorstehende Grafik zeigt die Entwicklung der Anzahl der Beschäftigten insgesamt, in den Fabriken und in den Fabriksfilialen für die Jahre 1878 bis 1914. (Grafik 1)

Jahr	Arbeiter Bistritz gesamt	Hiervon Filialen Bistritz	Arbeiter Koritschan gesamt	Hiervon Filialen Koritschan	Arbeiter Hallenkau gesamt	Hiervon Filialen Hallenkau	Arbeiter Ugrócz gesamt	Hiervon Filiale Ugrócz	Arbeiter Wsetin gesamt	Hiervon Filiale Wsetin	Arbeiter Frankenberg gesamt	Hiervon Filialen Frankenberg	Arbeiter Radomsk
1879	1497	327	1232	214	350	72	417	-	241	-	-	-	-
1880	1600	354	1282	223	378	73	414	-	259	-	-	-	-
1881	1704	381	1333	233	406	74	433	-	276	-	-	-	283
1882	1933	502	1358	210	431	86	417	-	279	-	-	-	375
1883	1854	384	1420	224	420	86	421	-	288	-	-	-	372
1884	2105	536	1472	281	493	106	453	32	351	62	-	-	512
1885	2155	697	1492	302	439	104	463	35	456	79	-	-	530
1886	1927	555	1311	289	349	51	422	35	425	46	-	-	608
1887	1938	529	1451	280	355	74	425	32	497	75	-	-	636
1888	2048	500	1484	300	316	45	441	32	553	77	-	-	655
1889	1931	393	1593	296	394	88	487	37	588	85	-	-	664
1890	1930	427	1506	293	375	80	370	23	593	104	198	-	652
1891	1848	402	1396	223	348	62	363	24	590	97	352	85	862
1892	1733	368	1340	129	310	64	386	27	583	74	351	99	657
1893	1675	355	1290	121	298	55	379	-	565	78	282	77	776
1894	1682	345	1173	26	293	67	352	-	557	94	265	52	736
1895	1623	300	1372	26	267	27	353	-	535	44	242	26	811
1896	1691	301	1333	28	225	-	368	-	560	35	228	42	972
1897	1794	271	1408	3	263	-	357	-	555	40	249	51	1019
1898	1769	235	1366	3	272	-	312	-	561	84	285	42	1434

Jahr	Arbeiter Bistritz gesamt	Hiervon Filialen Bistritz	Arbeiter Koritschan gesamt	Hiervon Filialen Koritschan	Arbeiter Hallenkau gesamt	Hiervon Filialen Hallenkau	Arbeiter Ugrócz gesamt	Hiervon Filiale Ugrócz	Arbeiter Wsetin gesamt	Hiervon Filiale Wsetin	Arbeiter Frankenberg gesamt	Hiervon Filialen Frankenberg	Arbeiter Radomsk
1899	1767	209	1304	3	258	-	332	-	547	70	214	35	1323
1900	1787	162	1310	3	249	-	349	-	575	66	206	39	1187
1901	1687	137	1317	3	231	-	323	-	510	-	181	28	1281
1902	1671	115	1235	3	165	-	358	-	323	-	168	21	1269
1903	1556	290	1207	2	227	-	354	9	332	-	226	66	1280
1904	1520	226	1182	2	205	-	430	12	416	-	243	61	1176
1905	1499	162	1261	3	267	-	434	13	528	29	277	86	1008
1906	1848	304	1324	3	275	21	436	13	578	41	263	70	1061
1907	1716	180	1241	3	249	-	410	10	563	39	240	65	1002
1908	1584	56	1162	6	245	-	405	8	548	37	219	62	944
1909	1593	89	1260	6	193	-	429	8	518	33	266	53	1145
1910	1686	108	1422	31	199	-	454	7	591	31	280	57	1178
1911	1813	235	1556	196	240	-	472	27	592	27	250	32	1252
1912	1962	291	1450	181	252	-	507	25	574	27	269	34	1287
1913	1659	320	1566	210	246	-	394	22	533	98	245	22	1296
1914	803	2	755	33	107	-	86	1	252	-	155	13	-

Tabelle 1: Zahl der in den sieben Fabriken Beschäftigten, 1. Spalte: Gesamtzahl, 2. Spalte: davon in den Fabriksfilialen, 1879–1914

In Tabelle 1 finden sich hierzu die genauen Zahlen für jede der sieben Fabriken und Fabriksfilialen von 1879 bis 1914.[17] Auffallend ist die durchgängig hohe Zahl der Beschäftigten der Filialen für Bistritz. In Koritschan nahm die Zahl der Arbeiter in den Filialbetrieben ab 1894 kontinuierlich ab und blieb bis 1909 im einstelligen Bereich. Ähnliches lässt sich für Hallenkau und Ugrócz sagen. Hallenkau hatte ab 1896 keine Filialbetriebe mehr, ausgenommen 1906, und in Ugrócz kam es 1893 zur Schließung der Filiale in Szkaczan, einem Weiler bei der Ortschaft Oszlan. Erst 1903 wurde wieder ein kleiner Zulieferbetrieb eingerichtet, der sich nahe bei dem Fabrikgelände befand.[18] In Wsetin gab es von 1901 bis 1904 keine Fabriksfiliale.

1898 errichtete das Unternehmen hier eine Schrauben- und Maschinenfabrik, auf deren Aufbau und Betrieb man sich in den nächsten Jahren verstärkt konzentrierte; die Filiale Lipthal nahm erst 1905 wieder die Arbeit auf. Frankenberg hatte von Beginn an einen Zulieferbetrieb in Allendorf, circa 15 km von Frankenberg entfernt. Hinzu kamen Filialbetriebe in der Umgebung, die aber alle lediglich für ein bis höchstens drei Jahre der Fabrik zuarbeiteten.[19] Die Fabrik Radomsk hatte zu keiner Zeit Zulieferbetriebe.

6.2. Die Besonderheiten des Herstellungsverfahrens von Bugholzmöbeln

Das von den Thonets bis Mitte der 1850er Jahre angewandte Verfahren zur Herstellung von Möbeln aus Schichtholz wurde in den Werkstätten in Wien entwickelt; parallel hierzu experimentierte das Unternehmen aber auch schon mit den Möglichkeiten des Biegens von Massivholz, auf das die Firma 1856 ein Privileg erhielt. Die alte Methode, die Fertigung von Möbeln aus Schichtholz, war überwiegend noch handwerklich geprägt, weshalb hierfür die Betriebsform der Werkstatt oder

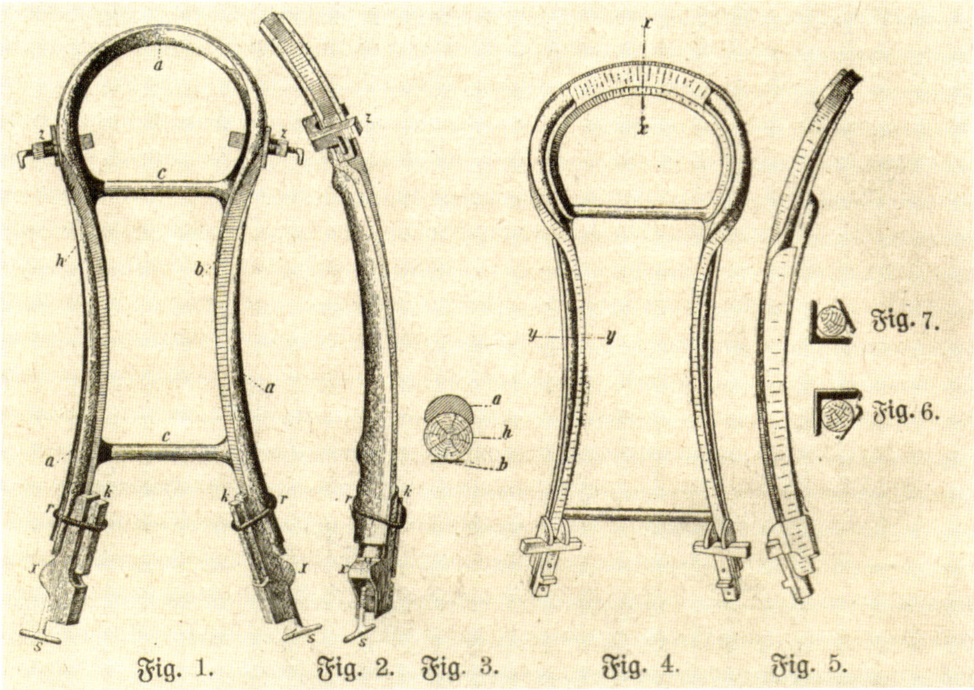

Abb. 17: Biegeformen für massive Stäbe

Manufaktur am ehesten geeignet war. Die Herstellung von Möbeln aus massiv gebogenem Holz hingegen ist nur unter industriellen Bedingungen wirtschaftlich.[20] Das Unternehmen war somit gezwungen, entsprechende Fertigungsstätten zu errichten. Die notwendigen, umfangreichen Investitionen rechneten sich erst bei hohen Stückzahlen, welche wiederum die günstigen Preise dieser Möbel ermöglichten, was den Absatz erhöhte.[21]

Die für das Massivholzbiegen entscheidende Erfindung war die auf der Außenseite des Stabes fest anliegende Metallschiene. Sie verhinderte eine Dehnung des Stabes, da dieser außen nicht länger werden konnte, als er ursprünglich war. Der gesamte Biegevorgang ist somit eigentlich eine Stauchung, auf der Außenseite konnte nichts mehr überdehnt werden, somit nichts mehr aufbrechen. Die Formen, in welche die massiven Stäbe eingelegt wurden, unterschieden sich grundlegend von denen, die man für die Schichtverleimung benutzt hatte. Sie mussten nicht mehr geschlossen sein, da Leim keine Rolle mehr spielte, somit nichts mehr gepresst werden musste. Ganz im Gegenteil, sie mussten offen sein, auch, um einen gleichmäßigen Trocknungsprozess zu gewährleisten. (Abb. 17)

Bei dieser Umstellung ergaben sich zahlreiche Probleme. Eines beispielsweise wurde verursacht durch die an dem zu biegenden Stab außen anliegende Metallschiene. Das gedämpfte Holz war feucht und während des Trocknungsvorgangs konnte es zu einer Reaktion des feuchten Holzstabs mit dem Metall kommen; es bildeten sich Rostflecken an der Kontaktfläche. Die Thonets versuchten dies zu verhindern, indem man die Schienen verzinnte. Michael Thonet, der Praktiker, erläuterte den Söhnen das Verfahren in aller Ausführlichkeit.[22] Doch sind dies erkennbar Vorschläge, die noch aus einer handwerklichen Sicht kommen. Angesichts tausender von Formen und Metallschienen, die man benötigte, war dies keine praktikable Lösung. Man half sich schließlich damit, dass man einfach einen Streifen Pappe zwischen Schiene und Holzstab legte, der den Kontakt verhinderte. Auch beim Dämpfen der Holzstäbe experimentierte das Unternehmen weiterhin und verwendete schließlich sogenannten »gespannten« Wasserdampf[23], wodurch die Dämpfzeit um einiges verkürzt werden konnte.

Alleine diese Idee, Holz dem Wasserdampf auszusetzen, um es formbar zu machen, das Dämpfen hunderter von Stäben in großen Kesseln, das Biegen in tausenden von gleichen Formen und schließlich das Verbinden der Bauteile mit Schrauben: all dies hat mit traditionellen Methoden der Holzbearbeitung nichts mehr zu tun. Die Thonets hatten aus Boppard eine handwerkliche Herstellungsmethode mit nach Wien gebracht, dieses über ein protoindustrielles Stadium in den Werkstätten in Wien hin zu einem Verfahren entwickelt, welches wirtschaftlich nur in einer Fabrik zu betreiben war.

Die Leimpfanne wurde durch den Dämpfapparat ersetzt. Für diesen gab es jedoch keinerlei Vorbilder; es gab zwar Dampfmaschinen, diese waren allerdings für ganz andere Zwecke entwickelt worden. Somit blieb den Thonets nichts anderes übrig, als sich entsprechende Vorrichtungen selbst zu bauen oder bauen zu lassen. Die ersten Dämpföfen, welche sie verwendeten, waren grundsätzlich gleich den heute noch gebräuchlichen: zylinderförmige gusseiserne Kessel – auch Muffen genannt – mit einem Durchmesser von circa 40 Zentimetern. Die Länge richtete sich nach der Länge der zu biegenden Stäbe. In diese geschlossenen Kessel wurde Dampf eingeleitet, ein Reduzierventil mit Manometer garantierte, dass man den Druck kontrollieren konnte. Auf einer der Stirnseiten befand sich eine Tür, die zur Entnahme der gedämpften Holzstäbe leicht geöffnet und wieder dicht geschlossen werden konnte. Diese Öfen mussten direkt neben den sogenannten »Biegeböcken«[24] stehen, da nach der Entnahme der Hölzer nur eine relativ kurze Zeit – etwa 1 bis 1 ½ Minuten – blieb, diese in die Form einzulegen. Nach dem Biegen mussten die in die Formen eingespannten Teile trocknen. Um diese Zeit abzukürzen – die Formen sollten möglichst rasch wieder zur Verfügung stehen – brauchte man beheizte Räume, Trocknungskammern, von den Thonets als »Dürrofen«[25] bezeichnet, die mit ein Grund für zahlreiche Brände in den Fabriken waren.[26]

Die ersten massiv gebogenen Einzelteile ließen sich wegen ihrer dünnen Querschnitte noch leicht ohne maschinelle Hilfe biegen und in die Formen einlegen. Dies änderte sich, als man Bauteile erstmals aus einem einzigen Teil, somit vollständig massiv, bog.[27] Sicher wäre es möglich gewesen, auch diese mit Muskelkraft zu biegen, doch bot sich gerade hier die Verwendung maschineller Vorrichtungen an.

Es waren allerdings nicht allein die nun stärkeren Querschnitte der zu biegenden Möbelteile, die ursächlich für den Einsatz von Maschinen oder sonstigen Hilfsmitteln waren, sondern es war die Notwendigkeit, Möbel und Möbelteile in möglichst kurzer Zeit in möglichst großer Zahl zu erzeugen, so dass sich die Investitionen in die neuen Produktionsmittel auszahlten.[28]

Ein Beispiel hierfür sind die Vorderfußbiegemaschinen. Die ersten Vorderfüße wurden aufwändig händisch einzeln gebogen, was bei der benötigten Anzahl nicht wirtschaftlich war und immer wieder zu fehlendem Nachschub führte.[29] Die Thonets sannen auf Abhilfe und konstruierten eine mit Dampf beheizbare Maschine, welche jeweils 25 Vorderfußbiegeformen enthielt. Vier solcher Vorrichtungen wurden nebeneinandergestellt, so dass man nun insgesamt einhundert Biegeformen hatte. (Abb. 18)

Wegen der Heizbarkeit der Formen und der nur leichten Krümmung der Vorderfüße konnten sie relativ rasch nach dem Biegen wieder aus der Presse genommen werden, ohne dass die Biegung aufging. Wie Exner es beschrieb, hatte dies den Vorteil, »daß der daran beschäftige Arbeiter ununterbrochen arbeiten kann, d. h. wenn

Abb. 18: Biegevorrichtung für Vorderfüße, Fabrik Bistritz, 1929

der 100. Vorderfuß gebogen ist, kann der erstgebogene Vorderfuß schon trocken herausgenommen und ein zweiter auf die heiße Form gebogen werden«.[30]
Doch musste das Unternehmen nicht nur Vorrichtungen speziell für das Biegen der Bauteile der Möbel entwickeln, sondern benötigte auch Maschinen und Werkzeuge, um das Holz vorzubereiten, die gebogenen Hölzer nachzubearbeiten und schließlich zu montieren. Hierzu verwendete man Gattersägen, um das Holz in die gewünschten Größen aufzusägen, Rundstabhobelmaschinen und Kopierdrehbänke, welche die ursprünglich viereckigen Latten in einen gleichmäßigen oder sich verdickenden oder verjüngenden Querschnitt brachten, Schleifmaschinen für die Bearbeitung der Teile vor und nach dem Biegen, Bohrmaschinen zum Bohren der Flechtlöcher und zum Vor- und Durchbohren der Löcher für die Schraubverbindungen und schließlich Montier-Vorrichtungen zum passgenauen Zusammenbau der Einzelteile.

Im Gegensatz zu den Maschinen, die speziell den Biegevorgang erleichterten oder vereinfachten, handelte es sich hierbei auch um solche, die nicht ausschließlich für die Bugholzmöbelproduktion entwickelt wurden, sondern grundsätzlich Anwendung in der Holzbearbeitung oder bei der Möbelherstellung fanden. Doch wurden sie in den eigenen Werkstätten so modifiziert, dass sie optimal für die speziellen Bearbeitungsschritte bei der Herstellung von Möbeln aus gebogenem Holz geeignet waren. Nach der Rückgabe des Massivholzprivilegs 1869 entstanden die ersten Konkurrenzfirmen, die eine entsprechende maschinelle Ausstattung benötigten. Maschinenfabriken wie August Hansel in Bielefeld, Kirchner & Co. in Leipzig, Topham in Wien[31] und andere erkannten den Bedarf und lieferten den zahlreich sich etablierenden Bugholzmöbelfirmen die notwendigen Maschinen.[32] Doch hatten die Gebrüder Thonet auch hier einen gehörigen Vorsprung an und durch Erfahrung, experimentierten mit für ihre Herstellungstechnik geeigneten Konstruktionen und bauten auch eigene Maschinen, die sie durch Patente gegen Nachahmung schützen ließen.[33]

6.2.1. Modulare Produktion: Normierung und Typisierung

Es ist einer der entscheidenden Vorteile bei der Produktion eines Bugholzmöbels, dass man mit einer überschaubaren Anzahl identischer Bauteile, die in einfachen und immer gleichen Bearbeitungsschritten massenhaft und in kurzer Zeit hergestellt werden können, gleiche oder gleichartige Möbel erzeugen kann.[34] Die Normierung der Teile garantiert darüber hinaus, dass, auch wenn sie an verschiedenen Standorten hergestellt wurden, am Ende zu einem vollständigen Möbel passgenau montiert werden können. Möbel aus gebogenem Holz sind nach einer Art Baukastensystem, einem modularen Prinzip, aufgebaut. Bei allen unterschiedlichen Ausführungen durch verschiedenartige Rücklehnen, Lehnfüllungen oder Armlehnen, durch runde oder trapezförmige Sitze, bleibt der Typ des Möbels immer gleich: Es sind erkennbar Bugholzmöbel. Mit dieser frühen Spezialisierung auf ein einziges Konsumprodukt schuf das Unternehmen Gebrüder Thonet einen unverwechselbaren Markenartikel. So wurde die Bezeichnung »Thonet Möbel« bereits in den 1870er Jahren nicht nur zur Kennzeichnung der Möbel verwendet, die tatsächlich von dem Unternehmen Gebrüder Thonet hergestellt wurden, sondern metonymisch für alle Möbel, welche dieses unverwechselbare Aussehen haben.[35] Die Firma sah sich daher schon früh veranlasst, ihre Erzeugnisse mit einer Schutzmarke zu versehen und in den Katalogen fand sich der Hinweis: »Sämmtliche in unseren Fabriken erzeugte Möbel werden mit der am Titelblatte ersichtlich gemachten Schutzmarke und ausserdem mit einem Stempel ›THONET‹ im Innern des Sitzes versehen, nur so bezeichnete Möbel können als unser Fabrikat angesehen werden.«[36]

Bugholzstühle sind Marktprodukte, individualisierte Ausführungen und Bearbeitungen, wie sie bei einem handwerklich hergestellten Möbel möglich sind, gab es nicht oder wurden nur bei der Bestellung einer entsprechend hohen Stückzahl gefertigt. (Abb. 76)

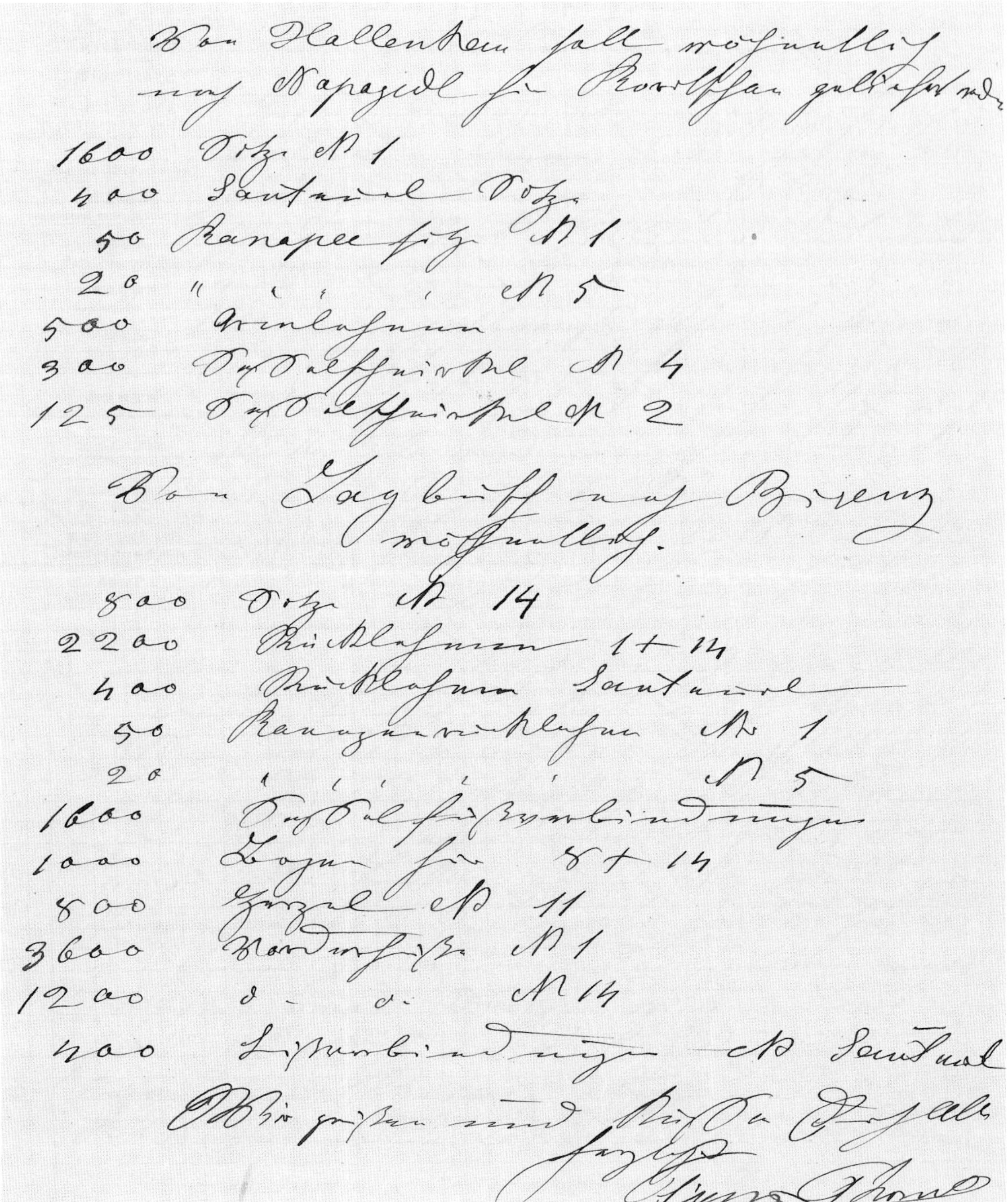

Abb. 19: Ausschnitt eines Briefs von Franz Thonet an den Bruder Michael in Koritschan, Bistritz, 27. Oktober 1867

Die Gleichartigkeit durch die Verwendung von Formen war bereits ein Kennzeichen des Herstellungsverfahrens aus der Bopparder Zeit und auch bei jedem der Entwicklungsschritte hin zum Massivbiegen spielte dieser Aspekt für Michael Thonet vermutlich eine Rolle. Dieses Prinzip einer »modularen Produktion« lässt sich beispielhaft anhand einer Aufstellung der wöchentlichen Lieferungen aus den Filialbetrieben Hallenkau und Saybusch zur Weiterverarbeitung und Endmontage in die Fabrik Koritschan veranschaulichen. (Abb. 19)

Transkription:

»Von Hallenkau sollen wöchentlich
nach Napagedl[37] für Koritschan geliefert w.[erden]

1600	Sitze N 1
400	Fauteuil Sitze
50	Kanapeesitze N 1
20	" " " N 5
500	Armlehnen
300	Sesselschniekel N 4
125	Sesselschniekel N 2

Von Saybusch nach Bisenz[38]
wöchentlich.

800	Sitze N 14
2200	Rücklehnen 1 + 14
400	Rücklehnen Fauteuil
50	Kanapeerücklehnen N 1
20	Kanapeerücklehnen N 5
1600	Sesselfußverbindungen
1000	Bogen für 8 + 14
800	Herzel N 11
3600	Vorderfüße N 1
1200	" " " N 14
400	Fußverbindungen N Fauteuil

Wir grüßen und küssen euch alle
herzlich
Franz Thonet«[39]

In dieser Aufstellung lassen sich folgende »Module« erkennen:

Sitze
Es werden zwei Typen von Sesselsitzen gefertigt: Nummer 1 und 14. Bei N 1[40] handelt es sich um trapezförmige, bei N 14 um kreisrunde Sitze; Fauteuil-Sitze gab es zu dieser Zeit nur in trapezförmiger Ausführung. Fauteuils mit rundem Sitz – passend zu den einfachen Sesseln – wurden erst Anfang der 1870er Jahre angeboten, es musste daher hier noch nicht weiter differenziert werden.

Rücklehnen
Die Rücklehnen N 1 passen zu den Sitzen N 1, Rücklehnen N 14 zu den Sitzen N 14. Die Unterscheidung war notwendig wegen der leicht unterschiedlichen Form und unterschiedlicher Befestigungspunkte für die Hinterbeine.

Kanapeerücklehnen/Kanapeesitze
N 1 bezeichnet Bauteile für die zweisitzigen, N 5 solche für die dreisitzigen Kanapees.

Vorderfüße
Zu Sitz und Rücklehne N 1 gehören die Vorderfüße N 1, diese bekamen Kapitelle. Vorderfüße N 14 passen zu Sitz und Rücklehne N 14, diese ohne Kapitelle, bei den Fauteuils wiederum gab es nur eine Ausführung.

Fußverbindungen
Bei den Fußverbindungen wird in der Aufstellung nicht differenziert. Da es sich bei allen mit N 1 und N 14 bezeichneten Teilen aber um Sessel mit trapezförmigem bzw. um solche mit rundem Sitz handelt, müssen auch hier zwei Ausführungen angenommen werden.

Lehneinsätze
Diese nur wenigen Grundmodelle – lediglich eine Ausführung für die Fauteuils, zwei für die Kanapees und zwei für die Sessel – erhalten nun verschiedenartige Lehneinsätze: »Bogen« für die Modellnummern 8 und 14, »Schniekel« für die Modelle Nr. 2 und 4 und »Herzel« für die Nr. 3. Durch diese Lehneinsätze waren bei der Verwendung identischer Grundformen verschiedene Modelle möglich, durch formal ähnliche Rücklehneinsätze für Sessel, Fauteuil und Kanapee aber auch passende Garnituren.

In dieser Aufstellung fehlen einige Sessel, die diesem Prinzip nicht folgen. Es sind die Modellnummern 6, 9 und 13, die in der internen Korrespondenz »Augensessel«

genannt wurden. (Abb. 14) Wegen ihrer Vorderbein/Sitzrahmen-Konstruktion waren sie wesentlich aufwändiger herzustellen als die Konsummodelle und spielten im Verkauf und den Produktionsstatistiken keine Rolle. Sie wurden wegen der komplizierten, noch sehr stark handwerklich geprägten Herstellung auch immer nur an einem Standort, in Koritschan, gefertigt und zu einem gegenüber den Konsummodellen deutlich höheren Preis angeboten. Sessel Nr. 9 wurde bis 1881 produziert, die Modelle Nr. 6 und 13 wurden im Laufe der Jahre immer weniger nachgefragt, so dass die Nr. 13 1904 und Nr. 6 schließlich 1911 aus dem Angebot genommen wurde.[41]

6.2.2. Die Materialwirtschaft

Entscheidend für die industrielle Produktion von Möbeln aus gebogenem Holz sind ausreichende Bestände und ein permanenter Nachschub an Rohmaterial, dem Buchenholz. Um dies zu gewährleisten, erstellte das Unternehmen am Ende eines jeden Jahres ein sogenanntes Präliminar, eine Aufstellung des voraussichtlichen Bedarfs für das folgende Jahr. Grundlage hierfür war einmal der Verbrauch im aktuellen Jahr, zum anderen eine Schätzung, wieviel man im folgenden Jahr zu benötigen glaubte. Dabei ging man stets davon aus, dass es im folgenden Jahr einen erhöhten Bedarf

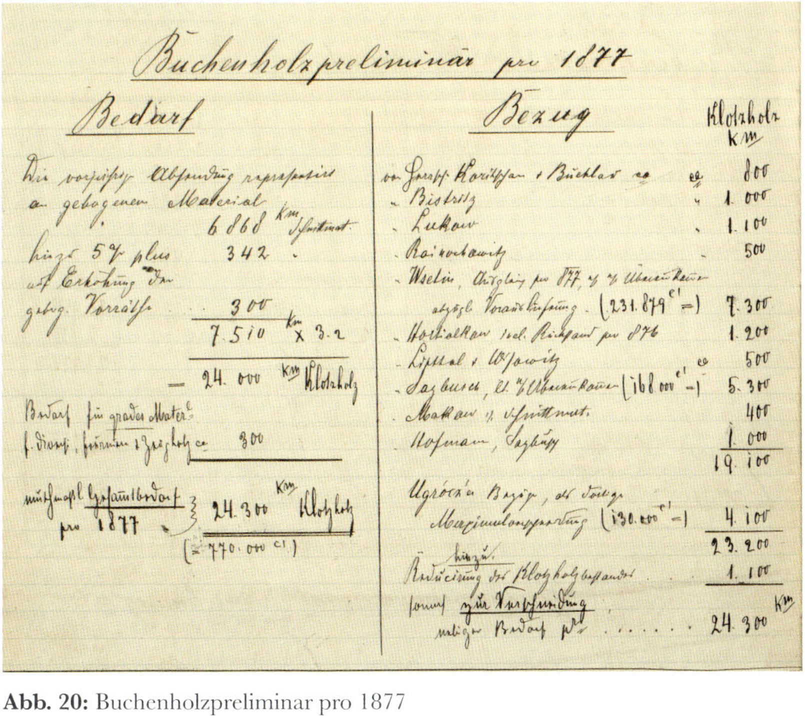

Abb. 20: Buchenholzpreliminar pro 1877

geben würde, in den vorliegenden Präliminarien jährlich zwischen 5 bis 10 Prozent. Wie das Unternehmen dies im Einzelnen handhabte, zeigt beispielhaft das Buchenholzpräliminar für 1877 aus dem Jahresausweis für 1876.[42] (Abb. 20)

In der linken Spalte findet sich die Berechnung des voraussichtlichen Bedarfs für 1877. Die Formulierung: »Die vorjährige Absendung representiert an gebogenem Material« meint die Menge an Holz, aus der die bereits fertigen Möbel bestehen, mithin die Menge an bereits bearbeitetem Material, hier als »gebogenes Material« oder »Schnittmaterial« bezeichnet. 1876 waren dies insgesamt 6.868 m³. Das Unternehmen nahm an, dass es im folgenden Jahr eine Steigerung geben werde, daher »hierzu 5% plus auch Erhöhung der gebog. Vorräthe«, womit sich insgesamt ein Bedarf von 7.510 m³ an gebogenem Material für 1877 ergab. Um fertige Ware zu erzeugen, brauchte man allerdings ein Mehrfaches dieser Menge. Der Materialverlust beim Bearbeiten – Aufschneiden der Klötze, Drechseln, Schleifen und bei noch weiteren Bearbeitungsschritten, bei denen Abfall anfiel – betrug ein Vielfaches der Menge des angelieferten Holzes. Das Unternehmen ging hier von Erfahrungswerten aus und multiplizierte die Summe von 7.510 mit dem Faktor 3,2[43], so dass sich ein Bezug von »Klotzholz« von 24.300 m³ ergab. Dies war die Menge an Material, die an die Fabriken und Fabriksfilialen geliefert werden musste und die zur Möbelerzeugung nötig war. Lediglich etwa ein Drittel des angelieferten Materials fand sich somit später tatsächlich in dem Möbel wieder.

In der rechten Spalte »Bezug Klotzholz« wird nun aufgeführt, woher diese Mengen an Klotzholz im Einzelnen bezogen werden sollten. Hier, wie auch für alle anderen Jahre, ist die Herrschaft Wsetin – ab 1890 im Besitz der Thonets – mit 7.300 m³ der Hauptlieferant. Weitere wichtige Zulieferer waren nicht nur in diesem Jahr Saybusch und Ugrócz. Mit der Herrschaft Saybusch in Galizien hatten die Thonets langfristige Holzlieferverträge abgeschlossen, in Ugrócz hingegen besaßen sie schon seit 1865 selbst umfangreiche Wälder. Hinzu kamen in geringem Umfang Lieferungen von Händlern[44] und kleineren Waldherrschaften, welche die Firma teilweise nach und nach aufgekauft hatte. Eine koordinierende Abteilung übernahm die Bestellungen. Vor allem am Ende des 19. und Anfang des 20. Jahrhunderts nahm die Nachfrage nach Möbeln aus gebogenem Holz derart zu, dass die Schätzungen überwiegend zu niedrig ausfielen.[45] Das Unternehmen wusste um diese Unwägbarkeiten und hatte die Fabriken daher ermächtigt, auch direkt vor Ort eigene Holz-Lieferverträge abzuschließen, wenn Ausfälle in der Produktion drohten und kein Holz mehr anderweitig zu beschaffen war.

Einen Eindruck von der Problematik der Holzbeschaffung gibt das Protokoll der Sommer-Konferenz der Gesellschafter 1906 in Koritschan: »Hierbei wird beschlossen, dass LOCO – HOLZABSCHLÜSSE von den einzelnen Fabriken wol directe zu erledigen und zu perfectionniren sind, jedoch muss unter allen Umständen die Holzabteilung in Wsetin von jedem derartigen Abschlusse ausführlich verständigt werden. Auch sollen derartige Holzofferte vor näherem Eingehen darauf telefonisch mit der Holzabteilung besprochen werden. Bezüglich des bisher pro 1906 gesicherten Holzquantums wird constatirt, dass bei gleich anhaltendem Geschäftsgange zu dem bisher gesicherten Quantum noch weiter 7000 Cubikmeter Buchenklotzholz pro 1906 benötigt würden. Um dies zu decken, soll bei Eissler Temes-Slatina[46] ein Mehrquantum von 2000 Cub. -Met. (unter Zuzahlung von K 1.- bis K 2,- per Cub. -Met) bestellt werden, ferner soll Barwinek und Polany[47] noch um weitere 1000 Cub. -Met. Pro 1906 forcirt werden; in Ugrocz soll nach Möglichkeit mit der dortigen Herrschaft Oszlany ein Abschluss gemacht werden, wenn auch sich das Holz loco Ugrocz nicht billiger stellt als jenes von Temes-Slatina, und weiter Quellen durch Theodor gesucht werden.«[48]

Benötigte man Kontingente außerhalb der regulären Bestellungen von privaten Waldbesitzern oder Holzhändlern, so hatte dies allerdings Einfluss auf die Preise. 1906 waren beispielsweise dringend einige tausend Kubikmeter Buchenklotzholz zusätzlich erforderlich, die der Lieferant zwar zusagen konnte, doch »hat Eissler auch gleich wieder die Gelegenheit benützt, unsere Zwangslage auszunützen, um K 2,- per Cubm. Aufschlag zu verlangen, unter dem Titel: ›als Beitrag zu seiner neuen

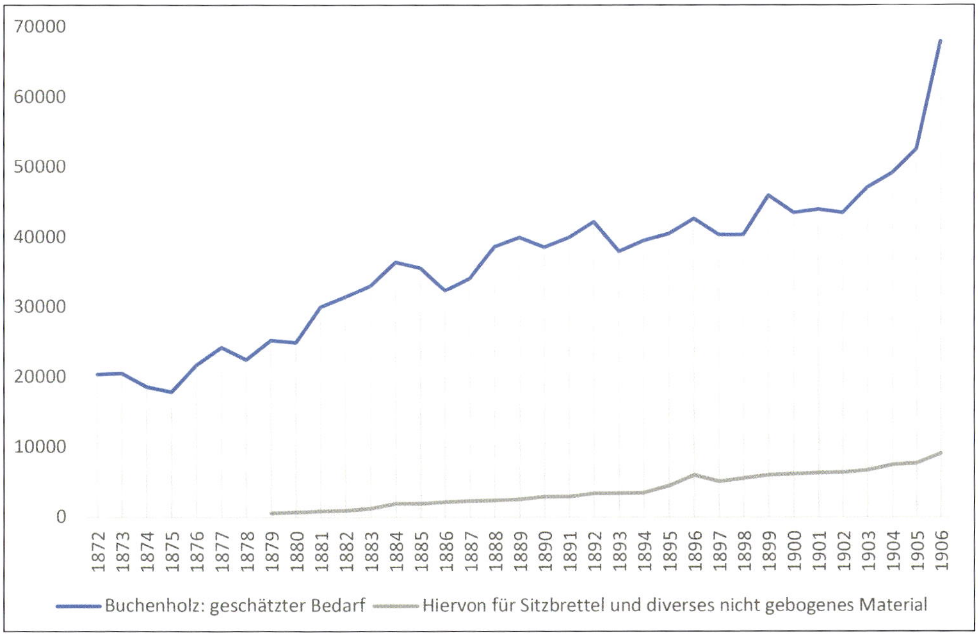

Grafik 2: Geschätzter Bedarf an Buchen-Klotzholz in Kubikmetern, 1872–1906

Waldbahn«. Ich [Alfred Thonet] plaidirte also so energisch als es mir möglich war, dass wir uns so rasch wie möglich von Eissler emancipiren sollen. So gut wie Eisler können auch wir Abstockungsverträge[49] machen, und den Nutzen für uns behalten, den wir jetzt überflüssigerweise dem Juden überlassen.«[50] Abgesehen von einer offensichtlich antisemitischen Einstellung dürften solche Erfahrungen auch mit dazu beigetragen haben, dass das Unternehmen stets bestrebt war, durch den Kauf von Wäldern soweit wie möglich von Zulieferern unabhängig zu werden.

Grafik 2 zeigt die Entwicklung des geschätzten Bedarfs an Buchenholz für die Jahre 1872 bis 1906.[51] Der Bedarf für »Sitzbrettel und diverses nicht gebogenes Material« wurde mit in diese Übersicht aufgenommen. Für die Steigerung innerhalb dieses Teilbereichs war überwiegend die Erzeugung von Sperrholzplatten ab 1879 verantwortlich. 1906 betrug der Anteil bei einem geschätzten Gesamtbedarf von 68.000 Kubikmeter Buchenholz immerhin 9.100 Kubikmeter nur für die Sperrholzherstellung.[52]

1904 änderte das Unternehmen die Systematik der Aufzeichnungen. Ab diesem Jahr finden sich erstmals zwei Ausgaben der Jahresausweise: Nummer I. und II. Das Buchenholzpräliminar erschien in der Nummer II. Die Jahresausweise II. liegen

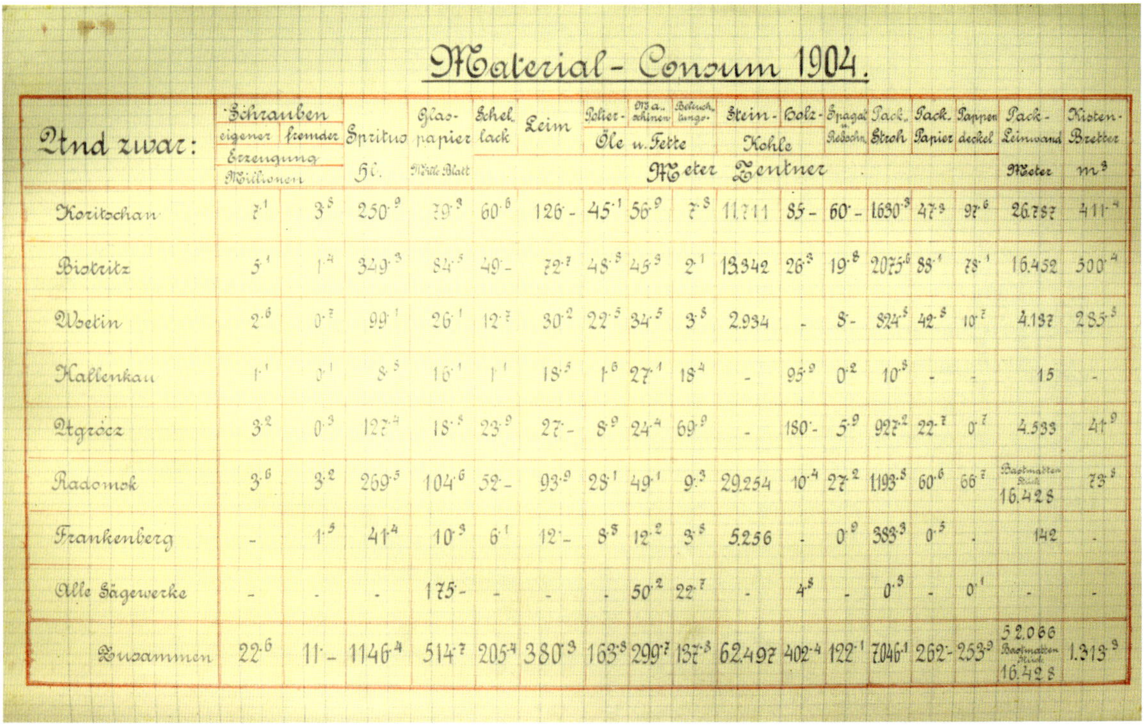

Material-Consum 1904.

Und zwar:	Schrauben eigener Erzeugung (Millionen)	Schrauben fremder Erzeugung (Millionen)	Spiritus (Hl.)	Glaspapier (Mille Blatt)	Schellack	Leim	Polier-Öle u. Fette	Maschinen-Öle u. Fette	Beleuchtungs-Öle u. Fette	Steinkohle	Holzkohle	Spagat u. Rebschn.	Pack-Stroh	Pack-Papier	Pappendeckel	Pack-Leinwand (Meter)	Kisten-Bretter (m³)
					Meter Zentner												
Koritschan	7·1	3·5	250·9	79·3	60·6	126·-	45·1	56·9	7·5	11.711	85·-	60·-	1630·3	47·3	97·6	26.787	411·4
Bistritz	5·1	1·4	349·3	84·5	49·-	72·7	48·5	45·3	2·1	13.342	26·3	19·8	2075·6	88·1	78·1	16.452	500·4
Wsetin	2·6	0·7	99·1	26·1	12·7	30·2	22·5	34·5	3·5	2.934	-	8·-	824·5	42·5	10·7	4.137	285·5
Hallenkau	1·1	0·1	8·5	16·1	1·1	18·5	1·6	27·1	18·4	-	95·9	0·2	10·5	-	-	15	-
Ugrócz	3·2	0·3	127·4	18·5	23·9	27·-	8·9	24·4	69·9	-	180·-	5·9	927·2	22·7	0·7	4.533	41·9
Radomsk	3·6	3·2	269·5	104·6	52·-	93·9	28·1	49·1	9·3	29.254	10·4	27·2	1193·5	60·6	66·7	Bastmatten Stück 16.428	73·5
Frankenberg	-	1·5	41·4	10·3	6·1	12·-	8·5	12·2	3·5	5.256	-	0·9	383·3	0·5	-	142	-
Alle Sägewerke	-	-	-	175·-	-	-	-	50·2	22·7	-	4·5	-	0·3	-	0·1	-	-
Zusammen	22·6	11·-	1146·4	514·7	205·4	380·3	163·5	299·7	137·5	62.497	402·4	122·1	7046·1	262·-	253·9	52.066 Bastmatten Stück 16.428	1.313·9

Abb. 21: Material-Consum 1904

allerdings nur bis 1906 vor. Die Jahresausweise für 1907 und 1908, sowohl I. als auch II., fehlen vollständig, ebenso die Jahresausweise II. von 1909 bis 1913, so dass zu diesem Zeitraum keine Aussagen möglich sind. Für 1914 liegt dann erstmals wieder ein solcher »Jahresausweis II. Buchenholz« vor, in dem in wesentlich detaillierterer

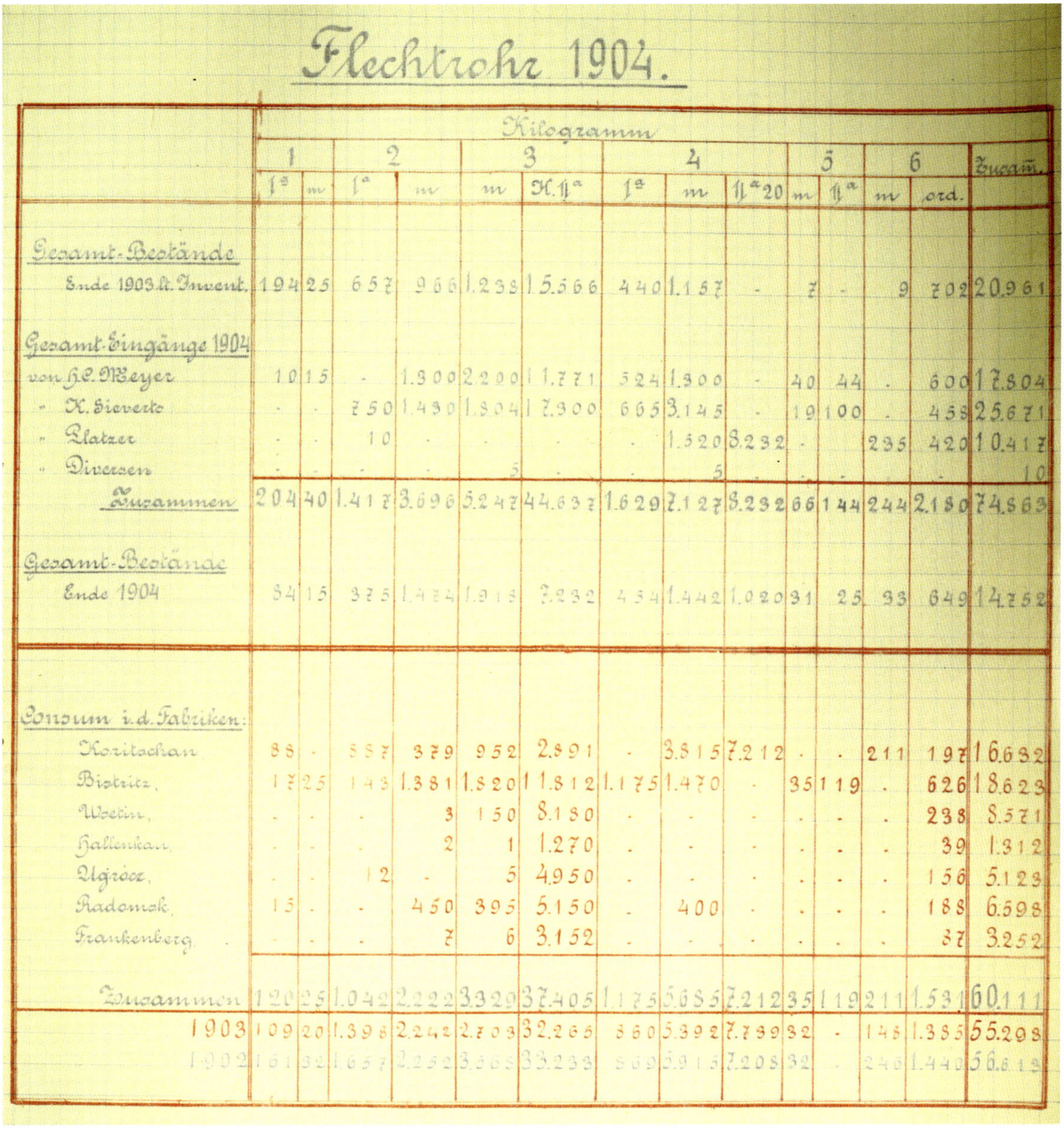

Flechtrohr 1904.

	Kilogramm												
	1		2		3		4			5		6		Zusam.
	Ia	m	Ia	m	m	K. IIa	Ia	m	IIa 20	m	IIa	m	ord.	
Gesamt-Bestände														
Ende 1903 lt. Invent.	194	25	657	966	1.238	15.566	440	1.157	-	7	-	9	702	20.961
Gesamt-Eingänge 1904														
von H.C. Meyer	10	15	-	1.300	2.200	11.771	524	1.300	-	40	44	.	600	17.804
" K. Sieverts	.	.	750	1.430	1.804	17.300	665	3.145	-	19	100	.	458	25.671
" Platzer	.	.	10	.	.	.	.	1.520	8.232	.		235	420	10.417
" Diversen	.	.	.	.	5	.	.	5	.	.	.		.	10
Zusammen	204	40	1.417	3.696	5.247	44.637	1.629	7.127	8.232	66	144	244	2.180	74.863
Gesamt-Bestände														
Ende 1904	84	15	375	1.474	1.913	7.232	434	1.442	1.020	31	25	33	649	14.752
Consum i.d. Fabriken:														
Koritschan	88	.	557	379	952	2.891	.	3.815	7.212	.	.	211	197	16.682
Bistritz,	17	25	143	1.381	1.820	11.812	1.175	1.470	.	35	119	.	626	18.623
Wsetin,	.	.	.	3	150	8.180	.	.	.	.	.	.	238	8.571
Hallenkau,	.	.	.	2	1	1.270	.	.	.	.	.	.	39	1.312
Ugrócz,	.	.	12	.	5	4.950	.	.	.	.	.	.	156	5.123
Radomsk,	15	.	.	450	395	5.150	.	400	.	.	.	.	188	6.598
Frankenberg	.	.	.	7	6	3.152	.	.	.	.	.	.	37	3.252
Zusammen	120	25	1.042	2.222	3.329	37.405	1.175	5.685	7.212	35	119	211	1.531	60.111
1903	109	20	1.398	2.242	2.703	32.265	360	5.392	7.739	32	.	148	1.385	55.298
1902	161	32	1.657	2.252	3.568	33.233	369	5.915	7.208	32	.	246	1.440	56.619

Abb. 22: Bestand, Eingang und Verbrauch von Flechtrohr 1904

Form als in den früheren der Verbrauch von Buchenholz aufgelistet wird.[53] Doch ein Präliminar sucht man vergebens. Stattdessen heißt es lapidar: »Die Aufstellung eines Jahres-Präliminares pro 1915 konnte mangels jedweden Anhaltspunktes für den voraussichtlichen Bedarf infolge der Kriegswirkungen nicht vorgenommen werden.«[54]

Doch nicht nur reibungslose und zuverlässige Holzlieferungen waren wesentlich für das Unternehmen, auch der Verbrauch des für den Betrieb der Fabriken und die Fertigung und den Versand notwendigen Materials musste sichergestellt werden. Wenn es hier auch keine Planungen wie beim Holzbedarf gab, so führten die Thonets doch umfangreiche Statistiken, in denen sie minutiös alles nur Denkbare, angefangen von dem Durchschnitt der pro Tag in den Fabriken erzeugten Möbel, aber auch deren jährlichen »Material-Consum«, statistisch erfassten: Schrauben, Spiritus, Glaspapier, Leim, Flechtrohr, Schellack, Packleinwand bis hin zu den Brettern für die Kisten, in welche die Möbel zum Versand verpackt wurden.[55] (Abb. 21)

Das Unternehmen hatte so stets einen Überblick über das im vorhergehenden Jahr verbrauchte Material. Es war allerdings wohl keine Schwierigkeit, die benötigten Mengen oder die Anzahl für das folgende Jahr zu besorgen, so dass Präliminare wie bei dem Buchenholz hier nicht notwendig waren.

Regeln für die Geflechte:

Sitze	Rohrgattung	Geflechts-Maschenweite	Lehnen	Rohrgattung	Geflechts-Maschenweite
fein. Geflecht	2 m	10 mm	fein. Geflecht	1 m	9 mm
gewöhnl. Geflecht für bessere Artikel	4 m	13 mm	gewöhnl. Geflecht für bessere Artikel	2 m	10·5 mm
gewöhnl. Geflecht für Konsumware	3 HII	14 mm 14·5 mm	gewöhnl. Geflecht für Konsumware	3 m	12 mm
	3 HII mit 5 m gekreuzt	14 mm 14·5 mm 15 mm			
gewöhnl. Geflecht für billige Konsumware	3 HII	15 mm	—	—	—
ordinäres Geflecht bei Polstermöbel	5 ord.	17 mm	ordinäres Geflecht bei Polstermöbel	3 HII	15 mm

Abb. 23: »Regeln für die Geflechte«, Ausschnitt aus dem Technischen Hilfsbuch der Gebrüder Thonet, 1909

Ebenso verfuhr man bei dem Flechtrohr, das die Firma, deren Produktion zu etwa 80 % aus Sitzmöbeln bestand, in großen Mengen verarbeitete.[56] Die jährlichen Statistiken zeigen den Verbrauch der verschiedenen Größen und Qualitäten dieses Materials, wie viel von welchen Lieferanten bezogen wurde und wie hoch der Verbrauch in den einzelnen Fabriken war. Doch auch hier sucht man Präliminare vergebens. An Flechtrohr gab es stets große Vorräte, mit denen man eventuelle Lieferengpässe über einen gewissen Zeitraum hätte ausgleichen können. So waren beispielsweise am Ende des Jahres 1903 nahezu 21.000 Kilogramm, 1904 immerhin noch mehr als 14.000 Kilogramm Flechtmaterial in den Fabriken und Filialen vorhanden. (Abb.22)

Jedoch nicht nur den Bestand, Eingang und Verbrauch von Flechtrohr weisen diese Aufstellungen aus, darüber hinaus ist auch ersichtlich, welche Rohrgattungen – 1 bis 6 – das Unternehmen bezog.[57] (Abb. 22) Diese wiederum sind in Unterkategorien unterteilt: I a, II a, m und noch weitere. Unterhalb der Zeile »Gesamt-Bestände« sind die »Gesamt-Eingänge« und die Lieferanten genannt: H.C. Meyer, Sieverts und Platzer.[58] In dem unteren, rot gekennzeichneten Bereich wiederum ist der Verbrauch der sieben Fabriken für dieses und die vergangenen Jahre angegeben. Beeindruckend ist die Steigerung der Mengen; im Jahr 1902 wurden 56.613 Kilogramm, 1904 mehr als 60.000 Kilogramm verarbeitet. Eine Erläuterung und einen Nachweis, wozu das Flechtmaterial im Einzelnen verwendet wurde, bietet diese Aufstellung nicht. Hier hilft allerdings das »Technische Hilfsbuch der Gebrüder Thonet« von 1909 weiter, in dem in den »Regeln für die Geflechte«, die Verwendung der verschiedenen Größen und Qualitäten des Flechtmaterials detailliert aufgelistet sind.[59] (Abb. 23)

Für die unterschiedlichen Sitzmöbel wurden verschiedene Größen des Rohrmaterials verwendet. Es sind insgesamt fünf Rohrgrößen aufgeführt, hier mit Rohrgattung 1 bis 5 bezeichnet. Grundsätzlich nutzte man für die aufwändigeren und besseren Möbel dünneres Flechtmaterial: Rohrgattungen »2m« und »4m«.[60] Die Konsumware, d. h. Sessel mit runden Sitzen, wurde mit »3 H II« ausgestattet. Die größeren Maschenweiten – 14 bis 15 Millimeter – ergaben sich durch die geringere Anzahl der Flechtlöcher bei der Konsumware, wodurch sie schneller eingeflochten und damit billiger angeboten werden konnten.[61] Die geringeren Lochabstände und das dünnere Rohr bei den besseren Artikeln ergaben ein ansprechenderes Bild, erhöhten aber den Aufwand für die Flechterinnen. Bei einigen Artikeln wiederum konnte der Kunde wählen, ob er ein gewöhnliches[62] oder ein feines Geflecht haben wollte, wobei für letzteres immer ein Preisaufschlag zu zahlen war.

»Ordinäres Geflecht bei Polstermöbel[n]«[63] bot das Unternehmen wahrscheinlich am Anfang des 20. Jahrhunderts erstmals an. Hierfür wurde sehr breites Rohr, Nr. 5, verwendet, die Lochabstände waren entsprechend groß. Bis dahin hatten die Gebrüder Thonet beispielsweise bei den Salonmöbeln lediglich die Gestelle zum Polstern im Angebot, d. h. der Kunde musste die Möbel zu einem Polsterer bringen, der alle notwendigen Arbeiten ausführte. In dem I. Supplementheft, September 1905, zum Hauptkatalog von 1904 finden sich nun eine Reihe von Garnituren, die man neben der bisher üblichen Ausführung »ungeflochten zum Polstern«, nun auch »grob vorgeflochten zum Polstern« erwerben konnte.[64] Es war nicht mehr notwendig, Gurte zu verspannen, deren Aufgabe übernahm das grobe Geflecht.[65]

Betrachtet man den Verbrauch der unterschiedlichen Rohrgattungen für 1904 (Abb. 22), so fällt auf, dass Flechtrohr Nr. 3 mit mehr als 40.000 Kilogramm – etwa 60 Prozent des gesamten Flechtmaterials – am weitaus häufigsten verarbeitet wurde. Die Prozentzahl entspricht in etwa dem Anteil der sogenannten Konsumware innerhalb der Sesselerzeugung und gilt nicht nur für dieses Jahr, sondern findet sich so auch in allen anderen Jahren.[66] Flechtrohr Nr. 3 wurde von allen Fabriken für alle Modelle der Konsumware verwendet.

Die Fabrik Koritschan hingegen verarbeitete 1904 mit mehr als 11.000 Kilogramm – etwa 18 Prozent des gesamten Materials – das weitaus größte Kontingent von Rohrgattung 4, welches als »gewöhnliches Geflecht für bessere Artikel« genutzt wurde.[67] Da hierzu neben den Sesseln ebenfalls Fauteuils, Halbfauteuils und Canapés, aber auch diverse andere »bessere« Sitzmöbel gehörten, lässt sich allerdings keine Prozentzahl wie bei der Konsumware angeben.

7. Der »Arbeiterstand«

7.1. Statistisches

In ihren Werkstätten in Wien benötigten die Gebrüder Thonet zur Fertigung ihrer Möbel aus Schichtholz noch eine Vielzahl gelernter Tischler oder verwandter Berufe, da die Herstellung überwiegend handwerklichen Charakter hatte.[1] Für die industrielle Produktion in den Fabriken waren jedoch nur noch wenige qualifizierte Arbeiter notwendig. Der weitaus größte Teil aller Arbeiten bestand aus einfachen und immer gleichen Tätigkeiten, für die keinerlei Vorkenntnisse erforderlich waren oder die innerhalb kurzer Zeit erlernt werden konnten. So waren beispielsweise 1871 in den Thonetschen Fabriken insgesamt 2.988 Arbeiter beschäftigt, doch lediglich 7,5 % aller Aufgaben erforderten gewisse Eignungen.[2] Auch nachdem sich die Zahl der in den Fabriken insgesamt Beschäftigten mehr als verdoppelt hatte, änderte sich dieses Verhältnis grundsätzlich nicht.

Es wird immer wieder und zurecht darauf hingewiesen, dass das Unternehmen die Produktion wegen der Nähe zum Rohstoff Holz, der neuen Transportmöglichkeiten durch die Eisenbahn und der billigen Arbeitslöhne nach Mähren verlagerte. Zwar gab es auch in Wien genügend nicht oder gering qualifizierte Arbeitskräfte, die man hätte beschäftigen können, doch hätte das Unternehmen hier weit höhere Löhne zahlen müssen als in Mähren. Peter Eigner und Andrea Helige weisen in ihrem Buch zur Österreichischen Wirtschafts- und Sozialgeschichte im 19. und 20. Jahrhundert darauf hin, dass »sobald ein Produktionszweig den Durchbruch zum Fabrikssystem geschafft hatte, […] sich der städtische Standort eher als ungünstig [erwies]. Die Bodenpreise waren höher, die Arbeitskräfte – auch aufgrund der höheren Lebenshaltungskosten in Wien – teurer«.[3]

Hätte dies nur eine kleine Gruppe von Arbeitern betroffen, wären die Einsparungen nicht groß gewesen. Doch die gering qualifizierte und daher auch gering zu entlohnende Arbeiterschaft machte durchschnittlich mehr als 90 % aller Beschäftigten aus. Bei nahezu 3.000 Beschäftigten 1871 und teilweise mehr als 6.000 in den folgenden Jahren waren die Einsparungen durch die Differenz der Löhne in den ruralen Regionen der Monarchie zu denen in Wien ganz erheblich.[4]

Im Folgenden soll untersucht werden, welche Tätigkeiten diese ungelernten Arbeiter ausführten und ob es unter ihnen wiederum Gruppen gab, denen einzelne Tätigkeiten speziell zugeordnet werden können. Ein Blick hierauf, so viel sei vorweggenommen, zeigt, dass das Unternehmen die Arbeitsabläufe so organisierte, dass durch die Zuweisung bestimmter Arbeiten auf bestimmte Standorte – Fabriken, Fabriksfilialen und auch Hausarbeit – die Kosten in vielen Bereichen nochmals erheblich gesenkt werden konnten, wofür vor allem die Zuteilung an die Gruppe der weiblichen Arbeitskräfte ursächlich ist.

Hierzu ist es nicht erforderlich, die Entwicklung über einen längeren Zeitraum zu verfolgen, sondern es genügt ein einzelnes Jahr, da sich an der Art und Zuordnung der Tätigkeiten über die Jahre und Jahrzehnte nichts Grundlegendes änderte. Verbesserte Werkzeuge oder eine veränderte maschinelle Ausstattung erleichterten bestimmte Arbeiten[5], doch dienten diese Hilfsmittel dem Unternehmen vor allem der Produktivitätssteigerung und nicht einer Reduzierung der Arbeitsbelastung der

Arbeiterstand am 31. Dezember 1893.

in	Aufsichts-Personal	Professionisten	Gehilfen Taglöhner Knechte	Raspler	Polierer	Flechter	zusammen männlich	weiblich	zus:		1892
Fabrik Koritschan	20	65	269	324	250	241	486	683	1.169		1.211
Filiale Stiülek	1	.	.	.	.	94	.	95	95	1.290	103
" Büchlowitz	.	.	.	.	.	23	.	23	23		26
Station Nemotitz	1	.	2	.	.	.	3	.	3		.
Fabrik Bistritz	26	91	422	154	314	313	610	710	1.320		1.366
Filiale Hochechowitz	1	.	.	60	.	89	28	122	150		167
" Dřewohostitz	1	.	.	.	.	53	1	53	54	1.675	50
" Romarno u. [illegible]	2	.	1	35	.	49	20	67	87		92
" Prussinowitz	1	.	.	63	.	.	53	11	64		59
Fabrik Wsetin	10	34	153	5	85	200	192	295	487	565	509
Filiale Lipthal	1	.	.	77	.	.	37	41	78		74
Fabrik Wallenkau	5	15	109	75	3	36	145	98	243	298	246
Filiale Poviesi	1	.	.	54	.	.	21	34	55		64
Fabrik Ugrócz	5	18	44	106	87	119	157	222	379	379	359
Filiale Szkaczan	.	.	.	.	.	.	.	.	.		27
Fabrik Radomsk	11	45	199	148	213	160	389	387	776	776	657
" Frankenberg	5	7	49	32	35	77	92	113	205		252
Filiale Altendorf	1	.	.	40	.	36	42	35	77	282	80
" Bromskirchen	.	.	.	.	.	.	.	.	.		19
Säge Ochotnica	1	2	36	.	.	.	37	2	39		45
" Biale	1	2	30	.	.	.	33	.	33		33
" Barwinek	1	1	26	.	.	.	28	.	28	148	35
" Polany	1	2	21	.	.	.	24	.	24		25
" Lomnitz	1	1	7	.	.	.	8	1	9		9
" Vernes Szlatina	1	.	14	.	.	.	15	.	15		16
zusamen:	98	283	1.382	1.173	987	1.490	2.421	2.992	.	5.413	.
1892	99	293	1.460	1.187	941	1.523	2.472	3.051	.	.	5.523

Abb. 24: Arbeiterstand, 31. Dezember 1893

Beschäftigten. Die folgende firmeninterne Übersicht des Arbeiterstands (Abb. 24) und die beiden grafischen Darstellungen (Grafiken 3 und 4) geben einen Einblick, wie viele Beschäftigte 1893[6] in der Möbelproduktion arbeiteten und in welchem der sechs ausgewiesenen Bereiche – Aufsichtspersonal, Professionisten, Gehilfen/Tagelöhner/Knechte, Raspler, Polierer und Flechter – sie tätig waren. In den fünf letzten Spalten findet sich die jeweilige Gesamtzahl der in den Fabriken und Fabriksfilialen tätigen Personen, unterteilt nach männlichen und weiblichen Beschäftigten; in der letzten Spalte dann die Vergleichszahlen vom Vorjahr.[7]

Grafik 3 übersetzt diese Statistik in eine übersichtliche Form. Die Filialbetriebe wurden in die Darstellung mit einbezogen, da die dort hergestellten Halbfertigwaren in den Fabriken weiterverarbeitet oder montiert wurden, die Zulieferbetriebe somit wesentlich zur Produktivität der Hauptfabrik mit beitrugen.

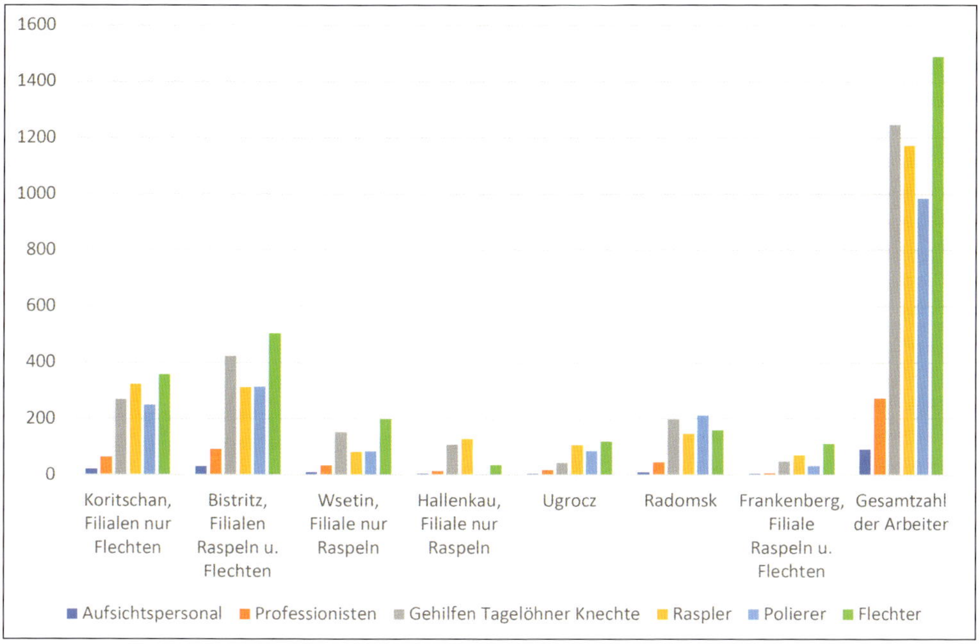

Grafik 3: Anzahl der Beschäftigten in den verschiedenen Tätigkeitsbereichen in den Fabriken und Fabriksfilialen, 1893[8]

Grafik 4 wiederum schlüsselt die Gesamtzahl aller Beschäftigten an den sieben Standorten, einschließlich der Filialen, nach Geschlecht auf. In Koritschan, Bistritz, Wsetin, Ugrócz und Frankenberg machten die weiblichen Arbeitskräfte den größten Anteil aller Beschäftigten aus. Nimmt man noch Hallenkau und Radomsk hinzu, so ergibt sich folgende Verteilung: 43 % der gesamten Belegschaft war männlich,

57 % weiblich. Dies gilt nicht nur für 1893, sondern auch für die vorhergehenden und folgenden Jahre, bis sich diese Tendenz ab 1900 umkehrt.[9]

Das System zur Erfassung aller Daten zum Arbeiterstand verwendete das Unternehmen in dieser Form (Abb. 24) bis 1896.[10] Die Jahresausweise bis 1876 nennen lediglich die Gesamtzahl der in der Produktion Beschäftigten, erst 1879 findet sich die Unterscheidung zwischen Arbeitern und Arbeiterinnen. Da die Jahresausweise von 1877 und 1878 nicht vorliegen, lässt sich nicht sagen, in welchem Jahr die Unterscheidung eingeführt wurde. Die Art der Aufzeichnungen wurde 1897 und nochmals 1902 verändert und verfeinert, bis man schließlich 1904 dann doch wieder zur alten Systematik von vor 1897 zurückkehrte.

Im Folgenden werden die Angaben zum Arbeiterstand aus allen vorliegenden Jahresausweisen, die mit einigen Lücken von 1871 bis 1921 vorliegen, ausgewertet.[11] In einigen Fällen konnten fehlende Zahlenangaben ergänzt werden, da in den Jahrgängen auch die Vergleichszahlen für das Vorjahr oder die Vorjahre enthalten sind; diese jedoch meist nicht in detaillierter Form, sondern lediglich als Gesamtzahl. In anderen Fällen wurden die Angaben, wie auch in Tabelle 1, durch die Bildung eines Mittelwertes für das fehlende Jahr ergänzt, was für die Tendenz vernachlässigbar sein dürfte.

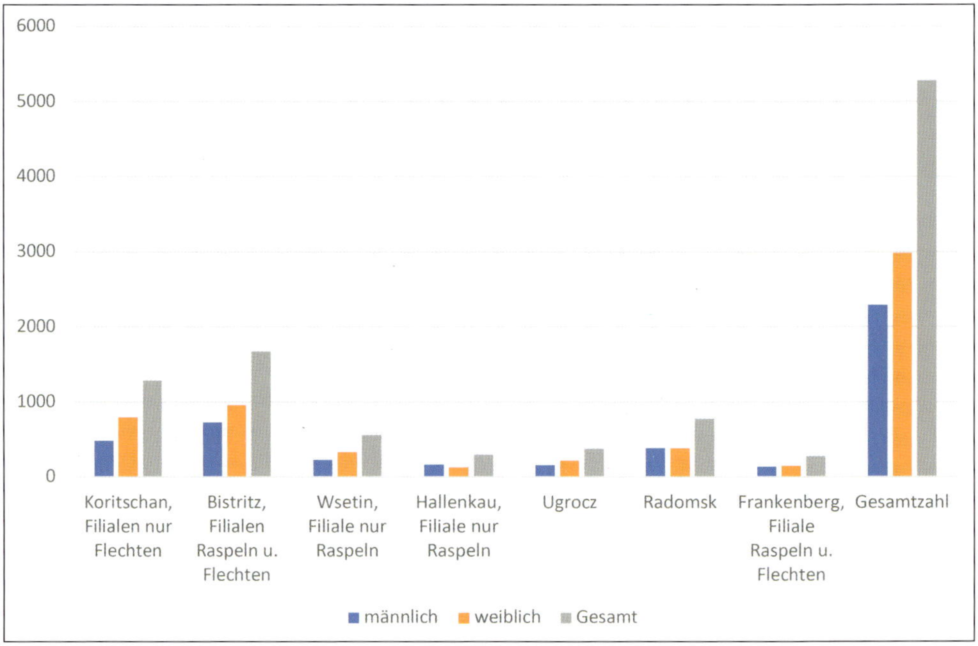

Grafik 4: Anteil der männlichen und weiblichen Beschäftigten, 1893

In Grafik 5 ist die Entwicklung der Beschäftigtenzahlen für die sieben Fabriken des Unternehmens und deren Filialen von 1879 bis 1921 dargestellt.[12] Koritschan und Bistritz beschäftigten die weitaus meisten Arbeiter, Wsetin und Ugrócz gehörten mit einem schon gehörigen Abstand zu den mittelgroßen Standorten, Hallenkau und Frankenberg zu den kleineren. Die Fabrik Radomsk, gegründet 1879, schloss nach nur 15 Jahren zu den beiden großen Werken auf und produzierte bereits ab 1885 Möbel im Wert von etwa 15%, ab 1900 mehr als 20 % aller Bruttowerte.[13] Dies ist umso bemerkenswerter, als Radomsk keinerlei Fabriksfilialen hatte. Umso einschneidender war die vollständige Einstellung der dortigen Produktion mit Beginn des Kriegs im Juni 1914.

Betrachtet man die Gesamtzahl der Beschäftigten des Unternehmens von 1871 bis 1921 (Grafik 6), so ist ein nahezu kontinuierlicher Anstieg bis 1913 zu erkennen, wenn es auch immer wieder zu Schwankungen der Beschäftigtenzahlen oder auch zu länger andauernden Rückgängen kam.[14] So etwa 1873, als durch die Gründerkrise der wirtschaftliche Aufschwung stockte. Firmen- und Bankenzusammenbrüche, der

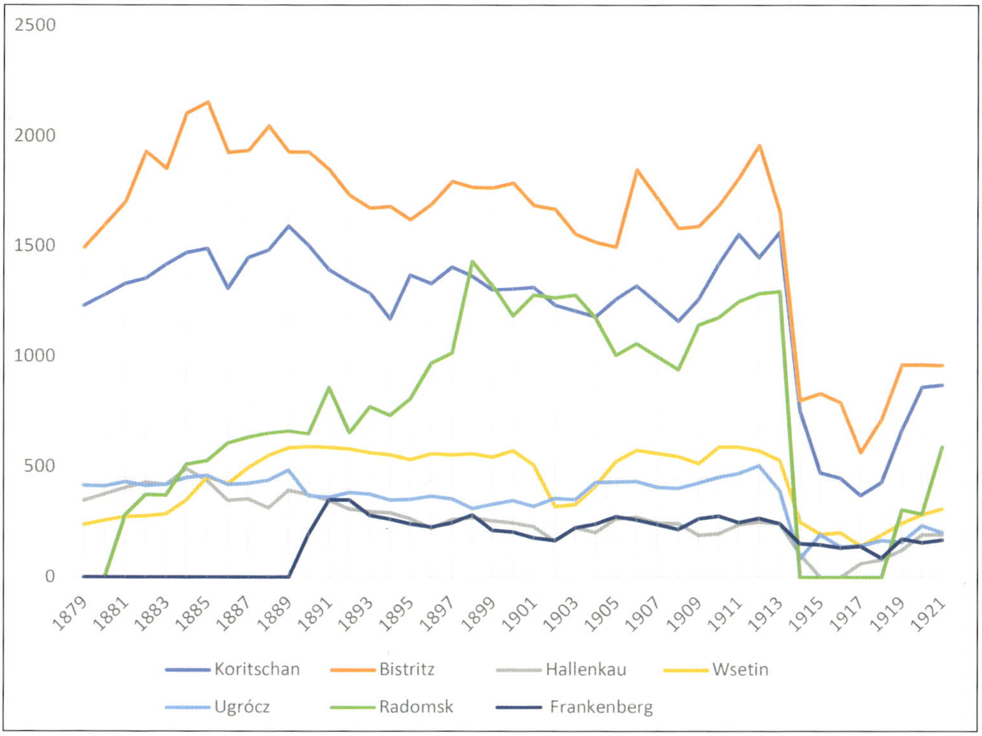

Grafik 5: Anzahl der Beschäftigten in den sieben Fabriken einschließlich der Fabriksfilialen, 1879–1921

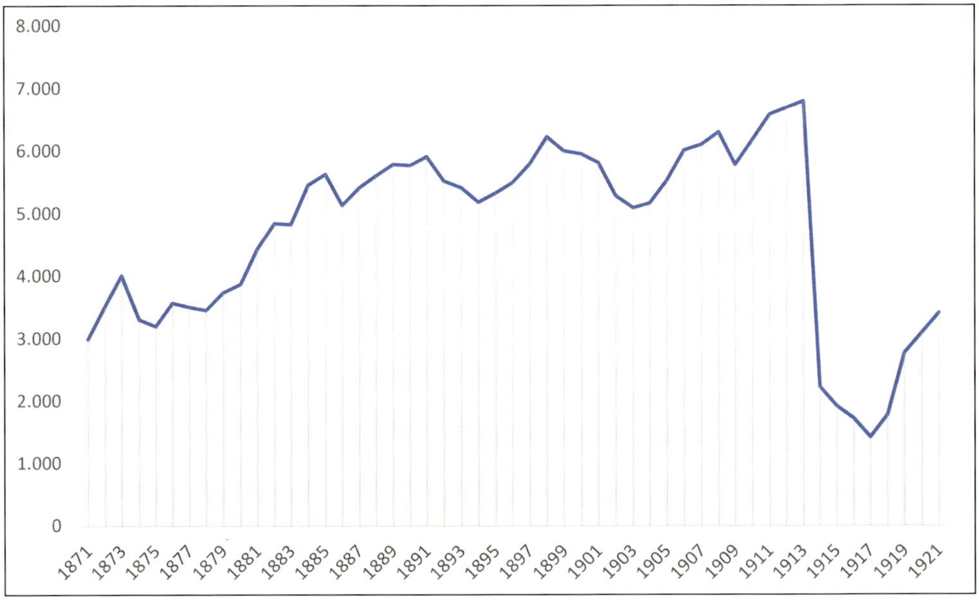

Grafik 6: Anzahl der Beschäftigten in den Fabriken, Fabriksfilialen und Sägewerken, 1871–1921

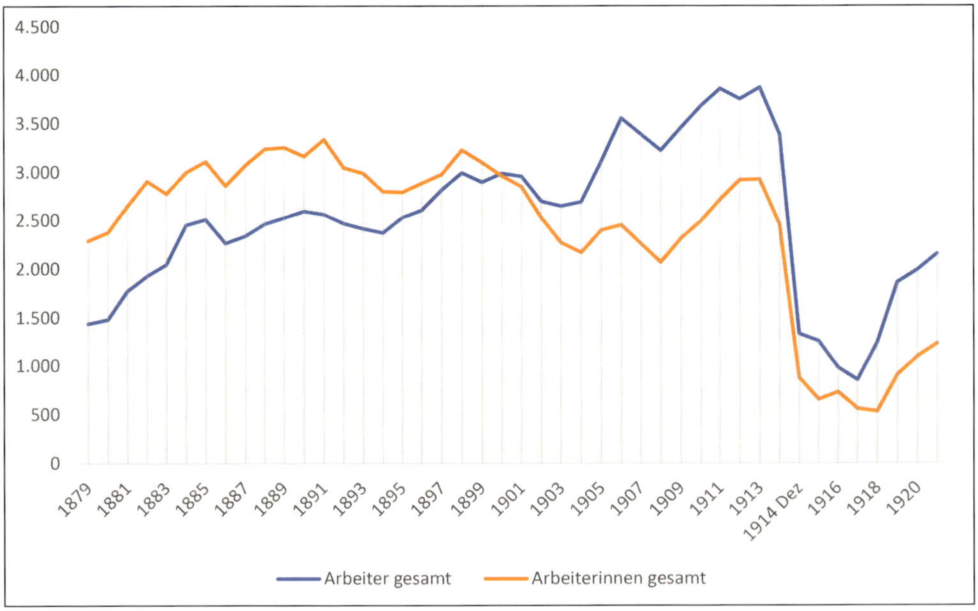

Grafik 7: Weibliche und männliche Beschäftigte in den Fabriken, Fabriksfilialen und Sägewerken, 1879–1921

Niedergang von Handel und Gewerbe, eine ansteigende Arbeitslosigkeit und soziale Unzufriedenheit waren die unmittelbaren Folgen dieses konjunkturellen Einbruchs.[15] Die Beschäftigtenzahlen von 1873 mit über 4.000 Arbeitern konnten erst 1881 wieder erreicht werden. Ihren Höhepunkt mit durchschnittlich mehr als 6.000 Arbeitern hatten sie in den Jahren 1906 bis 1913. Unterscheidet man bei der Gesamtzahl aller Beschäftigten nach deren Geschlecht, (Grafik 7) so ist bemerkenswert, dass bis 1900 die Arbeiterinnen die größte Gruppe ausmachten. Von 1879 bis 1900 arbeiteten durchschnittlich 2.945 pro Jahr für das Unternehmen, von 1901 bis 1914 sank ihre Anzahl dann auf 2.491. Die durchschnittliche Anzahl der Arbeiter bis 1900 betrug 2.389 und stieg von 1900 bis 1914 dann auf 3.307. Prozentual betrachtet kehrte sich das Verhältnis der weiblichen zu den männlichen Beschäftigten nahezu um: von 55 % zu 45 % bis zum Jahr 1900 zu 43 % zu 57 % für die folgenden Jahre.[16]

7.2. Fabrikarbeit und Hausarbeit

Ab 1897 führte das Unternehmen in der statistischen Erfassung für den Arbeiterstand eine Neuerung ein. Es wurde erstmals danach unterschieden, ob die Arbeit an den unternehmenseigenen Standorten stattfand oder ob sie als Hausarbeit verrichtet wurde. Dass ein Teil der Arbeiten, für die weder Maschinen noch größere Hilfsmittel oder spezielle Werkzeuge notwendig waren, wie beispielsweise das Flechten und Raspeln – die ja nicht notwendig an einen Standort gebunden sind – in Heimarbeit ausgeführt wurden, war bekannt. Doch fehlte bisher ein Nachweis, ebenso, in welcher Größenordnung dies geschah. Die Unterscheidung zwischen Fabrik- und Hausarbeit ist nur für die weiblichen Beschäftigten relevant, die Zahlen der hausindustriell beschäftigten Arbeiter bewegen sich im einstelligen oder mittleren zweistelligen Bereich und sind insofern vernachlässigbar.

Grafik 8 zeigt die Gesamtzahl der weiblichen Beschäftigten von 1897 bis 1921, unterschieden zwischen »weiblichen Fabrikarbeitern« und »weiblichen Hausarbeitern«. Bis 1901 war jeweils etwa der gleiche Anteil der Arbeiterinnen in den unternehmenseigenen Standorten oder in Heimarbeit beschäftigt. Ab 1901 nahm die Zahl der in Hausarbeit Tätigen merklich ab, die Zahl der in den Fabriken und Fabriksfilialen beschäftigten Frauen blieb nahezu gleich. Ab 1909 entwickelten sich beide Kurven mehr oder weniger parallel. Der Rückgang der weiblichen Beschäftigten ab 1902 ist somit alleine dem Rückgang des Anteils der Hausarbeit geschuldet.[17]

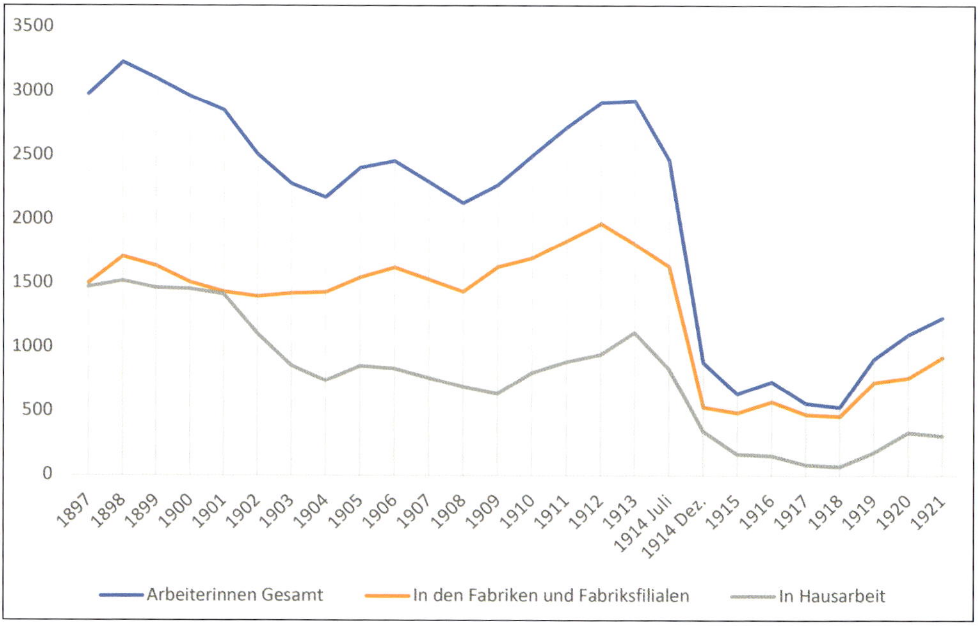

Grafik 8: Weibliche Beschäftigte insgesamt, in den Fabriken und Fabriksfilialen und in Hausarbeit, 1897–1921

7.3. Maschinen- und Handarbeit, Akkord- und Taglohn

1902 änderte das Unternehmen nochmals sein System zur Erfassung des Arbeiterstands. Die Einteilung wurde grundsätzlich so beibehalten, doch gab es drei wesentliche Änderungen.[18]

1. Es wurden neue Arbeitsbereiche statistisch erfasst: »Biegerei«, »Packerei«, »Montiererei«, »Fournierbrettel Erzeugung«, »Magazin« und »Diverse Abteilungen«.
2. Für alle Arbeitsbereiche wurde zwischen Maschinen- und Handarbeit unterschieden.
3. Es findet sich erstmals die Unterscheidung der »accord« Beschäftigten zu denen im Zeitlohnsystem Arbeitenden, hier »Tagelöhner« genannt.

Es ist zu vermuten, dass die Unterscheidung zwischen Maschinen- und Handarbeit mit zunehmendem Einsatz von Arbeitsmaschinen eingeführt wurde. Eine in dieser Hinsicht interessante Aufstellung fand sich für Groß Ugrócz. In einer Übersicht werden alle Maschinen aufgeführt, welche diese Fabrik zwischen 1877 und 1892 angeschafft hatte.[19] Es sind einmal solche, die keiner speziellen Tätigkeit zugeordnet werden können wie Dampfmaschinen, die als Kraftmaschinen dem Antrieb oder der Energieerzeugung dienten. Daneben Dampfkessel und -kästen für den Betrieb der Dämpföfen, womit die Arbeit zwar nicht schneller vonstatten ging, aber doch mehr

Arbeitsplätze eingerichtet und somit mehr Möbelteile gebogen werden konnten. Entscheidend aber ist eine Vielzahl von Arbeitsmaschinen, welche die Produktivität der Beschäftigten wesentlich erhöhten. Hierzu gehören Schleif- und Satiniermaschinen, welche die händische Bearbeitung erleichterten oder nahezu überflüssig machten, Fräs- und diverse Hobelmaschinen für die Holzbearbeitung und Maschinen speziell für die Produktion von Bugholzmöbeln wie beispielsweise eine »automatische Bohrlöcher Bohrmaschine«[20], mit deren Hilfe die Flechtlöcher der Sitzrahmen in nur einem Arbeitsgang gebohrt werden konnten. Es ist anzunehmen, dass die maschinelle Ausstattung der Hauptfabriken gegenüber den kleineren wie beispielsweise Ugrócz mindestens gleichartig, vermutlich aber noch besser war, worauf die oben erwähnte automatische Bohrlöcher Bohrmaschine verweist, die Ugrócz von der Fabrik Bistritz erhielt wie noch fünf weitere Maschinen, die im August 1889 von Koritschan nach Ugrócz geliefert wurden.[21]

Die Bezahlung nach Akkord- oder Stücklohn wird bereits seit langem bestanden haben, vermutlich schon bei den Fabrik- und Filialgründungen. Bei der Herstellung und Bearbeitung gleicher oder gleichartiger Möbelteile bot sich die Entlohnung im Stückakkord an, vor allem bei der ohne Aufsicht und eigenverantwortlich durchgeführten Hausarbeit.[22] Nicht der zeitliche Aufwand, sondern die abgelieferten Stückzahlen waren entscheidend.[23] Beides, die Unterscheidung zwischen Maschinen- und Handarbeit und die Entlohnung im Taglohn oder nach Stückakkord ist, ebenso wie die Erfassung neuer Arbeitsbereiche, in den Aufzeichnungen lediglich für die beiden Jahre 1902 und 1903 ausgewiesen. Danach arbeiteten von den insgesamt 5.279 Beschäftigten im Jahr 1902 4.549 im Akkord- und 730 im Taglohn. Für 1903 sehen die Zahlen ähnlich aus: Von 5.088 Beschäftigten wurden 4.470 nach Stückzahl entlohnt, lediglich 453 arbeiteten im Taglohn. Bei der Maschinen- und Handarbeit sah es für die beiden Jahre, in denen Zahlen vorliegen, folgendermaßen aus: 1902 verrichteten 782 Personen ihre Arbeit an oder mit Hilfe von Maschinen, 1903 waren es 926. Maschinenarbeit war nahezu ausschließlich Akkordarbeit. Lediglich 4 Beschäftigte aus dieser Gruppe waren 1902 im Taglohn beschäftigt, 18 im Jahr 1903. Tätigkeiten, die mit schwerer körperlicher Arbeit verbunden waren, verrichteten nahezu ausschließlich männliche Beschäftigte, die Akkordlohn erhielten. Auch leichtere Tätigkeiten wie Polieren, Flechten oder Raspeln, nahezu ausschließlich von Frauen und Mädchen oder jugendlichen Hilfsarbeitern ausgeführt, wurden nach Stückzahl entlohnt.[24]

Ausschließlich männliche Beschäftigte arbeiteten in den Biegereien, wo sie in einer heißen und feuchten Umgebung körperlich schwerste Arbeit verrichten mussten. Dort wurde ausschließlich im Akkordlohn gearbeitet, Maschinen ließen sich hier nur begrenzt einsetzen. Dies hat mit den Eigenheiten des Verfahrens zu tun. Mit Hilfe einer Maschine konnten und können noch heute nur zweidimensionale Biegungen ausgeführt werden. Es gab schon früh mechanische Einrichtungen zum Biegen der Möbelteile, allerdings nur für solche, die lediglich in einer Ebene gebogen werden mussten wie etwa Sitz- und Fußringe.[25] Bei dreidimensional geformten Teile hingegen wie der Hinterbein/Rücklehn-Konstruktion von Sesseln und Fauteuils oder den Motiveinsätzen für die Rückenlehne ist dies nur händisch möglich.[26]

Abb. 25: Oben händisches Biegen dreidimensionaler Bauteile,
unten maschinelles Biegen zweidimensionaler Bauteile, Fabrik Bistritz, 1929

In der folgenden Tabelle ist die jeweilige Anzahl der Bieger in den sieben Fabriken – nur dort gab es Biegereien – für 1902 und 1903 aufgeführt, aufgeschlüsselt danach, ob sie ihre Arbeit händisch oder mit Hilfe von Maschinen verrichteten.[27]

1902

	Biegerei	
	Masch.	Hand
	Akkordlohn	
	männlich	
Koritschan	36	34
Bistritz	16	49
Wsetin	11	4
Hallenkau	5	22
Ugrócz	7	14
Radomsk	12	51
Frankenberg	4	6
Gesamt	91	180

1903

	Biegerei	
	Masch.	Hand
	Akkordlohn	
	männlich	
Koritschan	34	30
Bistritz	15	51
Wsetin	4	6
Hallenkau	5	24
Ugrócz	5	16
Radomsk	12	49
Frankenberg	4	6
Gesamt	79	182

Tabelle 2: Anzahl der in den sieben Fabriken beschäftigten Bieger, Maschinen- und Handarbeit und ihre Gesamtzahl, 1902 und 1903

Die ab 1902 eingeführte statistische Erfassung wurde bereits 1904 wieder aufgegeben. Heute sind die detaillierten Aufzeichnungen aus diesen beiden Jahren eine wichtige Quelle zum Verständnis der Organisation der Arbeitsprozesse und Aufbau und Ablauf der Produktion des Unternehmens und erlauben genaue Aussagen hierzu. So waren beispielsweise 1902 in dem Unternehmen 2.749 Arbeiter und 2.530 Arbeiterinnen in der Produktion beschäftigt. Von den insgesamt 5.279 Personen arbeiteten lediglich 730 im Taglohn, 4.549 wurden nach Stückzahl bezahlt. Hausarbeit gingen 1.109 Arbeiterinnen und nur 50 Arbeiter nach. Mit 782 Personen machte Maschinenarbeit lediglich 15 % aller Arbeiten aus. Der Rest musste händisch erledigt werden.[28] Gerade dieser letzte Punkt verweist nachdrücklich auf die arbeitsintensive Herstellung von Bugholzmöbeln und zeigt nochmals den Standortvorteil durch die Beschäftigung billiger Arbeitskräfte in den ländlichen Gebieten der Monarchie. Warum man diese detaillierte statistische Erfassung aufgab und wieder zu dem alten, einfacheren System zurückkehrte, kann nur vermutet werden. Es schien für das Unternehmen keine nennenswerten Vorteile gegenüber der früheren Form zu haben.

7.4. Arbeitsbereiche

Eine detaillierte Betrachtung der Beschäftigtenzahlen für die insgesamt sechs Arbeitsbereiche an den Produktionsstandorten bietet Einblicke in die Entwicklung der personellen Struktur des Unternehmens, was sowohl Rückschlüsse auf ein verändertes Warenangebot erlaubt als auch auf technische Neuerungen verweist, die wiederum großen Einfluss auf die Produktivität der Beschäftigten und deren Arbeitsbedingungen hatte. Während die Zahlen bei den qualifizierten Arbeitern – Aufsichtspersonal und Professionisten – einen mehr oder weniger gleichmäßigen Verlauf zeigen, gab es in anderen Bereichen erhebliche Veränderungen. Am deutlichsten in der Entwicklung der Anzahl der Arbeiter, welche Hilfstätigkeiten ausübten oder derjenigen – hier nahezu ausschließlich Frauen und Mädchen –, die für das Flechten zuständig waren.

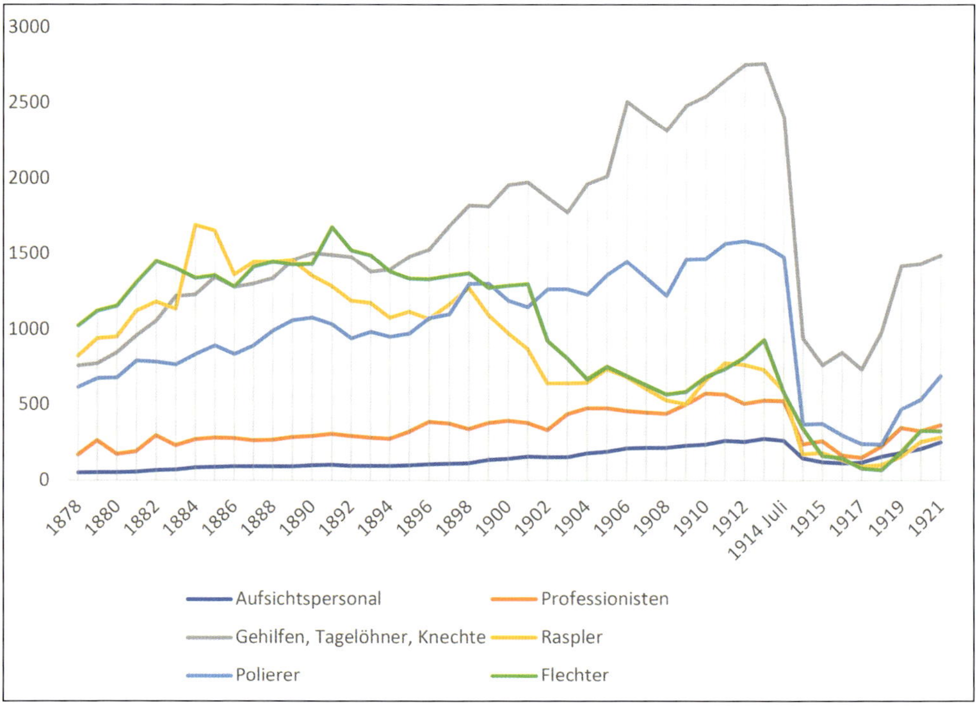

Grafik 9: Entwicklung der Beschäftigtenzahlen für die sechs Arbeitsbereiche in den Fabriken und Fabriksfilialen, 1878–1921

Grafik 9 zeigt die Entwicklung der Beschäftigtenzahlen für die sechs Arbeitsbereiche in allen Fabriken und Fabriksfilialen für die Jahre 1878 bis 1921.[29]

Über den Gesamtzeitraum – 1878 bis 1921 – gesehen, bildeten die Gehilfen, Tagelöhner und Knechte die weitaus größte Gruppe an den Thonetschen Standorten. Sie wurden je nach Bedarf und vorhandener Arbeit eingesetzt, was aber auch hieß, dass, falls keine Arbeit anfiel, sie für diese Zeit arbeitslos und ohne Einkommen waren. Bedeutete dies für das Unternehmen, wie in vergleichbaren Fällen auch, lediglich »eine kostensenkende Flexibilisierung ihres wichtigsten Produktionsfaktors«[30], so führten bei den Betroffenen »temporäre Phasen der Arbeitslosigkeit, seien sie durch Konjunktur- und Absatzschwankungen, seien sie durch längere Erkrankungen bedingt, zu massiven existentiellen Bedrohungen«.[31] Die Zahl der Gehilfen, Tagelöhner und Knechte stieg anfangs nahezu kontinuierlich mit den Zahlen der anderen Gruppen und betrug 1894 1.483 Personen, etwa 27 % der Beschäftigten. In den folgenden Jahren vergrößerte sich ihre Anzahl entgegen der Entwicklung in den sonstigen Arbeitsbereichen bis auf mehr als 2.700 in den beiden Vorkriegsjahren und entsprach schließlich einem Anteil von etwa 45 %.[32]

Abb. 26: Flechterinnen, Fabrik Bistritz, 1929

Die Flechterinnen bildeten zusammen mit denjenigen, die für Raspelarbeiten zuständig waren, bis Mitte der 1890er Jahre die zahlenmäßig größte Gruppe innerhalb des Unternehmens. Beide Tätigkeiten gehörten zu den sogenannten leichten Arbeiten, die nahezu ausschließlich von weiblichen Beschäftigten, aber auch jugendlichen Hilfsarbeitern sowohl in den Fabriken als auch in den Fabriksfilialen oder in Hausarbeit erledigt wurden. (Abb. 26)

In der *Arbeitsordnung der Gebrüder Thonet'schen Möbelfabrik in Bystritz am Hostein und deren Filialen* findet sich hierzu folgende Vorschrift: »§ 9. Frauenspersonen und jugendliche Hilfsarbeiter, welche das 16. Lebensjahr noch nicht erreicht haben, werden nur zu leichten, ihren physischen Kräften angemessenen Arbeiten verwendet. [...]: zum Flechten, Polieren, Packen und teilweise zum Raspeln und zu leichteren Hilfsarbeiten.«[33] Das Flechten, bei einem durchschnittlichen jährlichen Verbrauch von nahezu 70.000 Kilogramm Flechtrohr in den Jahren 1879 bis 1914[34], belegt die große Bedeutung, welche die Herstellung von Sitzmöbeln für die Produktion hatte, gleichzeitig aber auch die Einsparungen der Firma, da die Löhne der weiblichen Arbeitskräfte nochmals niedriger als die der männlichen waren.[35] Tremel nimmt an, dass grundsätzlich »das Verhältnis der Löhne der männlichen Arbeiter zu denen

Abb. 27: Maschinelles Schleifen, Fabrik Bistritz, 1929

der Frauen und Kinder […] etwa 4 : 2 : 1 [betrug], wobei aber zu berücksichtigen ist, daß die höheren Löhne der fast ausschließlich männlichen Facharbeiter miteinbezogen sind«.[36]

Die ab etwa 1890 abnehmende Anzahl der Beschäftigten, die Raspel- oder Schleifarbeiten erledigten, verweist auf einen zunehmenden Einsatz von Maschinen innerhalb dieses Arbeitsbereichs. Mussten in den Anfangsjahren all diese Arbeiten noch rein händisch erledigt werden, so standen hierfür nun vermehrt Maschinen zur Verfügung. (Abb. 27) Doch lohnte es sich für das Unternehmen nicht, diese neuen Arbeitsmaschinen in den kleinen Filialen einzusetzen. Hierzu wäre es nötig gewesen, die Filialstandorte mit einer Antriebskraft auszustatten, was bei der Anzahl der dort Beschäftigten in den allermeisten Fällen nicht wirtschaftlich gewesen wäre.

Daher nahm die Anzahl der Filialbetriebe, in denen ein Großteil dieser Arbeiten bisher ausgeführt wurde, von 12 im Jahr 1886 auf nur noch 3 im Jahr 1902 ab, dementsprechend sank die Zahl der hier Beschäftigten von 976 im Jahr 1886 auf nur noch 139 im Jahr 1902. Mit der Abnahme der in den Fabriksfilialen tätigen Arbeiter und Arbeiterinnen ging ein Anstieg der Zahl der Beschäftigten in den Fabriken einher. Obwohl keine Belege hierzu vorliegen, ist anzunehmen, dass ein Teil derjenigen, die vorher in den Filialen beschäftigt waren – und die sich ja nicht weit entfernt von den Fabriken befanden – nun dorthin wechselte und hier an und mit Hilfe von Maschinen arbeitete. Diese Tendenz ist ebenso bei den hausindustriell beschäftigten Arbeiterinnen zu erkennen. (Grafik 8)

Mit ein Grund für die Abnahme der Zahl der Flechterinnen ab 1892 könnte die zunehmende Anzahl von Sitzmöbeln sein, die nicht mehr mit einem Geflecht-, sondern mit einem Furniersitz ausgestattet wurden. Sie waren wesentlich haltbarer als die geflochtenen Ausführungen, weshalb gerade die Konsumsessel, welche überwiegend in öffentlichen Bereichen verwendet wurden, Furniersitze erhielten. Diese Neuerung führte das Unternehmen 1879 ein, die Anzahl der mit einem Furniersitz ausgestatteten Sessel nahm in den folgenden Jahren stetig zu.[37] So hatten von den 1879 insgesamt 550.707 produzierten Sesseln lediglich 8 % einen Furniersitz, 1914 hingegen waren es mehr als 60 %.[38]

Neben dem Raspeln und Flechten macht das Polieren einen Großteil der Arbeit bei der Herstellung von Bugholzmöbeln aus. Die beiden ersteren Tätigkeiten wurden zwar auch in den Fabriken ausgeführt, häufig aber in die Fabriksfilialen ausgelagert oder als Heimarbeit vergeben. Poliert wurde hingegen nahezu ausschließlich in den Fabriken. Wären die Möbel auch außerhalb der Fabriken poliert, d. h. endbehandelt worden, hätten sie vor dem Transport dorthin verpackt werden müssen, um Oberflächenschäden zu vermeiden. Doch die letzte Kontrolle vor dem Versand der Möbel lag grundsätzlich bei den Fabriken, eine Art Qualitätssicherung, um im Falle

Abb. 28: Polieren, Fabrik Bistritz, 1929

von Reklamationen den Weg des Möbels zurückverfolgen zu können. Hierauf wies das Unternehmen immer wieder in betriebsinternen Anweisungen hin, so zum Beispiel 1903 im *Central-Anzeiger*. »Wir legen grossen Wert auf eingehende Behandlung dieser wichtigen Angelegenheit und ersuchen bei eventuellen Reclamationen um Bekanntgebe der näheren Daten als: von welcher Fabrik die Waare effectuirt wurde, ferner unter welcher Commissions-Nummer etc. etc., damit wir in den Stand gesetzt werden, die einzelnen Fälle entsprechend untersuchen und verfolgen zu können.«[39] Die tendenziell steigende Zahl der Polierer bis 1914[40] geht einher mit der ebenso konstant steigenden Anzahl von Möbeln, die in den Fabriken verkaufsfertig gemacht wurden. So betrug 1900 die »Gesamtstückzahl« der in diesem Jahr erzeugten Möbel 1.150.467[41] und stieg 1912 auf 1.985.518[42]. Die Zeit, die man für Polierarbeiten brauchte, konnte möglicherweise durch neue Rezepturen oder Verfahren ein wenig verkürzt werden, doch ist diese Arbeit nicht mechanisierbar, sondern kann nur händisch ausgeführt werden. (Abb. 28)

7.5. Die Löhne

Zur Höhe der Löhne, die das Unternehmen zahlte, liegen so gut wie keine Informationen vor.[43] Auch Vergleichslöhne, mit deren Hilfe man Vermutungen hierüber anstellen könnte, fehlen, da es keine vergleichbaren Branchen in den ländlichen Gebieten gab. In einem Schreiben der Fabrik Bystritz für Koritschan, in dem die »Akkordlöhne für Sesselsitze und Wechselgeflechte«[44] aufgeführt sind, fanden sich konkrete Zahlen lediglich für diese Tätigkeit. So wurden für Sesselsitze Nrn. 14, 14 ½ und 56 jeweils 40, 36 und 56 Heller gezahlt[45], für die gleichen Modelle – allerdings für das sogenannte Wechselgeflecht – 36, 32 und 42 Heller.[46] Die in den Filialbetrieben eingeflochtenen Rahmen wurden nochmals niedriger entlohnt. Das Unternehmen begründete dies mit den sogenannten Regiekosten: »In den Filialen sind die Löhne den Regiekosten entsprechend niedriger.«[47] Für die Flechtarbeiten, die in Heimarbeit ausgeführt wurden, liegen keine Zahlen vor, doch dürfte die Entlohnung, wie in ähnlichen Fällen, nochmals geringer gewesen sein.[48]

Es ist anzunehmen, dass innerhalb der Arbeiterschaft der Thonetschen Fabriken eine ähnliche Einkommenshierarchie wie in anderen Industriezweigen auch bestand. So verdienten beispielsweise Männer in der niederösterreichischen Baumwollindustrie 1843 pro Woche zwischen 3 und 8 Gulden, Frauen zwischen 1 und 4 und Kinder 1 bis 2 Gulden.[49] »Ein Gehilfe in einer Wiener Bandfabrik verdiente 1870 wöchentlich rund 7,50 Gulden, eine Arbeiterin 4 Gulden, in Niederösterreich waren es 4 bzw. 2,25 Gulden.«[50] Ein Tischler in Wien erhielt 1885 einschließlich der Naturalbezüge zwischen 260 und 624 Gulden jährlich, womit er seinen Lebensunterhalt bestreiten konnte. Handelte es sich allerdings um eine fünfköpfige Familie, benötigte sie mindestens 870 Gulden für Wohnung, Nahrung, Kleidung, Heizung und anderes.[51] Es war somit notwendig, dass weitere Familienmitglieder einer Beschäftigung nachgingen.[52]

Gleiches kann man auch für die Beschäftigten in der Bugholzmöbelindustrie annehmen. Für ein Leben am oder knapp über dem Existenzminimum war es notwendig, dass Frauen und Kinder zum Haushaltseinkommen beitragen mussten, damit die Familie überleben konnte. Zahlen für die agrarisch geprägten Fabrikationsstandorte des Unternehmens in Mähren und Ungarn liegen im Gegensatz zu Industriebetrieben in Wien[53] nicht vor. Doch während in den Städten ärmere Haushalte einen proportional höheren Anteil des Einkommens für Nahrungsmittel ausgeben mussten als Haushalte mit einem höheren Einkommen (Engelsches Gesetz)[54], war das Lohnniveau in dem ländlichen Mähren zwar grundsätzlich niedriger als in Wien, doch gleichzeitig der Grad der Selbstversorgung höher, so dass die Ausgaben für Nahrungsmittel nicht einen vergleichbar hohen Anteil ausmachten wie in den Städten. »Bei der Ernährung der ländlichen Unterschichten ist der Grad der Selbstversorgung und des nichtmarktmäßigen Handelns innerhalb dörflicher Gemeinschaften zu berücksichtigen, wenngleich schwer abzuschätzen. Unzweifelhaft war er aber nicht unbedeutend.«[55]

Auch die Arbeitsvorschriften in den Thonetschen Fabriken und Fabriksfilialen unterschieden sich nicht grundsätzlich von denen anderer Industriebetriebe. Nach der *Arbeitsordnung der Gebrüder Thonet'schen Möbelfabrik in Bystritz am Hostein und deren Filialen* – die sicher so auch für alle anderen Standorte galt – waren die Arbeitszeiten folgendermaßen geregelt: »Arbeitstage sind sämtliche Wochentage u. zw.: Montag, Dienstag, Mittwoch, Donnerstag, Freitag und Samstag und beginnt die Arbeit an jedem Montag um 7 Uhr morgens. Die tägliche Arbeitszeit währt von 7 Uhr morgens bis 7 ¼ Uhr abends (bloß am Montag bis 6 Uhr abends) mit einer einstündigen Mittagspause von 12 – 1 Uhr und einer ¼ stündigen Jausenpause von 4 bis ¼ 5 Uhr nachmittags. Am Montag entfällt die Jausenpause. Im Falle der Notwendigkeit kann die Arbeitszeit in einzelnen Abteilungen oder im Gesamtbetriebe verkürzt werden, was jeweilig von der Betriebsleitung bestimmt wird.«[56] Am Samstag wurde der wöchentliche Lohn ausgezahlt, der Sonntag war ein freier Tag.

7.6. »Institutionen zum Wohle der Arbeiter«

Zu diesem Thema liegt eine ausführliche Dokumentation vor, welche das Unternehmen Gebrüder Thonet 1889 als Beitrag zur Ausstellung für Unfall-Verhütung 1889 in Berlin im Selbstverlag herausgegeben hatte. Dieser Bericht, so die Firma, betrifft »bloss die hauptsächlisten [sic] Einrichtungen in einer unserer kleineren Fabriken und zwar in Gross-Ugróczs«, betont jedoch: »Die daselbst getroffenen Einrichtungen finden sich aber in unseren anderen Fabriken wieder oder sind in Aussicht genommen.«[57] Die insgesamt sieben Einrichtungen werden im Folgenden kurz zusammenfassend beschrieben und dienen in einigen Fällen im Vergleich zu den Sozialleistungen anderer und vergleichbarer Unternehmen als Grundlage für eine Beurteilung.[58]

7.6.1. Krankenversicherung

Schon früh, bereits bei der Gründung seiner Fabriken, richtete das Unternehmen Gebrüder Thonet eine eigene Krankenversorgung, die sogenannten Krankenvereine, ein.[59] Dies geschah jedoch nicht freiwillig, sondern war durch die Gewerbeordnung von 1859 geregelt, nach der bei größeren Betrieben »der Unternehmer verpflichtet [ist] unter Beitragsleistung der Arbeiter entweder eine selbstständige Unterstützungskasse dieser Art bei seinem Etablissement zu errichten oder einer schon bestehenden beizutreten«.[60] Jede der Fabrikskrankenkassen des Unternehmens war selbstständig, doch hatten sie ein einheitliches Statut, die Mitgliedschaft war verpflichtend. Von den 1889 knapp 6.000 Beschäftigten waren 4.500 in einer der betriebseigenen Krankenkassen, lediglich die etwa 800 in Hausarbeit tätigen Personen und die Arbeiter der Fabrik Nowo Radomsk gehörten keinem Krankenverein an.[61] Letztere erhielten allerdings ärztliche Behandlung und Medikamente kostenlos. Zu den Leistungen der Kasse zählten unter anderem die Übernahme der Kosten für die ärztlichen Leistungen und Pflege, finanzielle Unterstützung im Krankheitsfall und auch die Beerdigungskosten, falls der Patient verstarb.[62]

Eine detaillierte Übersicht der Einzahlungen der Arbeiter und des Unternehmens in den Krankenverein in Groß Ugrócz zeigt, dass die Firma von den Einzahlungen von insgesamt fl. 27.365 für die Jahre 1866 bis 1888 weniger als 10 % beigesteuert hatte. 24.583 fl. an Beiträgen brachten die Arbeiter selbst auf. Ab 1888 änderte sich die Gesetzeslage. Das Reichsgesetz vom 30. März 1888 regelte die Krankenversicherung neu, sie wurde verpflichtend.[63] Unternehmen, welche mehr als 100 Arbeiter beschäftigten, wurde die Errichtung eigener Betriebskrankenkassen gestattet; mit weniger als 100 Beschäftigten durften sie dies nur in dem Fall tun, »wenn die dauernde Leistungsfähigkeit der Kasse in einer von der politischen Landesbehörde für ausreichend erkannten Weise sichergestellt ist«.[64] Das Unternehmen Gebrüder Thonet entschied sich dafür, eine eigene Krankenversicherung anzubieten und stellte auch eigene Ärzte ein. Aus einer Anfrage an die Fabrik Bistritz beispielsweise ist ersichtlich, dass dort zwei Mediziner angestellt waren, die 1.000. bzw. 1.200 Kronen pro Jahr erhielten.[65] In einem Schreiben an den Vorstand der Betriebskrankenkasse beklagt sich einer der beiden über die im Verhältnis zur Arbeitszeit, zur Zahl der Patienten und der zahlreichen Aufgaben schlechte Bezahlung. So sei er 1906 mit einem Gehalt von 1.000 Kronen eingestellt worden und erhalte jetzt 1.200. »Dagegen ist die Anzahl der Kassamitglieder um nahezu 100 % gestiegen, sodass das Honorar pro Kopf u. Jahr nun weniger als Kr. 1.80 beträgt.«[66]

Die Höhe der Beiträge für den Arbeiter war gesetzlich geregelt und durfte 3 % seines Lohns nicht überschreiten.[67] Für die Thonetschen Betriebe galt die Regelung, dass die Arbeiter von jedem Gulden ihres Lohns zwei Kreuzer zahlten und die Firma die Hälfte dieses Betrags beisteuerte. Betriebsbeamte, die mehr als 1.200 Gulden verdienten, mussten die vollen Beiträge alleine zahlen, wobei diese allerdings ebenso 3 % ihres Lohns nicht übersteigen durften.[68] Als Unterstützung im Krankheitsfall erhielten die Versicherten mindestens 60 % des üblichen Taglohns. Wöchnerinnen wurden für vier Wochen unterstützt, im Todesfall eines Versicherten waren den Hinterbliebenen »die Beerdigungskosten wenigstens im zwanzigfachen Betrage des in Z. 2 [hier waren 60 % festgelegt] bezeichneten Taglohns zu gewähren«.[69] Dieser übliche Taglohn wurde allerdings nicht in jedem Einzelfall ermittelt, sondern von einer politischen Kommission in Abstimmung mit Vertrauensmännern des Unternehmens bestimmt. Wenn sich durch verschiedene Beschäftigungsgruppen erhebliche Unterschiede des Taglohns ergaben, legte man unterschiedliche Kategorien fest. Der übliche Taglohn in Bistritz beispielsweise betrug für jugendliche Hilfsarbeiter 30, für Arbeiter 50 bis 60 und für Vorarbeiter 100 bis 110 Kreuzer. Bei den Arbeiterinnen waren es für jugendliche Hilfsarbeiterinnen 25 bis 30 und für Arbeiterinnen 40 bis 60 Kreuzer. Weibliche Vorarbeiter gab es hier, wie auch in den anderen Fabriken, keine.[70] Vergleicht man diese Leistungen im Falle von Krankheit oder einer vorübergehenden Arbeitsunfähigkeit mit dem, wie es in anderen Unternehmen gehandhabt wurde, bewegten sie sich bei den Gebrüdern Thonet innerhalb des üblichen Rahmens. Doch gab es auch Firmen in Österreich-Ungarn, die über die gesetzlichen Minimalleistungen hinausgingen. So zahlte beispielsweise das Bürgerliche Brauhaus in Pilsen seinen Arbeitern während der Zeit der Arbeitsunfähigkeit weiterhin den vollen Arbeitslohn und in anderen Unternehmen waren nicht nur der Arbeiter, sondern auch dessen Familienangehörigen mitversichert.[71]

Während die Krankenversicherung wie auch die Unfallversicherung für Arbeiter – zu dieser Zeit nicht nur in Österreich, sondern auch in anderen Staaten[72] – verbindlich als Pflichtversicherungen eingeführt wurden, gehen die folgenden Einrichtungen auf die Initiative des Unternehmens zurück. Hierbei ist zu fragen, welche Ziele die Firma beispielsweise mit der Schaffung eines Spar- oder Konsumvereins verfolgte, weshalb man Arbeiterwohnhäuser baute oder sich um die Verwahrung oder schulische Ausbildung der Arbeiterkinder kümmerte.

7.6.2. Sparverein

Die Gründe, welche das Unternehmen für die Einrichtung von Sparvereinen nennt, zeigt dessen grundsätzlich paternalistische Einstellung gegenüber seinen Arbeitern, welches auch für alle weiteren sogenannten Wohltaten der Firma zutrifft. So sollte der Sparverein vor allem als erzieherisches Mittel[73] dienen und hatte die Aufgabe, »dass der immer mehr Raum gewinnende Sinn für Sparsamkeit und Häuslichkeit die Arbeiter vor dem Laster der Trunksucht bewahrt«.[74] Jedes Mitglied war verpflichtet, wöchentlich mindestens fl. 0,05 einzuzahlen. Einzahlungen erfolgten an einem festgelegten Tag, Auszahlungen mussten bei dem hierfür zuständigen Fabrikbeamten eine Woche vorher angemeldet werden. Die Verzinsung der Einlagen betrug zwischen 5 und 6 % und wurde den Mitgliedern am Ende des Jahres gutgeschrieben. Daneben war es auch möglich, Darlehen zu erhalten, wobei sich die Höhe der Zinsen danach richtete, was die Sparkasse des nahegelegenen Ozlány berechnete. In den anderen

Thonetschen Fabriken, in denen keine Sparvereine bestanden, wurde den Arbeitern, »die durch irgendwelche Ursachen in Nothlage versetzt werden, von dem Unternehmen ein unverzinslicher Vorschuss je nach Bedarf gewährt, der in wöchentlichen Raten von 0.50 bis fl. 1. getilgt wird«.[75]

Die Gründung von Arbeitersparvereinen lag nicht grundsätzlich in der Hand der Unternehmen, sondern wurde häufig auch von den Arbeitern selbst organisiert. Auch hier wurde ein Betrag festgelegt, der wöchentlich oder monatlich zu zahlen war, die Verwaltung der Gelder übernahm allerdings einer der Vertrauensleute der Arbeiter. Ebenso wie bei den Gebrüdern Thonet konnten auch hier in Notlagen Darlehen gewährt werden. Warum die Gebrüder Thonet in Groß Ugrócz die Gründung selbst in die Hand nahmen, geht einmal aus obigem Zitat hervor, zudem hatte man so stets eine Übersicht über die finanzielle Situation der Arbeiter, da die Verwaltung aller Geldgeschäfte in den Händen eines der Fabrikbeamten lag.[76]

Bei den von den Arbeitern selbst gegründeten Sparvereinen fanden häufig auch gesellige Treffen oder andere gemeinsame Unternehmungen statt. Auch dies könnte einer der Gründe gewesen sein, warum das Unternehmen die Organisation des Sparvereins in Ugrócz selbst übernahm. Man wollte solche Zusammenkünfte, bei denen es unter Umständen zu einer Solidarisierung der Arbeiter hätte kommen können, so weit wie möglich vermeiden.

7.6.3. Consum-Verein

Einen sogenannten »Consum-Verein« gab es nur in Groß Ugrócz, initiiert wurde er, ebenso wie der Sparverein, von dem Unternehmen. Mitglied konnte allerdings nur werden, wer auch dem Sparverein angehörte und ein Guthaben von wenigstens fl. 3 aufweisen konnte. Ziel war es, »die Arbeiterschaft mit möglichst guter Waare und insbesondere mit gesunden Nahrungsmitteln zu billigsten Preisen zu versorgen«.[77] Als Grund für die Gründung in Ugrócz gab das Unternehmen an, dass hier »nicht allzugewissenhafte Händler [...] die verarmte und ziemlich tiefstehende dortige Arbeiterschaft«[78] übervorteilt hätten. An den anderen Standorten, in der Nähe größerer Ortschaften hingegen war ein Konsumverein nach Meinung der Firma nicht nötig, hier »schützt die Konkurrenz unter den Kaufleuten den Arbeiter vor Uebervorteilung«.[79]

Konsumvereine, auch Konsumgenossenschaften oder -assoziationen entstanden in der Folge der Industrialisierung im 19. Jahrhundert. Familien, die sich bisher überwiegend selbst versorgt hatten, kamen aus ländlichen Regionen, häufig aus wirtschaftlicher Not, in ein neues Lebensumfeld. Wenn diese Umstellung für die Arbeiter, die vom Land in die städtischen Zentren übersiedelten sicher einschneidender war als für diejenigen, die aus ihrem Dorf in die mährischen oder ungarischen Fabriken kamen, so war die Möglichkeit der Selbstversorgung auch hier eingeschränkt.[80] Die Lebensmittel erwarben die Arbeiter bei Krämern, die ihre Notlage ausnutzten, so dass sie mangels Zahlungsmitteln Kredite bei diesen aufnehmen, »anschreiben lassen« mussten und so von ihnen abhängig wurden. Häufig wurde diesen Krämern auch Betrug durch ungenaues Wiegen oder der Verkauf minderwertiger oder verdorbener Ware vorgeworfen, so, wie es auch hier von der Firma Thonet als Grund für die Gründung des Konsumvereins in Ugrócz angegeben wird.[81] Diese sicherten ihren Mitgliedern ein gleichbleibendes Angebot an Lebensmitteln und Waren des täglichen Bedarfs in einwandfreier Qualität zu günstigen Preisen, die durch Großeinkauf ohne Zwischenhandel möglich wurden. Zu den Prinzipien der Konsumvereine gehörten darüber hinaus eine offene Mitgliedschaft, politische und religiöse Neutralität, demokratische Selbstverwaltung und der Verzicht auf Profitorientierung. In der Regel wurde »der Geschäftsgewinn [...] am Schlusse des Jahres unter die Mitglieder nach dem Verhältnis ihres Konsums sammt den Zinsen für das von ihnen eingelegte Kapital vertheilt«.[82] Ob der Geschäftsgewinn bei den Gebrüdern Thonet ebenso an die Mitglieder ausgezahlt wurde, ließ sich nicht ermitteln.

Befand sich ein Konsumverein in der Hand des Unternehmens, konnte es allerdings auch vorkommen, dass dem Arbeiter ein Teil seines Lohns in Waren »ausbezahlt« wurde, das sogenannte Trucksystem. Bei dem Unternehmen Gebrüder Thonet wurde dies in der Form praktiziert, dass es die Arbeiter auch mit »Geld« entlohnte, welches nur in den firmeneigenen Läden als Zahlungsmittel eingesetzt werden konnte. Victor Adler, Arzt und Gründer der Sozialdemokratischen Arbeiterpartei Österreichs, veröffentlichte in der sozialdemokratischen Wochenzeitung ***Gleichheit*** einen Artikel über die Ziegelfabrik Wienerberger, die ihre Arbeiter ebenso mit Blechmünzen bezahlte, obwohl diese Art der Entlohnung gesetzlich verboten war.[83] Dieses Blechgeld galt nur auf dem Werksgelände, wo die Preise jedoch höher waren als in den örtlichen Läden. Es ließen sich keine weiteren Informationen darüber finden, wie dieses System der »Wertmarken« bei der Firma Gebrüder Thonet im einzelnen gehandhabt wurde.[84]

7.6.4. Arbeiter-Unterstützungsfonds

Arbeitsunfähig gewordene Arbeiter des Unternehmens oder deren Witwen und Waisen konnten bis 1887 mit freiwilligen, wöchentlichen Zahlungen aus einem hierzu geschaffenen Fonds unterstützt werden. Im gleichen Jahr richteten die Gebrüder Thonet schließlich einen offiziellen Unterstützungsfonds ein, wie es bei anderen Unternehmen auch schon der Fall war.[85] Grundsätzlich wurde eine finanzielle Hilfe nur dann gewährt, wenn der Arbeiter wenigstens 10 Jahre in der Fabrik gearbeitet hatte. Lagen »triftige Gründe« vor, konnte man auch bei einer Beschäftigung von weniger als 10 Jahren eine Unterstützung erhalten. Die Entscheidung hierüber, wie auch über deren Höhe – im Durchschnitt 1/3 bis zur Hälfte des Durchschnittslohns –, lag allein bei dem Fabriksbesitzer. Hilfe wurde den bei den Gebrüdern Thonet Beschäftigten »nur dann gewährt, wenn der arbeitsunfähige Arbeiter bzw. dessen Witwe und Waisen nicht anderweitig genügend Unterhalt finden«.[86] Die in den Jahren 1887 und 1888 von dem Unternehmen eingezahlte Summe für alle Fabriken beispielsweise betrug fl. 15.550. Zahlungen in Höhe von fl. 6.819. erhielten 31 arbeitsunfähig gewordene Arbeiter, 46 Witwen und 25 Waisen.[87]

Jede der Thonetschen Fabriken hatte ihren eigenen Fonds, die jährlichen Einzahlungen betrugen 1 % der Gesamtarbeitslöhne der jeweiligen Fabrik.[88] Dies entspricht dem üblichen »Prinzip der Kollektivversicherung, d. h. der Versicherungsbeitrag wird nicht pro Person, sondern in Prozenten der für die Versicherung anrechenbaren Lohnsumme berechnet«.[89]

Aus Anlass des 50jährigen Firmenjubiläums, 1903, stockten Jakob und August Thonet diesen Fonds mit einem Betrag von 100.000 Kronen auf. Das Kapital wurde jeweils hälftig von deren privaten Konten auf das Konto des Arbeiter-Unterstützungsfonds übertragen und sollte mit jährlich 5 % verzinst werden. In dem Stiftungsvertrag war geregelt, dass das Verfügungsrecht sowohl über die Erträge des Kapitals als auch das Kapital selbst ausschließlich den jeweiligen Inhabern der Firma Gebrüder Thonet zustand, solange die Firmengründer oder deren Nachkommen die Inhaber sind. In dem Fall aber, dass das Unternehmen an andere Personen übergehen oder in eine Aktiengesellschaft umgewandelt werden sollte, stand den letzten Inhabern der Firma das Recht der alleinigen Verfügung über das Kapital und die Zinsen zu.[90]

Bereits einige Jahre zuvor hatte Franz Thonet in seinem Testament verfügt, dass aus seinem Privatvermögen ein Betrag von 40.000 Kronen als Anlagekapital verwendet werde sollte, »aus dessen Erträgnissen Witwen und Waisen von Arbeitern der Firma Gebrüder Thonet unterstützt werden sollen«.[91] (Abb. 29)

Die Verwahrung und Verwaltung dieses Kapitals, ebenso wie die Verteilung der Erträge lag ausschließlich bei den jeweiligen Inhabern der Firma. Regelungen derart, wie sie in dem betriebseigenen Fonds für den Fall vorgesehen waren, dass Mitglieder der Familie Thonet nicht mehr Inhaber sind oder das Unternehmen in eine Aktiengesellschaft umgewandelt wurde, fanden sich keine.

In den Bestimmungen über die Zuteilung der Unterstützung aus dem Fonds Franz Thonet wurden folgende Gruppen aufgeführt:

»a. Arbeiterwitwen, die Hausarbeiterinnen sind
b. Arbeiterwitwen, die selbst gar nicht in unseren Fabriken gearbeitet haben
c. Waisen von Arbeitern.

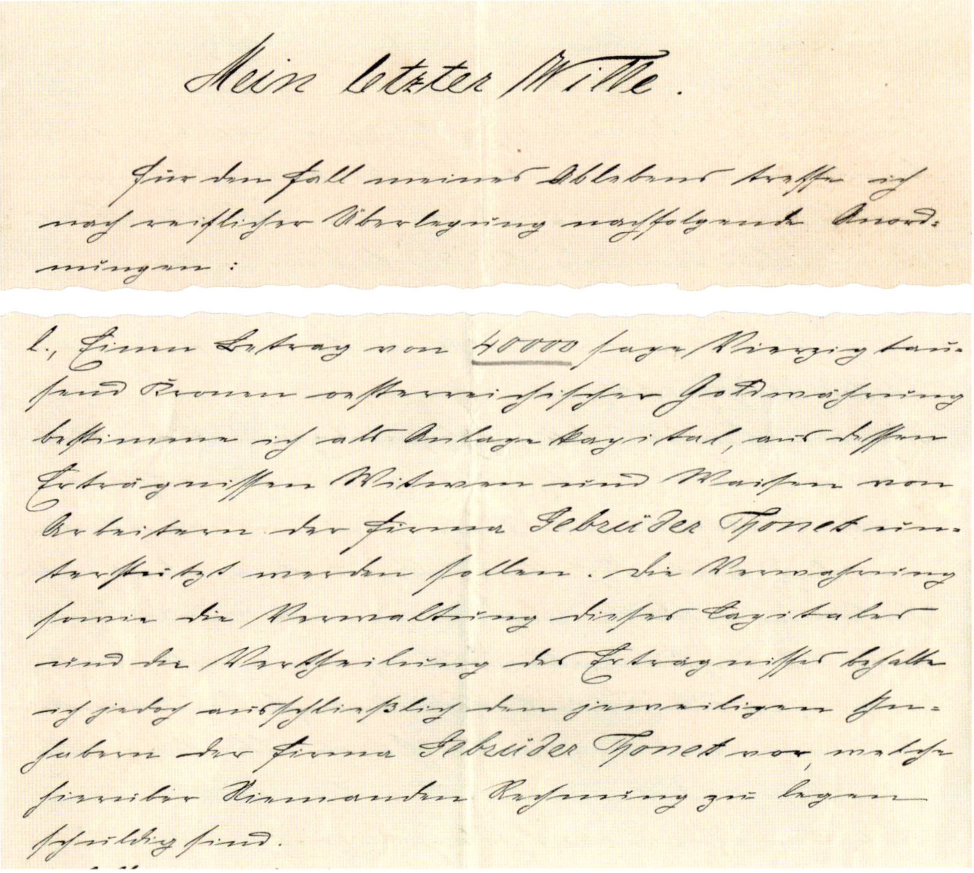

Mein letzter Wille.

Für den Fall meines Ablebens treffe ich nach reiflicher Überlegung nachfolgende Anordnungen:

1. Einen Betrag von 40000 sage Vierzigtausend Kronen österreichischer Goldwährung bestimme ich als Anlagekapital, aus dessen Erträgnissen Witwen und Waisen von Arbeitern der Firma Gebrüder Thonet unterstützt werden sollen. Die Verwahrung sowie die Verwaltung dieses Kapitales und die Vertheilung der Erträgnisse behalte ich jedoch ausschließlich den jeweiligen Inhabern der Firma Gebrüder Thonet vor, welche hierüber Niemandem Rechnung zu legen schuldig sind.

Abb. 29: Handschriftliches Testament Franz Thonet, 15. April 1893, Ausschnitt, Bestimmungen über die Einrichtung eines Unterstützungsfonds für die Witwen und Waisen von Arbeitern der Firma Gebrüder Thonet

Es kann auch – insolange die Zinsen des Fonds reichen, – ausnahmsweise Waisen von Hausarbeitern eine kleine Unterstützung gewährt werden. Letzteres nur in den äußersten Nothfällen.«[92]

1900 waren insgesamt 1.600 Kronen an Erträgen aus diesem Fonds zu verteilen, wobei laut der Bestimmungen über die Verwendung der Gelder – ebenso wie bei dem firmeneigenen Arbeiter-Unterstützungsfonds – nur die inländischen Betriebsstätten entsprechend der Anzahl der Arbeiter[93] zu berücksichtigen waren, so dass Koritschan 30 %, Bistritz 40 %, Wsetin 15 % Hallenkau 5 % und Ugrócz 10 % der Erträge erhielten.[94]

1901 gliederte das Unternehmen die Leistungen dieses Privatfonds in seinen Betriebsfonds ein. Jährlich wurden auf das Konto des Unterstützungsfonds Franz Thonet nun ½ Prozent der jährlich in den Fabriken ausgezahlten Arbeitslöhne einbezahlt. Dies ging einher mit der Regelung, dass alle Witwen und Waisen, die bisher von dem Arbeiter-Unterstützungsfonds Gelder erhielten, aus diesem ausschieden und dem von Franz Thonet eingerichteten Witwen- und Waisenfonds zugeteilt wurden.[95]

Für die Fabriken der Gebrüder Thonet war eine gesetzliche Unfallversicherung nicht vorgeschrieben, da, wie oben kurz ausgeführt, sie nicht zu den sogenannten gefährlichen Betriebsstätten gehörten, auf welche dieses Gesetz abhob. In ihren Leistungen entsprachen die beiden Fonds indes dem, was durch die gesetzliche Unfallversicherung abgedeckt werden sollte. Bereits seit 1882 wurde in Österreich über ein solches Gesetz diskutiert, da sich die bestehenden Regelungen nach dem Allgemeinen Bürgerlichen Gesetzbuch als äußerst unbefriedigend herausgestellt hatten. Im Falle eines betrieblichen Unfalls musste der betroffene Arbeiter beispielsweise nachweisen, dass ein Verschulden des Fabrikanten zu dem Unfall geführt hatte, was für den Geschädigten äußerst schwierig war. Häufig wurden die Geschädigten mit Versprechungen zu Aussagen gezwungen, in denen sie eigenes Verschulden eingestanden, was tatsächlich aber nicht der Fall war. Wegen dieser und ähnlicher Fälle hatten die Behörden bereits 1883 Gewerbeinspektoren bestimmt, welche diese Missstände vielfach nochmals bestätigten.[96] Die Verhandlungen über dieses Gesetz zogen sich jahrelang hin, am 1. November 1889 trat es in Kraft.

Bei dessen Gestaltung hatten sich allerdings weitestgehend die Fabrikanten durchgesetzt, die damit nun aus ihrer Haftpflicht entlassen waren, da die Versicherung alle betrieblichen Unfälle unabhängig von der Schuldfrage abdeckte.

Die Gründe, warum das Unternehmen Gebrüder Thonet Fonds zur Unterstützung seiner Arbeiter, deren Witwen oder Waisen ins Leben riefen, sind vielfältiger Art. Einmal war es vermutlich die aus dem bereits erwähntem paternalistischen Verständnis herrührende soziale Gesinnung, doch spielten auch noch andere Überlegungen und Ziele eine Rolle. So lag es in vielen Fällen im Interesse der Fabrikanten, die Arbeiter möglichst lange an das Unternehmen zu binden, vor allem, wenn es sich um qualifizierte Mitarbeiter handelte, denn unterstützungsberechtigt war nur derjenige, der eine bestimmte Zeit in der Firma gearbeitet hatte.[97] Mit dieser Regelung hatte das Unternehmen nun aber auch ein Druckmittel in der Hand. Handelte ein Arbeiter dessen Interessen zuwider, konnte man ihm mit Kündigung drohen, wodurch er alle Ansprüche verloren hätte. Da es sich um eine freiwillige Leistung handelte und der Fonds ausschließlich aus Geldern des Unternehmens finanziert wurde, bestand keinerlei Rechtsanspruch auf Zahlungen. Es war in das Belieben des Unternehmers gestellt, ob und wieviel er zahlte.[98] Einige Gesuche zeigen die Praxis der Vergabe von Unterstützungsgeldern in den Thonetschen Unternehmen. Der Antragsteller hatte bei dem jeweiligen Fabrikdirektor sein Gesuch zu stellen. Dieser nahm Stellung und schickte es an eine zentrale Stelle, meist Bistritz oder Wsetin, wo alle Bittschriften gesammelt wurden und der dortige familiäre Direktor dann endgültig über die Gewährung einer Unterstützung und deren Höhe entschied.[99] (Abb. 30)

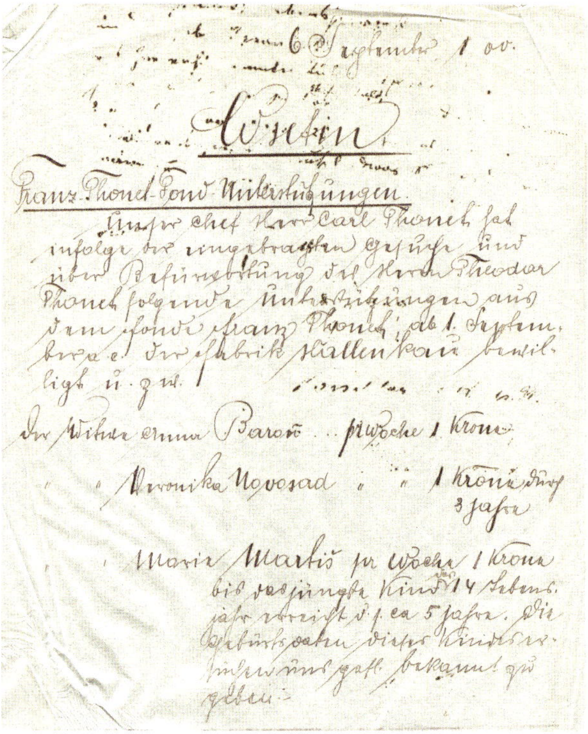
6. September 1900

Wsetin

Franz Thonet-Fond Unterstützungen

Unser Chef Herr Carl Thonet hat infolge der eingebrachten Gesuche und über Befürwortung des Herrn Theodor Thonet folgende Unterstützungen aus dem Fonde Franz Thonet ab 1. September [illegible] der Fabrik Hallenkau bewilligt u. zw.

der Witwe Anna Baron ... pr Woche 1 Krone

" Veronika Novosad " " 1 Krone durch 3 Jahre

" Maria Martis pr Woche 1 Krone bis das jüngste Kind 14 Lebensjahr erreicht d. i. ca 5 Jahre. Die Geburtsdaten dieser Kinder [illegible] gefl. bekannt zu geben.

Abb. 30: Bewilligung einer Unterstützung für die Witwen Anna Baron, Veronika Novosad und Maria Martis, Wsetin, 6. September 1900

Auch in anderen Fällen, in denen der Antragsteller nicht direkt mit der Fabrik verbunden war, konnte er um finanzielle Hilfe aus einem der Thonetschen Fonds bitten. So wandte sich beispielsweise ein Kaminkehrer aus Hallenkau, der in wirtschaftliche Schwierigkeiten geraten war – dessen Tochter allerdings bei dem Unternehmen arbeitete – direkt an »S. Hochgeboren Herrn August von [sic] Thonet« und bat um eine »huldreiche Unterstützung«.[100] Die Lehrer der Schule in Wschechovitz, ein Dorf, in dem die Firma eine Fabriksfiliale unterhielt, erbaten einen Geldbetrag bei der Einrichtung einer neuen Klasse, da »in der Gemeinde Wschechovitz viele arme Familien in Euerer Hochwohlgeborenen Filiale arbeiten, von denen keine Geldbeilagen zur Deckung der mit der Erweiterung verbundenen Auslagen verlangt werden können und die Gemeinde für die meisten Kinder, der in der Filiale arbeitenden Ältern [sic] das Schulgeld zahlen müssen [...]«.[101] In allen diesen und noch anderen Gesuchen ist neben dem Inhalt auch der sprachliche Gestus aufschlussreich. Der Kaminkehrer wagt am Ende seines Briefes »in tiefster Ehrfurcht nochmals die allerunthänigste

Bitte zu stellen: Euer Hochgeboren geruhen mir in tiefster Ehrfurcht Gefertigtem in Berücksichtigung und Würdigung meiner besagten Umstände eine huldreiche Unterstützung gnädigst angedeihen lassen zu wollen«.[102] Die Lehrer bitten ebenso »ehrfurchtsvoll […] und sehen der gnädigen Gewährung ihrer unterthänigen Bitte mit Zuversicht entgegen«.[103]

Diese sprachlichen Demutsgebärden weisen darauf hin, wie abhängig die Arbeiter, aber auch die Gemeinden, in denen das Unternehmen Betriebsstätten hatte, von dem Wohlwollen ihres Arbeitgebers waren. Freiwillige soziale Leistungen dieser Art konnten die Lage der Arbeiter nicht verbessern, erst mit der Einführung einer gesetzlichen Regelung hatten sie die Sicherheit, in unverschuldeter Not am Ende nicht vollkommen mittellos dazustehen und auf die Armenfürsorge angewiesen zu sein. Hierbei ist allerdings zu bedenken, dass sich die Lage der Arbeiter und Arbeiterinnen in den Thonetschen Fabriken aufgrund ihres Standorts erheblich von der in den industriellen Zentren in Österreich oder Deutschland unterschied. Es gab keine Alternativen, auf die sie hätten ausweichen können. Die Ansiedlung anderer Industrien in den Gemeinden und ländlichen Gebieten scheiterte daran, dass es hier außer dem Holzbestand keine industriell verwertbaren Rohstoffe gab.

Während in den industriellen Ballungsräumen die soziale Frage immer stärker in den Mittelpunkt rückte und der Staat sich vor allem in den 1880er Jahren gezwungen sah, Gesetze zu verabschieden, durch die der Arbeiter zumindest »einen bescheidenen Schutz gegen die Folgen von Krankheit, Unfall, Alter und Invalidität«[104] hatte, gab es an den Thonetschen Fabrikationsstandorten keinerlei Initiativen für eine bessere soziale Absicherung, keine Solidarisierung und auch keine Streiks. In Deutschland hatten sich die Arbeiter schon früh organisiert; in Österreich wurden entsprechende Einrichtungen wie beispielsweise Arbeitervereine erst mit einer gewissen zeitlichen Verzögerung gegründet.[105] Doch kamen Forderungen dieser Art und auch nach politischer Teilhabe nicht von der Arbeiterschaft in den ruralen Gebieten des Habsburgerreichs, sondern gingen vor allem von den qualifizierten Schichten der städtischen Arbeiterschaft – hier vor allem in der Metropole Wien und in Niederösterreich – aus. Aufschlussreich ist in diesem Zusammenhang ein Zeitungsbericht über eine Sitzung des Gewerbeausschusses in Wien, in welchem sich unter anderen auch Jakob Thonet entschieden gegen die Einrichtung von Arbeiterausschüssen ausspricht und dies mit dem hervorragenden Arbeitsklima bei den Gebrüdern Thonet begründet. »Seine eigene Firma lebe mit den Arbeitern in Frieden und seine Arbeiter verlangen auch keine Ausschüsse. Seine Firma habe nach und nach für Kranken- und Unfallversicherung gesorgt, zahle für alle Kinder der Arbeiter das Schulgeld und bestehe ein Fonds, aus dem die älteren Arbeiter Zuschüsse zu ihrem Lohn erhalten, die Firma habe Fabriksfeuerwehren u.s.w. errichtet. Es herrscht das beste Einvernehmen; seine

Arbeiter haben nie einen Strike gemacht, und am 1. Mai 1890 habe in allen Etablissements der Firma nicht ein Mann bei der Arbeit gefehlt. Die Arbeiterausschüsse, besonders wenn sie nicht facultativ, sondern obligatorisch eingeführt würden, sieht der Experte als Beschwerdezüchtungs = Anstalt.«[106]

Die Ausführungen Jakob Thonets zeigen dessen paternalistisches Verständnis. Soziale Leistungen sollten auf freiwilliger Basis geleistet werden, der Arbeiter abhängig vom Wohlwollen des Fabrikherrn bleiben. Dieses von Kritikern als »Fabrikfeudalismus« bezeichnete Verhalten findet sich zu dieser Zeit nicht selten, vor allem bei Familiengesellschaften, wie es beispielsweise Johannes Bähr für Werner von Siemens beschreibt. »Soziale Leistungen für die Arbeiter sollten seinem liberalen Verständnis nach von den Unternehmern freiwillig erbracht werden, als Wohltat oder Prämie, nicht aufgrund gesetzlicher Vorgaben des Staates.«[107]

7.6.5. Arbeiter-Wohnhäuser

Der Arbeiterwohnungsbau gilt als klassisches Feld unternehmerischer Sozialpolitik und auch das Unternehmen Gebrüder Thonet betonte, dass die Wohnungsfrage »für das Gedeihen der Arbeiterfamilien von ergreifendster Bedeutung ist«.[108] Die Thonetschen Wohnanlagen, in der Regel mit einem kleinen Garten versehen, wurden in unmittelbarer Nähe zur Fabrik errichtet, reihten sich teilweise kolonieartig um das Fabrikgebäude.[109] (Abb. 36) In den Genuss, dort wohnen zu dürfen, gelangten allerdings »nur die verdientesten und würdigsten«[110] unter den Arbeitern. Die meisten Wohnungen bestanden aus einem Zimmer, Küche, Keller und Boden, dazu noch ein Schuppen für Holz und kleinere Nutztiere. Jeweils vier Wohnungen teilten sich eine Waschküche. Die Miete variierte je nach Größe und den Ortverhältnissen von fl. 0.50 bis fl.1.- pro Woche und wurde bei der Berechnung des Wochenlohns in Abzug gebracht. Das Unternehmen Gebrüder Thonet gibt an, bis 1889 für alle Fabriken 55 Arbeiterwohnhäuser mit insgesamt 225 Wohnungen errichtet zu haben[111] und bewegt sich damit etwa im Rahmen dessen, was auch andere, in der Größe vergleichbare, Firmen in Österreich bei dem Bau von Arbeiterwohnhäusern leisteten. Die Berndorfer Metallwarenfabrik in Niederösterreich beispielsweise mit der etwa gleichen Anzahl von Beschäftigten[112] besaß in diesem Jahr 60 Arbeiterwohnhäuser mit 350 Wohnungen, für die ebenso wie bei den Gebrüdern Thonet Miete zu zahlen war.[113] Andere Unternehmen hingegen stellten ihren Arbeitern Wohnungen unentgeltlich zur Verfügung wie etwa der Österreichische Verein für chemische und metallurgische Produktion, die Berg- und Hüttenwerke von Friedrich v. Neumann oder die Glasfabrik Reich & Co.[114] In einigen Fällen, in denen eine Wohnung unentgeltlich überlassen wurde, ist es allerdings nicht eindeutig, ob dies nicht doch eine

Art von Naturalentlohnung darstellte, d. h. der Lohn von vornherein geringer war. Konnten Firmen keine Wohnungen zur Verfügung stellen und mussten die Arbeiter Wohnungen anmieten, gewährten einige Mietzuschüsse wie etwa die Spinnerei August Bräunlich oder die Glasfabrik von Josef Inwald in Prag.[115]

In vielen Fällen gehörten zu den Wohnungen auch kleine Gärten und Ställe. Dem sozialromantischen Bild indes, wie es das Unternehmen Gebrüder Thonet in seinen *Institutionen zum Wohle der Arbeiter* zeichnet, dürfte die Realität der Arbeiter allerdings nicht entsprochen haben. »Ein heiteres Bild gewährt es, den Arbeiter zur Sommerzeit mit Weib und Kind in seinem Gärtchen die Feierstunden verbringen zu sehen. Mit Hingebung werden die Pflanzen gepflegt und dem Ertrag wird mit freudiger Hoffnung entgegengesehen.«[116] Der Garten und die Haltung von Kleinvieh boten vor allem die Möglichkeit, dass die Familien sich teilweise selbst versorgen konnten, bedeuteten auf der anderen Seite aber auch, dass der Bruch im Übergang von einer bisher meist bäuerlich geprägten Existenz zur Industriearbeit als nicht ganz so gravierend empfunden wurde.[117]

Die ersten Arbeiterwohnhäuser errichtete das Unternehmen in Groß Ugrócz, da hier die Wohnsituation der Arbeiter gegenüber den anderen Standorten nochmals schlechter war.[118] Als die Thonets 1865 die Herrschaft in Ungarn kauften, hatte Groß Ugrócz bei weitem nicht das Arbeitskräftereservoir, welches die Fabrik benötigte. 1851 lebten hier lediglich 653 Einwohner[119] und auch 1866 dürften es nicht wesentlich mehr gewesen sein. Vor allem als das Unternehmen in Ugrócz ab 1867 verkaufsfertige Möbel fertigte und nicht mehr nur Halbfertigwaren nach Koritschan oder Bistritz lieferte, vergrößerte sich der Arbeitskräftebedarf, der nur durch den Zuzug aus anderen Regionen gedeckt werden konnte. Indiz dafür sind Familiennamen, die in der zweiten Hälfte der 1867 Jahre in den Geburtsregistern zu finden und für Groß Ugrócz untypisch sind, darunter auch zahlreiche, welche sogar auf eine nicht ungarische Herkunft verweisen.[120] Arbeiter und Tagelöhner kamen von weit her, größtenteils aus den pauperisierten Schichten des Landes, und für sie bedeutete bereits eine regelmäßige Beschäftigung in einer Fabrik eine Verbesserung ihres sozialen Status' und ihres Einkommens. Ein Problem stellte allerdings die Unterbringung dar. Das Dorf hatte keine Möglichkeit, weder in der Kürze der Zeit noch grundsätzlich, so viele Wohngelegenheiten zu schaffen oder zur Verfügung zu stellen, wie sie durch die neuen Arbeitsplätze gebraucht wurden. Die zugezogenen Arbeiter kamen in den ersten Jahren bei den einheimischen Familien unter, sowohl direkt in Groß Ugrócz als auch in den umliegenden Dörfern. In dem Census aus dem Jahr 1869 sind 62 Häuser mit der jeweiligen Anzahl ihrer Bewohner und der Tätigkeit, der sie nachgingen, aufgelistet. Die Angabe: »Pracuje v továrni na nábytok« oder »butor gyárban dolgozik« (arbeitet in der Möbelfabrik), findet sich bei insgesamt 128

Abb. 31: Ehemalige Thonetsche Arbeiterwohnhäuser in Groß Ugrócz, vermutlich aus den 1870er Jahren, Aufnahme 21. August 2021

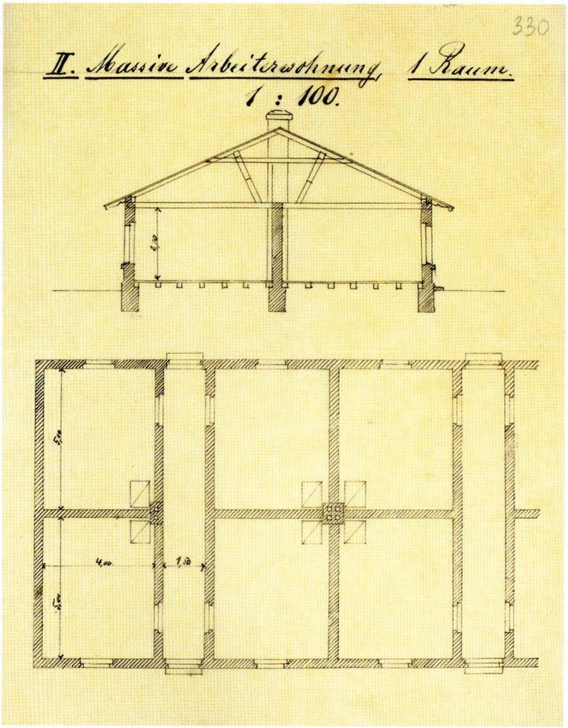

Abb. 32: Plan für eine »Massive Arbeiterwohnung, 1. Raum« für Nowo Radomsk, 1887

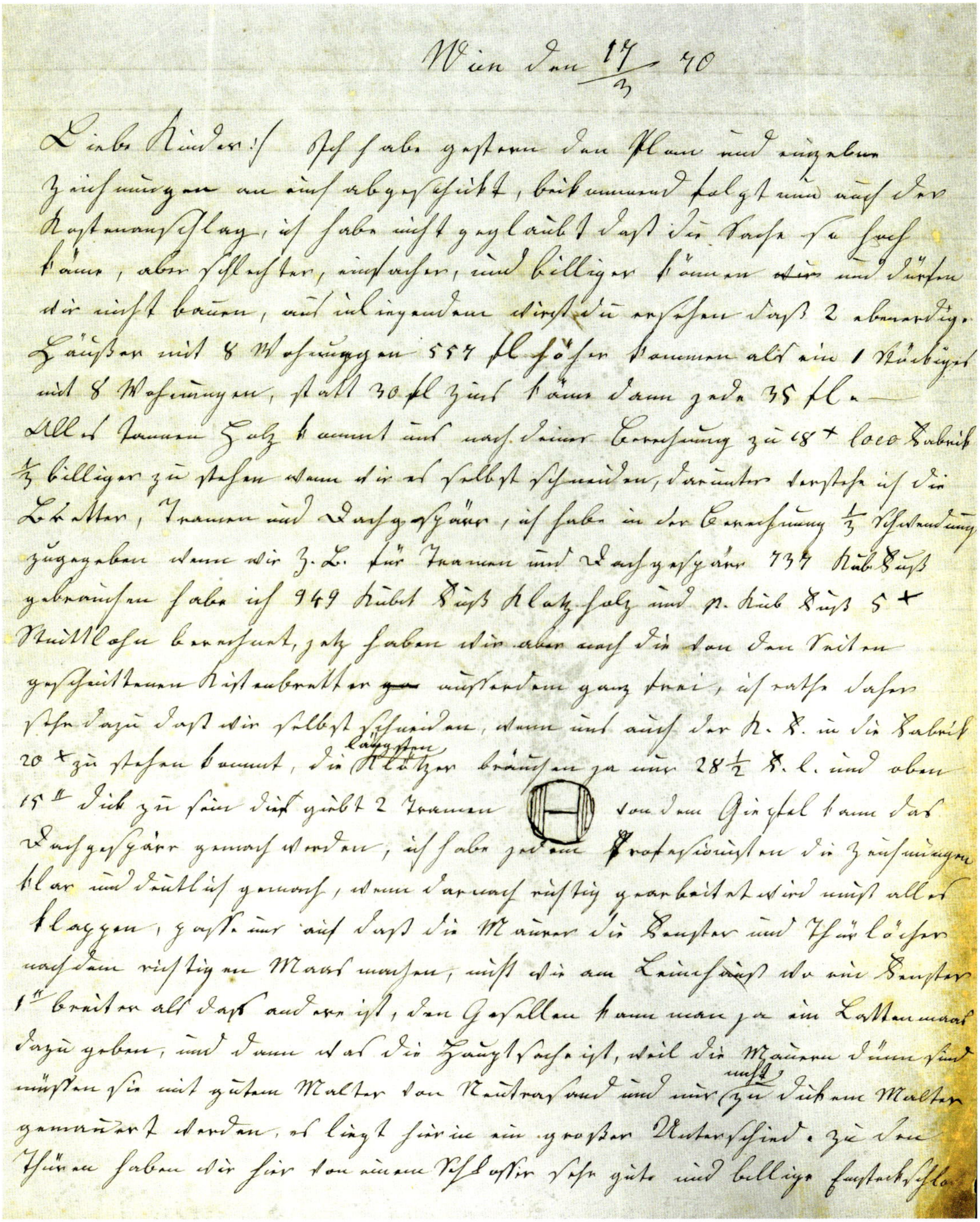

Abb. 33: Erste Seite eines Briefs von Michael Thonet an die Herrn Gebr. Thonet in Gr. Ugrocz, Post Oszlán, Ungarn, Wien, 17. März 1870

Personen, davon die Hälfte Frauen.[121] Doch die Unterbringung oder Schlafmöglichkeiten bei einheimischen Familien konnten kein Dauerzustand sein und veranlasste das Unternehmen, 1870 hier die ersten Arbeiterwohnhäuser zu bauen. Im Lauf der nächsten Jahre wurde die Bautätigkeit forciert, so dass 1889 dieser kleine Standort schließlich die höchste Anzahl aller Arbeiterwohnungen des Unternehmens hatte.[122] Von den insgesamt 255 Werkswohnungen befanden sich in diesem Jahr 94 alleine in Groß Ugrócz.[123] Einige dieser Arbeiterwohnhäuser in Ugrócz sind heute noch erhalten und werden bewohnt. (Abb. 31)

Nun darf man diese »Wohnungen« keinesfalls nach heutigen Maßstäben messen; es handelte sich meist lediglich um ein großes oder zwei kleinere Zimmer, welche sich eine Familie teilen musste. Sandgruber nimmt für diese Art von Arbeiterwohnhäusern eine Wohnungsgröße von 30 bis 40 m² an, je nach Anzahl der Familienmitglieder, wobei die sanitären Einrichtungen und die Waschküche von mehreren Familien gemeinsam genutzt wurden.[124] Einen Eindruck von Größe und Raumaufteilung gibt ein Plan eines Arbeiterwohnhauses für Nowo Radomsk aus dem Jahr 1887.[125] (Abb. 32)

Das Unternehmen legte sowohl bei den Arbeiterwohnhäusern als auch bei den Fabriksbauten Wert auf eine solide Bauausführung, wie aus einem Brief Michael Thonets hervorgeht, der sich um alle Gewerke kümmerte.[126] Er machte Zeichnungen für die Handwerker, insbesondere was die Holzarbeiten wie Dach, Fenster und Türen anging, gab aber auch Anweisungen, wie der Mörtel für die Maurer zu mischen sei.[127] (Abb. 33)

7.6.6. Fabrikschule und Kinder-Asyl

Mit dem Zuzug von Arbeitern kamen auch deren Kinder mit in die Dörfer, so dass die Kapazitäten der bestehenden Dorfschulen nicht mehr ausreichten. An den meisten Fabrikationsstandorten des Unternehmens besuchten die Arbeiterkinder die reguläre Schule, wobei die Firma das Schulgeld zahlte oder bauliche Erweiterungen finanziell unterstützte. Ebenso wie bei der Wohnungsfrage stellte sich auch die Schulsituation in Groß Ugrócz als besonders schwierig dar, so dass sich das Unternehmen 1873 entschloss, hier eine eigene Schule zu errichten.[128] Als Gebäude diente zunächst ein umgebautes Arbeiterwohnhaus, das 1883 durch ein eigenes Schulhaus und wegen der steigenden Schülerzahlen nochmals 1889 durch ein neues Gebäude ersetzt wurde. Mit der Unterstützung der an den Fabrikationsstandorten vorhandenen oder wie im Falle von Ugrócz eigens errichteten Schulen nahm das Unternehmen nun aber auch für sich in Anspruch, Einfluss auf die Auswahl des Personals oder die Gestaltung des Unterrichts zu nehmen. Wirtschaftliche Macht begründete somit den Anspruch auf politische Einflussnahme auch und gerade in einem lokalen Umfeld. Für das

19. Jahrhundert liegen hierzu keine Nachweise vor, doch einem Schreiben aus dem Jahr 1924 lässt sich entnehmen, dass die Thonets zu dieser Zeit ein Vorschlagsrecht bei der Ernennung der Lehrer für die örtlichen Schulen sowie ein Mitspracherecht bezüglich des Personals der Kindergärten hatten, welches ausdrücklich durch einen Vertrag, den sogenannten Ovoda-Vertrag, geregelt war.[129] Man kann davon ausgehen, dass das Unternehmen auch schon im 19. Jahrhundert Einfluss auf die Besetzung dieser Art von Stellen nahm.

Für die noch nicht schulpflichtigen Kinder der Ehepaare, die beide tagsüber in der Fabrik arbeiteten, errichteten die Gebrüder Thonet 1879 ein sogenanntes Kinder-Asyl.[130] Hierzu wurde ein Arbeiterwohnhaus mit Garten umgebaut, eine angestellte Aufsicht kümmerte sich um die Kinder. Es war an allen Arbeitstagen geöffnet, die Kinder blieben den ganzen Tag über in dieser Einrichtung und wurden nur in der Mittagspause von ihren Eltern für eine Stunde abgeholt. Verpflegt wurden die Kinder unentgeltlich, das Unternehmen gibt hierfür Kosten von jährlich etwa fl. 1.000 an.[131]

Ähnliche Einrichtungen, sowohl Schulen als auch Kindergärten gab es ebenso bei vielen anderen Unternehmen sowohl in Deutschland als auch in Österreich.[132] Und ebenso wie bei den Arbeiterwohnungen wurden diese Einrichtungen auch aus einer gewissen sozialen Verantwortung geschaffen, auf der anderen Seite wollte man jedoch schon frühzeitig dafür Sorge tragen, einen gesunden und arbeitsfähigen Arbeiterstamm zu erhalten.

7.6.7. Geselliges Leben und Pflege der Musik

Überraschenderweise taucht bei der Aufzählung in dem Bericht *Institutionen zum Wohle der Arbeiter* auch der Punkt »Geselliges Leben und Pflege der Musik« auf. Hier spielten wiederum die Feuerwehren ein wichtige Rolle, »weil mit ihr [oben erwähnte] andere Einrichtungen verflochten sind, die auf die geistige Pflege und das gesellige Leben unserer Arbeiter nicht ohne Einfluss sind«.[133] Dazu gehörten vor allem die Konzerte der Feuerwehrkapellen bei geselligen Abenden in den fabrikeigenen Kasinos, ebenso die dort vorhandenen Bibliotheken, Zeitungen und belehrende Vorträge.

Zusammenfassend resümiert das Unternehmen: »Wir können mit froher Genugthuung darauf hinweisen, dass es uns gelungen ist, an allen unseren Fabriken eine zufriedene, fleissige und in Folge dessen auch zuverlässige Arbeiterschaft heranzubilden, sodass Arbeitseinstellungen unseren Arbeitern ferne gelegen erscheinen.«[134]

7.7. Zusammenfassung

Mit der Einführung der Gewerbeordnung von 1859, in der liberal geprägte gesellschaftspolitische Vorstellungen Eingang fanden, bis zum Ende der 1870er Jahre gab es zwar einen minimalen Schutz der Lohnarbeiter, doch kam »den Bestimmungen der GO von 1859 mangels wirksamer Garantien für deren Durchführung de facto nur geringe Relevanz zu[...]«.[135] Die Vorstellung, Arbeitsverträge beruhten auf einem freien Übereinkommen zwischen gleichberechtigten Partnern, hatte sich als illusorisch erwiesen. Mit zunehmender Verelendung erkannten die Lohnarbeiter mehr und mehr ihre soziale Lage.[136] Nachdem immer offensichtlicher wurde, dass der soziale Frieden gefährdet war, da sich die bisherige Gesetzgebung als unzulänglich herausgestellt hatte, sah sich der Staat veranlasst, zu handeln. Dabei hatten die in den 1880er Jahren erlassenen Sozialgesetze neben dem Ziel einer Verbesserung der sozialen Lage der Arbeiterschaft auch das Ziel, durch diese Reformen ein sozialistisches System zu verhindern. Nach der Verabschiedung des Gesetzes über das Vereins- und Versammlungsrecht (1867) und das Koalitionsgesetz (1870) begann die Arbeiterschaft, sich zunehmend zu organisieren. Dem begegnete man staatlicherseits mit einer Reihe von repressiven Maßnahmen wie der Auflösung der Arbeitervereine, dem Verbot von Parteitagen und Prozessen gegen die Arbeiterführer, doch mussten die staatlichen Behörden schließlich erkennen, dass durch polizeiliche Maßnahmen allein ein sozialer Frieden nicht zu erreichen war. »Die Repressionsmaßnahmen gegen die organisierten Arbeiter sollen durch ›positive‹ Reformen zugunsten der Arbeiter ergänzt und dadurch der Sozialdemokratie die Spitze abgebrochen werden.«[137] So wurde mit dem Gewerbeinspektoren-Gesetz von 1883 ein Instrument geschaffen, welches die Überwachung der Durchführung gesetzlicher Bestimmungen kontrollierte, wobei es sich herausstellte, dass bestehende Regelungen weitgehend nicht angewandt oder eingehalten wurden. Nach jahrelangen Beratungen wurden schließlich ein Arbeiterunfall- und Arbeiterkrankenversicherungsgesetz (1887 bzw. 1888) als Pflichtversicherungen verabschiedet, welche die bisherigen Wohltaten der Fabrikherrn durch eine verbindliche gesetzliche Regelung ersetzten. Vor allem bei der Gestaltung des Gesetzes zur Unfallversicherung lassen sich »die Interessen der herrschenden politischen und gesellschaftlichen Klassen einerseits, die Auseinandersetzungen zwischen diesen Klassen andererseits [...] belegen«.[138] Die Unternehmen setzten dem, nicht nur in Österreich, erheblichen Widerstand entgegen, und beharrten lange noch auf ihrem Standpunkt, »dass ihnen das Privateigentum an Produktionsmitteln ein uneingeschränktes Verfügungsrecht in allen betrieblichen Fragen garantiere«.[139]

Die Gebrüder Thonet bewegten sich bei ihren freiwilligen Sozialleistungen im Rahmen dessen, was am Ende des 19. Jahrhunderts üblich war. Bei der Kranken- und

Unfallversicherung gingen sie nicht über die gesetzlichen Minimalleistungen hinaus, wie es einige andere Unternehmen praktizierten. Im Hinblick auf die enormen Gewinne, welche das Unternehmen in dieser Zeit erzielte, fallen die Maßnahmen »zugunsten der Mitarbeiter gerade auch im Hinblick auf die harten Arbeitsverhältnisse in den Werken relativ dünn aus«.[140] Dem ist zuzustimmen. Darüber hinaus wurden die Wohltaten gleichzeitig immer auch als Disziplinierungsinstrumente eingesetzt. Wohnungen teilte man den verdientesten Arbeitern zu, bei nicht angemessenem Verhalten konnten sie innerhalb von zwei Wochen gekündigt werden; Unterstützungsleistungen im Falle von Arbeitsunfähigkeit erhielt man in der Regel erst nach 10-jähriger Betriebszugehörigkeit. Wenn auch die Angst vor aufrührerischen Elementen in den Thonetschen Standorten nicht die Rolle spielte wie in den industriellen Zentren, so standen diese Befürchtungen der Arbeitgeber bei allen Unterstützungsleistungen immer im Hintergrund, oder wie es ein zeitgenössischer Industriellenvertreter formulierte: »Die Unterlassungen der Arbeitgeber sind gefährlicher als die Agitationen der Sozialdemokraten.«[141] Angst vor »gemeingefährlichen Bestrebungen der Sozialdemokratie« mussten die Thonets sicher nicht haben. Die politische Lage in den ruralen Gebieten des Habsburgerreiches, in Mähren, Ungarn und Russisch Polen, wo sich ihre Fabriken befanden, war nicht vergleichbar mit der in den industriellen Zentren.

So konnte sich ein auf einem patriarchalischen Verständnis beruhender Paternalismus entwickeln und über Jahrzehnte erhalten. Die Wohltaten wurden gewährt, sie waren abhängig vom Wohltätigkeitsempfinden des Fabrikherrn. Im Hintergrund standen die Idee und die Hoffnung, dass sich die den Arbeitern erwiesenen Wohltaten auch geschäftlich bezahlt machen würden. Ein zeitgenössischer Vortrag von Carl Hilt, Direktor der Vereinigungsgesellschaft für Steinkohlenbau im Wurm-Revier und Vorstandsmitglied der Zeitschrift *Arbeiterwohl, Organ des Verbandes Katholischer Industrieller und Arbeiterfreunde* zeigt diese Einschätzung. In einer Schilderung der Wohlfahrtseinrichtungen dieser Gesellschaft, vergleichbar denen der Gebrüder Thonet, bezeichnete er es als »eine Thatsache, daß mit der Ausdehnung der Maßregeln und Einrichtungen für das Wohl der Arbeiter diese immer fester und enger mit dem großen Unternehmen verbunden wurden […]«.[142] Darüber hinaus weist er am Beispiel einer Rechnung der Selbstkosten des Unternehmens nach, »daß auch, rein geschäftlich betrachtet, die weitgehende Fürsorge für die Arbeiter gute Früchte getragen hat«.[143]

Eine Verbesserung und zufriedenstellende Situation für die Arbeiter wurden erst zu dem Zeitpunkt geschaffen, als verbindliche Regelungen und ein gesetzlicher Anspruch die Wohltaten ersetzten. Erniedrigende Bittschriften mit ihren sprachlichen Demutsgebärden waren nicht mehr nötig.

8. Die Fabriken

8.1. Die erste Fabrik Koritschan 1857

8.1.1. Der Kauf

Den Thonets wird schon vor der Firmengründung 1853 bewusst gewesen sein, dass ihre Möbel ein wirtschaftliches Potential besaßen, das einen Verkauf über Wien oder die Kernlande des Habsburgerreichs hinaus in Aussicht stellte und auch die Erfolge bei den Ausstellungen 1851 in London und 1854 in München waren in dieser Hinsicht ermutigend. Aufgrund der sich kontinuierlich steigernden Nachfrage nach ihren neuen und modernen Möbeln, die man durch die Umstellung von einer rein handwerklichen zu einer protoindustriellen Fertigung für einige Zeit auch bedienen konnte, entschloss sich das Unternehmen 1855 zum Bau einer Fabrik in dem Ort Koritschan in Mähren. Die Gründe, nun erstmals eine Fabrik gerade hier, weit ab von dem Zentrum ihrer bisherigen Tätigkeit, zu bauen, wurden auch schon von den Zeitgenossen erkannt. In einem Bericht einer Sitzung des Niederösterreichischen Gewerbevereins heißt es: »Ausserdem machte Herr Reuter mit vieler Wärme auf die Thonet'sche Möbelfabrik in Mähren [...] nicht nur wegen der bekannten Schönheit und Solidität ihrer Erzeugnisse, sondern auch darum aufmerksam, weil Herr Thonet den jüngst im Vereine gemachten und begründeten Vorschlag (Reckenschuss), dass gewisse Industriezweige mit grossem Vortheile für den Producenten wie für den Consumenten, von der Residenz weg auf das Land (Wohlfeilheit des Rohmateriales und Möglichkeit geringerer Löhne bei besserem Bestande des Arbeiters) verpflanzt werden könnten, bereits praktisch in schlagender Weise dargethan habe.«[1] Diese Gründe spielten nicht nur im Falle von Koritschan eine entscheidende Rolle, sondern bei allen weiteren Fabriksbauten der Gebrüder Thonet.

Der Vertrag über den Kauf des Geländes, Parzelle Nr. 3323, za Miesteczkem (später: za Městečkem = hinter der Stadt), wurde am 14. August 1855 mit Hermann Wittgenstein und Gustav Figdor als Bevollmächtigter seines Vaters Wilhelm geschlossen.[2] Es handelte sich um eine Fläche von 800 Quadratklaftern, circa 2.800 qm, die für den Preis von ½ Gulden C.M.[3] pro Quadratklafter von den Gebrüdern Thonet erworben wurde. (Abb. 34)[4]

Es war vertraglich festgelegt, dass das für den Bau notwendige Material, »bestehend in Steinen, Mauer- und Dachziegeln und in Kalk so wie in dem nöthigen harten und weichen Bauholze«,[5] von der Koritschaner Gutsinhabung bezogen werden musste. Insgesamt ergaben sich für das Unternehmen Kosten von 4.000 Gulden C.M. Diese Summe war durch zwei Solawechsel von je 2.000 Gulden C.M. gedeckt.[6] Weiterhin waren die Gebrüder Thonet verpflichtet, ihr gesamtes Holz für die Möbelherstellung

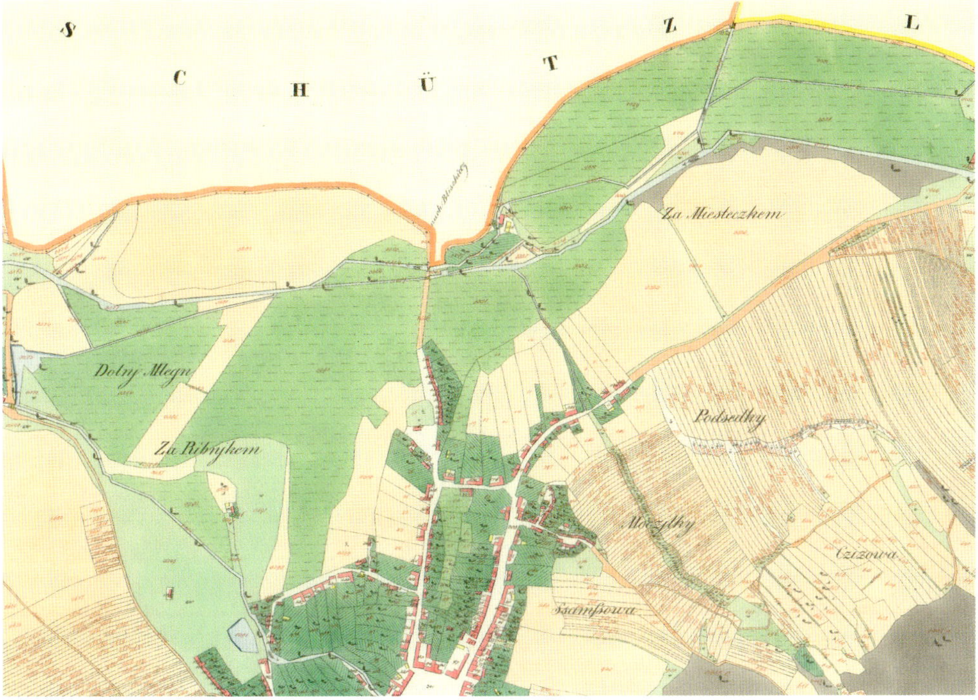

Abb. 34: Karte I, Ausschnitt aus dem Katasterplan »Markt Koritschan« mit dem noch unbebauten späteren Fabriksgelände »za Miesteczkem,« 1827

aus den Koritschaner Forsten zu den üblichen Preisen zu beziehen. Die Verkäufer sicherten sich dabei allerdings dadurch ab, dass die jeweilige Schuld des Unternehmens an die Gutsinhaber die Summe von sechstausend Gulden nicht übersteigen durfte.[7] Festgelegt waren darüber hinaus die Ausmaße, Ausführung und Einrichtung des Fabrikgebäudes.[8]

Sollte das Unternehmen später noch weiteres Bauland benötigen, wurde bereits vereinbart, dass es dieses zum gleichen Preis kaufen konnte.[9] Diese Option nahmen die Gebrüder Thonet nur ein Jahr später wahr und erhielten ein weiteres Areal von 800 Quadratklaftern, direkt angrenzend an die erste Parzelle. Im Nachtrag zum ersten Vertrag heißt es nun, die Gebrüder Thonet »verpflichten sich, ihre Holzwarenfabrik daselbst sogleich in Betrieb zu setzen und zum Ende eine Dampfmaschine von fünfzehn Pferdestärken daselbst unverweilt aufzustellen«.[10] Es wurden noch einige zusätzliche und zum ersten Vertrag abändernde Vereinbarungen getroffen, bei denen es in erster Linie um Modalitäten der Holzlieferungen und der Bezahlung ging. Wie eilig es das Unternehmen hatte, die Fabrik fertigzustellen, um mit der Produktion beginnen zu können, zeigt ein weiterer Vertrag, den die Thonets mit Caspar Biber, einem Ziegelstreicher aus dem nur zwei Kilometer nördlich gelegenen Blischitzi, schließen mussten, da die Koritschaner Gutsinhabung Schwierigkeiten hatte, die benötigten Baumaterialien zu liefern. Biber verpflichtete sich, »die erforderlichen Ziegel soweit diese nicht schon vorhanden, oder anderweitig beschafft werden im Jahre 1856 so bald als thunlich und mit möglichster Beschleunigung anzufertigen«.[11]

Der Zeitpunkt des Kaufs des Geländes in Koritschan wirft die Frage auf, ob es tatsächlich von Anfang an geplant war, hier in der neuen Technik, dem Biegen von Massivholz, Möbel herzustellen. Das Privileg wurde am 26. Februar 1856 beantragt, das Bauareal aber bereits im August 1855 erworben. Dieser »Widerspruch« in der Chronologie – der Kauf des Fabrikgeländes ein halbes Jahr vor der Beantragung des Privilegs – lässt sich nicht aufklären. Doch ist zu vermuten, dass die Versuche mit dem neuen Verfahren bereits 1855 so weit fortgeschritten waren, dass absehbar war, es bald auch in industriellem Maßstab anwenden zu können.

8.1.2. Die Fabrik

Michael Thonet befand sich während der gesamten Bauphase in Koritschan und leitete den Fabrikbau gemeinsam mit den Söhnen Michael und August. Sie wohnten zusammen mit dem 15jährigen Jakob und der Frau Anna in einem kleinen Haus auf einer schmalen Parzelle direkt neben der Baustelle.[12] In einer Reihe von Briefen aus dieser Zeit wird die finanziell angespannte Situation der Firma deutlich. Franz und Josef schickten regelmäßig größere Geldbeträge aus Wien nach Koritschan.[13] Die Kapazitäten der Werkstatt in der Mollardmühle reichten schon lange nicht mehr aus: »Es wird Zeit, daß Koritschan bald in Schwung kommt, es geht nicht mehr hier, es wird Alles zu wenig, wir haben gar nichts in Vorrathe.«[14]

Im September 1856 war das Fabrikgebäude so weit fertiggestellt, dass man mit dem Transport von Werkzeugen und Maschinen von Wien nach Koritschan beginnen konnte. Alles zur Ausstattung der Fabrik Notwenige, aber auch persönliche Gegenstände, wurde in hunderten von Colli verschickt.[15] Die Transporte wurden überwiegend mit der Eisenbahn durchgeführt, die letzten Kilometer nach Koritschan dann mit Fuhrwerken bewältigt. Nicht alles kam an, einiges ging unterwegs verloren.[16] Maschinen wurden neu angeschafft und noch in Wien für Koritschan umgerüstet, bereits vorhandene konnten nicht nach Koritschan geschickt werden, da man sie in Wien noch brauchte.[17] Bei der Inbetriebnahme des Dampfkessels gab es anfangs Schwierigkeiten – die verleimten Scheiben und Räder einiger Maschinen gingen durch den ausströmenden Dampf auseinander – doch konnten die Probleme schließlich behoben und die Dampfmaschine Anfang Dezember in Gebrauch genommen werden.

Neben diesen logistischen ergaben sich in den ersten beiden Jahren auch bei der Endmontage der Möbel, die bis Ende 1858 noch in Wien erfolgte, mit den in Koritschan erzeugten Teilen einige Schwierigkeiten. Letztere waren bereits massiv gebogen und mussten in die in Wien gefertigten, noch schichtverleimten Teile eingepasst werden.[18] Auch bei der Endbearbeitung der Möbel gab es Probleme. »Schickt keine Sessel No. 8 mehr herein, die nicht polirt sind wir haben zuviel Arbeit mit den gebeizten, und bekommen keine gleiche Farbe heraus.«[19] Dessen ungeachtet wurde die Produktion immer stärker auf den Standort Koritschan hin ausgerichtet, was auch ein Vergleich der Zahl der Arbeiter, die hier und noch in Wien beschäftigt waren, belegt. In Koritschan waren 1857 bereits mehr als 100 Arbeiter tätig, in der Werkstatt in Wien im gleichen Jahr nur noch in etwa die Hälfte. Es ist nicht belegbar, ob auch Arbeiter aus Wien nach Koritschan wechselten, doch wegen des neuartigen Herstellungsverfahrens dürften einige wenige, die damit vertraut waren, auch in der neuen Fabrik notwendig gewesen sein.[20]

Ende 1858 wurden in Koritschan alle Möbel schließlich verkaufsfertig montiert, die Werkstatt in Wien konnte aufgelöst werden. Für die in der Mollardmühle hergestellten Möbel liegen keine Produktionszahlen vor, die man mit denen für Koritschan vergleichen könnte. Doch führten die Thonets mit Inbetriebnahme der Fabrik in

Abb. 35: Karte II, Evidenzkarte, 1877–1906

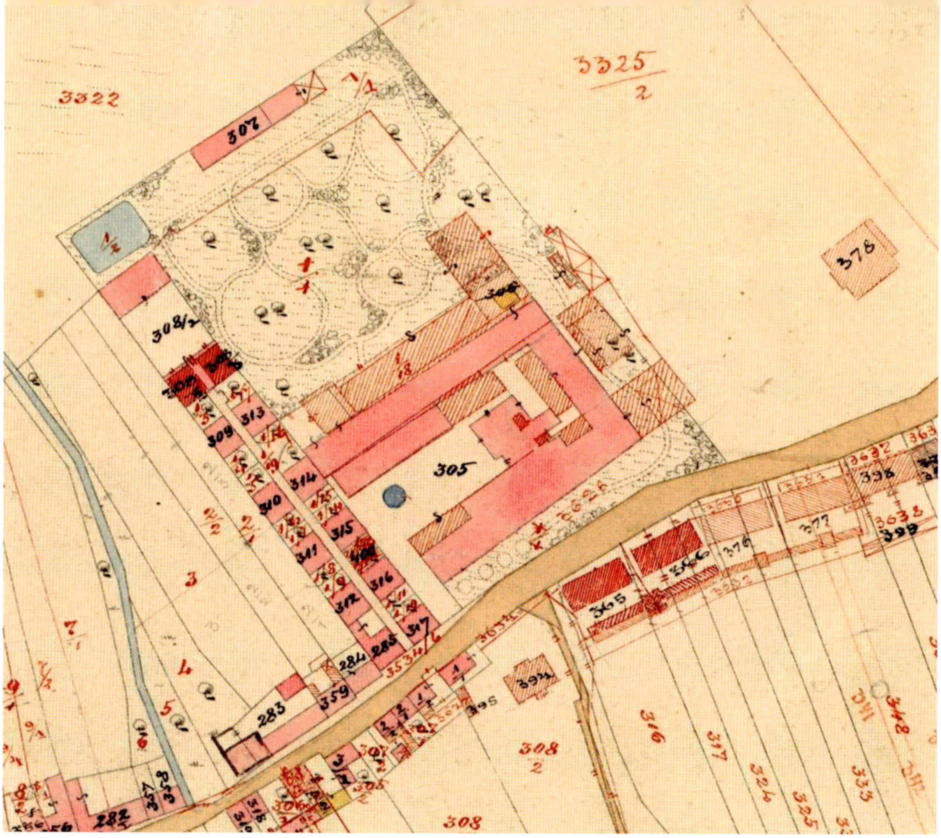

Abb. 36: Karte II, Ausschnitt aus der Evidenzkarte, 1877–1906 und späteres Photo

Koritschan genaue »Bücher«[21], beispielsweise über die Anzahl der erzeugten Möbel, die sogenannten »Gesammtabsendungen«.[22]

Die Leitung der Fabrik in Koritschan teilte sich Michael Thonet sen. anfangs mit den Söhnen Michael und August. Im Frühjahr 1860 ging der Vater nach Bistritz, um dort den Bau der nächsten Fabrik zu beaufsichtigten, Ende Oktober kam auch August zur Unterstützung dorthin, die Verantwortung für Koritschan lag nun alleine in den Händen von Michael junior.

Unter dessen Leitung kam es in den nächsten Jahren und Jahrzehnten zu zahlreichen Zubauten, wie die vorliegenden Katasterpläne zeigen: Karte II (Abb. 35 und 36) zeigt die baulichen Veränderungen von 1877 bis 1906, Karte III (Abb. 37) die von 1906 bis 1943.[23]

Die rosafarben unterlegten Flächen auf Karte II zeigen den Bestand bis 1877. Erkennbar sind die Ausmaße der 1870/71 neu errichteten Fabrikgebäude[24] und die im Laufe der Zeit vorgenommen Erweiterungen. Auf der linken Seite befinden sich die zehn in der ersten Hälfte der 1870er Jahre errichteten Arbeiterwohnhäuser mit jeweils kleinem Garten. In dem hinteren, baumbestandenen Teil des Fabrikgeländes ist ein langgestrecktes ebenfalls steinernes Gebäude – 307 – mit einem überdachten Bereich zu sehen, bei dem es sich, wie im hinteren Teil des schmalen Streifens mit den Arbeiterwohnhäusern, um ein Lager oder einen Schuppen handeln dürfte. Die schraffierten Flächen zeigen die Zubauten in den Jahren 1877 bis 1906. Es lässt sich aus dem Plan nicht erschließen, in welchem Jahr diese Erweiterungen erfolgten, doch fand sich ein Assekuranz-Antrag von 1889, in dem unter anderem einige der Gebäude der Fabrik mit ihrem jeweiligen Baujahr aufgelistet sind.[25] Hiermit und mit Hilfe von Karte II lassen sich der Ausbau und die Erweiterung von Koritschan, darüber hinaus aber auch die grundsätzliche Funktionsweise einer Bugholzmöbelfabrik anschaulich beschreiben.

1861 wurde das Kesselhaus errichtet. Dort befand sich neben dem Dampfkessel das Eisenmagazin und das Stein- und Braunkohlelager. Neubauten bzw. Erweiterungen folgten in den Jahren 1870 und 1884.

Das Kesselhaus war die Zentrale, in der die Energie erzeugt wurde. Über ein System von Scheiben, Rädern und Transmissionsriemen wurden die Maschinen in den verschiedenen Abteilungen der Fabrik angetrieben. Anfangs wurde hier auch der Dampf für die Kessel erzeugt, in denen die Holzstäbe gedämpft wurden, später gab es hierfür eine eigene Anlage. Eisen und Bleche, welche man in den Werkstätten für verschiedene Zwecke brauchte, befanden sich ebenfalls auf diesem Areal. Das Material war nicht brennbar, konnte somit gefahrlos neben den Feuerkesseln gelagert werden. Die Kessel wurden anfangs mit Holz, später mit Stein- oder Braunkohle befeuert, die man in unmittelbarer Nähe lagerte.

Das Kesselhaus ist das einzige Gebäude noch aus der Entstehungszeit. Ursprünglich waren die Arbeitsräume der Fabrik Koritschan in einem einzigen Gebäude untergebracht, welches am 7. Mai 1870 durch einen Brand zerstört wurde, wobei auch ein Großteil der Ware verbrannte.[26] Anstelle eines einzigen Gebäudes, in welchem die Arbeitsbereiche bisher untergebracht waren, entschloss sich das Unternehmen, diese nun auf mehrere und größere Gebäude zu verteilen, wobei die Anordnung der verschiedenen Abteilungen entsprechend des Ablaufs des Fertigungsprozesses erfolgte. So waren im Gebäude H die Beizerei, Rasplerei und ein Magazin für fertige und eines für roh gebogene Ware untergebracht, im Gebäude J befand sich das Materialmagazin, die Packerei, Rasplerei und ebenso ein Magazin für fertige und eines für roh gebogene Ware, in Gebäude K der Stall, die Packerei, Rasplerei und noch ein weiteres Magazin für roh gebogene Ware.

Die Namen beschreiben die jeweilige Funktion. Nach dem Biegen – hier fehlt in dem Assekuranz-Antrag der Hinweis, in welchem Gebäudeteil sich diese Abteilung befand – wurden die Teile zum Trocknen in dem Magazin für roh gebogene Ware gelagert. Von dort gelangten sie in die Rasplerei, wo sie weiter bearbeitet und anschließend in das Lager für fertig gebogene Teile gebracht wurden. Es folgten das Beizen und Polieren sowie das Einflechten von Sitz und Rücken. Um die Passgenauigkeit zu überprüfen, wurden die Möbel anschließend vormontiert, wieder demontiert, die Einzelteile in der Packerei mit Stroh oder Papier umwickelt, in passende Kisten gelegt und verschickt.

Bei dem Wiederaufbau der Fabrik im Jahr 1870/71 errichtete man noch einen Holzschuppen, in dem eine Wagen-Remise und Pferdeställe untergebracht waren, ebenso wie die Gerätschaften der in diesen Jahren gegründeten Feuerwehr. Damit im Fall eines Brandes genügend Wasser zur Verfügung stand, legte man einen Löschteich – die runde blaue Fläche in der Mitte des in etwa U-förmigen Fabrikgebäudes – an. (Abb. 36) Doch auch dies konnte nicht verhindern, dass vierzehn Jahre später die Fabrik nochmals von einem Brand heimgesucht wurde.[27]

Es ist nicht eindeutig, ob diesem Brand auch die Anfang der 1870er Jahre errichteten Arbeiterwohnhäuser zum Opfer fielen und es sich bei den auf Karte II eingezeichneten zehn Wohnhäusern um die alten oder neue handelt. Bis 1906 kamen zwei weitere hinzu – die rot schraffierten Flächen 308/2 und 308/3 – ebenso wurde auch die Fabrik kontinuierlich erweitert. Auf der Parzelle 3325/2 ist die Villa, Nr. 378, von Michael Thonet jun. eingezeichnet. Da sie bereits 1866/67 errichtet wurde, muss sie nach 1877 erweitert oder sogar neu gebaut worden sein.

Karte III (Abb. 37) zeigt die nochmals erweiterte Bebauung in den Jahren 1906 bis 1943. Gelb markiert sind einige Wirtschaftsgebäude. Auf der gegenüberliegenden Seite des kleinen Wasserlaufs, ehemals Parzelle 3320, wurde ein weiteres Gebäude

Abb. 37: Karte III, Ausschnitt aus der Evidenzkarte, 1906–1943

errichtet, Nr. 480, ebenso bezeichnet wie das ursprüngliche Fabrikgelände: »Fabrik Továrna«. Ob es sich hierbei möglicherweise um eine Erweiterung der Thonetschen Fabrik handelt, kann vermutet werden, ist allerdings nicht belegbar.

8.1.3. Die Möbel

Das Unternehmen Gebrüder Thonet stellte in Koritschan bis 1859 die gleichen Möbel her wie bereits in den Werkstätten in Wien. Bei den Sesseln waren dies die Modellnummern 1 bis 13, daneben das unter »Diversi« subsumierte Sortiment, zu dem Fauteuils, Canapés, Tische, Stockerl und noch andere Möbeltypen gehörten.[28] Im Folgenden sollen vor allem die Sessel betrachtet werden. Sie machten das bei weitem größte Segment innerhalb der Thonetschen Produktion aus und alle wesentlichen Entwicklungen und Neuerungen lassen sich an diesem für die Firma wichtigsten Möbeltyp zeigen.

Unterschiedlich zu dem in den Werkstätten in Wien angewandten Verfahren war allerdings die neue Fertigungstechnik, das seit 1856 patentierte Biegen von Massivholz. Doch zeigte sich bald ein entscheidendes Problem: Keines der Möbel, die man noch in Wien gefertigt hatte, war im Hinblick auf eine industrielle Produktion hin entwickelt worden. Ihre handwerkliche Herkunft zeigte sich in vielen Details: Die Sitze waren trapezförmig, hatten somit an den Ecken unterschiedliche Radien, deren Fertigung aufwändiger war als die kreisrunder Sitze; einige Sitze waren kanneliert, was zusätzliche Arbeitsschritte bedeutete, ebenso wie die Kapitelle der Vorderbeine einzeln gedrechselt und eingepasst werden mussten. Die geschlossenen Rücklehneinsätze erhielten ein Geflecht, und komplizierte Biegungen der Rückenmotive erforderten erfahrene Bieger. Das neue Verfahren, das die Thonets aus Wien mit nach Koritschan gebracht hatten, war für eine industrielle Fertigung geeignet, ja, es verlangte geradezu danach, doch dem entsprachen die Möbel nur bedingt. Wollte man die Möglichkeiten des Biegens von Massivholz bestmöglich nutzen, war es notwendig, neue und einfacherere Modelle zu entwickeln, die für eine Herstellung unter industriellen Bedingungen optimiert werden mussten.[29]

Abb. 38: Sessel Nr. 14, ab 1859

Wenn es auch keine schriftlichen Hinweise in dieser Richtung gibt, so ist anzunehmen, dass den Thonets dieser Widerspruch zwischen einem auf eine industrielle Erzeugung zielenden Herstellungsverfahren auf der einen und den unter handwerklichen Bedingungen entwickelten Möbeln auf der anderen Seite nach dem Beginn der Produktion in Koritschan schnell bewusst wurde. Ergebnis ihrer Überlegungen war ein Sessel, welcher nun konsequent den Erfordernissen einer industriellen Herstellung angepasst war: Modell Nr. 14, mit einem erstmals kreisrunden Sitzring, einer rein funktionalen, U-förmigen Aussteifung des Rückens und Vorderbeinen ohne Kapitelle. (Abb. 38) Wolfgang König weist auf die entscheidende Bedeutung solcher auch nur kleiner konstruktiver Veränderungen für eine massenhafte Erzeugung von Gütern hin: »Für die Massenproduktion besaß die Fertigungsfreundlichkeit der Konstruktionen entscheidende Bedeutung. Kleine konstruktive Entscheidungen konnten große Auswirkungen auf die Fertigungskosten besitzen, und die vervielfachten gleichartigen Güter schleppten die Fertigungskosten auf dem Markt mit sich.«[30] Die eigentliche Erfolgsgeschichte des Unternehmens Gebrüder Thonet begann mit diesem Modell, welches 1859 in Koritschan erstmals hergestellt wurde: Aufgrund der Anpassung des Produkts an den Fertigungsprozess war das Unternehmen in der Lage, Sessel Nr. 14 in großen Stückzahlen zu erzeugen und zu dem konkurrenzlos günstigen Preis von 3 Gulden anbieten zu können.[31]

Die Nachfrage nach der Nr. 14 war von Beginn an so groß, dass die Kapazitäten bei weitem nicht ausreichten und die Firma nach nur einem Jahr neue Fertigungsanlagen in Koritschan errichten und 1860 bereits eine weitere Fabrik in Bistritz bauen musste. Alle Fabrikbauten in den 1860er Jahren hatten nahezu ausschließlich den Zweck und das Ziel, die ständig steigende Nachfrage nach diesem Modell zu bedienen. Dessen Erfolg veranlasste die Gebrüder Thonet, in den nächsten Jahren das Angebot um weitere derartige Modelle, die sogenannte Konsumware, zu erweitern: Sessel Nrn. 15, 18 und 20.[32] Auch bei diesen Modellen handelt es sich um Sessel, die konstruktiv konsequent auf eine industrielle Erzeugung hin entwickelt worden waren. Diese preisgünstigen Sitzmöbel wurden in allen Fabriken produziert, auch in Koritschan, doch war Koritschan nie der Hauptstandort hierfür. Koritschan fertigte diese Konsumware auch, war darüber hinaus allerdings nahezu ausschließlich für die aus der handwerklichen Tradition stammenden klassischen Modelle aus der Frühzeit zuständig: Sessel, Fauteuils und Canapés Nrn. 1 bis 13 und die Nrn. 16 und 17. (Abb. 39 und 40) Die Differenzierung der Standorte im Hinblick auf Erzeugung bestimmter Modelle oder bestimmter Möbeltypen lässt sich grundsätzlich für alle Fabriken nachweisen, wie es auch bei der nächsten Fabrikgründung in Bistritz zu sehen sein wird.[33]

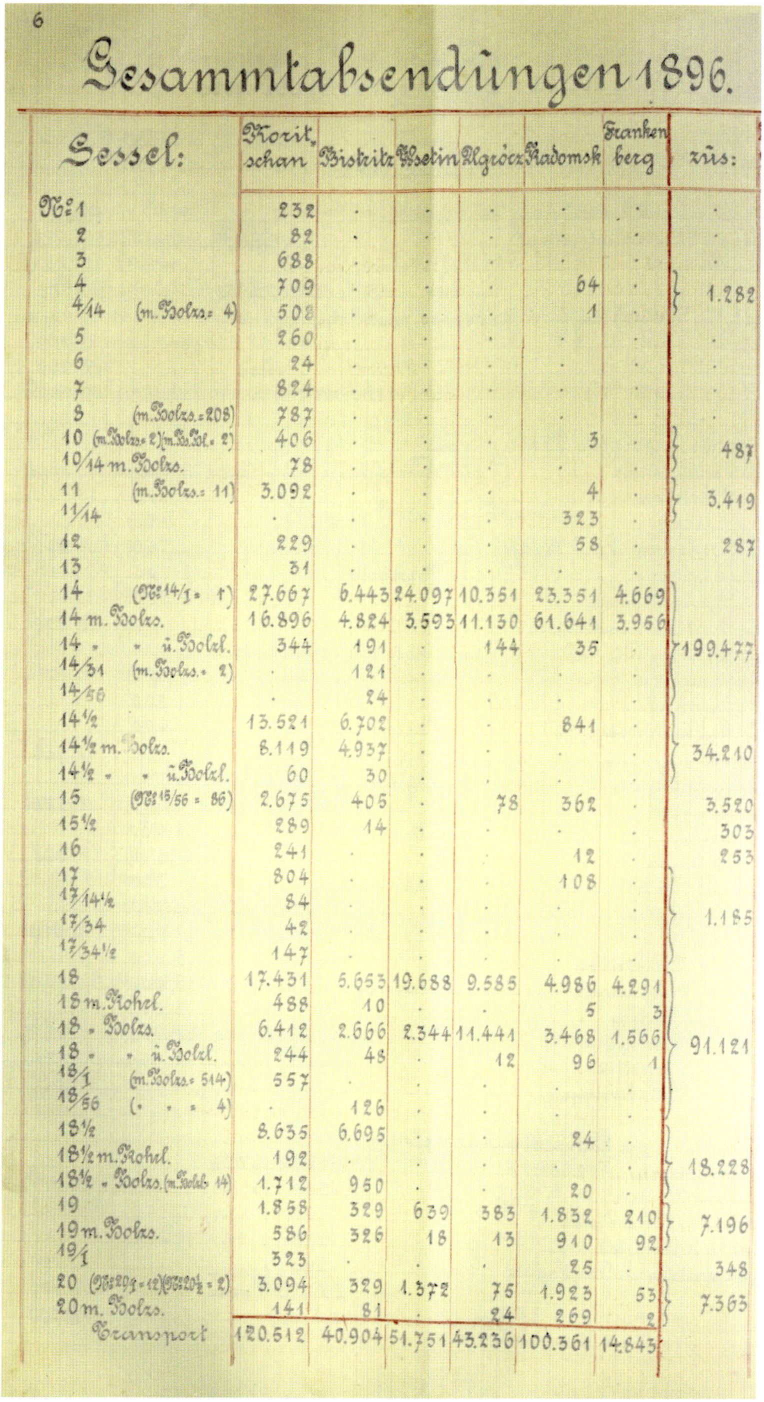

6

Gesammtabsendungen 1896.

Sessel:	Koritschan	Bistritz	Wsetin	Ugrócz	Radomsk	Frankenberg	zus:
No 1	232	.	.	.	.	.	.
2	82	.	.	.	.	.	.
3	688	.	.	.	.	.	.
4	709	.	.	.	64	.	1.282
4/14 (m. Bolzs. = 4)	508	.	.	.	1	.	
5	260	.	.	.	.	.	.
6	24	.	.	.	.	.	.
7	824	.	.	.	.	.	.
8 (m. Bolzs. = 208)	787	.	.	.	.	.	.
10 (m. Bolzs. = 2)(m. Bo. Bol. = 2)	406	.	.	.	3	.	487
10/14 m. Bolzs.	78	.	.	.	.	.	
11 (m. Bolzs. = 11)	3.092	.	.	.	4	.	3.419
11/14	.	.	.	.	323	.	
12	229	.	.	.	58	.	287
13	31	.	.	.	.	.	
14 (No 14/1 = 1)	27.667	6.443	24.097	10.351	23.351	4.669	199.477
14 m. Bolzs.	16.896	4.824	3.593	11.130	61.641	3.956	
14 " " u. Bolzl.	344	191	.	144	35	.	
14/31 (m. Bolzs. = 2)	.	121	.	.	.	.	
14/56	.	24	.	.	.	.	
14½	13.521	6.702	.	.	841	.	34.210
14½ m. Bolzs.	8.119	4.937	.	.	.	.	
14½ " " u. Bolzl.	60	30	.	.	.	.	
15 (No 15/56 = 86)	2.675	405	.	78	362	.	3.520
15½	289	14	.	.	.	.	303
16	241	.	.	.	12	.	253
17	804	.	.	.	108	.	1.185
17/14½	84	.	.	.	.	.	
17/34	42	.	.	.	.	.	
17/34½	147	.	.	.	.	.	
18	17.431	5.653	19.688	9.585	4.986	4.291	91.121
18 m. Rohrl.	488	10	.	.	5	3	
18 " Bolzs.	6.412	2.666	2.344	11.441	3.468	1.566	
18 " " u. Bolzl.	244	48	.	12	96	1	
18/1 (m. Bolzs. = 514)	557	.	.	.	.	.	
18/56 (" " = 4)	.	126	.	.	.	.	
18½	8.635	6.695	.	.	24	.	18.228
18½ m. Rohrl.	192	.	.	.	.	.	
18½ " Bolzs. (m. Bolzl. 14)	1.712	950	.	.	20	.	
19	1.858	329	639	383	1.832	210	7.196
19 m. Bolzs.	586	326	18	13	910	92	
19/1	323	.	.	.	25	.	348
20 (No 20/1 = 12)(No 20½ = 2)	3.094	329	1.372	75	1.923	53	7.363
20 m. Bolzs.	141	81	.	24	269	2	
Transport	120.512	40.904	51.751	43.236	100.361	14.843	

Abb. 39: Auszug aus den Gesammtabsendungen Sessel, 1886

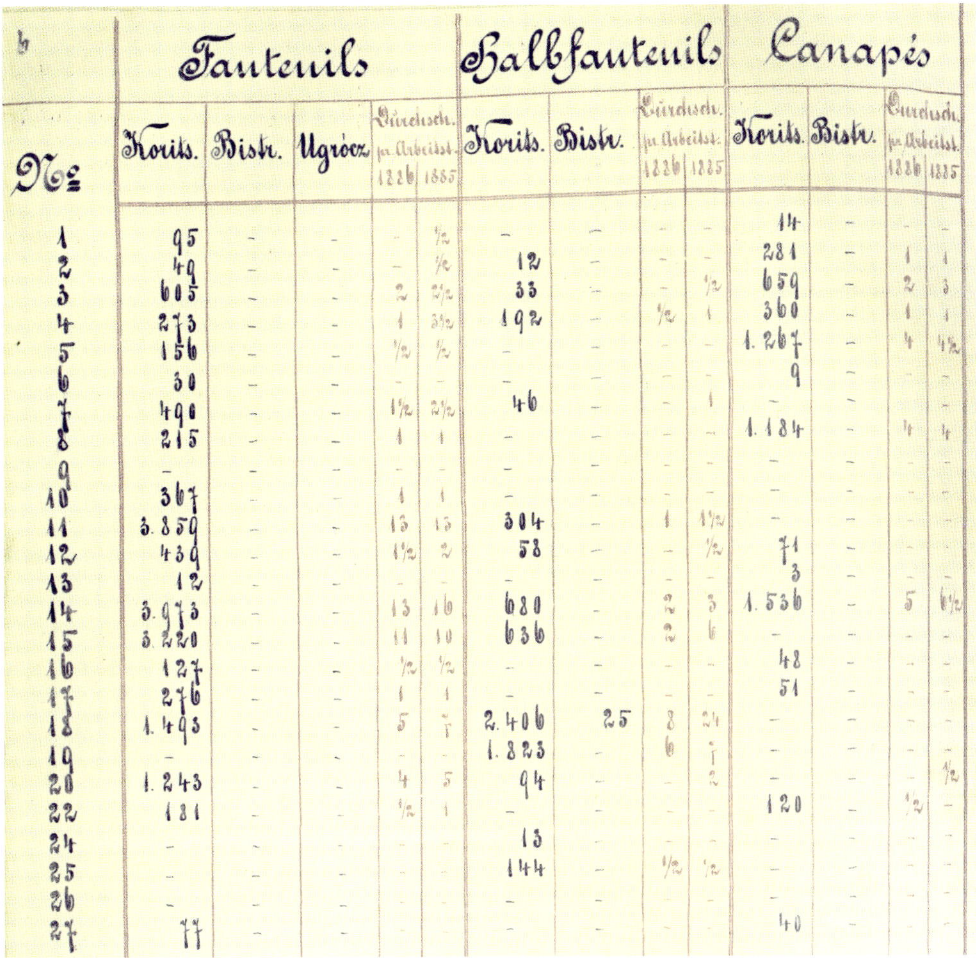

Nº	Fauteuils Korits.	Bistr.	Ugrócz	Durchsch. pr. Arbeitst. 1886	1885	Halbfauteuils Korits.	Bistr.	Durchsch. pr. Arbeitst. 1886	1885	Canapés Korits.	Bistr.	Durchsch. pr. Arbeitst. 1886	1885
1	95	–	–	–	½	–	–	–	–	14	–	–	–
2	49	–	–	–	½	12	–	–	–	281	–	1	1
3	605	–	–	2	2½	33	–	–	½	659	–	2	3
4	273	–	–	1	3½	192	–	½	1	360	–	1	1
5	156	–	–	½	½	–	–	–	–	1.267	–	4	4½
6	30	–	–	–	–	–	–	–	–	9	–	–	–
7	490	–	–	1½	2½	46	–	–	1	–	–	–	–
8	215	–	–	1	1	–	–	–	–	1.184	–	¼	¼
9	–	–	–	–	–	–	–	–	–	–	–	–	–
10	367	–	–	1	1	–	–	–	–	–	–	–	–
11	3.859	–	–	13	13	304	–	1	1½	–	–	–	–
12	439	–	–	1½	2	58	–	–	½	71	–	–	–
13	12	–	–	–	–	–	–	–	–	3	–	–	–
14	3.973	–	–	13	16	680	–	2	3	1.536	–	5	6½
15	3.220	–	–	11	10	636	–	2	6	–	–	–	–
16	127	–	–	½	½	–	–	–	–	48	–	–	–
17	276	–	–	1	1	–	–	–	–	51	–	–	–
18	1.493	–	–	5	7	2.406	25	8	24	–	–	–	–
19	–	–	–	–	–	1.823	–	6	7	–	–	–	–
20	1.243	–	–	4	5	94	–	–	2	–	–	–	½
22	181	–	–	½	1	–	–	–	–	120	–	½	–
24	–	–	–	–	–	13	–	–	–	–	–	–	–
25	–	–	–	–	–	144	–	½	½	–	–	–	–
26	–	–	–	–	–	–	–	–	–	–	–	–	–
27	77	–	–	–	–	–	–	–	–	40	–	–	–

Abb. 40: Auszug aus den Gesammtabsendungen Fauteuils, Halbfauteuils und Canapés, 1886

8.2. Die zweite Fabrik Bistritz 1861

8.2.1. Kauf des Geländes und Bau der Fabrik

In Bistritz, einer 60 Kilometer nordöstlich von Koritschan gelegen kleinen Stadt mit damals etwa 1.700 Einwohnern, wurde 1860 die zweite Fabrik der Thonets relativ rasch nach Koritschan errichtet. Grund hierfür war die stetig steigende Nachfrage nach den Möbeln aus gebogenem Holz, vor allem nach dem ab 1859 gefertigten Sessel Nr. 14, wofür Bistritz nun die dringend benötigten Kapazitäten liefern sollte. Ebenso wie in Koritschan leitete Michael Thonet auch hier den Bau und die Einrichtung der neuen Fabrik und hielt sich vom Juni 1860 bis zur Fertigstellung zusammen mit seiner Frau Anna dort auf.[34] Aus Anlass des 50-jährigen Jubiläums der Fabrik veröffentlichte die Firma eine Schrift, in der die Entwicklung von Bistritz bis 1911 und die Bedeutung der Fabrik für den Ort ausführlich beschrieben werden.[35]

Ebenso wie in Koritschan waren alle Voraussetzungen für eine kostengünstige Produktion auch hier gegeben: Der Ort lag inmitten umfangreicher Buchenwälder und billige Arbeitskräfte standen zahlreich zur Verfügung. Den Transport der Waren übernahm die etwa 20 Kilometer von Bistritz entfernte Kaiser Ferdinands-Nordbahn mit der nächstgelegenen Station in Hullein. Die Stecke dorthin musste lange noch mit Fuhrwerken bewältigt werden. 1882 ließ die Eisenbahngesellschaft schließlich einen Abzweig von Hullein nach Bistritz bauen, doch hatte das Unternehmen damit immer noch keinen direkten Anschluss an die Fabrik. Zwei Jahre später fanden erste Unterredungen »um die Erweiterung der Schleppgeleisen-Anlagen, und Errichtung einer Drehscheibe in der Thonet'schen Möbelfabrik in Bistritz«[36] statt, die 1888 dann von der Fabrik direkt zur Station Bistritz gebaut wurden.[37]

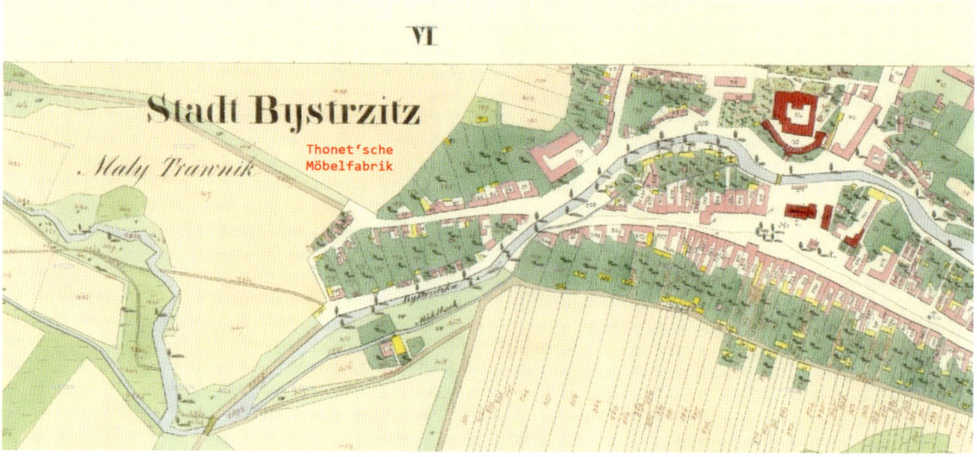

Abb. 41: Ausschnitt aus dem Katasterplan der Stadt Bistritz, 1831

Mit dem Eigentümer der dortigen Herrschaft Ernst Olivier Freiherr von Loudon (1832–1915) schlossen die Gebrüder Thonet – ebenso wie mit dem Handelsunternehmen H. Wittgenstein & J. Figdor und Söhne zuvor in Koritschan – einen langfristigen Kontrakt für die Holzlieferungen. Diese Verträge wie auch der Kaufvertrag für das Fabrikgelände in Bistritz liegen nicht vor, doch fand sich eine Zahlungsaufforderung, aus der das Datum des Kaufs, die Nummer der Parzelle und die Größe des Geländes für die neue Fabrik ersichtlich sind.[38] Ein Katasterplan von 1831 (Abb. 41) zeigt das Areal, gelegen in nordwestlicher Richtung am Rande der damaligen Stadt.[39]

Der Kaufpreis betrug 821 Gulden, kurz nach dem Erwerb am 20. März 1860 begann man mit den Bauarbeiten. Das Areal wurde im Laufe der Zeit immer wieder durch Zukäufe oder auch Tausch vergrößert, wobei es am Ende ein Mehrfaches der ursprünglichen Größe umfasste.

Während über den Bau der Fabrik in Koritschan nur spärliche Informationen vorliegen, lässt sich die Errichtung des Fabrikgebäudes in Bistritz durch das bereits erwähnte Briefkonvolut[40] sehr engmaschig verfolgen. Anfang Mai 1860 befand sich Michael Thonet zusammen mit seiner Frau Anna und den Söhnen August und Michael noch in Koritschan. Am 12. des Monats reiste das Ehepaar nach Wien, wo sich der Vater um die Fertigstellung eines Wagens kümmerte, mit dem man dem Militär die Vorteile der neuen Thonetschen Räder für deren Zwecke demonstrieren wollte.[41]

Michael Thonet und seine Frau Anna hielten sich noch einige Wochen in Wien auf und reisten dann über Koritschan weiter nach Bistritz, wo sie am 22. Juni eintrafen. »Liebe Kinder, wir sind wohlbehalten hier angekommen die Reise hat die liebe Mutter etwas angegriffen, sie ist aber doch nicht unwohl, nächste Woche wird erst das Mauerwerk ebener Erde fertig, es läßt sich nicht forcieren sonst gehen uns die Ziegel aus wenn so fort gearbeitet wird wie jetzt so kann in 8 Wochen das Dach aufgestellt werden es war gut daß ich nach Bistritz kam es war manches anzuordnen […].«[42]

Die Arbeiten hatten bereits vor Michael Thonets Ankunft begonnen, doch kam man, bedingt durch die schlechte Witterung, nicht wie geplant voran. Ende Juni war das untere Stockwerk fertig. Der Vater war unzufrieden mit den Arbeitern, vor allem über die Zimmerleute und deren Arbeitsmoral beklagte er sich zunehmend und befürchtete schon das schlimmste für die Zukunft.[43] Die Maurer begannen am 9. Juli mit den Arbeiten für das zweite Stockwerk, witterungsbedingt kam es nochmals zu einer weiteren Verzögerung, doch konnte Michael Thonet Ende Juli nach Wien berichten: »Zu Ende dieses Monats werden wir den [das] Dach aufschlagen so daß wir ½ September unter trocken sind […].«[44] Mitte September kam Franz mit seiner Frau Carry nach Bistritz. Es ging um die Bauabnahme und dem Vater war es wohl wichtig, dass einer der Söhne dabei sein sollte.

Der Vater hielt sich nicht ständig in Bistritz auf, sondern fuhr – vor allem in den Monaten Juli und August – immer wieder für einige Tage nach Wien oder Koritschan. Er kümmerte sich um technische Angelegenheiten wie die spezielle Ausführung bestimmter Maschinen oder um die Besorgung von weiterem Baumaterial.[45] Franz pendelte zu dieser Zeit zwischen London und Hamburg und Josef, der in Wien für den Verkauf zuständig war, hatte keinerlei Erfahrung in handwerklich technischen Angelegenheiten. Die Organisation der Arbeiten in Bistritz war am Ende aufwändiger als anfangs gedacht, so dass sich schließlich August im Oktober entschloss, zur Unterstützung dorthin zu kommen.[46] Kurz vor Weihnachten war das Gebäude dann soweit fertiggestellt, dass der Vater nicht ohne Stolz an die Söhne schreiben konnte: »[…] ihr werdet euch wundern, wenn ihr jetzt unseren Fabriksbau sieht.«[47]

Während ihres Aufenthalts in Bistritz wohnten Michael Thonet und Anna in dem Haus des Grafen Karl Maximilian von Seilern und Aspang[48], von Michael Thonet in den Briefen immer als »der Herr Baron« bezeichnet. Zusätzlich zu der Wohnung, die man dem Ehepaar zur Verfügung gestellt hatte, erhielten sie noch weitere Zimmer, in welchen die Söhne, wenn sie zu Besuch kamen, alleine oder mit der Familie wohnen konnten.[49]

Bei der Einrichtung der Fabrik bedienten sich die Thonets der Erfahrungen, die sie in Koritschan gemacht hatten und Bistritz übertraf bereits nach drei Jahren die Produktionszahlen von Koritschan deutlich. Die ersten Arbeiter, die man einstellte, kamen noch aus der unmittelbaren Umgebung. Handelte es sich um spezielle Tätigkeiten, wurden diese von erfahrenen Arbeitern aus Koritschan eingearbeitet, teilweise ging man aber auch den umgekehrten Weg und schickte Arbeiter aus Bistritz nach Koritschan, um sie dort mit den Eigenheiten des neuen Produktionsverfahrens vertraut zu machen. Aus finanziellen Gründen konnten anfangs nur eine gebrauchte Dampfmaschine und ebenso zwei gebrauchte Dampfkessel angeschafft werden.[50] Wie zu erwarten, lief auch in Bistritz nicht alles von Beginn an reibungslos. Franz spricht in einem Brief aus London von guten Geschäften, die man hier mit Parkettböden machen könne, wenn denn in Bistritz einmal alles in Ordnung sei.[51] Was in Bistritz nicht in Ordnung war, schreibt er allerdings nicht. Auch bei der Übernahme der Fertigung von Modellen, die in Koritschan hergestellt wurden und bei denen Bistritz aus Kapazitätsgründen aushelfen musste, kam es immer wieder zu Qualitätsmängeln.[52]

Neben der eigentlichen Einrichtung der Fabrik für die Möbelproduktion legte das Unternehmen in Bistritz von Anfang an großen Wert auf Werkstätten, in denen Maschinen und Arbeitsgeräte gewartet oder modifiziert werden konnten.[53] Dies hat einerseits mit dem Wunsch nach Unabhängigkeit zu tun, andererseits wollte man aber auch verhindern, dass Fremde die speziell für die Bugholzmöbelproduktion modifizierten Maschinen und Werkzeuge zu Gesicht bekamen.

Gegenüber späteren Betriebsgründungen, wie beispielsweise Groß Ugrócz, welche anfangs lediglich als Zulieferbetriebe für die Hauptfabriken dienten, war Bistritz von Anfang an als ein Standort geplant, der verkaufsfertige Möbel herstellen sollte. Doch stieß man auch hier rasch an Kapazitätsgrenzen, so dass es notwendig wurde, wie schon in Koritschan, bestimmte Fertigungsschritte an Zulieferbetriebe auszulagern oder als Hausarbeit zu vergeben.

Eine der ersten dieser Fabriksfilialen befand sich in Keltsch, einem kleinen, etwa 15 Kilometer nordöstlich von Bistritz gelegenen, landwirtschaftlich geprägten Ort, wo Latten gedrechselt, geraspelt und auch Sitze geflochten wurden.[54] Ein Problem dieser Fabriksfilialen war häufig, dass dort überwiegend Frauen beschäftigt waren, die auch in der Landwirtschaft arbeiten mussten, wodurch der Personalbestand saisonal stark schwankte.[55] Neben Keltsch wurden im Laufe der nächsten Jahre vier weitere Zulieferbetriebe eingerichtet, wobei das Unternehmen auf eine möglichst geringe Entfernung zu der Fabrik Bistritz achtete. So waren Keltsch 16 km, Wschechowitz 11 km, Drewohostitz 6 km, Prowodowitz 13 km und Komarno 11 km von der Fabrik entfernt.

Im Vergleich zu den anderen Fabriken hatte Bistritz stets die größte Anzahl von Zulieferbetrieben mit der höchsten Anzahl von Beschäftigten. 1884 waren beispielsweise insgesamt 1.040 Arbeiter in sämtlichen Fabriksfilialen beschäftigt, mehr als die Hälfte davon, 536 Personen, arbeiteten alleine für Bistritz. (Tabelle 1) In Keltsch und Wschechowitz wurden Raspel-, Schleif- und Flechtarbeiten ausgeführt, in den anderen Bistritzer Filialen wurde ausschließlich geflochten.[56] Für den Transport der in den Zulieferbetrieben vorbereiteten Teile in die Fabriken bediente man sich eigener Fuhrwerke oder der örtlicher Bauern, ebenso für die Lieferung der verkaufsfertigen Möbel von der Fabrik zum nächstgelegenen Bahnhof. Bei dem Transport mit der Eisenbahn zu den Verkaufsstellen gab es hin und wieder die Schwierigkeit, dass die Transportkapazitäten nicht ausreichten und die Ware am Bahnhof stehenblieb. Für diese Fälle hatte das Unternehmen beispielsweise in Hullein, der Bistritz nächstgelegenen Bahnstation, ein Magazin eingerichtet, in welchem Möbel zwischengelagert werden konnten. Doch auch dadurch war ein reibungsloser Versand nicht immer garantiert, vor allem, wenn sich unerwartete Ereignisse einstellten. So waren während des Österreichisch-Preußischen Kriegs 1866 Militärtransporte priorisiert, die Möbel blieben stehen. »Das ganze Magazin ist wieder vollgestellt in Hullein. Nichts geht weg, der Transport der Sachsen [sächsische Soldaten] nimmt wieder täglich 8 Züge in Anspruch.«[57]

8.2.2. Konzentration auf Konsumware

Lag in Koritschan der Schwerpunkt der Fertigung auf den bereits erwähnten Modellen der klassischen Reihe aus der noch handwerklichen Periode, so fertigte Bistritz überwiegend die sogenannte Konsumware. Für das am meisten nachgefragte Modell, Sessel Nr. 14, wurden bereits in der ersten Arbeitswoche, im Dezember 1861, folgende Teile hergestellt: [58]

Anzahl	Teile	Modell Nr.
363	Rücklehnen	Nr. 14
400	Sitze	Nr. 14
435	Vorderfüße	Nr. 14
312	Bögen	Nr. 14

Tabelle 3: Die Produktion in der ersten Arbeitswoche in Bistritz, Dezember 1861

Im Laufe der nächsten Jahre entwickelte sich Bistritz zur modernsten und produktivsten Fabrik des Unternehmens und behielt diesen Vorsprung auch nach der Errichtung weiterer Fabriken bei. Wie schon im Zusammenhang mit Koritschan ausgeführt, war den Thonets bewusst, dass für eine massenhafte Produktion von Möbeln auch eine Differenzierung der Standorte im Hinblick auf bestimmte Modelle oder Möbeltypen sinnvoll ist, da die notwendige Ausstattung nicht überall vorhanden sein musste. Auch die damit verbundene Konzentration auf einige wenige und gleiche Arbeitsgänge dürfte die Produktivität erhöht haben. Doch scheint diese Aufteilung in den ersten Jahren nicht immer reibungslos funktioniert zu haben. So klagt Franz häufiger, dass man in Bistritz noch Kapazitäten frei habe, um hier Teile für Koritschan zu biegen: »Wir haben Platz genug noch einen Zug [Arbeitsplatz für die Bieger] aufzustellen, sende mir den Zug mit den Pressen und Biegereisen, du kannst dann die ganze Biegerei dort [in Koritschan] an den Nagel hängen.«[59] Und nur einen Monat später: »Samstag werden wir die Fuhre schicken, schickt alle Pressen [aus Koritschan] her, wir haben noch Platz um 2 Böcke[60] aufzustellen.«[61]

Bei der Entwicklung neuer Möbeltypen achtete das Unternehmen zunehmend darauf, dass diese möglichst weitgehend unter maschinellem Einsatz erzeugt werden konnten.[62] Das Biegen der Rücklehneinsätze für die Konsummodelle gestaltete sich relativ einfach. Der Bogen für die Nr. 14, ebenso wie der haarnadelförmige Einsatz für Modell Nr. 18 oder das um 180 Grad gedrehte »Omega« für die Nr. 20, waren wesentlich einfacher zu fertigen als etwa die »traditionellen« Rückenmotive bei

Sessel Nr. 4 oder 2 mit ihren zahlreichen und offenen Biegungen und erlaubten so die Herstellung größerer Stückzahlen in kürzerer Zeit.

Doch auch bei den Konsummodellen gab es, wenn auch kleine, so doch merkliche Unterschiede bei dem Fertigungsaufwand, der sich in den Preisen niederschlug. Während alle Bauteile wie Sitz, Rückenlehne, Vorderbeine und Fußreifen dieser Modelle gleich waren, unterschieden sie sich in den Rücklehneinsätzen. Die Fabrik Groß Ugrócz beispielsweise konnte innerhalb eines Tages 400 Einsätze für die Nr. 14, 250 für die Nr. 18 aber nur 150 für die Nr. 20 erzeugen. Als 1886 das Modell Nr. 56 als weiteres Konsummodell hinzukam, schafften die Bieger zwar 250 Rücklehneinsätze täglich, doch war hier nun der trapezförmige Sitz aufwändiger zu fertigen. Dessen Tagesproduktion betrug lediglich 400 Sitze gegenüber 600 bei den kreisrunden.[63] Diese unterschiedlichen Gestehungskosten schlugen sich dann auch in dem Preis nieder. (Tabelle 4) Die Preisdifferenz ist teilweise nur gering, doch bei Stückzahlen von weit über hunderttausend pro Modell machte dies am Ende doch eine erhebliche Summe aus.

Modell	Sitze pro Tag	Rücklehneinsätze pro Tag	Preis im Jahr 1888
Sessel Nr. 14	600	400	3,00 Gulden
Sessel Nr. 18	600	250	3,10 Gulden
Sessel Nr. 20	600	150	3,25 Gulden
Sessel Nr. 56	400	250	3,60 Gulden
Sessel Nr. 15[64]	600	100	4,00 Gulden

Tabelle 4: Arbeits-Leistung der Biegerei in Groß Ugrócz pro Tag, 1888

Die wirtschaftliche Bedeutung sowohl des Sessels Nr. 14 als auch der diesem Modell konstruktiv identischen Modellnummern 18 und 20 wird an der folgenden Firmenstatistik »Gesammtabsendungen Sessel« für die Jahre 1857 bis 1881 deutlich.[65] (Abb. 42)

In der Spalte »Diversi mit Sitzen Nr. 1 & 12«[66] ist die Anzahl der jährlich produzierten klassischen, noch in den Werkstätten in Wien entwickelten Sessel aufgeführt. Hierzu gehören unter anderem die Modellnummern 8 und 11, von denen innerhalb dieser Gruppe die meisten gefertigt wurden, weshalb deren Produktionszahlen in den beiden Spalten »Nr. 8« und »Nr. 11« nochmals separat aufgelistet werden.

In den Spalten »Nr. 14«, »Nr. 20« und »Nr. 18« finden sich die jährlichen Produktionszahlen für diese Modelle. Wie ersichtlich, wurde Nr. 14 ab 1859, Nr. 20 ab 1871 und Nr. 18 ab 1876 produziert. Bei den 2.721 Sesseln, die in »Diversi

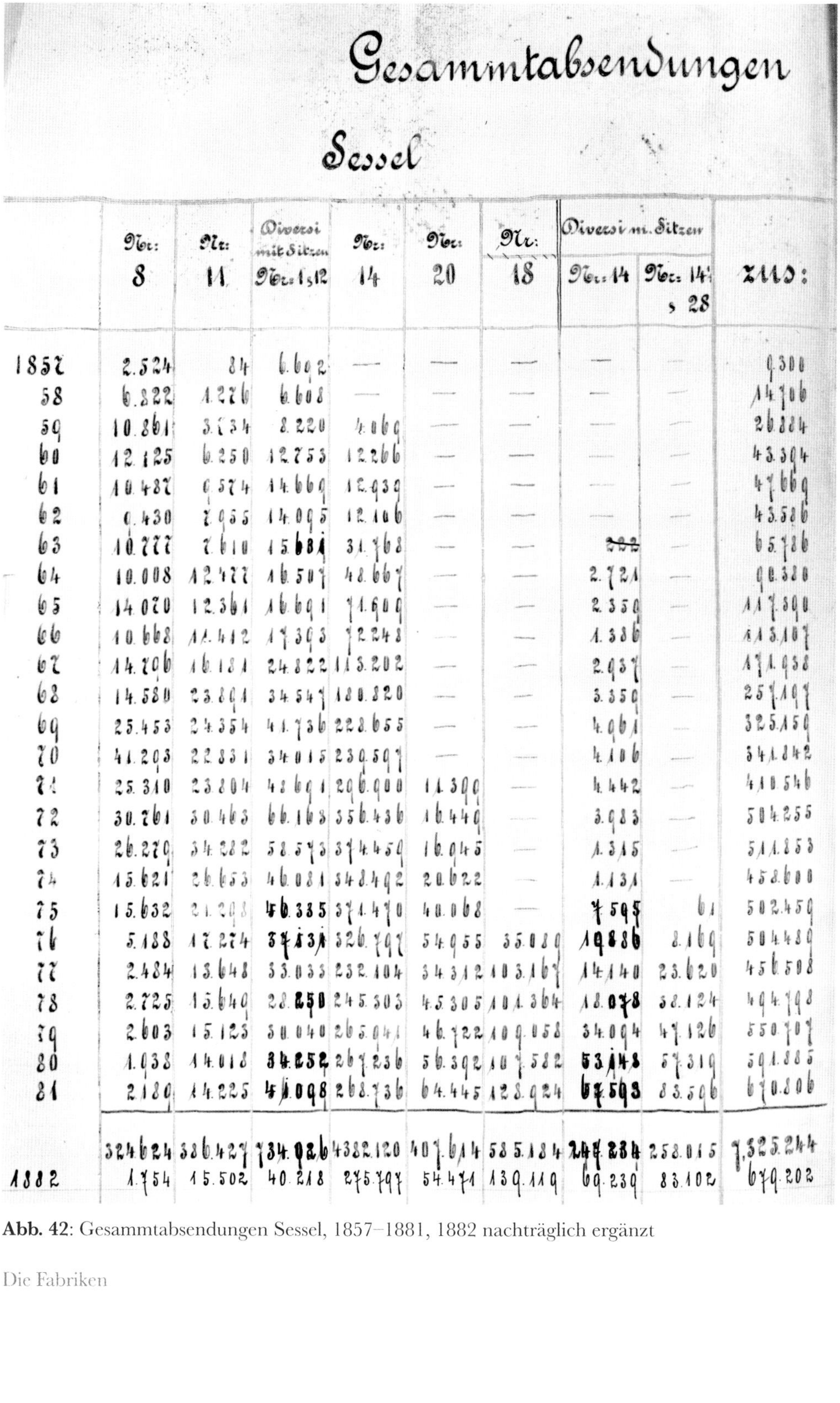

Gesammtabsendungen

Sessel

	Nr: 8	Nr: 11	Diversi mit Sitzen Nr: 1, 12	Nr: 14	Nr: 20	Nr: 18	Diversi m. Sitzen Nr: 14	Nr: 14, 28	Zus:
1857	2.524	84	6.692	—	—	—	—	—	9.300
58	6.822	1.276	6.608	—	—	—	—	—	14.706
59	10.861	3.734	8.220	4.069	—	—	—	—	26.884
60	12.125	6.250	12.753	12.266	—	—	—	—	43.394
61	10.487	9.574	14.669	12.939	—	—	—	—	47.669
62	9.430	7.955	14.095	12.106	—	—	—	—	43.586
63	10.777	7.610	15.681	31.768	—	—	~~222~~	—	65.786
64	10.008	12.477	16.507	48.667	—	—	2.721	—	90.380
65	14.070	12.361	16.691	71.609	—	—	2.359	—	117.390
66	10.668	11.412	17.393	72.248	—	—	1.386	—	113.107
67	14.796	16.181	24.822	113.202	—	—	2.937	—	171.938
68	14.580	23.891	34.547	180.820	—	—	3.359	—	257.197
69	25.453	24.354	41.736	228.655	—	—	4.961	—	325.159
70	41.293	22.831	34.015	239.597	—	—	4.106	—	341.842
71	25.310	23.804	48.691	296.900	11.399	—	4.442	—	410.546
72	30.761	30.463	66.163	356.436	16.449	—	3.983	—	504.255
73	26.279	34.282	58.573	374.459	16.945	—	1.315	—	511.853
74	15.621	26.653	46.081	348.492	20.622	—	1.131	—	458.600
75	15.632	21.298	46.335	371.470	40.068	—	7.595	61	502.459
76	5.188	17.274	37.131	326.797	54.955	35.089	19.886	8.169	504.489
77	2.484	13.648	33.033	232.104	34.312	103.167	14.140	23.620	456.508
78	2.725	15.640	28.250	245.303	45.305	101.364	18.078	38.124	494.798
79	2.603	15.123	30.040	265.941	46.722	109.058	34.094	47.126	550.707
80	1.938	14.018	34.252	267.236	56.392	107.582	53.148	57.319	591.885
81	2.189	14.225	41.098	268.736	64.445	128.924	67.593	83.596	670.806
	324.624	386.427	734.926	4382.120	407.614	585.184	247.884	258.015	7.325.244
1882	1.754	15.502	40.218	275.797	54.471	139.119	69.239	83.102	679.202

Abb. 42: Gesammtabsendungen Sessel, 1857–1881, 1882 nachträglich ergänzt

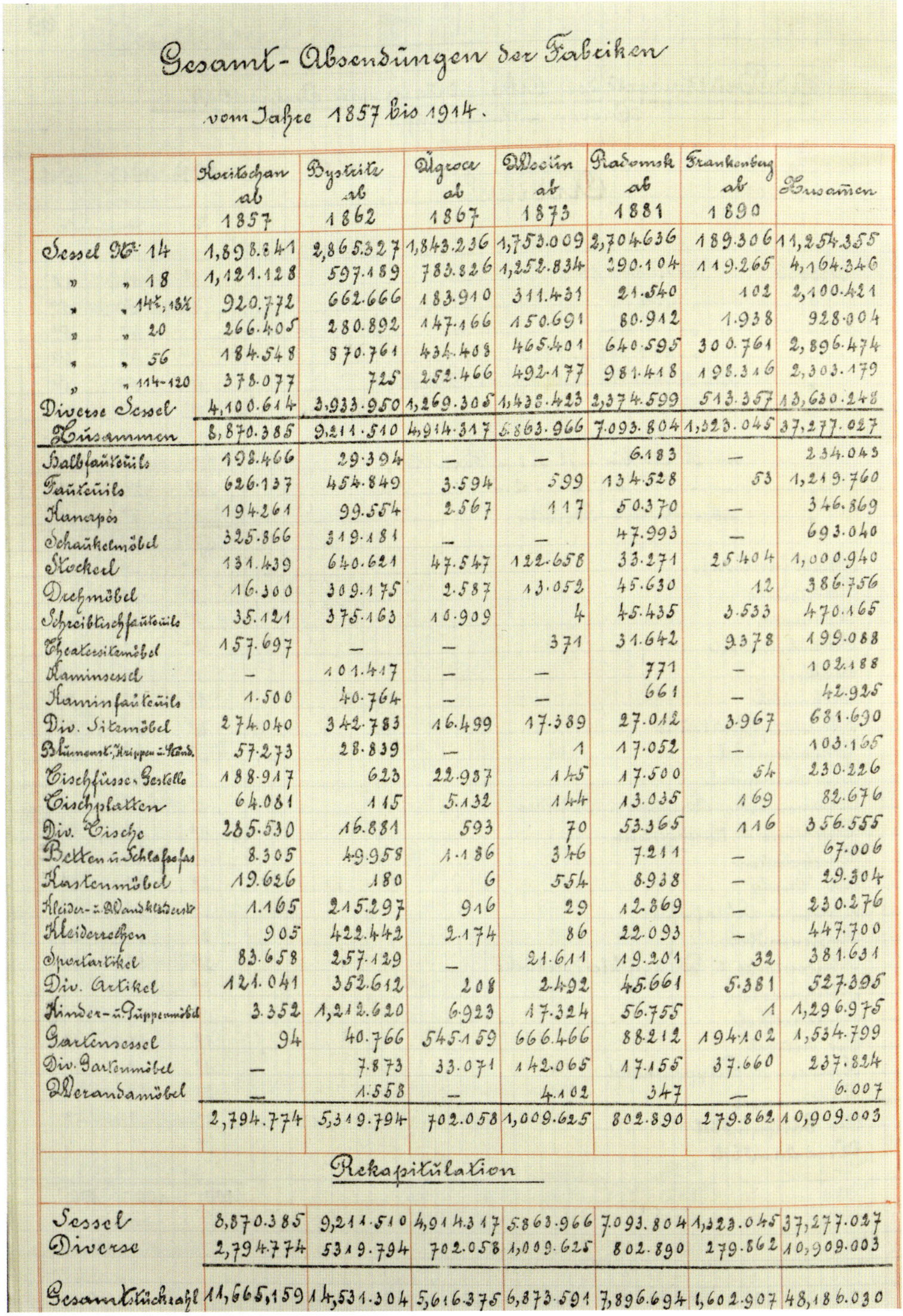

Gesamt-Absendungen der Fabriken

vom Jahre 1857 bis 1914.

	Koritschan ab 1857	Bystritz ab 1862	Ugrocz ab 1867	Wsetin ab 1873	Radomsk ab 1881	Frankenberg ab 1890	Zusammen
Sessel Nr. 14	1,898.841	2,865.327	1,843.236	1,753.009	2,704.636	189.306	11,254.355
" " 18	1,121.128	597.189	783.826	1,252.834	290.104	119.265	4,164.346
" " 14½, 18½	920.772	662.666	183.910	311.431	21.540	102	2,100.421
" " 20	266.405	280.892	147.166	150.691	80.912	1.938	928.004
" " 56	184.548	870.761	434.408	465.401	640.595	300.761	2,896.474
" " 114–120	378.077	725	252.466	492.177	981.418	198.316	2,303.179
Diverse Sessel	4,100.614	3,933.950	1,269.305	1,438.423	2,374.599	513.357	13,630.248
Zusammen	8,870.385	9,211.510	4,914.317	5,863.966	7,093.804	1,323.045	37,277.027
Halbfauteuils	198.466	29.394	—	—	6.183	—	234.043
Fauteuils	626.137	454.849	3.594	599	134.528	53	1,219.760
Kanapés	194.261	99.554	2.567	117	50.370	—	346.869
Schaukelmöbel	325.866	319.181	—	—	47.993	—	693.040
Stockerl	131.439	640.621	47.547	122.658	33.271	25.404	1,000.940
Drehmöbel	16.300	309.175	2.587	13.052	45.630	12	386.756
Schreibtischfauteuils	35.121	375.163	10.909	4	45.435	3.533	470.165
Theatersitzmöbel	157.697	—	—	371	31.642	9.378	199.088
Kaminsessel	—	101.417	—	—	771	—	102.188
Kaminfauteuils	1.500	40.764	—	—	661	—	42.925
Div. Sitzmöbel	274.040	342.783	16.499	17.389	27.012	3.967	681.690
Blumenst., Krippen u. Ständ.	57.273	28.839	—	1	17.052	—	103.165
Tischfüsse, Gestelle	188.917	623	22.987	145	17.500	54	230.226
Tischplatten	64.081	115	5.132	144	13.035	169	82.676
Div. Tische	285.530	16.881	593	70	53.365	116	356.555
Betten u. Schlafsofas	8.305	49.958	1.186	346	7.211	—	67.006
Kastenmöbel	19.626	180	6	554	8.938	—	29.304
Kleider- u. Wandkleiderst.	1.165	215.297	916	29	12.869	—	230.276
Kleiderrechen	905	422.442	2.174	86	22.093	—	447.700
Sportartikel	83.658	257.129	—	21.611	19.201	32	381.631
Div. Artikel	121.041	352.612	208	2.492	45.661	5.381	527.395
Kinder- u. Puppenmöbel	3.352	1,212.620	6.923	17.324	56.755	1	1,296.975
Gartensessel	94	40.766	545.159	666.466	88.212	194.102	1,534.799
Div. Gartenmöbel	—	7.873	33.071	142.065	17.155	37.660	237.824
Verandamöbel	—	1.558	—	4.102	347	—	6.007
	2,794.774	5,319.794	702.058	1,009.625	802.890	279.862	10,909.003
Rekapitulation							
Sessel	8,870.385	9,211.510	4,914.317	5.863.966	7.093.804	1,323.045	37,277.027
Diverse	2,794.774	5319.794	702.058	1,009.625	802.890	279.862	10,909.003
Gesamtstückzahl	11,665,159	14,531.304	5,616.375	6,873.591	7,896.694	1,602.907	48,186.030

Abb. 43: Gesamt-Absendungen der Fabriken, 1857–1914

mit Sitzen, Nr. 14« für das Jahr 1864 erscheinen, handelt es sich um Sessel Nr. 15. Man könnte es als ein Hybrid-Modell bezeichnen, da es Ausstattungsmerkmale der Konsummodelle hat, einen runden Sitzring und die einfachen Vorderbeine wie die Nr. 14, aber auch eine geflochtene Rückenlehne, die ansonsten allein den Modellen der klassischen Reihe vorbehalten war.

In »Diversi mit Sitzen, Nr. 14 ½ & 28«, finden sich die Produktionszahlen der ab 1875 angebotenen sogenannten »kleinen« Sessel mit Sitzen Nr. 14. Bei diesen war der Sitzring zwar rund, hatte aber einen Durchmesser von nur 37 statt 42 cm; auch die Höhe dieser Modelle betrug lediglich 84 statt 90 cm. Sessel Nr. 28 hingegen erhielt einen kleinen herzförmigen Sitzring, ebenso mit einem Durchmesser von 37 cm, und war 80 cm hoch. Von den Konsummodellen Nr. 15 und 18 wurden ab 1879 ebenso diese sogenannten »halben« Modelle zu einem ebenso leicht reduzierten Preis gegenüber den größeren angeboten.[67]

Auch von den klassischen Modellen Nr. 10 und 11 fertigte das Unternehmen Varianten mit dem einfachen runden Sitz und ohne Kapitelle für die Vorderbeine. Zur Unterscheidung erhielten sie einen Zusatz zu der Modellnummer: 10/14, bzw. 11/14.[68] Doch sind sie nur in den Jahresausweisen aufgeführt, in den Verkaufskatalogen finden sie sich nicht. Man kann daher vermuten, dass es sich bei den nur wenigen Exemplare um Sonderbestellungen handelte. Die Produktionszahlen für die Nr. 10/14 liegen im Durchschnitt im dreistelligen Bereich. Von Sessel Nr. 11/14 lassen sich zwar einige tausend Sessel nachweisen, so dass dieses Modell möglicherweise auch für den allgemeinen Verkauf gedacht war[69], doch wurde die Produktion nach nur vier Jahren, 1879, wieder eingestellt.[70]

Welche Bedeutung die Nr. 14 innerhalb der Konsummodelle, die Konsummodelle gegenüber allen anderen Sesseln und wiederum die Sesselproduktion gegenüber allen anderen Möbeltypen hatte, zeigen die vorstehende Gesamtübersicht (Abb. 43) und die drei hierauf basierenden Grafiken 10 bis 12 für die Jahre 1857 bis 1914.[71]

Dieser detaillierte Einblick und der Vergleich der Produktionszahlen zeigt, dass sich der wirtschaftliche Erfolg des Unternehmens Gebrüder Thonet den günstigen, massenhaft erzeugten Möbeln verdankte, nicht den teuren, für den es einen weltweiten Markt nie gab. Diese Tendenz lässt sich von Beginn an beobachten und verstärkte sich im Laufe der Zeit, wie ein Vergleich der Produktionszahlen für die Jahre 1876 und 1885 belegt. Betrachtet man die Bruttowerte für 1885, so machte das Unternehmen mit den Konsumsesseln – Sessel Nrn. 14, 15, 18, 19 und 20 – das nahezu zehnfache des Umsatzes gegenüber den Sesseln der klassischen Reihe.[72] (Tabelle 5)

Im Gegensatz zu ihrem größten Konkurrenten J. & J. Kohn war den Thonets immer bewusst, dass der wirtschaftliche Erfolg eines im industriellen Maßstab erzeugten

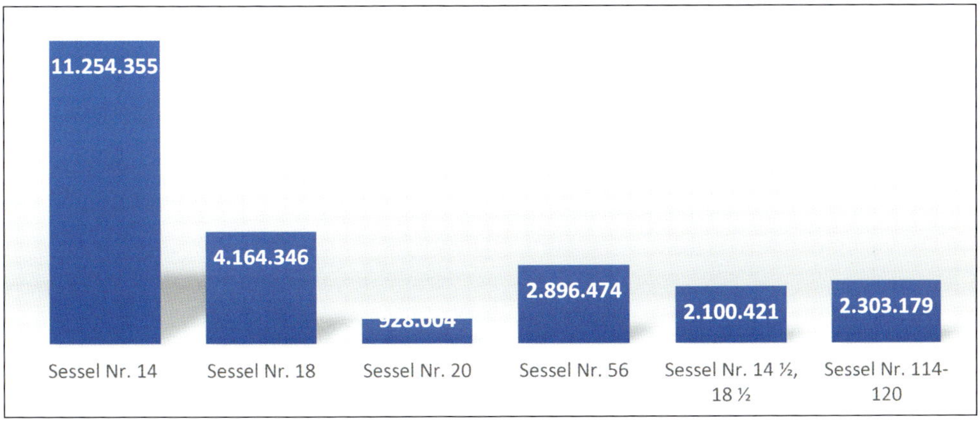

Grafik 10: Konsumsessel, aufgeschlüsselt nach Modellnummern, 1857–1914

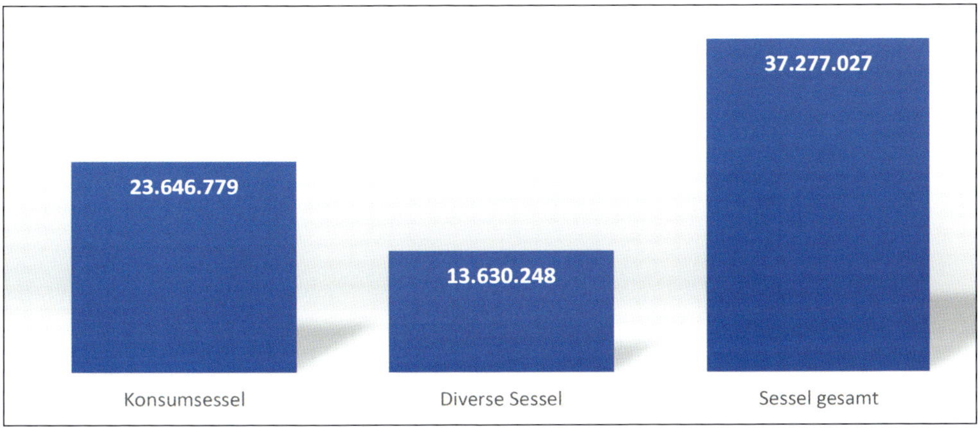

Grafik 11: Konsumsessel, Diverse Sessel und Sessel gesamt, 1857–1914

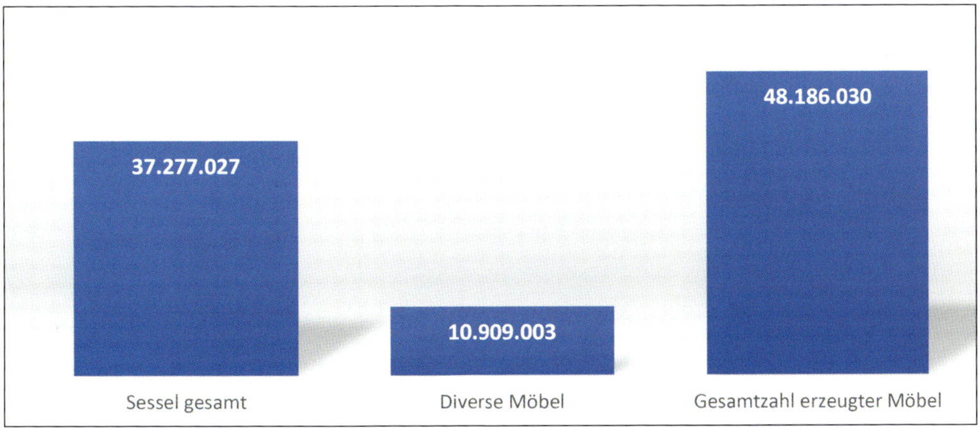

Grafik 12: Gesamtzahl aller erzeugten Möbel, davon Sessel und Diverse Möbel, 1857–1914

Möbels vor allem in der Stückzahl lag. Die Firma J. & J. Kohn hingegen versuchte, das aufwändig zu fertigende Bugholzmöbel im wahrsten Sinne des Wortes »salonfähig« zu machen, was dem Charakter einer industriellen Fertigung jedoch zuwiderläuft. Ab 1883 hatten die Gebrüder Thonet ebenfalls Salonmöbel im Angebot – allerdings nur einige wenige Modelle. Sie wussten, dass diese bei weitem nicht so profitabel sein konnten wie die Konsumware; sie waren in der Herstellung zu teuer und konnten nur in geringen Stückzahlen verkauft werden.

	Produktionszahl im Jahr 1876	Produktionszahl im Jahr 1885	Durchschnittspreis pro Sessel und Bruttowerte 1885
Sessel mit rundem Sitzring, Konsumsessel	434.244	640.260	3.45 FL 2.208.897 FL
Sessel mit trapezförmigem Sitzring, klassische Reihe	51.772	37.607	6.42 FL 241.436 FL

Tabelle 5: Vergleich der Stückzahlen der Konsumsessel zu den Modellen der klassischen Reihe für 1876 und 1885, Durchschnittspreis und Bruttowerte 1885

8.2.3. Fabrikleitung

Die Leitung der Fabrik Bistritz wechselte mehrfach. Nach der Inbetriebnahme im Dezember 1861 bis 1865 war August, anfangs möglicherweise noch mit Unterstützung des Vaters, verantwortlich für den Betrieb. Doch »da schon im Jahre 1865 die Holzbezüge aus der Bystritzer Umgebung nicht genügten, übersiedelten die Herren Michael Thonet sen. und August Thonet nach Nagy-Ugrócz (Ober Ungarn), um dort durch eine größere Sägeanlage und Biegerei den Mehrbedarf an Rohmaterial zu decken. Die Leitung der Bistritzer Fabrik übernahm für die folgenden vier Jahre der älteste Sohn Franz«.[73] Es ist überraschend, dass Franz die Leitung einer Fabrik für so lange Zeit innehatte, lagen seine Stärken doch – wie aus vielen Dokumenten ersichtlich – im kaufmännischen Bereich. Über die Gründe, die ihn für eine so langen Zeitraum in Bistritz bleiben ließen, ist nichts bekannt. Franz und Carry trafen am 28. Oktober 1865 hier ein und blieben bis November 1869. Das Paar lebte von 1862 bis Anfang 1864 überwiegend in London, wo sich Franz um die Präsentation der Firma auf der Weltausstellung, den Aufbau und die Einrichtung von Filialen und neue Geschäftskontakte kümmerte. Ab dem Frühjahr 1864 wohnten sie in Berlin, wo kurz zuvor ein Verkaufsstandort errichtet worden war.[74] Sie blieben dort mit einigen Unterbrechungen bis zum Juni 1865 und gingen nach einem mehrmonatigen

Aufenthalt in der gerade erworbenen Herrschaft Groß Ugrócz schließlich für die nächsten Jahre nach Bistritz; 1869 hatten sie ihren Hauptwohnsitz dann wieder in Groß Ugrócz.[75] In diesem Jahr übernahm August zusammen mit Jakob die Leitung von Bistritz. August wechselte 1886 nach Groß Ugrócz und Jakob leitete die Fabrik bis 1890 alleine. Ab 1890 war Carl, ältester Sohn von August, verantwortlich, ab 1906 Viktor, Sohn von Jakob, der ab 1908 von Richard Thonet unterstützt wurde.[76]

Aus den mehr als hundert erhaltenen Briefen von Franz während seiner Zeit in Bistritz lässt sich ein aufschlussreiches Bild der Situation des Unternehmens in der zweiten Hälfte der 1860er Jahre zeichnen, welches neben diversen Schwierigkeiten vor allem die ungeheure Dynamik der Entwicklung zeigt, für die vor allem Franz verantwortlich war. In all seinen Aktivitäten und in der Entwicklung neuer Geschäftsfelder – wie beispielsweise die Absicht, die Omnibusse in London mit den Thonetschen Rädern auszustatten[77] oder dem Bau einer Glasfabrik in Groß Ugrócz[78] – war er sehr enthusiastisch, ja geradezu euphorisch. Wenn sich die Dinge am Ende dann doch nicht so entwickelten, wie beispielsweise im Fall der Räder für die Londoner Omnibuskompagnien, war dies kein Grund für ihn zu zweifeln und er wandte sich wieder neuen Projekten zu. Neben dem Kaufmännischen galt sein Interesse auch Verbesserungen der Gebrauchstüchtigkeit der Möbel, aber auch deren Gestaltung und Aussehen. Durch seine Kontakte zu Händlern und vor allem zu den Kunden in den Niederlassungen wusste er um deren Wünsche und mahnte immer auch wieder Veränderungen in diesem Sinne an.[79] Bei den Verbesserungsvorschlägen finden sich häufig auch erläuternde Skizzen, wie im Fall der Anbringung der Arme an den Toilettenspiegeln. (Abb. 44) Franz war gelernter Tischler, somit auch Praktiker, was ihm in solchen Dingen vielfach zugutekam.

8.2.4. Bistritz – das Flaggschiff

8.2.4.1. Der Kaiserbesuch

Die volkswirtschaftliche Bedeutung, welche das Unternehmen in den nächsten Jahrzehnten erreichte und die Rolle, die Bistritz als Flaggschiff der Thonetschen Fabriken dabei spielte, wird einmal deutlich an der Zahl der hier erzeugten Möbel, zum anderen an den Bruttowerten. So produzierte Bistritz in den Jahren 1861 bis 1914 mit insgesamt 14.531.304 Möbelstücken mehr als 30 % des Gesamtvolumens der Firma. Berücksichtigt man die jährlich ausgewiesenen Bruttowerte, so war Bistritz über all die Jahre nicht nur die produktivste, sondern auch die profitabelste Fabrik des Unternehmens.[80] (Grafik 13)

Doch unabhängig von diesen wirtschaftlichen Daten zeigen noch andere Ereignisse die Ausnahmestellung dieses Standorts. Das für die Firma in der Außendarstellung wichtigste Ereignis war der Besuch des Kaisers Franz Joseph am 3. September 1897.

(Abb. 45) Bistritz beschäftigte in diesem Jahr 1.704 Arbeiter, die nahezu 300.000 Möbel mit einem Bruttowert von 1.434.598 Gulden – mehr als 33 Prozent aller in diesem Jahr in dem Unternehmen erzeugten Bruttowerte – fertigten.[81]

Am 4. Juli kündigte der Generaladjutant den Besuch des Kaisers an.[82] Der Monarch wurde am 3. September von dem damaligen Fabrikdirektor Carl Thonet, Sohn von August, dessen Frau Johanna, geb. von Wurmb, Carls Bruder Theodor und Cousin Alfred empfangen. Die Wiener Firma Franz Carl Bisenius, »Erstes Etablissement für Decorierung und Illumination« wurde mit dem Schmuck der Wohn- und Fabrikgebäude, des Eingangstores und der Errichtung eines Zeltes beauftragt.[83] Sowohl die zu den einzelnen Programmpunkten zu spielende Musik – hier kamen die Bistritzer Feuerwehrkappelle und zur Verstärkung noch die aus Wsetin zum Einsatz –, als auch

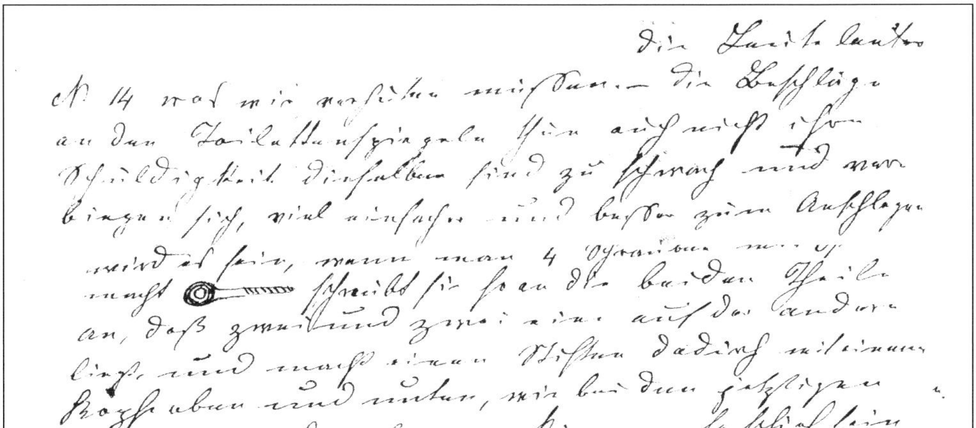

Abb. 44: Franz Thonet an den Vater und Bruder [August?] in Bistritz, Berlin, 27. März 1864

ein minutiös ausgearbeiteter Ablauf der Besichtigung der einzelnen Abteilungen der Fabrik wurden festgelegt und später nochmals schriftlich rekapituliert. »Besichtigung der beiden Gatter, Circular & Detailsäge, Rundstab & Lehnfußdrechselmaschine, sodann bei der Bandsäge & der Guillotine Maschinen vorüber, zu den Dampfkästen, von hier durch die linksseitige Thür in die Biegereiabtheilung, dort Rundgang durch das vordere Local, Besichtigung der einzelnen Biegemaschinen, beim Feuerofen vorüber und Aufgang durch das neue Stiegenhaus in das I. Stockwerk. [...] Nach Besichtigung der Ausstellung wurde Seine Majestät zum Zelt geleitet, wo die Fertigung der Gedenkblätter & die Enthüllung der Votivtafel stattgefunden hat. Beim Fallen der Hülle riefen die Arbeiter auf ein gegebenes Zeichen 3 mal Hoch & Slava, und die Musik intonirte die Volkshymne (die ersten 8 Takte).«[84]

»[...]Die Beschläge
an den Toilettenspiegeln thun auch nicht ihre
Schuldigkeit. Dieselben sind zu schwach und ver-
biegen sich, viel einfacher und besser zum Anschlagen
wird es sein, wenn man 4 Schrauben mit Ösen
macht [Zeichnung] schraubt sie so an die beiden Theile
an, daß zwei und zwei eins auf das andere
liegt, und macht einen Stiften dadurch mit einem
Kopfe oben und unten, wie bei den jetzigen.
Die Armen können so schief sein
[Zeichnung] wie sie wollen, man kann sich
leicht dann helfen und ist auch gleich
angeschlagen wenn man ein Lehr macht wo
die Armen eingespannt werden. Bis Ende
Monat werden wir für 1000 Thaler Geschäft
hier gemacht haben, welches zwar für 2 Monate
sehr wenig ist, in Betracht des Anfangs aber, und
der unendlich lausigen Zeiten hier noch
anständig genug ist. Wir sind alle gesund
und grüßen und küssen Euch alle aufs
herzlichste, besonders Euer Euch liebender Sohn und
Bruder Franz Thonet«[85]

Transkription Abb. 44

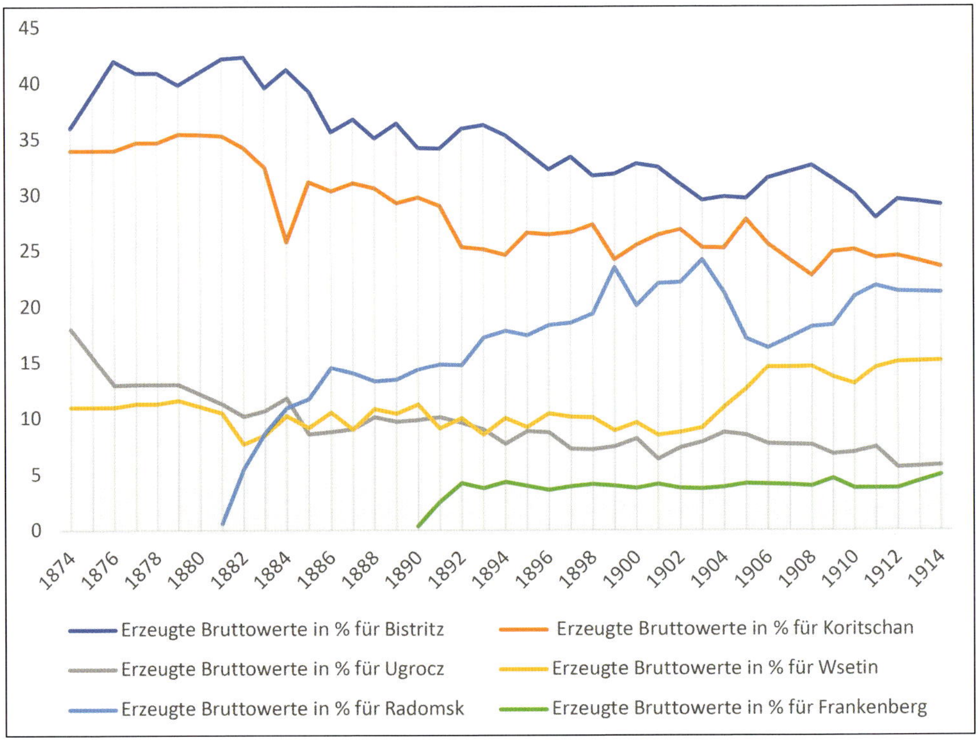

Grafik 13: Prozentualer Anteil der erzeugten Bruttowerte der sechs Fabriken, 1874–1914

Der Besuch des Kaisers war zunächst eine Anerkennung der wirtschaftlichen Bedeutung und Leistungsfähigkeit des Unternehmens, kann aber auch als Indiz dafür genommen werden, dass die Familie mittlerweile in gesellschaftlichen Kreisen angekommen war, von denen sie in den 1850/60er Jahren noch nicht einmal hätte träumen können. Als die Fabrik 1860 errichtet wurde, gab es permanent finanzielle Engpässe, weshalb mehrmals hohe Beträge von Wien nach Bistritz geschickt werden mussten, um den Baufortschritt sicherzustellen. Doch diese Zeiten waren lange vorüber. Die wirtschaftliche Lage des Unternehmens hatte sich in den folgenden Jahren hervorragend entwickelt, und die Gebrüder Thonet investierten ihr Geld mittlerweile nicht mehr nur in den Ausbau des Möbelgeschäfts, sondern errichteten Zinshäuser[86] wie das sogenannte »Eiserne Haus« in Wien in der Kärntnerstraße oder die sogenannten »Thonet Höfe« in Budapest (Abb. 60), Wien (Abb. 59), Brünn und Graz und erwarben zahlreiche Immobilien in den bedeutendsten Geschäftszentren Europas.[87]

Abb. 45: Der Kaiserbesuch in Bistritz, 1897

8.2.4.2. Der Fabriks-Anzeiger

Die herausragende Stellung von Bistritz innerhalb des Gesamtunternehmens zeigt indes nicht nur der Kaiserbesuch 1897, sondern lässt sich auch an einigen unternehmerischen Entscheidungen erkennen, welche die Bedeutung dieses Standorts unterstreichen. So erhielt Bistritz beispielsweise als einzige Fabrik des Konzerns 1911 ein eigenes internes Publikationsorgan, den *Fabriks-Anzeiger*, welcher die leitenden Mitarbeiter der Firma über alle wesentlichen Vorgänge die Fabrik Bistritz betreffend informierte.[88] Dies ist ein wenig überraschend, da bereits seit 1903 der zweisprachig – Deutsch und Französisch – verfasste *Gebrüder Thonet'sche Central-Anzeiger*[89] erschien, in welchem Änderungen oder Neuerungen in der Fertigung oder auch administrative Hinweise für die leitenden Angestellten bekanntgegeben wurden.[90] Dieses Mitteilungsblatt erschien in unregelmäßigen Abständen mehrmals jährlich bis 1923 und wurde später im Rahmen der Übernahme der Gebrüder Thonet A.G. in *Thonet-Mundus Zentralanzeiger* umbenannt.[91]

Der *Fabriks-Anzeiger* für Bistritz, 1911 erstmals herausgegeben, ist nachweisbar bis 1929.[92] Wegen der vergleichsweise geringen Auflage wurde er nicht gedruckt, sondern mit Schreibmaschine getippt und mit Hilfe der zu dieser Zeit üblichen Verfahren vervielfältigt. Für die Jahre unmittelbar nach dem Ersten Weltkrieg liegen sogar handschriftliche Exemplare vor. Der Bistritzer Anzeiger enthielt einen administrativen und einen technischen Teil. In ersterem wurde über Änderungen an einzelnen Möbeln informiert[93], in dem administrativen Teil wies man beispielsweise darauf hin, das exakte Anbringen der Schutzmarken und Stempel zu kontrollieren oder warnte davor, dass kein Fremder die Fabrik ohne Erlaubnis der Chefs besichtigen dürfe, da schon Fälle von Werkspionage bekannt geworden seien.[94]

8.2.4.3. Die Fabrikfeuerwehr

Bei dem Besuch des Kaisers wurden schon die Musikkapellen erwähnt, welche dieses Ereignis musikalisch untermalten. Diese waren indes nicht als Musikkapellen gegründet worden, sondern entstanden gleichzeitig mit den Anfang der 1870er Jahre gegründeten Feuerwehrcorps der Fabriken.

Eine der größten Gefahren für alle Bugholzmöbelfabriken war der Ausbruch von Feuer, verursacht beispielsweise durch die Trocknungsöfen, in welchen die gebogenen Teile ein oder mehrere Tage gelagert werden mussten, bevor man sie weiter bearbeiten konnte. Häufig kam es durch Unachtsamkeit zu Bränden, weshalb das Unternehmen dezidierte Vorschriften erließ, in denen beispielsweise das Rauchen, ja, sogar das bei sich tragen von Zündhölzern verboten wurde.[95]

So wurde Bistritz 1873, ebenso wie Koritschan drei Jahre zuvor von einem verheerenden Brand heimgesucht, der die Fabrik nahezu vollständig zerstörte. (Abb. 46)

Abb. 46: Ausgebrannte Fabrik in Bistritz, undatiert, im Vordergrund ein sogenannter Biegebock

Umfassend wurde in der nationalen Presse über dieses Unglück berichtet.[96] Das Unternehmen war mittlerweile der größte Arbeitgeber in der Region, weshalb alle daran interessiert waren, die Fabrik so rasch wie möglich wieder aufzubauen. Innerhalb nur eines Jahres wurden neue und größere Gebäude errichtet und bereits im Juni des folgenden Jahres konnte der k. k. Statthalter in Mähren, Philipp Freiherr von Weber Ebenhof, das neu errichtete Werk besichtigen.[97]

Da bei dem Brand nicht nur die Fabrik, sondern auch die Wohngebäude in Mitleidenschaft gezogen worden waren, ließen sich August und Jakob, die von 1869 bis 1886 bzw. 1890 die Leitung von Bistritz innehatten, eine neue und repräsentative Villa im Park des Fabrikgeländes errichten, die von mehreren Zweigen der Familie noch bis in die 40er Jahre des 20. Jahrhunderts für Wohnzwecke genutzt wurde.[98] (Abb. 47)

Als Folge dieser Brände wurden in Bistritz wie auch in allen übrigen Fabriken, eigene, aus Mitgliedern der Belegschaft bestehende Feuerwehrcorps aufgestellt. Bistritz hatte bereits im Jahr nach dem Brand »eine trefflich eingeübte Feuerwehr von 100 Mann«.[99] Die Gründung fand 1873 statt, im gleichen Jahr wie in Groß Ugrócz.[100] Für die anderen Fabriken liegen keine Informationen hierzu vor, doch dürften deren Feuerwehrcorps aufgrund der Erfahrungen in Koritschan und Bistritz ebenso noch in der ersten Hälfte der 1870er Jahre aufgestellt worden sein. Die Mitgliedschaft war nicht in jedem Fall freiwillig, falls erforderlich, wurden die Arbeiter verpflichtet, dem Corps beizutreten. Die Leitung übernahmen meist die Fabrikdirektoren, regelmäßige Übungen dieser nahezu militärisch organisierten Brigaden[101] stellten sicher,

Abb. 47: Villa der Familie Thonet im Park des Fabrikgeländes in Bistritz kurz nach der Errichtung, undatiert, vermutlich 1874/75

dass die Einsatzbereitschaft erhalten blieb. Die Fabriksfeuerwehren kamen nicht nur bei Bränden in der Fabrik zum Einsatz, sondern hatten Hilfe auch »in nächster Umgebung, sowie ausnahmsweise auch in größerer Entfernung zu gewähren«.[102] Doch war das Corps in erster Linie für die Fabrik zuständig, was in den Statuten ausdrücklich festgelegt war. So rückte bei »auswärtigen Bränden« lediglich die jeweilige Bereitschaft aus, während bei Bränden in der Fabrik die gesamte Mannschaft zum Einsatz kam.[103] Darüber hinaus war sie verpflichtet, die sogenannte »Fabrikswache« zu stellen. Sie bestand in der Regel aus sechs Mann und hatte nach dem Ende der täglichen Arbeit bis zum nächsten Morgen Dienst. Ihre Aufgabe war die Kontrolle des Areals der gesamten Fabrik, vor allem der Feuerstellen, von denen die meiste Gefahr ausging.[104] Zu der Frage, ob und in welcher Form dieser zusätzliche Dienst entlohnt wurde, fanden sich keine Informationen.

In Bistritz befand sich die Zentrale für alle Werksfeuerwehren. Eine eigene Abteilung entschied über Neuanschaffungen, erarbeitete Einsatzvorschriften und Verhaltensanweisungen. Die Feuerwehren wiesen ihre Leistungsfähigkeit in regelmäßigen, sogenannten »Schau-Übungen« nach. (Abb. 48)

Abb. 48: Schau-Übung der Feuerwehr Bistritz, Fabrik Bistritz, 1929

Neben der örtlichen Bevölkerung waren hierbei meist auch Mitglieder der Familie Thonet anwesend, die durch ihr Erscheinen den Arbeitern zu verstehen gaben, dass man sie und ihre Arbeit wertschätzte. Eine Art von Loyalitätsversprechen, wobei man von den Arbeitern auch entsprechende Verpflichtungen gegenüber dem Unternehmen, stellvertretend die anwesenden Mitglieder der Familie, erwartete. So findet sich in dem noch erhaltenen Feuerwehrbuch von Groß Ugrócz folgender erbaulicher Spruch, mit dem sich Familienmitglieder anlässlich einer solchen Übung am 21. Mai 1877 bedankten:

»Wo Fleiß und Kraft - So tüchtig schafft
Da ist der Drang - Zu heißem Dank
Der schönste Lohn.«[105]

Bei der Gründung der Feuerwehren ging es dem Unternehmen zum einen um den Schutz vor Bränden, doch ließen sich mit der nahezu paramilitärischen Organisationsform einer solchen Truppe auch Ziele erreichen, von denen das Unternehmen ebenso für die Arbeit in der Fabrik profitieren konnte: »Die stramme Zucht und die musterhafte Ordnung, die in einer Feuerwehr naturgemäss herrschen muss, sollte der völlig disciplinlosen Arbeiterschaft als Schule dienen und mit Vorbedacht geschah es, dass mit jeder neuen Einführung zunächst im Schosse dieses Vereins begonnen und erst allmählig von hier dieselbe aus auch den übrigen Arbeitern zugänglich gemacht wurde. So geschah es mit der Krankenkasse, dem Spar- und Consum-Verein, die in stufenweiser Folge begründet wurden.«[106] In den ländlichen Regionen fand das Unternehmen eine Arbeiterschaft vor, die an keinerlei Zeitdisziplin, wie es die Fabriksarbeit erforderte, gewöhnt war. Ihr Tagesablauf richtete sich nach den jahreszeitlich notwendigen Arbeiten in der Landwirtschaft oder im Wald. Es musste daher das vorrangige Bestreben der Firma sein, »in der Bevölkerung Sinn für Reinlichkeit, Ordnung, Zucht, Sparsamkeit und kameradschaftlichen Geist zu wecken und zu pflegen«, um so »die dortige arme und ungelehrige Bevölkerung zu einem tüchtigen Arbeiterstande heranzubilden und ihr ein menschenwürdigeres Dasein begründen zu helfen«. [107]

Der Eintritt in die Feuerwehrcorps wurde noch dadurch befördert, dass dessen Mitglieder innerhalb des Unternehmens offensichtlich eine gewisse Vorzugsbehandlung genossen. So konnten beispielsweise in Groß Ugrócz zunächst nur Mitglieder der Feuerwehr dem 1875 gegründeten Sparverein beitreten. Auch der 1877 gegründete Consum-Verein wurde von der Feuerwehr ins Leben gerufen, wobei diesem wiederum nur Mitglieder des Sparvereins angehören durften.[108] Es ist offensichtlich, dass man die Arbeiter so auf vielfältige Weise an das Unternehmen binden wollte, wozu gekoppelte Mitgliedschaften in den verschiedenen Vereinen der Firma als ein geeignetes Mittel erschienen. Die Zahl der in den Feuerwehrcorps organisierten Arbeiter war beträchtlich, nach eigenen Angaben des Unternehmens waren es zwischen 80 bis 120 Mann in jeder der Fabriken.[109] Das Unternehmen gibt für 1889, das Jahr der Abfassung des Berichts *Institutionen zum Wohle der Arbeiter*, eine Gesamtarbeiterzahl von 6000 in den damals sechs Fabriken an.[110] Dies würde bedeuten, dass im Durchschnitt etwa 10 % der Belegschaft in den Feuerwehren organisiert waren; in den kleineren Standorten ein wenig mehr, in den größeren etwas weniger.

8.2.4.4. Die Feuerwehrkapellen

Eine noch stärker »kohäsions- und harmoniestiftende Wirkung«[111] wie man es für die Feuerwehren annehmen kann, hatten die relativ rasch nach der Gründung der Betriebsfeuerwehren ins Leben gerufenen Feuerwehrkapellen. Deren Mitglieder waren »in der Regel Leute, die ihre Militärdienstzeit bei einer Musik-Kapelle zugebracht haben«.[112] Die erste Feuerwehrkapelle wurde 1874 in Bistritz von August Thonet, der selbst auch zahlreiche Musikstücke komponierte, gegründet.[113] Sie spielten bei öffentlichen Gelegenheiten und ebenso bei den privaten Festen der Familie Thonet, die um die Bedeutung für das soziale Gefüge innerhalb des dörflichen Lebens wusste und diese Kapellen mit regelmäßigen finanziellen Zuwendungen förderte; darüber hinaus wurden die Mitglieder für die Übungsabende extra entlohnt. Die Aufgaben der Kapellen waren vielfältig. Sie spielten bei geselligen Veranstaltungen und Beerdigungen, bei den gemeinsamen Ausflügen der Belegschaft an bestimmten Sonntagen im Sommer sowie bei Faschingsfesten. Es war dem Unternehmen bewusst, dass diese Art von Veranstaltungen, ebenso wie die Organisationstruktur der Feuerwehren, einen nicht unerheblichen Einfluss auf die Arbeitswelt – und die Arbeitsmoral – der Belegschaft hatte. Es handelte sich nicht allein um ein reines Freizeitvergnügen, denn »dies weckt nicht nur den Ehrgeiz der Feuerwehr-Capelle, sondern erhöht das Selbstgefühl des Vereins und im gewissen Sinne selbst der ganzen Arbeiterschaft«.[114]

8.2.5. Bistritz nach 1914

Nach dem Ausbruch des Ersten Weltkriegs brach die Produktion in dem gesamten Konzern ein, die meisten Arbeiter wurden eingezogen. Insgesamt 5.853 Arbeitern am 31. Juli 1914 standen im Dezember noch 2.218 gegenüber. Bistritz hatte einschließlich der Zulieferbetriebe im Juni 1914 1.649 Beschäftigte, bis Dezember sank die Zahl um mehr als die Hälfte auf nur noch 803.[115] Die Produktion musste umgestellt werden und Bistritz erzeugte ab Kriegsbeginn sogenannte »Artikel für Heereslieferungen«, wozu beispielsweise Geschützschlitten, Kufen und Räder für alle Arten von Fahrzeugen, Handgranatenstiele und weiteres kriegsnotwendige Material gehörten.[116] In allen Thonetschen Fabriken wurde nun kriegswichtige Ware hergestellt, doch Bistritz war der Standort, welche den größten Teil dieser Artikel lieferte.

Nach dem Krieg versuchte das Unternehmen, wieder an die Vorkriegerfolge anzuknüpfen, wozu neben der durch die politischen Folgen des Krieges notwendigen Neuorganisation im administrativen Bereich auch eine Umstrukturierung und die Konzentration der Produktion auf bestimmte Standorte gehörte. So sollte Bistritz beispielsweise die Fertigung »der Sesseltypen mit den 56 Sitzen [Sitze wie sie erstmals das Modell Nr. 56 erhielt] von Koritschan und Wsetin«[117] vollständig übernehmen. All dies und auch weitere Maßnahmen hatten allerdings nicht den erhofften Erfolg, so dass sich das zwischenzeitlich in eine A.G. umgewandelte Unternehmen mit der Mundus zusammenschließen musste. Während des Zweiten Weltkriegs übernahm ein durch den Reichsprotektor für Böhmen und Mähren ernannter Verwalter die Leitung der Fabrik, die nach dem Krieg – wie der gesamte Besitz der Thonets in der Tschechoslowakei – beschlagnahmt und in staatliches Eigentum überführt wurde.

8.3. Die Fabrik Groß Ugrócz 1865

8.3.1. Kauf des Geländes und Bau der Fabrik

Wenn auch mit dem Bau der zweiten Fabrik in Bistritz Produktion und Produktivität erheblich gesteigert werden konnten, waren es nach wie vor die unzureichenden Holzlieferungen, welche höhere Stückzahlen vor allem bei den dringend benötigten Konsumsesseln verhinderten. Das Unternehmen suchte in den Jahren nach Errichtung der Fabrik Bistritz vordringlich nicht in erster Linie nach neuen Fabrikationsstandorten, sondern vor allem nach weiteren Rohstoffquellen und wurde schließlich in Ungarn fündig. Ihr dortiges Gut hatte die aus Boppard stammende Familie Mallmann den Thonets im Juni 1865 für 200.000 Gulden angeboten, doch lehnten diese wegen der transportungünstigen Lage ab. »Ich hab mich einen Tag in Boppard aufgehalten wo ich die ganze Familie Mallmann zusammen traf, sie offeriren uns das ungarische Gut für 200.000 flor. Es hat ihnen 700.000 gekostet, ist aber viel zu weit entfernt um für uns von Vortheil zu sein.«[118] Zur gleichen Zeit stand auch die Herrschaft Groß Ugrócz (auch Gross Ugrócz, Ugrocz oder Ugrotz) zum Verkauf. Diese hatte Johann (Janos) Nepomuk Graf von Keglevich de Buzin (1786–1856) 1844 von dem Grafen Ján Nepomuk Majlát für 180.000 Gulden gekauft. Der neue Besitzer beauftragte noch im gleichen Jahr den Wiener Architekten Alois Pichl, das zur Herrschaft gehörige und im 18. Jahrhundert barockisierte »Kastell zu Nagy Ugrócz« im neugotischen Stil umzugestalten.[119]

Johann Keglevich de Buzin starb 1856 und sein Sohn Štefan Keglevich (1840–1905) übernahm den Besitz. Dessen Lebensmittelpunkt war Wien, er hatte keinerlei Interesse an diesem Gut und bot es 1865 den Thonets zum Kauf an.[120]

In der aus dieser Zeit erhaltenen umfangreichen Korrespondenz der familiären Gesellschafter lassen sich ihr Vorgehen bei den Verkaufsverhandlungen, später aber auch die Schwierigkeiten bei der Organisation der Lieferungen dieses anfänglich nur als Zulieferbetrieb geplanten Standortes nachvollziehen. Es bietet sich an, ein wenig ausführlicher auf diese Quellen einzugehen, da sie uns darüber hinaus auch Josef Thonet, von dem so gut wie keine brieflichen oder persönlichen Äußerungen vorliegen, ein wenig näherbringen.[121]

Josef, der die Firmenzentrale in Wien leitete, führte die Verhandlungen beim Kauf des Gutes und traf sich im Mai und Juni 1865 mehrmals mit Štefan Graf Keglevich. Franz war zu dieser Zeit mit dem Aufbau der Filiale in Berlin beschäftigt, Michael jun. leitete die Fabrik in Koritschan. Josef und August waren bereits Anfang April zusammen mit Jakob nach Groß Ugrócz gefahren, um die zu der Herrschaft gehörenden Wälder zu besichtigen und zu prüfen, ob sie für ihre Zwecke geeignet wären. Auch Michael sen. beabsichtigte, sich dort alles einmal anzusehen.[122] Am

13. April schließlich berichtete Josef von dem Ergebnis ihrer Inspektion: »Wir sind gestern abend zurückgekommen von unserer Besichtigung, können sagen daß die Herrschaft dort einen schönen Besitz hat, hübsche Economie aber im Verhältniß wenig Buchenholz, obgleich hinreichend für unsren Bedarf. 100.000 [Kubik] Fuß [2.832 m^3] können jährlich aus den Wäldern geschlagen werden vom Nachwuchs. Der schönste Bestand sind eichen und zwar junge eichen welche für Radfelgen sehr geeignet sind, die Lage ist ganz geeignet zu unser Spekulation, da es nur 6 Meilen n. Trentschin ist und die Fuhrleute in 3 Tagen bis Hradsch [?] und zurück fahren also die Fuhr mit 20 Ctr auf 9 fl zu stehen kömmt was auf den Cubikfuß sammt Holz alles in allem 8x [Kreuzer] ausmacht gegen den jetzigen Preiß v. 21x mithin 13x an jedem Fuß Nutzen bringt [...].«[123]

Am 29. Mai 1865 traf Josef den Grafen in Wien und berichtete dem Vater von dem Gespräch, bei dem sich vor allem die Unerfahrenheit von Keglevich in Fragen der Holzwirtschaft gezeigt hatte.[124] Bei diesem Treffen kam es zu keinem Vertragsabschluss, weshalb Josef am 9. Juni den Grafen nochmals in Pest traf. Die Thonets hatten sich zwischenzeitlich über den Kaufpreis verständigt, den sie zu zahlen bereit waren und Josef unterbreitete Keglevich nun ein konkretes Angebot. In einem ausführlichen Brief berichtete er von dem Gespräch.

»Ich bin heute früh hier angekommen und habe den Grafen gesprochen unser Geboth hat ihn nicht sehr erbaut, er hat dagegen 250.000 verlangt und ging dann schließlich auf 230.000 was ich ihm natürlich auch nicht zusagte, weiter war er heute nicht zu bewegen, ich wollte mich verabschieden und schreiben, er scheint aber verkaufen zu wollen und bleibt noch 4 Tage in Pest damit ich Euch schreiben kann, da ich nun schon hier bin und der Graf wieder weiter reist dann, so möchte ich es selbst in Ordnung bringen d. h. wenn möglich, ich denke, daß wir es um 220–225 bekommen, sind wir mit dem Preiß einig, so erhält d. ganze Sache unser Advokat hier, welchen ich als einen sehr verläßlichen Mann kennenlernte und guten Rath ertheilte, es ist daher wenn wir auch mit dem Preis einig sind immer noch nicht gesagt daß das Gut gekauft ist sondern hängt von verschiedenen Sachen ab, und sind diese Sachen so wie wir sie erwarten so ist ja auch unser Wunsch erfüllt, Seit [d] so gut mir umgehend zu schreiben, ob ich im Nothfall auf 225.000 gehen kann, wenn möglich ist, billiger zu bekomen, so seit versichert, daß es geschieht. Ich biethe Ihm keinesfalls mehr als 220.000. Habe nach Bistritz auch geschrieben, daß sie [nach] Wien schreiben sollen oder was mir noch lieber wäre wenn August hierher käme um darüber zu sprechen, ich zweifle nicht daß wir zum Abschluß kommen, das heißt mündlich mit Vorbehalt des Schlußbriefes welchen d. Doktor dann machen wird und worin die erste Klausel die ist daß bei einer Anzahlung vorerst das Gut grundbücherlich einverleibt wird mithin alle Schulden entweder von uns übernommen oder gelöscht sind. – Schreibt mir aber gleich nach Erhalt dieses einige Zeilen damit es auch mit der Samstag Post abgeht und ich bestimmt Montag früh Brief habe, obwohl ich bestimmt annehmen kann daß Ihr mit meiner Handlungsweise einverstanden seit da wir nur schon auf fl. 5–10.000 Mehrzahlung als unser Geboth ist, gefaßt waren, so möchte ich daher Euern Willen wissen, da es schon gekauft werden soll, so in Gottes Namen, es war ja immer unsere Idee um diesen Preiß zu kaufen.«[125]

Auch Franz war laufend über die Verhandlungen informiert und äußerte sich aus Berlin dazu.[126] Der Brief mit dem Einverständnis auch der anderen Familienmitglieder zu dem Preis, den man zu zahlen bereit war, erreichte Josef in Pest am Montag, dem 12. Juni und nur einen Tag später hieß es in seinem Brief an den Vater und Bruder nach Koritschan:

»Ich bin heut früh zurückgekommen, Ukrotz ist gekauft und zwar um 220.000 fl und 1.000 Stück Ducaten was 5.000 fl gleich kömmt für die 1.000 Ducaten muß d. Graf alle Anschreibe Gebühren bezahlen was wahrscheinlich noch mehr ausmacht wir haben daher eigentlich um 220 gekauft, er braucht zu nöthig Geld, um daß er nicht eingehen hätte sollen, wir haben einen kräftigen Doctor an d. Seite, heute und diese Tage wird der richtig hier vorbereitet um den Contract abschließen zu können, ich fahre mit unserm Pester Advocaten Donnerstag oder Freitag nach Topolzan [Topoľčany] und wird das nöthige dort gemacht im Falle, daß der Contract fertig wird könnt Ihr ganz ruhig sein daß es ordentlich ist der Doktor ist ein sehr vorsichtiger und ruhiger Mann und ich gehe auch nicht so leicht etwas ein wo nicht alles klar ist. circa 112.000 fl können liegen bleiben, wovon 36.000 fl Ende Dezember 1866 gezahlt werden müßen, der Rest um 80.000 fl kann bei d. Bodencredit Anstalt stehen bleiben, es ist daher d. Kauf sehr leicht für uns. August kam vorgestern nach Pest und ist gestern nach Bistritz gefahren, […]. Es ist schon Postschluß, muß schließen. Herzliche Küsse und Grüße, Josef.«[127]

Auch Franz wurde noch am gleichen Tag von Josef über den erfolgreichen Abschluss informiert: »Ich bin heute früh hier angekommen und ist der Kaufcontrakt gestern unterfertigt worden es sind noch einige Förmlichkeiten der Credit Anstalt zu übersehen und ist dann die Sache in Gültigkeit und wird uns eigenrechtlich einverleibt, der Contract ist bereits im Grundbuch vorgemerkt, in ungefähr 16 Tagen können wir schon Eigenthümer sein, sobald ich näheres v.d. Bodencredit Anstalt weis, werde ich Dir schreiben […].«[128]

Ebenso wie in Koritschan und Bistritz leitete Michael Thonet auch in Ugrócz den Fabriksbau, in welchem vorerst nur die sogenannte »Rohware«, Möbelteile für die beiden mährischen Fabriken, vorbereitet werden sollte. Er wurde dabei von Franz unterstützt, der mit seiner Frau Carry und deren Schwester Phoebe Ende Juli nach Ugrócz kam, wo sie bis Ende Oktober blieben. In Franz' Briefen aus dieser Zeit werden kleinere Schwierigkeiten während der Bauphase beschrieben. So wartete man ungeduldig auf die Lieferung von Material, der Transport und die Aufstellung der Dampfkessel mussten besorgt werden. Glücklich ist Franz darüber, dass hier gegenüber Koritschan und Bistritz nur wenige oder gar keine Bauvorschriften einzuhalten sind.[129] Er ist zufrieden, »es gibt ein ganz nettes Gebäude«.[130] Da man – worauf Josef schon nach der Besichtigung hingewiesen hatte – mit dem Kauf der Herrschaft mehr Eichen- als Buchenwälder erworben hatte, musste man einen Vertrag mit der Kameral-Herrschaft schließen, in dem die Lieferung von zusätzlichem Buchenholz geregelt war.[131]

8.3.2. Logistische Schwierigkeiten

Die ersten Sesselteile aus Ugrócz wurden im Januar 1866 nach Bistritz und Koritschan zur Weiterverarbeitung geliefert. Doch es stellte sich relativ rasch heraus, dass die ursprüngliche Absicht, Groß Ugrócz als Filialbetrieb für die beiden bestehenden Fabriken zu nutzen, nicht aufging. Die Transporte nach Koritschan und Bistritz dauerten zu lange, waren zu teuer und in Ugrócz vorbereitete Teile passten nicht zu den in den Fabriken hergestellten.[132] Das Unternehmen entschloss sich, den als Filialbetrieb geplanten Standort zu einer vollständigen Fabrik auszubauen. Es waren vor allem die aufwändigen Transporte, die zu dieser Entscheidung führten. Die gesamte Strecke von Ugrócz nach Koritschan und auch Bistritz – jeweils etwa 150 Kilometer – wurde überwiegend mit Fuhrwerken bewältigt, was erwartbar nicht immer problemlos funktionierte.[133] Für einen Teil des Weges nutzte man zwar auch die Eisenbahn, doch die nächstgelegene Station Tornocz war immerhin noch etwa 80 Kilometer von Ugrócz entfernt und die Möbelteile mussten wiederum in Bisenz oder Hullein abgeholt und dann nochmals etwa 20 Kilometer mit Fuhrwerken zu den Fabriken transportiert werden.

Darüber hinaus gab es das gleiche Problem wie bereits in Koritschan und Bistritz. Die Bauern standen nicht immer für die Transporte zur Verfügung, weshalb das Unternehmen gezwungen war, eigene Transportmöglichkeiten – Pferde, Wagen und Fuhrleute – vorzuhalten. »Diese Woche sind Bauern genug, um die Frachten [von Ugrócz] nach Tornocz zu fahren. Zur Sicherheit und Pünktlichkeit ist es aber nöthig, daß wir das Fuhrwerk nach Tornocz selbst haben.«[134] In vielen Briefen von Franz aus dieser Zeit ist die Rede davon, dass er wieder Pferde ge- oder verkauft habe, dass schlechte Pferde ersetzt werden mussten und wie viele Pferde und Wagen notwendig seien, um die Transporte überhaupt bewältigen zu können.[135]

Es war jedoch nicht alleine ein logistisches Problem, die Lieferungen zu organisieren. Die Tiere mussten versorgt, Heu und Hafer mussten gekauft und auch

Ställe mussten gebaut werden.[136] Welche Probleme dies alles mit sich brachte, wird an einer Begebenheit deutlich, die Franz in einem Brief an den Bruder Michael in seiner gewohnt deutlichen Sprache anschaulich beschreibt und die kein Einzelfall gewesen sein dürfte. Die Fahrten dauerten meist mehrere Tage, weshalb man den Knechten das Futter für die Pferde mitgab. Die Fuhrwerker verfütterten dieses jedoch nicht in jedem Fall an die Pferde, sondern verkauften es, was den Thonets allerdings nicht lange verborgen blieb. Franz bemerkte hierzu: »Jemehr [sic] Futter man den Kerlen giebt, desto mehr verkaufen sie. Das Viech bleibt in Wind und Wetter [nicht lesbar] draußen stehen während die Kerle saufen. Von nächster Woche an schicke ich unsere Fuhren immer zusammen, und schicke einen verläßlichen Menschen mit, der das Futter ausgiebt und auf die Transporte acht giebt, mehr kann dieser Mann gar nicht verdienen, durch die besoffenen nachlässigen Knechte geht das Viech zu Grunde. Gestern schickte ich diese beiden Lumpen um Heu, sie konnten um 5 Uhr zurücksein, waren aber um 12 noch nicht zu Hause, der eine fuhr an der Fabrik vorbei, schlief in der Besoffenheit, und die Pferde fuhren in ein Feld, wo wir erst heute früh denselben heraus bekommen [sic] konnten. Der andere Wagen schlug um, unsere Leute fanden den Knecht schlafend daneben.«[137]

All diese Schwierigkeiten bestanden so lange, wie es keine direkten Eisenbahnverbindungen zu den Fabriken gab. Die einzige Möglichkeit, die Situation zu verbessern, wäre gewesen, neue Bahnstrecken möglichst dicht an den Fabriken vorbeizuführen, weshalb die Gebrüder Thonet auf die Planungen Einfluss zu nehmen suchten[138], was jedoch nicht in jedem Fall gelang. So bekam Ugrócz eine eigene Eisenbahnstation erst im Jahre 1896.

Es ist zweifellos richtig, wenn davon gesprochen wird, dass die Gebrüder Thonet international agierten, die ganze Welt mit ihren Möbeln belieferten, Niederlassungen an den besten und teuersten Standorten in den prächtigsten und wichtigsten Städten der Welt hatten. Doch bis Ende des 19. Jahrhunderts mussten das Holz, die Möbel und Möbelteile erst einmal auf unbefestigten Wegen mit Pferdefuhrwerken aus den mährischen, ungarischen und galizischen Wäldern zu den Filialbetrieben und Fabriken und anschließend von dort wieder zu den Bahnstationen gebracht werden. Die weit abgelegenen Fabrikationsstandorte boten viele Vorteile, doch waren die Transporte mit unendlichen Beschwerlichkeiten verbunden. Es gab keine Transportunternehmen, die man hätte beauftragen können und die Thonets selbst mussten zu Transportunternehmern werden.

8.3.3. Ugrócz wird Fabrik

Groß Ugrócz begann 1867 damit, verkaufsfertige Ware herzustellen. Die Produktion betrug im ersten Jahr circa 15.000 Sessel.[139] Wie aus einer Aufstellung des Bedarfs an Biegeformen hervorgeht, konnte sie 1873 auf täglich 950 Sessel gesteigert werden: 800 Sessel Nr. 14 und 20, dazu 150 Sessel Nr. 8, 10 und 11.[140] (Abb. 49)

Wegen des unterschiedlich langen Verbleibs der gebogenen Teile im Trockenlager – die Biegeformen standen während dieser Zeit nicht zur Verfügung – benötigte man für die Herstellung von täglich 950 Sesseln allerdings ein Mehrfaches an Biegeformen: insgesamt 7.150 Stück plus eines Zuschlags von 10%, falls einmal welche unbrauchbar werden sollten.[141]

Das Erzeugungsvolumen dieser doch relativ kleinen Fabrik ist beeindruckend: Von 1857 bis 1900 fertigte Ugrócz insgesamt 1.671.169 Sessel Nr. 14, von der Nr. 14 ½

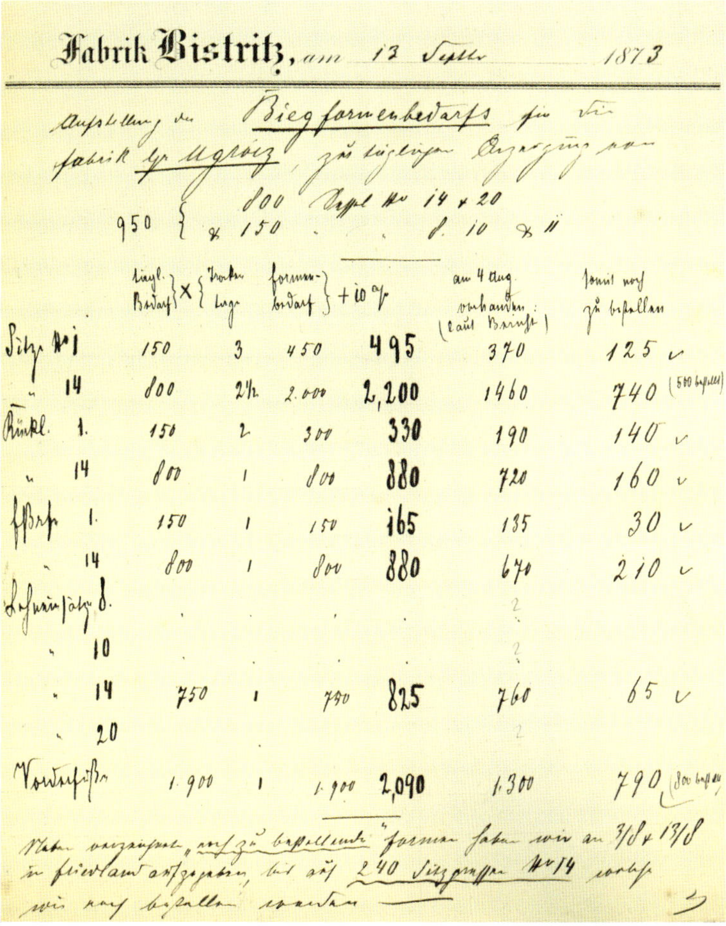
Fabrik Bistritz, am 13 Septbr 1873

Aufstellung des Biegformenbedarfs für die Fabrik Gr. Ugrócz zur täglichen Erzeugung von

950 { 800 Sessel Nr 14 + 20 / & 150 " " 8. 10 & 11

	tägl. Bedarf	× Trocken Lage	Formenbedarf	+ 10%	am 4 dieses vorhanden (laut Bericht)	somit noch zu bestellen
Sitz Nr 1	150	3	450	495	370	125
" 14	800	2½	2.000	2,200	1460	740 (500 bestellt)
Rückl. 1.	150	2	300	330	190	140
" 14	800	1	800	880	720	160
[illegible] 1.	150	1	150	165	135	30
" 14	800	1	800	880	670	210
[illegible] 8.	.		.	.	?	
" 10					?	
" 14	750	1	750	825	760	65
" 20					?	
[illegible]	1.900	1	1.900	2,090	1.300	790 (800 bestellt)

[illegible] 240 [illegible]

Abb. 49: Aufstellung des Biegeformenbedarfs für die Fabrik Gr. Ugrócz zur täglichen Erzeugung von 950 [Sesseln], 1873

183.890 Stück. 1871 wurde das Modell Nr. 20 vorgestellt, von dem Ugrócz bis zur Jahrhundertwende 140.349 Stück produzierte. Von dem ab 1876 eingeführten Sessel Nr. 18 waren es bis 1900 585.825 und von der Nr. 56, eingeführt 1886, 293.977 Stück.[142] Ugrócz kam bei all diesen Modellen zwar nicht an die Produktionszahlen von Koritschan oder Bistritz heran, doch war die Produktivität in Ugrócz ebenso hoch wie in den anderen Fabriken, weshalb man nicht davon sprechen kann, dass die Firma in Ugrócz wegen der Rückständigkeit des Ortes und der ungebildeten Arbeiterschaft große Probleme hatte und dies der Grund sei, warum hier nur die einfachsten Modelle gefertigt werden konnten.[143] Ugrócz war darüber hinaus neben Wsetin der Hauptstandort zur Erzeugung von Gartenmöbeln, von denen von 1857 bis 1900 149.978 Stück und zusätzlich noch 57.881 Gartensessel Nr. 4 – das erfolgreichste Modell innerhalb dieses Sortiments – hergestellt wurden. Die später gegründeten Fabriken Radomsk und Frankenberg fertigten ebenfalls Gartenmöbel, kamen jedoch bei den Stückzahlen bei weitem nicht an die von Ugrócz heran, wobei Ugrócz weder Schaukel-, Kaminmöbel oder Theaterfauteuils erzeugte.[144]

In den Jahresausweisen finden sich für Ugrócz auch einige wenige andere Möbeltypen, doch deren lediglich geringe Anzahl – beispielsweise 2.736 Fußschemel, 2.587 Drehstockerl oder 2.813 Kindermöbel – gegenüber mehr als 3,3 Millionen Sesseln, die an diesem Standort in der Zeit von 1867 bis 1900 produziert wurden, lässt vermuten, dass Ugrócz bei diesen Modellen lediglich aushalf, wenn in den

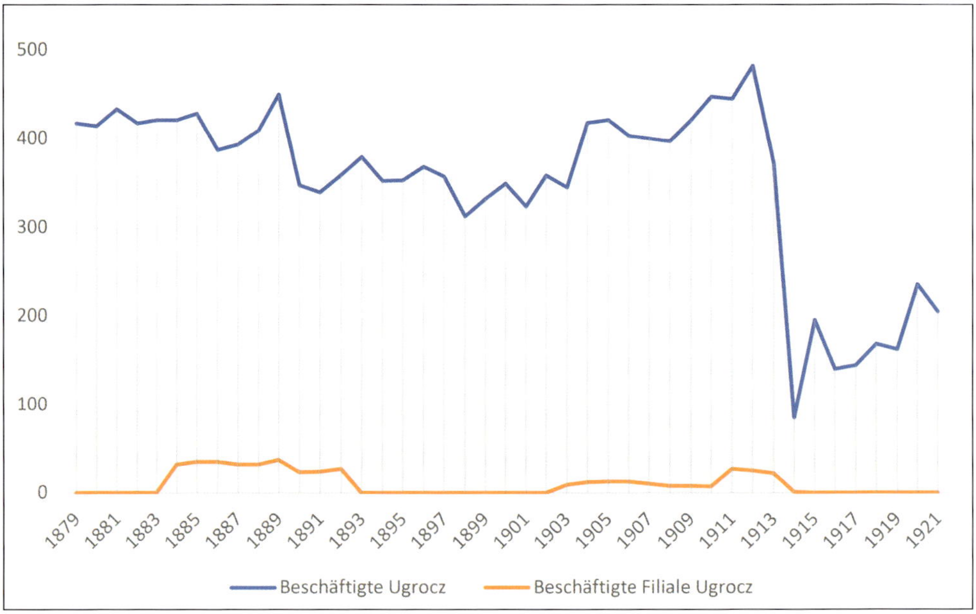

Grafik 14: Anzahl der Beschäftigten in Groß Ugrócz und der zugehörigen Fabriksfiliale, 1878–1921

anderen Fabriken aus unterschiedlichen Gründen die Produktion zeitweise ausfiel oder umgestellt werden musste.[145]

Die Beschäftigtenzahlen in Groß Ugrócz bewegten sich im Durchschnitt zwischen 300 bis 400 Personen. (Grafik 14) In der Mehrzahl handelte es sich um Frauen und Mädchen, die vor allem in der Flechterei und Packerei eingesetzt wurden. 1879 beispielsweise waren an allen zu dieser Zeit bestehenden Standorten 3.737 Personen beschäftigt; in Groß Ugrócz 417, hiervon wiederum 184 männliche und 233 weibliche Beschäftigte. Als sich die Gesamtzahl der Arbeiter 1893 auf 5.413 erhöhte, hatte Ugrócz allerdings keinen Anteil daran. Hier waren es in diesem Jahr lediglich 379, davon allerdings auch in diesem Jahr wieder wesentlich mehr Arbeiterinnen als Arbeiter: 222 gegenüber 157.[146] An dieser Relation änderte sich auch in den folgenden Jahren grundsätzlich nichts, was nochmals die Ersparnisse des Unternehmens auf der Lohnkostenseite unterstreicht.

Obwohl Groß Ugrócz einer der kleineren Standorte war, wurde überraschenderweise hier und nicht in einer der beiden großen Fabriken eine Neuerung eingeführt, welche die Sesselherstellung nachhaltig verändern sollte: »Von größter Bedeutung war die im Jahre 1877 in Fabrik Gr. Ugrocz begonnene Erzeugung von, anfangs verleimten, perforierten Fournier-Holzsitzen, welche dann im Jahre 1888 die Herstellung von thermoplastisch gepreßten Relief-Fourniersitzbrettel folgte.«[147] Das erste mit einem – in unserem heutigen Sprachgebrauch – Sperrholzsitz ausgestattete Möbel des Unternehmens war Sessel Nr. 18, der ab 1876 auch in Ugrócz hergestellt wurde. Die Möglichkeiten der Verwendung dieses neuartigen Materials konnte Franz Thonet, der als offizieller Berichterstatter der Österreichischen Kommission 1876 die Weltausstellung in Philadelphia besucht hatte, dort kennenlernen.[148] Die Gebrüder Thonet bedienten sich in den folgenden Jahren zunehmend dieses Materials, vorwiegend bei Sitzmöbeln, wobei die Fournier-Holzsitze »allmählich zu großem Teile Rohrsitze verdrängt[en], so daß im Jahre 1914 schon ca. 60 % der erzeugten Sessel mit Holzsitzen versehen wurden«.[149] Neben Groß Ugrócz produzierten auch Wsetin und Radomsk diese sogenannten »Sitzbrettel«, wobei letztere Fabrik schließlich die weitaus größte Anzahl an Sitzmöbeln mit diesem Material ausstattete.[150]

8.3.4. Der Aufstieg – das Kastell

Wie bereits kurz in *Institutionen zum Wohle der Arbeiter* ausgeführt, war die Unterbringungs- und Wohnsituation für die Arbeiter in Groß Ugrócz äußerst unbefriedigend.[151] Ungleich komfortabler und aufwändiger hingegen lebten die Thonets in ihrem neuen Schloss. (Abb. 50) Mit dessen Erwerb als Wohnsitz war ein umfangreicher Haushalt auszustatten und zu organisieren, was beispielsweise zu amüsanten Problemen mit der ehemaligen Verwalterin führte, die Franz entsprechend kommentierte: »Seit Montag führen wir unsere eigene Haushaltung zum größten Verdruße der Frau Castellan, die es nicht vergnußen kann, daß sie nicht mehr Herrin des Schlosses ist. Sie ist sehr bissig und werden wir sie bald mit ihrem bösen Maule aus dem Schlosse jagen.«[152] Ob der Verdruss der »Frau Castellan« auch darin begründet war, dass sie es nun mit neureichen Bürgerlichen und nicht mehr mit einem Grafen zu tun hatte, sei dahingestellt.

Das Schloss selbst war für die Thonets zu dieser Zeit nicht in erster Linie ein Prestigeobjekt, mit dem man den neu erworbenen Reichtum zur Schau stellen konnte, führte aber letztendlich dazu, dass es tatsächlich so kam, wie es Franz bereits zu seinen Lebzeiten beobachtete und befürchten musste, »daß statt des bei uns gewohnten schlichten Bürgersinnes die Eitelkeit und der Hochmuthsteufel einziehen würden«.[153]

Mit welch imposanter Ausstattung und welchem Luxus die Thonets in dem in den Jahren 1844–1850 im romantischen, neugotischen Stil umgebauten Kastell in Berührung kamen, lässt sich an folgender Beschreibung erahnen: »Der Graf [Johann Keglevich] ließ mehrere Elemente in die Gestaltung des Interieurs hineinkompo-

Abb. 50: Kastell Nagy Ugrócz nach dem neogotischen Umbau, undatiert, 1850er Jahre

nieren, die in berühmten ausländischen Gebäuden zu sehen waren (Schlösser Fontainebleau und Blois). Nach der zeitgenössischen Beschreibung befand sich ehemals ein Altar in der Kapelle […] nach dem Vorbild eines Altars in einer Seitenkapelle der San Zaccaria-Kirche in Venedig […].«[154] Weiter heißt es zu den Räumen im Obergeschoss: »Im ersten Stock des Hauptfassadenflügels befinden sich die ehemaligen Wohnräume, die prunkvollsten Säle des Schlosses. Die Wände sind mit Holzschalungen bekleidet, die Decken sind gleichfalls aus Holz, darunter mehrere reichgeschnitzte Kassettendecken. In mehreren Sälen stehen Kamine. Über einigen befinden sich eingebaute große Spiegel in verzierten Rahmen.«[155] Die Thonets waren Besitzer eines Schlosses geworden, das »nicht nur eines der ersten, aber auch eines der monumentalsten, qualitätsvollsten Baudenkmäler des romantischen Schloßbaus in Ungarn [war]«.[156] Von einfachsten Verhältnissen in Boppard über das schlichte Häuschen auf dem Leistlerschen Fabrikgelände in eine Welt voller Pracht und Glanz. Trotzdem sie nie nobilitiert worden waren, wurden sie für die Bevölkerung nun zu den Hochwohlgeborenen Herren »von Thonet«.[157]

8.3.5. Neue Unternehmungen

8.3.5.1. Die Glasfabrik

Wenn die Thonets die Herrschaft Groß Ugrócz auch in erster Linie wegen der dortigen Holzvorkommen erworben hatten, so war sie doch weit mehr als nur Rohstofflieferant für eine Möbelfabrik. Aufgrund der örtlichen Gegebenheiten eröffneten sich mit dem Kauf noch weitere Geschäftsfelder. Franz Thonet hatte bei einer ersten Besichtigung der Wälder um Ugrócz gesehen, dass neben den umfangreichen Holzvorkommen dort auch Quarz vorhanden war. Begeistert schrieb er an den Bruder Michael: »In unserem Wa[ld] habe ich den schönsten weißen Quartz gefunden in großen Quantitäten, so daß es keinem Zweifel unterliegt, daß wir dort Weißglaß fabriziren können.«[158] Er hatte auch schon mit einem möglichen Abnehmer in Wien gesprochen, der empfohlen hatte, »einen Werkmann von Belgien oder der Rheinprovinz zu nehmen, das dortige Glas ist besser und haben auch dort die Einrichtung, größere Tafeln zu fabriziren, was die Österreicher nicht können, […] wenn wir etwas anlegen, so wollen wir es auch nach der besten Methode thun, und nicht dem alten Österreichischen Schlendrian nach arbeiten«.[159]

Im folgenden Frühjahr wurden die Pläne konkret. Die Brüder – außer Jakob – fuhren am 20. Mai 1866 gemeinsam nach Ugrócz, um vor Ort über die Errichtung einer Glasfabrik zu sprechen.[160] Alle stimmten zu und noch im Laufe des Jahres begann man mit dem Bau.[161] Auf einer undatierten ungarischen Militärkarte (zwischen 1869–1887) sind die Gebäude dieser Glashütte eingezeichnet.[162] (Abb. 51) Auf der anderen Straßenseite, heute Straße Nr. 511, und circa 1,5 Kilometer entfernt in nordwestlicher Richtung, war die Sesselfabrik, ihr gegenüber wiederum stand und steht immer noch das Kastell Nagy Ugrócz. (Abb. 50)

Die Thonets legten auch bei dem Betrieb der Glasfabrik ein ebenso großes Engagement an den Tag wie in ihrem Kerngeschäft, der Möbelherstellung. Bereits ein Jahr nach der Errichtung erhielten sie ihr erstes Privileg: »Den Gebrüdern Thonet, Fabricanten in Wien, untere Donaustraße Nr. 1, auf die Erfindung einer eigenthümlichen Art schwarzen, vollkommen undurchsichtigen und glänzenden Glases, welches, leicht schmelzbar, sich in jede beliebige Form leicht pressen und schleifen lasse, für die Dauer von drei Jahren.«[163]

Überraschenderweise jedoch verkaufte das Unternehmen 1869 die Glashütte bereits wieder an die Ungarische Glasfabriks-Aktiengesellschaft. Diese war am 10. April 1869 gegründet worden und erwarb neben anderen auch »das Glashüttenwerk der Gebrüder Thonet in Nagy-Ugrócz«.[164] Die Thonets konzentrierten sich offensichtlich dann doch auf ihr Kerngeschäft und den Unterhalt und die Verwaltung der Herrschaft. Mit Groß Ugrócz besaßen sie nicht nur zum ersten Mal eigene Wäl-

Abb. 51: Ausschnitt aus einer Militärkarte, Nagy Ugrócz, undatiert, zwischen 1869 und 1887, südöstlich die »Glashütte«, nordwestlich, am Ausgang des Ortes, die »Sesselfabrik«

der, sondern waren auch damit konfrontiert, dieses riesige Gut und die relativ rasch zugekauften weiteren landwirtschaftlichen Flächen zu bewirtschaften. Der Betrieb einer Glashütte, einem Geschäftsfeld, in welchem sie keinerlei Erfahrungen hatten, war gegenüber den wirtschaftlichen Möglichkeiten, welche die Möbelproduktion bot, bei weitem nicht so lukrativ.

8.3.5.2. Eine »sehr hübsche Economie«[165]

Josef sprach nach der Besichtigung der Herrschaft davon, dass Groß Ugrócz eine »sehr hübsche Economie« habe. Dieser Aspekt des Kaufs sollte noch bis weit ins 20. Jahrhundert eine wesentliche Rolle – und nach dem Ende der Möbelherstellung in Ugrócz im Jahr 1923 – vor allem für die Familie spielen. Mit dem Erwerb der Herrschaft waren die Thonets Großgrundbesitzer geworden; die Größe des Areals betrug 3.549,98 Joch (2.041 Hektar).[166] Bereits zwei Jahre nach dem Kauf war man auf der Suche nach weiteren Gütern: »Josef ist wegen Ankauf von 3 Gütern zu August gereist, und zwar Paschit, Klein Ugrotz und [Name nicht nicht lesbar].«[167] Paschit erwarben die Thonets ein Jahr später von der Familie Rudnay. Die Größe dieses Guts betrug zwar nur 379,09 Joch (218 ha), doch mit dem Erwerb der Herrschaft Kolačno, 2.937,76 Joch (1.689 ha), konnte man den Besitz erheblich vergrößern und besaß nun ein Areal von insgesamt 6.866,85 Joch (3.948 ha).[168] Davon entfielen 3.283 ha auf Wald, der Rest auf landwirtschaftliche Flächen. Josef sprach in einem seiner Briefe davon, dass Groß Ugrócz vor allem über große Bestände an Eichenholz verfüge, weniger an Buche, »obgleich hinreichend für unsern Bedarf«.[169] Die detaillierten Zahlen lassen sich aus einer Aufstellung des Gebrüder Thonet'schen Forstamtes in Groß Ugrócz aus dem Jahr 1884 entnehmen:[170]

Wald			
Reine Eichenbestände		371 ha	
"	mit 75 % Eiche	250 "	gesamt 621 ha
Reine Buchenbestände		134 "	
"	mit 75 % Buchen	151 "	gesamt 285 ha

Der Rest bestand aus Hoch-, Schäl- und Mischwald.

Die enorme Größe des Areals erforderte eine entsprechende Verwaltungsstruktur und die Einstellung von Personal zur Betriebsführung. Und auch hier – ebenso wie bei dem Aufbau ihres Möbelimperiums – zeigten sich die Thonets als geschickte Unternehmer. Sie schufen neue Geschäftsfelder und ordneten diesen eigene Verwaltungsbereiche zu; neben der Möbelfabrik ein Forstamt für alle Angelegenheiten, welche die Waldwirtschaft betrafen, eine Abteilung, die den landwirtschaftlichen Bereich betreute und eine Brennerei, in der ein Großteil der eigenen landwirtschaftlichen Produkte verarbeitet wurde. Beamte und Angestellte kümmerten sich um eine wirtschaftlich rentable Organisation dieser Geschäftsfelder: Ein Fabrikdirektor und weitere Beamten für die Möbelerzeugung, Gutsinspektoren und -verwalter für die Ökonomie. Für die Forstwirtschaft stand an oberster Stelle ein Forstmeister oder Oberförster, dem untergeordnet mehrere Revierförster, Forstwarte, Heger und als Helfer für die in der Verwaltung beschäftigten Beamten sogenannte Forstadjunkten. Die mittlere Verwaltungsebene war grundsätzlich verantwortlich für das Personal. Sie stellte Waldarbeiter für die Forste, Facharbeiter, Arbeiter und Hilfskräfte für die Möbelfabrik und die Brennerei ein. Die letzte Verantwortung und die Entscheidungsbefugnisse lagen jedoch immer bei Mitgliedern der Familie, die durch regelmäßige Berichte der Verwaltung einen ständigen Überblick über den laufenden Betrieb und die Wirtschaftlichkeit dieser Geschäftsbereiche hatten.

Für die Abläufe in den beiden bestehenden Fabriken Koritschan und Bistritz hatte das Unternehmen eine entsprechende Verwaltungsstruktur geschaffen. Doch die nun neu hinzugekommenen Geschäftsfelder erforderten eine andere Organisationsform. So zeigt beispielsweise die Fülle der Pachtverträge, die abgeschlossen wurden, dass es trotz der eigenen Ökonomie sich in vielen Fällen als sinnvoll herausstellte, landwirtschaftliche Flächen nicht selbst zu bewirtschaften, sondern an heimische Bauern zu verpachten.[171] Die Verhandlungen führte die unter anderem zu diesem Zweck gegründete »Gebrüder Thonet'sche Wirthschafts-Direction«, welche die entsprechenden Verträge aufsetzte und nach Rücksprache mit dem zuständigen Familienmitglied auch berechtigt war, im Namen der Thonet'schen Familien Domäne Nagy-Ugrócz über die Vergabe zu entscheiden und Verträge abzuschließen. Diese Wirtschafts-Direktion war ein übergeordneter, eigenverantwortlicher Bereich, der auch alle anfallenden Kosten der Betriebsteile, die für die Möbelfabrik, das Forstamt, die Brennerei und die anderen Geschäftsfelder erbracht wurden, akribisch auflistete. Dazu gehörten unter anderem Deputate für Arbeiter – Weizen, Gerste, Hafer und Heu – aber auch der Nachweis über das Entgelt für Handwerker, die beispielsweise für einige Tage mit Maurerarbeiten beschäftigt waren, samt eines Wagens Sand und des bereitgestellten Kalks. »Zugleistungen des Zugviehs« – einer der Viehwirtschaft zugehörigen Bereiche – machten beispielsweise bei den Aufwendungen, die man der Möbelfabrik in Rechnung stellte, einen ganz erheblichen Anteil aus. Die Stämme aus den eigenen Wäldern mussten in das Sägewerk, das dort geschnittene Holz in die Fabrik und von dort die fertigen Möbel oder Möbelteile zur nächsten Bahnstation geschafft werden. Alle Berichte und Rechnungen wurden einem der familiären Geschäftsführer unterbreitet, der sie kontrollierte und abzeichnete.

Diese hierarchischen Organisationsformen entsprachen der sich in der zweiten Hälfte des 19. Jahrhunderts herausbildenden Struktur auch in Industriebetrieben.[172]

Die leitenden Beamten und Angestellten standen in einem besonderen Vertrauensverhältnis zu den Fabrikbesitzern und garantierten den reibungslosen Ablauf der Geschäfte. Sie identifizierten sich mit dem Unternehmen, waren loyal und wurden durch ein entsprechendes Gehalt und ein den sozialen Status hebendes Wohlwollen der Eigentümer belohnt. So war beispielsweise Franz Thonet Pate der am 31. Januar 1875 geborenen Tochter des damaligen Oberförsters in Groß Ugrócz, Hubertus Hermann und auch bei dessen zweiter Tochter, geboren 1878, waren Franz und dessen zweite Frau Gertrude die Taufpaten.[173]

Doch wusste das Unternehmen auf der anderen Seite, dass es in gewisser Weise auch auf die leitenden Angestellten angewiesen war. Bei der Diskussion über die Höhe einer kriegsfolgebedingten Teuerungszulage beispielsweise schrieb Alfred Thonet an seinen Vetter Viktor: »Bei den obersten Angestellten habe ich mich nicht getraut, von deinem Schlüssel irgendwie abzuweichen, da mir wohlbekannt ist, dass gerade diese über die in Vergleich kommenden Bystritzer Verhältnisse genauest informiert sind, und ich ganz in Deinem Sinne gerade bei diesen am allerwenigsten eine Misstimmung erzeugen wollte.«[174] In dem gleichen Brief wird explizit auf die Notwendigkeit des Weiterbestehens der hierarchischen Verwaltungsstruktur Bezug genommen, die sich in erster Linie in der Bezahlung äußerte. So wandte Theodor ein, dass bei einer starren Übernahme des Schlüssels, den Viktor für diesen Fall vorgeschlagen hatte, einige Angestellten in Gehaltskategorien kämen, die höher wären als es ihrer Qualifikation entspräche: »Dadurch sind z. B. aus dem Arbeiterstande entnommene Waaren-Magazineure, Aushilfsaufseher, Vorarbeiter, Oberpacker, insoweit sie Familienväter sind, bedenklich nahe an unverheiratete bedeutend höherwertige technische Kräfte mit Fachschulbildung herangerückt.«[175]

8.3.6. Groß Ugrócz nach dem Ersten Weltkrieg

Die politischen Veränderungen nach dem Ersten Weltkrieg und die damit verbundenen wirtschaftlichen Folgen für den Geschäftsbetrieb können im Rahmen dieser Arbeit nicht für das Gesamtunternehmen umfassend dargestellt werden. Doch zeigt die Entwicklung in Groß Ugrócz (ab 1918 Veľké Uherce) beispielhaft die Schwierigkeiten, denen sich die Firma und die zahlreichen Familienmitglieder in den nächsten Jahren nicht nur hier ausgesetzt sahen.

Nach dem Ersten Weltkrieg musste das Unternehmen vollkommen neu organisiert und strukturiert werden, da ein Großteil der Produktionsstätten nun auf dem Gebiet der neugegründeten Tschechoslowakei lag. Im Rahmen einer Sanierung des gesamten Möbelgeschäfts wurden beispielsweise Produktionsstandorte geschlossen, so auch Veľké Uherce. Am 18. September 1922 teilte die Geschäftsführung dem

Innenministerium in Prag mit, dass 163 Mitarbeiter entlassen werden müssten und am 30. September 1922 die Produktion vollständig eingestellt würde. Im Februar 1923 schloss das Unternehmen mit den Arbeitern zwar neue Arbeitsverträge zu reduzierten Löhnen ab, doch die sich verschärfende wirtschaftliche Krise betraf die gesamte Industrie in der Tschechoslowakei und so entschied man, die Produktion vorläufig ganz einzustellen und die Fabrik zu schließen. 1926, als endgültig klar war, dass die Möbelfertigung nie wieder aufgenommen werden würde, begann der Abbau der Maschinen, von denen man neuere in die noch bestehenden Werke schaffte, die meisten jedoch aufgrund ihres Alters zerstörte, die dann in Gießereien eingeschmolzen wurden.[176]

War die Möbelfabrik nun auch Vergangenheit, so war die Familie bei der Bevölkerung immer noch hoch angesehen, verlor aber durch die politische Neuordnung an Einfluss bei Entscheidungen, welche die Region betrafen. In finanzieller Hinsicht allerdings bot das Anwesen mit seinen zahlreichen Betriebsteilen auch nach der Einstellung der Möbelherstellung weiterhin genügend Ertrag für die mittlerweile immer zahlreicheren Mitglieder der Familienstämme wie es beispielsweise folgende Aufstellung der Besitzverhältnisse für 1923 zeigt.[177] (Abb. 52)

Zum einen gab es die Einnahmen aus der Forstwirtschaft. Gute Holzqualitäten lieferte man an die Möbelfabriken, weniger wertvolles Holz wurde als Brennholz und Eichenrinde an die Lederindustrie verkauft. Daneben warfen noch weitere

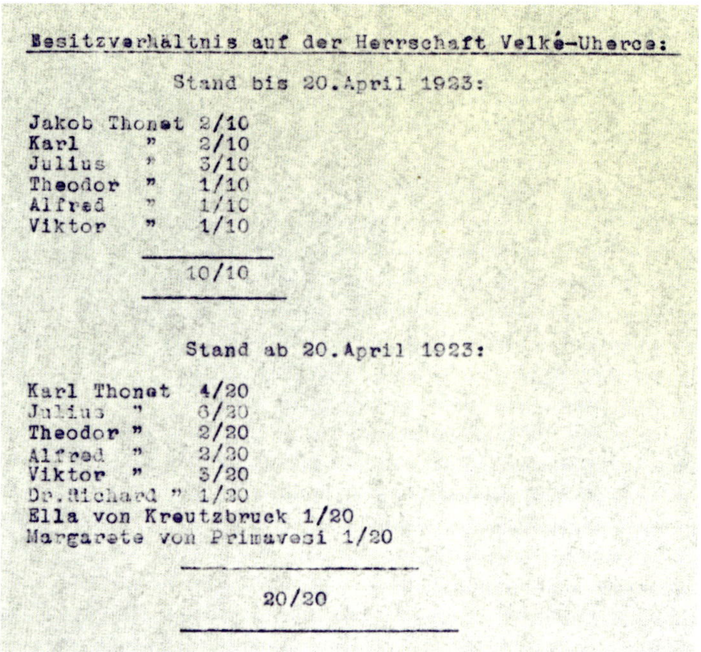

Besitzverhältnis auf der Herrschaft Velké-Uherce:

Stand bis 20.April 1923:

Jakob Thonet 2/10
Karl " 2/10
Julius " 3/10
Theodor " 1/10
Alfred " 1/10
Viktor " 1/10

10/10

Stand ab 20.April 1923:

Karl Thonet 4/20
Julius " 6/20
Theodor " 2/20
Alfred " 2/20
Viktor " 3/20
Dr.Richard " 1/20
Ella von Kreutzbruck 1/20
Margarete von Primavesi 1/20

20/20

Abb. 52: Besitzverhältnis auf der Herrschaft Veľké Uherce bis zum 20. April 1923 und danach

Geschäftsfelder Erträge ab, wenn auch nicht in der Höhe wie früher. Die Brennerei beispielsweise, die in ihren besten Jahren bis zu 1.600 Hektoliter Spiritus erzeugen konnte, produzierte 1922 immerhin noch ein Viertel dieser Menge[178] und auch die landwirtschaftlichen Flächen blieben weiterhin verpachtet.

Doch die erheblichen Einnahmen aus der Bewirtschaftung des Gutes gerieten durch die von dem nach dem Ersten Weltkrieg neu gegründeten Staat, der Tschechoslowakei, eingeleitete Bodenreform in Gefahr. Das Ziel dieser Reform war es, extreme Unterschiede bezüglich des Bodenbesitzes zu beseitigen. Neben der Sicherung der Grundbedürfnisse der ländlichen Bevölkerung durch die Bewirtschaftung einer ausreichend großen landwirtschaftlichen Nutzfläche war diese Reform auch wesentlich für das Selbstverständnis der neuen Nation. Wie Karel Víškovský, erster Präsident des Staatlichen Bodenamtes, es im Rahmen eines Kongresses der tschechischen Agrarpartei ein wenig pathetisch erläuterte, sei der leitende Gedanke der Bodenreform die Befreiung des Landbesitzes, da ohne die Befreiung des Bodens die Befreiung der Nation nicht gelingen könne.[179] Für die Thonets hatte dies zur Folge, dass beispielsweise 1919 die Wälder um Vyšný Komárnik im Nordosten der Tschechoslowakei, die sie 1890 von der Gräfin Adremont-Erdödy erworben hatten, zugunsten der tschechoslowakischen Republik konfisziert wurden. Nach einer langwierigen gerichtlichen Auseinandersetzung musste dieser Besitz allerdings 1929 doch wieder zurückgegeben werden.[180] Wie in anderen Fällen auch, geschah dies zum Teil »mit Rücksicht auf bestehende wirtschaftliche Einheiten, aber auch, um den Erhalt ehemals herrschaftlicher Schlösser, Parks und anderer Baudenkmäler finanziell zu sichern«.[181]

Schließlich sollte auch die Herrschaft Veľké Uherce in staatlichen Besitz überführt werden. Dieser Plan bestand bereits seit 1923[182], wurde allerdings erst Anfang 1926 öffentlich bekannt, worauf Theodor Thonet, Sohn von August, im Namen der betroffenen Familienmitglieder den zuständigen Minister kontaktierte und darlegte, warum dies nicht geschehen dürfe. Als Begründung listete er die Verdienste der Familie in der Vergangenheit auf: Ihre Güter seien ausschließlich wegen der dortigen Holzvorkommen erworben worden, wodurch man in der Lage gewesen sei, »die nach dem Weltkriege rückkehrenden Arbeiter in Arbeit zu nehmen«. Diese habe man beschäftigt, obwohl abzusehen gewesen sei, dass für »Buchholzmöbel« kein Absatz vorhanden sein würde, doch habe man so Arbeiterunruhen vermieden. Durch dieses uneigennützige Verhalten habe sich die Familie »grosse Verdienste für die Erhaltung der Ruhe in den vielen Orten der čechoslovakischen Republik, wo sich unsere Betriebe befinden, erworben«.

Weiterhin seien alle »unverbrauchten Guthabungen« der Familienmitglieder und öffentlichen Gesellschafter alleine »zur Anschaffung von Betriebsmitteln und Holzreserven verwendet worden«. Im Falle, dass man bei der Übernahme nun lediglich mit den Durchschnittswerten der Jahre 1913–1915[183] entschädigt werde, hätte dies zur Folge, dass die Familienmitglieder, die durch die Folgen des Weltkriegs »sowie so schon große Verluste erlitten haben, gerade zu an den Bettelstab[184] kommen«. Die Söhne der öffentlichen Gesellschafter seien darüber hinaus »als čechoslovakisch staatlich geprüfte Forstwirte« tätig und würden durch die Übernahme der Waldgüter um ihre Existenz gebracht. Dies beträfe aber auch tausende von Arbeitern und Angestellten, die, käme die Bugholzmöbel-Industrie zum Erliegen, ebenso ohne Brot und Arbeit daständen.[185] Es sei daher auch in öffentlichem Interesse, diese Industrie zu erhalten, zudem sei »unsere Steuerleistung eine sehr bedeutende«. Gleichzeitig sandte man ein Schreiben an die österreichische Gesandtschaft in Prag, in dem auf die österreichische Bundesbürgerschaft einiger der Familienmitglieder – Ella Kreutzbruck und Margarethe Primavesi – hingewiesen wurde, für die eine Verstaatlichung »von ruinöser Bedeutung« wäre, weshalb man bitte, »beim Ackerbauministerium in Prag resp. bei der Staatsgüterdirektion dahin zu wirken, dass die Herrschaft Veľké Uherce in das Waldprogramm pro 1926/27 nicht aufgenommen werde!«[186]

Das tschechoslowakische Außenministerium bestätigte der österreichischen Gesandtschaft, dass die Absicht bestehe, »die Wälder von Veľké Uherce durch den Staat anzukaufen, um sie in die Verwaltung des Landwirtschaftsministeriums überführen zu können. Dieser Ankauf bildet mit einen Teil der Verstaatlichung der Wälder, zwecks Arondierung des staatl. Forstbesitzes«.[187] Der Termin und die Modalitäten seien allerdings noch nicht festgelegt, »es besteht jedoch die Vermutung, dass diese Verstaatlichung sich nicht vor dem Jahre 1927 wird verwirklichen lassen«.[188] Aus einer Aktennotiz vom Oktober 1926 geht hervor, dass sich insbesondere Julius Thonet bei den Verhandlungen sehr ungeschickt verhalten hatte, weshalb nun von ihm »ultimativ verlangt werde, dass er die Fläche, die man im Sommer bereits verlangt hat, jetzt definitiv im Wege der Einigung abtrete, widrigenfalls das Bodenamt ohne Rücksicht die beanspruchte Fläche zu übernehmen gedenke«.[189] Die Herrschaft Wsetin, welche die Thonets 1890 erworben hatten, war ebenfalls bereits seit einiger Zeit in das Interesse des Bodenamtes gerückt und schon beschlagnahmt worden. Der Anwalt der Familie schlug vor, einen Kompromiss derart anzustreben, »dass das Bodenamt bei der gewünschten Abgabe der Fläche in Uherce sich verpflichtet, durch 25 Jahre bei Vsetin die Bodenreform nicht durchzuführen. [...] Vsetin würde wohl unter Beschlagnahme bleiben, aber es wäre Hoffnung, dass nach 25 Jahren die Waldreform nicht mehr aktuell wäre«.[190] Die gesamte Angelegenheit zog sich noch bis 1928 hin, zwischenzeitlich intervenierte auch der Zentralverband der tschechoslowakischen Industriellen und die Fachsektion der holzbearbeitenden Industrie. Am Ende kam es zu keiner Verstaatlichung und die Thonets konnten ihre Wälder in Veľké Uherce behalten. Möglicherweise beruhte diese Entscheidung auf einem formalen Fehler des Gerichts in Topoľčany: »Nakonec profitovali na formální chybě již se dopustil okresní soud v Topoľčanech. Právní zástupce Thonetů JUDr. Albert Lazarus se odvolal až k Nejvyššímu soudu do Brna a vše nakonec skončilo ve prospěch Thonetů.« [191]

Die weitere Geschichte von Veľké Uherce ist aber auch ein Beispiel dafür, dass einigen Mitgliedern der Familie aus der Enkel- und Urenkelgeneration von Michael Thonet das Bewusstsein, aus welch einfachen Verhältnissen sie kamen, abhandengekommen war. Sie frönten einem Lebensstil, vor dem schon Franz Thonet weitsichtig gewarnt hatte[192], so, wie der 1902 geborene Julius Michael, genannt Luis. Schon Ende der 1920er Jahre war er in die Leitung des Gutes Veľké Uherce durch seinen Vater mit eingebunden. Doch fehlte Luis jedes Verständnis und Feingefühl für die Sorgen der Arbeiter. Zahlreiche, auch in der Presse veröffentlichte Begebenheiten aus den 1930 und 1940er Jahren belegen dies: So entlohnte er beispielsweise die Arbeiter nicht, wie es vertraglich vereinbart war, beachtete nicht die festgesetzten Arbeitszeiten, bezahlte keine Überstunden und entließ Arbeiter, wie es ihm beliebte.[193] Einen in der Landwirtschaft beschäftigten Arbeiter ließ er aus dessen Wohnung vertreiben, da man die Räume zur Lagerung der Kartoffeln für die Schweine brauchte[194], und die Waldarbeiter und Fuhrleute, mehr als 250 Personen, erhielten erst nach einem dreiwöchigen Streik höhere Löhne.[195] In den 1940er Jahren wurde Luis zu einer Strafe von 10.000 Kronen verurteilt, weil er den Arbeitern niedrigere Löhne als vertraglich vereinbart gezahlt hatte.[196] Er lebte im wahrsten Sinne des Wortes auf großem Fuß, leistete sich teure Autos, betrieb Pferdezucht und war alles in allem wohl kein angenehmer Umgang.[197] Luis heiratete 1938 Hilda Leidenfrost, die Tochter von Ernest und Hildegarde Leidenfrost, die in Šišov ein Gut besaßen. Diese Ehe, aus der zwei Kinder hervorgingen, wurde 1943 geschieden und Hilda ging mit den Kindern zurück zu ihren Eltern. Im gleichen Jahr schrieb ihm eine Freundin der Familie, Wilma, einen eindringlichen Brief, in dem sie ihm seinen Egoismus und mangelnde Empathie vorwarf.[198]

Hinzu kamen Luis' Sympathien für die Nationalsozialisten. Ihm wurde in seinem Prozess 1948 vorgeworfen, dass er 1939 die lokale Organisation der Deutschen Partei (DP) – die nationalsozialistische Sammelbewegung der deutschen Minderheit in der Tschechoslowakei – in Veľké Uherce gegründet habe.[199] Luis war vermutlich auch mit Franz Karmasin, dem Gründer der DP persönlich bekannt; gemeinsam warben sie um Mitglieder in den nahegelegenen Dörfern. Luis hatte die Parteizeitung der DP, »Deutsche Stimmen« abonniert und 1942 immerhin 1.000 Kronen für Parteimitgliedsmarken der DP bezahlt.[200]

Er hatte jedoch nicht nur gute Kontakte zur Deutschen Partei, sondern auch direkt zu den Nationalsozialisten. Albert Smagon, SS-Obersturmbannführer, NSDAP-

Kreisleiter und Botschaftsrat an der deutschen Botschaft in Preßburg, schrieb Julius 1943 einen Dankesbrief und schickte ein Buch »für die mir erwiesene freundliche Aufnahme und Gastfreundschaft«.[201]

Die Thonets nahmen nun auch wieder die Gelegenheit wahr – wie bereits vor dem ersten Weltkrieg – auf die Besetzung öffentlicher Posten Einfluss zu nehmen. In einem Schreiben an den »Kamerad Ing. Walter Kuss, Ortsgruppenleiter Gauamt Nitra« bitten sie um einen Termin »in der Angelegenheit der Ernennung des Gemeinde-Regierungs-Komissars sowie seiner 6 Ratgeber in Gross-Uherce. [unterzeichnet] Heil Hitler!«[202]

Luis gab bei seinem Prozess 1948 zwar an, dass er die Partei 1943 verlassen habe[203], doch dürfte dies nur eine Schutzbehauptung gewesen sein. Gleiches gilt auch für einen Eintrag in seiner Personalakte während seines Gefängnisaufenthalts, in der er als Grund für seinen Eintritt in die DP die Religionszugehörigkeit seiner Frau Hilda angab. Sie sei jüdischen Glaubens und nur so habe er sie schützen können.[204] Dem widersprechen jedoch die Angaben seiner Frau bei einer Volkszählung 1940, in der sie zu Protokoll gab, dass ihre Nationalität Deutsch und ihre Religion römisch-katholisch sei.[205]

Nach der Befreiung durch die rumänische Armee wurde aufgrund der Beneš Dekrete der gesamte Besitz der Familie in der ehemaligen Tschechoslowakei beschlagnahmt und in staatliches Eigentum überführt. Luis wurde 1948 wegen Kollaboration und Landesverrat angeklagt und zu 10 Jahren Arbeitslager verurteilt. Aufgrund seines schlechten Gesundheitszustandes wurde er Weihnachten 1952 zur Bewährung aus der Haft entlassen, starb jedoch bereits am 4. Januar 1953 in einem Krankenhaus in Považská Bystrica.[206]

8.4. Die Fabrik Hallenkau 1867

Wie Groß Ugrócz war auch Hallenkau ursprünglich als Zulieferbetrieb für die Fabriken Koritschan und Bistritz geplant. 1867 hatten die Gebrüder Thonet mit der belgischen Gesellschaft Societé civile de Wsetin, dem Eigentümer umfangreicher Waldbestände in diesem Gebiet, erste Lieferverträge abgeschlossen, um eine regelmäßige Holzzufuhr nach Hallenkau sicherzustellen.[207] Zur Herrschaft gehörte eine Dampfsäge, welche die Thonets ab 1868 selbst betrieben[208], für das Drechseln der Latten stellten sie anfangs nur die Maschinen zur Verfügung[209], bis sie schließlich auch diese Arbeit übernahmen. Die zum Biegen vorbereiteten Teile wurden im ersten Jahr in die beiden mährischen Fabriken geschafft, doch stellte sich rasch heraus, dass auch hiermit die dringend notwendigen Produktionszahlen der Konsummodelle nicht erreicht werden konnten. Die Transporte waren, ebenso wie zwei Jahre zuvor in Groß Ugrócz, zu aufwändig und damit zu teuer. Nach nur einem Jahr entschied das Unternehmen daher, dass in Hallenkau nun auch gebogen werden sollte; die ersten dafür notwendigen Gerätschaften wurden Ende 1868 hierhin geliefert.

Im gleichen Jahr hatten die Thonets die Absicht, zusätzlich noch in dem nahegelegenen Wsetin »[...] wo es Arbeitskräfte genug giebt, eine Filiale zum Raspeln der Rücklehnen, und Zargen zu errichten, welche natürlich auch später dort polirt würden. [...] Die Bestellungen auf Sessel N 14 mehren sich so enorm, daß wir auf der Stelle etwas thun müssen um nicht stecken zu bleiben. [...] Es versteht sich von selbst, daß die Rücklehnen, und Zargen in Hallenkau gebogen werden müssen [...]. Es ist dieses geschickter als daran zu denken sonst wo eine andere Fabrik zu gründen«.[210] Auch Wsetin war somit anfangs, ebenso wie Hallenkau, lediglich als Filialstandort geplant, wobei man allerdings schon jetzt daran dachte, dort später eine Poliererei einzurichten, womit die Möbel dann in Wsetin verkaufsfertig hätten gemacht werden können. Interessant ist die Begründung: »Es ist dieses das natürlichste für uns und mit den wenigsten Kosten verknüpft.«[211] Franz spielt damit auf die teuren Transporte von Hallenkau nach Bistritz und dem noch wesentlich weiter entfernten Koritschan an. Teile zur Endbearbeitung von Hallenkau in das lediglich 12 Kilometer entfernte Wsetin zu schaffen, war demgegenüber ein leichtes. Hallenkau und Wsetin können in dieser frühen Zeit somit als »eine« Fabrik, bestehend aus zwei Standorten, bezeichnet werden. Diese Form einer arbeitsteiligen Produktion wurde auch weiterhin beibehalten, wie ein Vergleich der Statistiken zum Arbeiterstand und zu den Gesamtabsendungen für die folgenden Jahre belegt. So werden Hallenkau und Wsetin in den Jahresausweisen in der Rubrik »Arbeiterstand« zwar als jeweils eigene Fabriken aufgeführt, Hallenkau jedoch erscheint nie in der Statistik der Gesamtabsendungen. Hier findet sich alleine Wsetin, von wo aus die fertigen Möbel dann ja auch verschickt wurden.[212]

Das Missverständnis, dass Hallenkau ein Standort gewesen sei, der verkaufsfertige Ware herstellte und direkt an die Verkaufsstellen lieferte, beruht vermutlich auf dem Missverstehen einer Textstelle im Gedenkblatt, in der zwar von Hallenkau als einer »vollständigen Fabrik«, die Rede ist, der Zusatz »zur Erzeugung von Rohwaare für die anderen mährischen Fabriken« jedoch nicht beachtet oder überlesen wurde.[213] So fertigte Hallenkau 1874 268.369 Sesselsitze und 239.195 Rücklehnen[214], was 48 % bzw. 45 % aller in diesem Jahr erzeugten Sitze und Lehnen ausmachte und die Funktion von Hallenkau als wichtiger Standort – aber eben als zuliefernder Standort – belegt. 1876 waren in Wsetin 135 Personen mit Polier- und Flechtarbeiten, somit der Endbearbeitung der Möbel, beschäftigt, während in Hallenkau im gleichen Jahr 87 Raspler die Teile vorbereiteten und in Wsetin diese Arbeiten gar nicht ausgeführt wurden.[215] Hallenkau war allerdings auch keine klassische Fabriksfiliale, sondern hatte seinerseits bis 1896 einen eigenen Zulieferer, die Filiale Howiessy[216], die – hier waren nur Raspler beschäftigt – wiederum Sesselteile für Hallenkau lieferte.[217]

Diese detailliertere Betrachtung zweier kleinerer Standorte lässt erahnen, welchen organisatorischen und koordinativen Aufwand das Unternehmen alleine auf der Produktionsseite mit seinen insgesamt sieben Fabriken, der weitaus größeren Anzahl von Filialbetrieben und auch noch zahlreichen Sägewerken betreiben musste.

Der Anstieg der Beschäftigtenzahlen entwickelte sich in Hallenkau und Wsetin von 1875 bis 1885 in etwa parallel, verschob sich in den nächsten Jahren jedoch zugunsten von Wsetin erheblich. So nahm die Zahl der Arbeiter in Hallenkau ab 1885 nahezu kontinuierlich ab, in Wsetin hingegen war nun durchgehend etwa die doppelte Anzahl im Vergleich zu Hallenkau beschäftigt.[218] (Grafik 15)

Es ist zu vermuten, dass diese Entwicklung zum Teil mit einem für das Unternehmen und die Familie wesentlichen Ereignis im Zusammenhang steht: dem Kauf der Herrschaft Wsetin im Jahr 1890.[219]

Während des Ersten Weltkrieges musste in Hallenkau, wie auch an den anderen Standorten, die Produktion zurückgefahren, ja zeitweise ganz eingestellt werden. Viele Arbeiter wurden für den Kriegsdienst verpflichtet, hinzu kam die fehlende Nachfrage. Waren im zweiten Kriegsjahr in Hallenkau noch etwas mehr als 100 Arbeiter beschäftigt, so wurde 1916 die Arbeit ganz eingestellt. In den beiden folgenden Jahren konnte der Betrieb mit 62 bzw. 81 Arbeitern zumindest aufrechterhalten werden.

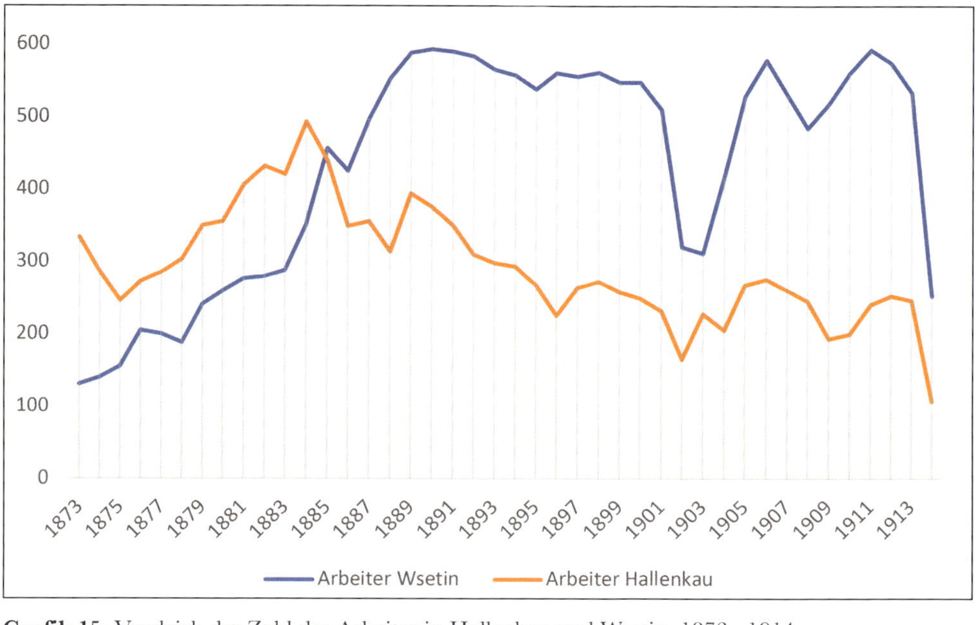

Grafik 15: Vergleich der Zahl der Arbeiter in Hallenkau und Wsetin, 1873–1914

Nach Kriegsende indes stellte sich die Situation völlig anders dar. Die Produktion wurde 1918 langsam wieder aufgenommen, doch war die Schwierigkeit nun nicht der Holznachschub, sondern der Absatz; eine Situation, mit der das Unternehmen bis dahin nie konfrontiert gewesen war. Dies hatte Auswirkungen beispielsweise auch auf die Disposition des Materialbedarfs. In den Fabriken und Sägewerken betrug Ende 1921 der gesamte Holzbestand 77.228,8 m^3, wovon jedoch nur knapp die Hälfte gebraucht wurde, »woraus hervorgeht, dass bei analogem Bedarfe wie 1921, die vorhandenen Bestände quantitativ für 2 Jahre ausreichen«.[220] Und auch im folgenden Jahr hieß es gleichlautend wieder, »dass bei analogem Bedarfe wie 1923, die vorhandenen Bestände quantitativ für mehr als 2 Jahre ausreichen«.[221] Es trat keine Besserung im Warenabsatz ein, die Probleme bestanden weiterhin, so dass Hallenkau die Arbeit im Dezember 1922 endgültig einstellen musste. Das Fabrikgebäude allerdings blieb weiterhin erhalten, wenn auch nicht bekannt ist, was damit in den nächsten Jahren geschah. Aus dem Geschäftsbericht des Verwaltungsrates der Thonet-Mundus, Vereinigte Tschechoslowakische Bugholzmöbelfabriken A.G. Brünn für das Geschäftsjahr 1927/28 geht hervor, dass die beiden Fabriken Veľké Uherce und Hallenkau verkauft worden waren.[222] Der Käufer wird nicht genannt, doch könnte es Viktor Thonet (1871–1946), ältester Sohn von Jakob, gewesen sein. Zusammen mit seinem Bruder Richard und dem Neffen August Erwin gründete er 1931 an dem ehemaligen Standort der Firma eine Handelsgesellschaft: V. Thonet a spol., dřevozávody a podnikatelství staveb, Halenkov. (V. Thonet & Co., Holzbetriebe und Bauunternehmen Hallenkau).[223] Die Gesellschaft betrieb eine Dampf- und Wassersäge, engagierte sich im Holzhandel und in der Holzverarbeitung. Einige Jahr später wurde die Geschäftstätigkeit zusätzlich um eine Bau- und Möbeltischlerei sowie die Herstellung von Holzhäusern erweitert, doch Möbel oder Möbelteile wurden in Hallenkau keine mehr erzeugt.

Doch sollte die Thonetsche Säge in Hallenkau in den 1930er Jahren noch Anlass für eine der zahlreichen familiären Auseinandersetzungen zu dieser Zeit werden. Jakob, jüngster Sohn von Michael Thonet, hatte vor seinem Tod 1929 einen Fonds eingerichtet, der unter anderem den sechs Eigentümern der Thonetschen Sägeanlage in Hallenkau – Hugo, August Erwin, Heinrich, Julius, Viktor und Richard Thonet – 1931 ein Darlehen gewährt hatte, welches diese bis zum November 1936 noch nicht zurückgezahlt hatten. Mittlerweile war ein Betrag von 148.467 Schilling aufgelaufen, der von den Darlehensnehmern – ausgenommen Viktor und Richard als Miteigentümer des Fonds – anteilig, »in barem Gelde innerhalb eines Monats [zurückzuzahlen ist]. Eine Erledigung dieser Schuld im Familienclearing oder in anderer als barer Zahlung wird in keinem Falle anerkannt«.[224] Es ist nicht bekannt, wie diese Angelegenheit am Ende ausging.

8.5. Die Fabrik Wsetin 1869

8.5.1. Der vorerst gescheiterte Kauf

Die Fabrik in Wsetin war der letzte Standort, der von den Gebrüdern Thonet in den 1860er Jahren errichtet wurde. Die Stadt Wsetin und das Dorf Hallenkau lagen nur wenige Kilometer voneinander entfernt und arbeiteten – wie in dem vorhergehenden Kapitel kurz ausgeführt – mit sich ergänzenden Arbeitsbereichen und -aufgaben zusammen. Josef Ritter von Wachtler (1793–1879) hatte die Herrschaft von den vier unehelichen Kindern des Grafen Stephan Illézházy 1831 übernommen, war durch einen allerdings sehr aufwändigen Lebenswandel und unglückliche wirtschaftliche Entscheidungen bald wieder gezwungen, sie zu verkaufen.[225] Die beiden Belgier J. F. Cateau-Wallel und Edouard de Saint Hubert erwarben Wsetin 1857 für fl. 2.300.000. Deren Interesse galt ausschließlich dem Waldbestand, weshalb sie alle landwirtschaftlich genutzten Flächen verpachteten oder auch wieder verkauften. Das Hauptgeschäft, den Holzhandel, übernahm die zu diesem Zweck gegründete Aktiengesellschaft Société civile de Wsetin à Bruxelles. Hauptabnehmer für das Holz waren anfangs die 1850 gegründete Firma Jacob & Josef Kohn, die in Wsetin einen Holzhandel und eine Fabrik für Zündhölzer betrieb, ab 1867 dann auch die Gebrüder Thonet, deren Fabriksfiliale Hallenkau von dieser Herrschaft mit umfangreichen Holzlieferungen versorgt wurde. Diese regelmäßigen Lieferungen[226] waren für die Gebrüder Thonet überlebenswichtig: »Ich weiß nicht wie wir durchgekommen wären, wenn wir nicht das Wsetiner Holz bekommen hätten [...].«[227]

Die Arbeitskräftesituation in Wsetin war ähnlich der in Groß Ugrócz. »Die soziale Lage der Bevölkerung in der Vsetiner Umgebung bildete eine günstige Bedingung für die Entstehung der Industrie. Typisch für dieses Gebiet war ein Überfluß an freien Arbeitskräften, ein Mangel an fruchtbarem Boden und die große Zersplitterung des Besitzes.«[228]

Sicher nicht in erster Linie aus diesen Gründen beabsichtigte die mit den Thonets befreundete Bopparder Familie Mallmann 1868, die Herrschaft Wsetin zu kaufen. Ob die Kontaktaufnahme von Seiten der Societé civile erfolgte oder ob die Mallmanns an diese Gesellschaft herangetreten waren, ist nicht bekannt. Die Familie Mallmann war zu dieser Zeit an dem Erwerb zahlreicher Güter und Waldherrschaften im Osten interessiert, unter anderem auch in Polen.[229] Die erste Erwähnung über das Interesse der Familie an Wsetin findet sich in einem Brief von Franz Thonet vom September 1868.[230] In einem weiteren Brief nur wenige Wochen später berichtet er von weiteren Plänen der Mallmanns: »Carl Mallmann hat geschrieben, er war in Boppard, hat mit seinen Brüdern gesprochen, und sind dieselben entschlossen Wsetin zu kaufen, wenn sie es preiswürdig bekommen. Nächsten Sonntag fahre ich mit Oberförster nach Wsetin, wo derselbe anfangen wird, auf Rechnung der Mallmann die Wälder genau aufzunehmen um zu wissen wieviel das Holzquantum ist. Wenn der Kauf zu Rande kommt, werden wir in Hallenkau eine Biegerei errichten und in Wsetin eine Filiale zum Fertigmachen. [...] Sobald als Oberförster mit der Aufnahme fertig ist, will Carl noch mit einem seiner Brüder nach Wsetin reisen um dort die Herrschaft anzusehen und den Kauf abzuschließen wenn sie mit den Bedingungen einig werden.«[231] Von einer Beteiligung der Thonets an der Herrschaft ist keine Rede, vermutlich hätte die finanzielle Dimension des Geschäfts grundsätzlich und auch so kurz nach dem Erwerb von Ugrócz ihre finanziellen Möglichkeiten zu dieser Zeit weit überstiegen. Wsetin sollte immerhin mehr als das zehnfache des Preises von Groß Ugrócz kosten. Auffallend ist indes die Abhängigkeit der Thonetschen Pläne von dem Zustandekommen des Geschäfts der Mallmanns mit der Societé civile: Die Einrichtung einer Filiale in Wsetin »zum Fertigmachen« und einer Biegerei in Hallenkau sollte unter der Bedingung geschehen, dass der Kauf tatsächlich zustande käme. Vermutlich hatten mit der befreundeten Familie Mallmann im Vorhinein schon sondierende Gespräche in dieser Hinsicht stattgefunden.

Die Thonets waren an der Herrschaft jedoch nicht allein wegen der Holzlieferungen interessiert; diese hatten sie sich ja bereits durch die entsprechende Verträge gesichert. Doch spätestens seit 1867 wussten sie, dass die Firma J. & J. Kohn ihre Geschäftstätigkeiten um die Erzeugung von Möbeln aus gebogenem Holz erweitern wollte.[232] Die Kohns forcierten das Projekt in den nächsten Monaten und es war absehbar, dass dem Unternehmen Gebrüder Thonet nun erstmals ein ernsthafter Konkurrent erwachsen könnte.[233] Doch ließen sich J. & J. Kohn von den Thonets nicht beeindrucken und setzten unbeirrt ihren Weg fort. Sie schlossen mit der Herrschaft, ebenso wie die Gebrüder Thonet, weitere Holzlieferverträge, was bei Letzteren für einigen Unmut sorgte.[234]

Das Interesse der Mallmanns scheint in den folgenden Monaten nachgelassen zu haben und es traten weitere Interessenten auf den Plan.[235] Unabhängig hiervon und auch aufgrund der Vorkommnisse in Wien – die Kohns hatten im Frühjahr 1869 das Thonetsche Privileg angefochten[236] und es war abzusehen, dass sie erfolgreich sein würden – versuchten die Gebrüder Thonet nun, auf eine andere Art und Weise der neuen Konkurrenz das Leben so schwer wie möglich zu machen. »Doch habe ich herausgefunden, daß wir die Herrschaft verhindern können dem Kohn auch nur einen Stamm Buchen zu geben. Zuerst müssen wir uns aber das Holz vertraktlich [sic] auf 10 Jahre versichern.«[237] Franz führt dies nicht weiter aus, doch was immer er auch vorhatte, der Plan ging nicht auf, wie die Erfolgsgeschichte von Jakob & Josef Kohn ab 1869 zeigt.

Das Scheitern des Kaufs der Herrschaft durch die Mallmanns und auch die Präsenz der Kohns in Wsetin bedeuteten allerdings nicht, dass die Gebrüder Thonet hier nicht ebenso einen neuen Standort errichten konnten. Die Holzlieferungen waren vertraglich zugesagt, Hallenkau hatte mittlerweile zusätzlich noch eine Biegerei und der Mangel an Sesseln bestand weiterhin. Knapp ein halbes Jahr später hieß es daher: »Wir haben in Wsetin ein Lokal zum politiren gemiethet, es wird hoffentlich in 4 Wochen dort politirt.«[238] Dass man langfristig plante, zeigen weitere Verträge mit der Wsetiner Herrschaft, in denen den Thonets die Nutzung einer auf dem Areal gelegenen Säge und weiterer Gebäude zugesichert wurde.[239]

Es fanden sich keine weiteren Informationen, die eindeutig belegen, ab wann in Wsetin die in Hallenkau vorbereiteten Teile verkaufsfertig gemacht wurden. In den statistischen Unterlagen wird Wsetin bis 1874 noch nicht als Fabrik geführt, trotzdem produzierte Wsetin in diesem Jahr bereits 84.453 Sessel Nr. 14, die allerdings noch unter den Absendungen der Fabrik Bistritz erscheinen.[240] Da die Gesamtzahl aller bis zu diesem Jahr in Wsetin hergestellten Sessel Nr. 14 bereits 169.173 Stück betrug, muss es eine Produktion schon vorher gegeben haben.[241] Ausgehend von der Anzahl der bis dahin gefertigten Möbel ist das Jahr 1873 als Produktionsbeginn wahrscheinlich, was durch zwei weitere Quellen bestätigt wird. »[Wsetin] begann im Jahre 1873 mit dem direkten Versand von Sesseln aus gebogenem Holze«[242] heißt es in der handschriftlich verfassten Firmengeschichte und auch in der Aufstellung der Gesamt-Absendungen der Fabriken 1857 bis 1914 wird für Wsetin 1873 als Produktionsbeginn genannt.[243]

1876 finden sich für diesen Standort erstmals detaillierte Zahlen, wobei die Vergleichszahlen von 1875 auch vorliegen, allerdings lediglich als der Durchschnitt der erzeugten Möbel pro Arbeitstag. Wsetin fertigte demnach 1876 insgesamt 82.894 Sessel, davon 66.170 Nr. 14, 6.728 Nr. 18 und 9.996 Nr. 20, war somit wie auch alle anderen in den 1860er Jahren gegründeten Fabriken zuständig für die Konsumware.[244]

Die anfängliche Arbeitsteilung zwischen Wsetin und Hallenkau bewährte sich und wurde für die folgenden Jahren grundsätzlich so beibehalten: Beide Fabriken hatten Biegereien, doch nahezu alle Raspel- und Schleifarbeiten fanden bis 1879 ausschließlich in Hallenkau, später dann auch in der Filiale Lipthal, etwa acht Kilometer südwestlich von Wsetin gelegen, statt. In Wsetin hingegen waren von den dort beschäftigten Arbeitern lediglich 1 bis 2 Prozent mit diesen vorbereitenden Arbeiten beschäftigt, hier wurden die Möbel verkaufsfertig gemacht, verpackt und verschickt.

Ab den 1880er Jahren führte das Unternehmen eine Reihe neuer Modelle und Modellreihen ein, weitete darüber hinaus aber auch seine Produktpalette aus und bot erstmals Artikel an, die nicht zu den Möbeln gehörten wie beispielsweise Sportgeräte. Diese wurden aufgrund ihrer gegenüber der Konsumware wesentlich geringeren

Stückzahlen nicht an allen Standorten gefertigt, sondern nur in bestimmten Fabriken, wobei man die Produktion aber auch immer wieder verlagerte.[245] Gartenmöbel beispielsweise wurden bis 1884 ausschließlich in Bistritz und Groß Ugrócz hergestellt. Ab 1885 übernahm Wsetin erstmals auch einen Teil dieser Fertigung, die hier in den nächsten Jahren weiter ausgebaut wurde. Parallel dazu wurde die Produktion von Gartenmöbeln in Bistritz nach und nach zurückgefahren und Wsetin erzeugte schließlich zusammen mit Ugrócz – in geringen Stückzahlen auch noch Radomsk und ab 1892 Frankenberg – dieses Sortiment nahezu vollständig. Bei den Wintersportartikeln, welche das Unternehmen erstmals 1894 anbot, handelt es sich – ebenso wie bei den ab 1891 offerierten Tennisschlägern – zwar nicht um Möbel, doch für die Gebrüder Thonet gab es offensichtlich keinen Grund, nicht auch in diesen Markt für Sportartikel einzusteigen. Hier bot man Rodelschlitten, deren sportliche Version, die sogenannten »Rennwölfe«, Skier in Esche und Buche, Skistöcke und Schneereifen an. Für dieses Sortiment wiederum war ausschließlich Wsetin zuständig, während nur in Koritschan die bereits seit 1892 angebotenen Tennisrackets gefertigt wurden.[246]

8.5.2. Neue Betriebe in Wsetin

Nachdem es Ende der 1860er Jahre den Mallmanns nicht gelungen war, Wsetin zu kaufen, erwarben die Thonets die Herrschaft schließlich mit allen darauf befindlichen Betrieben und Gebäuden 1890 von der Société civile de Wsetin à Bruxelles.[247] Mit diesem Kauf war eine erhebliche Erweiterung des Geschäftsbetriebs verbunden. Dies betraf jedoch nicht alleine die Möbelherstellung; Ende der 1890er Jahre errichtete das Unternehmen hier eine Maschinen- und Schraubenfabrik, 1906 schließlich noch eine Gießerei.

Diese Einrichtungen indes waren nicht dazu gedacht, Gewinne durch Verkauf zu erzielen, sondern dienten dazu, wenn auch nicht völlig, so doch weniger abhängig von den Lieferungen und Diensten von Fremdfirmen zu werden.[248] Die Maschinenfabrik begann 1898 zu arbeiten, ebenso die Schraubenfabrik. In den jährlichen Statistiken zum Arbeiterstand beispielsweise findet sich ab diesem Jahr für Wsetin die Unterscheidung: »Möbelfabrik«, »Maschinenfabrik«, »Schraubenfabrik«, ab 1906 dann noch »Giesserei«.[249]

Interessant ist ein Blick auf die Personalstärke in diesen Bereichen. Im ersten Jahr, 1898, waren in der Maschinenfabrik 57, in der Schraubenfabrik lediglich 6 Arbeiter beschäftigt. Wegen der spezialisierten Tätigkeiten in ersterer, später auch in der Gießerei, arbeiteten hier bei weitem mehr ausgebildete Kräfte, sogenannte »Professionisten«, als in der Möbelherstellung. In der Schraubenfabrik hingegen waren nur Hilfskräfte beschäftigt, in allen drei Bereichen ausschließlich Männer: in der Maschinenfabrik im Durchschnitt etwa 70, in der Schraubenfabrik 20 und in der Gießerei etwa 12 Personen, kriegsbedingt in den Jahren 1914 bis 1918 jeweils nur etwa die Hälfte.

Jahr	Maschinenfabrik	Schraubenfabrik	Gießerei
1898	57	6	
1899	79	5	
1900	80	8	
1901	68	6	
1902	78	9	
1903	75	18	
1904	80	19	
1905	85	26	
1906	60	24	14
1907	fehlt	fehlt	fehlt
1908	fehlt	fehlt	fehlt
1909	69	20	16
1910	71	21	15
1911	60	26	12
1912	74	19	18
1913	fehlt	fehlt	fehlt
1914	46	2	6
1915	57	4	3
1916	39	8	3
1917	40	8	3
1918	56	15	4
1919	71	20	12
1920	67	21	12
1921	65	15	12

Tabelle 6: Zahl der in Wsetin beschäftigten Arbeiter in der Maschinen- und Schraubenfabrik und der Gießerei, 1898–1921

Die Maschinenfabrik war in erster Linie für die Reparatur und Modifikation der in dem Unternehmen vorhandenen Maschinen zuständig, die Gießerei für hunderttausende von Biegeformen, die ständig im Einsatz waren und repariert oder neu gegossen werden mussten.[250] Die Gründe für die Einrichtung einer Schraubenfabrik lassen sich leicht bei einem Blick auf den Materialverbrauch erkennen. 1890 benötigte das Unternehmen 22,33 Millionen, zehn Jahre später dann bereits 31,14 Millionen Schrauben zur Herstellung seiner Möbel.[251] Dies veranlasste die Thonets dazu, die Herstellung ab 1898 teilweise selbst in die Hand zu nehmen. Die Unterscheidung von Schrauben aus eigener Produktion im Unterschied zu den zugekauften findet sich in den Statistiken allerdings erst drei Jahre später.[252] Der Grund könnte sein, dass es bei dem Anlauf der Produktion Schwierigkeiten gab oder dass die selbst produzierte Menge so klein war, dass sie noch nicht speziell ausgewiesen wurde. Waren es 1901 von insgesamt circa 30 Millionen Schrauben nur knapp 9 Millionen, die man selbst erzeugen konnte, so kehrte sich dieses Verhältnis nur wenige Jahre später um. 1910 beispielsweise lieferte die Schraubenfabrik 36,3 Millionen Schrauben für die Möbelherstellung, nur noch 5,5 Millionen mussten zugekauft werden.[253] Dass man, wie vermutlich in geringem Ausmaß bei den Sperrholzsitzen, damit einen Handel betrieb, ist nicht wahrscheinlich.[254]

Auch nach dem Ende der Eigenständigkeit der Firma Gebrüder Thonet blieben diese beiden Betriebsteile erhalten, waren aber nun für alle Fabriken des neuen Konzerns Thonet-Mundus zuständig. In einem Memorandum über dessen Aufbau und die Zusammenarbeit der einzelnen Betriebe heißt es unter anderem: »Es ist vorläufig nicht beabsichtigt, die Individualität der drei Fabrikate Thonet, Kohn und Mundus zu beseitigen, doch wird sofort überall dort eine Vereinheitlichung erfolgen, wo es die Utiliät erfordert. So wird die Holzbeschaffung und der Materialeinkauf gemeinsam sein, die Thonet'sche Schrauben und Maschinenfabrik wird allen Betrieben zur Verfügung stehen [...].«[255]

8.5.2.1. Noch eine »sehr hübsche Economie«

Der Kauf der Herrschaft hatte nicht nur die Errichtung weiterer Betriebsteile für die Möbelherstellung zur Folge, sondern ebenso wie in Ugrócz musste nun ein Areal von mehr als 11.000 Hektar, die nahezu dreifache Größe von Ugrócz, bewirtschaftet werden.[256] Die Thonets griffen auf die Erfahrungen, die sie hier gemacht hatten, zurück und richteten auch in Wsetin entsprechende Produktions- und Verwaltungsbereiche ein:

I. Forstverwaltung, II. Ökonomie, III. Brauhaus, IV. Gast- und Zinshäuser, V. Weidenschälerei, VI. Ziegelei, VII. Korbflechterei [257]

Eine Übersicht aus dem Jahr 1909 verzeichnet die hier erzielten Umsätze und Gewinne. Da die Herrschaft Wsetin zu 90 %, Rožnau nahezu ausschließlich aus Wäldern bestand, war die Forstwirtschaft das bei weitem profitabelste Geschäftsfeld. So wurden 1909 mehr als 40.000 Kubikmeter Nutz- und Brennholz verkauft, womit die Forstverwaltung einen Gewinn von 133.143 Kronen ausweisen konnte. Die Ökonomie organisierte und kontrollierte die Verpachtung von 367 Hektar landwirtschaftlicher Flächen und konnte in diesem Jahr Einnahmen in Höhe von 18.446 Kronen erzielen. Hinzu kamen das Brauhaus mit einem Ausstoß von 13.430 Hektolitern Bier und Erlöse aus den weiteren genannten Geschäftsfeldern. Einige davon mussten in diesem Jahr zwar einen Verlust verbuchen, doch am Ende betrug der Nettoertrag der Herrschaft Wsetin immerhin 150.019,68 Kronen.[258]

Nach dem Ersten Weltkrieg drohte Wsetin die Verstaatlichung, das gleiche Schicksal wie auch Groß Ugrócz. Um dies zu verhindern, nahmen die Gesellschafter Wsetin vorsorglich aus dem Firmenbesitz heraus. Carl, Julius, Theodor, Alfred, Viktor und Richard Thonet erhielten jeweils 3/20, Jakob, der letzte noch lebende Sohn Michael Thonets, 2/20 Anteile.[259] 1923 schließlich boten die sieben Eigentümer die gesamte Herrschaft zu einem Preis von 35,7 Millionen Kronen zum Verkauf an. Im Falle einer Enteignung rechnete man hingegen gerade einmal mit der Hälfte dieser Summe.[260] Franz Gaydosch, Vorstand der Wechselstube der Depositenbank in Wien, bot sich als Vermittler an. Es folgten langwierige Diskussionen, da es zwischen den Familienmitgliedern unterschiedliche Vorstellungen zu der Vertragsgestaltung gab. In einer Art Vorentwurf wurde ausdrücklich festgelegt, dass die Bezahlung in jedem Fall in »Westdevisen« und in bar erfolgen müsse und »die Verhandlungen bzw. Besichtigungen, soweit dieselben auf dem Boden des tschechoslovakichen Staates stattfinden mit Rücksicht auf das Bodenamt, so zu führen[sind], dass die Absicht eines Verkaufes geheim gehalten wird«.[261] Die rechtliche Fragwürdigkeit ihres geplanten Vorgehens war den Herren offensichtlich bewusst und sie fürchteten, dass sie nachträglich – vor allem finanziell – noch zur Rechenschaft gezogen werden könnten. Daher der handschriftliche Zusatz von Carl Thonet: »Wir müssen auch ausser Obligo sein, falls nach vollzogenem Verkaufe irgendwelche Komplikationen oder Beanstandungen von staatlicher oder behördlicher Seite eintreten sollten.«[262] Ein Verkauf kam vorerst nicht zustande, über die Gründe ist nichts bekannt.[263]

1935 meldete sich ein neuer »Reflectant«. Das Augustianer Kloster zu St. Thomas in Alt Brünn war an dem Erwerb eines Teils der Herrschaft interessiert und bereit, einen Kaufpreis von 9,5 Millionen Kronen zu zahlen. Doch auch hier gab es wieder ganz unterschiedliche Interessen auf Seiten der Familienstämme. Julius (Stamm Michael) beispielsweise war nur unter der Bedingung bereit, dem Geschäft zuzustimmen, wenn Viktor (Stamm Jakob) ihm seinen 15 prozentigen Anteil an

Veľké Uherce überlässt, wofür Viktor dann seine (Julius') Anteile an Wsetin und eine bestimmte Anzahl von Aktien der Thonet Mundus A.G. Zürich erhalten sollte.[264] Ein ähnliches Tauschgeschäft war mit Theodor (Stamm August) vorgesehen.[265] Darüber hinaus »schwebten« – so formulierte es einer der Anwälte – über allem noch eine Unzahl von Verrechnungen zwischen den zahlreichen Mitgliedern der Familie, über die man offensichtlich keinen vollständigen Überblick mehr hatte, weshalb sie ausdrücklich nicht berücksichtigt werden konnten. Schaut man sich diese und noch weitere Dokumente aus der Mitte der 1930er Jahre an, so werden die zunehmenden Egoismen innerhalb der Familienstämme deutlich. Es sprachen nicht mehr die Familienmitglieder miteinander, sondern es korrespondierten die Anwälte und auch die wirtschaftlich und finanziell nahezu aussichtslose Lage führte nicht dazu, dass man sich einvernehmlich einigen konnte. Einer der Anwälte brachte es auf den Punkt: »Solange die Verhandlungen im Fluss sind, scheint es mir nicht verantwortbar, formalen Bedenken Rechnung zu tragen, da es sich bei der ganzen Transaktion um Sein oder Nichtsein handelt.«[266]

Die zur Herrschaft gehörenden Reviere wie Klein Karlowitz, Neu Hrosenkau, und noch andere, inklusive weiterer Grundstücke und auch Wirtschaftsgebäude – ein Areal von nahezu 4.000 Hektar – wurden schließlich am 10. Oktober 1935 an das Augustianer Kloster verkauft.[267]

8.6. Die Fabrik Radomsk 1881

Radomsk[268] und Frankenberg waren die beiden letzten Fabriken, welche das Unternehmen Gebrüder Thonet errichtete. In beiden Fällen sollen zollpolitische Gründe – Russland und Preußen hatten Zölle auf ins Land eingeführte Waren erhoben – eine Rolle gespielt haben. Diese Fabrikstandorte waren darüber hinaus jedoch nicht zuletzt aus dem Grund gewählt worden, da sie über sehr gute Eisenbahnverbindungen verfügten, was für das Unternehmen mit seinen großen Transportvolumina entscheidend war.

Russland war seit dem Beginn der 1860er Jahre eines der wichtigsten Absatzgebiete für Möbel aus gebogenem Holz. Durch die Entscheidung Russlands, »gegen Ende der 70er Jahre seine Eingangszölle auf Rohrmöbel maßlos [zu erhöhen], sah sich die Firma genötigt, eine Betriebsstätte auf russischem Zollgebiet zu errichten und erwarb zu diesem Zwecke im Jahre 1881 ein leer stehendes [sic] Mühlengebäude in Nowo-Radomsk, Russisch Polen, welches sie für ihre Zwecke einrichtete«.[269]

Der russische Markt hatte für das Unternehmen eine erhebliche Bedeutung. Etwa 17 % der in den Thonetschen Fabriken erzeugten Bruttowerte wurden nach

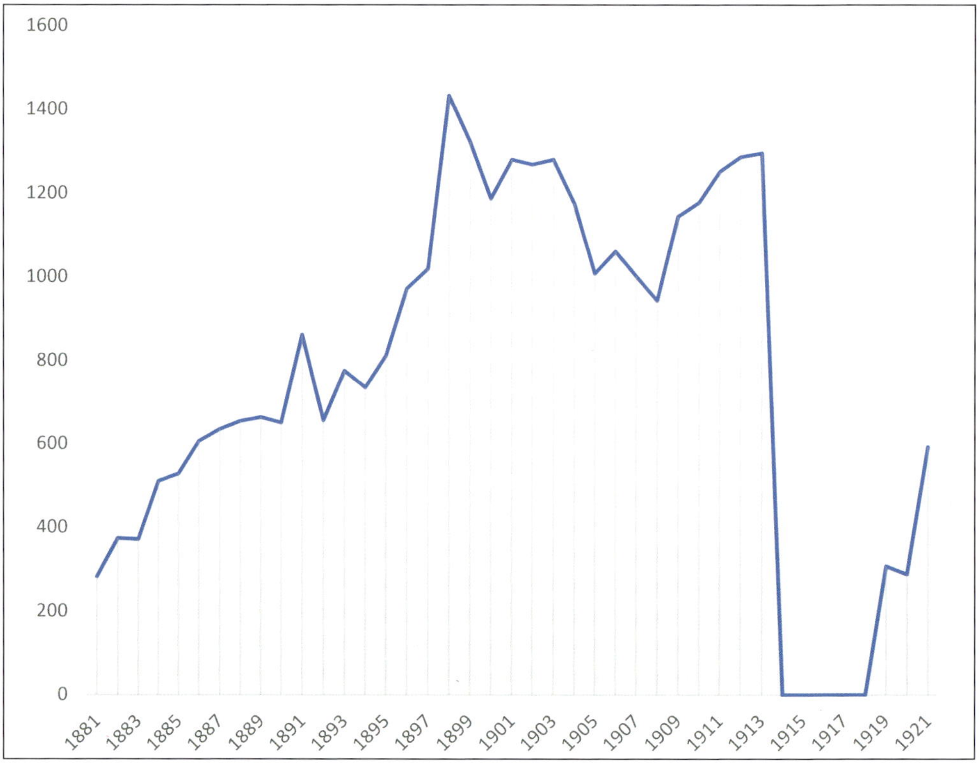

Grafik 16: Entwicklung der Beschäftigtenzahlen in Radomsk, 1881–1921

Russland geliefert. Von den in Radomsk beispielsweise 1885 hergestellten 143.333 Konsumsesseln blieben nahezu 95 % im Inland, etwas weniger als 5 % wurden nach Deutschland exportiert, der Rest ging in den überseeischen Export.[270] Es ist somit nachvollziehbar, dass die Gebrüder Thonet in Russland einen weiteren Produktionsstandort errichteten, um diesen Markt weiterhin konkurrenzfähig beliefern zu können.

In den beiden ersten Jahren wurden in Radomsk lediglich die angelieferten, bereits gebogenen Teile endbehandelt und montiert.[271] Nach der Verschärfung der Zollbestimmungen – Zölle wurden nun auch für ins Land gelieferte Halbfertigwaren erhoben – war das Unternehmen gezwungen, den gesamten Fertigungsprozess nach Radomsk zu verlagern.[272] Diese Umstellung erfolgte ab 1883. In diesem Jahr wurde erstmals auch gebogen: 29.824 runde Sitze und 33.723 Lehnen.[273] Bis 1885 erzeugte Radomsk ausschließlich Sessel Nrn. 14, 18 und 20, die am meisten nachgefragten Modelle. Ab 1886 kamen einige wenige andere Sessel und eine geringe Anzahl von Möbeltypen wie einfache Stockerl, Blumentische und Schaukler hinzu, doch machte auch in den folgenden Jahren die Konsumware den bei weitem größten Anteil der Produktion aus.[274]

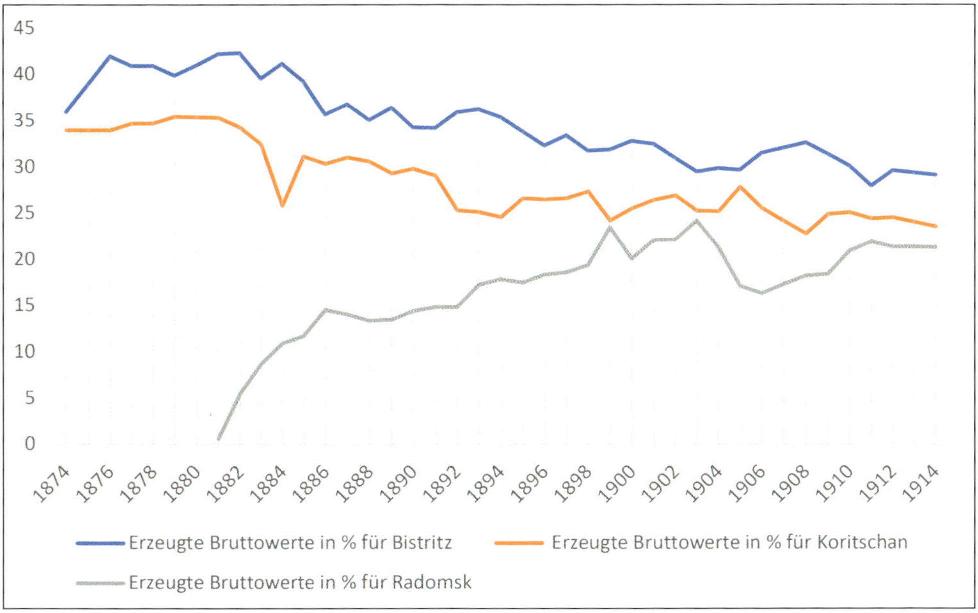

Grafik 17: Prozentzahlen der in den drei größten Thonetschen Fabriken erzeugten Bruttowerte, 1874–1914

Da in Radomsk nun alle Fertigungsschritte ausgeführt wurden, stieg notwendigerweise auch die Zahl der Arbeiter. Bis 1883 blieb ihre Zahl noch unter vierhundert, erhöhte sich in den beiden folgenden Jahren auf über fünfhundert und erreichte 1886 schließlich mehr als sechshundert. 1897 waren erstmals über eintausend Arbeiter in Radomsk beschäftigt. (Grafik 16)

Radomsk wurde zu einer der wichtigsten Fabriken des Unternehmens, nahezu 20 Prozent der Bruttowerte des Konzerns wurden hier jetzt erzeugt. Im 20. Jahrhundert konnte dies nochmals gesteigert werden. Radomsk war 1903 verantwortlich für nahezu ein Viertel der Bruttowerte des Konzerns und erreichte damit in etwa die Produktivität und das Erzeugungsvolumen der Fabrik Koritschan. (Grafik 17 und Tabelle 8)

8.6.1. Sperrholz – das neue Material

Groß Ugrócz war zwar die Fabrik, in der erstmals Sperrholz erzeugt wurde, Radomsk jedoch produzierte schließlich die größte Anzahl von Sesseln mit Sperrholzsitzen, den damals so genannten »Sitzbretteln«[275]. Die Gebrüder Thonet hatten dieses Material allerdings nicht »erfunden«, wie in verschiedenen zeitgenössischen Publikationen behauptet wurde[276], – und worauf immer noch Bezug genommen wird[277] – sondern

waren neben Jakob und Josef Kohn die einzige Firma, die es selbst erzeugte und nicht wie alle anderen Bugholzmöbelhersteller von Fremdfirmen bezog. Sitzbrettel fanden überwiegend bei der einfachen Konsumware Verwendung und Radomsk stellte nahezu ausschließlich diese Ware her. Daher war es naheliegend und wirtschaftlich sinnvoll, in Radomsk neben der Sesselfertigung nun auch eine Sperrholzproduktion einzurichten.

Die Gebrüder Thonet hatten ab 1877 Sessel mit Sitzbretteln im Angebot, erstmals statistisch ausgewiesen wurden diese Modelle ab 1879. Ihre Anzahl war allerdings noch überschaubar, von den in diesem Jahr insgesamt 550.707 erzeugten Sesseln erhielten lediglich 7,5 % einen Holzsitz.[278]

Welchen Stellenwert die Sitzbrettel-Erzeugung für das Unternehmen jedoch bekommen sollte und wie wichtig sie für Radomsk war, wird an den beiden folgenden Grafiken deutlich. Auf der ersten (Grafik 18) ist die gesamte Sesselerzeugung und die Entwicklung des Anteils der Modelle mit Geflecht- oder Holzsitz für die Jahre 1879 bis 1921 dargestellt. Die jährliche Produktion stieg von 550.707 im Jahr 1879 auf 865.138 Stück im Jahr 1900. Ebenso wie die Zahl der mit Geflecht ausgestatteten Sessel kontinuierlich sank, erhöhte sich der Anteil derjenigen mit Furniersitz. Von 1901 bis 1907 ist ein nahezu paralleler Verlauf zu sehen. In den beiden folgenden Jahren sank die Zahl der Sessel mit Geflecht deutlich, derjenigen mit Holzsitz blieb

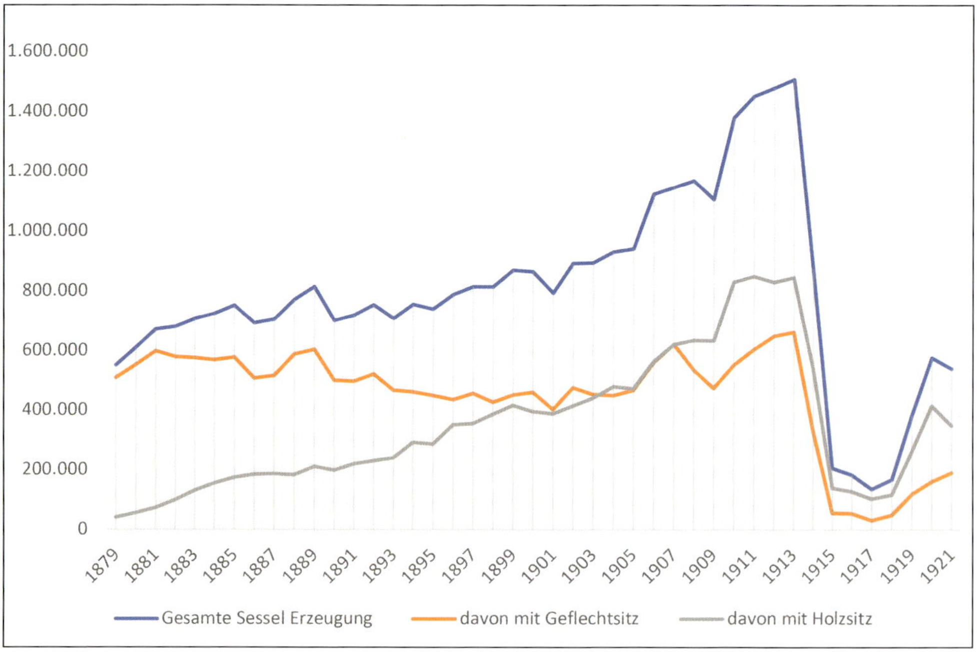

Grafik 18: Gesamte Sessel-Erzeugung, anteilig die Modelle mit Geflecht- oder Holzsitz, 1879–1921

in etwa gleich. Es ist nicht eindeutig, ob dies seine Ursache in einem Wandel des Geschmacks der Kunden oder wirtschaftliche Gründe hatte. Ab 1909 bis zum Ausbruch des Ersten Weltkriegs kam es nochmals zu einer erheblichen Steigerung der Sesselproduktion, wovon beide Ausführungen etwa im gleichen Maße profitierten, bis es mit dem Ausbruch des Ersten Weltkriegs zu einem dramatischen Einbruch nicht nur in der Sesselproduktion, sondern im gesamten Geschäftsgang des Unternehmens kam.

Grafik 19 zeigt einen Teilaspekt von Grafik 18, der Übersichtlichkeit halber nur für den Zeitraum von 1881 bis 1900 und nur für Modell Nr. 14.[279] Betrachtet man die gesamte Sesselproduktion, ergibt sich der Eindruck, als ob das Unternehmen doch relativ spät, erst 1907, überwiegend Sperrholz für die Sessel verwendet hat. Dies ist nicht falsch, doch bei den Konsummodellen, der wirtschaftlich weitaus bedeutendsten Sparte, begann diese Entwicklung erheblich früher. Bei der Nr. 14 wurden bereits 1896 mehr Sessel mit Holz- als mit Geflechtsitz ausgestattet und betrachtet man alleine Radomsk, setzte diese Entwicklung nochmals 8 Jahre früher ein.

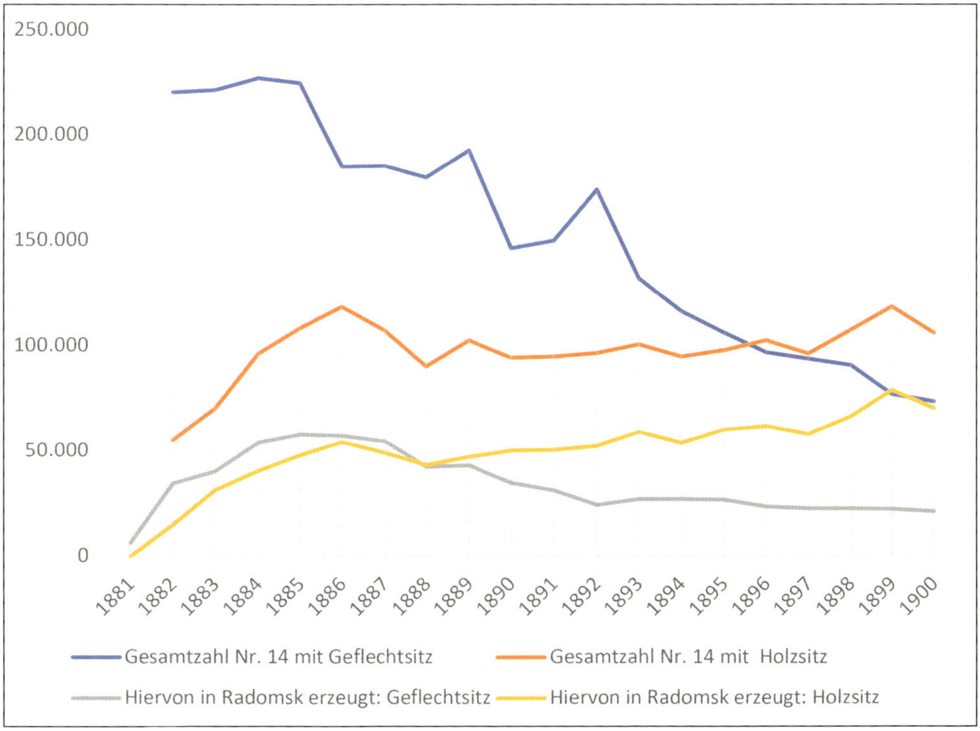

Grafik 19: Gesamtzahl der Sessel Nr. 14 mit Geflecht- oder Holzsitz. Hiervon in Radomsk erzeugt, 1881–1900

Von 1888 an blieb die Gesamtzahl der in Radomsk produzierten Sessel Nr. 14 zwar in etwa gleich, doch wurde der Anteil der mit Holzsitz ausgestatteten gegenüber denjenigen mit Geflecht kontinuierlich größer.

In Tabelle 7 finden sich hierzu die genauen Zahlen für den entsprechenden Zeitraum, zum Vergleich ergänzt mit den Zahlen für Groß Ugrócz. Es ist eindeutig, dass Radomsk die Vorreiterrolle in der Entwicklung dieser Innovation zukam. Irritieren könnten die stark schwankenden Gesamtzahlen der insgesamt erzeugten Modelle Nr. 14 und deren abnehmende Anzahl ab 1892. Doch ist zu berücksichtigen, dass im Laufe der Zeit weitere Konsummodelle angeboten wurden. So ab 1876 Modell Nr. 18, ab 1886 die Nr. 56 mit zahlreichen Varianten, vor allem aber eine Reihe einfachster Sessel wie beispielsweise die ab 1892 angebotenen Modellnummern 110 bis 120[280], alle zu vergleichbar günstigen oder sogar noch günstigeren Preisen als die Nr. 14.[281] Bei einigen dieser Modelle wurden keinerlei Bauteile aus gebogenem Holz mehr verwendet und die Sitze bestanden lediglich aus einer rahmenlosen, auf das Untergestell aufgeschraubten Sperrholzplatte.[282]

Das Unternehmen hatte diese Entwicklung vorausgesehen und nach und nach in eine spezielle maschinelle Ausstattung zur Erzeugung von Sperrholzsitzen investiert. Hierzu benötigte man Furnierschälmaschinen und spezielle Maschinen kamen auch zum Einsatz, um die Sitze zu pressen. Die Gebrüder Thonet waren technologisch führend beim Biegen von Massivholz, mit der Herstellung von Sperrholz hatten sie sich bisher allerdings noch nicht befasst. Doch offensichtlich – wie auch bei vielen Entscheidungen und Weichenstellungen vorher – erahnten sie das Potential dieses Materials und tasteten sich vorsichtig, aber doch konsequent an dessen Möglichkeiten heran. Die Technologie stand in den ersten Jahren wohl noch nicht vollständig zur Verfügung, worauf die Unterscheidung der ab 1877 »anfangs verleimten, perforierten«, ab 1888 dann »thermoplastisch gepreßten Relief-Fourniersitzbrettel«[283] verweist. Für letztere sind beheizte Pressen notwendig, dies erst garantiert die wirtschaftliche Herstellung entsprechender Quantitäten. Offenbar wollte man zunächst einmal die Akzeptanz dieses neuen Materials testen und investierte noch nicht in eine teure maschinelle Ausstattung. Beim Einsatz dieser neuen Technologie zeigt sich darüber hinaus wiederum das Streben des Unternehmens, von Zulieferern möglichst unabhängig zu sein, weshalb man in den Fabriken schließlich eigene Produktionsstraßen zur Erzeugung des neuen Materials einrichtete, während die Konkurrenz ihre Sitze von darauf spezialisierten Herstellern bezog.[284]

Die Zahlen aus dem Jahr 1884 belegen die zunehmende Verwendung dieses Materials. Waren es 1879 lediglich 7,6 %, so wurden 1884 nahezu 30 % aller Sessel Nr. 14 mit Holzsitz ausgestattet. Bei sämtlichen in diesem Jahr ausgelieferten Sessel waren es immerhin schon 21,5 % gegenüber 7,5 % im Jahr 1879. Das Unternehmen bot

Jahr	Gesamt	davon mit Geflechtsitz	davon mit Holzsitz	Geflechtsitz	Holzsitz	Geflechtsitz	Holzsitz
				Radomsk		Ugrócz	
1881	268.045	k. A	k. A	6.334	k. A	53.793	k. A
1882	275.379	220.188	55.191	34.600	14.854	25.831	10.252
1883	291.484	221.306	70.179	40.264	31.588	31.307	11.052
1884	323.172	227.003	96.169	53.948	40.532	34.205	14.075
1885	332.996	224.649	108.347	57.902	47.886	23.789	16.492
1886	303.507	185.062	118.445	57.244	54.182	17.316	14.028
1887	292.236	185.190	107.127	54.572	49.199	14.334	12.489
1888	269.971	179.910	90.061	42.564	43.344	19.613	10.294
1889	295.128	192.767	102.361	42.917	47.018	21.236	17.401
1890	240.520	146.296	94.224	34.791	50.181	18.595	15.373
1891	244.678	149.898	94.780	31.326	50.373	16.167	14.801
1892	270.442	174.081	96.361	24.316	52.323	15.659	12.243
1893	232.461	131.801	100.660	27.192	59.002	13.522	11.975
1894	210.861	116.210	94.651	27.111	53.883	11.234	13.271
1895	203.850	105.984	97.866	26.840	60.210	10.321	13.110
1896	198.977	96.578	102.399	23.351	61.641	10.351	11.130
1897	189.846	93.617	96.229	22.684	57.936	9.072	11.124
1898	198.007	90.758	107.349	22.713	66.491	6.719	13.430
1899	195.235	76.867	118.368	22.298	78.824	7.826	12.554
1900	179.586	73.427	106.159	21.243	70.198	10.130	11.554

Tabelle 7: Produktionszahlen für Sessel Nr. 14: Gesamt und mit Geflecht- oder Holzsitz. Hiervon in Radomsk und Ugrócz erzeugt, davon mit Geflecht- oder Holzsitz, 1881–1900. (Die roten, farbig unterlegten Zahlen zeigen die Jahre an, in denen erstmals mehr Sessel Nr. 14 mit Holz- als mit Geflechtsitz hergestellt wurden.)

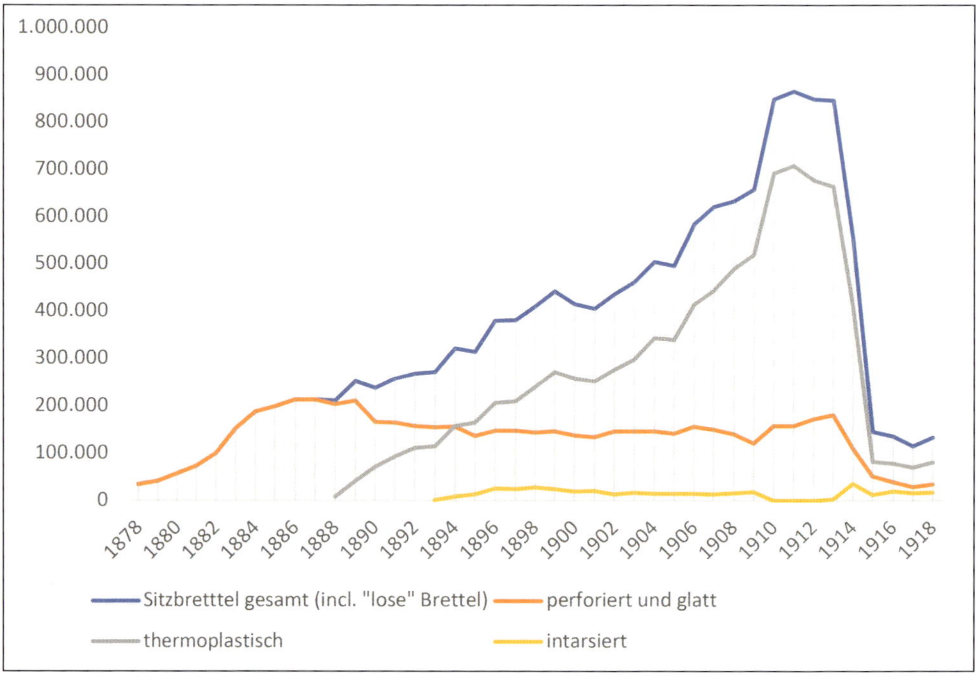

Grafik 20: Sitzbrettel gesamt (incl. »ledige« oder »lose Brettel«) in den verschiedenen Ausführungen, 1878–1918

nun auch die klassischen Modelle mit Holzsitz an, doch wurde dies von den Kunden nicht angenommen: Von den im Jahr 1884 3.804 erzeugten Sesseln Nr. 4 beispielsweise erhielten lediglich 37 einen Holzsitz, von den 2.689 Sesseln Nr. 10 achtzehn und von den 2.294 Modellen Nr. 17 gerade einmal sechs.[285]

Es finden sich darüber hinaus in den statistischen Unterlagen noch separat ausgewiesene, sogenannte »ledige« oder »lose« Sesselholzsitze, deren Anzahl 1884 immerhin 31.504 Stück betrug.[286] Diese lieferte man an die Fabriken, die keine eigene Produktion hatten oder bei denen die Kapazitäten nicht ausreichten. Denkbar ist aber auch, dass man sie an Möbelfabrikanten weiterverkaufte, möglicherweise auch an andere Bugholzmöbelhersteller.

Fauteuils wurden nur in verschwindend geringer Anzahl mit Holzsitzen versehen. So erhielten von den 1884 insgesamt 20.836 produzierten Fauteuils lediglich 7 % einen Holzsitz. Fauteuils gehörten nur in seltenen Fällen zur Ausstattung öffentlicher Lokale, da diese aufgrund ihrer Größe zu viel Platz beanspruchten. Die Orte, deren Betreiber vor allem auf Wirtschaftlichkeit achteten, wurden mit den weniger Platz beanspruchenden, einfachen Sesseln möbliert, die durch die eingebauten Sitzbrettel nun haltbarer und dauerhafter waren.

Die Gebrüder Thonet produzierten Sitzbrettel in verschiedenen Ausführungen. (Grafik 20) Bis 1888 wurden alle Brettel nur in perforierter oder glatter Ausführung hergestellt, so dass die Gesamtzahl aller Sessel mit Furniersitz hiermit identisch ist. Ab 1888 begann man mit der Herstellung thermoplastisch gepresster Sitze, die sich gegenüber den perforierten Ausführungen zunehmender Beliebtheit erfreuten. So wurden 1896 insgesamt 546.883 »Sitz- und Lehnbrettel«, wie sie jetzt genannt wurden, erzeugt, doch machte der Anteil der mit einem Lochmuster versehenen nur noch 39 % aus. Die Möglichkeit, Sitz- und Rückenbrettel reliefartig mit jedweder Art von Dekoration zu versehen, kam bei dem Kunden offensichtlich besser an als die durch Perforation erzeugten eher schlichten Muster der ersten Brettel-Generation.[287] In den folgenden Jahren stagnierten die Zahlen der perforierten Sitze. Die Nachfrage nach den thermoplastischen hingegen, von denen immer zahlreichere mit Stil-zitierenden Motiven angeboten wurden, stieg parallel mit der Anzahl der erzeugten Sessel. 1893 wurde eine weitere Neuerung eingeführt: Intarsierte Sitze, »auf deren Oberfläche mittelst erhitzter Platten Dessins eingebrannt sind […]; dieselben sind zweifarbig, d.i. licht und nußbraun, u. zw. die Dessins hell und der Grund dunkel, oder umgekehrt«.[288] Doch konnten sich diese gegenüber den beiden anderen Ausführungen nicht durchsetzen und blieben auf einem niedrigen Niveau von im Schnitt knapp 15.000 Stück pro Jahr. Die vorliegenden statistischen Angaben für die Anzahl der intarsierten Sitze von 1910 bis 1914 scheinen fraglich zu sein. Sowohl für die nur wenigen für die Jahre 1910 bis 1913 als auch für den plötzlichen Anstieg auf 35.741 im Jahr 1914 findet sich keine Erklärung. In der Gesamtbetrachtung für die Zeit von 1879 bis 1914 würde sich allerdings auch durch Zahlen, die man erwarten könnte, keine signifikant andere Tendenz zeigen.

Waren es die beschriebenen ästhetisch-gestalterischen Möglichkeiten, welche die Akzeptanz und gute Verkäuflichkeit der mit Bretteln ausgestatteten Sessel gegenüber den traditionell geflochtenen beförderten, so erkannten die Gebrüder Thonet, dass das Material auch Möglichkeiten im Hinblick auf die Schaffung neuer, noch preisgünstigerer Modelle bot. Bei den mit Geflecht versehenen Sitzen war ein Rahmen notwendig, in welchen dieses eingeflochten wurde. Doch eine Sperrholzplatte ist so fest und formstabil, dass kein Rahmen mehr nötig ist. Sie braucht lediglich auf zwei Querleisten aufgelegt und mit diesen verschraubt zu werden. Sperrholz wurde somit vom Ersatzmaterial zu einem integralen Bestandteil des Entwurfs. Möbel dieser Art bot das Unternehmen erstmals in den 1880 Jahren an und auch die meisten dieser Modelle wurden in Radomsk und vor allem für den russischen Markt hergestellt. Hierfür verwendete man anfangs dreilagige Sperrhölzer, doch waren diese für die rahmenlosen Sitze zu schwach und mussten modifiziert werden, wie August Thonet an seinen Neffen Julius schrieb: »Sei so gut gleich zu veranlassen daß die Sitzbrettel für d. Sessel Nr. 110 statt mit 3 Fournieren mit 4 Fournieren gemacht werden – aus 3 Fournieren sind selbe da sie sehr weit nach außen von den Sitzleisten [Zeichnung] vorstehen zu schwach –«[289] Dieser Anweisung fügte August Thonet eine kleine Skizze bei. (Abb. 53)

Abschließend zum Material Sperrholz eine kleine Anekdote, welche anschaulich die Konkurrenz der beiden dieses Material produzierenden Fabriken Radomsk und Ugrócz belegt. Jede der beiden Fabriken erhob Anspruch auf die technologische Führerschaft bei der Sperrholzproduktion, wodurch sich ein gewisser Wettbewerb zwischen ihnen entwickelte. So fanden an beiden Standorten beispielsweise Versuche statt, möglichst kostengünstig ein Bindemittel für die Verleimung der Sperrholzplatten zu erzeugen. In Groß Ugrócz wurde eine spezielle Rezeptur entwickelt, die sogenannte »Ugróczer Topfen-Streichmasse«, ebenso in Nowo Radomsk die »Casein Streichmasse nach Radomsker Recept«. In einer detaillierten Berechnung der Kosten der Herstellung dieser beiden Bindemittel stellte sich heraus, dass ersteres pro Kilogramm 8,88 Kreuzer, das aus Radomsk hingegen 11,17 Kreuzer kosten würde. Welchen Vorteil das eine oder das andere Rezept bot, ist nicht bekannt. In den statistischen Unterlagen finden sich keine konkreten Angaben der insgesamt benötigten und verwendeten Mengen von Bindemittel zur Sperrholzerzeugung. Lediglich die Menge von 7 Gramm pro Dezimeter verleimter Furnierfläche wird in internen Unterlagen zur Kalkulation der Kosten der Brettelerzeugung bei den Materialkosten aufgeführt.[290]

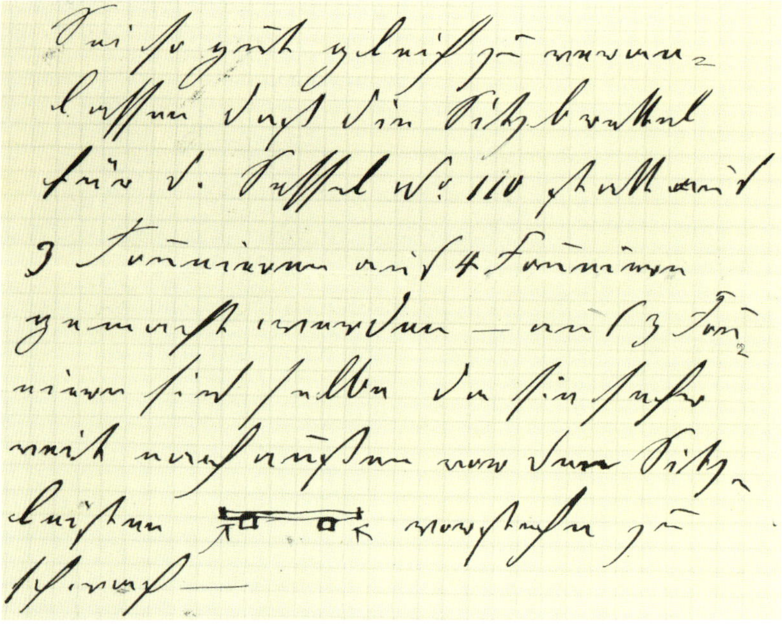
Sei so gut gleich zu veran-
lassen daß die Sitzbrettel
für d. Sessel Nr: 110 statt mit
3 Fournieren mit 4 Fournieren
gemacht werden – aus 3 Four-
nieren sind selbe da sie sehr
weit nach außen von den Sitz-
leisten [Zeichnung] vorstehen zu
schwach –

Abb. 53: Brief von August Thonet an Julius in Groß Ugrócz, Wien, 15. Mai 1893, mit eingefügter Skizze

Wofür man sich am Ende entschied ist nicht bekannt, doch steht zu vermuten, dass jede der beiden Fabriken schließlich ihr eigenes Bindemittel erzeugte.[291]

Die Tatsache, dass die Fabrik Radomsk in Russisch Polen errichtet wurde und in ihrer Produktion bewusst auf den Markt in Russland hin ausgerichtet war, sollte sich mit dem Beginn des Ersten Weltkriegs als fatal erweisen. Waren hier bis zum Juli 1914 noch 1.302 Arbeiter beschäftigt, so musste direkt nach Kriegsbeginn das Werk geschlossen werden. 1918 werden für Radomsk in der Statistik der Absendungen, 36.147 Möbeln – davon 32.341 Sessel – aufgeführt, doch nach den Aufzeichnungen in den Produktionsstatistiken wurden in diesem Jahr in Radomsk keinerlei Möbel hergestellt und auch ausweislich der Statistik »Arbeiterstand« war in Radomsk niemand in der Produktion beschäftigt.[292] Die Erklärung findet sich in einer Zusatzbemerkung in den Jahresausweisen: Die Möbel wurden in diesem Jahr von den noch und wieder produzierenden Fabriken nach Radomsk geliefert und von hier aus dann weiter an die Verkaufsfilialen verschickt. Diese Praxis lässt sich zwar bereits für die Zeit vor dem Ersten Weltkrieg nachweisen, doch betraf dies zu dieser Zeit lediglich Modelle, die in Radomsk nicht hergestellt wurden wie beispielsweise Canapés, einige Tischmodelle, Fauteuils oder auch Puppenmöbel. In der Statistik erschienen diese Möbel dann zwar unter »Fabrik Radomsk«, erhielten jedoch den Zusatz: »Von den österreichischen Fabriken bezogene Möbel.«[293] So auch 1918, nur dass es nicht nur einige wenige Modelle waren, sondern jetzt alle Möbel, die Radomsk auslieferte, von den österreichischen Fabriken bezogen wurden.[294]

Eine eigene Produktion lief in Radomsk erst 1919 wieder an. 308 Arbeiter erzeugten insgesamt Möbel im Wert von 484.922 Kronen, was etwa 9 % der Bruttowerte des Konzerns entsprach. Doch Russland, das vor dem Krieg einer der wichtigsten Märkte für das Unternehmen war, hatte aufgehört zu existieren und Radomsk lag nun weit außerhalb des ehemaligen Thonetschen Möbelimperiums. Radomsk, jetzt nach 125 Jahren wieder zu Polen gehörend, wird verschiedentlich noch erwähnt, so im Zusammenhang mit einer Verlagerung von Teilen der Produktion von den mährischen Fabriken dorthin, doch fanden sich hierzu keine weiteren Informationen. Innerhalb des Thonet-Mundus Konzerns wurde Radomsk schließlich Teil der Polnischen Bugholzmöbelfabriken A.G. Bielitz, doch fanden sich hierzu ebenso keine Unterlagen, die Auskunft darüber geben könnten, was dort von wie vielen Arbeitern hergestellt wurde.

Die folgende »Statistische Übersicht der Fabrik Radomsk 1881 – 1921« gibt einen Eindruck von der Entwicklung eines ehemals kleinen Standorts zu einer der wichtigsten Fabriken des Unternehmens. An der Anzahl der Arbeiter, den erzeugten Stückzahlen und den Bruttowerten lässt sich – wie in einem Brennglas – die wirtschaftlich erfolgreichste Zeit des Unternehmens ablesen.

Statistische Übersicht: Fabrik Radomsk 1881 – 1921

Jahr	Sessel Modell-Nummern	Zahl der Arbeiter	Produzierte Stückzahl: gesamt, davon Sessel	Prozentualer Anteil der erzeugten Bruttowerte
1881	14, 18, 20	282	7.159 Sessel	0,63
1882	14, 18, 20	375	62.962 Sessel	5,51
1883	14, 15, 18, 19, 20	372	102.896 Sessel	8,71
1884	14, 15, 18, 19, 20, 31	512	126.588 Sessel	10,95
1885	14, 15, 18, 19, 20, 31 und einiges andere	530	Gesamt 142.599, davon 142.333 Sessel	11,75
1886	14, 15, 18, 19, 20, 31, 56 und einiges andere	608	Gesamt 157.654, davon 156.014 Sessel	14,57
1887	wie im Jahr zuvor	650	Gesamt 153.123, davon 151.226 Sessel	14,08
1888	wie im Jahr zuvor	666	Gesamt 149.817, davon 144.282 Sessel	13,36
1889	wie im Jahr zuvor	684	Gesamt 158.512, davon 148.421 Sessel	13,50
1890	wie im Jahr zuvor	669	Gesamt 148.205, davon 139.575 Sessel	14,40
1891	wie im Jahr zuvor	862	Gesamt 155.057, davon 142.550 Sessel	14,87
1892	wie im Jahr zuvor	657	Gesamt 148.552, davon 134.654 Sessel	14,83
1893	wie im Jahr zuvor	776	Gesamt 171.785, davon 156.972 Sessel	17,27
1894	wie im Jahr zuvor	736	Gesamt 185.483, davon 169.333 Sessel	17,87
1895	wie im Jahr zuvor	811	Gesamt 187.688, davon 169.466 Sessel	17,46
1896	wie im Jahr zuvor	972	Gesamt 210.948, davon 187.653 Sessel	18,35
1897	wie im Jahr zuvor	1.019	Gesamt 207.515, davon 185.094 Sessel	18,60
1898	wie im Jahr zuvor	1.434	Gesamt 220.557, davon 195.257 Sessel	19,38
1899	wie im Jahr zuvor	1.323	Gesamt 284.765, davon 249.846 Sessel	23,30

1900	wie im Jahr zuvor	1.187	Gesamt 244.845, davon 214.220 Sessel	20,08
1901	wie im Jahr zuvor	1.281	Gesamt 257.603, davon 226.670 Sessel	22,06
1902	wie im Jahr zuvor	1.269	Gesamt 274.709, davon 239.446 Sessel	22,17
1903	wie im Jahr zuvor	1.280	Gesamt 295.009, davon 246.482 Sessel	24,32
1904	wie im Jahr zuvor	1.175	Gesamt 279.122, davon 241.502 Sessel	21,26
1905	wie im Jahr zuvor	1.008	Gesamt 241.019, davon 207.133 Sessel	17,14
1906	wie im Jahr zuvor	1.061	Gesamt 281.763, davon 253.191 Sessel	16,35
1907	wie im Jahr zuvor	fehlt	fehlt	fehlt
1908	wie im Jahr zuvor	944	fehlt	fehlt
1909	wie im Jahr zuvor	1.145	Gesamt 293.877, davon 258.086 Sessel	18,30
1910	wie im Jahr zuvor	1.178	Gesamt 418.185, davon 372.578 Sessel	20.90
1911	wie im Jahr zuvor	1.252	Gesamt 448.326, davon 396.331 Sessel	21,81
1912	wie im Jahr zuvor	1.287	Gesamt 463.139, davon 410.698 Sessel	21,38
1913	wie im Jahr zuvor	1.296	fehlt	fehlt
1914	wie im Jahr zuvor	1.302 bis Juli	Gesamt 284.921, davon 249.094 Sessel	21,29
1915 – 1918: Produktion eingestellt				
1919	14, 18, 20, 54, 114–120, 168/14, 255 und einiges andere	308	Gesamt 59.489, davon 52.925 Sessel	9,63
1920	wie im Jahr zuvor	288	Gesamt 51.936, davon 45.909 Sessel	6,2
1921	wie im Jahr zuvor	593	Gesamt 92.259, davon 76.412 Sessel	6,5

Tabelle 8: Übersicht über die in Radomsk produzierten Modelle, die Zahl der Beschäftigten und die Gesamtproduktion, davon Sessel und prozentualer Anteil an den insgesamt erzeugten Bruttowerten des Konzerns, 1881–1921

8.7. Die Fabrik Frankenberg 1890

»Dieses Unglückskind ›Frankenberg‹«[295]

In Frankenberg, einer Stadt in Nordhessen mit damals etwa 2.500 Einwohnern und vorwiegend agrarisch geprägt, wurde 1889 die letzte Fabrik Gebrüder Thonet errichtet.[296] Ursprünglich war allerdings nicht Frankenberg, sondern Wildungen (ab 1906 Bad Wildungen) als Standort einer Fabrik in Preußen vorgesehen, wobei am Ende zwei für das Unternehmen wesentliche Kriterien den Ausschlag für Frankenberg gaben. Zum einen hatte Frankenberg bessere Holzbestände, wie die örtliche Zeitung am 23. Februar 1889 berichtete: »Für diesen Zweck [Beschaffenheit des Holzes zur Herstellung von Möbeln aus gebogenem Holz] besseres Holz haben die Herren jedoch im Frankenberger Kreise bei Lotheim gefunden und sollen sich dieselben nun entschlossen haben, die Fabrik in Frankenberg zu errichten.«[297]

Zum anderen war für Frankenberg bereits Ende der 1880er Jahre – kurz vor der Ankunft der Thonets – ein Eisenbahnanschluss mit dem Ziel der Ansiedlung von Industrieunternehmen projektiert worden. Dass nun gerade die Firma Gebrüder Thonet, die auf entsprechende Transportmöglichkeiten angewiesen war, auf den Plan trat, war aus Frankenberger Sicht eher ein Zufall, für die Gebrüder Thonet jedoch mit entscheidend für den Fabrikbau, unmittelbar neben dem Bahnhof. (Abb. 54)

Dieses Vorhaben wurde sowohl von der Regierung in Berlin als auch von den lokalen Behörden begrüßt, da es für die Bevölkerung eine regelmäßige Beschäftigung und somit ein regelmäßiges Einkommen garantierte. Berlin ordnete einen Regierungsforstmeister ab, »der den Herren [Vertreter der Firma Gebrüder Thonet] in den an Waldeck grenzenden hessischen Walddistrikten als Führer diente und sonstige für das Zustandekommen des projektierten Unternehmens wichtige Aufschlüsse zu geben sich bereit zeigte«.[298] Die Verhandlungen wegen des Ankaufs von Grundstücken führte eine von dem Unternehmen beauftragte Vertrauensperson, Anfang März 1889 wurden die Ausschreibungen für die verschiedenen Gewerke erstellt. Neben dem dreistöckigen Fabrikgebäude sollten ein Kesselhaus, ein Haus für den Direktor und auch ein Arbeiterwohnhaus errichtet werden, letzteres mit sechs Wohnungen für die Werkführer. Die örtliche Presse berichtete umfassend über den Geschäftsumfang der Gebrüder Thonet; um die Bedeutung der Firma zu unterstreichen, lag im Rathaus ein Album mit Abbildungen aller Thonetschen Fabriken aus.

Am 29. August 1889 wurde die offene Handelsgesellschaft unter der Firma Gebrüder Thonet in das Handelsregister beim Amtsgericht Frankenberg eingetragen. Gesellschafter waren die Söhne Franz, Michael, August und Jakob, daneben auch schon einige Söhne der Firmengründer: Julius (1862–1939), Carl (1860–1925), Theodor (1864–1932) und Alfred (1867–1935). Die Bauarbeiten waren im Spätsom-

Abb. 54: Fabrik Frankenberg mit direktem Bahnanschluss, um 1920

mer abgeschlossen und Theodor Thonet, zu dieser Zeit verantwortlich für Bistritz, kam Mitte Oktober nach Frankenberg, um die Einrichtung der Fabrik zu beaufsichtigen. Die Eröffnung war ursprünglich für den 1. Oktober vorgesehen. Dieser Termin konnte jedoch nicht eingehalten werden, erst Anfang Februar 1890 nahm Frankenberg schließlich den Betrieb auf. In der örtlichen Presse hieß es: »Gestern Abend wurden zum erstenmale in der hiesigen Möbelfabrik von Gebrüder Thonet die elektrischen Flammen entzündet. Da dies das erste elektrische Licht ist, welches in Frankenberg leuchtet, verdient das Ereignis öffentlich erwähnt zu werden.«[299]

Ebenso wie bei den Fabrikneugründungen in Mähren, Ungarn und Russisch Polen Arbeiter aus den bereits bestehenden Fabriken zur Unterweisung der neuen Mitarbeiter herangezogen wurden, so verfuhr man auch hier, wobei die örtliche Presse bemerkte, dass die jungen Mädchen, die aus Bistritz »zur Anlernung der weiblichen Handarbeiter [...] in ihrer kleidsamen Nationaltracht ein gewisses Aufsehen [erregten]«.[300]

Bereits im Herbst 1890 wurde ein zweiter Dampfkessel angeschafft, gleichzeitig stieg die Zahl der Arbeiter von anfangs 120 auf 198 bis zum Ende des Jahres.

Auch in Frankenberg wurde die sogenannte Konsumware hergestellt: Sessel Modellnummern 14, 18, 56 und 57, überwiegend mit Holzsitz und -lehne.[301] Die

»Sitz- und Lehnbrettel« erzeugte man vorerst nicht selbst, sondern bezog sie von Groß Ugrócz, das in den 1890er Jahren die meisten dieser »losen« oder »ledigen« Sitzbrettel herstellte.[302] In Frankenberg wurden weder Fauteuils, Halbfauteuils oder Canapés, noch Tische oder auch andere Modelle der klassischen Serie hergestellt. Die anfängliche Produktpalette behielt man in den folgenden Jahren bei, von anderen Modellnummern oder Möbeltypen – beispielsweise Stockerl – gab es immer wieder einige Stücke auch aus Frankenberg, doch blieb deren Zahl in der Regel unter einhundert.

Die Fabrik Frankenberg arbeitete anfangs nicht sehr produktiv. So stellte das Unternehmen 1891 insgesamt 717.491 Sessel her, lediglich 27.788 davon steuerte Frankenberg bei. Ugrócz mit der annähernd gleichen Anzahl von Beschäftigten fertigte in dem gleichen Zeitraum das nahezu Vierfache (102.234 Sessel), dazu noch Stockerl und Tischfüße und knapp 20.000 »ledige« Holzsitze.[303]

1892 entschied die Konzernleitung, dass Frankenberg auch einen Teil der Gartenmöbel erzeugen sollte. Hauptstandort für diesen Möbeltyp war und blieb die Fabrik Wsetin, die nach wie vor die größte Anzahl und auch alle Modelle, Nrn. 1 bis 5, produzierte. Die kleineren Standorte hingegen spezialisierten sich aus Gründen der Wirtschaftlichkeit auf bestimmte Modellreihen. In Frankenberg waren es vorwiegend die Gartenmöbel Modellnummern 4 und 5, später die Nr. 8, in Ugrócz die Nrn. 1 und 3, dazu noch die Nr. 5.[304]

Frankenberg hatte in den ersten Jahren Schwierigkeiten, die Produktivität der anderen Fabriken zu erreichen. Betrachtet man beispielsweise die Bruttowerte der Gesamtabsendungen aller Fabriken, so steuerte Frankenberg 1891 lediglich 2,59 %, 1892 4,5 % und 1893 3,75 % hierzu bei, während es im Fall von Ugrócz bei einer vergleichbaren Anzahl von Arbeitern zu dieser Zeit etwa das Doppelte war. In den folgenden Jahren stabilisierte sich dieser Wert bei etwa 4 %, womit Frankenberg die Fabrik war, welche am wenigsten zu den Bruttowerten des Gesamtkonzerns beitrug.[305] (Tabelle 9)

In Frankenberg fällt eine sehr starke Fluktuation der zuliefernden Fabriksfilialen auf. (Tabelle 10) Allendorf war von Beginn an bis 1914 eine Art »Hauptfiliale« mit einer relativ konstanten Anzahl von Beschäftigten. Die herausgehobene Stellung dieser Filiale ist auch daran erkennbar, dass dort immer eine Aufsichtsperson beschäftigt war. Bromskirchen, später auch Röddenau arbeiteten nur zeitweise und mit mehrjährigen Unterbrechungen für Frankenberg. In Bromskirchen wurde ausschließlich geflochten, Röddenau war für Raspelarbeiten zuständig. Zu den Gründen, Filialen in den weit von Frankenberg entfernten Bochum (1905, 1906) und Hannover (1903) einzurichten, ließen sich keine Informationen finden.[306]

	Frankenberg		
Jahr	Prozentualer Anteil der Bruttowerte an den Gesamtabsendungen	Arbeiter	Garten-möbel
1891	2,59	352	-
1892	4,25	351	63
1893	3,78	282	872
1894	4,33	265	1.713
1895	4,00	242	3.298
1896	3,65	210	6.454
1897	3,93	249	3.763
1898	4,13	285	6.530
1899	3,97	214	7.257
1900	3,77	206	8.961
1901	4,14	181	6.758
1902	3,78	168	10.846
1903	3,76	232	13.565
1904	3,90	233	18.581
1905	4,18	277	14.806
1906	4,16	283	19.652
1907	fehlt	fehlt	fehlt
1908	4,01	219	fehlt
1909	4,66	266	14.813
1910	3,80	280	13.079
1911	3,79	250	14.083
1912	3,79	269	17.414
1913	3,62	278	10.852

Tabelle 9: Prozentualer Anteil der Gesamtabsendungen der Fabrik Frankenberg an den Bruttowerten des Konzerns, Arbeiterstand und Zahl der erzeugten Gartenmöbel, 1891–1913

Schaut man die Entwicklung des Werks in Frankenberg an, so gewinnt man den Eindruck, als sei Frankenberg eine Art ungeliebtes Kind des Unternehmens gewesen, das seine Existenz der Not der Schaffung eines Standortes außerhalb des Habsburgerreiches verdankte. Über die Gründe kann man aufgrund fehlender Unterlagen wiederum nur Vermutungen anstellen. Einer könnte, wie dargelegt, die gegenüber den anderen Fabriken niedrigere Produktivität sein. Bereits zwei Jahre nach Produktionsbeginn schrieb August Thonet im Sommer 1892 an einen seiner Brüder: »Ich hätte nichts dagegen, die Fabrik Frankenberg loszuschlagen – es würde nichts schaden nähere Erkundigungen einzuziehen.«[307] Ob neben der niedrigen Produktivität noch andere Gründe eine Rolle spielten, ließ sich nicht ermitteln. Doch ist die Überlegung von August aus zwei Gründen ungewöhnlich: So dachte das Unternehmen grundsätzlich nicht daran – auch in Zeiten wirtschaftlicher Schwierigkeiten – einzelne Fabriken, Fabriks- oder Verkaufsfilialen zu verkaufen oder aufzulösen. Bei Frankenberg kommt hinzu, dass dies eine gerade neu errichtete Fabrik betreffen sollte. Dies lässt darüber hinaus das Argument der Einfuhrzölle, die für die Errichtung der Produktionsstätten in Frankenberg und Radomsk ausschlaggebend gewesen sein sollen, als nicht ganz überzeugend erscheinen.[308] In dem oben zitierten Brief heißt es weiter: »Ich hätte auch nichts dagegen die Russischen Fabriken loszuschlagen samt den Niederlagen Moskau, Petersburg u. Odessa.«[309] Das Unternehmen hatte sicher nicht die Absicht, sich aus diesen Märkten ganz zurückzuziehen, gehörten doch Deutschland und Russland zu den wichtigsten Absatzgebieten der Gebrüder Thonet, wie eine geographische Statistik der Verkäufe aus dem Jahr 1905 belegt.[310] (Abb. 77) Der Bruttowert der Gesamtabsendungen aller Fabriken betrug in diesem Jahr 11.579.547 Kronen, davon entfielen auf Deutschland 1.721.176 und auf Russland 1.976.029 Kronen. Immerhin nahezu 15 % auf Deutschland und mehr als 17 % auf Russland, somit etwa ein Drittel aller Bruttowerte des Konzerns. Diese Märkte waren zu bedeutend, als dass man sie hätte fallen lassen können und sie auch weiterhin beliefert und Einfuhrzölle in Kauf genommen hätte.

Ein Grund für die Sonderstellung von Frankenberg dürfte die Entfernung zum Zentrum der Thonetschen Administration und den Hauptfabrikationsstandorten gewesen sein. Lagen diese und die Zentrale in Wien in einem geographisch überschaubaren Raum, so war Frankenberg weit weg an der Peripherie und niemand aus der Familie hatte offensichtlich ein großes Interesse daran, dort, in Preußen, eine Fabrik zu übernehmen.

Über die Leitung der Fabrik in Frankenberg ließen sich bis zum Ersten Weltkrieg keine gesicherten Informationen finden.[311] Ab 1914 war Alfred Schleier, 1869 geborener Sohn von Theodor Schleier und Phoebe Bovingdon – Schwester von Franz' erster Ehefrau Carry – Direktor in Frankenberg. Die spezielle Situation dieses

Jahr	Allendorf	Bromskirchen	Röddenau	Hannover	Bochum	Gesamt
1891	69 RA FL	16 FL				85
1892	80 RA FL	19 FL				99
1893	77 RA FL					77
1894	52 RA FL					52
1895	26 RA FL					26
1896	35 RA FL		7 RA			42
1897	39 RA FL		12 RA			51
1898	35 RA FL		7 RA			42
1899	35 RA FL					35
1900	39 RA FL					39
1901	28 FL					28
1902	21 FL PO					21
1903	36 FL PO			30 FL		66
1904	42 RA PO FL	19 FL				61
1905	32 RA PO FL	23 FL	7 RA		24 FL	86
1906	40 RA PO FL				30 PO FL	70
1907 fehlt						
1908 fehlt						
1909	29 PO FL	24 FL				53
1910	32 PO FL	25 FL				57
1911	32 PO FL					32
1912	34 PO FL					34
1913 fehlt						
1914	22 FL					13

Tabelle 10: Zahl der Beschäftigten an den Filialstandorten für Frankenberg und deren Tätigkeiten (FL=Flechten, RA=Raspeln, PO=Polieren), 1891–1914

Standorts innerhalb des Konzerns wird deutlich an den Auflagen und Verpflichtungen, die mit dieser Funktion verbunden waren. In wöchentlichen Berichten musste Alfred Schleier alles die Fabrik und den Betriebsgang Betreffende nach Wien melden: Arbeiter- und Krankenstand, die Stimmung unter der Arbeiterschaft, bauliche und administrative Angelegenheiten, Vorschläge zu Änderungen, Anschaffungen und verschiedenes andere. Diese Wochenberichte liegen zum größten Teil für die Zeit vom Februar 1918 bis November 1920 vor.[312] (Abb. 55)

Sie zeichnen ein eindrückliches Bild der Situation dieses Standortes im letzten Kriegsjahr und der langsam wieder anlaufenden Produktion in den folgenden Jahren. Diese Wochenberichte erhielten alle Gesellschafter, so auch Julius Thonet, der zu dieser Zeit die Leitung von Veľké Uherce innehatte. Alfred Schleier legte Julius immer auch persönliche Briefe oder kurze Mitteilungen bei, in denen er zu ihm nicht als einem der Gesellschafter des Unternehmens, sondern zu seinem Schwager sprach, wodurch sich interessante Einblicke in die Firmen- und auch Familienstrukturen ergeben. (Abb. 56)

Für die Wiener Zentrale war Frankenberg – so empfand es Alfred Schleier – ein Anhängsel, jede von dort ausgehende Aktivität wurde schon im Entstehen unterbunden. Dies zeigt sich bereits an der technischen Ausstattung, die Schleier für den schlechten Geschäftsgang und die nur unzureichende Produktivität der Fabrik

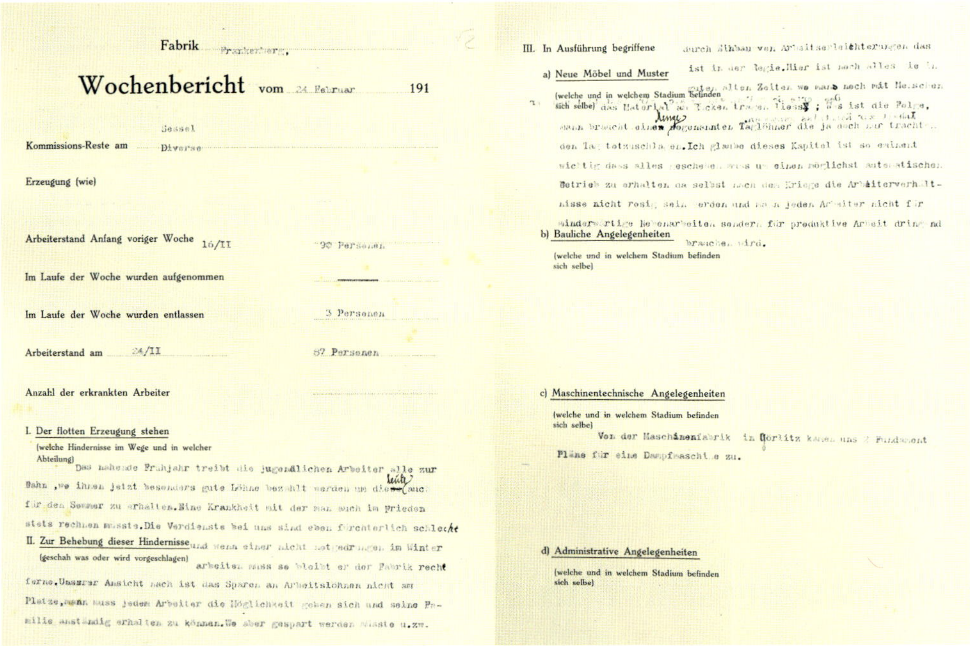

Fabrik Frankenberg,

Wochenbericht vom 24 Februar 191

Kommissions-Reste am Sessel Diverse

Erzeugung (wie)

Arbeiterstand Anfang voriger Woche 16/II 90 Personen

Im Laufe der Woche wurden aufgenommen ——

Im Laufe der Woche wurden entlassen 3 Personen

Arbeiterstand am 24/II 87 Personen

Anzahl der erkrankten Arbeiter

I. Der flotten Erzeugung stehen (welche Hindernisse im Wege und in welcher Abteilung)

Das nahende Frühjahr treibt die jugendlichen Arbeiter alle zur Bahn, wo ihnen jetzt besonders gute Löhne bezahlt werden um die Leute sich für den Sommer zu erhalten. Eine Krankheit mit der man sich im Frieden stets rechnen musste. Die Verdienste bei uns sind eben fürchterlich schlecht

II. Zur Behebung dieser Hindernisse (geschah was oder wird vorgeschlagen)

und wenn einer nicht notgedrungen im Winter arbeiten muss so bleibt er der Fabrik recht ferne. Unserer Ansicht nach ist das Sparen an Arbeitslöhnen nicht am Platze, man muss jedem Arbeiter die Möglichkeit geben sich und seine Familie anständig erhalten zu können. Wo aber gespart werden müsste u.zw.

III. In Ausführung begriffene

a) Neue Möbel und Muster (welche und in welchem Stadium befinden sich selbe)

durch Einbau von Arbeitserleichterungen das ist in der Regie. Hier ist noch alles wie in guten alten Zeiten wo man noch mit Menschen das Material zu [illegible] tragen liess; Es ist die Folge, man braucht einen sogenannten Taglöhner die ja doch nur trachten den Tag totzuschlagen. Ich glaube dieses Kapitel ist so eminent wichtig dass alles geschehen muss um einen möglichst automatischen Betrieb zu erhalten da selbst nach dem Kriege die Arbeiterverhältnisse nicht rosig sein werden und man jeden Arbeiter nicht für minderwertige Nebenarbeiten sondern für produktive Arbeit dringend brauchen wird.

b) Bauliche Angelegenheiten (welche und in welchem Stadium befinden sich selbe)

c) Maschinentechnische Angelegenheiten (welche und in welchem Stadium befinden sich selbe)

Von der Maschinenfabrik in Görlitz kamen uns 2 Fundament Pläne für eine Dampfmaschine zu.

d) Administrative Angelegenheiten (welche und in welchem Stadium befinden sich selbe)

Abb. 55: Wochenbericht von Alfred Schleier an die Firmenzentrale in Wien, 24. Februar 1918

verantwortlich machte, »weil die ganze Anlage, vollkommen verbaut, unpraktisch eingerichtet, und der einfachsten notwendigsten Einrichtungen entbehrt«.[313] Darüber hinaus gab es Probleme, genügend Arbeitskräfte zu finden. Viele zogen es wegen der schlechten Bezahlung vor, zu der Bahn oder in andere Betriebe zu gehen, »wo ihnen

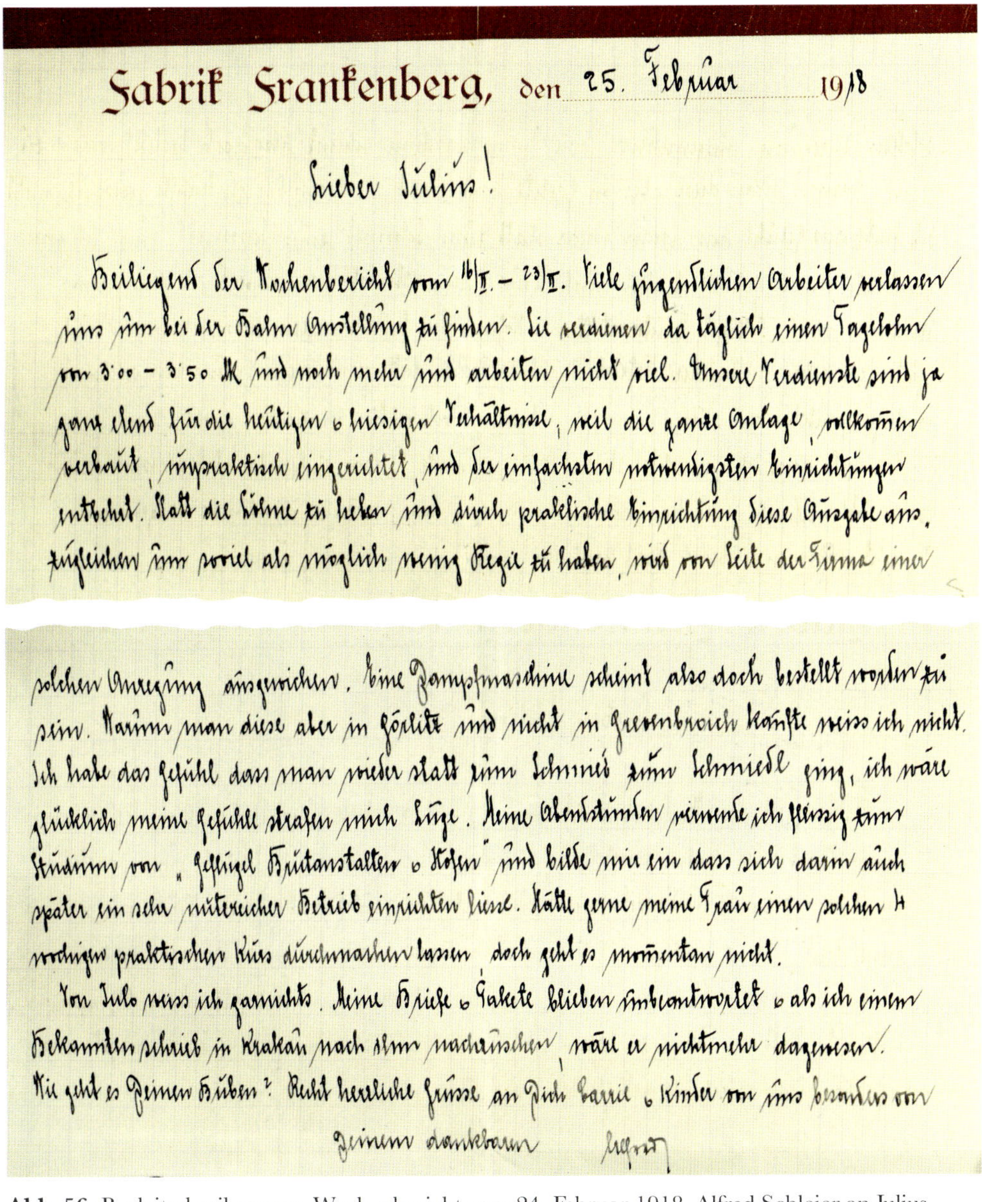

Fabrik Frankenberg, den 25. Februar 1918

Lieber Julius!

Beiliegend der Wochenbericht vom 16/II. – 23/II. Viele jugendlichen Arbeiter verlassen uns um bei der Bahn Anstellung zu finden. Sie verdienen da täglich einen Tagelohn von 3·00 – 3·50 M und noch mehr und arbeiten nicht viel. Unsere Verdienste sind ja ganz elend für die heutigen u. hiesigen Verhältnisse, weil die ganze Anlage, vollkommen verbaut, unpraktisch eingerichtet, und der einfachsten notwendigsten Einrichtungen entbehrt. Statt die Löhne zu heben und durch praktische Einrichtung diese Ausgabe aus-zugleichen um soviel als möglich wenig Regie zu haben, wird von Seite der Firma einer solchen Anregung ausgewichen. Eine Dampfmaschine scheint also doch bestellt worden zu sein. Warum man diese aber in Görlitz und nicht in Grevenbroich kaufte weiss ich nicht. Ich habe das Gefühl dass man wieder statt zum Schmied zum Schmiedl ging, ich wäre glücklich meine Gefühle strafen mich Lüge. Meine Abendstunden verwende ich fleissig zum Studium von „Geflügel Brutanstalten u. Höfen" und bilde mir ein dass sich darin auch später ein sehr nutzreicher Betrieb einrichten liesse. Hätte gerne meine Frau einen solchen 4 wöchigen praktischen Kurs durchmachen lassen, doch geht es momentan nicht.

Von Julo weiss ich garnichts. Meine Briefe u. Pakete bleiben unbeantwortet u. als ich einem Bekannten schrieb in Krakau nach ihm nachzusehen, wäre er nichtmehr dagewesen.

Wie geht es Deinen Buben? Recht herzliche Grüsse an Dich Carrie u. Kinder von uns besonders von

Deinem dankbaren Alfred

Abb. 56: Begleitschreiben zum Wochenbericht vom 24. Februar 1918, Alfred Schleier an Julius Thonet, Frankenberg 25. Februar 1918

jetzt besonders gute Löhne bezahlt werden um die Leute auch für den Sommer zu erhalten. […] Die Verdienste bei uns sind eben fürchterlich schlecht«.[314] Schleier nennt Beispiele: Jugendliche Arbeiter erhielten bei den Gebrüdern Thonet 3,- bis 3,50, erwachsene Männer 4,50 bis 6,- Mark, während erstere in der Industrie im Schnitt 4,50 und letztere durchschnittlich 6,50 Mark pro Tag verdienten. Ebenso mahnte er Lohnerhöhungen an, da man »jedem der Arbeiter die Möglichkeit geben [muss], sich und seine Familie anständig erhalten zu können«.[315] In dem Antwortschreiben aus Wsetin gab man ihm zwar grundsätzlich recht, machte ihm aber zum Vorwurf, dass er die Löhne pauschal um 20 % erhöht habe, man jedoch die einzelnen Abteilungen gesondert betrachten müsse. Er wurde angewiesen, jeden einzelnen Fall individuell zu prüfen und »die richtigen Leute an die richtige Arbeit zu stellen«.[316] Wie die Angelegenheit am Ende geregelt wurde, ist nicht bekannt, doch konnte zumindest der Mangel an Arbeitskräften ab März 1918 mit Kriegsgefangenen ausgeglichen werden. In dem Wochenbericht der Fabrik vom 16. März werden, bei einem Gesamt-Arbeiterstand von 87 Personen, erstmals 30 Kriegsgefangene erwähnt. Deren Anzahl schwankte bis zum November des Jahres zwischen 27 und 30, der letzte vorliegende Wochenbericht vom 23. November 1918 nennt noch 30 Kriegsgefangene. Der Krieg endete am 11. November 1918 mit dem Waffenstillstand von Compiègne und alle Kriegsgefangenen kehrten im Laufe der nächsten Wochen nach Hause zurück.

Alfred Schleier machte verschiedentlich – wie es auch in dem Formular zu den Wochenberichten vorgesehen war – »Vorschläge zu Änderungen, Erweiterungen & Anschaffungen«. Doch in den schriftlichen Antworten aus Wsetin ist erkennbar, dass man dies nicht sehr schätzte. Man wollte keine Verbesserungsvorschläge, gerade und vor allem nicht aus Frankenberg, der Fabrik im Ausland: »Bei eventuell direkte einlangenden Aufträgen ersuchen wir Sie, sich stets vorher mit dem in Betracht kommenden Lager ins Einvernehmen zu setzen. Ihre Ausführungen über die Radfelgen und Kanteln Ausweise befriedigen uns nicht, da bei dieser Behandlung der Sache kein klarer Blick in die Gebahrung möglich ist. […] ist es absolut nicht abgängig, eine Fabrik plötzlich Aenderungen eintreten zu lassen, ohne dass vorher eine Einigung und Verständigung mit den anderen Fabriken herbeigeführt wurde. Wir geben diese Anregung zur Aeusserung an unsere inländischen Fabriken und werden nach Anhörung der Meinungen über diesen Fall später unsere Entscheidungen treffen. Bevor unsere Entscheidung nicht in Ihren Händen ist, ersuchen wir Sie in dieser Angelegenheit nichts zu unternehmen.«[317]

Eine gewisse Überheblichkeit der gebürtigen Thonets, für die Wien mit den mährischen Fabriken das Zentrum des Konzerns war, und auch der Ton der Schreiben entgingen Alfred Schleier – kein geborener Thonet, ja nicht einmal mit einer Thonet verheiratet – nicht. Bei Julius, seinem Schwager, beklagt er sich durchaus ironisch:

»Von Wien kam noch kein Inspections Bericht doch ich sehne mich auch nach dem vernichtenden Urteil garnicht denn ich weiß ja im Voraus was der Schluss werden wird. Meine Anregung wegen Uniformierung der Lehnfüsse bei d. diversen Stühlen, wegen welcher ich übrigens eine Kopfwaschung erhielt, fiel wie es scheint auf fruchtbaren Boden, da die Fabrik Bistritz die Sache in die Hand zu nehmen scheint. [...] Bei uns [in Frankenberg] wird alles bekritelt, verworfen und als Unsinn erklärt, wenn es nicht auf Wsetiner Boden gewachsen ist.«[318]

Alfred resignierte am Ende und schrieb seinem Schwager, »dass die Herren nichts sehen wollen aber immer & bei jeder Gelegenheit über die Fabrik lamentieren und gar kein Bestreben haben, diese durch mannigfaltige Nebenproduktion im Ertrage zu heben«.[319]

Doch scheint auch Alfred Schleier kein einfacher Mann gewesen zu sein, wie an einer eher anekdotischen Begebenheit deutlich wird. Einer der Werkführer in Frankenberg, Otto Pleschke, machte Schleier große Vorwürfe, wie dieser ihn und die anderen Werkführer behandle. Unter anderem habe er, Schleier, ihn, Pleschke, tätlich angegriffen und ihn ins Magazin eingeschlossen, aus dem er ihn erst nach einer Stunde wieder herausließ. »Wir Werkführer haben schon einigemale doch gemeldet, wie uns Herr Dir. Schleier behandelt mit einem Wort grenzenlos.«[320] Alfred Schleier nahm nach Aufforderung aus Wsetin Stellung zu dieser und zahlreichen anderen Beschwerden. Er zählte Pleschkes Verfehlungen im Einzelnen auf, leugnete auch nicht, ihn ins Magazin eingesperrt zu haben, was jedoch aus Disziplinierungsgründen unumgänglich gewesen sei, und verlangte, dass, – worauf er schon früher hingewiesen habe – ihm »das Recht zustehen [müsse], das nötige und brauchbare Personal mir selbst beschaffen zu dürfen«.[321] Dies jedoch lehnte Theodor Thonet kategorisch ab und wies ihn deutlich darauf hin, dass »wir ihnen keine Rechte einräumen [können] die nicht einmal der Prokurist der Firma besitzt. Sie haben die Pflicht um das notwenige Personal bei uns anzusuchen. [...] Die Aufnahme und Entlassung von Personal bleibt nach wie vor den Herrn Chefs vorbehalten«.[322] Pleschke wurde dann Mitte September versetzt, wobei man allerdings erst einmal keinen Ersatz, den Schleier dringend angefordert hatte, nach Frankenberg schickte.[323]

Nach einem kurzen Aufschwung direkt nach dem Krieg liefen die Geschäfte im gesamten Konzern und auch in Frankenberg schlecht. Man versuchte, dem durch eine Straffung des Angebots abzuhelfen. So fragte Schleier bei Viktor Thonet nach, »ob es den[n] zweckdienlich ist eine solche Unmenge von Sessel Typen im Preisblatt zu finden, die in den letzten 15 Jahren kaum zu 50 Stück im Jahre gegangen sind«.[324] Schleier kannte die Situation in Deutschland sicher besser als die Chefs in Wien und berichtete, dass Türpe in Dresden und die Alsfelder Möbelfabrik »derart mit Bestellungen überhäuft werden dass die Leute bis December überhaupt keine neuen Aufträge ausführen können«[325], während das Geschäft in Frankenberg leider sehr ruhig gehe. Grund sei die Preisgestaltung der Konkurrenz, doch auf seine Vorschläge, wie man dem begegnen könne, sei man gar nicht erst eingegangen, »unsere Firma lässt sich lieber bei allen Kunden verdrängen als die Ware ebenfalls zu Nettopreisen zu verkaufen«.[326] In diesem Zusammenhang fällt schließlich das Wort vom »Unglückskind ›Frankenberg‹«[327]. Alfred Schleier ist voller Verbitterung und gibt den Entscheidungen der Firmenzentrale alle Schuld an seiner wirtschaftlichen und auch persönlichen Situation.[328] Resigniert schreibt er im Frühjahr 1921 nach Bistritz: »Wir bitten höfl. um Nachricht was denn weiter geschehen soll. Entweder wir bekommen Aufträge und können flott arbeiten oder wir schließen auf einige Monate den Betrieb.«[329] Der Betrieb wurde zwar nicht geschlossen, doch war das Unternehmen schon seit einiger Zeit dabei, sich neu zu strukturieren, wovon auch die Fabrik Frankenberg betroffen war.[330]

Ein wenig überraschend wurde Alfred Schleier auf der ersten Generalversammlung der 1922 in eine A.G. umgewandelten Betriebsstätte Frankenberg zum Mitglied des Vorstands ernannt. Doch nur kurze Zeit später, nach einer Sitzung der Generaldirektoren in Brünn, forderte man ihn auf, seine Funktion bei der A.G. Frankenberg niederzulegen. Franz Landgesell, Direktor der technischen Betriebsinspektion der Thonet A.G. in Brünn, hatte bei einer Revision der Lager in Frankfurt und in Frankenberg Unregelmäßigkeiten festgestellt, welche die Beschuldigten – unter anderem Alfred Schleier – nicht aufklären konnten, weshalb ihnen nahegelegt wurde, um Entlassung nachzusuchen.[331]

Alfred Schleier hatte bereits zu seiner Zeit als Leiter der Fabrik Frankenberg eine eigene Firma gegründet, mit der er sich nach seinem Ausscheiden weiterhin unternehmerisch betätigte.[332] Am 15. Mai 1925 gründete er zusammen mit Daniel Neuschäfer ein Werk zur Herstellung von Stühlen. Otto Stoelcker, der dem Werk später seinen Namen geben sollte, trat am 22. Juli 1927 in dieses Unternehmen ein und wurde ein Jahr später alleiniger Inhaber, nachdem er Daniel Neuschäfer ausgezahlt und auch die Geschäftsanteile von Alfred Schleier übernommen hatte. Geschäftlich war Alfred Schleier nicht erfolgreich. Aus dem Jahr 1933/34 liegen einige Briefe Schleiers an seinen Schwager Julius vor, in denen er um finanzielle Unterstützung[333] und Hilfe bei der Suche nach einer Arbeit bittet.[334] Nach der Machtergreifung im Januar 1933 entwickelte er eine große Sympathie für den Nationalsozialismus und bewunderte Adolf Hitler.[335] Über die Entwicklung im Werk Frankenberg war er auf dem Laufenden und als er von den dortigen Schwierigkeiten hörte, machte er Julius die seiner Gesinnung entsprechenden Vorschläge, wie man dies verhindern könne.[336]

8.8. Zusammenfassung

Betrachtet man die wirtschaftliche Entwicklung des Unternehmens Gebrüder Thonet vom Beginn in den 1850er Jahren bis zum Ersten Weltkrieg, so lassen sich verschiedene Phasen beschreiben, wobei die Fabrikgründungen Ende der 1850er und in den 1860er Jahren Grundlage und Voraussetzung für den jahrzehntelang anhaltenden Erfolg des Unternehmens werden sollten.

Weit ab von dem Zentrum Wien bauten die Thonets ihre erste Fabrik. Koritschan war ein Wagnis, doch es zahlte sich aus. Bereits nach nur zwei Jahren reichten die Kapazitäten dieser Fabrik bei weitem nicht mehr aus, die ständig steigende Nachfrage vor allem nach den neuartigen Sesseln zu bedienen, so dass das Unternehmen gezwungen war, sich nach einem weiteren Standort umzusehen. Man blieb vorerst in Mähren und entschied sich für Bistritz, einen Ort, nur etwa 60 Kilometer von der ersten Fabrik entfernt. Die Gründe für diese Wahl waren die gleichen wie schon in Koritschan: Es gab genügend billige Arbeitskräfte, umfangreiche Buchenwälder garantierten die Versorgung mit dem Rohstoff Holz und die relative Nähe zu einer Eisenbahnstrecke erleichterte den Transport. Doch auch diese beiden Standorte konnten nicht die Stückzahlen erzeugen, die nachgefragt wurden, vor allem an Sessel Modell Nr. 14 (Abb. 38) herrschte ein permanenter Mangel. Eine erste Maßnahme des Unternehmens war die Einrichtung von Zulieferbetrieben, den sogenannten Fabriksfilialen, in denen Teile für die Weiterverarbeitung in den Hauptfabriken vorbereitet wurden. Hierbei kam den Gebrüdern Thonet der modulare Aufbau ihrer Möbel zugute, die Fertigung war arbeitsteilig organisiert, es spielte somit keine Rolle, wo Teile erzeugt oder einzelne Arbeitsschritte ausgeführt wurden.

Wegen des ständigen Mangels an Holz erwarben die Gebrüder Thonet 1865 die Herrschaft Groß Ugrócz in Ungarn und errichteten hier ihren ersten größeren Filialbetrieb. Von hier aus sollten die beiden mährischen Fabriken mit Halbfertigware versorgt werden, was sich jedoch wegen der Entfernung und der nur unzureichenden Eisenbahnverbindungen als zu aufwändig herausstellte. Ugrócz wurde daher nach nur zwei Jahren zu einer eigenständigen Fabrik ausgebaut.

Gleiches gilt für Hallenkau. 1867 als Zulieferbetrieb für Koritschan und Bistritz geplant, erzeugte auch dieser Standort nur wenige Jahre später zusammen mit dem nahegelegenen Wsetin verkaufsfertige Möbel. In den 1870er Jahren gab es keine weiteren Fabrikgründungen mehr. Ursächlich hierfür war unter anderem die Gründerkrise, sichtbares Zeichen der Börsenkrach 1873. Die Produktionszahlen sanken ebenso wie die Zahl der Arbeiter, und erst in den 1880er Jahren erreichte das Unternehmen wieder das Vorkrisenniveau. Für die Gründung der beiden Standorte außerhalb der Monarchie, 1881 Radomsk in Russisch Polen und 1889 Frankenberg in Preußen, sollen vor allem zollpolitische Gründe ausschlaggebend gewesen sein. Radomsk entwickelte sich zu einer der produktivsten Fabriken der Firma, Frankenberg hingegen blieb sowohl von seiner Größe als auch von den Produktionszahlen her eher weniger bedeutend.

Die Jahre von 1900 bis 1913 waren die wirtschaftlich erfolgreichste Zeit des Unternehmens. Mit dem Beginn des Ersten Weltkriegs kam es zu einer dramatischen Wende nicht nur in der Möbelherstellung. Der Großteil der männlichen Belegschaft wurde zum Militärdienst eingezogen, der Absatz brach nahezu vollkommen ein.[337] (Grafik 22)

Wenn auch die Beschäftigtenzahlen ab 1918 wieder stiegen und 1921 mit nahezu 3.500 Arbeitern den Stand vom Anfang der 1870er Jahre erreichten, setzten die wirtschaftlichen Schwierigkeiten dem Unternehmen erheblich zu und es gelang nicht mehr, an die Vorkriegserfolge anzuknüpfen. Als Folge der politischen Neuordnung lagen alle Produktionsstätten im Ausland. Man versuchte zwar durch Umstrukturierungen und Umwandlung der Familiengesellschaft in Aktien- und Handelsgesellschaften die Probleme zu lösen, musste sich aber am Ende unter das Dach von Leopold Pilzers Mundus[338] begeben und wurde 1923 durch Aktientausch Teil eines übergeordneten Konzerns. Die 1853 gegründete Firma Gebrüder Thonet hatte nach 70 Jahren aufgehört zu existieren.[339]

9. Filialnetz und Logistik

9.1. Eisenbahn und Schiffe

»Im April 1849 machte Michael Thonet Carl Leistler den Vorschlag, mit ihm ein Compagniegeschäft zu gründen, derart, dass Carl Leistler das Betriebscapital, die Fabrikräume und Maschinen etc., Michael Thonet hingegen sein Privilegium zur Verfügung stellen und mit seinen Söhnen die persönliche Leitung der Fabrication übernehmen würde.«[1] Leistler lehnte diesen Vorschlag ab und Michael Thonet eröffnete in Gumpendorf, einem Vorort von Wien, Hauptstraße 396[2] eine eigene Werkstatt. In den ersten Jahren arbeiteten die Thonets verstärkt an der Weiterentwicklung eines Herstellungsverfahrens, das es ermöglichen sollte, Möbel schneller und kostengünstiger herzustellen. Durch die Zusammenarbeit mit Desvignes hatte man zwar gegenüber den spätbiedermeierlichen Modellen aus Boppard neue und »moderne« Sessel kennengelernt, doch handelte es sich bei der Herstellungsmethode immer noch um ein Verfahren, bei denen Holz – Schienen oder Stäbchen – verleimt werden musste. Diese Methode war zu sehr handwerklich geprägt, an die Herstellung größerer Stückzahlen, geschweige denn an eine industrielle Produktion war nicht zu denken. Doch mit der Erfindung des Biegens von Massivholz gelang Mitte der 1850er Jahre der Durchbruch. Mit dem Bau der ersten Fabrik 1857 in Koritschan wurde es notwendig, eine entsprechende Vertriebsstruktur aufzubauen, die es ermöglichte, die jetzt in immer größeren Stückzahlen gefertigten Möbel auch zum Kunden zu schaffen. Dies erforderte ein Denken in anderen als technischen Kategorien. Vertrieb und Werbung wurden ebenso wichtig wie die Organisation der Arbeitsabläufe in der Fabrik und die Optimierung der maschinellen Ausstattung an die Besonderheiten des neuen Herstellungsverfahrens. Waren es hierbei vor allem der Vater Michael und der Sohn August, die sich durch ihre Erfahrung und im Fall von August durch seine Technikaffinität auszeichneten, so kümmerte sich der älteste Sohn Franz um Geschäftskontakte, Vertrieb und Werbung. Während der Vater und die Brüder weiterhin in Wien, Mähren und Ungarn – einem geographisch überschaubaren Raum – blieben und dort ihr technisches und arbeitsorganisatorisches Potential am besten für die Firma einsetzen konnten, reiste Franz durch ganz Europa, knüpfte Kontakte, beobachtete die Märkte und baute ein Filial- und Vertriebsnetz auf, das sich 1873 mit der Errichtung einer Verkaufsniederlassung in New York und der Teilnahme an der Weltausstellung 1876 in Philadelphia zum ersten Mal nicht mehr nur auf Europa erstreckte.

Dies alles war nur möglich durch die neuen Verkehrsmittel Eisenbahn und Schiffe.[3] Waren konnten so nicht nur immer schneller, sondern im Fall der Schiffstransporte durch die wachsende Konkurrenz der Reeder auch zunehmend preisgünstiger transportiert werden.[4] Gerade für das Unternehmen Gebrüder Thonet, dessen Fabriken sich weit entfernt von den Geschäftszentren befanden, in Gegenden, die man aufgrund der billigen Arbeitskräfte oder der Holzvorkommen gewählt hatte, waren diese neuen Transportmöglichkeiten die Voraussetzung, dort überhaupt Produktionsstätten errichten zu können. Die Thonets hatten schon Anfang der 1850er Jahre, als die Möbel noch in der Wiener Werkstatt hergestellt wurden, bereits einen Kundenkreis, der weit über die Stadt hinausreichte. In einem Brief von Michael Thonet jun. an seinen Freund Jakob Henrich vom August 1851 beispielsweise werden Pest und Triest erwähnt.[5] Während die Lieferungen innerhalb Wiens kein Problem waren, wurde der Versand der Möbel in diese Städte erst durch die neuen Verkehrsmittel wirtschaftlich. Sie waren die Garantie, dass die Möbel, die man aufgrund der Fortschritte in der Werkzeug- und Maschinentechnik und Verbesserungen in der Arbeitsorganisation in immer größeren Quantitäten erzeugen konnte, entsprechend schnell und vor allem zuverlässig den Kunden erreichten. Die Eisenbahnen waren nicht nur für die Lieferungen zu den europäischen Zentren das wichtigste Transportmittel, sie verbanden darüber hinaus die Fabriken mit den Häfen, in denen große Warenmengen nach England und Übersee verschifft wurden. Doch auch im Binnenland nutzte man, wenn möglich, die Schifffahrtswege. 1829 wurde die Donau-Dampfschifffahrtgesellschaft gegründet, das erste Dampfschiff, die »Franz I«, fuhr am 17. September 1830 von Wien nach Pest. Diese Linie diente von Beginn an nicht nur dem Personen-, sondern ebenso dem Gütertransport. 1852 umfasste die Flotte der Gesellschaft zwar noch überwiegend Schleppschiffe, doch waren auch bereits mehr als siebzig Dampfschiffe im Einsatz.[6] Die Lieferung der Möbel zur Ausstattung des Hotels eines Herrn Bartl nach Pest (Budapest), von der Michael Thonet jun. in dem Brief an Jakob Henrich berichtet, erfolgte beispielsweise auf diesem Weg.[7] Für die Geschäfte in dieser Region bediente sich das Unternehmen der Dienste der Firma Bellino, Fenderich et Comp., die zwar in erster Linie den Bau von Dampfmaschinen und Dampfschiffen betrieb, aber auch im Transportwesen tätig war. Adolf Bellino, ein 1809 im Badischen geborener Kaufmann, übernahm bereits ab 1857 den Verkauf der Möbel der Gebrüder Thonet vor allem in den östlichen Landesteilen. In zahlreichen Briefen aus dieser Zeit ist von ihm die Rede.[8]

Ungleich wichtiger als die Schifffahrtswege im Binnenland waren für die Gebrüder Thonet die Transportmöglichkeiten, welche die Eisenbahn bot. Ein Eisenbahnnetz wurde in Österreich zwar erst relativ spät geschaffen, doch kam der Zeitpunkt für die Thonets zur rechten Zeit.[9] Während die erste Dampflokomotive 1837 lediglich die überschaubare Strecke von dreizehn Kilometern von Floridsdorf, heute ein Teil von Wien, nach Deutsch-Wagram zurücklegte, wurde die Hauptstadt in den

1840er Jahren das Zentrum eines Netzes von Eisenbahnverbindungen. Bereits 1841 war – auch mit der Unterstützung Metternichs – eine privat finanzierte Strecke von Wien nach Ostrau mit einem Abzweig nach Brünn eröffnet worden. Die Kaiser Ferdinands-Nordbahn verband Wien über Mähren und Schlesien mit Galizien und wurde schließlich bis nach Prag verlängert. 1848 gelang der Anschluss an das preußische Bahnnetz. Die Südbahn führte 1857, nachdem man die Schwierigkeiten der Alpenüberquerung gemeistert hatte, bis nach Triest, dem Haupthafen der Monarchie, später nach Venetien und Mailand.[10] Die Kaiserin Elisabeth-Westbahn verband Wien mit Linz und 1860/61 wurde der Anschluss nach Bayern hergestellt.[11] 1854 gab es bereits 1.433 Eisenbahnkilometer, wovon nahezu 70 % staatliche, der Rest privat finanzierte Bahnstrecken waren.[12] In den nächsten Jahren stieg die Streckenlänge um ein Vielfaches.[13] Diese neuen Transportmöglichleiten kamen zwar allen Industriebetrieben zugute, doch war der wirtschaftliche Erfolg der Gebrüder Thonet mit ihren internationalen Verbindungen entscheidend von diesen Entwicklungen abhängig, kann geradezu als Bedingung der Möglichkeit ihres Erfolgs gesehen werden. Michael Thonet und die Söhne, vor allem Franz, wussten um die Bedeutung der Eisenbahn für ihr Geschäft, wie zahlreiche Äußerungen, aber auch ihr Engagement in verschiedenen Gremien, zeigen.[14]

Die neu entstehenden Eisenbahnverbindungen dienten allerdings nicht allein dem Versand der Möbel zu den Verkaufsstellen, sondern auch der Lieferung von Rohmaterial und Halbfertigwaren zu den Filialbetrieben und Fabriken. Die ursprünglich als Zulieferbetriebe vorgesehenen Standorte Groß Ugrócz und Hallenkau waren vor allem wegen ihrer Nähe zu dem Rohstoff Holz errichtet worden, doch lagen sie weit entfernt von den Hauptfabriken und waren noch lange nicht direkt an das Eisenbahnnetz angeschlossen. Die Möbelteile mussten in diesen Fällen erst einmal mit Fuhrwerken zu den nächstgelegenen Bahnhöfen transportiert werden, auf die hiermit einhergehenden Schwierigkeiten wurde schon im vorhergehenden Kapitel hingewiesen.

Die Thonets unternahmen daher alles Erdenkliche, um die Streckenführung ihren Bedürfnissen und Transportwegen anzupassen. Die erste Fabrik des Unternehmens liefert hierfür ein anschauliches Beispiel. Die Koritschan nächstgelegene Bahnstation der Kaiser Ferdinands-Nordbahn war Bisenz, circa 20 Kilometer von Koritschan entfernt. 1866 sollte eine Eisenbahntrasse zwar nicht direkt durch den Ort, doch näher an Koritschan vorbeiführend gebaut werden. Massiv versuchte man, Einfluss auf die Streckenführung zu nehmen. Hieß es in einem Brief von Franz an seinen Bruder Michael Anfang März 1866 noch: »In Betreff der Eisenbahn durch Koritschan muß ich bemerken, daß dieselbe schwerlich Aussicht auf Unterstützung hat.«[15], so schrieb er einige Tage später: »Der Ingenieur wird die verschiedenen

Linien begehen und dann vortragen, welche er am geeignetsten hält. Jetzt schaut gehörig nach, ob Ihr kein Loch findet wo man durch kann, ohne Tunnel zu bauen. Ich werde jedenfalls dafür sorgen, daß der Ingenieur in Koritschan bei uns wohnt, er ist ein ganz netter Kerl.«[16]

Die Einflussnahme war offensichtlich erfolgreich und am Anfang des nächsten Jahres hieß es: »Viktoria. Die Bahn kommt durch Koritschan. […] Wir haben gestern das Bau Consortium gebildet, wir gehören auch dazu.«[17] Trotz aller anfänglichen Euphorie in dieser Sache wurde Koritschan erst 1884 mit der Strecke Brünn-Gaya direkt an das Eisenbahnnetz angeschlossen, doch verkürzte sich der Weg von der Fabrik bis zur Bahnstation bis dahin immerhin um einige Kilometer.

Franz war derjenige, der in all diesen Angelegenheiten die treibende Kraft war. Er war für den Verkauf, die nationalen und internationalen Kontakte zuständig und wusste, dass schnelle, sichere und vor allem zuverlässige Vertriebswege entscheidend für den weiteren Erfolg der Firma sein würden. Die Transporte zu den Ausstellungen in London, München oder Paris sind schwerlich vorstellbar ohne die Eisenbahn und ebenso wären die täglich oder wöchentlich zu liefernden Stückzahlen an die Verkaufsfilialen in Europa und die Häfen, in denen die Möbel auf Schiffe nach England oder Übersee verladen wurden, ohne die neuen, dampfgetriebenen Transportmittel nicht möglich gewesen.

Mit der zunehmenden Expansion der Firma zogen die Thonets sogar in Erwägung, die Standorte zukünftiger Fabriken nach dem Vorhandensein einer günstig gelegenen Bahnverbindung – oder auch einer Wasserstraße – zu planen. So sollte 1868, beginnend in der heutigen Slowakei, eine Bahnstrecke von Kaschau über Michalovice bis nach Przemysl in Polen gebaut werden. Franz Thonet bemerkte dazu: »Wenn diese Bahn gebaut wird, so wird es wenn wir einmal vergrößern müssen, angezeigt sein, dort eine Fabrik anzulegen, um Pesth, Odessa sowohl bei Wasser durch die Theihs als auch Weißrussland per Bahn zu versehen.«[18] Die Bedeutung, welche das Vorhanden- oder Nichtvorhandensein entsprechender Transportmöglichkeiten hatte, wird aber auch im umgekehrten Fall deutlich. Als die aus Boppard stammende Familie Mallmann 1865 den Thonets ihre Herrschaft in Ungarn zum Kauf anbot, lehnten die Thonets dies wegen fehlender oder unzureichender Transportmöglichkeiten ab.[19]

Wenn auch keine Zahlen speziell für das Transportvolumen der Gebrüder Thonet bekannt sind, so zeigt doch die allgemeine Steigerung des Güterverkehrs der k. k. Kaiser Ferdinands-Nordbahn von 29.917 Tonnen im Jahr 1840 auf 4.800.758 Tonnen im Jahr 1880 deren wirtschaftliche Bedeutung.[20] Vor allem diese und die Linien der Actien-Gesellschaft der k. k. priv. Kremsierer Eisenbahn hatten für die Gebrüder Thonet aufgrund der Lage ihrer Fabriken und der Zulieferbetriebe in deren relativer Nähe eine große Bedeutung. Daher sorgte das Gerücht, dass die Kaiser Ferdinands-

Nordbahngesellschaft nach dem Auslaufen der Konzession im Jahr 1886 verstaatlicht werden sollte[21], bei dem Unternehmen für einige Unruhe. Man befürchtete, dass dies Auswirkungen auf die Transportkosten haben könnte und bereitete vorsorglich einen Brief an das Abgeordnetenhaus vor, in dem es unter anderem hieß: »[...] und aus diesem Grunde allein erlauben wir uns, das Hohe Abgeordnetenhaus ergebenst zu bitten, für den Fall, wenn die a. priv. Kaiser Ferdinands Nord-bahn [sic] verstaatlicht werden sollte, auch (dann) zu beschließen, daß unter Einem die k. k. priv. Kremsierer Eisenbahn verstaatlicht und ausgebaut werden müßte und daß uns die Wohlthaten der in dem Übereinkommen in Aussicht gestellten Tarifermäßigung nicht länger vorenthalten werden.«[22] Doch stellten sich die Gerüchte am Ende als unbegründet heraus, die Kremsierer Eisenbahngesellschaft wurde 1887 von der Kaiser Ferdinands-Nordbahngesellschaft aufgekauft, diese selbst blieb weiterhin im Privatbesitz und wurde erst 1906 verstaatlicht.[23]

9.2. Vertriebsmodelle

Bei der Planung und Einrichtung von Verkaufsstellen ging das Unternehmen auf unterschiedliche Art und Weise vor, wobei sich jedoch einige immer wiederkehrende Muster erkennen lassen. War man sicher, dass sich die Möbel in der betreffenden Stadt gut verkaufen würden, investierten die Gebrüder Thonet in eine Filiale direkt im Zentrum, anfangs meist noch in angemieteten Räumen. Der Verkauf erfolgte entweder durch eigene Angestellte oder auch durch eine Einzelperson, welche eigenverantwortlich die Filiale führte, alle anfallenden Kosten trug und eine entsprechende Provision vom Verkauf erhielt. War man – insbesondere in kleineren Städten – unsicher, ob sich die Etablierung einer eigenen Filiale rentieren würde, übernahm vorerst ein lokaler Möbelhändler die Vertretung.[24] Stellte es sich nach einigen Jahren heraus, dass es eine entsprechend große und beständige Nachfrage nach ihren Möbeln gab, eröffneten die Gebrüder Thonet eine eigene Verkaufsniederlassung wie beispielsweise in München, wo 1864 ein lokaler Händler den Verkauf übernommen hatte und das Unternehmen 1878 eine eigene Filiale etablierte.[25] Mit zunehmendem wirtschaftlichem Erfolg begann man schließlich, eigene Häuser zu errichten, wie beispielsweise die sogenannten Thonet Höfe in Budapest (Abb. 60), Wien (Abb. 59), Brünn und Graz, die zwar in erster Linie für Wohn- und Gewerbezwecke errichtet worden waren, aber auch als Verkaufsstellen dienten.

In größeren Städten reichte eine einzige eigene Filiale meist nicht aus; daneben verkauften auch lokale Händler die Thonetschen Möbel. Die in eigener Regie betriebenen »Niederlagen«[26] fungierten in diesem Fall als Anlaufstelle für die in der

Stadt und in der Region ansässigen Vertriebspartner. Zu dem firmeneigenen Standort gehörte meist auch ein »Central Depot«, d. h. er war sowohl Lager als auch Verkaufs- und Verteilstelle. Der Händler richtete seine Bestellungen an die örtliche Niederlage, diese leitete sie an die »Haupt-Niederlage« der betreffenden Region oder des Landes weiter, von wo aus die Möbel dann an das »Central Depot« geschickt wurden. Mit der Einrichtung eigener Filialen und dieser zentralen Verteilstellen war es möglich, die Distributionskette entscheidend zu verkürzen und die Möbel gelangten so schneller und für die Firma effektiver zum Kunden.

Die Entscheidung für die Standorte in Wien ergab sich dadurch, dass die Familie hier seit 1842 lebte und sich ab 1849 die Werkstatt in der Gumpendorfer Hauptstraße, ab 1853 dann in der Mollardmühle befand. Die Errichtung der ersten Verkaufsstandorte außerhalb Wiens steht in direktem Zusammenhang mit dem Bau der Fabrik in Koritschan und – relativ rasch danach – der zweiten in Bistritz. In Brünn, der größten Stadt Mährens mit damals etwa 60.000 Einwohnern, richteten die Gebrüder Thonet 1858 in dem Palais Padowetz eine Verkaufsfiliale ein. Die Fabrik Koritschan befand sich weniger als 50 Kilometer von Brünn entfernt. Dies weist auf eine gewisse Vorsicht hin, da die Logistik und die notwendigen Investitionen – Transportkosten, Mietzins und Lohn für die Angestellten – noch überschaubar gewesen sein dürften. Die Erfahrungen in Brünn waren mehr als ermutigend, die Nachfrage übertraf bei weitem das Angebot, so dass man sich schließlich nicht anders zu helfen wusste, als sogar fremde Ware unter eigenem Namen zu verkaufen.[27]

Für die Errichtung der Filiale in dem nahegelegenen Pest wiederum galten andere Gründe. Die Einwohnerzahl war mit der von Wien zwar nicht zu vergleichen, doch hatten die 1873 zusammengelegten Pest, Buda und Óbuda um 1860 immerhin nahezu 200.000 Einwohner und war damit mehr als dreimal so groß wie Brünn, weite Teile der Bevölkerung sprachen deutsch. Darüber hinaus bestanden bereits langjährige Geschäftsbeziehungen dorthin[28], die Thonets kannten den Markt. Mit dem Bau der zweiten Fabrik in Bistritz und dem Beginn der Produktion im Dezember 1861 war sichergestellt, dass die im Oktober des gleichen Jahres eröffnete Niederlage in Pest zuverlässig würde beliefert werden können und eine Situation derart, wie man es in Brünn erlebt hatte, als man gezwungen war, fremde Ware zu verkaufen, nicht zu befürchten war.

Bei der Errichtung der ersten Niederlagen im Ausland, London und Paris, spielten andere Überlegungen eine Rolle. Die dritte Weltausstellung 1862 in London war für das Unternehmen der Anlass, hier eine eigene Niederlassung zu errichten. Dies entspricht einem Muster, wie man es auch später immer wieder finden kann: Filialgründungen gingen häufig einher mit Ausstellungen in der jeweiligen Stadt, wodurch man die Aufmerksamkeit dieser immer nur wenige Wochen oder Monate dauernden Veranstaltungen in eine ständige Präsenz umwandeln konnte. In London kamen familiäre Bindungen hinzu, Franz war mit einer Engländerin, Caroline Bovingdon, genannt Carry, verheiratet und Carry's Bruder John unterstützte, wie bei der Etablierung der Filiale in London noch zu sehen sein wird, Franz in allen geschäftlichen Angelegenheiten.

In Paris hatten die Gebrüder Thonet zwar ebenso an der Weltausstellung 1855 teilgenommen[29], doch kam diese zu früh. Die Mehrzahl der in Paris präsentierten Möbel gehörten noch zu den Luxusprodukten, von denen sich nicht absehen ließ, wie diese bei den Kunden ankommen würden. Die Konkurrenz innerhalb dieses Segments war groß und der Markt in Paris für die Thonets in dieser Hinsicht schwierig einzuschätzen. So arbeiteten sie auch nach der Inbetriebnahme der Fabrik in Koritschan im Jahr 1857 in Paris erst einmal nur mit lokalen Händlern zusammen. Es stellte sich allerdings relativ rasch heraus, dass die neuen, modernen Möbel aus gebogenem Holz auch hier gut verkauft werden konnten und das Unternehmen entschloss sich schließlich, 1862 eine eigene Verkaufsniederlassung zu eröffnen.

9.3. Die Filialen

Vorbemerkung:

Um die grundsätzlichen Überlegungen des Unternehmens, seine Geschäftspolitik, zu verstehen, ist es nicht notwendig, die Entstehung aller Thonetschen Niederlagen ausführlich zu beschreiben. Eine Darstellung der Entwicklung einer jeden Filiale mit ihren häufig wechselnden Standorten würde darüber hinaus den Umfang dieser Arbeit bei weitem sprengen. Eingehender sollen hier nur die Filialgründungen im 19. Jahrhundert behandelt werden. Die je nach Land und Situation unterschiedlichen Vertriebsmodelle und -muster werden hierbei ausreichend deutlich.

Häufig finden sich in den angeführten Quellen die Bezeichnungen »Niederlage« und »Filiale«. Vor allem bei »Niederlage« ist die Bedeutung nicht in jedem Fall eindeutig. So wird »Niederlage« als Bezeichnung für den Ort verwendet, an dem Möbel sowohl gelagert als auch verkauft wurden. Es ist häufig jedoch nicht erkennbar, welche dieser Bedeutungen auf die genannte Adresse zutrifft: ein Warenlager, eine Verkaufsstelle, oder auch beides. In einigen Fällen ergibt es sich aus dem Zusammenhang. So verwendet Franz beispielsweise in einem Brief von 1862 für den Standort in Hamburg den Begriff »Niederlage«, spricht nur einige Monate später für die gleiche Adresse dann von einem »Lager«. Nur ein Jahre später hatte das Unternehmen dort dann einen Verkaufsstandort, der in den Adressbüchern als »Niederlage« ausgewiesen wird.[30]

Hinzu kommt, dass einige dieser »Niederlagen« oder »Filialen« gelegentlich auch »Depot« genannt werden. »Depot« meint in unserem heutigen Verständnis einen Ort, an dem Waren gelagert werden, »Filiale« die Verkaufsstelle eines Unternehmens. Welche Aufgabe die so bezeichneten Standorte hatten, ist in einigen Fällen – auch aus dem Zusammenhang – nicht ersichtlich.[31]

Der Begriff »Niederlage« wurde aus Gründen der Authentizität beibehalten, die Bedeutung ergibt sich aus dem inhaltlichen Zusammenhang. Wo diese Bezeichnung missverständlich sein könnte, findet sich eine Erläuterung, wo es nicht zu ermitteln war, wird darauf hingewiesen.

Eine weitere Schwierigkeit ergab sich bei der Verwendung der Begriffe »Hauptniederlage« und »eigene Verkaufshäuser«. Auch hier sind die Angaben in den Quellen nicht immer eindeutig. Bei »Hauptniederlage« ist anzunehmen, dass es sich hierbei um einen eigenen Standort des Unternehmens handelt, der darüber hinaus als zentrale Anlaufstelle für die jeweiligen regionalen oder nationalen Vertriebspartner diente, wie beispielsweise im Fall von Berlin für Deutschland. Häufig ist die Adresse dieser »Hauptniederlagen« aber auch identisch mit der, welche sich später unter »Eigene Verkaufshäuser« findet. Fraglich ist indes, ob es sich hierbei tatsächlich um Standorte in eigenen Immobilien handelt, wie es der Begriff suggeriert. Es ist zu vermuten, dass der Begriff »Eigene Verkaufshäuser« auch meint, dass sich dort in eigener Regie betriebene Filialen, somit Hauptfilialen, befanden. Allein im Fall der sogenannten Thonet Höfe und auch weiterer Immobilien, die aufgrund wirtschaftlicher Schwierigkeiten nach dem Ersten Weltkrieg verkauft werden mussten – und worüber Archivunterlagen vorhanden sind – ist es sicher, dass sie sich im Eigentum oder Teileigentum der Thonets befanden. Hierzu gehörte beispielsweise das sogenannte Mailänder Haus nahe der Galleria Vittorio Emanuele II, an dem neben den Gesellschaftern noch weitere Mitglieder der Familie Eigentumsanteile hielten.[32]

Büro- oder Geschäftsadressen können nur für die Stadt Wien mit einer gewissen Sicherheit nachgewiesen werden. In den meisten anderen Fällen liegen keine Dokumente vor, die eine eindeutige Aussage zulassen. Es ist zu vermuten, dass bei den Hauptniederlagen neben den Verkaufsräumen auch Büroräume mit dazu gehörten, es wurde aber darauf verzichtet, hier eine Angabe zu machen.

Eine weitere Schwierigkeit stellt die Nennung von Jahreszahlen dar. Bei der tabellarischen Übersicht am Ende dieses Kapitels[33] wurde für das Jahr der Errichtung der Filiale bewusst die Formulierung »Erster Nachweis« gewählt, da es nicht in jedem Fall sicher sein kann, ob sich nicht noch weitere Dokumente finden, die eine frühere Datierung zulassen.

Darüber hinaus ist zu berücksichtigen, dass die Angaben in Adressbüchern oder Firmennachweisen immer den Stand im Jahr zuvor oder sogar, etwa wenn die Firma eine Meldung versäumte, zwei Jahre zuvor abbilden. So wird beispielsweise die Eröffnung der Thonetschen Niederlage in Wien, Mariahilferstr. 22–24 in *Lehmann's allgemeiner Wohnungs-Anzeiger* erst 1877 bekannt gemacht[34], doch fand die Eröffnung bereits zwei Jahre zuvor statt, wie einer Annonce in einer Wiener Zeitung zu entnehmen ist.[35] Neben Zeitungsannoncen, in denen die Eröffnung einer Niederlage angekündigt wird, kann man auch bei amtlichen Einträgen mit Sicherheit davon ausgehen, dass das Datum zutrifft.

Bei Adressänderungen ist zu bedenken, dass Straßen und auch Plätze umbenannt wurden oder sich das System der Zählung der Hausnummern änderte, wie beispielsweise bei der Eingemeindung der Vorstädte nach Wien im Jahr 1862. Ähnliches trifft vermutlich auch für andere Städte zu. Bei der Angabe einer neuen Filialadresse wurde diese aus der jeweiligen Quelle übernommen, es wurde nicht in jedem Fall überprüft, ob sie mit der alten identisch ist, d. h. die Straße oder der Platz nur einen anderen Namen oder das Haus eine neue Nummer erhielt.

9.3.1. Wien 1852

Die erste Thonetsche Verkaufsniederlage wurde 1852 in Wien im Palais Montenuovo in der Strauchgasse 245 errichtet.[36] Die Werkstatt befand sich zu dieser Zeit noch in Gumpendorf, Hauptstraße 396, ab dem Frühjahr 1853 dann in die Mollardgasse 173, ehemalige Mollardmühle.[37]

Während an den Standorten der späteren Wiener Niederlagen meist nicht nur Möbel angeboten wurden, sondern dort auch Geschäftsräume vorhanden waren, ist dies hier nicht eindeutig. Möglicherweise befanden sich nicht nur die Wohnung der Familie, sondern auch das Kontor zu dieser Zeit noch in den Räumlichkeiten in der

Abb. 57: Geschäftskarte der Gebrüder Thonet, 1853

Mollardmühle. Einen Hinweis gibt eine Visitenkarte, auf der nicht die Filialadresse, sondern die Adresse von Wohnung und Werkstatt als Geschäftsadresse angegeben wird. (Abb. 57)

1854 wurde die Filiale innerhalb der Strauchgasse vom Palais Montenuovo nur wenige Häuser weiter, in die Strauchgasse 247/248 verlegt.[38] Mit der Übernahme der vollständigen Produktion durch die Fabrik Koritschan 1858 konnte die Werkstatt in der Mollardmühle schließlich aufgelöst werden. Doch findet sich nun neben der Filialadresse in der Strauchgasse noch ein weiterer Standort des Unternehmens in Wien: Jägerzeile, am Praterstern Nr. 26, Franzensbrückengasse. In einem Brief von Franz Thonet vom 1. Oktober 1858 sind die Adressen im Briefkopf: Strauchgasse No. 248 und Gumpendorf No. 173 gestrichen und durch Jägerzeile No. 26, Am Praterstern, ersetzt.[39]

Dieser neue Standort in der Leopoldstadt wird ausdrücklich als Fabrik[40] bezeichnet, wobei die handschriftliche Änderung in Franz' Brief darauf hinweisen könnte, dass dies gleichzeitig die Geschäftsadresse war und hier neben Arbeitsräumen auch Büroräume untergebracht waren. Die Filiale in der Strauchgasse bestand allerdings weiterhin und ist nachweisbar bis 1861. Auch in Zeitungsannoncen aus den Jahren 1860 und 1861 findet sich die Fabrik-Adresse: Jägerzeile, am Praterstern 26, (Franzensbrückenstrasse) (Abb. 58) und in Lehmann's Anzeiger wird in den nächsten Jahren ausdrücklich unterschieden zwischen der Möbelniederlage in der Strauchgasse und der Fabrik in der Franzensbrückengasse.[41]

Vergegenwärtigt man sich die Situation der Firma am Ende der 1850er Jahre mit einem Produktionsstandort in Mähren und einer Verkaufsfiliale in der Hauptstadt, so werden Überlegungen, wie man die Möbel am besten und schnellsten zum Verkauf nach Wien schaffen konnte, im Vordergrund gestanden haben. Michael Thonet und

Abb. 58: Inserat der Gebrüder Thonet mit der Fabrik-Adresse in Wien, 1860

die Söhne wussten, dass hierfür nur die Eisenbahn in Frage kam. Sie war das Verkehrsmittel der Zukunft und die Leopoldstadt mit dem nahegelegenen Nordbahnhof bot sich für die Transporte von Koritschan nach Wien idealerweise an. Bereits 1839 war beim Praterstern der Nordbahnhof der Kaiser Ferdinands-Nordbahn eröffnet worden, die Wien unter anderem mit den mährischen Industriegebieten verband.[42] Ab 1859 wurde der Bahnhof vergrößert und erhielt einen eigenen Frachtbahnhof. Die Fabrik in Koritschan war bereits seit 1857 in Betrieb und die Koritschan nächstgelegene Bahnstation Bisenz nur 20 Kilometer entfernt. Darüber hinaus war abzusehen, dass das Transportvolumen der Firma zunehmen würde. »Als im Mai 1858 der Betrieb der Wiener Werkstätte in der Mollardmühle ganz aufgelassen wurde und die Fabrik Koritschan bereits ausschließlich fertiges Produkt zum Versand brachte, erhöhte sich die Jahresproduktion pro 1858 auf etwa 16 000 Möbelstücke und stieg 1860 auf etwa 50 000 Stück.«[43]

Die Möbel, die zerlegt aus Koritschan nach Wien kamen, wurden nicht direkt in die Filiale in die Strauchgasse geliefert, sondern mussten für den Verkauf vorbereitet werden. Hierzu gehörten die Montage für die in Wien angebotenen Möbel, häufig auch noch kleine Ausbesserungs- und Reparaturarbeiten wegen leichter Transportschäden.[44] Dies geschah in der Franzensbrückengasse. Auch die Möbel, die in weiter entfernte Landesteile oder ins Ausland transportiert werden sollten, wurden anfangs nicht direkt von Koritschan oder später Bistritz aus dorthin versandt, sondern in der Franzensbrückengasse nochmals kontrolliert und entsprechend der Bestellungen zu passenden Colli zusammengestellt. Anschließend konnten sie problemlos wieder zu dem nur wenige hundert Meter entfernten Nordbahnhof geschafft werden. Die Fabrik in der Franzensbrückengasse war somit keine Fabrik wie Koritschan oder Bistritz, aber auch keine Filiale wie in der Strauchgasse.[45] Hier befanden sich Arbeitsräume, in denen Möbel wohl auch für einige Zeit zwischengelagert werden konnten.

Daneben scheint dieser Standort in gewissem Umfang auch als Verkaufsstelle – allerdings nicht allein für Thonetsche Möbel – gedient zu haben. Beleg ist ein etwas skurriler Hinweis in einem Werbeinserat eines A. Wiesner, der »seine neu erfundenen, auch auf Reisen verwendbaren Flaschenkeller mit Eisbehältern« anbietet, die auch »in der k. k. priv. Möbel-Fabriks-Niederlage der Gebrüder Thonet, Wien, Jägerzeile am Praterstern Nr. 26« erhältlich sind.[46] Die Räumlichkeiten in der Franzensbrückengasse, ab 1862 Nr. 8[47], wurden vermutlich noch bis 1873 genutzt. Die Adresse findet sich in Lehmann's Anzeiger von 1874 nicht mehr.

Adressbücher oder Firmenverzeichnisse für die Jahre 1862/63 standen nicht zur Verfügung und auch in Zeitschriften oder Magazinen aus dieser Zeit fanden sich keine weiteren Informationen zu den Thonetschen Niederlagen in Wien. Für 1864 schließlich gibt es hierzu verschiedene Angaben, die allerdings teilweise widersprüchlich sind. So ist in dem »Nachweis sämmtlicher Einwohner von Wien nebst Umgebung« als Filialadresse der Gebrüder Thonet die Taborstr. 2 angegeben, ebenso in dem Verzeichnis der protokollierten Firmen. In dem »Nachweis der Geschäfts- und Gewerbetreibenden, Handels- und Gewerbe-Adreßbuch« wird als Niederlage für die Möbel und Parquetten die Untere Donaustraße 1 genannt. In dem »Nachweis jeder Straße und Gasse mit Angabe des Eigenthümers jedes einzelnen Hauses« werden die »Brüder Thonet« nun erstmals auch als Besitzer eines Hauses in der Leopoldstadt, Große Stadtgutgasse 42, aufgeführt. Es ist anzunehmen, dass es sich hierbei nicht um eine Firmenadresse, sondern um die private Wohnadresse der Familie handelt, lediglich für den Sohn August wird in diesem Zusammenhang Bistritz als Wohnsitz angegeben.[48]

Die Taborstraße 2 findet sich in den Anzeigern der folgenden Jahre nicht mehr, die Untere Donaustraße 1 wird für die nächsten Jahre als einziger Standort ausgewiesen.[49] Doch wurden die Räumlichkeiten in der Taborstraße nicht aufgegeben. Beleg ist zum einen ein Bericht im *Fremden-Blatt* vom Mai 1872, in dem das sogenannte Kugelmann'sche Kaffeehaus in der Taborstr. 2, »jetzt Thonet«[50], erwähnt wird, zum anderen mehrere Zeitungsannoncen aus dem Jahr 1879, in welchen die Gebrüder Thonet die Vermietung von Räumlichkeiten im Eisernen Haus in der Kärntnerstraße 16 anboten: »Auskunft bei Gebrüder Thonet, II [II= Zweiter Bezirk, Leopoldstadt], Taborstraße 2.«[51] Es ist daher zu vermuten, dass sich in der Taborstraße ab 1864 Geschäftsräume der Firma befanden, dies in den folgenden Jahren in den Adressbüchern jedoch nicht mehr ausgewiesen wurde.

Die Hauptfiliale und auch die Geschäftszentrale jedoch befanden sich nach wie vor in der Unteren Donaustraße.[52] In Lehmann's Adressbuch für 1870 heißt es »Gebrüder Thonet, Compt.[oir] u. Ndlge. [Niederlage] II Unt. Donaustr. 1.«[53]

Der Geschäftsumfang des Unternehmens hatte sich im Lauf der Zeit erheblich vergrößert, weitere Mitarbeiter für alle Vorgänge der mittlerweile umfangreichen Verwaltung waren notwendig. Dies betraf jedoch nicht nur Wien, auch an den Produktionsstandorten mussten Mitarbeiter, sogenannte Privat-Beamte, eingestellt werden, die für alle Belange, welche die Fabriken betrafen, zuständig waren. Beamte benötigten die Gebrüder Thonet darüber hinaus für die Verwaltung der Güter und Herrschaften, die sie nach und nach – ebenso wie einen umfangreichen Immobilienbesitz – erworben hatten. Wien war die Zentrale, in welcher all diese Aktivitäten zusammenliefen.

Über die Anzahl der hier und an den anderen Standorten beschäftigten Privat-Beamten gibt es keine Statistiken wie für den Arbeiterstand in den Jahresausweisen. Einen Hinweis, allerdings erst für das 20. Jahrhundert, fand sich in einer Kassette, die August Thonet 1909 anlässlich seines 80. Geburtstages überreicht wurde.[54] Sie enthält farbige Lithographien der Fabriken, eigener Verkaufsfilialen, Herrschaften und Sägewerke mit den Unterschriften aller dort in der Verwaltung beschäftigten Mitarbeiter. Danach waren 1909 neben den sechs Gesellschaftern 394 Beamte für das Unternehmen tätig, die sich auf folgende Standorte verteilten: (Tabelle 11)

Zentral Bureau und Hauptniederlage Wien		33
Koritschan	45	
Bistritz	63	
Ugrócz	13	
Hallenkau	7	
Wsetin	31	
Radomsk	36	
Frankenberg	7	
Fabriken gesamt		202
Filialen		105
Sägewerke		23
Güter und Herrschaften		31
Privatbeamte gesamt		394

Tabelle 11: Zahl und Verteilung der in dem Unternehmen Gebrüder Thonet im Jahr 1909 beschäftigten Privat-Beamten

Karl Mang erwähnt eine vergleichbare Kassette, welche der jüngste der Brüder, Jakob, 1911 zu seinem 70. Geburtstag erhalten hatte.[55] Für dieses Jahr finden sich leicht abweichende Zahlen, doch die Summe von 430 Beamten plus der sechs Mitglieder der Familie bestätigt den Eindruck, dass das Unternehmen über eine sehr schlanke Verwaltungsstruktur verfügte. »Eine Zahl, die im Vergleich zu den heute üblichen aufgeblähten Verwaltungsapparaten in der verstaatlichten wie auch in der privaten Industrie unglaublich klingen mag.«[56]

Bei einem Arbeiterstand von 5.778 Beschäftigten im Jahr 1909 entfielen auf einen Beamten somit 14,6 Arbeiter, 1911 mit 6.579 Beschäftigen und 430 Beamten war das Verhältnis 1 zu 15,3.[57] Es ist anzunehmen, dass auch und gerade in der Frühzeit eine ähnliche Relation bestanden haben dürfte und das Unternehmen in Wien im ausgehenden 19. Jahrhundert über eine relativ kleine Beamtenschaft verfügte, so dass die Geschäftsräume in der Taborstraße und der Unteren Donaustraße für das Zentral-Büro in Wien grundsätzlich ausgereicht haben dürften.

1875 kam eine zweite Verkaufsfiliale mit Musterlager in der Mariahilferstraße Nr. 22–24 hinzu. Sie sollte »zur Erleichterung des Verkehres mit den westlichen Vorstädten«[58] dienen und spätestens 1879 wurde in der Kärntnerstraße in dem 1876 fertiggestellten sogenannten Eisernen Haus eine weitere eigene Niederlage eröffnet.[59]

Die Pläne der Stadt Wien, mit einer angemessenen Verbindung vom Stephansplatz zum Ring gleichzeitig die Kärntnerstraße zu einer mondänen Geschäftstraße auszubauen, nutzte das Unternehmen, dort 1875/76 ein attraktives Zinshaus[60], das sogenannte Eiserne Haus, zu errichten. Ab der ersten Hälfte der 1870er Jahre wurde die Kärntnerstraße verbreitert, Häuser wurden abgerissen und durch moderne Neubauten ersetzt, unter anderem und als einer der ersten das Eiserne Haus der Gebrüder Thonet. Die Idee hierzu war indes nicht spontan entstanden, sondern das Ergebnis längerfristiger Überlegungen. Bereits 1874 hatten die Thonets in der Kärntnerstraße drei nebeneinanderstehende Häuser, Nrn. 1070–1072, gekauft. »Die beiden [tatsächlich handelte es sich um drei Häuser; Anm. des Verfassers] Häuser werden im nächsten Frühjahre demolirt und werden die jetzigen Eigenthümer einen stattlichen Neubau dort ausführen lassen.«[61] Der Magistrat genehmigte den Neubau im April 1875[62] und von November 1875 bis November 1876 wurde ein viergeschossiges Wohn- und Geschäftshaus mit einer Grundfläche von 705 Quadratmetern errichtet. Der Wunsch des Unternehmens war es, möglichst viel Fläche zu schaffen, weshalb eine platzsparende Konstruktion aus Eisenstützen verwendet wurde, daher der Name: Eisernes Haus. Der wirtschaftliche Aspekt dieser Investition der Firma betraf nicht in erster Linie die eigene Nutzung der Parterre-Flächen als »Verkaufslokal«, sondern das Eiserne Haus war in erster Linie ein Zinshaus.[63] Es wurden Gewerbeflächen, ebenso Büros und Wohnungen vermietet, die sich in den oberen Stockwerken befanden und über einen eigenen seitlichen Eingang erreicht werden konnten.[64] Ein erster Hinweis auf die Verwendung als Filialstandort findet sich erst 1879, drei Jahre nach Fertigstellung des Gebäudes. In einer Aufstellung der Niederlagen in Wien wird neben der Filiale in der Unteren Donaustraße 1 nun auch die Kärntnerstraße 16/18 genannt.[65] Und das Eiserne Haus war auch nie – trotz seiner zweifellos prominenten Lage – die Hauptniederlage der Gebrüder Thonet. Dies blieb bis 1882 die Filiale in der Unteren Donaustraße.[66] Im Dezember diesen Jahres erschien in der *Wiener Zeitung* folgende Annonce: »Local-Veränderung – Gebrüder Thonet, k. k. priv. Fabriken von Möbeln aus gebogenem Holze, beehren sich anzuzeigen, dass sich vom 10. December d. J. an ihre Hauptniederlage: Wien, I., Stephansplatz, Brandstätte 2, befindet.«[67] (Abb. 59)

Dieses Haus direkt neben dem Stephansdom war ebenso wie das Eiserne Haus von den Architekten Fellner und Helmer geplant worden. Es enthielt »außer den Geschäftsräumlichkeiten des Eigentümers (Fabrik von Möbeln aus gebogenem Holze) noch andere Verkaufsläden, ferner in den oberen Stockwerken Bureaux und Wohnungen«.[68] Es war somit ebenso wie das Haus in der Kärntnerstraße ein vielfältig zu nutzendes Gebäude, mit dem durch Vermietung der nicht selbst genutzten Räume zusätzlich Einnahmen erzielt werden konnten. Hier befanden sich sowohl die

Abb. 59: Thonet Hof in Wien, erbaut 1881/82

»Haupt-Niederlage« als auch das »Centralbureau« mit den Privat-Beamten, an der Spitze Carl Andreae, der seit 1874 bei den Gebrüdern Thonet im kaufmännischen Bereich beschäftigt war und spätestens 1889 Prokura der offenen Handelsgesellschaft Gebrüder Thonet erhalten hatte.[69]

Dieses Geschäftshaus, mit der Thonetschen Filiale im Herzen der Hauptstadt, wurde zum Symbol für den Erfolg des Unternehmens und seiner Wiener Möbel. In direkter Nachbarschaft, in der Rotenturmstraße, hatten einige Mitglieder der Familie ihre Wohnungen. Die herausragende Bedeutung dieses Standorts war den Thonets durchaus bewusst, wie aus einem Protokoll der Verhandlungen im Zusammenhang mit der Gründung der Thonet-Mundus A.G. im Jahr 1923 hervorgeht. Danach bestand die Absicht, diese Niederlage am Stephansdom aufzulösen und die Räumlichkeiten an das Teppichhaus Fischer & Wolf, das großes Interesse bekundet hatte, zu vermieten. In der Gesellschafter-Konferenz am 23. Oktober 1923 in Wien jedoch führten die Vertreter der Thonet Gruppe – die sieben familiären Gesellschafter – neben kommerziellen Motiven auch »Prestige-Erwägungen« gegen eine solche Entscheidung an und am Ende des Sitzungsprotokolls heißt es ein wenig pathetisch: »Das Lokal für Gebrüder Thonet muss bleiben.«[70] Die Räumlichkeiten wurden nicht an Fischer & Wolf vermietet, doch wurde dieses Symbol des Aufstiegs einer kleinen Tischler-Werkstatt aus Boppard zu einem weltweit agierenden Unternehmen kurz vor dem Ende des Zweiten Weltkriegs, am 8. April 1945, durch Brandbomben vollständig zerstört.

9.3.2. Pest 1861

Geschäftliche Verbindungen der Thonets nach Pest bestanden bereits vor der Firmengründung im Jahr 1853. Ein Herr Bartl bestellte 1851 für sein Hotel »Zur Königin von England« einen Teil der Möblierung bei den Thonets, die darüber hinaus noch weitere Tischlerarbeiten in seinem Hotel ausführen sollten.[71] Doch gab es in den 1850er Jahren noch keine Verkaufsfilialen in Pest. Kaffeehausbesitzer, welche ihre Etablissements ebenso wie Bartl sein Hotel mit den modernen Thonetschen Möbeln einrichten wollten, mussten in den nächsten Jahren nach Wien fahren, um sich über das Angebot zu informieren und ihre Bestellungen aufzugeben.[72] Das in Pest offensichtlich vorhandene Interesse hatte das Unternehmen allerdings veranlasst, eine Vereinbarung mit einem der örtlichen Möbelhändler, Károly Immervoll, zu treffen, der ihre Möbel in seinem Ladenlokal in der Leopoldstadt, Obere Donauzeile 4, anbot, darüber hinaus aber auch ein Depot unterhielt und die Möbel an andere Möbelhandlungen weiterreichte.[73] Die Leopoldstadt war zu dieser Zeit ein Handelszentrum, in dem sich zahlreiche Verkaufsgeschäfte für alle Arten von Einrichtungen befanden. Ein weiteres Möbelmagazin Immervolls ist ab 1860, ebenfalls in der Leopoldstadt, Palatingasse 14, nachweisbar.[74] »Sorgt nur daß Waaren zu Immervoll kommen, von den gangbarsten Sorten, es ist nichts in Pesth und die Leute verlassen sich darauf, jetzt schon unten vom Lager durch Immervoll kaufen zu können.«[75]

Sicher nicht der entscheidende, doch wohl auch einer der Gründe für das Unternehmen, in Pest eine eigene Niederlage zu errichten, war vermutlich das Geschäftsgebaren des Károly Immervoll, von dem Franz in einem Brief berichtet.[76] Darüber hinaus vermutete man finanzielle Unregelmäßigkeiten.[77]

Das nahegelegene Pest bot sich aus mehreren Gründen an, hier 1861 schließlich eine eigene Filiale zu eröffnen. Transporte waren mit der Eisenbahn von der Fabrik Koritschan nach Wien und anschließend mit dem Schiff nach Pest leicht möglich. Ebenso wie in Wien, wo man öffentliche Lokale, vor allem Caféhäuser, eingerichtet hatte, gab es auch hier ein entsprechendes Freizeit- und Vergnügungsangebot und es war mit guten Geschäften zu rechnen.[78]

Die Vorbereitungen zur Eröffnung einer eigenen Verkaufsniederlage waren bereits im Gange, als Franz am 26. September 1861 nach Pest reiste. Zwei Tage nach seiner Ankunft schreibt er: »Die Leute warten mit Schmerzen bis wir eröffnen u. wir werden ein brillantes Geschäft machen. Für Kaffeesieder ist eine Masse auszubessern und zu polieren, und wollen es gut zahlen, ebenso einzuflechten, dieses ist sehr theuer hier.«[79] Die Räumlichkeiten der Filiale mussten teilweise noch an die Erfordernisse eines Verkaufsraums angepasst werden.[80]

Von Koritschan sollten eine Poliererin und Flechterin kommen, um Reparaturen an den mittlerweile schon länger im Gebrauch befindlichen Sesseln auszuführen. Auch neue Sessel mussten wegen leichter Transportschäden meist nochmals nachpoliert werden. Ein Hausknecht schaffte die Möbel aus den Lagern von Immervoll und die ankommenden Lieferungen aus Wien in die neue Filiale in der Dorotheergasse.

In den acht vorliegenden Briefen, die Franz in den knapp drei Wochen von seiner Ankunft in Pest bis zum 15. Oktober nach Wien und Koritschan schickte, werden die Eile und Ungeduld deutlich, mit der dies alles geschehen musste.[81] Neben den Arbeiten in der Filiale forderte er nachdrücklich, mehr Sessel und Fauteuils zu schicken; Tische kamen gar keine an. »Bis Mittwoch wollen wir aufmachen, es ist mir Angst und bange, es ist noch gar kein Awiso [sic] von Tischen da und da die Sache mit Glanz eröffnet werden soll müssen wir dieselben, ebenso einen Speisetisch haben.«[82] Er wusste sich schließlich nicht anders zu helfen, als Tische zu kaufen, um überhaupt Garnituren aufstellen zu können.

Die Erwartung, dass man in Pest ein »brillantes Geschäft« machen werde, bestätigten die Bestellungen alleine in den ersten drei Wochen, als die Filiale noch nicht einmal offiziell eröffnet war. »Für das Militärkasino in Pesth: 200 Sessel Nro 11 dunkel mit Fußverbindungen, 26 Klafter Bänke mit Rohrrücken das Maas werde ich in einigen Tagen schicken, bis Ende November zu liefern. ferner 24 Sessel Nr 14 dunkel mit Fußverbindungen – schickt davon einige Dutzend mehr. – Sessel Nro 8 mit Fußverbindungen sind 48 verkauft.«[83] Auch von noch umfangreicheren Bestellungen ist die Rede, wobei man offensichtlich an Kapazitätsgrenzen stieß.[84]

Die Eröffnung der Filiale verzögerte sich, das genaue Datum ist nicht bekannt, doch wird es wohl in der zweiten Oktoberhälfte 1861 gewesen sein. In dem Pester Adressbuch von 1862 wird die Thonetsche Möbelniederlage dann erstmals erwähnt.[85] Wer die Filiale in den folgenden Jahren leitete, ist nicht bekannt, doch aufgrund der Nähe zu Wien dürfte es keine Schwierigkeit gewesen sein, hier alles im Auge zu behalten; ob durch die Söhne selbst oder auch durch einen verantwortlichen Verwalter.

Die Filiale blieb für die nächsten zehn Jahre an diesem Standort, bis sie schließlich am 7. April 1872 in den neu gebauten Thonet Hof (Thonet Udvar) an dem Vigado Platz (ab 1873 Vigarda tér, ab 1879 Vigadó tér), am Ufer der Donau gelegen, verlegt wurde.[86] (Abb. 60)

Das Grundstück hatten die Thonets bereits 1869 für den damals ungeheuren Betrag von fl. 403.200 gekauft, eine Summe, wie sie vorher noch nie für ein Baugrundstück in Budapest gezahlt worden war.[87] Dies beweist einmal mehr, welche finanziellen Dimensionen die Geschäfte des Unternehmens mittlerweile angenommen hatten. Sie konnten es sich leisten – und es sollte sich lohnen.[88] In den Jahren 1869 bis 1871 wurde hier ein imposantes vierstöckiges Wohn- und Geschäftshaus im Neo Renais-

Abb. 60: Thonet Hof in Budapest, erbaut 1869/71

sance Stil – geplant von den Architekten Antal Skalnitczky und dessen Schwager Henrik Koch – errichtet, welches bereits 1871 teilweise bezugsfertig war.

Dabei waren es nicht in erster Linie die Wohnungen, das Speiselokal und Kaffeehaus, welche den höchsten Ertrag brachten, sondern der Mietzins großer Gesellschaften und Behörden, welche die zahlreichen Büroräume nutzten. So wurde bereits im Jahr der Fertigstellung das gesamte zweite Stockwerk an die Ungarische Bodencredit-Gesellschaft vermietet.[89] Ab April 1872 befand sich das Konsulat der Vereinigten Staaten im Thonet Hof[90] und 1876 richtete The Neuchâtel Asphalte Company Ltd., die in London ihren Hauptsitz hatte und Asphaltbergwerke besaß, hier eine Niederlassung ein.[91]

Auch bei den Thonetschen Aktivitäten in Pest findet sich das Muster, dass bevorzugt Familienmitglieder wichtige Funktionen übernahmen, so in Pest die Leitung der Filiale und die Verwaltung der zahlreichen Immobilien. Spätestens ab 1876 war Josef Skoupil (1844 – 1912), Bruder der Amalie Skoupil, die am 28. Juni 1858 August Thonet geheiratet hatte, verantwortlich für alle geschäftlichen Angelegenheiten in Budapest. Zu seinen Aufgaben gehörten der Abschluss von Mietverträgen für den Thonet Hof und auch für das dortige Caféhaus mit der – natürlich – Thonetschen Möblierung. Die ersten Nachweise hierüber finden sich in zahlreichen Verträgen, die Skoupil ab 1876 im Namen der Firma abschloss. In den Unterlagen fand sich unter anderem auch eine Inventarliste zu einem Mietvertrag der Café Lokalitäten im Thonet Hof, wobei in der Aufstellung noch einmal ausdrücklich darauf verwiesen wird, dass es sich bei der Möblierung um »Thonetsche W.[are]«[92] handelt. (Abb. 61)

Auch der zweite Mietvertrag über das im Thonet Hof befindliche Caféhauslokal »Café Royal« mit dem Mieter Vincenz Lafferl vom 19. September 1878 trägt Skoupils Unterschrift. Die ursprüngliche Möblierung – 120 Sessel Nr. 20, 8 Fauteuils Nr. 12, 24 Stockerl und diverse Tische – war mittlerweile durch 150 Sessel und 12 Fauteuils Nr. 3, 32 Stockerl und 50 Marmortische mit Holzgestellen ersetzt worden. Hierfür, wie auch für die sonstige Einrichtung, musste Lafferl eine Kaution von 3.000 Gulden hinterlegen.[93]

Die Gesellschafter des Unternehmens und weitere Familienmitglieder besaßen neben dem Thonet Hof mittlerweile noch weitere Immobilien in Budapest, die Josef Skoupil ebenso betreute und wozu er mit umfassenden Vollmachten ausgestattet worden war.[94]

Ein merkwürdige Urkunde fand sich in Notariatsunterlagen in Budapest. Josef Skoupil adoptierte am 13. April 1902 den 1871 geborenen Viktor Thonet, Sohn des jüngsten Sohnes von Michael Thonet sen., Jakob. In der Adoptionsurkunde (Abb. 62) heißt unter anderem es:

»Előttem Görgei István budapesti királyi közjegyző előtt az alulírt helyen és időben megjelentek az általam egyenként személyesen ismert Skoupil József úr üzletvezető, budapesti lakos (V. Thonet udvar) és Thonet Viktor úr, gyáros, bécsi lakos (I. Stephansplatz Brandstätte 2) es a következő örökbe fogadási szerződésnek közjegyzői okiratba leendő felvételére kértek fel.
Örökbe fogadási szerződes.

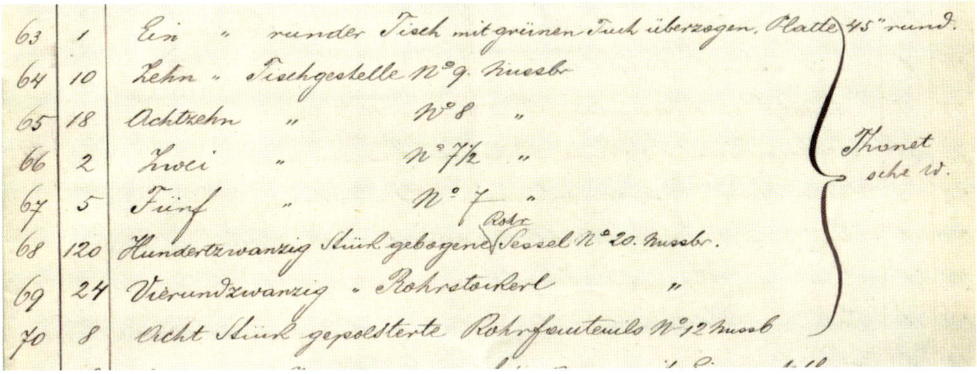

63	1	Ein " runder Tisch mit grünen Tuch überzogen, Platte 45" rund.
64	10	Zehn " Tischgestelle N°9. Nussbr
65	18	Achtzehn " N°8 "
66	2	Zwei " N°7½ "
67	5	Fünf " N°7 "
68	120	Hundertzwanzig Stück gebogene Rohr Sessel N°20. Nussbr.
69	24	Vierundzwanzig " Rohrstockerl "
70	8	Acht Stück gepolsterte Rohrfauteuils N°12 Nussb

Thonet sche W.

Abb. 61: Ausschnitt aus der Inventarliste zur Vermietung des Caféhauses im Thonet Hof in Budapest, 1876

1. Skoupil József ezennel örökbe fogadja Thonet Viktor bécsi lakost a ki Bistriczen 1871 évi augusztus 26ik napján születtet s a bisztriczi Szent Egyedről elnevezett római katholikus plébánia templomnak a megkereszteltekről vezetett anyakönyve XIV. Kötete 53. […]
2. Örökbe fogadó Skoupil József saját csáldi nevét örökbe fogadottra át nem rúházza s igy örökbe fogadott ezentúl is csupán családi nevét, a Thonet családi nevet, fogja viselni, s mintán örökbe fogadott teljes korú az atyai hatalom átruházásának szüksége fenn nem forog. […]

Budapešť, 1902. 13. apríla Skoupil József, Thonet Viktor, Görgei István«[95]

Der Sinn dieses Vorgangs erschließt sich nicht. Auch sonstige Bestimmungen in dieser Urkunde geben keinerlei Hinweis darauf, aus welchen Gründen diese Adoption vorgenommen wurde. Viktor war 31 Jahre alt, Josef Skoupil fast so alt wie Viktors Vater Jakob. Viktor war zum Zeitpunkt des Vertragsabschlusses unverheiratet.[96] Vielleicht waren geschäftliche Gründe ausschlaggebend, doch welche? Aus Briefen von Viktor kann man schließen, dass er innerhalb der Familie eher ein Außenseiter

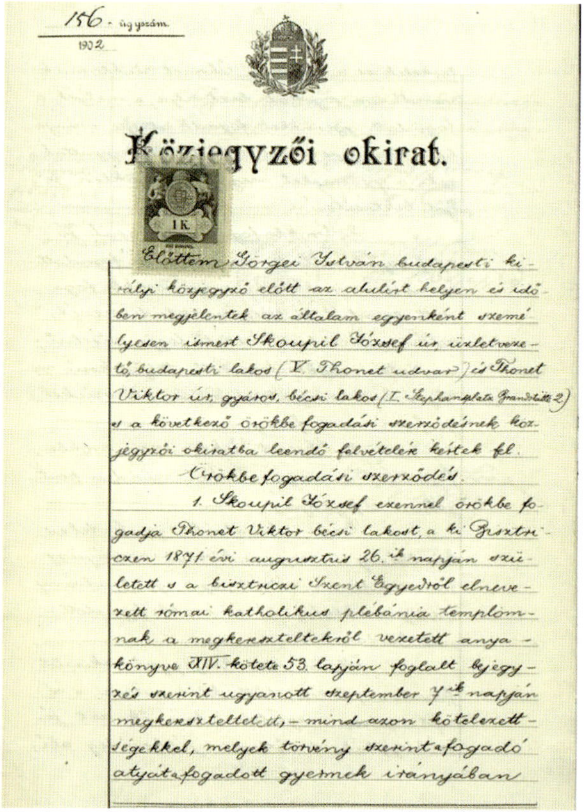
156. ügyszám.
1902

Közjegyzői okirat.

Előttem Görgei István budapesti királyi közjegyző előtt az alulirt helyen és időben megjelentek az általam egyenként személyesen ismert Skoupil József úr, üzletvezető, budapesti lakos (V. Thonet udvar) és Thonet Viktor úr, gyáros, bécsi lakos (I. Stephansplatz Grandstätte 2) s a következő örökbe fogadási szerződésnek közjegyzői okiratba leendő felvételét kérték fel.

Örökbe fogadási szerződés.

1. Skoupil József ezennel örökbe fogadja Thonet Viktor bécsi lakost, a ki Bisztriczen 1871 évi augusztus 26.ik napján született s a bisztriczi Szent Egyedről elnevezett római katholikus plébánia templomnak a megkereszteltekről vezetett anyakönyve XIV. kötete 53. lapján foglalt bejegyzés szerint ugyanott szeptember 7.ik napján megkereszteltetett, – mind azon kötelezettségekkel, melyek törvény szerint a fogadó atyát a fogadott gyermek irányában

Abb. 62: Erste Seite der Adoptionsurkunde Josef Skoupil – Viktor Thonet, Budapest, 13. April 1902

war, doch hier bewegen wir uns im Bereich der Spekulation und müssen die Frage nach den Gründen für diese Adoption offenlassen.

Josef Skoupil bewohnte mit seiner Frau und den vier Kindern eine großzügige Wohnung im Thonet Hof. Er war spätestens seit 1868 bei dem Unternehmen beschäftigt, in welcher Funktion vor seiner Tätigkeit als Geschäftsführer der Niederlage und Verwalter der Immobilien in Budapest ist nicht bekannt. Er könnte in der Niederlassung in Berlin gearbeitet haben. Die Thonets besaßen hier seit 1864 eine eigene Filiale und die Hochzeit Josef Skoupils fand in Berlin statt. Möglicherweise hatte er dort die zehn Jahre jüngere Klara Adele Trachsel (*25.08.1853) kennengelernt. Am 28. Februar 1872 heirateten die beiden in der Französisch Reformierten Kirche in Friedrichstadt, Berlin.[97] Josef Skoupil war ein anerkannter und erfolgreicher Geschäftsmann, der für seine Verdienste um Handel und Industrie 1903 den Franz Joseph Orden erhielt. Er starb am 28. Mai 1912 in Budapest an einer Krebserkrankung.

Doch zurück zur Thonetschen Niederlage in Budapest. Spätestens 1878 wurde sie vom Thonet Hof in die Waitznergasse (Váci Utca) Nr. 11 verlegt.[98] Dieser neue Standort lag in der Hauptgeschäftsstraße von Budapest, nicht unweit des Thonet Hofs. Über die Gründe des Umzugs ist nichts bekannt. Doch sollte dies noch nicht die letzte Filialadresse in Budapest sein. Die Niederlage wurde innerhalb der Waitznergasse mehrmals verlegt.[99] Der Thonet Hof blieb als Zinspalais weiterhin im Besitz der Familie, lediglich die Beteiligungen der Familienmitglieder wechselten mehrfach, bis er 1918 für 6 Millionen Kronen an ein Konsortium aus Banken und Privatleuten, die Corso Palast Aktiengesellschaft, verkauft wurde.[100]

9.3.3. London 1862

Die Thonets waren für die erste Weltausstellung 1851 in London von der österreichischen Auswahlkommission zugelassen worden und präsentierten dort erstmals international ihre neuartigen Möbel. Sie unterhielten zu dieser Zeit eine Werkstatt in Wien, mit dem am Anfang der 1850er Jahre praktizierten Herstellungsverfahren war an eine massenhafte Erzeugung von Möbeln noch nicht zu denken.

Doch mit der Inbetriebnahme der Fabrik in Koritschan, 1858, es wurde notwendig, weiter zu expandieren. Die Gebrüder Thonet verfolgten dabei zunehmend auch eine auf die internationalen Märkte ausgerichtete Strategie. In London und Paris hatten sie erfolgreich an den beiden ersten Weltausstellungen teilgenommen, die Thonetschen Möbel waren hier bekannt und so lag es nahe, die ersten internationalen Geschäftsverbindungen in diese beiden Hauptstädte aufzubauen. Wegen des ungleich aufwändigeren Transports als die Belieferung der Filialen in relativer Nähe[101] bediente sich das Unternehmen hierbei sogenannter Agenten, die sich um die Logistik, alle notwendigen Formalitäten, anfallende Kosten und Ein- und Ausfuhrpapiere kümmerten. Die Gebrüder Thonet arbeiteten mit verschiedenen Handelsgesellschaften zusammen: Wolffgang, Lührs & Co., später Weber, Lührs & Co. und Ingelbach & Wolffgang. Ludwig Lührs wird erstmals 1857 in Hamburgischen Adressbüchern als Kaufmann aufgeführt, sein Vater Friedrich betrieb einen Stoffhandel. 1857 gründete der Sohn zusammen mit besagtem Wolffgang das Handelsunternehmen »Wolffgang, Lührs & Co., Commiss.- u. Agentur-Gesch. Neuerwall 78«[102]. Das Unternehmen bestand bis 1862. Wolffgang hatte 1858 mit einem gewissen Gerard Ingelbach eine weitere Handelsgesellschaft, Ingelbach & Wolffgang[103] ins Leben gerufen, die ebenso für die Thonets Transportaufgaben übernahm. Ingelbach & Wolffgang unterhielten Depots in London, 6 Lilypot (Lily Pot) Lane, Gresham Street und in Paris, 66 Rue de Bondy, weshalb es sich für die Gebrüder Thonet anbot, erste Geschäftskontakte und die Ausweitung der Geschäftsverbindungen in diese Zentren über diese beiden Handelsgesellschaften laufen zu lassen. Auch die Firma Ingelbach & Wolffgang wurde – ebenso wie Wolffgang, Lührs & Co. – 1862 wieder aufgelöst, vermutlich, weil sich einer der Inhaber, Gerard Ingelbach neuen Geschäftsfeldern zuwandte. Doch blieben beide den Gebrüdern Thonet weiterhin geschäftlich verbunden. Ingelbach, der sich vor allem in Frankreich engagierte, war beteiligt an dem Aufbau der Thonetschen Filiale in Paris und Wolffgang, der in den Briefen von Franz aus London häufig erwähnt wird, bei der Etablierung des Unternehmens in England, wobei Wolffgang im Zusammenhang mit der Weltausstellung 1862 auch eine Beteiligung anstrebte.[104] Doch reichte Franz dessen finanzielles Engagement nicht aus, weshalb er ihn nur in dem Fall beteiligen wollte, wenn er eine entsprechend hohe Summe in dieses Geschäft einbringen würde.[105] Dies scheint – mit einiger Verzögerung – schließlich auch der Fall gewesen zu sein und im Dezember 1862 schrieb Franz nach Wien: »Wolffgang hat viel Geld darauf spendirt, und John [Bruder von Franz' Ehefrau Carry] weisen [wissen] lassen, es würden schon Geschäftsverbindungen angeknüpft, […].«[106] Letztmalig findet sich die Erwähnung von Wolffgang in einem Brief aus dem Jahr 1864 aus Berlin. Franz war einige Tage zuvor in London und schreibt: »Wolffgang hat jetzt die Ausführung der Mimoskope[107] übernommen.«[108]

Neben den geschäftlichen gab es in den 1850er Jahren aber auch persönliche Beziehungen nach England. Es ist zwar nicht bekannt, wann Franz und die Engländerin Caroline (Carry) Bovingdon (1834–1874) heirateten, doch muss es nach den vorliegenden, nur spärlichen Zeugnissen in der ersten Hälfte der 1850er Jahre gewesen sein, was vermuten lässt, dass sich Franz zu dieser Zeit häufiger in London aufhielt, wo die Familie Bovingdon[109] lebte. Möglicherweise hatten sich die beiden im Zusammenhang mit der Weltausstellung 1851 kennengelernt.

Die ersten Belege, dass die Firma eine eigene, ständige Präsenz in London plante, finden sich in sieben Briefen von Franz aus Shootershill und London vom 6. Mai bis zum 27. August 1860. In allen ist seine Begeisterung zu spüren, wenn es um den Ausbau des Geschäfts und die Eroberung dieses neuen Marktes geht. »Im Möbelgeschäft haben wir gute Aussichten [...]. Wir werden mit den besten Häusern Geschäft gegen baar machen und es kann gar nichts fehlen daß das Geschäft hier ungeheure Dimensionen annehmen muß.«[110]

Doch war nicht London allein der Markt, den die Gebrüder Thonet im Auge hatten, es ist zu dieser frühen Zeit bereits auch von anderen Städten auf der Insel die Rede, »Liverpool, Manchester, Birmingham«[111], und zwei Jahre später wird das Unternehmen an eine Ausweitung nach Irland und Schottland denken. In all diesen Städten wurden am Ende zwar keine eigenen Niederlagen eröffnet, doch zeigen die Überlegungen in diese Richtung den Geschäftssinn und unternehmerischen Weitblick von Franz, der das Potential der neuen Möbel und die vielfältigen Möglichkeiten, was ihre Verwendung betraf, erkannte.

Der konkrete Anlass, 1862 schließlich eine eigene Niederlage in London einzurichten, war die Weltausstellung im gleichen Jahr, auf der die Firma erstmals in größerem Umfang auch einfache Gebrauchsmöbel international präsentierte. Die Familie von Franz' erster Ehefrau Carry lebte in London und während der Zeit, in der sich beide hier aufhielten, wohnten sie meist bei Carry's Familie in Lewisham, was insofern zweckmäßig war, als er häufig nach Hamburg oder Paris reisen musste und seine Frau während dieser Zeit bei ihrer Familie bleiben konnte. Auch lag der Standort der Filiale, 16 Ludgate Hill, nicht weit entfernt von dem Haus von John, Carry's Bruder, der zu dieser Zeit am Red Lion Square eine Wohnung hatte.[112] John vermittelte Kontakte zu Londoner Möbelhändlern und arbeitete beim Aufbau der Filiale mit. Daneben hatte das Unternehmen noch ein Warenlager in Dowgate Hill gemietet, welches man allerdings Ende 1863 wieder räumen musste, da der Platz für den Bau eines Bahnhofs benötigt wurde.[113]

Die Vorbereitungen zur Eröffnung der Filiale verliefen nicht wie geplant. Die Tische, die in Koritschan bereits fertig und versandbereit waren, als Franz nach London abreiste, waren immer noch nicht angekommen und er fragt verzweifelt: »Was fange ich jetzt an ohne Tische? Ich kann gar keine Ausstellung machen und muß in Gottes Namen die Niederlage zu lassen [sic] bis dieselben ankommen. Ich mag gar nicht eröffnen wenn es nicht mit Glanz geschehen kann [...].«[114] Franz hatte die Räumlichkeiten für die Niederlage vorerst für drei Jahre mit einer Option für weitere 18 Jahre gemietet.[115] Mit einem gewissen Stolz forderte er die Brüder in Koritschan auf, die nächsten Briefe an die neue Filialadresse zu senden: »Messr Thonet brothers 16 Ludgate hill London.«[116]

Obwohl die Möbel für die Präsentation auf der Ausstellung und die Niederlassung schließlich doch noch rechtzeitig eintrafen, konnte diese nicht wie geplant am Ostermontag, dem 21. April 1862, eröffnet werden, da die Eingangstür nicht rechtzeitig fertig wurde.[117] Das Detailgeschäft verlief anfangs nicht zufriedenstellend[118], besserte sich jedoch im Verlauf der nächsten Wochen.[119] Anfang Mai kam der Bruder Josef nach London, da alle anfallenden Arbeiten – der Verkauf in der Filiale, das Montieren und Überarbeiten der Möbel, die Präsenz auf der Ausstellung und die Organisation all dieser Aktivitäten – doch umfangreicher waren als angenommen. Josef hielt sich überwiegend in der Ausstellung auf, erkrankte dann allerdings, weshalb Franz um weitere Unterstützung nach Koritschan schrieb.[120] Josef reiste Ende Juni zurück nach Wien und Michael, später dann auch Jakob, kamen nach London.

Ein Problem der Lieferungen nach England war der schlechte Zustand der Möbel, verursacht durch Transportschäden. Ein Ehepaar aus Koritschan oder Bistritz musste kommen, um die notwendigen Reparaturen auszuführen.[121] Neben dem Detailverkauf in der Filiale suchte man weiterhin auch lokale Händler, mit denen man kooperieren konnte. John stellte meist den ersten Kontakt her, bevor Franz dann die Verhandlungen führte.

9.3.3.1. Die Thonetschen Werbekampagnen in England

London und England waren für das Unternehmen ein schwieriger Markt. Einer der Gründe war die mangelnde Gebrauchstüchtigkeit der Sitzmöbel, die man Ende der 1850er Jahre nach England geliefert hatte.[122] Auch nachdem man dies durch eine technische Verbesserung, die Einführung des stabilisierenden Fußrings ab Herbst 1861, schließlich hatte beheben können, blieben die Kunden weiterhin skeptisch, was wiederum den »Neustart« mit der Etablierung der Filiale im Jahr 1862 erschwerte. Hinzu kam, dass es in London kein öffentliches Leben ähnlich dem in anderen europäischen Metropolen gab. Es gab keine Caféhäuser wie in Wien, Budapest oder anderen größeren Städten der Monarchie, keine Cafés wie in Paris, Etablissements, wofür die Thonetschen Möbel ideal geeignet waren. Dem versuchten das Unternehmen und auch seine Vertriebspartner in den nächsten Jahren mit einer Vielzahl von Werbekampagnen zu begegnen, in denen aufgrund der speziellen Marktsituation in London und England vor allem die Geeignetheit der Thonetschen Möbel für die bürgerliche Wohnung herausgestellt wurde. Werbekampagnen derart wie in London lassen sich für keine andere europäische Metropole nachweisen und schienen dem Unternehmen »der einzige Weg um bekannt zu werden und ohnedies [ohne dies = die Werbekampagnen] geht es nicht sonst würden gewiß die Leute nicht so viel darauf verwenden«.[123]

Noch während der Weltausstellung in Kensington im Oktober 1862 startete das Unternehmen erstmals eine Serie identischer Werbeannoncen in *The Lady's Newspaper and Pictorial Times.* (Abb. 63) Diese Inserate erschienen in regelmäßigen Abständen mit der jeweils gleichen Illustration und identischem Text bis zum April 1863. Die wöchentlich erscheinende *The Lady's Newspaper and Pictorial Times* richtete sich an ein exklusives weibliches Publikum, ihr Schwerpunkt lag auf Etikette, Unterhaltung und Mode. Möglicherweise lag dem Gedanken, die Inserate in einer Frauenzeitschrift zu veröffentlichen, eine ähnliche Überlegung zugrunde, wie sie beispielsweise mehr als fünfzig Jahre später anlässlich der Leipziger Messe formuliert wurde, nach der es in erster Linie die Frau war, die über die Einrichtung entschied.[124] Auch in allen folgenden Anzeigenserien bildete das Unternehmen überwiegend Wohnmöbel ab, ja, inszenierte diese schließlich als erstrebenwerte Ausstattung eines jeden bürgerlichen Heims. (Abb. 69)

Eine zweite Anzeigenserie folgte nur wenige Monate später. Franz schrieb nach Wien: »Wir haben angefangen zu anonciren und kommen deshalb viele Leute.«[125] In den neuen Inseraten in *The Weekly Chronicle* wurden die gleichen Möbel wie in *The Lady's Newspaper and Pictorial Times* abgebildet – die Sessel Nrn. 11 und 14 und Fauteuil Nr. 3 –, doch der begleitende Text war umfangreicher und wurde werbewirksamer formuliert.[126] Vor allem die zweijährige Garantie, welche die Firma nun gab, dürfte eine Reaktion auf die nach wie vor vorhandene Skepsis der englischen Kunden gegenüber der Gebrauchstüchtigkeit und Haltbarkeit der Thonetschen Sitzmöbel gewesen sein.[127]

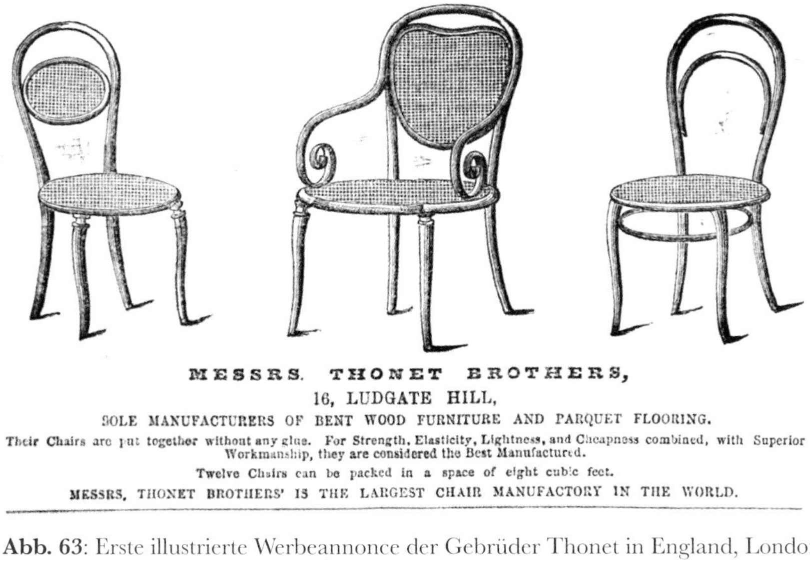

Abb. 63: Erste illustrierte Werbeannonce der Gebrüder Thonet in England, London 1862

Diese illustrierten Inserate erschienen ebenso wie die erste Serie wöchentlich von Juli bis Oktober 1863. Parallel hierzu wurde ab Juli 1863 eine Reihe identischer Textanzeigen in verschiedenen Londoner Zeitungen veröffentlicht[128], in denen auf die Vorteile der neuartigen Möbel, erstmals aber auch auf ihre universelle Verwendung hingewiesen wurde.[129] Auch die bisher erhaltenen Preismedaillen fanden werbewirksam Erwähnung.

In all diesen Annoncen wird als Filialadresse der Gebrüder Thonet 16 Ludgate Hill genannt, daneben ist zu dieser Zeit noch von einem »Waarenhaus«, auch von einem »Waarendepot«[130] in Dowgate Hill die Rede, das 1863 dem Bau eines Bahnhofs weichen musste.[131] Dieses »City Depôt« übernahm ab 1864 der Polsterer George Davenport, 20 Ludgate Hill. »Thonet Brothers […] have transferred their City Depôt to George Davenport Upholsterer, Cabinet Maker & c. 20 Ludgate-hill, London, E.C.«[132] Ein wenig unklar ist eine Äußerung von Franz ein knappes Jahr später. Er schreibt von Berlin aus nach Wien: »Zu Neujahr [1865] wird Davenport das Magazin übernehmen und haben dann keine Auslagen mehr.«[133] Möglicherweise sollte Davenport ab diesem Jahr auch gewisse finanzielle Verpflichtungen übernehmen, worauf die Bemerkung »und haben dann keine Auslagen« verweist.

Daneben arbeiteten die Gebrüder Thonet ab 1864 noch mit einem weiteren Unternehmen in London zusammen. »Ich bin jetzt in Verhandlung mit einer Westend Firma, die unser Geschäft auf feste Rechnung übernehmen wollen, und auch Ludgate Hill so lange beibehalten wollen, bis sich das Geschäft ganz nach dem Westende gezogen haben wird. Dieselben haben eine Niederlage in Parketten, können also diesen Artikel leicht mitführen, und ist ein gutes altes Haus. Sie werden für 1000 £ Waaren von uns kaufen und alles was sie beziehen, wird auf 3 Monate auf sie gezogen. Ich habe ihnen 25 % Rabatt auf die hiesigen Preise bewilligt loco London.«[134] Bei diesem Unternehmen handelt es sich um die Firma Arrowsmith. Die Gebrüder Thonet erwähnen sie im Zusammenhang mit der Aufgabe ihres eigenen Parkettengeschäfts in England und informieren gleichzeitig, dass sich ein weiteres Depot ihrer Möbel nun bei Arrowsmith befindet.[135]

Aus der Bemerkung von Franz, dass diese Firma »Ludgate Hill« so lange beibehalten wolle, »bis sich das Geschäft ganz nach dem Westende gezogen haben wird«[136], lässt sich schließen, dass die Niederlage 16 Ludgate Hill weiterhin bestand.[137] Sie wurde allerdings nicht mehr von den Gebrüdern Thonet selbst betrieben, sondern ab Januar 1864 von Arrowsmith übernommen.[138] Übernommen wurde hierbei aber auch John, der Bruder von Franz' Frau Carry, der ihm in den vergangenen Jahren bei dem Aufbau der Filiale und Vorbereitung der Weltausstellung zur Hand ging. Etwas despektierlich heißt es in dem gleichen Brief nun: »John ist auch mit einbegriffen, wird als Mobiliar übernommen.«[139] Die geschäftlichen Verbindungen zu Arrowsmith scheinen jedoch nicht lange bestanden zu haben. Hinweise auf eine Zusammenarbeit finden sich in Londoner Zeitungen nur bis April 1864. Insofern ist anzunehmen, dass man sich von diesem Geschäftspartner relativ rasch wieder trennte, möglicherweise auch unter einem gewissen Druck von Davenport, der nur wenige Häuser weiter, 20 Ludgate Hill, keinen Konkurrenten mit der gleichen Ware haben wollte.

Davenport handelte in den folgenden Jahren in größerem Umfang mit Thonetschen Möbeln, wie zahlreiche Bestellungen zeigen.[140] Er bot sie nicht nur in seiner Filiale an, darüber hinaus war er mit ihrer Verteilung in London, möglicherweise auch darüber hinaus, betraut. Von Davenport erschienen von Januar bis August 1864 in verschiedenen Zeitungen jeweils drei zusammenstehende Annoncen, in denen er auf seine Filiale und Vertretung der Gebrüder Thonet hinwies.[141] (Abb. 64)

In einer Reihe weiterer Inserate heißt es, dass er auch berechtigt sei, Verträge im Namen der Gebrüder Thonet abzuschließen oder für Wiederverkäufer günstigere Bedingungen zu gewähren[142], und auch in den nächsten Jahren finden sich zahlreiche Anzeigen dieses Händlers in Londoner Zeitungen.[143] (Abb. 65)

GEORGE DAVENPORT, 20, LUDGATE-HILL, LONDON, E.C., City Depôt of AUSTRIAN BENT WOOD FURNITURE AND PARQUET FLOORING.
THONET BROTHERS are the Sole Manufacturers of the celebrated Bent Wood Furniture, and have transferred their City Depôt to GEORGE DAVENPORT, Upholsterer, Cabinet Maker, &c., 20, Ludgate-hill, London, E.C.

GEORGE DAVENPORT, 20, LUDGATE-HILL, LONDON, E.C., UPHOLSTERER, CABINET MAKER, AND UNDERTAKER.
Depôt of Bent Wood Furniture and Parquet Flooring.

GEORGE DAVENPORT begs respectfully to solicit an inspection of his first-class STOCK of BENT WOOD FURNITURE, consisting of Arm, Rocking, Folding, Lounging, and other Chairs, Settees, &c. &c. It is particularly recommended as combining Elegance with Strength and Cheapness. Railway and Hotel Companies will do well to test its applicability.
20, LUDGATE-HILL, LONDON, E.C.

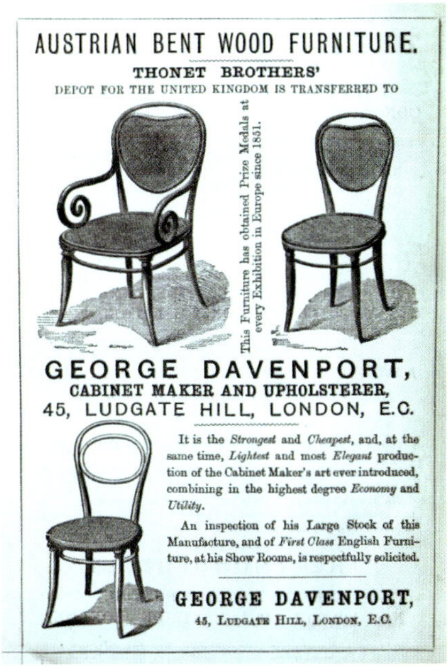

Abb. 64: Werbeannoncen von George Davenport nach der Übernahme des Verkaufs der Thonetschen Möbel, verschiedene Londoner Zeitungen, Januar bis August 1864

Abb. 65: Werbeannonce von George Davenport, London 1867

Sowohl der Verkauf als auch die Distribution in London lagen somit für die nächsten Jahre in den Händen eines lokalen Händlers. Über die Gründe für diese relativ rasche Aufgabe eigener Verkaufsaktivitäten erfahren wir konkret nichts, doch lässt sich aus einigen brieflichen Äußerungen Franz' zunehmende Unzufriedenheit mit dem dortigen Geschäftsverlauf erkennen.[144]

Franz und Carry gaben im Frühjahr 1864 ihre Wohnung in London auf und gingen nach Berlin.[145] Das Unternehmen engagierte sich in den nächsten Jahren in London selbst nicht mehr, sondern überließ das Geschäft Davenport. Auf einem Plakat aus dem Jahr 1867 beispielsweise finden sich die Adressen der zu dieser Zeit bestehenden

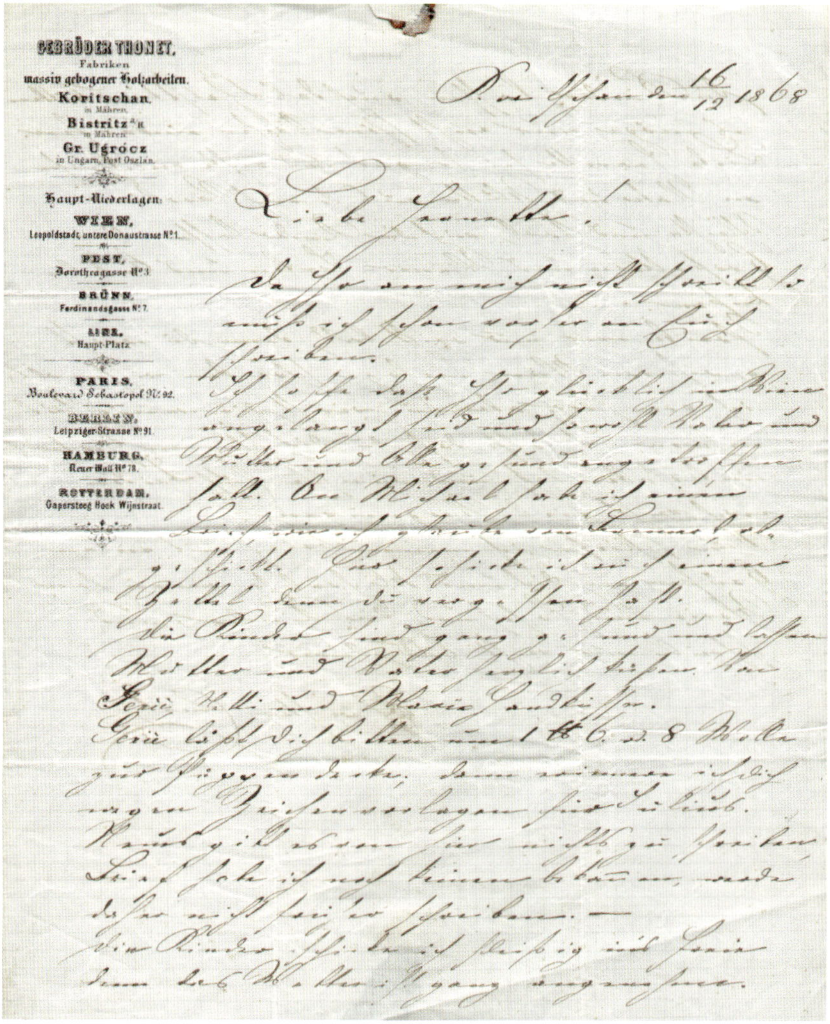

Gebrüder Thonet.
Fabriken
massiv gebogener Holzarbeiten.
Koritschan
in Mähren.
Bistritz a/H
in Mähren.
Gr. Ugrócz
in Ungarn, Post Oszlán.
Haupt-Niederlagen:
Wien,
Leopoldstadt, untere Donaustrasse N°1.
Pest,
Dorotheagasse N°3
Brünn,
Ferdinandsgasse N°7.
Linz,
Haupt-Platz
Paris,
Boulevard Sebastopol N°92.
Berlin,
Leipziger Strasse N°91.
Hamburg,
Neuer Wall N°78.
Rotterdam,
Gapersteeg Hoek Wijnstraat.

16/12 1868

Abb. 66: Geschäftsbrief-Formular 1868, keine Post- oder Geschäftsadresse in London

Verkaufsstellen in Europa, darunter 45 Ludgate Hill für London. (Abb. 74) Dies ist die Adresse von George Davenport, der sein Geschäft 1866 von 20 Ludgate Hill hierhin verlegt hatte.[146] Und auf einem Geschäftsbrief-Formular mit dem Datum 16. Dezember 1868 werden neben den zu dieser Zeit bestehenden drei Fabriken auch die Hauptniederlagen genannt, London findet sich hier nicht.[147] (Abb. 66)

In den Jahren 1869 bis 1872 erschienen in englischen Zeitungen keine weiteren Annoncen, in denen für die Möbel der Gebrüder Thonet geworben wurde, weder von dem Unternehmen selbst noch von Davenport. Erst 1872 wurde die Firma in London wieder aktiv. Unter der Filialadresse, London 124 High Holborn erschienen von Juli bis November 1873 in *The Graphic*, einer Londoner Wochenzeitschrift für ein bürgerliches Publikum, regelmäßig illustrierte Inserate.[148] (Abb. 67)

Abgebildet wurden alternierend Sessel Nr. 11 und Fauteuil Nr. 4. Im Text wies man auf einige der zwischenzeitlich erhaltenen Preismedaillen hin, ebenso auf größere europäische Städte, in denen das Unternehmen weitere Filialen errichtet hatte. Ergänzend hierzu erschienen in der Londoner Tageszeitung *The Standard* von Juni 1873 bis August 1874 eine Reihe von Textanzeigen, in denen die Firma auf die vielfältigen Verwendungsmöglichkeiten ihrer Möbel für Wohnzwecke hinwies.[149]

Das erneute Engagement der Gebrüder Thonet hatte seinen Grund unter anderem darin, dass in London mittlerweile auch die Bugholzmöbel der Konkurrenz verkauft wurden. Das Unternehmen beobachtete immer schon aufmerksam die Aktivitäten anderer Hersteller, vor allem die von Jakob & Josef Kohn. Auf deren Einspruch hin hatten die Thonets 1869 das Massivholzprivileg zurückgeben müssen, und J. & J. Kohn hatten sich seitdem zu einem ernsthaften Konkurrenten entwickelt.[150] Es ist anzunehmen, dass es sich bei den Bugholzmöbeln, welche beispielsweise die Firma Oetzmann & Co.[151] nun unter »Austrian Bent-Wood Furniture« in London anbot[152], um Möbel von J. & J. Kohn handelte. Nur dieses Unternehmen hatte zu dieser Zeit

Abb. 67: Illustrierte Annonce der Gebrüder Thonet, London 1873

neben den Gebrüdern Thonet das wirtschaftliche Potential, über Österreich und die angrenzenden Staaten hinaus zu expandieren. Es wird sich bei den Möbeln von Oetzmann & Co. keinesfalls um Thonetsche Möbel gehandelt haben. In *The Standard* erschienen jeweils zur gleichen Zeit und parallel Anzeigenserien beider Firmen; Thonet warb mit seinem Namen, Oetzmann mit dem Qualitätsversprechen »Austrian Bent-Wood Furniture«[153]. Der Name Kohn, der in England zu dieser Zeit noch nicht bekannt gewesen sein dürfte, wird in den Annoncen von Oetzmann nicht erwähnt, doch die Typisierung der Möbel als »Austrian Bent-Wood« lässt den Kunden assoziativ an die Firma Gebrüder Thonet denken, dessen sich der Händler sicher gerne und bewusst bediente. (Abb. 68)

Von 1875 bis 1877 sind keine weiteren Werbeanzeigen der Gebrüder Thonet in englischen Zeitungen nachweisbar, erst im Februar 1878 erschien eine neue Anzeigenserie mit ähnlich gestalteten Annoncen wie 1873. Möglicherweise steht dies im Zusammenhang mit einer Intensivierung der Geschäftstätigkeit, begleitet von einem Umzug in größere Geschäftsräume im gleichen Jahr, 125 High Holborn.[154] Neben Fauteuil Nr. 4 und Sessel Nr. 11 wurden nun auch exklusivere Möbel wie Sessel und Fauteuil Palais Palffy (Abb. 72) und die Modelle Nrn. 6, 25 und 27 angeboten, erstmals aber auch nicht mehr nur Stühle, sondern auch andere Möbeltypen wie Blumentische, Lesetische und Schaukler.[155] Der Adressat war nach wie vor der bürgerliche Kunde, dem man eine entsprechende Möblierung für sein Heim offerierte. Diese Anzeigenserie wurde bis September 1881 fortgeführt und erschien ebenso wie die vorherige in der anspruchsvollen Zeitschrift *The Graphic*. Bereits das erste Inserat vom 2. Februar 1878 enthielt den Hinweis, dass der Kunde zur Ansicht des gesamten Sortiments nun ein »Book of Design and Price List«[156] anfordern könne. Parallel hierzu wurden ab 1878 gelegentlich Textanzeigen in verschiedenen Londoner Zeitungen veröffentlicht, in denen ebenso die kostenfreie Zusendung von Katalogen

Abb. 68: Annonce der Firma Oetzmann & Co., London 1880

angeboten wurde.[157] Weitere regelmäßige Annoncen erschienen von Juli 1880 bis Januar 1881 in der Tageszeitung *The Echo*.[158]

Im Zusammenhang mit einer Versteigerung im März 1880 fand sich eine Beschreibung der Räumlichkeiten, welche die Gebrüder Thonet in 125 High Holborn gemietet hatten. »The premises comprise ground floor, handsome first floor, two floors over, and the basement. They have a frontage to Holborn of about 25 feet, and are let on lease to Messrs. Thonet Brothers, the well-known importers and manufacturers of Austrian bent wood [...].«[159]

Doch sollte das Unternehmen hier nicht mehr lange bleiben. Bereits im Jahr zuvor hatte man sich nach einem neuen Standort umgesehen und vorsorglich den Pachtvertrag für die Räume in der High Holborn Street an einen Mr. Champion weitergegeben. »The premises have been [...] assigned by Messr. Thonet, in consideration of a satisfactory premium, to Mr. Champion, Wholesale hardware Agent.«[160] Ab 1880 findet sich als neue Filialadresse 417 Oxford Street und nur zwei Jahre später wurde die Filiale nochmals, nun innerhalb der Oxford Street, von der Nummer 417 nach Nummer 47 verlegt.

Dies hatte seine Ursache möglicherweise in einem Brand am 21. März 1882, bei dem das gesamte Inventar vernichtet wurde und am Ende das Dach des 5-stöckigen Gebäudes einstürzte.[161] Es ist nicht eindeutig, ob die Räumlichkeiten gemietet waren oder ob sich möglicherweise das gesamte Gebäude im Besitz der Gebrüder Thonet befand, worauf eine Bemerkung in dem offiziellen Bericht der Feuerwehr hinweisen könnte.[162] In 47 Oxford Street blieb das Unternehmen von 1882 bis 1889.

Eine Neuerung in der Gestaltung der ab Januar 1883 wieder regelmäßig erscheinenden Inserate fand sich im *Denton and Haughton Examiner*. Die Möbel des Unternehmens wurden nicht mehr nur abgebildet, sie wurden inszeniert. Ein rauchender Mann sitzt auf einem Kaminfauteuil mit Fußbänkchen[163], eine Dame liest auf einem Schaukelfauteuil sitzend in einem Buch[164] und ein Herr ruht sich auf einem Schlafsofa aus. Durch eine entsprechende graphische Gestaltung deutete man bei diesem noch die verstellbare Rückenlehne an.[165] (Abb. 69)

Parallel zu dieser illustrierten Anzeigenserie findet sich ab März 1883 in einer Reihe von Textanzeigen erstmals die Warnung, sich vor schlechten Imitationen in Acht zu nehmen.[166] Weltweit waren mittlerweile zahlreiche Konkurrenzfirmen entstanden, die nicht nur das gleiche Herstellungsverfahren wie die Gebrüder Thonet anwandten, sondern auch deren Modelle kopierten. Diese Anzeigenserie im *Hampstead and Highgate Express* endete nahezu gleichzeitig mit der im *Denton and Haughton Examiner* im November 1885.

Ab 1886 lassen sich keine weiteren Werbeinserate der Gebrüder Thonet mehr in englischen Zeitungen oder Zeitschriften nachweisen. Aufgrund fehlender Dokumente

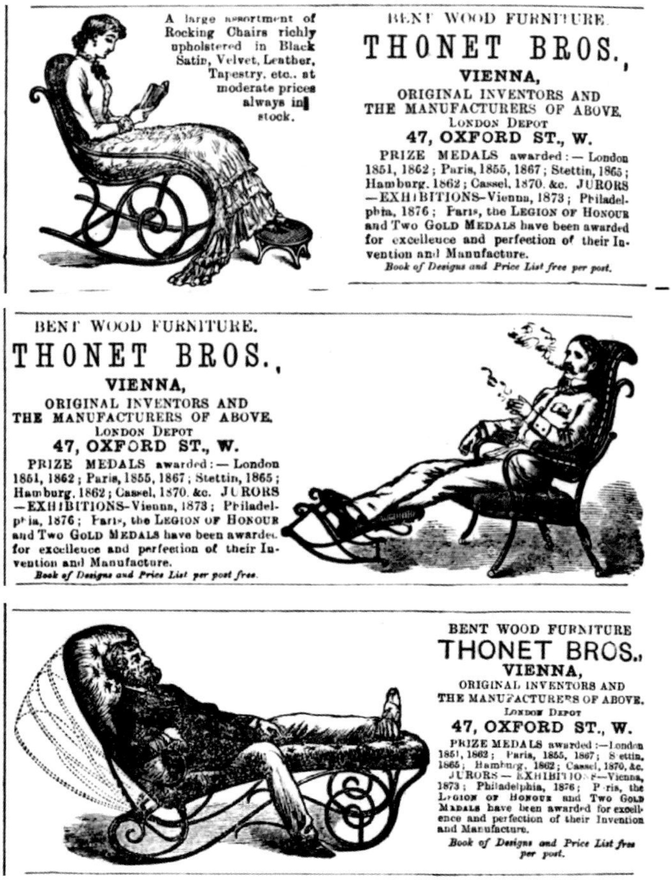

Abb. 69: Letzte illustrierte Anzeigenserie der Gebrüder Thonet in London, 1883 bis 1886

kann man zu den Gründen nur Vermutungen anstellen. Das Unternehmen war in den folgenden Jahren auf verschiedenen Ausstellungen auf der Insel präsent – Newcastle, Glasgow, Birmingham[167] – und knüpfte Kontakte zu zahlreichen Händlern auch außerhalb Londons.[168] Dies könnte ein Hinweis darauf sein, dass man glaubte, eine weitere Steigerung der Verkäufe in London – wo man allerdings weiterhin präsent war – sei nicht mehr zu erwarten und nun verstärkt mit Händlern aus anderen Landesteilen kooperierte, die Werbemaßnahmen allerdings den jeweiligen örtlichen Vertragspartnern überließ.[169]

So fanden sich beispielsweise im Frühjahr 1887 eine Reihe von Annoncen der Firmen Bragg and Company aus Newcastle[170] und P. McCarthy and sons in Limerick.[171] Im Januar 1890 machte der Händler B. Hembry aus Manchester erstmals auf die Möbel der Gebrüder Thonet aufmerksam[172] und bot überraschenderweise noch am 3. Januar »Austria bent wood furniture« als Weihnachts- und Neujahrsgeschenk an.[173] 1892 annoncierte ein F. Harris, Cabinetmaker, Upholsterer, Undertaker and General Furniture Dealer aus Wellington, dass man die Möbel der Gebrüder Thonet auch bei ihm erwerben könne.[174]

Ein etwas skurriler Hinweis findet sich in einem redaktionellen Artikel der *Illustrated Sporting & Dramatic News*, in dem der Redakteur auf die Schönheiten der Westküste in den Sommermonaten hinweist, doch empfiehlt, man könne dort auch gerne einmal im Winter zum Skifahren hingehen. Die hierzu erforderliche Ausrüstung, die Skier, seien bei den Gebrüdern Thonet in London, 68 Oxford Street, erhätlich.[175] Dies war die neue Adresse des Unternehmens ab 1893. Von 1890 bis 1892 befand sich der Filialstandort noch in der Bishopsgate Street.[176] Über die Gründe für den Wechsel nun wieder in die Oxford Street ließen sich keine Informationen finden. Doch war die Oxford Street grundsätzlich immer die prominenteste Geschäftsstraße in London. Bishopsgate Street wie auch High Holborn, waren zwar auch zentral gelegen, doch handelte es sich hier um keine so bekannte Adresse wie Oxford Street, vergleichbar der Váci Utca in Budapest oder dem Boulevard Poissonniére in Paris. Einen weiteren Standortwechsel innerhalb der Oxford Street gab es 1905, von der Nummer 68 nach Nummer 43. Ab spätestens 1915 findet sich dann 64 Great Eastern Street.

Durch den Ausbruch des Krieges 1914 wurde das Geschäft in England schwieriger und musste 1916 ganz aufgegeben werden. Ein Jahr nach Kriegsbeginn erschien in einer patriotischen Wochenzeitschrift ein Artikel, in dem in reißerischer Form die Bestellung von 100 Thonet-Stühlen, somit österreichischer Möbel, durch eine britische Behörde scharf kritisiert wurde. »›Really we are a funny people,‹ observes our contemporary. ›Here we are fighting the Austrians, and the Guardians are advertising for Austrian goods. Are we really awake?‹ Some of us are merely in a state of somnambulism – including the War Office officials, who recently advertised for tenders for the supply of furniture – ›must be Austrian oak.'«[177]

1916 schließlich wurden in *The London Gazette* unter der Überschrift: »More enemy firms wound up« die Namen von sieben Firmen veröffentlicht, deren Vertretungen in England aufgelöst worden waren, unter anderem auch die der Gebrüder Thonet.[178]

Es war zu Beginn die Rede davon, dass der englische Markt für die Gebrüder Thonet ein schwieriger Markt war. Dies belegt auch eine geographische Statistik der Bruttowerte der Verkäufe weltweit.[179] (Abb. 77) England belegte innerhalb Europas in absoluten Zahlen gesehen einen der hinteren Plätze. Abgesehen vom Zollinland machten die Gebrüder Thonet in Europa die besten Geschäfte in Deutschland und Russland, in gehörigem Abstand folgten Frankreich und Italien. Das Unternehmen wies die Zahlen darüber hinaus jeweils im Verhältnis zur Einwohnerzahl aus. Auch hiernach liegt Großbritannien auf einem der hinteren Plätze. Lediglich der europäische Teil der Türkei, Griechenland und die Levante, die ebenso wie Rumänien, Serbien, Bulgarien und Spanien und Portugal zu einem Markt zusammengefasst wurden, liegen noch hinter England.[180]

9.3.4. Paris 1862

Direkt im Anschluss an die Weltausstellung 1855 sind keine Händlerkontakte der Gebrüder Thonet nach Paris nachweisbar, doch vermutlich ab 1858 wurden die neuartigen Thonetschen Möbel auch hier angeboten.[181] Hierzu bediente sich das Unternehmen, ebenso wie in London, der Dienste der Firma Ingelbach & Wolffgang, die in der 66 Rue de Bondy – heute Rue René Boulanger – ihren Sitz hatte. Die Möbel wurden von hier aus an die Händler in der Hauptstadt verteilt. Die Geschäfte liefen offensichtlich sehr gut, so dass sich die Gebrüder Thonet 1861 entschlossen, eine eigene Filiale zu eröffnen. »Lieber Bruder! Vater und August sind am Sonntag in der Frühe mit mir von Paris gekommen wo sie mich hin telegrafirten wegen einer Niederlage, die wir im Begriff stehen zu nehmen. Dieselbe ist gutgelegen und wird nur 4000 francs kosten.«[182] Die Thonets mieteten zwar die Räumlichkeiten, betrieben die Niederlage, 92 Boulevard Sebastopol, jedoch nicht selbst, sondern beauftragten Ingelbach mit der Geschäftsführung.[183]

Offensichtlich war es ihnen wichtig, sich eines in diesem Metier erfahrenen Partners zu bedienen, im Falle von Paris könnten auch sprachliche Gründe eine Rolle gespielt haben. Doch sollte die Entscheidung, die Niederlassung nicht in eigener Regie zu betreiben, noch Ursache für einige Schwierigkeiten werden. Bereits kurz nach der Eröffnung äußerte Franz die Befürchtung, dass die Niederlage nicht so geführt werden könnte, wie man es erwarten dürfte.[184] Zwei Jahre später zeigte sich, dass er mit seinen anfänglichen Bedenken recht hatte. Ausführlich schildert er die hiesigen Missstände: »Lieber Bruder! Acht Tage habe ich mich in Paris aufgehalten. Sie haben jetzt einen ganz ordentlichen Buchhalter für unser Geschäft namens Winter. Aber das Magazin[185] hatte ich auszumisten. Die ersten Muster standen noch immer darin, so voll Dreck daß ich mich überhaupt gewundert habe, daß jemand noch etwas gekauft hat. Statt die besten Sachen für Muster hinzustellen und dieselben fortwährend wieder durch andere zu ersetzen, wenn davon bestellt wurden, hatten dieselben das Prinzip aufgestellt, immer die schlechtesten Sachen im Laden zu haben, da dieselben zuvor verkauft werden mußten. Wo früher das Comptoir war, war alles mit Stühlen zugestellt es sah dort wie eine Trödelbude aus. Du kannst Dir leicht denken, daß dies meine erste Arbeit war, den Kram hinauszuwerfen. Von den Leuten that jeder, was er wollte. Ich habe es eingerichtet, daß der Buchhalter Herr ist. Die Madam kam nie vor halb 11, montags früh gar nicht.«[186]

Die Zustände besserten sich und ein Jahr später berichtete Franz von jetzt guten Geschäften in Paris; doch ist auch der zweite Teil des Satzes ist interessant: »In Paris gehen die Geschäfte auch gut jetzt und habe bei meiner Anwesenheit dort bei der Fürstin Metternich die Schritte gethan um unser Möbel auch beim Hofe dort einzuführen.«[187] Ob Franz tatsächlich glaubte, dass Thonetsche Möbel bei Hof eingeführt werden würden und wenn ja, was er sich davon versprach, ist indes schwer nachzuvollziehen.

Die Thonetsche Filiale wurde 1872 vom Boulevard Sebastopol an den prominenteren Standort 15 Boulevard Poissonniére verlegt, wo sie bis vermutlich 1921 blieb. In diesem Jahr wechselte man in die 137 Rue du Mont Cenis. »Adresse unserer Pariser und Marseiller Niederlagen: Die offiziellen Adressen sind von nun an: Thonet frères, Paris, 137 Rue du Mont Cenis. Thonet frères, Marseille, 12 quai de Rive neuve.«[188]

Die Filiale in Marseille, von der hier auch die Rede ist, bestand seit 1887. Die erste Adresse war 53 Rue St. Ferréol, wann man den Standort wechselte, ist nicht bekannt. In Lyon hatte der Händler B. Velat die Vertretung der Firma spätestens ab 1894 übernommen. In dem offiziellen Bericht über die »Exposition internationale et koloniale« 1894 in Lyon findet sich der Hinweis: »Thonet frères, à Vienne. – Autriche. Lyon, M. Velat, 5, rue de la République. «[189] Vermutlich hatte Velat die Vertretung schon vorher inne, doch fanden sich keine Informationen über den Beginn der geschäftlichen Beziehungen. Wie aus einer Notiz des Fabriks- Anzeigers Bistritz ersichtlich, dauerte die Zusammenarbeit der Gebrüder Thonet mit Velat bis wenigstens 1912.[190]

Es bietet sich an, an dieser Stelle kurz auf die Zeit nach dem Ersten Weltkrieg einzugehen, da dessen Folgen auch die Geschäftsbeziehungen nach Frankreich nachhaltig veränderten. In Frankreich, das zu den Siegermächten gehörte, waren die beiden Lager in Paris und Marseille nach dem Krieg vorläufig gesperrt, weshalb man die dort vorhandenen Werte in den Bilanzen zwar noch aufführte, trotzdem aber bereits Debitorenverluste – man musste davon ausgehen, dass offene Forderungen nicht mehr beglichen werden würden – vornehmen musste.[191] Auch die Gründe für den Standortwechsel der beiden Filialen in Paris und Marseille im Jahr 1921 dürften mit den großen geschäftlichen Schwierigkeiten nach dem Ende des Ersten Weltkriegs im Zusammenhang stehen.

Als Folge des Krieges hatte man jedoch nicht nur hohe finanzielle Verluste zu verzeichnen, sondern es betraf beispielsweise auch eine so marginale Sache wie die Änderung der Kennzeichnung der Möbel. Alles, was für das Ausland vorgesehen war, durfte ab 1919 nicht mehr mit den alten Schutzmarken oder Stempeln, auf welchen noch »Wien« oder »Austria« zu lesen war, versehen werden.[192] Speziell für Frankreich musste neben der gewöhnlichen Schutzmarke nun ein separates Etikett auf den Möbeln angebracht werden, welches auf deren Herstellung in der neu gegründeten Tschechoslowakei verwies. Auf dieses Procedere wurde in den fabriksinternen Mitteilungen nachdrücklich aufmerksam gemacht. Die Vorschriften für die Kennzeichnung der Möbel für Frankreich wurden mehrmals abgeändert, bis man schließlich eine endgültige Regelung fand, die mit den Wünschen der französischen

Behörden konform ging: »Betrifft: Etiketten für Frankreich. Nach letzter Zuschrift des Pariser Vertreters darf in unseren Möbeln die Schutzmarke ›Thonet‹ nicht vorkommen und ist deshalb die Vorschrift im Fabriksanzeiger Nr. 125 dahin abzuändern, dass in allen nach Frankreich abgehenden Möbeln nur die Etikette ›Thonet Importé Tchéco-Slovaquie‹ angebracht werden darf. Ausser dieser Etikette darf in den Möbeln weder der Brandstempel ›Thonet‹ noch die normale Schutzmarke ›Thonet‹ angebracht werden.«[193]

Nur kurze Zeit später hatte sich die wirtschaftliche Lage der Firma dann allerdings so sehr verschlechtert, dass man die Gesellschaftsform änderte und die Regelung der Kennzeichnung der Möbel für das Unternehmen vermutlich ein kleineres Problem gewesen sein dürfte.

9.3.5. Deutschland

9.3.5.1. Hamburg 1863

Thonetsche Möbel wurden bereits in den 1850er Jahren nach Hamburg geliefert. Hamburg war der Ausfuhrhafen für die Exporte nach den britischen Inseln, doch dachte das Unternehmen zu dieser Zeit noch nicht daran, in Hamburg auch eine Verkaufsstelle einzurichten. Dies geschah erst Anfang der 1860er Jahre. Ludwig Lührs, einer der Gesellschafter der ehemaligen Handelsfirma Wolffgang, Lührs & Co., welche unter anderem für die Lieferungen nach England zuständig war, gründete nach dem Ende der Geschäftsbeziehung zu Wolffgang ein neues Handelsunternehmen: Weber, Lührs & Co. Im Hamburgischen Adressbuch von 1863 wird dieses nicht nur als Handelsgesellschaft für Stoffe, sondern erstmals auch als Betreiber einer Niederlage von Möbeln aus gebogenem Holz erwähnt.[194] Gleichzeitig mit der Gründung dieser neuen Gesellschaft entstand die erste Verkaufsniederlassung der Gebrüder Thonet in Hamburg mit der Adresse Neuenwall [sic] 80.[195] (Abb. 70)

Deren Einrichtung wird verschiedentlich bereits auf 1860 datiert. »Im Jahre 1858 etablirten die Gebrüder Thonet ihre erste Filiale in London, dieser folgten 1860 die Filiale in Hamburg, welcher vor allem die Cultivirung des überseeischen Exports oblag.«[196] Offensichtlich werden hier die geschäftlichen Beziehungen nach Hamburg und die Einrichtung der Filiale in eins gesetzt, worauf auch die Begründung – »die Cultivirung des überseeischen Exports« – hinweist. Für die aus Österreich in Hamburg ankommenden und nach England oder Übersee zu verschiffenden Möbel benötigte man zur Zwischenlagerung zwar ein Magazin, nicht aber eine Verkaufsniederlage. Wolffgang und Lührs waren mit ihrer 1857 gegründeten Handelsfirma lediglich für Transport und Verschiffung der Möbel zuständig. Darüber hinaus waren sie von der Firma Gebrüder Thonet allerdings mit gewissen Vollmachten ausgestattet worden und berechtigt, Geschäfte auch in deren Namen zu tätigen.[197] Auch dies könnte mit ein Grund für die Annahme gewesen sein, dass es bereits 1860 eine Filiale der Gebrüder Thonet in Hamburg gegeben habe.

Es soll nicht unerwähnt bleiben, dass Franz in einem Brief vom März 1862 aus Hamburg die Brüder in Wien aufforderte, Möbel in die Niederlage nach Hamburg zu schicken.[198] Mit Niederlage meinte er hier allerdings nicht »Niederlage« im Sinne einer Verkaufsstelle, sondern eines Warenlagers. In einem Brief nur wenige Monate später bezeichnet er es dann auch als »Hauptwaaren Lager« in Hamburg.[199]

Der Standort der Hamburger Filiale wechselte mehrfach. Auf Briefköpfen der Firma Gebrüder Thonet vom September 1866 und Dezember 1868 werden die zu dieser Zeit bestehenden Niederlagen aufgeführt, unter anderem findet sich auch Hamburg mit der Adresse »Neuer Wall No. 78«. (Abb. 66) Dies ist jedoch nicht die Adresse der Niederlage, sondern die Kontor-Adresse des Unternehmens Weber Lührs & Co.. Die Niederlage, somit die Ausstellungs- und vermutlich auch Lagerräume, lagen direkt daneben, Neuer Wall 80. Die Gebrüder Thonet gaben in ihrer Geschäftskorrespondenz ja nicht die Adresse des Verkaufsstandorts in Hamburg an, sondern die Postanschrift ihrer dortigen Vertretung.

Im Mai 1867 wechselte der Standort der Filiale von Neuerwall 80 in die Hermannstraße 27.[200] Die Leitung lag während dieser Zeit immer noch in den Händen von Weber Lührs & Co., doch ab 1872 fehlt im Adressbuch der Hinweis auf die »Niederlage von Möbeln aus gebogenem Holz«. 1873 übernahm Ludwig Lührs alleine die Geschäftsführung der ab diesem Jahr unternehmenseigenen Filiale und blieb Vertreter der Firma bis 1892.[201] Ab 1876 gab es vermutlich zwei Verkaufsstandorte in Hamburg. In diesem Jahr finden sich die Adressangaben: Jungfernstieg 4 und Neuer Wall 2. Die Filiale am Jungfernstieg zog 1885 in die Nummer 10, die Adresse Neuer Wall 2 wurde beibehalten. 1893 fand nochmals eine größere Veränderung statt. Alleinige Filialadresse war nun Alter Wall 30, ab 1914 dann Alsterdamm 10. Hermann Brose[202] hatte 1893 die Leitung zusammen mit Ludwig Lührs inne, führte dann von 1894 bis 1924 die Geschäfte alleine, lediglich die Gesellschaftsform änderte sich in dem letzten Jahr und der Eintrag lautete nun: »Gebrüder Thonet, Verkaufsstelle G.m.b.H«.[203]

Abb. 70: Illustrierte Werbeanzeige der Thonetschen Niederlage in Hamburg, 1863

9.3.5.2. Berlin 1864

Franz und Carry hatten ab dem Frühjahr 1862 ihren ständigen Wohnsitz in Lewisham/London, vermutlich in einer Wohnung in dem Haus der Schwiegereltern.[204] Sie blieben dort bis zum März 1864. Schaut man sich die geschäftlichen Aktivitäten von Franz während dieser Zeit an, so könnte man London während dieser zwei Jahre neben Wien als eine Art zweiter Firmenzentrale bezeichnen, von der aus er europaweit agierte. Neben der Einrichtung der Filiale in 16 Ludgate Hill im Frühjahr 1862 und der Arbeit für die Präsentation auf der Weltausstellung in South Kensington reiste Franz während dieser Jahre in England häufig auch nach Paris, Hamburg oder Berlin. Paris war der wichtigste Markt für Frankreich, von Hamburg aus gingen die Lieferungen ins europäische Ausland oder in noch weiter entfernte Weltteile. Hinzu kam, dass diese Städte von London wesentlich leichter zu erreichen waren als von Wien aus. Am 20. März 1864 schließlich reiste das Paar über Hamburg nach Berlin, wo Franz und Carry länger als ein Jahr bleiben sollten. Am 22. März trafen sie in der Hauptstadt Preußens ein.[205] Franz war schon während seiner Londoner Zeit häufiger in Berlin, doch betrafen diese Aufenthalte nicht in erster Linie das Möbelgeschäft, sondern er führte dort Verhandlungen mit dem Kriegsministerium wegen eines Patents, welches man für Wagenräder beantragen wollte.[206]

Von Seiten lokaler Möbelhändler schien es bereits 1860 ein Interesse an einer Vertretung der Firma gegeben zu haben[207] und im September 1861 schickte Franz einen Auftrag nach Koritschan mit einer Bestellung von 24 Sesseln Nr. 7 für eine Privatadresse in Berlin.[208] Zu dieser Zeit gab es noch keine Vertretung hier, weshalb sich mögliche Interessenten für die Möbel direkt an die Zentrale in Wien wenden mussten. Doch spätestens seit Februar 1864 hatte das Unternehmen dann eine Niederlassung in der Leipzigerstraße 91.[209] (Abb. 71)

Als Franz und Carry Ende März in Berlin ankamen, bestand die Filiale bereits seit einigen Wochen, wie die Annonce in der *Nationalzeitung* von Anfang Februar belegt.[210] (Abb. 71) Es war nicht zu ermitteln, wer für deren Aufbau vor Franz' Ankunft verantwortlich war. Für die Zeit vom 22. November 1863 bis zum 27. März 1864 liegen keine Briefe oder sonstige Dokumente vor, in denen sich möglicherweise Hinweise finden ließen. Es ist unwahrscheinlich, dass das Unternehmen jemanden mit dem Aufbau einer Niederlage in Berlin beauftragt haben könnte, der nicht zur Familie gehörte oder nicht mit den Thonets bekannt war. Um die Einrichtung der Filialen in Pest, London und Paris hatte sich Franz gekümmert und für Berlin ist dies, wenn auch nicht nachzuweisen, so doch mit gutem Grund anzunehmen. Möglicherweise war er in den Wochen vorher schon einige Male hier, suchte nach einem geeigneten Standort und beauftragte örtliche Firmen mit den anfallenden Arbeiten. Seine zahlreichen sowohl kürzeren als auch ausgedehnteren geschäftlichen

Reisen innerhalb Europas gehörten für ihn zu seinem Arbeitsalltag und waren mit den modernen Verkehrsmitteln auch keine Schwierigkeit. Zwar war er in London durch die Übergabe des Geschäfts an Davenport Ende 1863/Anfang 1864 noch gebunden, doch wird ihn das nicht daran gehindert haben, bereits Vorbereitungen für neue Aktivitäten, diesmal die Etablierung einer Filiale in Berlin, zu treffen. Das Detailgeschäft lief anfangs nicht gut.[211] Franz forderte grundsätzliche Verbesserungen an den Möbeln, die teilweise auch nicht dem Geschmack der Kunden entsprachen. »Die Kaminstühle können vorne noch etwas höher gestellt werden [...]. Bei Nr 8 sind die Lehnen wieder zu hoch früher war dieses nicht der Fall und man sitzt unbequem darauf und ist auch sehr günstig 1 Zoll niederer, dann werden sie gleich besser aussehen.«[212] Auch die Beschläge an den Toilettenspiegeln sollten geändert werden, »thun auch nicht ihre Schuldigkeit«.[213] Er schlägt die Schaffung neuer Modelle vor: »Es ist hier oft Frage nach Blumentischen. Der Fuß des Toilettentisches wird sich ganz gut machen wenn darauf eine runde Zarge mit Boden ist, 22" Durchmesser 3 1/2" tief; und oval 25" bei 18", das oval aber nicht zu stumpf.«[214] Nach den eher enttäuschenden Erfahrungen in London schien er seinen alten Optimismus wiedergefunden zu haben und auch die Geschäfte entwickelten sich zusehends besser.[215] Und kurz vor Weihnachten heißt es in der für Franz typischen und direkten Art: »Das Geschäft geht sehr flott hier, man kann beihnah [sic] nicht Schei... gehn.«[216]

Darüber hinaus knüpfte er während seiner Berliner Zeit zahlreiche neue Geschäftskontakte, so nach Belgien, wo das Unternehmen bisher noch nicht präsent war. Im Oktober 1864 berichtete er nach Wien, dass er in Brüssel mit dem »Hause Larson«[217], einem Teppichwaren- und Tapetengeschäft, Kontakt aufgenommen habe.[218] Eine eigene Filiale in Belgien eröffneten die Gebrüder Thonet allerdings erst 1874 in Brüssel, Boulevard Anspach, Place de Brouckère 1. Ob damit die Zusammenarbeit mit Lorsont beendet wurde, ist nicht bekannt, doch ist zu vermuten, dass – wie in vergleichbaren Fällen – Lorsont und auch andere Händler in Brüssel weiterhin Thonetsche Möbel anboten.

Vermischte Anzeigen.

Möbel aus massiv gebogenem Holze der Gebrüder Thonet in Wien.

Berlin, Depôt 91. Leipzigerstraße 91.

Gebrüder Thonet's Stühle, Fauteuils, Kanapees 2c. aus massiv gebogenem Längeholze haben sich durch ihre außerordentliche Dauerhaftigkeit, verbunden mit Leichtigkeit, Eleganz, Elasticität und billigen Preisen eine solche Anerkennung zu erwerben gewußt, daß dieselben bis in die entferntesten Zonen geschickt werden. Zu diesen Möbeln wird das Holz der Länge des Wuchses nach geschnitten und nach der bestimmten Form gebogen, wodurch kein Querholz vorkommen kann. Die einzelnen Theile sind durch eiserne Schrauben mit einander verbunden, wodurch sie zerlegbar sind und sich zum Export in einen sehr geringen Raum verpacken lassen. [3188]

Abb. 71: Werbeanzeige der Filiale Berlin, 1864

In welchem Maße Franz bestehende Kontakte gerade während seiner Zeit in Berlin pflegte und neue aufbaute, zeigt eindrucksvoll seine Reiseroute im Frühjahr 1865: »Nächsten Dienstag [18. April 1865] werde ich von hier [Berlin] abreisen, zuerst nach Hamburg, dann nach Cöln, Brüssel Paris, London, Dublin, zurück nach London, Paris, Lyon, Genf, Luzern, Zürich, Bern, Basel, dann den Rhein hinunter, in Boppard werde ich am 1. Juni mit August zusammentreffen, der dann mit mir nach Cöln, und Berlin reisen wird.«[219]

Es ist nicht bekannt, wer direkt nach Franz' Weggang von Berlin im Juni 1865 die Filiale weiter führte. Sie blieb bis 1870 an diesem Standort und wurde dann innerhalb der Leipzigerstraße nach der Nr. 28/Ecke Friedrichstraße verlegt. Mittlerweile war Berlin das Haupt-Depot für Deutschland und ab 1873 übernahm der Kaufmann Friedrich Wenzel die Vertretung.[220] 1879 kam es nochmals zu einer Adressenänderung, Leipzigerstraße 89/Ecke Markgrafenstraße. Dort sollte die Filiale bis 1912 bleiben. Ab 1913 war Franz Rudolf Andreae, Generalbevollmächtigter für Deutschland und Russland, verantwortlich für die Geschäfte in Berlin, die Filiale wurde im gleichen Jahr in die Potsdamerstraße 118a verlegt. Nach dem Krieg ergab sich eine weitere einschneidende Änderung durch die Umwandlung der offenen Handelsgesellschaft Gebrüder Thonet in die Gebrüder Thonet A.G.. Nach der Eingliederung in den Mundus Konzern 1924 wurde die Berliner Filiale schließlich »Verkaufsstelle der Bugholzmöbel-Fabriken Thonet Mundus, J. u. J. Kohn G.m.b.H.«[221] und der Standort wechselte ein letztes Mal in die Leipzigerstr. 40.

9.3.5.3. München 1864

Die Gebrüder Thonet hatten 1854 in München an der Allgemeinen Deutschen Industrieausstellung teilgenommen, auf der sie ihr Sortiment an einfachen Gebrauchsmöbeln zeigten.[222] Im Zusammenhang mit dieser Präsentation ergaben sich keine weiteren geschäftlichen Kontakte.

Einer der fünf Brüder hielt sich im November 1859 in München auf[223], doch fand man offensichtlich noch keinen Vertriebspartner oder wollte die Lage lediglich erst einmal sondieren. 1862 bekundete ein lokaler Händler, der Tapezierer Max Pfeiffer, schließlich Interesse an einer Vertretung für die neuartigen Möbel des Unternehmens. Die Gebrüder Thonet stellten bei der Stadt einen Antrag zur Errichtung einer Niederlage, Pfeiffer begründete dies gegenüber dem Magistrat. In seinem Schreiben heißt es, die Stühle, die er vertreiben wolle, seien billig, würden hier nicht gefertigt und somit dem heimischen Gewerbe nicht schaden. Doch das Gesuch wurde abgewiesen.[224]

Gegen diesen Bescheid wiederum legten die Gebrüder Thonet Widerspruch ein, dem stattgegeben wurde und nur drei Monate später hieß es von Seiten der Stadt:

Abb. 72: Links: Eröffnungs-Anzeige der Filiale München, 1878, rechts: Werbeanzeige der Gebrüder Thonet, London, 1878

»Die Möbelfabrik Gebr. Thonet aus Wien erhalten von der Regg. die Bewill., hier eine Niederlage ihrer Fabrikate zu errichten« – mit der Begründung des Max Pfeiffer drei Monate vorher, »da Möbel wie die Thonet'schen hier nicht gefertigt werden.«[225]

Es dauerte indes noch einige Zeit, bis der Verkauf in München anlief. Erst 1864 erschienen die ersten Inserate, in denen Pfeiffer auf sein »Meubel-Magazin« in der Salvatorstraße aufmerksam machte.[226] Die Geschäfte liefen hervorragend, so dass Pfeiffer von dem Unternehmen besondere Konditionen erhielt und im Frühjahr 1875 ein gleichlautendes Inserat über einen längeren Zeitraum veröffentlichen ließ, in dem er auf seine besonders billigen Preise hinwies.[227]

Der andauernd gute Geschäftsgang veranlasste die Gebrüder Thonet 1878 schließlich, eine eigene Niederlage in München zu eröffnen. Am 15. Oktober 1878 erschien in der lokalen Presse folgende Ankündigung: »Geschäfts-Eröffnung. Gebrüder Thonet in Wien beehren sich die ergebenste Anzeige zu machen, daß sie eine Niederlage ihrer Möbel aus massiv gebogenen Hölzern in der Theatinerstraße Nr. 11 eröffnet haben.«[228] (Abb. 72, links)
Doch ebenso wie in anderen größeren Städten, suchte man auch in München weiterhin noch Händler. So heißt es bereits in der Eröffnungsanzeige: »Wiederverkäufern wird ein entsprechender Rabatt bewilligt.«[229]

Im Dezember des gleichen Jahres stellte das Unternehmen in einer Reihe von Inseraten sein gesamtes Sortiment vor und die Möbel wurden als praktische Weihnachtsgeschenke beworben.[230] (Abb. 73) Illustriert ist diese Annonce mit einem Schaukler und einem voluminösen Fauteuil, der allerdings einige Rätsel aufgibt. Er scheint eher aus Weidenmaterial als aus gebogenem Holz gefertigt zu sein.[231] Ob es sich tatsächlich um ein Möbel der Gebrüder Thonet handelt, ist eher fraglich, doch auch die Vermutung, dass es sich um ein Fremdprodukt handeln könnte, ist ebenso unwahrscheinlich. Warum sollte man in der eigenen Filiale ein Möbel eines Konkurrenten anbieten?[232] Der Standort der Filiale wechselte 1891 nochmals, von der Theatinerstraße in die Prannerstr. 5.

Abb. 73: Weihnachtsanzeige der Gebrüder Thonet, München, 1878

9.3.6. Weitere Standorte in Deutschland und Österreich

Die Gebrüder Thonet errichteten Verkaufsstandorte nicht nur in den Hauptstädten der jeweiligen Länder, sondern auch in kleinen und mittelgroßen Städten. Abschließend sollen noch einige Verkaufsstellen in Deutschland und Österreich vorgestellt werden, deren Etablierung darüber hinaus die Bandbreite der unterschiedlichen Vorgehensweisen zeigt. Gleichzeitig mit der Teilnahme an der »Ausstellung von Industriegegenständen« 1864 in Linz eröffnete das Unternehmen beispielsweise, entgegen seiner sonstigen Gewohnheit, eine eigene Filiale, Hauptplatz Nr. 95.[233] Grund hierfür dürfte auch gewesen sein, dass man plante, in Linz als der Landeshauptstadt Oberösterreichs mit damals etwas weniger als 30.000 Einwohnern[234] das Verteilzentrum für die Thonetschen Möbel für Oberösterreich und Salzburg einzurichten. Das Geschäft entwickelte sich jedoch nicht wie erhofft und die Niederlage wurde nach nur wenigen Jahren wieder geschlossen. Die Vertretung übernahm ab dem Frühjahr 1873 ein lokaler Händler, Anton Wolf.[235] Zwei Jahre später waren es die Brüder Steinparzer, Obere Promenade Nr. 23, denen darüber hinaus nun auch der Verkauf und Vertrieb »für ganz Oberösterreich & Salzburg« übertragen wurde.[236]

In Salzburg hingegen ging man auf die übliche und bewährte Weise vor. 1865 veranstaltete die Handels- und Gewerbekammer zusammen mit der Landwirtschaftsgesellschaft eine Musterausstellung von Tieren sowie land- und forstwirtschaftlichen Produkten, bei der auch Gewerbe-Erzeugnisse präsentiert wurden.[237] Die Gebrüder Thonet waren das einzige Unternehmen, welches neben ansonsten ausschließlich Salzburger Tischlern seine industriell gefertigten Möbel präsentierte.[238] Im Zusammenhang mit dieser Ausstellung fand man offensichtlich einen Vertriebspartner. Der Tapezier und Möbelhändler Eduard Becker inserierte im November des gleichen Jahres in der *Salzburger Zeitung*, dass er nun die Vertretung der Möbel der Gebrüder Thonet für das Kronland Salzburg übernommen habe.[239] Dessen Adresse änderte sich mehrmals, eine eigene Niederlage hatte das Unternehmen Gebrüder Thonet in Salzburg nie.

Eine ein wenig seltsame Anzeige findet sich im *Gmundner Wochenblatt* vom Juni 1867. Ein lokaler Möbelhändler macht bekannt, dass in dem Habacher'schen Buchdruckerhause Nr. 64 eine Reihe von Erzeugnissen aus der Johann Schuberth'schen Fabrik in Wien zur freien Ansicht bereitstehe. Darüber hinaus nehme er aber auch »Bestellungen auf die Gebrüder Thonet'schen gebogenen Holzmöbel an«.[240] Offensichtlich hielt er diese Möbel zur Ansicht allerdings nicht vor, sondern bot lediglich an, dass man sie über ihn beziehen könne.

Weitere Vertriebspartner am Ende der 1860er und Beginn der 1870er Jahre fand das Unternehmen in Passau und Lindau. In der *Donau Zeitung* inserierte ein gewisser A. Hayek 1869 aus Passau: »Beachtenwerthe Anzeige! Von der k. k. priviligirten Fabrik der Gebrüder Thonet in Wien wurde dem Unterzeichnetem [sic] der Verkauf der beliebten Möbeln aus gebogenem Holz übertragen.«[241] Mit dieser Annonce wurde ausschließlich für die Möbel der Gebrüder Thonet geworben, wobei diese Anzeige allerdings merkwürdig illustriert ist: es findet sich kein Thonetsches Möbel, es sind lediglich ein Ohrenbackensessel, ein historistischer Stuhl mit aufwändiger Polsterung und ein Biedermeier-Sofa abgebildet.[242]

In Lindau konnte man Thonetsche Möbel ab 1871 erwerben. Der Händler, Martin Schobloch, vertrieb daneben ab 1873 aber auch die Bugholzmöbel der Münchner Firma Otto Seitz & Co., die an der Weltausstellung 1873 in Wien teilgenommen hatte.[243] Es war offensichtlich kein Problem, wenn ein Händler die gleichartigen Möbel verschiedener Hersteller nebeneinander anbot.

Bereits seit 1873 waren die Gebrüder Thonet mehrfach in Prag vertreten, doch erst relativ spät, 1877, eröffneten sie hier schließlich eine eigene Filiale. In den Jahren zuvor war ein gewisser Ignaz Gottwald, Graben Eck »beim Spinka«, der Hauptvertreter für ihre Möbel.[244] Neben dem üblichen Angebot an Möbeln für die Wohnung – Schaukelfauteuils, Tische, Kaminsessel und anderes – findet sich in seiner Annonce auch der Hinweis, dass sich die Möbel vor allem für Hotels und Cafés eignen und bei größerer Abnahme auch ein Rabatt gewährt werden könne.[245] Auch bei dem Prager Händler J. Neff konnte man neben allen Arten von Waren wie Vasen, Bronzen und Holzschnitzereien die Thonetschen Möbel erwerben.[246]

In Innsbruck wiederum war es ein lokaler Tischler, welcher die Thonetschen Erzeugnisse verkaufte. In dem Magazin der Möbel- und Bautischlerei des Michael Konzert in der Erlerstraße Nr. 15 konnte man sie, »als die solidesten bekannt«[247], erwerben.

Angesichts dieser und ähnlicher Fälle stellt sich nun allerdings die Frage, wie sich der Kunde vor allem in den kleinen Filialen überhaupt einen Überblick über das gesamte Angebot der Gebrüder Thonet verschaffen konnte, wenn der Händler keine oder nur eine beschränkte Auswahl an Möbeln in seiner Verkaufsstelle vorhielt? Bis

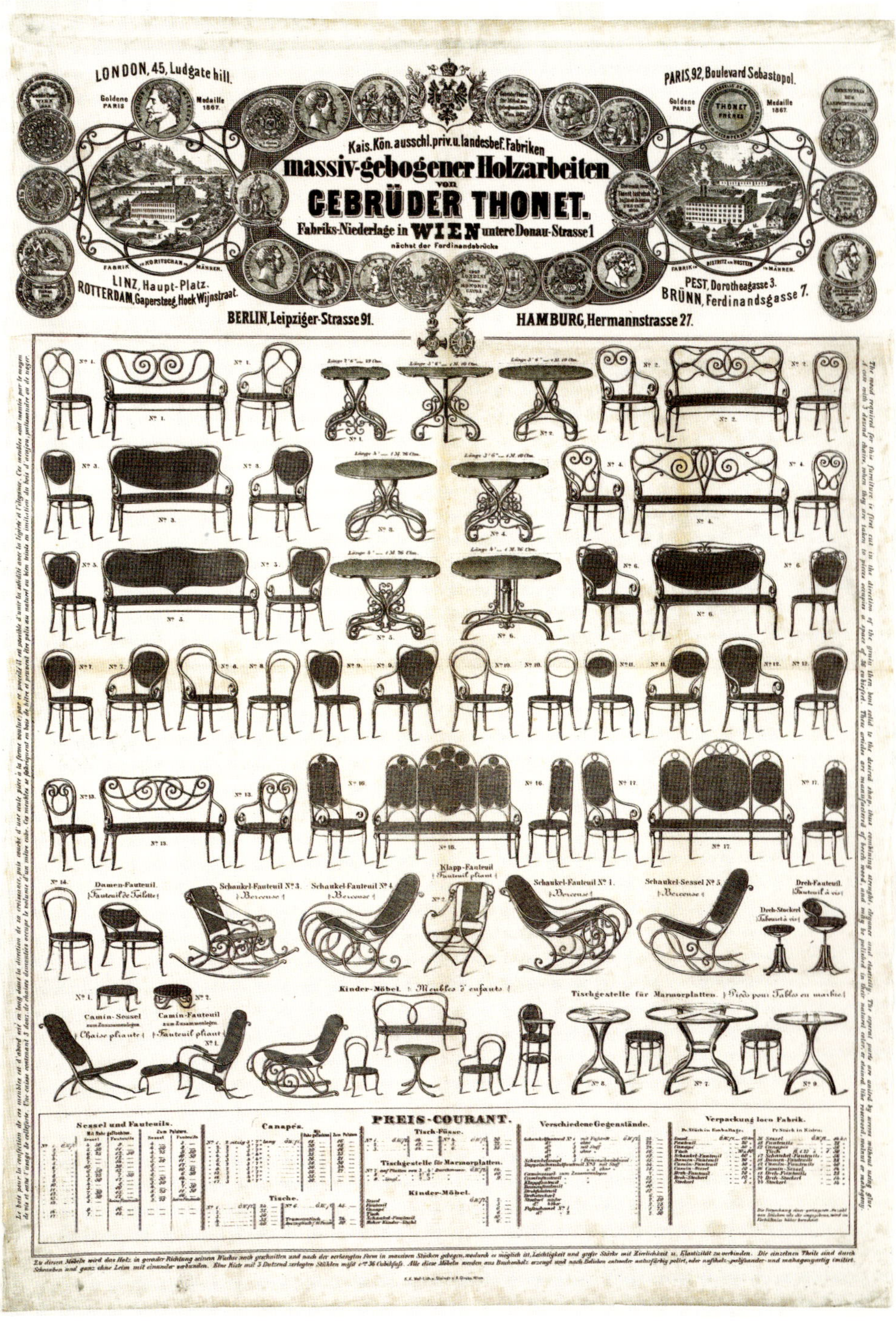

Abb. 74: Plakat mit Abbildungen Thonetscher Möbel, um 1867

weit in die 1870er Jahre sind bisher lediglich Plakatabbildungen Thonetscher Möbel bekannt, die allerdings nie das vollständige Sortiment zeigen.[248] (Abb. 74)

Sie werden zwar gemeinhin als Verkaufsplakate bezeichnet, doch ist es fraglich, ob sie alleine für diesen Zweck aufgelegt wurden. Möglicherweise waren sie nicht nur als Illustration für die nicht an den Standorten vorgehaltenen Möbel, sondern darüber hinaus als zusätzliches Werbematerial für Ausstellungen gedacht. Hierfür spricht einmal das unhandliche Format und das sehr dünne und empfindliche Papier, ebenso wie die Abbildung aller bisher erhaltenen Preismedaillen und Auszeichnungen, die als Qualitätsnachweis eher auf einem Ausstellungsstand als in einer Verkaufsstelle Sinn machen. Ein Beleg hierfür fand sich auf einer Photographie der »Austrian section, agricultural building« bei der Weltausstellung in Philadelphia 1876. (Abb. 75) Im Vordergrund stehen sechs Sessel und Fauteuils der Firma J. & J. Kohn, an der dahinterliegenden Wand sind zwei Plakate, in ihrer grafischen Gestaltung nahezu identisch mit den Thonetschen, aufgehängt.[249] Die Frage, ob es sich bei diesen oder den bisher bekannten Thonetschen Plakaten tatsächlich um Verkaufsplakate handelte, lässt sich mithin nicht eindeutig beantworten.

Um den Kunden eine Vorstellung von der Vielfalt der Formen der neuartigen Möbel zu geben, boten das Unternehmen und auch die Händler an, Bildmaterial gratis zuzusenden. Viele Werbeannoncen aus den 1860er und 1870er Jahren enthielten neben der Abbildung einiger Möbeln auch diesen Hinweis.[250] So schreibt der Händler Hayek aus Passau: »Musterkarten nebst Preisverzeichnis werden auf Verlangen zugesendet.«[251] Und auch die Handelsfirma Völcker & Sohn aus Annweiler bei Landau, die 1875 den Vertrieb der Thonetschen Möbel übernommen hatte, bot

Abb. 75: Möbel und zwei Plakate der Firma Jakob & Josef Kohn auf der Weltausstellung in Philadelphia 1876 in der »Austrian section, agricultural building«

Abb. 76: Musterzeichnung eines Sessels für die Kuranstalt Kreuznach, 1913

an: »Musterzeichnungen und Preis Courant auf Verlangen franco und gratis.«[252] Es sind bisher noch keine dieser Musterzeichnungen oder -karten, die vermutlich auch in den Filialen bereitlagen, bekannt geworden. Das Angebot, sie anzufordern und sich zusenden zu lassen, war vermutlich für die Kunden gedacht, die nicht in unmittelbarer Nähe einer Stadt mit einer Thonetschen Niederlage wohnten. Mit Hilfe der Musterkarten konnten sie sich einen Überblick in Ruhe auch zu Hause verschaffen. Diese Praxis wurde ab dem Ende der 1870er Jahre, als das Unternehmen sein Sortiment erstmals in den sogenannten Musteralben präsentierte, vermutlich weitgehend aufgegeben. Nur in Ausnahmefällen, etwa bei Sonderausstattungen und einer entsprechend umfangreichen Bestellung wurden noch Musterzeichnungen oder Musterkarten angefertigt, wie es beispielsweise die Skizze eines Sessels für eine Kuranstalt in Kreuznach zeigt. (Abb. 76)

9.3.7. Internationale Exporte

Die Thonetschen Möbel erfreuten sich zunehmender Beliebtheit nicht nur in Europa, sondern auch in Amerika, Afrika, Asien und Australien. In diesem Zusammenhang wird häufig das Narrativ bemüht, dass es die Exporte der Thonetschen Möbel nach Übersee gewesen seien, die Michael Thonet gezwungen hätten, ein Verfahren zu entwickeln, Holz massiv zu biegen.[253] Diese Erzählung findet sich in der Literatur ebenso häufig und wurde ebenso oft wiederholt wie die angebliche Empfehlung Metternichs an Michael Thonet, nach Wien zu gehen, da er in Boppard immer ein armer Mann bleiben werde. Doch der erste Nachweis, dass die Gebrüder Thonet Möbel nach Übersee verschifften, stammt aus dem Jahr 1861[254], zu einer Zeit, als man bereits seit Jahren Holz massiv bog. Die in den Laderäumen von Schiffen herrschende Luftfeuchtigkeit konnte somit nie der Anlass sein, über eine Verbesserung des Biegeverfahrens nachzudenken, da dieses Herstellungsverfahren lange schon Anwendung fand, bevor die Möbel überhaupt nach Übersee verfrachtet wurden.

Für den Versand seiner Möbel zu den außereuropäischen Märkten bediente sich das Unternehmen in den ersten Jahrzehnten der Dienste der Handelsgesellschaft Mallmann & Companie.[255] Mit deren Gründer und Eigentümer waren die Thonets befreundet, die Familie Mallmann stammte ebenfalls aus Boppard und die Söhne gehörten der gleichen Generation an wie die fünf Söhne Michael Thonets.[256]

Der am 27.3.1827 in Boppard geborene und als Kaufmann ausgebildete Josef Mallmann – 1868 österreichischer Ritter von Mallmann – gründete 1849, dem gleichen Jahr, in dem Michael Thonet in Wien erstmals wieder eine eigene Werkstatt eröffnete, mit seinem Vetter Sebastian Cathrein eine Handelsgesellschaft in Buenos Aires, die international agierte und sich im Laufe der nächsten Jahrzehnte zu einem

Julius Th.

Auszug aus der geographischen Statistik der Verkäufe pro 1905

	Bruttowerte in Kronen		Millionen Bewohner	auf 1 Million entfallen: Kronen	
Europa					
Zollinland:					
Ober- und Niederösterreich, Salzburg.	719.620		4·1	176.500	
Steiermark, Kärnten, Krain, Istrien, Dalmat., Tirol	254.193		4·6	55.300	
Böhmen, Mähren, Schlesien,	508.601		9·4	54.100	
Galizien, Bukowina.	108.332		8·1	13.400	
Ungarn, Siebenbürgen,	987.529		16·8	58.800	
Kroatien, Slavonien, Bosnien, Herzegovina.	21.959		4·2	5.230	
	2,600.234		47·2	55.100	2
Ausland:					
Deutschland.	1,721.176		56·4	30.500	4
Dänemark, Schweden, Norwegen,	90.979		10·1	9.000	13
Holland.	130.229		5·7	22.800	6
Belgien.	251.219		7·0	35.900	3
Schweiz.	54.836		3·3	16.600	10
Spanien, Portugal.	59.309		24·8	2.400	22
Russland,	1,976.029		105·8	18.700	8
Frankreich.	936.310		39·0	24.000	5
Grossbritannien,	377.886		43·2	8.700	14
Italien,	593.837		33·2	17.900	9
Rumänien, Serbien, Bulgarien,	94.447		12·7	7.400	15
europ. Türkei, Griechenland, Levante.	19.155		9·1	2.100	23
		8,905.645	396·9	22.400	
Asien					
Asiat. Türkei, Arabien, Persien, Afghanistan,	13.911		37·0	380	27
Sunda Inseln.	14.688		37·4	390	26
Britisch Indien, Straits Settlements	138.023		301·8	420	25
Cochinchina, Siam.	65.634		23·3	2.800	20
China, Japan, Korea.	13.396		480·5	30	31
russisch Asien,	165.406		23·2	7.100	16
		411.098	903·2	460	
Afrika					
Egypten.	104.379		9·8	10.700	12
Algier, Tunis, Tripolis.	998		20·0	50	30
Süd- u. West-Afrika.	13.411		92·8	130	29
Ost-Afrika.	6.065		20·0	300	28
		124.853	142·6	880	
Amerika					
Vereinigte Staaten, Canada,	1,055.756		83·9	12.600	11
Mexiko.	35.483		13·6	2.700	21
Central-Amerika, Antillen.	26.216		9·2	2.900	19
Columbia, Venezuela, Ecuador, Guayana,	40.180		8·8	4.600	18
Brasilien.	332.112		15·0	22.100	7
Peru, Chile, Bolivia,	50.404		10·7	4.700	17
Argentinien, Uruguay, Paraguay.	588.195		6·8	86.500	1
		2,128.346	148·0	14.400	
Australien		7.200	4·1	1.760	24
Zusammen		11,577.142	1.594·8	7.260	
(Gesamt-Bruttowert der Fabriksabsendungen		11,519.575)			

Abb. 77: Auszug aus der geographischen Statistik der Verkäufe pro 1905, Bruttowerte der Fabrikabsendungen in Kronen

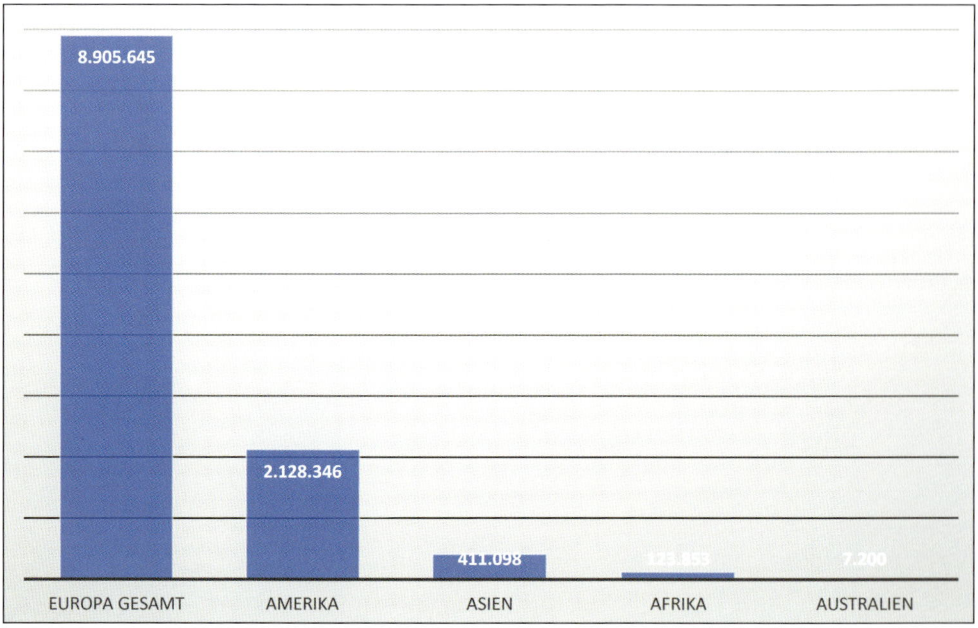

Grafik 21: Geographische Statistik der Verkäufe 1905, Bruttowerte in Kronen

der wichtigsten Handelsunternehmen in Südamerika entwickeln sollte. Immobiliengeschäfte bildeten einen weiteren Schwerpunkt der unternehmerischen Tätigkeit, unter anderem in Uruguay, wo man in Montevideo eine Zweigfirma eröffnete. Diese beiden Hafenstädte – Buenos Aires und Montevideo – waren Umschlagplatz für Waren aus und nach Europa, auch für die Möbel der Gebrüder Thonet, die hier jedoch keine eigenen Verkaufsstellen hatten, sondern mit lokalen Händlern zusammenarbeiteten.[257] Die Bedeutung und der Umfang der Verkäufe nach Übersee und Afrika geht aus der vorliegenden geographischen Statistik für 1905 hervor.[258] (Abb. 77 u. Grafik 21)

Betrachtet man die prozentualen Anteile, so ist erkennbar, dass der Bruttowert der Exporte nach den außereuropäischen Ländern insgesamt etwa 23 Prozent betrug, wovon die Lieferungen nach Nord- und Südamerika wiederum den weitaus größten Anteil, ein wenig mehr als 18 Prozent, ausmachten.

Innerhalb der USA bereitete der Weitertransport der Waren wegen des gut ausgebauten Eisenbahnnetzes keine Schwierigkeiten. In Südamerika gab es ein entsprechend ausgebautes Schienennetz erst gegen Ende des 19. Jahrhunderts, als – ausgelöst durch die Minenkrise – ausländische Investoren ins Land kamen und auf einen Ausbau der Transportwege drängten. Davor wurden die Waren auf Booten, Ochsenkarren, mit Hilfe von Tragetieren oder auf dem Rücken von Menschen unter größten Mühen und teilweise unmenschlichen Bedingungen innerhalb des Landes zu den Verkaufsstellen geschafft.[259]

9.4. Zusammenfassung und Übersicht der Verkaufsstandorte

Von 1852 bis Anfang der 1860er Jahre konnte man die Möbel der Gebrüder Thonet nur in einigen wenigen Verkaufsstellen innerhalb der Monarchie erwerben. Die Filialen in Wien betrieb man selbst, in Brünn führte ein Verwalter die Niederlage und in Pest arbeitete man mit einem lokalen Händler zusammen. Für Paris und London übernahmen zunächst Handelsunternehmen die Lieferungen und gaben die Ware an lokale Händler weiter. Hamburg hatte eine Sonderstellung, war noch kein Verkaufsstandort, sondern das dortige Depot diente in den ersten Jahren zur Zwischenlagerung der Möbel, die vor allem nach England, später dann auch nach Übersee verschifft wurden.

Die bei weitem größte Zahl von Filialgründungen gab es in den 1860er Jahren. Parallel dazu hatte das Unternehmen mehrere Fabrikationsstandorte errichtet, die bis 1874 mehr als 4 Millionen Möbel produzierten (Abb. 78), welche in zahlreichen Verkaufsstellen angeboten wurden.

Die Gebrüder Thonet agierten in den folgenden Jahrzehnten zunehmend international, expandierten innerhalb Europas nach Russland und Spanien und gingen schließlich nach Afrika, Asien und Australien. 1880 baute die Firma eine Fabrik in Radomsk in Russland und 1889 in Frankenberg in Preußen. Für das Unternehmen ging es in den 1880er Jahren nicht mehr in erster Linie darum, weitere Märkte zu erschließen, sondern – wie die Jahresausweise belegen – um eine Steigerung der Produktion und die Schaffung neuer Möbeltypen, womit man neue Kunden gewinnen wollte. So weitete man das Angebot an Gartenmöbeln erheblich aus, bot

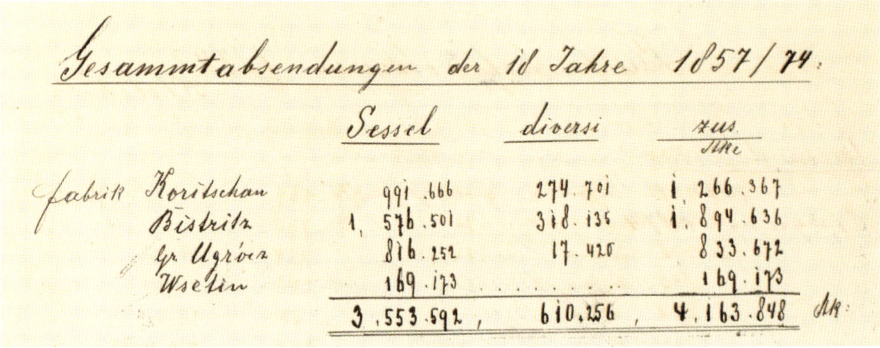
Gesammtabsendungen der 18 Jahre 1857/74.

	Sessel	diversi	zus. Stk.
Fabrik Koritschan	991.666	274.701	1.266.367
Bistritz	1,576.501	318.135	1.894.636
Gr. Ugröcz	816.252	17.420	833.672
Wsetin	169.173	....	169.173
	3,553.592,	610.256,	4.163.848 Stk.

Abb. 78: Gesammtabsendungen der 18 Jahre 1857/74

ab 1884 Salonmöbel an und nahm 1892 sogar Sportartikel wie Skier, Rodelschlitten und Tennisrackets in das Sortiment auf. Mit der Einführung von Sperrholz war es möglich, auch Kastenmöbel herzustellen, so dass man schließlich ganze Zimmereinrichtungen im Angebot hatte.

Durch diese Ausweitung konnte nicht mehr das gesamte Sortiment an den Verkaufsstandorten vorgehalten werden. Ab dem Ende der 1870er Jahre ließ das Unternehmen daher immer umfangreichere Musteralben drucken, in denen das vollständige Programm, aber auch Möbel nur für bestimmte Bereiche wie Veranda und Garten, oder auch fürs Büro präsentiert wurden. Die neuen Modelle zeigte man meist erst einmal auf Ausstellungen, bevor sie dann in den Niederlagen angeboten wurden. Gewerbe-, Industrie- und schließlich Weltausstellungen waren ab der Mitte des 19. Jahrhunderts das Medium, welches den höchsten Aufmerksamkeitswert garantierte und deren Popularität sich viele der neu gegründeten Firmen, so auch die Gebrüder Thonet, zu Nutze machten, wie es in dem nächsten Kapitel beschrieben werden wird.

Thonetsche Standorte in Wien

Frühester Nachweis	Standort/Filiale	Bemerkungen
1852–1854	Strauchgasse 245, (Gräflich Montenuovosches Palais)	Filiale, vermutlich auch Geschäfts- und Büroadresse
1854	Obere Bäckerstr. 766	Möbel-Lager bei den vereinigten bürgerlichen Tischlern
1854–1861	Strauchgasse 247/248	Filiale
1858 (bis vmtl. 1873)	Leopoldstadt 586, Jägerzeile No. 26, An der Ferdinandsbrücke, Franzensbrückengasse 26 (verschiedene Bezeichnungen für die gleiche Adresse)	Lagerräume, die Adresse wird als »Fabrik« bezeichnet, vermutlich auch Geschäfts- und Büroadresse
1864	Taborstr. 2	Geschäfts- und Büroadresse
1864	Untere Donaustr. 1	Hauptfiliale bis 1882
1875	Mariahilferstr. 22–24	Filiale mit Musterlager
1879	Kärntnerstr. 16–18 »Eisernes Haus«	Filiale
1882	Brandstätte 2, Stephansplatz	Hauptfiliale

Thonetsche Standorte in Pest/Budapest

Frühester Nachweis	Standort/Filiale	Bemerkungen
1859 **1860**	Leopoldstadt, Obere Donauzeile 4 Palatingasse 14	Depot und Filiale des Károly Immervoll, auch andere Möbelhandlungen in Pest wurden von hier aus beliefert.
1861–1872	Dorotheergasse 3 (Dorotheagasse)	
1872	Thonet Hof	Auch noch 1880
1878–1879	Waitznergasse (Váci Utca) 11	
1879–1891	Waitznergasse 18	
1892–1903	Waitznergasse 20	
1904–1918	Waitznergasse 11	

Thonetsche Standorte in London

Frühester Nachweis	Standort/Filiale	Bemerkungen
Ab 1858–1862	6 Lilypot Lane, Gresham Street	Lagerräume bei den Handelsunternehmen »Ingelbach & Wolffgang« und »Wolffgang, Lührs & Co.«, von dort aus vmtl. Lieferungen an Londoner Möbelhandlungen
1862–1864	16 Ludgate Hill Dowgate Hill	Ab 1863/64 von der Firma Arrowsmith betrieben (Lagerräume bis 1863)
1864 bis April **Ab 1864–1866** **Ab 1867–1868**	80 New Bond Street 20 Ludgate Hill 45 Ludgate Hill	Firma Arrowsmith, West-End Depot George Davenport, vermutlich auch Auslieferung an andere Londoner Händler
1869–1871	unbekannt	
Ab 1872	124 High Holborn	
Ab 1878–1879	125 High Holborn	Gleiche Adresse wie vorher, die beiden nebeneinanderstehenden Häuser wurden zusammengelegt
1880–1882	417 Oxford Street	
1883–1889	47 Oxford Street	
1890–1892	47 Bishopsgate Street	
1893–1904	68 Oxford Street	

Frühester Nachweis	Standort/Filiale	Bemerkungen
1905–1914	43 Oxford Street	
1915	64 Great Eastern Street	
1916		Vertretung der Firma in England wurde aufgelöst

Thonetsche Standorte in Paris

Frühester Nachweis	Standort/Filiale	Bemerkungen
1858–1861	66 Rue de Bondy	Lagerräume bei dem Handelsunternehmen »Ingelbach & Wolffgang«, Lieferungen an Pariser Möbelhandlungen
1861–1872	92 Boulevard Sebastopol	
1872–1936(?)	15 Boulevard Poissonnière	Spätestens ab 1936 kein Filialstandort mehr
1921	137 Rue du Mont Cenis	Bis vermutlich 1936 zweiter Standort neben Blvd. Poissonnière, ab 1937 dann alleinige Filiale

Thonetsche Standorte in Hamburg

Frühester Nachweis	Standort/Filiale	Bemerkungen
1857	Neuer Wall 78	Lagerräume bei dem Handelsunternehmen »Wolffgang, Lührs & Co«.
1863–1867	Neuer Wall 80	»Niederl. v. Möbeln aus gebogenem Holz«, Die Niederlage wurde betrieben von »Weber Lührs & Co., Neuerwall 78«, Kontor Adresse
1867–1872	Hermannstr. 27	
1873–1876	Hermannstr. 27	Bevollmächtigter: Ludwig Lührs
1876	Ecke Jungfernstieg 4/Neuer Wall 2	Bevollmächtigter: Ludwig Lührs
1877		Bevollmächtigter: Ludwig Lührs, Vertreter: »Weber Lührs & Co.«
1878–1884		Vertreter und Bevollmächtigter: Ludwig Lührs
1885–1891	Jungfernstieg 10 und Neuer Wall 2	

Frühester Nachweis	Standort/Filiale	Bemerkungen
1892		Vertreter und Bevollmächtigte: Ludwig Lührs und Hermann Brose
1893–1914	Alter Wall 30	Vertreter und Bevollmächtigter: Hermann Brose
1914–1923	Alsterdamm 10	
ab 1924		Geschäftsführer der »Gebrüder Thonet, Verkaufsstelle G.m.b.H«: Hermann Brose

Thonetsche Standorte in Berlin

Frühester Nachweis	Standort/Filiale	Bemerkungen
1864–1870	Leipzigerstr. 91	Filiale von Franz Thonet 1864 eingerichtet
1870–1882	Leipzigerstr. 28/Ecke Friedrichstraße	ab 1876 Nummer 90
1873		Haupt-Depot für Deutschland, Vertreter: Friedrich Wenzel, Kaufmann
1879	Leipzigerstr. 89/Ecke Markgrafenstr.	
1913	Potsdamerstr. 118a	Procura: Franz R. Andreae
1914		Franz R. Andreae, »Generalbevollmächtigter der Gebrüder Thonet für Deutschland und Rußland«
1919		Franz R. Andreae, »Generalbevollmächtigter der Gebr. Thonet, Wien, für Deutschland u. Skandinavien«
1921		Franz R. Andreae, »Generalbevollmächtigter der Gebr. Thonet Brünn, für Deutschland u. Skandinavien«
1924		Verkaufsstelle der »Gebrüder Thonet G.m.b.H.«
1925	Leipzigerstr. 40	Verkaufsstelle der »Bugholzmöbel-Fabriken Thonet Mundus, J. u. J. Kohn G.m.b.H.«

Weitere Standorte

Frühester Nachweis	Stadt	Standort/Filiale	Bemerkungen
1858 **1864** **1867** **1879** **1892**	Brünn	Im Palais Padowetz Sattlergasse 441 Ferdinandsgasse 7 Hauptplatz Thonet Hof	Verwalter Esvel Rosenfeld »Fabriks-Niederlage und Hauptdepot für Mähren«
1861	Leipzig	Peterstr. 19	Bei C. F. Jage
1863 **1879** **1892**	Graz	Gewölb: 1. Sack Nr. 246 Magazin: 1. Sack Nr. 307 Herrengasse 20 Thonet Hof	Bei Josef Blaschek und Anton Schmitt
1864 **1878** **1891** **1912**	München	Salvatorstr. 7 Theatinerstr. 11 Prannerstr. 5 Neuhauserstr. 7	Bei Max Pfeiffer jun. Eigene Filiale
1864 **1873** **1875**	Linz	Hauptplatz 95 Promenade 18 Obere Promenade 23	Bis 1868/70 eigene Filiale Bei Möbelhändler Anton Wolf Bei Brüder Steinparzer, Fabriksniederlage
1864	Magdeburg		Bei Wulsch & Nullmeyer
1865	Genf	Grand Quai 8	
1865	Breslau		Bei Joseph Bruck
1865	Elberfeld		Bei Baeßler & Co.
1865 **1878** **1889** **1906**	Köln	 Hohe Pforte 10	Bei Schade, Kistemann & Co. Carl Greven, Wallrafsplatz 2, 6 Brückenstraße Eduard Clément
1865	Stuttgart		Bei Hof-Ebenist F. Wirth
1865	Leipzig		Auf der permanenten Industrie-Ausstellung
1865 **1882**	St. Peters-burg	Große Mouskaya Newsky Prospect	Bei Kumberg
1865	Lemberg		Bei Anton Kirschner
1865 **1873** **1874**	Brüssel	Rue de l'Eeuyer Boulevard Central Boulevard Anspach, Place de Brouckère 1	Bei »Huis Lorsont« Eigene Filiale

Frühester Nachweis	Stadt	Standort/Filiale	Bemerkungen
1865 **1874**	Salzburg	Getreidegasse 237 Mozartplatz 72 alt (neu 2)	Bei Eduard Becker
1866	Danzig		Bei E. Bergmann
1867	Rotterdam	Gapersteeg/Hoek (Ecke) Wijnstraat	
1867	Gmunden	Johann Habacher'sches Buchdruckerhaus, Nr. 64	
1869	Passau		Bei A. Hayek
1870 **1880**	Amsterdam	Kalverstraat 247/248 Kalverstraat E 66/68	
1871	Lindau		Bei Martin Schobloch
1873 **1879** **1883** **1892** **1904** **1922**	New York	808 Broadway 814 Broadway 826 Broadway 822/24 Broadway 860 Broadway 393 Madison Avenue	
1873	Chicago	State Street 179	
1873 **1877**	Prag	Graben Eck Beim Pulverturm Obstgasse 20	Bei Ignaz Gottwald Bei J. Neff Eigene Niederlage im neu erbauten Haus (Thonet Hof)
1875	Annweiler		Bei Voelcker & Sohn
1876	Innsbruck	Erlerstr. 15	Bei Michael Konzert
1876	Mailand	Piazza del Duomo	
1877 **1880**	Neapel	Strada Chiaia 197 Strada Chiaia 191/192	
1879 **1885** **1892** **1895** **1929**	Frankfurt	Neue Mainzer Str. 11/Ecke Kaiserstraße Friedenstr. 1/Ecke Neue Mainzer Straße Kaiserstr. 23 (19) Kaiserstr. 53 (19) Kaiserstr. 77	
1879 **1883**	Dresden	Wilsdrufferstr. 6 Pragerstr. 16	
1879	Rom	Via del Corso 119/121	
1879	Bukarest	Calea Victoria 13	

Frühester Nachweis	Stadt	Standort/Filiale	Bemerkungen
1881	Odessa	53 Rue de Ribas (Deribas)	
1884	Moskau	Schmiedebrücke	
1887 **1921** **1936**	Marseille	53, Rue St. Ferréol 12, Quai de Rive neuve 40, Rue de Rome	
1888 **1895**	Barcelona	Calle del Doctor Dou 19 Calle Pelayo 40	
1890	Mannheim, Ludwigshafen	G 2, 22	Jacob J. Reis, Möbelfabrik, Alleinverkauf
1890	Madrid	Plaza del Angelo 10	
1894	Lyon	5 Rue de la République	Bei B. Velat
1901	Warschau	Marschall-Str. 141	
1904	Antwerpen	Place de la comédie 2.3	»Subfiliale« von Brüssel
1908	Basel	Aeschenvorstadt 4	Eröffnung 1. Oktober

10. Ausstellungen

Gewerbe- und später Industrieausstellungen waren ein Phänomen der beginnenden Industrialisierung und markieren den Übergang von einer handwerklichen zu einer industriellen Erzeugung von Gütern.[1] Erst die Werkstatt von Michael Thonet, ab 1853 dann die Firma Gebrüder Thonet nutzten diese Ausstellungen in vielfältiger Weise. Nicht alleine als Möglichkeit, um ihre Möbel bekannt zu machen, sondern auch als Test für die Akzeptanz eines neuartigen Möbelstils, wobei in der ersten Hälfte der 1850er Jahre die Unentschlossenheit des Unternehmens, welchen Weg es einschlagen sollte – Luxusmöbel oder Massenware – noch deutlich zu erkennen ist.

Die Thonets nahmen vor der Firmengründung 1853 an vier Präsentationen teil. Auf der 1842 in Mainz vom Gewerbeverein für das Großherzogtum Hessen[2] veranstalteten Ausstellung zeigte Franz Thonet die nach einem neuartigen Verfahren hergestellten, aber formal noch traditionell spätbiedermeierlichen Möbel der Bopparder Werkstatt.[3] Im Niederösterreichischen Gewerbeverein in Wien stellten Michael Thonet und die Söhne 1850 die Erzeugnisse ihrer im Jahr zuvor gegründeten Werkstatt vor.[4] Bei der ersten Weltausstellung 1851 in London[5] präsentierten sie speziell für dieses Ereignis gefertigte luxuriöse Möbel erstmals auf einer internationalen Bühne, und zwei Jahre später in New York bei der Exhibition of the Industry of All Nations waren es »various articles of parlor furniture in rich woods«.[6] Nach der Firmengründung am 1. November 1853 war das Unternehmen in den 1850er Jahren lediglich noch auf zwei Ausstellungen vertreten, 1854 bei der Industrie- und Gewerbeausstellung in München[7] und 1855 bei Weltausstellung in Paris.[8] In München zeigten die Gebrüder Thonet einfache Sitzmöbel und einige Tische, in Paris hingegen – ebenso wie vier Jahre zuvor in London – nochmals aufwändig gefertigte Luxusmöbel, einmal geschuldet der Bedeutung des Ereignisses »Weltausstellung«, möglicherweise aber auch der Ausrichtung dieser Präsentation gegenüber der Ausstellung in London.[9] Mit dem Kauf des Geländes und der Errichtung der ersten Fabrik in Koritschan 1857 war die Entscheidung gefallen: Die Firma war in der Lage, mit Hilfe eines privilegierten Herstellungsverfahrens einfache und preisgünstige Möbel, für die absehbar ein großer Bedarf bestand, massenhaft herzustellen. Auf allen folgenden Ausstellungen präsentierte das Unternehmen vorwiegend diese neuartigen Sitzmöbel. Die Berichterstatter betonten immer wieder deren Vorteile gegenüber den traditionell gefertigten: ihr geschmackvolles Aussehen, ihre gute Form und Leichtigkeit, vor allem aber den billigen Preis.[10] Die Ausstellung 1862 in London war die erste, auf der das Unternehmen neben dem Angebot an Parketten ausschließlich die Möbel zeigte (Abb. 79), die es bereits seit einigen Jahren in zwei Fabriken industriell produzierte.

FURNITURE AND PARQUETERIE FLOORING, BY THONET BROTHERS, OF LUDGATE-HILL, IN THE INTERNATIONAL EXHIBITION.

Abb. 79: Möbel und ein Parkettboden der Gebrüder Thonet auf der Weltausstellung 1862 in London

Bereits in den 1840er Jahren hatte sich im Ausstellungswesen eine Entwicklung angebahnt, die den Gebrüdern Thonet mit ihren neuartigen Produkten entgegenkam. Die Gewerbe- und Industrieausstellungen entfernten sich »immer mehr von Handwerksexpositionen auf denen Einzelexponate und besondere Schaustücke im Vordergrund standen, und entwickelten sich zu Industrieausstellungen, die vor allem potentiellen Konsumenten und nicht mehr vorrangig dem Geschäftspartner und Mitbewerber die Produkte vorführten«.[11] So präsentierte das Unternehmen 1862 in London keine Tische mit intarsierten Platten oder mit Messingstreifen eingelegte Sitzmöbel wie noch 1851 in London oder 1855 in Paris, sondern industriell gefertigte Möbel. Der Konsument stand im Mittelpunkt, ihm wurden die Produkte nicht mehr nur gezeigt, sie wurden inszeniert. »Reihten die frühindustriellen Ausstellungen ihre Exponate im Rahmen der Klassifikation recht simpel aneinander, so präsentierten die späteren Ausstellungen ihre Waren nicht nur mittels spezieller Schränke und Stellvorrichtungen, sondern versuchten diese zusätzlich über die Dekoration und die Schaffung eines thematischen Umfeldes mit Bedeutung aufzuladen.«[12] Das Publikum sollte informiert, aber auch zu einem neuen Geschmack und vor allem zu neuen Konsumgewohnheiten erzogen werden.[13] Niemand vermisste oder verlangte nach Möbeln aus gebogenem Holz, erst mit ihrer Kenntnis wurde das Bedürfnis nach ihnen geweckt.[14] Für ein solch neuartiges Produkt wie die Bugholzmöbel boten die Ausstellungen ein geradezu ideales Forum.[15] Hinzu kam: Eine Wettbewerbssituation gab es für die Thonets nicht, da es noch keine Konkurrenten gab und als in den 1860er Jahren kleinere Firmen ähnliche Möbel anboten, wurde deren Qualität – auch wegen der noch alten Herstellungstechnik – gegenüber den Thonetschen Erzeugnissen überwiegend als geringer eingestuft.[16] Das Unternehmen hatte in den 13 Jahren, in denen es unter dem Schutz des Privilegs produzieren konnte, einen technologischen Vorsprung und eine Größe erreicht, die es verhinderten, dass Mitbewerber zu echten Konkurrenten werden konnten. Dabei waren allerdings nicht »primär exklusives technisches Wissen oder Patente ausschlaggebend, sondern die erstmalige systematische Anwendung der ›SST -economics‹ auf dem jeweiligen Gebiet. Der neu gegründete kleine Konkurrent eines Großunternehmens hat so gewaltige Kostennachteile, dass er im Kerngebiet des ›first mover‹ kaum konkurrenzfähig werden kann«.[17]

Doch nachdem seine Möbel auch international bekannt waren und die Nachfrage stetig stieg, nahm das Unternehmen weiterhin an nationalen und internationalen Präsentationen teil.[18] Das Motiv war nun allerdings nicht mehr, die neuartigen Möbel vorzustellen und auch nicht, die Überlegenheit seiner Produkte gegenüber einer immer zahlreicher werdenden Konkurrenz zu demonstrieren, sondern war Teil einer innovativen Geschäfts- und Vermarktungsstrategie, die sich erstmals im Zusammenhang mit der Weltausstellung 1862 in London nachweisen lässt. Parallel zu dieser Ausstellung eröffneten die Gebrüder Thonet ihre erste eigene Niederlage außerhalb Österreichs. Dieses Muster – die Eröffnung eines Verkaufsstandorts erfolgt gleichzeitig mit der Teilnahme an einer Ausstellung – findet sich in den nächsten Jahren und Jahrzehnten vielfach. Wusste man den Geschäftsverlauf nicht sicher einzuschätzen, arbeitete man zunächst einmal mit einem Händler in der betreffenden Stadt zusammen. In beiden Fällen konnten die Möbel, die auf der Ausstellung präsentiert wurden, später direkt vor Ort erworben werden.[19] Die zeitlich begrenzte Präsenz wurde so durch eine ständige ersetzt.[20]

Mit der Teilnahme an Gewerbe- und Industrieausstellungen war immer auch die Vergabe von Preismedaillen, ehrenvollen Erwähnungen und Urkunden verbunden. Viele Veranstalter, bei denen zunehmend wirtschaftliche Interessen im Vordergrund

Abb. 80: Werbeanzeige der Gebrüder Thonet von 1861 mit den bisher erhaltenen Preismedaillen, links: Preismedaille 1854 München, Mitte: Medaille der Ersten Klasse, Weltausstellung 1855 Paris, rechts: Große Bronzene Medaille, Weltausstellung 1851 London, unteres Textfeld mit dem Hinweis auf Preisermäßigungen

standen, führten diese Auszeichnungen als einen wesentlichen Grund an, warum Firmen sich entschließen sollten, an ihrer Ausstellung teilzunehmen. Die Gebrüder Thonet waren sich des Werbeeffekts solcher Auszeichnungen bewusst und machten sich dies unter anderem bei der Katalog- und Plakatgestaltung und bei Werbeannoncen zu Nutze.[21] Bereits auf dem vermutlich frühesten Plakat von 1859/60 waren die Preismedaillen der ersten drei Ausstellungen, an denen sie teilgenommen hatten, abgebildet. Ebenso verwendete man sie auch in zahlreichen Werbeanzeigen am Anfang der 1860er Jahre.[22] (Abb. 80)

Doch wurden mit zunehmender Anzahl und Popularität der Ausstellungen Preise und Diplome auch zunehmend inflationär vergeben. Es war schließlich nahezu für jedes Unternehmen möglich, eine Auszeichnung zu erhalten: Medaillen erster und zweiter Klasse, diese in goldener, silberner und bronzener Ausführung, Ehrendiplome, ehrenvolle Erwähnungen und Anerkennungen. Ja, am Ende konnte alleine schon die Teilnahme mit einem Beteiligungsdiplom gewürdigt werden. Zunehmend geriet diese »Preiswirthschaft«[23] in die Kritik. So wurde die Teilnahme an der Weltausstellung 1873 in Wien beispielsweise mit zahlreichen Auszeichnungen innerhalb sieben verschiedener Kategorien gewürdigt:

– Ehrendiplom der Weltausstellung
– Fortschrittsmedaille
– Verdienstmedaille
– Kunstmedaille
– Medaille für guten Geschmack
– Medaille für Mitarbeiter
– Anerkennungs-Diplom

Von den etwa 53.000 Ausstellern erhielten nahezu die Hälfte Auszeichnungen dieser Art.[24] Auch die Veranstalter nahmen diese inflationären Tendenzen wahr und bemühten sich nun »um staatliche Anerkennungsmedaillen für erfolgreiche Aussteller, denen bei den beteiligten Industriellen und Gewerbetreibenden wie auch beim Publikum ein höheres Prestige zugesprochen wurde als den ausstellungseigenen Auszeichnungen«.[25]

Eine weitere Folge dieser Tendenz einer zunehmenden Kommerzialisierung des Ausstellungswesens waren die sogenannten »Schwindelausstellungen«, bei denen den Teilnehmern Medaillen und Auszeichnungen garantiert wurden[26], was schließlich so weit ging, dass kommerzielle Ausstellungsorganisationen auch Medaillen von längst geschlossenen Ausstellungen verkauften, »die dann ›per Nachnominierung‹ den entsprechenden Firmen zuerkannt werden sollten«.[27]

Entsprechend der Vorschriften zur Vergabe der Prämierungen bei der Weltausstellung in Wien konnte beispielsweise jeder Aussteller, »welcher wesentlich verschiedene Objekte ausstellt, die in verschiedene Gruppen gehören und von ihm in getrennten Etablissements erzeugt worden sind, für jede derartige Kategorie von Erzeugnissen eine Auszeichnung erwerben«.[28] Dies hatte dann Werbeanzeigen wie die der Wiener Firma A. Rack & Comp. zur Folge, in der sie auf insgesamt 30 Auszeichnungen verwies, welche sie 1873 in Wien für ihre Erzeugnisse – »Dampf-, Pferde- und Hand Dreschmaschinen, Kühl Apparate, Aufzüge oder Schmiede- und gusseiserne Gitter« – erhalten hatte.[29]

1873 in Wien erhielten die Gebrüder Thonet keine offiziellen Auszeichnungen. Josef Thonet war als Jury-Mitglied berufen worden[30], was eine Teilnahme innerhalb der Preisbewerbung ausschloss. Doch auch die Jurorentätigkeit ließ sich werbewirksam vermarkten, wie ein Plakat für den holländischen Markt zeigt. (Abb. 81) Neben den bis Mitte der 1890er Jahre erhaltenen Medaillen und Diplomen wird hier auch auf alle Ausstellungen hingewiesen, bei denen das Unternehmen keine Auszeichnungen erhielt, da einer der Gesellschafter Mitglied der Jury war. Darüber hinaus finden sich auf diesem Plakat zusätzlich noch Abbildungen der Verdienst-

Abb. 81: Werbeplakat der Gebrüder Thonet mit allen bis 1896 erhaltenen Auszeichnungen der Firma und der Gesellschafter

medaillen, Orden und Ritterkreuze, die Michael Thonet und seinen fünf Söhnen verliehen worden waren. Diese Art der Inszenierung wurde zu dieser Zeit von allen größeren Firmen zu Werbezwecken gerne genutzt. »Eine Abbildung der Ausstellungsmedaille im Briefkopf der Firma, am Produkt selbst oder auch der Verweis auf entsprechende Auszeichnungen in Musterkatalogen oder Verkaufsprospekten versprachen eine Steigerung des Prestiges und damit mittel- und langfristig einen größeren Markterfolg des Produkts.«[31]

10.1. Erste Deutsche Industrieausstellung Mainz 1842

Die erste Ausstellung, an der die Thonets teilnahmen, war die am 12. September 1842 eröffnete Erste Deutsche Industrieausstellung in Mainz. Wenn sie auch den Namen »Industrieausstellung« trug, wurden überwiegend keine – in unserem heutigen Verständnis – industriell hergestellten Gegenstände präsentiert, sondern in handwerklicher oder manufaktureller Produktion gefertigte Erzeugnisse, zu denen auch die Möbel der Thonetschen Werkstatt in Boppard gehörten. Der Gewerbeverein für das Großherzogtum Hessen hatte bereits in den Jahren 1837 und 1839 regionale Gewerbeausstellungen ausgerichtet, doch hatte sich mittlerweile die Ansicht durchgesetzt, dass »die industriellen Erzeugnisse jedes deutschen Fabrikanten, derselbe möge innerhalb oder außerhalb des Zollverbands wohnen«,[32] Aufnahme finden sollten. In dieser Hinsicht kann die Mainzer Ausstellung als eine Art Vorreiter einer Reihe von über die jeweilige Region hinausreichenden Präsentationen bezeichnet werden und fand nicht nur regionale, sondern auch nationale Aufmerksamkeit.[33] 715 Aussteller zeigten ihre Exponate[34] und es wurden mehr als 75.000 Besucher in dem damals Großherzoglichen Palais, dem sogenannten Deutschen Haus, gezählt.[35]

Michael Thonet nahm an dieser Ausstellung selbst nicht teil, sie wurde von dem ältesten Sohn Franz bestückt[36], der Vater war wegen des Patentantrags für Osterreich zusammen mit Johann Walther van Meerten seit Mai in Wien. In dem Ausstellungsbericht wurden die Thonetschen Möbel und das Herstellungsverfahren anschaulich beschrieben: »Sechs Stück elastisch gepreßte Stühle von Mahagonyholz (fl. 47 kr. 15), zwei Sessel (zusammen fl. 42)[37], ein Lesetischchen mit gewundener Säule (Abb. 2) und ein Tabulettchen mit gepreßten Säulen und Aufsatz […]. Die Vortheile dieser, dem Hrn. Aussteller eigenthümlichen Methode, für welche derselbe in Oesterreich, Frankreich und Belgien patentirt ist, bestehen hauptsächlich darin, daß den Möbeln bei vollkommener Dauerhaftigkeit und Eleganz eine ausnehmende Leichtigkeit gegeben werden kann. Eine angenehme Elasticität an den Rück- und Armlehnen der Stühle wird von dem Hrn. Aussteller gleichfalls als Vorzug seiner Methode angegeben und ferner bemerkt, daß die Arbeit, bei geringerem Holzaufwand, schneller wie bei den auf gewöhnliche Weise gefertigten Stühlen von statten geht. Die verschiedenen Theile des Stuhls (mit Ausnahme des Sitzes) bestehen nach Angaben des Hrn. Thonet aus gebogenen, aber dem Wuchs des Holzes entsprechend geschnittenen Schienen, woraus sich die bemerkte Festigkeit bei verhältnismäßig sehr geringem Holzaufwand ergibt. Hr. Thonet betreibt sein Geschäft mit ohngefähr 20–25 Arbeitern.«[38]

Franz Thonet hatte die Gegenstände für die Ausstellung in Mainz schon relativ früh eingeliefert.[39] In dem Verzeichnis der 720 Aussteller wird »M. Thonet in Boppard« als Nr. 37 aufgeführt.[40] Doch gab es noch eine späte Nachlieferung, vermutlich in der ersten Augusthälfte.[41] Unter der Nr. 707 heißt es in dem Nachtrag des Verzeichnisses der eingelieferten Gegenstände: »Thonnet [sic] in Boppard. Zwei Sessel aus Fournieren gebogen.«[42] Über die Gründe für die frühe Ein- wie auch die späte Nachlieferung gibt es keine Informationen, wie man auch über die Gründe der Teilnahme an dieser Ausstellung nur Vermutungen anstellen kann. Sie könnte zwar als Beleg dafür genommen werden, dass man mit einem erfolgreichen Ausgang der Patentangelegenheit in Wien rechnete und der Vater davon überzeugt war, nach Boppard zurückkehren zu können, doch entwickelten sich die Dinge nicht so, wie erhofft. In einem Brief, den Franz vier Tage vor der Eröffnung der Ausstellung an den Vater in Wien schrieb, schilderte er die zunehmend schwierigere Situation. »Seeligmann hat ein Urtheil, er kann dich und Meerten verhaften lassen […]. Mantell hat uns auch verklagt, ebenso Wilhelm wegen der Schuld, wofür Krämer Bürge ist.«[43] Es wurde immer unwahrscheinlicher, dass die Werkstatt und somit die Familie noch eine Zukunft in Boppard haben könnten.[44] Die Hoffnung von Franz, »daß alles noch ganz gut geht«[45], dürfte vor diesem Hintergrund eher ein frommer Wunsch als eine realistische Einschätzung der Lage gewesen sein.

Bei der Mainzer Ausstellung wurden keine Preismedaillen vergeben. Jeder der Teilnehmer erhielt stattdessen zur Erinnerung »eine Gedächtnismünze«[46]. Als Begründung für eine fehlende Preisbewerbung führte der Gewerbeverein ein wenig kryptisch seine »isolierte Stellung« an, zudem handele es sich nicht um eine »gemeinschaftliche Angelegenheit der deutschen Staaten«.[47]

Diese Ausstellung war nicht nur eine Präsentation der Erzeugnisse der teilnehmenden Werkstätten und Firmen, sondern der Besucher hatte darüber hinaus auch die Möglichkeit, Exponate zu erwerben[48], wozu auch das ausgestellte Lesetischchen gehört haben dürfte. (Abb. 2) Die Mainzer Industrieausstellung hatte für die Erfolgsgeschichte der Firma in Österreich keine Bedeutung. Man kann sie als Beleg für die Hoffnung auf einen neuen Anfang in Boppard sehen[49], doch diese Pläne hatten sich durch den Gang der Ereignisse zerschlagen und Franz reiste im Frühjahr 1843 zur Familie nach Wien.

10.2. Niederösterreichischer Gewerbeverein 1850

Michael Thonet eröffnete 1849, nach Beendigung seiner Arbeiten für Palais Liechtenstein, eine eigene Werkstatt in Gumpendorf, Hauptstraße[50] und präsentierte nur ein Jahr später im Niederösterreichischen Gewerbeverein die Erzeugnisse seiner Werkstatt.[51] Bei dieser Präsentation handelte es sich allerdings nicht um eine Ausstellung im klassischen Sinne, sondern um eine Präsentation innerhalb einer ständigen Sammlung von Musterstücken im Polytechnischen Institut, welche den technischen Fortschritt und die Leistungsfähigkeit der heimischen Industrie und des Gewerbes dokumentieren sollten.

Auch nach der Gründung der Firma im November 1853 zeigten die Gebrüder Thonet ihre Erzeugnisse immer wieder in solch kleinen, internen Ausstellungen des Gewerbevereins wie beispielsweise 1861, als man neben den Möbeln auch die seit einem Jahr privilegierten Wagenräder präsentierte.[52] Für das Unternehmen war dies mit keinem solch hohen Aufwand verbunden wie etwa die Beschickung internationaler Präsentationen, wobei die Weltausstellungen die größte Aufmerksamkeit und das höchste Prestige versprachen wie die erste Weltausstellung 1851 in London.[53]

10.3. Weltausstellung London 1851

Peter Hubert Desvignes, der nach Beendigung der Arbeiten für Palais Liechtenstein 1849 nach England zurückgekehrt war, stand auch nach seiner Abreise immer noch im Kontakt mit der Familie Thonet[54] und er war es, der vermutlich eine Teilnahme an der Weltausstellung 1851 in London angeregt hatte. Michael Thonet griff diesen Vorschlag auf und wurde im August 1850 von der Kommission des Niederösterreichischen Gewerbevereins hierfür zugelassen.[55] Im gleichen Monat begannen die Arbeiten für London. Eine sehr persönliche Erinnerung findet sich in der Tischrede des jüngsten Sohnes Jakob – der zu dieser Zeit noch zur Schule ging – zu seinem 70. Geburtstag: »In dieser Werkstatt [Gumpendorfer Hauptstr. 396] wurden u. a. auch die Kunstmöbel für die 51er Londoner Weltausstellung gearbeitet, welche heute in unserem Museum in Wsetin stehen. Die Brüder arbeiteten daran oft bis in die Nacht hinein und wenn ich mit meinen Schulaufgaben fertig war, mußte ich dem einen oder anderen zu heikler Arbeit mit der Talgkerze an der Hobelbank leuchten (Petroleum war noch nicht eingeführt und die Lichtschere spielte noch eine große Rolle!) Mir that oft der Arm weh vom langen Leuchter-halten, und als ich mich einmal darüber beklagte, da sagte mir Bruder Josef scherzhaft: ›Wie wir so klein waren, haben wir den ganzen Tag leuchten müßen.‹«[56]

Die Arbeiten gingen zügig voran, die Möbel waren bereits im Januar fertig und wurden vor der Präsentation in London im Kabinett des Polytechnischen Instituts in Wien ausgestellt.[57] Es waren aufwändig hergestellte Einzelstücke, die lediglich in ihrer Formgebung wie in ihrer Vollständigkeit als Garnitur auf die späteren, industriell gefertigten Modelle verwiesen.[58] Wirtschaftlich hätte man sie in größeren Stückzahlen nie fertigen können. (Abb. 82)

Wie von Jakob beschrieben, wurden die Möbel für London in der Werkstatt in Gumpendorf gefertigt, doch bei den aufwändig gearbeiteten Tischplatten gibt es gewisse Zweifel. Die selbstständige Tätigkeit von Franz in einer eigenen Werkstatt mit eigenen Gesellen und der Spezialisierung auf marketierte und intarsierte Tischplatten[59] lässt vermuten, dass die Platten für die in London gezeigten Tische in dessen Werkstatt gefertigt wurden. Der Umfang der Arbeiten zu dieser Zeit war beträchtlich, sogar Wohnungen mussten als Werkstätten eingerichtet werden.[60] Vermutlich war man erleichtert, dass solch komplizierte und feine Arbeiten wie die Fertigung der mit Schildpatt, Messing und ausgesägten und gebogenen Hölzern eingelegten Tischplatten nicht in den engen und staubigen Räumen in der Gumpendorfer Hauptstraße stattfanden. Wo sich Franz' selbstständige Werkstatt befand und wie lange sie bestand, ist nicht bekannt. Spätestens nach dem ersten Gesellschaftervertrag vom 1. November 1853 mit dem Verbot jedweder der Firma nachteiligen Aktivität[61] wird sie vielleicht noch nicht aufgelöst, doch dürften ihre Erzeugnisse von nun an alleine für die Möbel der neugegründeten Firma verwendet worden sein. Nach dem Umzug in größere Räumlichkeiten in die Mollardmühle im Sommer 1853 bestanden dort ausreichend Möglichkeiten einer räumlichen Trennung verschiedener Arbeitsbereiche und mit diesen Arbeiten vertraute Tischler arbeiteten in ausreichender Zahl in der Thonetschen Werkstatt. Diese aufwändigen Tische indes wurden nicht alleine für repräsentative Ausstellungen gefertigt, sondern gehörten zu dieser Zeit

Abb. 82: Möbel der Gebrüder Thonet bei der Weltausstellung 1851 in London

auch zum regulären Angebot der neugegründeten Firma, was nochmals auf die bereits erwähnte Unentschiedenheit, welchen Weg man einschlagen sollte, verweist. In einer Werbeanzeige aus dem Jahr 1853 (Abb. 83) bot das Unternehmen neben Sitzmöbeln auch einen Tisch zu dem außerordentlichen Preis von 600 Gulden[62] an, und noch auf der Weltausstellung 1855 in Paris »erregte Thonet durch zwei Tische und drei Parkettentafeln, in welchen Streifen gebogenen Holzes in den schönsten und mannigfaltigsten Verschlingungen eingelegt waren, besonders großes Aufsehen«.[63]

Die grundsätzliche Aufbruchstimmung während dieser Zeit wird in der Rede von Jakob Thonet zu seinem 70. Geburtstag – wenn auch in der Rückschau ein wenig sentimental verklärend – deutlich. »Das war damals ein lustiges leben und treiben in der Mollardmühle. Alle Brüder kreutzfidel, sangesfreudig und trotz schinden und plagen den Kopf voller Allotria. – Es wurde ja auch schon einer frohen, gesicherten Zukunft entgegengesehen.«[64]

Den Thonets wird nach ihrem Erfolg in London bewusst geworden sein, dass eine internationale Präsenz Möglichkeiten eröffnete, wie sie Wien oder auch Österreich nicht bieten konnten. So hatten sie zwei Jahre später die Absicht, an einer Ausstellung in Irland teilzunehmen: »Gebrüder Thonet, k. k. privil. Möbelerzeuger meldeten sich als Exponenten für die Great Industrial Exhibition in Dublin [1853]«, heißt es in einer Protokollnotiz der Sitzung der Handels- und Gewerbekammer für das Erzherzogthum Oesterreich unter der Enns.[65] Die Gegenstände, welche die Thonets dort zeigen wollten, waren bereits fertiggestellt und wurden in der Niederlage im Montenuovoschen Palais für die Dauer von 14 Tagen präsentiert.[66] Doch am Ende entschieden sich die Thonets gegen Dublin und für eine Teilnahme an der Exhibition of the Industry of All Nations in New York.

K. K. ausschl. priv. Fabrik
gebogener Holzarbeiten
der
Gebrüder Thonet,
Gumpendorf, Molardgasse Nr. 173.

Wir erlauben uns, dem verehrten Publikum unsere Möbel von gebogenem Holze zu nachstehend billigst festgesetzten Preisen wieder anzuempfehlen, und zwar:

Sessel mit Rohr geflochten pr. Stück 5 fl. bis 36 fl.
Fauteuil „ „ „ „ 10 „ „ 45 „
Canapee „ „ „ „ 20 „ „ 90 „
Stockerl „ „ „ „ 4 „
Tische . . . . 15 „ „ 600 „

Alle diese Möbel können zum Polstern gerichtet werden. Für die Solidität und Beliebtheit unseres Fabrikates sprechen die wiederholten Bestellungen, daher wir jedes Lob hierüber für überflüssig halten. Wir danken noch für den uns gütigst geschenkten Zuspruch, den auch fernerhin durch schnelle und solide Bedienung zu erhalten unser aufrichtiges Streben sein wird.

Niederlage: Stadt, Strauchgasse Nr. 245 im gräfl. Montenuovo'schen Palais.
13104—3

Abb. 83: Werbeanzeige der Gebrüder Thonet, Wien 1853

In den USA mehrten sich nach dem Erfolg der Weltausstellung in London die Stimmen, die eine ähnliche Veranstaltung auch hier durchführen wollten.[67] Bereits im Januar 1852 wurde in New York ein privates Komitee gegründet, welches sich mit dieser Idee befasste. Die Stadt stellte ein Gelände zur Verfügung, auf dem ein Ausstellungsgebäude nach dem Vorbild des Crystal Palace errichtet wurde und am 14. Juli 1853 eröffnete die erste internationale amerikanische Industrieausstellung. Auch in dem offiziellen Titel orientierte man sich an dem Ereignis in London: »Exhibition of the Industry of All Nations.«[68] Es fanden sich keine Unterlagen, aus denen hervorgeht, welche Art von Möbeln die Gebrüder Thonet hier zeigten, der offizielle Katalog nennt lediglich »various articles of parlor furniture in rich woods«.[69] Bei dieser Ausstellung wurden, wie auch in London, Preismedaillen vergeben, doch erhielten die Gebrüder Thonet diesmal keine Auszeichnung[70], was erklärt, warum die Teilnahme nicht in dem firmeninternen »Verzeichnis über die nach Wsetin am 5./II '97 gesandten div. Diplome«, in denen alle der Firma von 1851 bis 1897 verliehenen Auszeichnungen aufgelistet sind, vermerkt ist.[71] Doch unabhängig hiervon zeigt allein das Interesse der Gebrüder Thonet an diesen beiden Ausstellungen in Dublin und New York schon früh die beginnende internationale Ausrichtung ihres Geschäfts und das Potential, welches sie in ihren Möbeln sahen.

10.4. Münchner Industrie- und Gewerbeausstellung 1854

Die zweite bedeutende industrielle Ausstellung im deutschsprachigen Raum – nach der Nationalausstellung 1844 in Berlin – war die Deutsche Industrie- und Gewerbeausstellung 1854 in München.[72] Sie wurde vom Landesherrn, König Maximilian II, angeordnet, die zuständigen Ministerien wurden mit der Durchführung beauftragt. Die Organisatoren hatten den Ehrgeiz, ein vergleichbares Ereignis wie 1851 in London in Szene zu setzen und orientierten sich sowohl bei der Gestaltung des Ausstellungsgeländes als auch der zentralen Ausstellungshalle an der Londoner Exposition. Insgesamt nahmen 6.588 Aussteller teil, davon 1477 aus Österreich[73], hierunter auch das im Jahr zuvor gegründete Unternehmen Gebrüder Thonet, welches mit einer Preis-Medaille ausgezeichnet wurde. Die Möbelsektion war in vier Klassen unterteilt, wobei das Hauptaugenmerk auf den zu dieser Zeit modernen, stilimitierenden, historistischen Möbeln lag und die Beurteilungs-Kommission ihre Aufgabe vor allem darin sah, »den Kunstwerth einzelner Erzeugnisse der Tischlerei ins Auge zu fassen«.[74] In den Kriterien für die Auswahl der Produkte und die Preisbewertung war es erwünscht, »daß nur Marktgängiges, wie es bisher von den Etablissements in den Handel gekommen, geliefert werde«.[75] Die Thonetschen Erzeugnisse wurden eingehend besprochen und das Herstellungsverfahren und ihre Bauart ausführlich erläutert.[76] Durch die Verschraubung konnten die Möbel in ihre Einzelteile zerlegt werden, womit sie nach Ansicht der Berichterstatter besonders für den Export geeignet waren und somit ein beträchtliches wirtschaftliches Potential besaßen. In der Summe der Charakteristika dieser Möbel, so das Resümee, handele es sich um einen »neuen Möbelstyl« [77] und ein Herstellungsverfahren, welches gegenüber den Erzeugnissen der traditionell arbeitenden Tischlereien auf eine industrielle Erzeugung abhob.

Den Gebrüdern Thonet kam hier eine Tendenz im Ausstellungswesen zugute, die sich wegbewegte von der Präsentation speziell für die Ausstellungen gefertigter Einzelstücke hin zu industriell produzierter Ware. War 1844 in Berlin beispielsweise noch das besondere Einzelstück gefragt[78], so hatte eine bayerische Ministerial-Kommission bereits 1834 drauf hingewiesen, dass »allein nur solche Waare verdient vor Allem als dem Staate nützlich und wichtig genannt zu werden, welche um den möglichst billigen Preis, durch die reelsten [sic] schätzungswerthesten Eigenschaften, die Bedürfnisse des großen Publikums befriedigt«.[79]

Darüber hinaus konnte sich das Unternehmen Gebrüder Thonet bei der Münchner Ausstellung durch den Verzicht auf luxuriöse Möbel, wie man sie drei Jahre zuvor in London präsentiert hatte, aber auch zu dem, was man im nächsten Jahr in Paris nochmals ausstellen sollte, einen Eindruck verschaffen, wie das Publikum diese neuen, doch in der Ausführung gegenüber den in London gezeigten wesentlich einfacheren Möbel aufnehmen würde. Parkett-Tafeln nahmen die Thonets nicht mit nach München. Auf einer Photographie des Ausstellungsstands[80] sind einige der damals angebotenen Modelle zu erkennen: Sessel, Fauteuil und Canapé Nr. 2 und 3 – es werden wohl auch die Modelle Nr. 1 und 4 präsentiert worden sein – verschiedene Tische und ein Sessel und Fauteuil ähnlich der späteren Nr. 21, die sich im Sortiment später allerdings nicht mehr finden.[81] Zwar sind alle in München gezeigten Möbeltypen noch in der alten Technik der Schichtverleimung hergestellt[82], doch stand der Durchbruch zu den massiv gebogenen Möbeln kurz bevor.

10.5. Weltausstellung Paris 1855

Eine ungleich größere Aufmerksamkeit als die Münchner Ausstellung und eine hervorragende Gelegenheit, sich auch in Frankreich – wohin man bisher noch keine Geschäftsverbindungen hatte – bekannt zu machen, bot die Teilnahme an der nur ein Jahr später stattfindenden zweiten Weltausstellung in Paris.[83] Frankreich hatte den Wettlauf mit London als Ausrichter der ersten Weltausstellung verloren und organisierte nun eine Ausstellung, deren Charakteristik sich von der in

London unterscheiden sollte. Hinzu kam, dass Kaiser Napoleon III, erst kurze Zeit an der Macht, »ein besonders starkes Interesse daran [hatte], mit der ›Exposition universelle‹ den großartigen Erfolg von London zu übertrumpfen. Die Instrumentalisierung der Weltausstellung zu politischen Zwecken wird überdeutlich«.[84] Eine der Neuerungen dieser Ausstellung bestand darin, dass es sich um keine reine Industrieausstellung, sondern um eine neue Form der Universalausstellung handelte, bei der neben industriell gefertigten Gütern auch Werke der schönen Künste in einem eigenen Ausstellungsgebäude, dem Palais des Beaux-Arts, ausgestellt wurden.[85] Die Luxusgüterindustrie war auf dieser Ausstellung wesentlich stärker vertreten als vier Jahre zuvor in London und in diesem Umfeld präsentierten die Gebrüder Thonet nochmals intarsierte Tische und aufwändig gefertigte Parkettböden mit Mustern aus gebogenem Holz.[86] Daneben fanden aber auch – und dies erstmals innerhalb eines solchen internationalen Rahmens – ihre preiswerten Möbel für Jedermann Aufmerksamkeit. Die österreichische und die deutsche Kommission lobten deren geschmackvolles Aussehen, ihre Haltbarkeit und Leichtigkeit, vor allem aber den billigen Preis.[87] Auch die hervorragende Imitation der verschiedenen Holzarten fand, wie bereits in München, besondere Beachtung.[88]

Der englische Berichterstatter verwies darüber hinaus auf die konstruktiv-technischen Besonderheiten der Thonetschen Möbel und verglich sie mit dem, was Österreich 1851 in London ausgestellt hatte. »We were not amongst those who thought very highly of the Austrian furniture exhibited in 1851; in many points it was by no means equal, artistically, to less ostentatious displays. The most noticeable example of now contributed by Austria is at once devoid of all ornament, but most admirable construction.«[89] Die Ausstellung in Paris dauerte bis zum 15. November, die Gebrüder Thonet wurden mit einer Medaille erster Klasse ausgezeichnet.

Die Pariser Ausstellung war eine der wenigen, die keine von nun an ständige Präsenz der Firma – ob über Händler oder mit einer eigenen Niederlage – in der betreffenden Stadt zur Folge hatte. Erste geschäftliche Kontakte nach Paris gab es vermutlich ab 1858, spätestens jedoch 1859[90], eine Filiale wurde allerdings erst 1862 eröffnet. Die Gründe für dieses Zögern werden deutlich, wenn man sich die Situation der Firma in der zweiten Hälfte der 1850er Jahre vergegenwärtigt, einer Zeit, in der sie mit einer Reihe wegweisender Entscheidungen konfrontiert war. Die Versuche, Holz massiv zu biegen, waren schon so weit fortgeschritten, dass man sicher sein konnte, die Produktion in kürzester Zeit vollständig auf dieses Verfahren umstellen zu können. Die Thonets wussten, dass die Werkstatt in der Mollardmühle den Anforderungen einer industriellen Produktion nicht mehr genügen würde, weshalb man zeitgleich mit der Ausstellung in Paris schon ein Gelände in Koritschan in Mähren erworben hatte, um dort eine Fabrik zu errichten.[91] Bereits im August 1856 war der Bau so weit fertiggestellt, dass das Unternehmen mit der Verlegung der Produktion an den neuen Standort beginnen konnte, was mit einem erheblichen Aufwand und auch anfänglichen Schwierigkeiten verbunden war.

Daneben war es notwendig, den Vertrieb zu organisieren und Kontakte zu Händlern innerhalb, aber auch schon außerhalb Europas aufzunehmen. »[…] so sind sie [die Thonetschen Möbel] Gegenstand bedeutenden Exports geworden. Bereits gehen sie nach Italien und England, in die Türkei, nach Persien und Brasilien […].«[92]

Es ist leicht vorstellbar, dass es neben all diesen organisatorischen und logistischen weiterhin auch technische Herausforderungen gab. Das neue Herstellungsverfahren war nicht von Anfang an perfekt, sondern musste nach und nach verbessert werden. Neue Modelle wurden entsprechend der Anforderungen an eine industrielle Produktion entwickelt, entscheidend Sessel Nr. 14, der zum Garant des zukünftigen Erfolgs werden sollte. Doch bald schon reichten die Kapazitäten von Koritschan nicht mehr aus, weshalb das Unternehmen gezwungen war, bereits 1860 eine zweite Fabrik in Bistritz zu errichten. Daneben bestand das Problem des Nachschubs ausreichender Mengen von Rohmaterial, welches man durch den Abschluss von langfristigen Holzlieferverträgen oder den Kauf von Wäldern zu beheben trachtete.

Bei dieser Fülle von Aufgaben und Herausforderungen ist es nachvollziehbar, dass die Gebrüder Thonet in den sieben Jahren zwischen der Weltausstellung 1855 in Paris und 1862 in London an keinen weiteren Präsentationen mehr teilnahmen. Erst 1862 in London trat man wieder auf der internationalen Bühne in Erscheinung und wird nun nahezu jährlich an Ausstellungen teilnehmen, seien dies begrenzt lokale Veranstaltungen in Wien, seien es überregionale Veranstaltungen innerhalb der Monarchie oder auch Expositionen im Ausland.

10.6. Weltausstellung London 1862

Wien war für das Unternehmen ab der zweiten Hälfte der 1850er Jahre im wahrsten Sinne des Wortes zu eng geworden. Nicht nur, was den Produktionsstandort betraf, sondern auch die Begrenztheit des Marktes in der Hauptstadt und auch innerhalb der Monarchie. Die Anzahl der in den Fabriken erzeugten Möbel konnte durch die Erhöhung der Zahl der Arbeiter aber auch durch Skaleneffekte erheblich gesteigert werden, was auf der einen Seite zwar die Stückkosten senkte[93], es auf der anderen Seite jedoch auch erforderlich machte, weiterhin zu expandieren und neue, über Österreich hinausgehende Märkte zu erschließen. Dies wird an einer kleinen, aber aufschlussreichen Episode deutlich. Im Herbst 1862 fand in Wien im Diana Saal eine »Kollektiv-Ausstellung« der Wiener Fabrikanten statt. In einem Bericht hierüber heißt es: »Thonet fehlt, aber Möbel aus gebogenem Holze wurden von mehreren geliefert […].«[94] Bemerkenswert ist die Erwähnung des Fehlens der Gebrüder Thonet, was einerseits auf deren Bekanntheitsgrad schon zu dieser Zeit hinweist, aber eben auch auf die Entscheidung der Thonets, nicht an dieser lokalen Veranstaltung teilzunehmen, sondern an der Ausstellung in London im gleichen Jahr. Dies bedeutete nicht, dass man grundsätzlich auf eine Präsenz in Wien in Zukunft verzichten wollte, zeigt nur die Präferenz, wenn zwei Optionen zur Wahl standen.[95] Andere Wiener Tischler, die Möbel aus gebogenem Holz herstellten, waren schon lange keine Konkurrenten mehr und auch international hatte man die Mitbewerber weit hinter sich gelassen. So präsentierte in London auch eine konkurrierende Firma Möbel aus gebogenem Holz, doch konnten diese nach übereinstimmender Meinung der Berichterstatter in keiner Weise mit den Thonetschen mithalten, weshalb die »Firma Thonet die Preismedaille erhielt, sein Nachahmer sich aber mit der ehrenvollen Erwähnung begnügen musste«.[96]

Die mit der Weltausstellung in London erkennbare Entscheidung der Firma – weg von Luxusprodukten, hin zu einfachen und günstigen Möbeln, für die ein großer Absatz zu erwarten war – entging auch den zeitgenössischen Berichterstattern nicht, die dies zustimmend kommentierten: »Die Erzeugnisse der Thonet's sind auf der Ausstellung nicht durch sogenannte Prachtstücke vertreten, die Firma war vielmehr so praktisch, einfach von allen Nummern, wie sie fortwährend in den Fabriken erzeugt werden, je ein Muster auszustellen. […].«[97]

Unsere heutigen Informationen zu den Ausstellungen stammen größtenteils aus Zeitungsartikeln und umfangreichen Berichten nationaler Kommissionen. Offizielle Verlautbarungen der Aussteller werden zwar zitiert, doch persönliche Äußerungen finden sich so gut wie nie. Nicht so in diesem Fall. Ein Konvolut von insgesamt 15 Briefen aus der Zeit der Ausstellung in London – 14 von Franz Thonet aus London an die Familie, einer von einem der Brüder an Franz in London – geben Einblicke in Familiäres und die Situation des Unternehmens zu dieser Zeit. Erkennbar sind die Motive, an dieser und an weiteren Ausstellungen teilzunehmen und die Erwartungen, die das Unternehmen daran knüpfte. In allen ist die grundsätzliche Aufbruchstimmung zu spüren.

Franz reiste mit seiner Frau Carry von Hamburg aus am 16. März 1862 nach London. Ein letzter und sehr umfangreicher Brief datiert vom ersten Weihnachtsfeiertag und lässt den sentimentalen Familienmenschen Franz erkennen, der aber auch an solch einem Tag nicht davon absehen kann, über Geschäftliches zu reden, Verbesserungsvorschläge für einzelne Möbeltypen zu machen und der Firma optimistisch eine rosige Zukunft zu prophezeien.[98] In den ersten Wochen nach seiner Ankunft in London kümmerte er sich vor allem um die Lieferung der Möbel für die

Einrichtung der Filiale. Dies war für ihn die vordringlichste Aufgabe, da es in der eigenen Verantwortung lag, während der Versand der Ausstellungsobjekte nicht durch jeden einzelnen Teilnehmer, sondern von den nationalen Komitees gemeinschaftlich organisiert wurde. Bis Ende März waren allerdings noch keinerlei Gegenstände aus Österreich in London eingetroffen und noch am 4. April schreibt Franz: »In der Ausstellung kann ich vor halben Monat nichts machen es sind erst wenige Kisten dort.«[99]

Mitte April kamen schließlich die ersten Colli für die Ausstellung an. Die Thonetschen Möbel waren in England nicht unbekannt, die Firma hatte ihre neuartigen Stühle bereits seit einigen Jahren an lokale Händler geliefert, doch stellte sich dies jetzt als ein Problem heraus, da sie Ende der 1850er Jahre noch nicht in dem Maße gebrauchstüchtig waren, wie man geglaubt hatte. Es gab zahlreiche Reklamationen und die Kunden wurden zunehmend skeptischer gegenüber diesen filigranen Sitzgelegenheiten.[100] Franz und Carry's Bruder John hatten seinerzeit die Geschäftsverbindungen geknüpft, »die aber alle wieder eingingen, da die Vorderfüße nicht standhielten«.[101] Franz spielt in beiden Fällen auf die Probleme mit den Vorderbeinen an, die häufig abbrachen, da die eingeschraubten Zapfen nicht stark genug waren. Er versuchte nun zwar, mit den ehemaligen Händlern wieder ins Geschäft zu kommen, doch hatten die mittlerweile jegliches Interesse an den Thonetschen Möbeln verloren.[102] Um die Kunden von der Gebrauchstüchtigkeit der mittlerweile mit einer stabilisierenden Fußverbindung versehenen Stühle zu überzeugen, hatte Franz mit der Ausstellungsrestauration vereinbart, dass die Gebrüder Thonet einen Teil der Bestuhlung für deren Lokale liefern sollten. Daher ist auch sein Ärger darüber verständlich, dass bei der Mehrzahl der gelieferten Sessel gerade diese Fußreifen fehlten.[103] Franz' Idee, den Besucher das Produkt selbst erproben zu lassen, um ihn von dessen Gebrauchstüchtigkeit zu überzeugen, war indes nicht neu. Es kann zu jenen »Partizipationsangeboten« (Großbölting) gerechnet werden, welche zunehmend gängige Praxis auf den Ausstellungen wurden. Der Besucher sollte nicht mehr nur Besucher sein, sondern die ihm zugedachte Rolle als Konsument einnehmen und die Ware ausprobieren.[104] Franz wusste sicher einzuschätzen, welchen Effekt solch eine Maßnahme hatte: »Jeder sieht dieselben und findet daß dieselben stark sind und wird dadurch unser Zukunft hier und in Paris wesentlich Vorschub geleistet.«[105]

Die Erwähnung von Paris ist insofern bemerkenswert, als man sich auch bei der Weltausstellung 1867 des gleichen Konzepts bedienen wird.[106] Hier war es jedoch nicht nur die österreichische Abteilung, welche mit Thonetschen Sitzgelegenheiten ausgestattet wurde, auch für das »English Refreshment Department« der Pariser Ausstellung hatte das Unternehmen über den Londoner Händler Davenport[107] den Auftrag erhalten, mehr als einhundert Sessel Nr. 3 zu liefern.[108] Diese Vermarktungsstrategie verfolgte das Unternehmen weiter und auch bei der Weltausstellung

1873 in Wien präsentierte es nicht nur seine Möbel, sondern stellte unentgeltlich Sitzgelegenheiten in den Ausstellungshallen und -büros zur Verfügung.[109] Doch auch auf dem Ausstellungsstand selbst konnte man die Möbel nicht nur anschauen, sondern auch ausprobieren. In einem ausführlichen Bericht über »Thonet's gebogene Möbel in Paris« anlässlich der Weltausstellung 1878 heißt es: »In dichten Gruppen sammeln sich stets die Ausstellungsbesucher vor diesen Expositionen [den Möbeln der Gebrüder Thonet] und erproben dabei wohl auch die Objecte als Ruhe- und Erholungsplätze nach langer ermüdender Wanderung durch die Galerien.«[110]

Obwohl die Ausstellungsberichte immer wieder die gleichen positiven Eigenschaften: »unverwüstliche Festigkeit«, »ungewöhnliche Stärke«, »Dauerhaftigkeit« und trotzdem »große Leichtigkeit« und »Elastizität« der Thonetschen Möbel hervorheben, ist die Erprobung durch den Kunden wohl das probatere Mittel, diesen von deren Gebrauchstüchtigkeit zu überzeugen. Das kluge Vermarktungskonzept von Franz ging auf und man kann seine Einschätzung: »Dieses ist mehr werth wie die ganze übrige Ausstellung und Niederlage zusammen«[111] ergänzen: und mehr wert als alle Berichte und Beschreibungen darüber.

Möbel waren nicht das einzige Erzeugnis, welches die Gebrüder Thonet 1862 in London präsentierten. Bereits zwei Jahre zuvor hatten sie in Österreich ein Privileg auf eine spezielle Konstruktion von Wagenrädern erhalten, die sie hier ebenso zeigten. Franz hielt sich auch wegen dieser Angelegenheit bereits im Frühjahr 1860 in

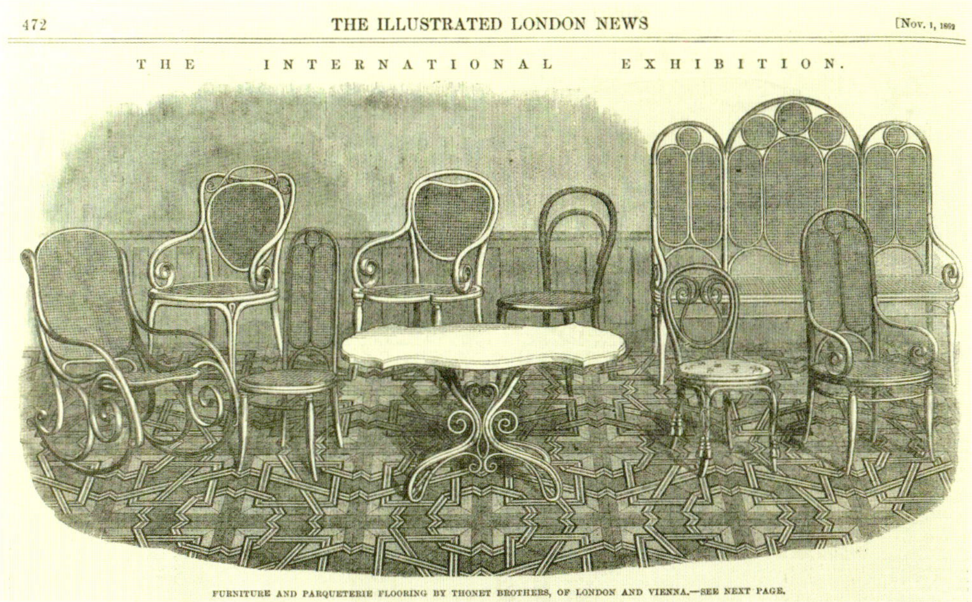
472 THE ILLUSTRATED LONDON NEWS [Nov. 1, 1862

THE INTERNATIONAL EXHIBITION.

FURNITURE AND PARQUETERIE FLOORING BY THONET BROTHERS, OF LONDON AND VIENNA.—SEE NEXT PAGE.

Abb. 84: Der Thonetsche Stand auf der Weltausstellung London 1862

London auf und versuchte, mit den Omnibuscompagnien und dem Militär, denen man bereits Musterräder zur Erprobung geliefert hatte, ins Geschäft zu kommen.[112] Das Patent für England wurde am 27. April 1860 auf Franz‘ Namen erteilt.[113] Es spricht einiges dafür, dass man wirklich ernsthaft daran dachte, dies zu einem weiteren Geschäftsfeld auszubauen, ja sogar von einer eigenen Fabrik in England ist die Rede.[114] Doch am Ende zerschlugen sich diese Pläne und die Thonets waren weder in England noch in den anderen Staaten, in denen sie Patente auf Wagenräder genommen hatten, erfolgreich. Das Militär beispielsweise argumentierte, dass ähnlich konstruierte Räder bereits seit langem bekannt und im Gebrauch seien.[115]

Wenn auch das Schwergewicht der Präsentation in London eindeutig auf den neuen Möbeln lag, spielte ein drittes Geschäftsfeld, die Parkettböden, bei dieser Ausstellung nochmals eine Rolle.

Das Unternehmen hatte Parketttafeln mit verschiedenartigen Mustern mitgebracht – die in *The Illustrated London News*[116] und *Illustrated Times*[117] abgebildeten Thonetschen Möbel stehen auf solch einem Parkettboden mit geradem Muster (Abb. 84 und 79) – war aber offensichtlich doch überrascht von der Resonanz, die sie fanden: »Es sind mehrere Käufer an den Parkettböden unserer Ausstellung wir werden dieselben schon wegbringen. Dann lieber Josef möchte ich Dich recht sehr bitten uns doch umgehend Muster von unseren besten Parketten zu schicken, sowohl grade Muster als auch geschweifte, die wir machen. Die Preise sind hier hoch, wir haben hier mit den reichsten und vornehmsten Leuten zu thun, die fortwährend nach Parketten fragen. Es wäre eine große Thorheit von uns von der Hand zu weisen, was sich uns von selber darbietet. Haben wir nicht die Zeit, diese von graden Mustern selber zu machen, so wird uns Leistler dieselben machen, ich habe mit ihm gesprochen. […].«[118] Interessant ist die Erwähnung von Leistler, in dessen Werkstatt Michael Thonet bis 1849 gearbeitet hatte und der nun Arbeiten für die Thonets übernehmen sollte.[119]

Der Eindruck, den die Parketten auf der Weltausstellung erzielten, scheint nachhaltig gewesen zu sein und endgültig verabschieden wollte man sich daher von diesem Geschäftszweig dann doch nicht. In zahlreichen Annoncen wird neben den Stühlen auch auf die Parkettböden hingewiesen, so von Oktober 1862 bis Juli 1863 in dem Magazin *The Lady's Newspaper and Pictorial Times*, von Juli bis Oktober 1863 dann in *The Weekly Chronicle.*[120] Doch übergaben die Gebrüder Thonet bereits kurze Zeit später ihr Parkettengeschäft an die Londoner Firma Arrowsmith und nur wenige Monate später hieß es: »Thonet Brothers, of Ludgate-hill inform the public they have relinquished selling their ›veneered parquetry‹ for ›Arrowsmith's Solid Parquet Floors‹ as better adapted to this climate.«[121]

10.7. Die Jahre von 1862 bis 1876

Die nächste große Ausstellung, an der die Gebrüder Thonet nach London teilnahmen, sollte die Weltausstellung 1867 in Paris sein. Doch war das Unternehmen auch in den fünf Jahren dazwischen aktiv und baute seine nationale und internationale Präsenz mit der Teilnahme an zahlreichen kleineren, auch internationalen Ausstellungen aus.

10.7.1. Wien

Wien war die Firmenzentrale und wenn sich die Gelegenheit bot, zeigte man sich in der Hauptstadt. So bei der kurzfristig geplanten Präsentation der Erzeugnisse der Industrie in den Kronprinz-Zimmern der Hofburg (1862), der Weihnachtsausstellung im Dianasaal (1863) oder der Pfingstausstellung im Prater (1866). Das Unternehmen versprach sich davon sicher keinen unmittelbaren geschäftlichen Erfolg. Die Thonetschen Möbel waren in Wien bekannt, sie waren in Caféhäusern und Restaurants allgegenwärtig, in den Niederlagen in der Leopoldstadt konnte man sie anschauen und bestellen. Doch war der Aufwand zur Beschickung dieser lokalen Präsentationen überschaubar, die Möbel mussten lediglich aus der Filiale oder dem Lager in die entsprechende Ausstellungslokalität geschafft werden.

Während die großen Industrieausstellungen dem Unternehmen die Möglichkeit boten, seine wirtschaftliche Leistungsfähigkeit zu demonstrieren, versprach die Teilnahme an der Ausstellung in der Hofburg einmal wegen der Prominenz des Veranstaltungsortes[122] vor allem aber durch den Besuch des Kaisers einen hohen Prestigewert; eine öffentliche Demonstration, dass man zu den erfolgreichen und bekannten Industriellen der Metropole gehörte. »Se. Majestät erschienen heute [7. April 1862] um 1 Uhr in dieser improvisirten Ausstellung und ließen sich die betreffenden Fabrikanten vorstellen und von denselben die einzelnen ausgestellten Gegenstände vorweisen.«[123]

Michael Thonet war 1842 nahezu mittellos nach Wien gekommen, hatte in den ersten Jahren bei zwei Wiener Tischlern gearbeitet und 1849 eine eigene Werkstatt eröffnet. Am 1. November 1853 wurde die Firma Gebrüder Thonet gegründet. 1856 erhielten die Thonets die österreichische Staatsbürgerschaft und am Anfang der 1860er Jahre gehörten sie bereits zu den bekannten Wiener Industriellen. Entscheidend für ihre Teilnahme an der Ausstellung in der Hofburg war nicht die Werbung für die »ausgestellten Gegenstände«, sondern die Bestätigung und Hebung ihres sozialen Status' durch die Anwesenheit des Kaisers und seiner Entourage.[124]

10.7.2. Köln

Auf der Internationalen Landwirtschaftlichen Ausstellung in Köln, vom 2. Juni bis zum 2. Juli 1865, wurden auch Thonetsche Möbel präsentiert. Gezeigt wurden: 12 Stühle, 5 Fauteuils, 1 Canapé, Schaukelsessel, Tische und einige gebogene Holzteile. Doch organisierte das Unternehmen die Teilnahme nicht selbst, sondern wurde repräsentiert durch einen lokalen Händler: Schade, Kistemann & Co.. Außer dem Namen und einer Auflistung der gezeigten Möbel in dem Katalog zur Ausstellung[125] fanden sich keine weiteren Informationen hierzu. Es ist auch nicht bekannt, ob diese Firma die Thonetschen Möbel schon vorher vertrieb oder ob die Zusammenarbeit erst mit dieser Ausstellung begann.

10.7.3. Dublin

Bereits im Zusammenhang mit der Errichtung der Filiale in London 1862 hatte Franz Thonet die Absicht geäußert, eine Vertretung nicht nur hier, sondern auch in Liverpool, Edinburgh und Dublin einzurichten.[126] In den beiden erstgenannten Städten kam es vorerst nicht dazu, doch bei der International Exhibition of Arts and Manufactures 1865 in Dublin, an der mehr als siebzig österreichische Firmen teilnahmen, war unter anderem auch das Unternehmen Gebrüder Thonet vertreten. Die Beschreibung in dem offiziellen Ausstellungskatalog belegt, dass ihre Möbel auch hier nicht unbekannt waren: »The famous bent wood furniture, by the brothers Thonet, so strong that a chair dashed with main force upon the floor will bound from it uninjured like an India-rubber ball, and so durable in the absence of all glued joints that rough wear seems to have no effect on it, is exhibited in many shapes, all simple, and some elegant in their simplicity.«[127]

In einem ausführlichen Zeitungsbericht wurden – im Gegensatz zu den Exponaten der übrigen österreichischen Aussteller – die Möbel der Gebrüder Thonet positiv hervorgehoben und der Berichterstatter betonte, dass sie mit ihren Ausstellungsgegenständen eine »ganze Preisskala«[128] repräsentierten. Offensichtlich bestand auch hier, wie in anderen Fällen, die Absicht, nach der Ausstellung eine Verkaufsstelle zu eröffnen, was aber dann doch nicht zustande kam.[129]

10.7.4. Stettin

Bereits vor der Teilnahme an der Allgemeinen Gewerbe und Industrie Ausstellung im Jahr 1865 in Stettin hatten die Gebrüder Thonet Kontakte dorthin. Eine hier ansässige Schiffstransport-Gesellschaft, die Stettiner Dampfschiffs-Gesellschaft, hatte ihnen ihre Dienste zwei Jahre zuvor angeboten. Sie unterrichtete das Unternehmen darüber, dass die Linie nach Kopenhagen nun eröffnet sei, alle Arten von Gütern per Dampf- und Segelschiff nach Kopenhagen transportiert werden könnten und bald noch weitere Linien, beispielsweise nach Rußland, Schweden, England, Königsberg und Danzig folgen würden.[130] Ob die Thonets diese Offerte allerdings wahrgenommen haben, scheint eher unwahrscheinlich. Geschäftsbeziehungen zu den genannten Städten an der Ostseeküste – außer Danzig – oder nach den nordischen Ländern in dieser frühen Zeit sind nicht bekannt. Doch zeigt allein das Angebot dieser Gesellschaft, dass man um die internationale Ausrichtung und auch das Transportvolumen der Gebrüder Thonet wusste und sich entsprechende Geschäfte mit ihnen versprach.

Zwei Jahre später nahm das Unternehmen dann an der Allgemeinen Gewerbe und Industrie Ausstellung in Stettin, der damaligen Hauptstadt der preußischen Provinz Pommern, teil. Die Ausstellung war bereits 1863 von der Polytechnischen Gesellschaft geplant worden, etwa 1.300 Aussteller kamen schließlich an die Ostsee.[131] Die Gebrüder Thonet hatten seit 1864 eine Niederlage in Berlin und durch die seit 1843 bestehende Eisenbahnverbindung nach Stettin ließen sich die Möbel

Abb. 85: Ausstellungsstand der Gebrüder Thonet, Stettin 1865

problemlos dorthin schaffen. Die Ausstellung wurde am 12. Mai von dem preußischen Kronprinzen eröffnet, was deren Stellenwert verdeutlicht. Die Veranstalter sahen sich in einer Tradition mit den großen Industrieausstellungen in London und Paris und verwiesen stolz darauf, »daß es unser Landsmann, daß es ein deutscher Prinz gewesen sei, dessen Geist der schöpferische Gedanke internationaler Industrieausstellungen entsprungen«.[132]

Über die in Stettin von den Gebrüdern Thonet präsentierten Möbel fanden sich keine Angaben, lediglich die Erwähnung, dass sie neben zwei anderen Ausstellern die schönsten Möbel gezeigt und als Anerkennung die Preismedaille erhalten haben.[133]

Doch auf einer Lithographie einer der Ausstellungssäle ist der Stand der Gebrüder Thonet mit einigen Möbeln zu sehen: ein Fauteuil und ein Canapé Nr. 16, ein Damenfauteuil, ein Fußstockerl und ein Tisch, Modell Nr. 4. (Abb. 85)

Daneben ist ein weiterer Armlehnstuhl abgebildet, wie er auf keinem der bekannten Plakate oder in Katalogen zu finden ist. Es handelt sich um ein Modell, welches vor allem in der Rückengestaltung eher an einen Korbstuhl aus Weidenmaterial als aus Bugholz erinnert.[134] Ein ähnliches Modell ist abgebildet in einem Werbeinserat der Filiale in München von 1878.[135] (Abb. 73)

Auch in einem Bericht über die Londoner Industrieausstellung 1862 findet sich ein Hinweis auf die Ähnlichkeit einiger der ausgestellten Möbel mit Korbmöbeln.[136] Zwar zeigen die in *Illustrated Times* und *The Illustrated London News* veröffentlichten Illustrationen der Thonetschen Exponate (Abb. 79 und 84) keine derartigen Möbel[137], so dass es sich bei der zitierten Textstelle möglicherweise auch um eine Assoziation des Berichterstatters handeln könnte, doch bemerkenswert sind die beiden Abbildungen, welche diese korbähnlichen Möbel auch zeigen. Als wahrscheinlichste Erklärung bietet sich an, dass – wie in anderen Fällen auch – diese Stühle speziell nur für Ausstellungen hergestellt wurden. Objekte dieser Art waren nie für den Verkauf vorgesehen, sondern dienten lediglich als Ausweis der perfekten Beherrschung der Technik des Holzbiegens, ebenso wie der 1867 in Paris präsentierte sogenannte Demonstrationssessel, ein aus zwei, mehreren Metern langen Bugholzstäben bestehendes Objekt. (Abb. 86, vorne rechts). Hier handelte es sich um einen Sessel, wie es ihn so vorher nie gab. In Stettin orientierte man sich noch an dem bekannten Typus des Korbmöbels, das mit seinen vielfältigen Rundungen und seiner Formensprache ebenso als Demonstration der Beherrschung des Holzbiegens dienen konnte. Es ging in beiden Fällen nicht darum, verkaufbare Sitzmöbel zu zeigen. Der Aufwand, diese zu fertigen, wäre ebenso unverhältnismäßig gewesen wie der daraus resultierende Preis.

Nach der Ausstellung in Stettin wurde hier keine Verkaufsstelle eingerichtet, doch nur ein Jahr später bot dann in Danzig ein lokaler Händler erstmals die Thonetschen Möbel an.[138]

10.7.5. Weltausstellung Paris 1867

Die Gebrüder Thonet hatten aufgrund der Prominenz der Firma und ihrer Bedeutung für die österreichische Wirtschaft keine Schwierigkeiten, als Aussteller für die Weltausstellung 1867 in Paris zugelassen zu werden. Darüber hinaus beteiligten sie sich mit einem namhaften Betrag an einer Sammlung zur Finanzierung des Transports der Gegenstände der Österreichischen Aussteller in die französische Hauptstadt. Es war üblich, dass der Transport aller Waren zu solch internationalen Ereignissen gemeinsam erfolgte, in diesem Falle organisierte es der Niederösterreichische Gewerbeverein, der auch die hierzu gespendeten Gelder verwaltete.[139]

Bei der Weltausstellung in Paris ist bei den Gebrüdern Thonet erstmals eine Hinwendung zu luxuriös ausgestatteten, aufwändig gepolsterten Möbeln, erkennbar. Dies bedeutete allerdings keine Abkehr von dem bisher verfolgten Weg der Fertigung sogenannter Konsumware, sondern dürfte einmal der Internationalität des Ereignisses, zum anderen der immer stärker zunehmenden Vorliebe des zeitgenössischen Publikums für opulente Dekoration geschuldet sein. Die Herausforderung bestand darin, die klare und reduzierte Formensprache des Bugholzmöbels mit diesem Anspruch zu verbinden. Eine Garnitur von speziell für diese Ausstellung geschaffenen Salonmöbeln mit aufwändiger Polsterung belegt diesen Versuch. (Abb. 86 und 87)

Vergleicht man diese in Paris erstmals vorgestellte Salongarnitur mit dem »Demonstrationsstuhl«, (Abb. 87 und Abb. 86 vorne rechts) so fällt eine gewisse Ähnlichkeit in der Gestaltung der schlaufenförmigen Beine ins Auge. Letzterer wurde als Ausweis

Abb. 86: Ausstellungsstand der Gebrüder Thonet, Weltausstellung 1867 Paris

des technologisch Möglichen speziell für diese Ausstellung geschaffen und ist nicht wirklich benutzbar. Dieser Stuhl zeigt die zunehmende Tendenz vor allem bei Weltausstellungen, Objekte zu präsentieren, die den Besucher staunen lassen sollten.[140] Bei der Salongarnitur allerdings versuchte die Firma Gebrüder Thonet, das Artistische des Demonstrationssessels in ein auch tatsächlich »besitzbares« Möbel umzusetzen. Doch sah man – aus welchen Gründen auch immer – von einer Fertigung dieser Art von Möbeln vorerst ab und nahm Polstermöbel nicht in das Verkaufsprogramm auf. Erst ab 1884 finden sich erstmals Salonmöbel im Angebot der Firma.[141] Warum diese Gattung erst so spät angeboten wurde, kann nur vermutet werden: Möglicherweise war sich das Unternehmen darüber im Klaren, dass diese Art von Möbeln dem Gedanken einer materialgerechten Serienfertigung von Bugholzmöbeln zuwiderlief. Wahrscheinlicher indes ist, dass diese Möbel bei weitem nicht so profitabel waren wie die traditionellen Bugholzprodukte. Sie waren teuer in der Herstellung und konnten lediglich in geringen Stückzahlen verkauft werden. Ansonsten zeigte der Pariser Ausstellungsstand der Gebrüder Thonet die bereits bekannten Modelle: Sessel, Fauteuils und Canapés, Tische, dazu Schaukelmöbel und einen Toilette-Spiegel. Auf opulent ausstaffierten Tafeln verwies man auf die mittlerweile zahlreichen Verkaufsstellen in ganz Europa und die bisher erhaltenen Preis-Medaillen. Das Unternehmen wurde in Paris mit der Goldenen Medaille ausgezeichnet.

Abb. 87: Salonsessel der Gebrüder Thonet, Weltausstellung 1867 Paris

Erstmals bei einer Weltausstellung gab es eine Neuerung derart, dass nicht nur die Qualität der ausgestellten Objekte prämiert, sondern auch eine Art Zusatzpreis vergeben wurde, der sich an dem Grad der Fürsorge, den sozialen Leistungen der Firmen für ihre Mitarbeiter wie der Errichtung von Arbeiterwohnungen, Spitälern und Kindergärten orientierte.[142] Von den teilnehmenden österreichischen Firmen bewarben sich sieben um diese Auszeichnung, unter anderem auch die Gebrüder Thonet. Wenn auch mit dem Bau von Arbeiterwohnhäusern erst in den 1870er Jahren begonnen werden sollte, so trug man folgende Argumente vor: »Die Gebrüder Thonet beschäftigen mit ihrer Fabrikation von Möbeln aus gebogenem Holze die Bevölkerung von drei Dörfern in Mähren und Ungarn, und eine Anzahl von mehr als 3000 Personen in einer Gegend, wo sie früher nur einen kümmerlichen Erwerb hatten. Sie haben in diesen Gemeinden Krankenkassen und Schulen errichtet.«[143] Von den österreichischen Firmen erhielt allein das Textilunternehmer von Johann Liebig einen Preis in Höhe von 10.000 Francs, drei weitere eine ehrenvolle Erwähnung. Nachträglich wurde den Gebrüdern Thonet – neben anderen – allerdings doch noch eine Auszeichnung dadurch zuteil, dass sie nun »in dem von der Specialjury erstatteten und in Druck gelegten Berichte namentlich aufgeführt werden«.[144]

In den sechs Jahren zwischen der Weltausstellung in Paris und 1873 in Wien ruhte die Ausstellungstätigkeit der Gebrüder Thonet keinesfalls. 1869 nahmen sie an zwei Leistungsschauen teil, die gleichzeitig und in unmittelbarer Nachbarschaft stattfanden: die Internationale Industrieausstellung in Altona vom 27. August bis zum 27. September und die Hamburger Gartenbauausstellung vom 2. bis zum 12. September. Aussteller waren die Gebrüder Thonet, doch organisiert und betreut wurden diese Präsentationen von dem Handelsunternehmen Weber, Lührs & Comp.[145], das seit 1863 auch eine Niederlage von Möbeln aus gebogenem Holz in Hamburg unterhielt. Zu den bei der Industrieausstellung präsentierten Gegenständen fanden sich keine Angaben. In dem Katalog wird lediglich die Teilnahme erwähnt, im Anzeigenteil findet sich ein Inserat. Detaillierte Informationen allerdings liegen zu der Gartenbauausstellung vor. Innerhalb des regulären Programms war ein Sortiment von Gartenmöbeln ausgestellt[146], in einem gesonderten Bereich noch weitere Möbel aus gebogenem Holz und – wie zu dieser Zeit bei nahezu jeder Ausstellung üblich – außergewöhnlich gebogene Holzteile. In einem illustrierten Werbeinserat im Ausstellungskatalog – nahezu identisch mit dem für die Industrieausstellung – wurde der Schaukelfauteuil Nr. 1 abgebildet und auf die letzte, kürzlich bei der Pariser Weltausstellung erhaltene Goldene Medaille verwiesen.

Es stellt sich die Frage, welche Überlegungen das Unternehmen veranlassten, an zwei gleichzeitigen Ausstellungen, dazu in zwei in unmittelbarer Nähe liegenden Städten, teilzunehmen. In Altona handelte es sich um eine Industrieausstellung, die

Möbel der Gebrüder Thonet waren Industrieprodukte und ihre Präsentation dort ist insofern nachvollziehbar. Warum aber nahm man an einer Ausstellung teil, auf der überwiegend Kalt- und Warmhauspflanzen, Blumen für innen und außen und Obst und Gemüse präsentiert wurden?[147] Daneben gab es im regulären Programm der Gartenbauausstellung zwar auch noch Objekte zur Dekoration, auch Gartenmöbel, doch machten diese zu dieser Zeit bei den Gebrüdern Thonet nur einen verschwindend kleinen Teil des Angebots aus. In einer speziellen Sektion außerhalb des »regulären« Programms bestand allerdings die Möglichkeit, auch klassische Wohnmöbel zu zeigen. Die Gebrüder Thonet präsentierten hier unter anderem neun Sessel, fünf Fauteuils, drei Canapés und diverse Schaukelstühle. Es ist anzunehmen, dass die Möbel bewusst in dieser Umgebung inszeniert wurden. Präsentationen dieser Art dienten ja nicht alleine dazu, dem Besucher neue Produkte vorstellen, sie sollten ihn auch ein wenig dem Alltag entrücken. »Das Streben nach Umsatz trat hinter den ›belehrenden, aufklärenden, propagandistischen und repräsentativen Charakter‹ zurück, das Knüpfen neuer Geschäftsbeziehungen oder der direkte Verkauf waren nur Nebenzweck des Ausstellungswesens, welches ökonomisch lediglich auf die Marktvorbereitung oder -beeinflussung, sozial und kulturell aber auf die Demonstration der Konturen einer industrialisierten Gesellschaft zielte.«[148] Die Präsentation der Thonetschen Möbel sprach gezielt die bürgerliche Schicht an, welche für die Inszenierung im Garten, Wintergarten oder auf der Veranda Blumen und Dekoration benötigte, wozu dann auch die leichten Bugholzmöbel perfekt passten.[149]

Überlegungen dieser Art werden das Unternehmen veranlasst haben, seine Möbel bei einer Gartenbau-Ausstellung zu präsentieren; der bürgerliche Mittelstand machte den Großteil der Besucher aus, sie waren die Zielgruppe, die man im Auge hatte.[150] Der logistische Aufwand war minimal und die Kosten für die Dauer der Präsentation von nur etwas mehr als einer Woche waren überschaubar.

Über weitere Ausstellungen im gleichen Jahr und in den Jahren bis zur Weltausstellung in Wien 1873 fanden sich nur wenige Informationen. Auf der Internationalen Industrie-Ausstellung 1869 in Amsterdam war das Unternehmen – ebenso wie in Hamburg – außerhalb des regulären Programms vertreten. Welche Möbel die Gebrüder Thonet dort zeigten, ist nicht bekannt, als Auszeichnung erhielten sie ein Diplom d'excellence. Ab 1870 hatte die Firma dann einen Standort in Amsterdam; es ist wahrscheinlich, dass dies im Zusammenhang mit dieser Ausstellung steht.[151]

Über die Möbel, welche das Unternehmen auf der vom 7. Februar bis zum 8. März 1870 dauernden Allgemeinen Industrie-Ausstellung in Kassel zeigte, gibt es keine Informationen, doch in einem Bericht der *Deutsche[n] Blätter*, einer literarisch politischen Feuilleton-Beilage zur Gartenlaube, wurden die Exponate der Gebrüder Thonet lobend erwähnt. Das ist insofern bemerkenswert, als *Die Gartenlaube*, eine populäre Zeitschrift mit einer Gesamtauflage von zu dieser Zeit 285.000 Exemplaren, sich an ein einfacheres und weniger gebildetes Publikum richtete, für das Einrichtungsfragen auch aus finanziellen Gründen kaum eine Rolle gespielt haben dürften.[152] Über die Möbel der Gebrüder Thonet heißt es in der Beilage: »Ich halte die Möbelsection für die verfehlteste Partie der Ausstellung. Von Möbeln für das bürgerliche Wohnhaus erblickt man wenig oder nichts darin, ausgenommen vielleicht die leichten und verhältnismäßig billigen Stühle von gebogenem Holz der Gebrüder Thonet in Wien und Berlin und von einer Casseler Firma, welche letztere jedoch hinsichtlich der Gefälligkeit und Leichtigkeit ihrer Erzeugnisse beträchtlich gegen die erstere zurücksteht.«[153] Bei der Kasseler Firma, deren Name hier nicht genannt wird, handelt es sich um Andrecht & Bingel, ein Unternehmen, welches eine Fabrik von Möbeln und Holzwaren betrieb und ab dem Ende der 1860er Jahre auch Möbel aus gebogenem Holz herstellte. Der Vergleich der Thonetschen Möbel mit denen von Konkurrenten findet sich verstärkt bei den Ausstellungen in den nächsten Jahren, wobei in fast allen Fällen die hervorragende Qualität der Thonetschen Möbel gegenüber den Mitbewerbern herausgestellt wurde. Die Gebrüder Thonet erhielten in Kassel das Erste Ehrendiplom, »wegen guter Formen bei bester Ausführung und billigen Preisen«.[154]

Die Polytechnische Ausstellung 1872 in Moskau war die letzte Präsentation, welche die Thonets vor der Weltausstellung in Wien 1873 beschickten. Sie wurde am 30. Mai 1872, dem zweihundertsten Geburtstag Peters des Großen eröffnet und dauerte bis zum 1. September. Die Firma wurde ausgezeichnet mit der Großen Goldenen Medaille, über die ausgestellten Gegenstände ist nichts bekannt. Mit der Teilnahme an dieser Ausstellung war auch unmittelbar keine Filialeröffnung verbunden, der erste Nachweis einer eigenen Thonetschen Niederlage in Moskau findet sich erst 1884. Sicher gab es in den Jahren davor eine umfangreiche Zusammenarbeit mit lokalen Möbelhändlern, worauf unter anderem die zollpolitisch motivierte Errichtung der Fabrik in Radomsk 1881 hinweist.

10.7.6. Weltausstellung Wien 1873

»Der einzige Zweig, in welchem das konstruktiv Vernünftige absolut vorwaltet und auch etwas Neues geschaffen ist, ist die Fabrikation von Möbeln, vornehmlich Stühlen, aus gebogenem Holze.«[155]

Die ersten beiden Weltausstellungen hatten in London und Paris stattgefunden, nach der zweiten 1862 in London hatte die Stadt wegen erheblicher finanzieller Verluste allerdings keinerlei Ambitionen mehr, sich nochmals für eine weitere zu bewerben. In Wien war man nach der Londoner Ausstellung an der Ausrichtung eines solch prestigeträchtigen Ereignisses sehr interessiert, doch durch den Krieg

Österreichs mit Italien und Preußen und den Ausgleich mit Ungarn hatte dieses Projekt vorläufig keine Aussicht auf Erfolg, so dass die nächste schließlich 1867 in Paris stattfand. Der Deutsch Französische Krieg 1870/71 wiederum verhinderte es, dass Frankreich nun nochmals eine Weltausstellung ausrichten konnte und Wien nahm die Gelegenheit war, sich als Weltstadt, als Metropole, zu präsentieren.[156] Die Wiener Handelskammer hatte schon lange versucht, die Geschäftswelt für diese Idee zu begeistern, wobei das Argument des Gewinns, den ein solches Ereignis versprach, nicht unwesentlich gewesen sein dürfte.[157] Erst 1869 war es schließlich soweit, dass ein offizieller Antrag gestellt wurde und am 24. Mai 1870 verkündete Kaiser Franz Joseph: »Ich genehmige, dass die Abhaltung einer im Frühjahre 1873 zu eröffnenden Internationalen Ausstellung von Erzeugnissen der Landwirthschaft, der Industrie und der bildenden Künste in Wien vorbereitet werde.«[158]

Wenn auch in der Begründung für ein solches Ereignis immer wieder mit dem zu erwartenden Gewinn argumentiert wurde, so richtete man auf jeden Fall doch einen sogenannten Garantiefond ein, in den Unternehmen und Einzelpersonen, welche ein Interesse an dem Zustandekommen hatten, eine frei zu wählende Summe – in der Regel zwischen fl. 1.000 bis zu 100.000 – einzahlen konnten. Bis Ende Juni 1870 waren bei der Wiener Handelskammer bereits fl. 4.563.000 eingegangen, noch nicht eingerechnet die Gelder, welche man von den auswärtigen Handelskammern erwartete. Die Gebrüder Thonet trugen fl. 50.000 bei, was einerseits zeigt, welche Bedeutung sie dieser Leistungsschau beimaßen, andererseits aber auch auf den enormen wirtschaftlichen und finanziellen Erfolg ihres Geschäfts hinweist. In Wien begann ihr Aufstieg und hier residierte die Firmenzentrale des weltweit agierenden Unternehmens, das ein solch epochales Ereignis natürlich auch für seine Zwecke und zur Repräsentation nutzen wollte.

Bereits Anfang des Jahres 1872 wurden zahlreiche Kommissionen, Unterkommissionen und regionale Ausschüsse in den Kronländern gebildet, die sich mit der Vorbereitung befassten. In einer eigenen »Weltausstellungs-Zeitung« wurde umfassend über deren Arbeit berichtet. Die Gebrüder Thonet konnten vielfältig Einfluss auf die vorbereitenden Arbeiten nehmen. Die Gesellschafter des Unternehmens waren in zahlreichen Kommissionen vertreten[159], so beispielsweise »August Thonet, Möbelfabrikant in Bistritz«[160] als Mitglied der Kommissionen in den Provinzen Mähren/Olmütz. Josef Thonet wurde von dem Niederösterreichischen Gewerbeverein als Juror für die Gruppe VIII, Holzwaren, vorgeschlagen. Zu dieser Gruppe gehörte neben dem bekannten Wiener Tischler Josef Dasatiel auch Wilhelm Franz Exner, einer der treibenden Kräfte für dieses Projekt.

Zusätzlich zu der internationalen Leistungsschau wurden in einer additionellen Ausstellung »Beiträge zur Geschichte der Gewerbe und Erfindungen« für jede der

Gruppen die Persönlichkeiten präsentiert, die sich in den letzten hundert Jahren um die gewerbliche und industrielle Produktion in Österreich verdient gemacht hatten. In der Gruppe VIII »Holz-Industrie« war allein Michael Thonet vertreten. Darüber hinaus zeigte man in dieser Sektion auch das Möbel, mit dem der Thonetsche Erfolg in Wien begann, Sessel Modell Nr. 4, welcher erstmals bei der Einrichtung eines Kaffeehauses verwendet wurde. »Ein solcher Sessel aus dem Café Daum war zur Veranschaulichung der damaligen Herstellungsweise in der speziellen Abteilung für die Geschichte der Erfindungen in der Wiener Ausstellung 1873 ausgestellt und befindet sich heute im Technologischen Gewerbemuseum zu Wien.«[161]

Die Gebrüder Thonet waren mit zwei Ausstellungsständen vertreten. Sie konnten ihre Erzeugnisse sowohl in der österreichischen als auch in der ungarischen Sektion präsentieren, da sie bereits seit 1865 einen Fabrikationsstandort in Groß Ugrócz in Ungarn hatten. Zu sehen war eine vollständige Garnitur der ab 1861 gefertigten Modellnummer 15, die durch den Salontisch Nr. 8 ergänzt wurde. (Abb. 88)

Die Stäbe dieser Ausstellungsmöbel waren im Gegensatz zu den Serienerzeugnissen aufwändig spiralförmig gefräst. Möglicherweise wollte man damit dem Urteil einiger Zeitgenossen – wie beispielsweise des bekannten Kunsthistorikers Jakob von Falke – begegnen, der die Thonetschen Möbel lediglich für öffentliche Einrichtungen, nicht jedoch für die bürgerliche Wohnung gelten ließ.[162] In der ungarischen Abteilung

Abb. 88: Sessel und Fauteuil der Gebrüder Thonet, Weltausstellung 1873 Wien

verwies das Unternehmen mit einer Tafel »Thonet Testverek«, auf der alle bisher errungenen Preismedaillen abgebildet waren, auf die hohe Qualität seiner Produkte.

An dieser Ausstellung beteiligten sich erstmals auch J. & J. Kohn, die innerhalb kürzester Zeit zu einem der Hauptkonkurrenten der Gebrüder Thonet geworden waren. Bereits am 26. Oktober 1867 hatten die Kohns ein eigenes Privileg erhalten »auf eine Verbesserung der Methode aus gebogenem Längenholze Möbeln und sonstige Utensilien zu erzeugen, für die Dauer von fünf Jahren«.[163] Ein Jahr später fochten sie das Massivholz-Privileg der Gebrüder Thonet erfolgreich an, die es am 10. Dezember 1869 dann »freiwillig« zurückgaben. In der Folgezeit errichteten J. & J. Kohn mehrere Fabriken, so in Wsetin, Keltsch, Teschen und Krakau und kopierten das Thonetsche Modell der Fabriksfilialen, welche Halbfertigwaren in die eigentlichen Fabriken zur Endmontage lieferten. Die Firma beschäftigte 1873 schon 2.800 Arbeiter, die 800 bis 900 Möbelstücke pro Tag erzeugten. Damit reichte man zwar noch nicht an die Zahlen der Gebrüder Thonet heran, doch war absehbar, dass hier ein ernsthafter Konkurrent heranwuchs, was auch von zeitgenössischen Beobachtern so gesehen wurde.[164] Die Bewertungsjury zeichnete J. & J. Kohn lediglich mit der Verdienstmedaille aus, was einen Berichterstatter zu folgender Bemerkung veranlasste: »[…] gewiß ist jedoch, daß dieselbe [J. & J. Kohn] einer weit höheren Auszeichnung würdig gewesen wäre, wie die Meinung aller Fachmänner übereinstimmend lautete, allein die Ansprüche der Jury sind – unumstößlich.«[165] Mitglied dieser Jury war auch Josef Thonet.

Doch waren die Kohns nicht die einzigen, die auf dieser Ausstellung nun Bugholzmöbel präsentierten.[166] Angesichts des Erfolgs der neuartigen Möbel und nach dem Wegfall des Thonetschen Privilegs wurden in Österreich und Ungarn eine Reihe von Unternehmen gegründet, welche begannen, Möbel aus massiv gebogenem Holz zu erzeugen.[167] In Deutschland und anderen Ländern war dies schon vorher möglich, da hier das österreichische Privileg keine Geltung hatte. In dem amtlichen Katalog der Ausstellung des Deutschen Reiches für Wien heißt es dazu: »Die gebogenen Möbel, 1834 von dem Möbelfabrikanten Thonet zu Boppard (bei Coblenz) zuerst hergestellt und in Wien fabriciert, wurden von Andrecht und Bingel in Cassel nach Thonet's Beispiel in den Zollverein eingeführt. Gegenwärtig werden sie an mehreren Orten, namentlich in München, im Grossen hergestellt.«[168] Drei der größeren, Bugholzmöbel produzierenden Firmen aus Deutschland waren auch in Wien vertreten:

- Otto Seitz & Co aus München, gegr. 1872 mit 105 Arbeitern,
- Sächsische Holzindustrie-Gesellschaft in Rabenau, gegr. 1869 mit 639 Arbeitern, darunter 150, die in Fabriksfilialen oder in Hausarbeit beschäftigt waren,
- Bieler & Co aus Leipzig, gegr. 1870 mit 130 Beschäftigten.[169]

Hinzu kam der Dresdner Möbelhersteller Türpe, der in Wien zwar noch keine Möbel aus gebogenem Holz präsentierte, aber bereits während der Ausstellungsdauer, am 21. September 1873, ein Privileg auf die Erfindung von Kleider- und Huthaken aus massiv gebogenem Holz erhalten hatte und bald auch mit der Produktion von Möbeln aus gebogenem Holz beginnen sollte.[170]

Doch all diese Firmen und zahlreiche andere, die in Wien nicht vertreten waren, stellten für die Gebrüder Thonet keine ernsthafte Konkurrenz dar, da sie weder über die finanziellen Möglichkeiten, noch vergleichbar ausgestattete Produktionsstandorte, die technologische Erfahrung und vor allem nicht über ein Filialnetz verfügten, wie es sich die Thonets in mehr als zehn Jahren auf- und ausgebaut hatten. Die Konkurrenzfirmen belieferten in erster Linie ihre Heimatmärkte, eine internationale Präsenz lag weit jenseits ihrer wirtschaftlichen und finanziellen Möglichkeiten. Einzig J. & J. Kohn und mit gehörigem Abstand D. G. Fischel Söhne konnten in den folgenden Jahren annähernd an die wirtschaftliche Potenz der Gebrüder Thonet heranreichen.

Wie bereits erwähnt, erhielten die Gebrüder Thonet bei der Wiener Weltausstellung keine Auszeichnungen, da sie – Josef Thonet war Mitglied der Jury – außerhalb der Preisbewerbung teilnahmen. Doch waren unter den sieben Auszeichnungskategorien auch Medaillen für Mitarbeiter vorgesehen.[171] Von den Gebrüdern Thonet erhielten die in Koritschan beschäftigten Josef Herbert, Werkführer, Josef Jülka, Fabrikdirektor und Josef Wibiral, Fabrikinspektor, eine Medaille »wegen ihres wesentlichen Antheiles an den Vorzügen der Produktion oder an der Ausdehnung des Absatzes«,[172] wie es in den Vergabebestimmungen hieß.

Die Ausstellung in Wien dauerte vom 1. Mai bis zum 2. November 1873. Die Arbeit der Bewertungskommissionen war spätestens zur Halbzeit der Ausstellung beendet, doch blieben die Mitglieder der internationalen Jury der Gruppe VIII, Holzindustrie, noch zusammen und reisten im August gemeinsam zu einer Besichtigung der Thonetschen Möbelfabrik nach Groß Ugrócz.[173] Mitglied dieser Jury war unter anderem auch Wilhelm Franz Exner, der im gleichen Jahr sein Buch über das Holzbiegen veröffentlichen sollte.[174] Exner hatte ausgezeichnete Verbindungen zu der Familie Thonet und konnte so auf zahlreiche interne Informationen zurückgreifen, die er in seine Publikation mit einbrachte. Als Gründer und erster Direktor des Technologischen Gewerbemuseums in Wien erhielt er von dem Unternehmen darüber hinaus auch Biegeformen, die er in die Sammlungen des Technischen Museums gab.

Nur wenige Tage nach der Ausstellungseröffnung kam es in Wien zu dem bekannten Börsenkrach, der die Gründerkrise auslöste und neben der Choleraepidemie – die wohl in erster Linie für die geringe Anzahl von Besuchern verantwortlich war – die Ausstellung nicht zu dem erhofften Erfolg werden ließ. Man hatte mit bis zu 14 Millionen Besuchern gerechnet, am Ende waren es gerade einmal die Hälfte, und das

Defizit der Ausstellung betrug nahezu 15 Millionen Gulden. Die Gründerkrise hatte ihren Ausgang zwar in Wien genommen, doch erfasste sie auch andere europäische Länder, so dass es in dem international ausgerichteten Geschäft der Thonets zu einem Wachstumsstillstand kam. Die Anzahl der Arbeiter in den Fabriken, die im Jahr der Weltausstellung noch mehr als viertausend betragen hatte, sank im folgenden Jahr auf etwas mehr als 3.300 und stieg erst 1881 wieder über viertausend.

10.7.7. Weltausstellung Philadelphia 1876

Die Weltausstellung in Philadelphia war das erste Ereignis dieser Art, welches in den USA stattfand. Sie wurde am 10. Mai 1876 eröffnet und dauerte bis zum November. Die Gebrüder Thonet waren bereits seit 1873 in den USA vertreten und unterhielten Verkaufsstellen in New York und Chicago. Das Unternehmen hatte bisher an allen Weltausstellungen teilgenommen und so war es keine Frage, dass es auch hier Präsenz zeigen musste. Franz war vom österreichischen Handelsministerium als einer der Juroren und offizieller Berichterstatter für Möbel und Gegenstände zur Ausstattung von Wohnungen ernannt worden und reiste bereits Ende März nach New York. Die

Abb. 89: Ausstellungsstand der Gebrüder Thonet, Weltausstellung 1876 Philadelphia

Brüder August und Michael kamen ebenfalls nach Philadelphia, nicht in offizieller Mission, sondern als interessierte Besucher. Sie fuhren am 21. Mai von Wien aus ab und erreichten zusammen mit einer Gruppe von Mitgliedern der Österreichischen Ausstellungskommission am 6. Juni New York.[175]

Die Exponate der österreichischen Aussteller waren in gleichartigen Warengruppen zusammengefasst, so auch die Möbel der Gebrüder Thonet und von J. & J. Kohn, die nebeneinander direkt am Mittelgang der österreichischen Sektion platziert waren und die grundsätzlich gleiche Produktpalette zeigen.[176] (Abb. 89)

In zeitgenössischen Ausstellungsberichten wurden die Kohnschen Möbel mit denen der Gebrüder Thonet verglichen, wobei sich unterschiedliche Bewertungen finden. Einem Berichterstatter aus Graz sind die Kohnschen Möbel zu überladen und auch die Qualität reicht nach seiner Meinung nicht an die der Thonetschen heran. »Elegant, fast zu reich ausgestattet präsentiert sich die Möbelausstellung der Gebrüder Kohn (Mähren). [...] doch scheint es mir, als wenn die Firma mehr Gewicht auf die Möbelüberzüge gelegt habe. [...] die Möbelstücke selbst sind solid ausgeführt, reichen aber nicht ganz an die der vorgenannten Firma [Gebrüder Thonet] oder an die gleichartigen Objecte in der Abtheilung der ›Vereinigten Staaten‹ heran.«[177] In einer Wiener Zeitung hingegen wurden beide Unternehmen gelobt, keines steht dem anderen nach. »Die ›gebogenen Möbelfabrikanten‹ sind mit zwei umfangreichen Schaustellungen da. Man hat nicht nöthig, Einem die Palme vor dem Andern zuzusprechen. Sie sind die besten unmittelbaren Nachbarn von der Welt und werden selber vollständig damit einverstanden sein, das krönende Symbol sich gleichmäßig über sie Beide hinneigen zu sehen.«[178] Obwohl Franz Thonet Mitglied der Jury war, erhielt das Unternehmen eine Bronzene Medaille.

Ab dem Ende der 1870er und in den 1880er Jahren kam es zu einer Flut von Weltausstellungen, das »Weltausstellungskarussell«[179] begann, sich immer schneller zu drehen. So wurden in Australien 1879 und 1880 zwei Weltausstellungen kurz nacheinander veranstaltet, da Sidney und Melbourne sich nicht darüber verständigen konnten, wem das Recht auf die erste Weltausstellung auf dem australischen Kontinent zustehen sollte.[180] Darüber hinaus wurde die Einordnung internationaler Ausstellungen als Weltausstellungen zunehmend fraglicher, weshalb bereits Ende des 19. Jahrhunderts über Kriterien für die Kategorisierung internationaler Ausstellungen als Weltausstellungen nachgedacht wurde, was allerdings erst 1928 zur Einrichtung des Bureaux International des Exposition (BIE) führte.[181]

Die Gebrüder Thonet konzentrierten sich in den folgenden Jahren und Jahrzehnten zwar weiterhin auf größere und internationale Ereignisse – wozu in erster Linie die Weltausstellungen gehörten[182] – doch kamen zunehmend auch kleinere, thematische Präsentationen hinzu, wie die Exposition Internationale des Sciences appliquées à l'industrie 1879 in Paris oder die Allgemeine Deutsche Patent- und Musterschutz Ausstellung 1881 in Frankfurt. Immer wieder präsentierte das Unternehmen auch in Übersee seine Möbel, so 1883 bei der Internationalen Ausstellung in Calcutta, bei der auch J. & J. Kohn und der deutsche Mitbewerber Türpe aus Dresden vertreten waren.[183] 1884 nahmen die Gebrüder Thonet an der World's Industrial And Cotton Centennial Exposition in New Orleans, 1888 der International Exhibition of Science, Art and Industry in Glasgow teil.

Ein wesentliches Motiv war hierbei die Erschließung neuer Märkte oder auch eine Steigerung des Verkaufs in den Ländern, in denen man bisher nicht in dem Maße erfolgreich war, wie man es sich erhofft hatte. Interessant in diesem Zusammenhang ist nochmals ein Blick auf die geographische Statistik, in der die Bruttowerte der Verkäufe im Jahr 1905 für Europa, Asien, Afrika, Amerika und Australien verglichen werden.[184] (Tabelle 12)

Kontinent	Bruttowert der Verkäufe in Kronen	Prozentualer Anteil
Europa	9.917.584	73,7 %
Amerika	2.529.253	18,7 %
Asien	795.510	5,9 %
Afrika	206.495	1,5 %
Australien	7.362	0,05 %

Tabelle 12: Geographische Statistik der Verkäufe 1905

Hiernach scheint die Teilnahme an Ausstellungen in Australien – 1879 Sydney, 1880 Melbourne, 1887 Adelaide und 1888 nochmals Melbourne – nicht erfolgreich gewesen zu sein, weshalb das Unternehmen nach 1888 hier auch an keinen weiteren Expositionen mehr teilnahm.[185] Europa und Amerika waren die wichtigsten Märkte für die Gebrüder Thonet und ihre vielfache Präsenz auf Ausstellungen war einer der Gründe für ihren Erfolg. Doch auch die Vermarktungsstrategie und das »Gesamtpaket«, wozu die Einrichtung von Filialen, der Aufbau eines Vertriebsnetzes in dem betreffenden Land, die gute Qualität und günstigen Preise ihrer Möbel, nicht zuletzt aber auch die Gestaltung des Modellangebots mit Rücksicht auf nationale Besonderheiten gehörten, dürften wesentlich zum Erfolg des Unternehmens beigetragen haben. So enthielten die fremdsprachigen, nationalen Katalogen nie das gesamte Sortiment der Firma, sondern eine auf das jeweilige Land ausgerichtete Modellpalette.[186] Hinzu kamen noch Spezialkataloge für Theatermöbel[187], aber auch Wintersportartikel[188], Tennisschläger[189] und Möbel für den Garten und die Veranda[190].

10.8. Übersicht der Ausstellungen 1851–1916

Zur Erläuterung:

Die folgende Übersicht der Ausstellungen, an denen die Gebrüder Thonet teilnahmen und bei denen sie meist Auszeichnungen erhielten, reicht von 1851 bis 1910. Veranstaltungen, die nicht über den städtischen Raum hinausgingen, wie beispielsweise einige kleinere Präsentationen in Wien, sind nicht berücksichtigt. Vollständigkeit kann nicht gewährleistet werden. Die Quellenlage ist schwierig, teilweise widersprüchlich und trotz umfassenderer Recherchearbeit ist es möglich, dass einzelne Angaben der Korrektur bedürfen. Bisher gibt es eine derartige Auflistung nicht, diese soll ein Grundstein sein, der in Zukunft weiter ausgebaut werden kann. Es wurden hierfür folgende Quellen herangezogen:

- Archivalien und Aufzeichnungen der Firma selbst
- Ein Verzeichnis in der Schrift zur Feier des 50-jährigen Bestandes der Fabrik Bistritz aus dem Jahr 1911[191]
- Zeitungsberichte und verstreute Angaben in der bisher publizierten Literatur

In dem Archiv in Třebíč, jetzt MZA, fanden sich drei firmeninterne Verzeichnisse über die den Gebrüdern Thonet bei der Teilnahme an Ausstellungen verliehenen Auszeichnungen. Das früheste stammt aus dem Jahr 1897 »Verzeichnis über die nach Wsetin am 5./II '97 gesandten div. Diplome«, in denen alle der Firma von 1851 bis 1897 verliehenen Auszeichnungen aufgelistet sind. In dem dazugehörigen Brief heißt es: »Im Auftrag unseres Chefs Herrn Carl Thonet senden wir Ihnen zur Verfügung des Herrn Theodor Thonet gleichzeitig mit diesem per Post 62 der Diplome.«[192] Im Jahr zuvor war das firmeneigene Museum in Wsetin eingerichtet worden und das Unternehmen wollte neben der musealen Präsentation der Möbel auch einen Überblick über die bisher erhaltenen Auszeichnungen erhalten und sie in diesem musealen Kontext präsentieren. Dieses Verzeichnis wurde bereits zwei Jahre später korrigiert und um weitere Ausstellungen, die vergessen worden oder bis 1898/99 hinzugekommen waren, ergänzt. Eine dritte Aufstellung »Über die der Firma Gebrüder Thonet zuteilgewordenen Auszeichnungen«[193] reicht bis 1916, wobei der Anlass für diese Übersicht nicht ersichtlich ist.

Neben den der Firma verliehen Auszeichnungen werden in allen drei Listen auch die den Mitgliedern der Familie persönlich verliehenen Orden aufgeführt.[194] Aus den beiliegenden Schreiben geht hervor, dass einige Medaillen und Diplome zwischenzeitlich verlorengegangen waren und – wie im Fall der Ausstellung in Philadelphia – auch nachträglich nicht mehr beschafft werden konnten[195]

Die Angaben in den vorliegenden Dokumenten sind nicht immer widerspruchsfrei. Bei einem Vergleich der zeitgenössischen Quellen mit den später angefertigten Firmenverzeichnissen fanden sich verschiedentlich unterschiedliche Bezeichnungen der erhaltenen Auszeichnungen. In einigen Fällen war ein Diplom gleichzeitig mit der Verleihung einer Medaille verbunden, wie beispielsweise bei den Ausstellungen 1880 in Brüssel, 1883 in Calcutta oder 1899 in München. Dies trifft möglicherweise auch in anderen Fällen zu, wodurch es zu diesen Unklarheiten kommen kann. Die Angaben in den firmeneigenen Listen dürften daher nicht bewusst fehlerhaft sein, sondern sind dem zeitlichen Abstand zu dem jeweiligen Ereignis geschuldet. Gleiches gilt für Ausstellungsteilnahmen, die nicht in den firmeninternen Verzeichnissen aufgeführt sind. So fehlt dort beispielsweise für das Jahr 1865 die Erwähnung der Internationalen Landwirtschaftlichen Ausstellung in Köln, bei der das Unternehmen die Silberne Medaille erhielt, ebenso wie die Internationale Polytechnische Ausstellung 1872 in Moskau mit der Verleihung der Goldenen Medaille. In der Schrift, welche zur Feier des 50-jährigen Bestandes der Fabrik Bistritz veröffentlicht wurde, findet sich nur eine Auswahl der Auszeichnungen von 1862 bis 1910; hier sind ausschließlich die Ausstellungen aufgerührt, bei denen das Unternehmen eine Medaille erhielt.

In der folgenden Übersicht gibt es in der Spalte »Auszeichnung« in einigen Fällen keine Angaben. Dies heißt nicht in jedem Fall, dass das Unternehmen keine Auszeichnung erhalten hat, doch liegen hierzu keine verlässlichen Informationen vor, die Teilnahme selbst jedoch ist durch entsprechende Dokumente nachgewiesen.

Jahr	Stadt	Ereignis/Veranstalter	Auszeichnung	Bemerkungen
1851	London	Exhibition of the works of Industry of all Nations	Große Bronzene Medaille	Auszeichnung für Michael Thonet sen. (Gebr. Thonet ab 1853)
1853	New York	Exhibition of the Industry of All Nations		
1854	München	Allgemeine Deutsche Industrieausstellung	Preis-Medaille	
1855	Paris	Exposition Universelle Agriculture, Industrie, Beaux-Arts	Medaille der Ersten Klasse	
1862	London	Weltausstellung	Bronzene Medaille	
1862	Wien	Ausstellung des Nieder-Österreichischen Gewerbevereins	Silberne Vereins-Medaille	»Gebrüder Thonet für ausgezeichnete Leistungen in der Fabrikation von Möbeln aus gebogenem Holz«

Jahr	Stadt	Ereignis/Veranstalter	Auszeichnung	Bemerkungen
1864	Linz	Das Comité des Volksfestes	Große silberne Preis-Medaille	
1865	Linz	Das Comité des Volksfestes	Große silberne Preis-Medaille	Wieder-Zuerkennung aus vorhergehendem Jahr
	Dublin	International Exhibition of Arts and Manufactures	Bronzene Medaille	
	Salzburg	Die k. k. Landwirthschaftsgesellschaft	Silberne Medaille	
	Stettin	Allgemeine Gewerbe- und Industrie Ausstellung	Preis-Medaille	
1865	Köln	Internationale Landwirthschaftliche Ausstellung	Silberne Medaille	Veranstalter: »Gesellschaft Flora zu Coeln«
1866	Wien	Land- u. Forstwirthschaftliche Ausstellung	Silberne Medaille	Veranstalter: Die k. k. Landwirthaftsgesellschaft
1866	Mexiko	Ausstellung österreichischer Industrieprodukte		
1867	Salzburg	Land- u. Forstwirthschaftliche Ausstellung	Silberne Medaille	Nochmalige Zuerkennung der Silber-Medaille aus dem Jahr 1865
1867	Paris	Exposition Universelle	Goldene Medaille	
1868	Wien	Weltausstellung Paris	Allerhöchste besondere Anerkennung	Glückwunsch des Kaisers für die Auszeichnung und die Teilnahme in Paris
1869	Hamburg	Internationale Gartenbauausstellung	Silberne Medaille	
1869	Altona	Ausstellung Altona	Goldene Medaille	
1869	Amsterdam	Exposition Internationale d'Economie Domestique	Diplom d' Excellence	»Vereniging ter Bevordering van Fabrik en Handw. Verheid in Nederland«
1870	Cassel	Allgemeine Industrieausstellung	Erstes Ehrendiplom	
1872	Moskau	Internationale Polytechnische Ausstellung	Große Goldene Medaille	
1873	Wien	Weltausstellung		Keine Auszeichnung, da Mitglied der Jury
1875	Köln	Internationale Gartenbauausstellung	Ehrenvolle Anerkennung	

Jahr	Stadt	Ereignis/Veranstalter	Auszeichnung	Bemerkungen
1876	Philadel-phia	Weltausstellung	Bronzene Medaille	Auszeichnung trotz Mitglied der Jury
1877	St. Louis	St. Louis Agricultural and Mechanical Ass.	Silberne Medaille	
1877	Wien	Unbekannt	Bronzene Medaille	
1878	Paris	Exposition Universelle	Goldene Medaille Gruppe V, Goldene Erinnerungs-Medaille Gruppe III	
1879	Paris	Exposition Internationale des Sciences appliquées à l'industrie	Ehrendiplom	
1879	Sydney	International Exhibition	Certificate of Award (Ehrendiplom)	
1879	Székes-fehérvári (Stuhlweiß-enburg, (Ungarn)	Landwirtschafts- und Industrie Ausstellung	Goldene Medaille	
1879	Caserta	Congresso Agrario Regionale	Silberne Medaille	
1879	Mährisch-Schönberg	Land- & Forstwirthsch. Verein: Schönberg	Ehrendiplom	Regionalausstellung
1880	Melbourne	International Exhibition	Silberne Medaille	
1880	Graz	Landesausstellung	Ehrendiplom	
1880	Brüssel	Exposition International, Palais du midi	Goldene Medaille, Diplom hors concours	
1880	Frankfurt	Unbekannt	Goldene Medaille	
	Wien	Nieder. Oesterr. Gewerbe-Ausstellung	Ehrendiplom	
1881	Frankfurt	Allgemeine Deutsche Patent- und Musterschutz Ausstellung	Ehrendiplom	
1882	Paris	Exposition de l'union centrale des arts décoratifs		Teilnahme außerhalb des Wettbewerbs
	Triest	Esposizione Industriale Agricola Austro – Ungarica		

Jahr	Stadt	Ereignis/Veranstalter	Auszeichnung	Bemerkungen
1883	Calcutta	International Exhibition	Goldene Medaille und Ehrendiplom	
1883	Amsterdam	Internationale koloniale en Uitvoerhandel tentoonstelling (Internationale Kolonial- und Exporthandels-Ausstellung	Goldene Medaille	
1883	Boston	Unbekannt	Goldene Medaille	
1883	Paris	Unbekannt	Silberne Medaille	
1883	Kalkutta	Unbekannt	Silberne Medaille	
1884	Wien	Niederösterreichischer Gewerbeverein	Große Goldene Vereins-Medaille	
1884	Wien	Internationale koloniale en Uitvoerhandel tentoonstelling	Anerkennung	Glückwusch des Österreichischen Handelsministers
1884	London/ Crystal palace Company	International universal exhibition		Außerhalb des Wettbewerbs
1884/ 85	New Orleans	The World's Industrial and Cotton Centennial Exposition	Medaille I. Klasse	
1885	London	International Inventions Exhibition	Goldene Medaille	
1885	Wien	The World's Industrial and Cotton Centennial Exposition	Aufrichtige Hochachtung der Handels- und Gewerbekammer für das Erzherzogtum Oesterreich unter der Enns	
1885	Antwerpen	Weltausstellung		Jury Mitglied
1886	Budapest	Ungarische Landesausstellung		
1886	Czernowitz	Unbekannt	Ehrendiplom	
1887	Adelaide	International Exhibition	First order of merit Bronzene Medaille	
1887	Newcastle	Newcastle Jubilee Exhibition		

Jahr	Stadt	Ereignis/Veranstalter	Auszeichnung	Bemerkungen
1887	Brüssel	Gran concours International des Sciences et de l'Industrie	Beteiligungsdiplom	Außerhalb des Wettbewerbs
1887	Barcelona	La comisión central directiva de la Exposición universal		Mitglied der zentralen Richtlinien-Kommission der Ausstellung
1887	Wien	Jubiläums Gewerbe-Ausstellung	Beteiligungsdiplom	Jury Mitglied
1888	London	Esposizione Italiana di Londra	Ehrendiplom	
1888	London	Anglo-Danish Exhibition	Diplom for services rendered	
1888	Glasgow	International Exhibition of Science, Art and Industry		
1888	Brünn	Kaiser Jubiläums-Ausstellung		Teilnahme außerhalb des Wettbewerbs
1888	Melbourne	Centennial International Exhibition	Certificate of award, Ehrendiplom	
1888	Warschau	Muzeum Przemysłu i rolnictwa (Museum für Industrie und Landwirtschaft)	Dyplom podziekowanie (Anerkennungsdiplom)	
1889	Budapest	Országos kisdednevelési kiállitas (Nationale Ausstellung zur Kindererziehung)		Im Preisgericht
1889	Birmingham	The Electrical and Industrial Exhibition	Bronzene Medaille	Offizielle Teilnehmer: Thonet Brothers, London
1891	London	The German Exhibition		Die Gebrüder Thonet werden als Hersteller von geprägtem Leder aufgeführt
1892	Scheveningen	Int. Sport-visscherij en paarden tentoonstelling (Int. Sportfischerei und Pferdeausstellung)	Ehrendiplom	
1892	Olmütz	Industrie- und Gewerbeausstellung		Mitglied der Jury

Jahr	Stadt	Ereignis/Veranstalter	Auszeichnung	Bemerkungen
1892	Plovwdiv/ Bulgarien	Industrie- und Landwirtschafts- Ausstellung		
1892	Wien	Internationale Ausstellung Musik- und Theaterwesen	Anerkennungsdiplom	
1893	Mürzzuschlag	Wintersportausstellung des Verbandes Steirischer Skiläufer	Silberne Medaille	
1893	München	Zweite Verbands Ausstellung	Ehrendiplom	
1894	Debrecen/ Ungarn	Schulmöbel Ausstellung	Erinnerungsdiplom	
1894	Wien	Internationale Ausstellung zur Verbreitung landwirtschaftlicher Kenntnisse	Mitarbeiter Diplom der Goldenen Medaille	
1894	Budapest	Ausstellung des achten internationalen Kongresses für Hygiene und Demographie	Ehrendiplom	
1894	Salzburg	Salzburger Gewerbe- und Kunstgewerbe-Ausstellung		Permanente Ausstellung
1896	Innsbruck	Internationale Ausstellung	Ehrendiplom	
1896	Nischni Nowgorod	Allrussische Industrie- und Handwerksausstellung	Goldene Medaille	
1896	Budapest	Millenniums-Ausstellung	Ehrendiplom	
1898	Hamburg	Gartenbau- Ausstellung	Ehrendiplom	
1899	München	Allgemeine Deutsche Sport-Ausstellung	Ehrendiplom und Goldene Medaille	
1899	Breslau	Fachausstellung Gast- und Schankwirte	Goldene Medaille	
1900	Paris	Weltausstellung		Teilnahmediplom, außerhalb des Wettbewerbs, da Mitglied der Jury
1901	Wien	Weltausstellung Paris 1900	Allerhöchste Anerkennung des Kaisers	Für die Teilnahme, in Kenntnis gesetzt durch den k. k. Handelsminister

Jahr	Stadt	Ereignis/Veranstalter	Auszeichnung	Bemerkungen
1903/ 04	St. Petersburg	Wissenschaftlich-Industrielle Ausstellung »Kinderwelt«	Dank der Kaiserin Maria Fedorowa, 19. Februar 1903	Für die den Kindern der Kaiserin präsentierten Kindermöbel: Wiege, Kinderbett und Kinderschreibtisch mit Lehnstuhl
1904	Wien	Ausstellung von Lehrlingsarbeiten	Mitarbeiter Diplom	
1904	Wien	Ausstellung von Lehrlingsarbeiten	Ehrendiplom	
1906	Mailand	Esposizione internazionale di Milano	Grand Premio	
	Wien	Allgemeine hygienische Ausstellung	Silberne Fortschritts-Medaille	Ausstellungsort: in der Rotunde
	London	Österreichische Ausstellung	Erinnerungsdiplom	
1909	Neapel	Gara segno nazionale Gara e Congresso del XXV anniversario	Diploma die Benemerenza (Verdienstdiplom)	
1910	Buenos Aires	Exposición internacional de ferrocarriles y transportes terrestres	Diploma de Grand Premio	
1911	Turin	Esposizione internazionale delle industrie e del lavoro		Außerhalb des Wettbewerbs
1916	Brünn	Mährisches Landesamt für Gewerbeförderung	Anerkennungsdiplom	Für Sohlenschutz aus Holz

11. 1914 –1918

11.1. Die Kriegszeit

Mit dem Beginn des Ersten Weltkriegs begann der Niedergang des Unternehmens Gebrüder Thonet, der 1923 durch den Zusammenschluss mit Leopold Pilzers Mundus endgültig besiegelt wurde. Doch waren der Weltkrieg und die Jahre danach nicht die erste wirtschaftliche Krise, mit der die Firma konfrontiert war. Eine ähnliche, wenn auch in ihren Auswirkungen bei weitem nicht so dramatische Entwicklung verursachte der Wiener Börsenkrach im Mai 1873, dem ebenso wie 1918 eine jahrelange wirtschaftliche Rezession folgte.[1]

Doch waren die Ereignisse in den 1870er Jahren lediglich ein Vorspiel für das, was mit dem Ausbruch des Ersten Weltkriegs noch kommen sollte. Die Ermordung von Erzherzog Franz Ferdinand und seiner Frau Sophie Chotek am 28. Juni 1914 in Sarajevo und die Kriegserklärung Österreichs an Serbien nur einen Monat später hatten einschneidende Auswirkungen auch auf die gesamte Wirtschaft Österreichs. Die Möbelindustrie war keine kriegswichtige Industrie, so dass Mitarbeiter eingezogen wurden und die Produktion nahezu zum Stillstand kam.[2] »Während der Kriegsjahre 1915–18 ist die Gesamtproduktion der 3 mährischen und der ungarischen Fabrik der Menge nach durchschnittlich auf etwa ¼, jene der Fabrik Nowo-Radomsk auf ein Minimum herabgesunken. Der Warenversand der Fabriken beschränkte sich ausschließlich auf das Zollinland, Deutschland, Holland und der Schweiz, somit der Bedeutung nach auf 1/3 des normalen Absatzgebietes vor dem Kriege.«[3]

Die Zahl der in den Thonetschen Fabriken und Zulieferbetrieben Beschäftigten betrug in den drei Vorkriegsjahren durchschnittlich 6.450 Personen, sank 1915 auf 1.917 und 1916 auf nur noch 1.714.[4] Man versuchte, die fehlende Belegschaft durch Frauen und Kinder und später auch durch Kriegsgefangene zu ersetzen; die Produktion wurde darüber hinaus durch militärische Aufträge ergänzt. In den Jahresausweisen von 1915 bis 1918 findet sich nun die Rubrik »Artikel für Heereslieferungen«, in der unter anderem Geschützschlitten, Räder und Radfelgen, Handgranatenstiele und Munitionskarren aufgeführt werden.[5] Im vorletzten Kriegsjahr 1917 stellten die Thonetschen Fabriken mehr als eine Million solcher Artikel her, ein ähnliches Sortiment wie es dann ab 1939 beispielsweise auch die Fabrik Frankenberg für das Deutsche Reich produzieren sollte.

Das tatsächliche Ausmaß der wirtschaftlichen Situation wird deutlich, wenn man nicht nur die Zahlen betrachtet, sondern den durch die kriegsbedingte Inflation verursachten Kaufkraftverlust berücksichtigt.[6] Dieser völlige Einbruch kam zu einer Zeit, in der die Geschäfte hervorragend liefen, wie an folgender Grafik erkennbar ist. (Grafik 22)

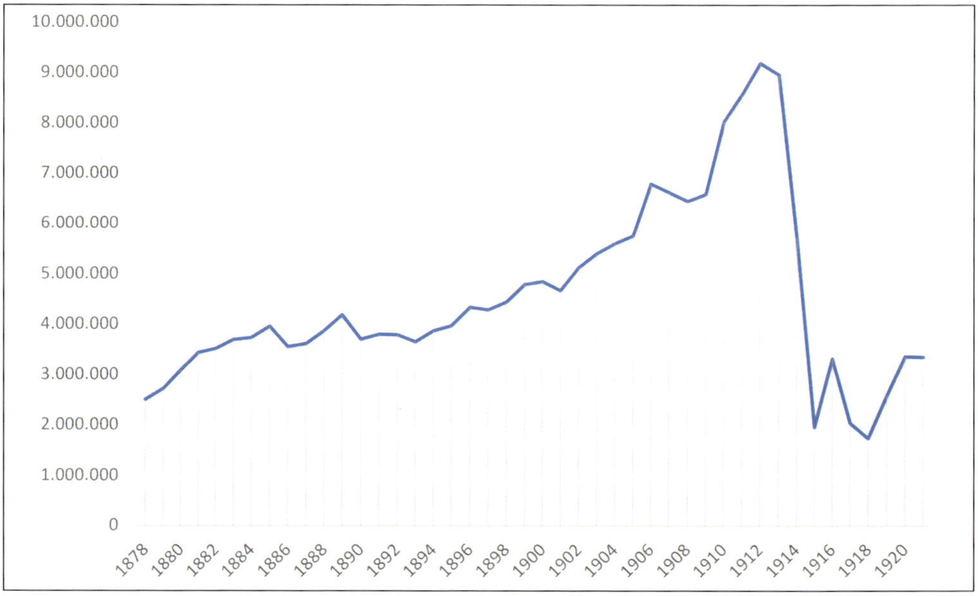

Grafik 22: Bruttowerte der Absendungen aller Thonetschen Fabriken in Gulden, 1878–1921[7]

1911 hatte man den bisher umfangreichsten Verkaufskatalog mit 206 Seiten aufgelegt, der im Januar 1915 noch durch ein 42-seitiges Supplement erweitert wurde. Auch nach Kriegsausbruch rechnete man ganz offensichtlich mit einem schnellen Kriegsende und traf schon Vorkehrungen für die Zeit danach. In einem Brief von Jakob Thonet an seine Mitgesellschafter vom August 1914 heißt es: »Es liegt aber auch in unserem eminenten geschäftlichen Interesse uns uns.[ere] Produktionsfähigkeit zu erhalten; denn man nimmt allgemein an, daß der Krieg doch nicht länger als ein paar Monate dauern könne & daß nach Beendigung des Kriegs ein kolossaler geschäftlicher Aufschwung bevorsteht, vor dem wir nur dann gewappnet dastehen können, wenn wir keine Opfer scheuen unsere zunächst inländischen Fabrikbetriebe[8] aufrecht zu erhalten!«[9] Doch bis dahin musste die Zeit überbrückt werden und die finanziellen Mittel der Firma alleine reichten nicht aus, »[…] um auch nur den denkbarst reduziertesten Betrieb uns[erer] inländischen Fabriken aufrecht zu erhalten & zu anderweitigen geschäftlichen Verpflichtungen aufzukommen«.[10] Deshalb empfahl Jakob »[…] in unser aller Interesse dringendst, Euch meinem Vorhaben anzuschließen, und gleich mir Euren, beziehungsweise auch Eurer Frauen Besitz an lombardfähigen Wertpapieren unserer Firma zur Verfügung zu stellen[…]«.[11] Seine Mitgesellschafter zeichneten die Kenntnisnahme dieses Schreibens ab, doch es fanden sich keine Unterlagen, aus denen hervorgeht, ob und in welchem finanziellen Umfang sich die Mitgesellschafter oder auch die Familienmitglieder in der von Jakob gewünschten Art und Weise engagierten.

11.2. Verkauf des Thonet Hofs in Budapest 1917/18

Der Krieg dauerte länger als erwartet und die finanziellen Mittel reichten schließlich bei weitem nicht mehr aus, zumindest den laufenden Geschäftsbetrieb aufrechtzuerhalten. Um an die notwendigen Barmittel zu kommen, beschloss man, sich von Vermögenswerten zu trennen. Alles zur Produktion unbedingt Notwendige kam hierbei nicht in Betracht, doch waren Immobilien im In- und Ausland vorhanden, die veräußert werden konnten. So war schon seit einigen Jahren immer mal wieder im Gespräch gewesen, den Thonet Hof in Budapest zu verkaufen.[12] (Abb. 60) Dieser Gedanke wurde nun ernsthaft ins Auge gefasst und konkret nahm man es dann ab September 1917 in die Hand. Der Thonet Hof war ursprünglich zu gleichen Teilen im Besitz der fünf Söhne Michael Thonets, von denen 1917 nur noch Jakob lebte. Die Anteile der verstorbenen Brüder fielen an deren Söhne, im Falle von Josef an Frau und Töchter, so dass sich die Eigentumssituation 1917 folgendermaßen darstellte: Jeweils ein Fünftel Anteile hatten Jakob Thonet, Carl und Theodor, (Söhne von August) und Julius, (Sohn von Michael jun.). Das restliche Fünftel besaßen zu je einem zwanzigstel die Töchter und die Frau des 1887 verstorbenen Josef Thonet. Alle Parteien waren sich sowohl über den Verkauf als auch über den ungefähren Preis einig – außer Julius, dessen Preisvorstellung mit 6 Millionen wesentlich höher lag als die der Mitbesitzer. Jakob hatte ihn schon mehrmals gebeten, seine Minimalforderung zu nennen und forderte ihn im Oktober 1917 nochmals auf, »uns Deine Limits bekannt zu geben; resp. ob Du Dich uns dreien anschließen willst, wenn wir statt in uns. Schrb. v. 25/9 erwähnten 4 Millionen nun als Minimum K 4.250.000 (4 ¼ Mill) fixieren? (Bei den 20 tl [Teil] Besitzern möchte ich einen 4 Millionen übersteigenden Nettoerlös' zur Bedingung stellen lassen)«.[13] Julius war mit den Vorschlägen und dem bisherigen Vorgehen der Miteigentümer nach wie vor nicht einverstanden und übernahm nun selbst alles für den Verkauf organisatorisch Notwendige.[14]

Er kümmerte sich jedoch nicht persönlich um die Angelegenheit, sondern beauftragte Julius Paalzow, Leiter der Thonetschen Niederlage in Budapest, Agenten zu kontaktieren und vorläufige Verkaufsverhandlungen zu führen[15], wofür Paalzow im Falle einer erfolgreichen Vermittlung eine Provision von ½ Prozent der Kaufsumme erhalten sollte. Die Bedingungen, die Julius in seinem Schreiben an Paalzow nannte, waren: Der Kaufpreis beträgt 6 Millionen Kronen, alle anfallenden Kosten übernimmt der Käufer, im Falle einer erfolgreichen Vermittlung zahlt man dem Agenten eine Provision von maximal 1 Prozent.[16] Die ganze Angelegenheit lag so vorläufig in den Händen von Paalzow und jeder, der sich direkt an die Firmenzentrale in Wien wandte, wurde an diesen verwiesen.[17]

Es gab eine Reihe von Anfragen, von denen sich drei als ernsthaft interessiert herausstellten: »Escomptebank[18] hält die heutigen Preise auf Realitäten nicht ausdehnbar und taxiert den höchst Kaufwert mit 4.5 Millionen. Atlantika[19] hat den Kauf für 6 M. abgelehnt. Agrarbank bietet 5.5 M. Dr. Frank der mit allen in Betracht kommenden Parteien Comerz hat schreibt laut Beilage: ›Auf die Friedensgerüchte haben die Preise Kulminationspunkt erreicht. 6 M.[illionen] wären nur zu erzielen wenn man Leute, die ich gerne nennen will verdienen läßt. Um dies zu ermöglichen müßten mindestens 2 % Provision bezahlt werden was mit Rücksicht auf den hohen Preis ohnehin nur billig (meltanyos [ungarisch: billig]) wäre. Bitte dies zu befürworten und mich vom Resultate zu verständigen. Bei Bewilligung der 2 % könnte ich die Sache in kürzester Zeit perfektionieren.‹«[20] Der Erhöhung der Provision stimmten alle Miteigentümer unter der Bedingung zu, dass die 6 Millionen erreicht würden.

Die Agrarbank entschied sich dann Anfang Dezember 1917 allerdings für ein anderes Objekt. Es kamen in den nächsten Wochen noch weitere Interessenten hinzu, welche den Thonet Hof meist als Hotel nutzen wollten, doch mit keinem kam ein Abschluss zustande. Die Situation auf dem Immobilienmarkt war zunehmend schwieriger geworden und Jakob sah sich veranlasst, Julius einen 6-seitigen, anklagenden Brief zu schreiben, dass dieser zu lange gezögert und es dadurch versäumt habe, den Thonet Hof rechtzeitig zu verkaufen, wodurch der Familie »5 Millionen Kronen entgingen, die nicht mehr einzubringen sind«.[21] Er und auch Paalzow hätten ihn, Julius, immer wieder auf die Dringlichkeit eines Verkaufs wegen der sich absehbar stetig verschlechternden Situation für Immobilien aufmerksam gemacht, doch sei Julius' Reaktion immer nur gewesen »[…] ›abwarten‹, ›festhalten‹ etc. etc. […]«.[22] Jakob resümiert: »Was aber nun? Ich halte es für ausgeschlossen daß sich für Hotelzwecke – sei es nun für eine inländ. od. ausl. Gesellschaft ein so hoher Preis erzielen läßt, als Dir vorschwebt. – Eine Überzahlung von 1 od. 1 ½ Mill. über dem wirklichen Wert wäre nach uns. Ansicht nur als Representationsobjekt [sic] für eine öffentl. Anstalt (Bank od. dergl.) zu erreichen – gewesen. – Aber keine Hotelgesellschaft wird sich ohne Auskunft auf halbwegs zulässige bescheidenste Kapitalverzinszung auf einen solchen Liebhaberpreis einlassen & speziell für einen ausländischen Reflektanten ist der Zeitpunkt schon verpasst.«[23] Barsch endet der Brief mit: »Ich erwarte nun von Dir weitere Mitteilung in welcher Weise Du in dieser Sache einzugreifen gedenkst […].«[24]

Die weitere Mitteilung ließ nicht lange auf sich warten. Nur wenige Tage später erklärte Julius, dass er seine Zustimmung zu einem Verkauf unter 5 ½ Millionen nicht erteilen werde[25], was wiederum ein längeres Schreiben Jakobs zur Folge hatte. »Solltest Du darauf [auf die Vorstellungen der übrigen Miteigentümer] nicht eingehen wollen so bleibt eben der Th. H. – vorerst unverkauft; denn wir wollen nicht 4/5 tl sondern den ganzen Th. H. verkaufen und es wird niemand 4/5 tl kaufen wollen! Wenn aber der Th. H. jetzt nicht zum Verkauf gelangt, so wird das zur Folge haben, daß unsere geplanten Transaktionen (A.G. etc.) in Frage gestellt erscheinen. Du weißt doch welcher Wert darauf gelegt wird, daß durch den Verkauf des Th. H. Barmittel in den Besitz der Familie gelangen, & daß ich diesen Verkauf sozusagen in meinen Finanzplan mit einbezogen hatte. – Finde ich nun in meinen Bestrebungen und Bemühungen, finanzielle Sanierungen lediglich zum allgemeinen Besten des Geschäftes und der Familie zu erwirken, kaum Unterstützung und kein Entgegenkommen, so habe ich alle Lust verloren, mich weiter damit zu befassen & werde ich mich zu meinem Bedauern veranlaßt sehen, meinerseits alle m.[eine] bisher gemachten Vorschläge zurückzuziehen.«[26]

Nur knapp vier Wochen später indes zahlte sich Julius' abwartende Vorgehensweise aus. Man fand einen Käufer für den Thonet Hof, der sich bereit erklärte, 6 Millionen zu zahlen, wovon die Vermittler eine Provision von insgesamt 500.000, die Eigentümer somit 5 ½ Millionen Kronen erhielten.

Gegenüber den ursprünglichen Erwartungen wurde somit ein Preis erzielt, wie es keiner der Beteiligten, außer Julius, erwartet hatte, wobei es Jakob jedoch nicht unterlassen konnte, noch die Provisionen zu kritisieren: »Da dieser brillante Antrag auch Deinen [Julius'] Intentionen entspricht so sollte man jedenfalls ohne weiteres zugreifen. Unsympathisch bleibt es allerdings daß der Kontrakt um ½ Mill mehr lauten soll als man faktisch bekommt!«[27]

Käufer war ein Baron Moritz Herzog[28], der im Auftrag eines Konsortiums der zeitgleich gegründeten Corso Palast Aktiengesellschaft handelte.[29] Der Kaufpreis betrug 5.970.00 Kronen.[30] Ein letztes Problem ergab sich dadurch, dass es noch zwei Mietverträge für das Restaurant, die sogenannte Pilsnerhalle und das Kaffeehaus gab, welche der Käufer nicht übernehmen wollte. Man einigte sich schließlich dahingehend, dass von den 110.000 Kronen, welche den Mietern als Entschädigung im Falle einer vorzeitigen Kündigung zustanden, beide Parteien jeweils die Hälfte übernahmen.[31]

Am 1. Mai 1918 ging der Thonet Hof in das Eigentum der Corso Palast Aktiengesellschaft über, die Thonets hatten nun einen Teil der Mittel, mit denen sie glaubten, ihr Unternehmen neu aufstellen zu können.

Die mit diesem Verkauf einhergehende Uneinigkeit, die Rivalitäten, Animositäten und Kränkungen – insbesondere zwischen Jakob und Julius Thonet – wurden hier ausführlicher dargestellt, da sie einmal die Situation des Unternehmens und die Angespanntheit und Nervosität der Agierenden gegen Ende des Krieges illustrieren, aber auch, dass, wie es ein anderer Fall noch deutlicher zeigen wird, von der viel beschworenen Eintracht im Hause Thonet offensichtlich nicht mehr viel übriggeblieben war.[32] In beiden Fällen war es vor allem Jakob, der glaubte, so belegt es der vorliegende Schriftverkehr, dass ihm die Entscheidungsgewalt in seiner Rolle des Familienoberhaupts als letzter der Söhne Michael Thonets natürlicherweise zustehen würde. So spricht er in seinen Briefen meist nicht von seiner, sondern von unserer – der Thonet Familie – zu deren Bestem er alle Mühen und Anstrengungen auf sich nimmt. Ist ein Familienmitglied mit seinen Vorschlägen nicht einverstanden, wie in diesem Falle Julius, so empfindet er dies als persönliche Kränkung: »Wir haben uns s. Z. auf Dein [Julius'] Drängen entschlossen, den Th. H. mit 6 M[illionen] ausbieten zu lassen. – Das hatte aber niemand von uns ernst genommen, [...] Als dann aber trotzdem das auffallend hohe Anbot der Agrarb[an]k gemacht wurde, kam ich mir trotz meiner nun 62 jährigen ununterbrochenen Geschäftsfähigkeit recht unreif vor!«[33]

12. 1918–1924

12.1. Die Neuorganisation des Geschäftsbetriebs

Mit dem Verkauf des Thonet Hofs in Budapest hatte sich das Unternehmen zwar ein wenig Luft verschafft, doch reichten die Mittel lediglich, um für einige Zeit einen reduzierten Geschäftsbetrieb aufrechtzuerhalten. Der Zusammenbruch der österreichisch-ungarischen Monarchie und die sich hieraus ergebenden politischen und wirtschaftlichen Entwicklungen – die Verschiebung von Territorialgrenzen einhergehend mit der Gründung neuer Staaten – erforderten es, die Firma vor allem in rechtlicher Hinsicht, vollkommen neu zu organisieren. Alle produzierenden Betriebe lagen nun im Ausland[1], die Geschäftszentrale hingegen – noch – in Wien. Es war absehbar, dass »das Beibehalten bezw. Neuschaffen der juristischen Selbständigkeit für die einzelnen, in den neuen Staatsgebieten verstreut gelegenen Werksanlagen«[2] notwendig werden würde. Doch nicht nur die Produktion, auch der Export, der vor dem Krieg den Großteil der Produktion aufgenommen hatte, war nahezu zum Erliegen gekommen; lediglich das Inland, Deutschland[3] und einige der neutralen Staaten kamen als Absatzgebiete noch in Frage.

Das einzige Bugholzmöbel produzierende Unternehmen, welches durch eine geschickte Führung und vor allem durch das hinter ihm stehende Bankenkapital auch nach dem Krieg wirtschaftlich noch gut dastand, war die 1907 gegründete österreichische Mundus, die bereits 1917 die Aktien des Unternehmens »Erste österreichische A.G. zur Erzeugung von Möbeln aus gebogenem Holze Jakob und Josef Kohn« übernommen hatte.[4] Vor allem durch diese Akquisition, aber auch durch weitere Übernahmen, verbunden mit der Neuschaffung und Umgestaltung nationaler Gesellschaften, war ein internationaler Konzern entstanden, dem als einzig ernsthafter Konkurrent nur noch die Gebrüder Thonet gegenüberstanden.[5] Doch noch versuchten diese, ihre wirtschaftliche Selbstständigkeit zu wahren, wozu die Umwandlung der ehemaligen Familiengesellschaft in eine Reihe in- und ausländischer Verkaufs- und Aktiengesellschaften gehörte.[6]

12.1.1. Gebrüder Thonet Wien und Bratři Thonetové Brünn

Im Dezember 1919 erschien im amtlichen Teil der *Wiener Zeitung* folgende Notiz: »1. Bez[irk]. Brandstätte 2, Gebrüder Thonet. Bisher Hauptniederlassung mit den in Hamburg, Frankfurt a. M., Frankenberg, Graz und München mit der Firma gleichen Namens bestehenden Zweigniederlassungen, nunmehr Zweigniederlassung der in Brünn unter der Firma ›Gebrüder Thonet‹, tschechisch: ›Bratři Thonetové‹, bestehenden Hauptniederlassung. Die Zweigniederlassungen Hamburg, Frankfurt a. M., Frankenberg, Graz und München werden gelöscht.«[7]

Die Geschäftszentrale der Gebrüder Thonet war von der Firmengründung bis zum Ende des Ersten Weltkriegs immer Wien gewesen. 1918 lagen die Standorte der wichtigsten Fabriken und weiterer Betriebe in der Tschechoslowakei, somit im Ausland, weshalb man sich bereits im Dezember 1919 entschloss, die Firmenzentrale nach Brünn zu verlegen.[8] Wien indes wurde nicht aufgelassen, sondern bekam den Status einer Zweigniederlassung, zuständig für den Verkauf in Österreich. Mit dieser Verlegung des Firmensitzes und den anschließenden zahlreichen Neu- und Umfirmierungen existierten die 1853 von Michael Thonet und den fünf Söhnen gegründeten Gebrüder Thonet in ihrer ursprünglichen Form nicht mehr. Der Name Gebrüder Thonet, der ehemals für ein weitverzweigtes Firmen-Imperium stand, fand nur noch Verwendung zur Bezeichnung zweier Handelsgesellschaften.

Obwohl die Gründung einer Aktiengesellschaft erst im Januar 1921 erfolgen sollte, war eine der ersten Vereinbarungen der Bratři Thonetové, dass sich alle Gesellschafter verpflichteten, Aktien dieser noch zu gründenden und aller weiteren Gesellschaften nur innerhalb der Familie zu übertragen, wobei dies für die Ehefrau oder legitime Kinder keiner Beschränkung unterliegen sollte, für alle anderen Fälle jedoch der Zustimmung von mehr als der Hälfte der Gesellschafter bedurfte.[9] Man wollte so auf jeden Fall sicherstellen, dass das Unternehmen weiterhin in der Hand und unter der Kontrolle der Gründerfamilie blieb.[10] In einer zweiten, in »Abänderung beziehungsweise Ergänzung der am 8. April […] abgegeben Erklärung«[11], findet sich die zusätzliche Bestimmung, dass die Unterzeichnenden und ihre Rechtsnachfolger sich verpflichten, »für den Fall, dass aus der Firma Gebrüder Thonet oder aus einer aus ihr entstandenen Gesellschaft eine solche Gesellschaft gebildet wird, deren Bestimmung es ist, die Aktien der aus der Firma Gebrüder Thonet entstandenen Aktiengesellschaften zu vereinigen (Holding Compagnie), ihren gesamten Besitz an Aktien dieser Teilgesellschaften der Holding Compagnie gegen Aktien derselben zur Verfügung zu stellen […]«.[12] Offensichtlich zog man in Erwägung, dass alle Teilgesellschaften in Zukunft wieder in einer Holding zusammengefasst werden könnten, was dann ja auch bei dem »Zusammenschluss«[13] in dem Thonet-Mundus Konzern, in dem ab 1923 alle Thonetschen Aktiengesellschaften vereinigt waren, geschah. Und auch dieser musste sich schließlich unter das Dach einer weiteren Gesellschaft, der »Mundus«, Allgemeine Handels- und Industrie A.G. in Zürich begeben; nur, dass es sich bei letzterer nicht um eine Thonetsche Holding handelte, sondern um eine Dachgesellschaft, die in der Schweiz beheimatet war und welche auch die Aktienmajorität des Thonet-Mundus Konzerns besaß.[14]

Mit der ein Jahr später gegründeten Thonet A.G. Brünn existierten nun erstmals zwei Gesellschaften mit dem Namen Thonet.[15] Aufgabe der A.G. Brünn war es, die Produktion in den nationalen, tschechoslowakischen Fabriken wieder in Gang zu setzen, während der Aufgabenbereich der Gebrüder Thonet Wien und der Bratři Thonetové Brünn das Verkaufsgeschäft umfasste. Letztere waren zuständig für die Märkte außerhalb[16], die Gebrüder Thonet Wien für den Verkauf innerhalb Österreichs. Nicht nur die Produktion war während des Krieges nahezu zum Erliegen gekommen, auch der Verkauf musste neu organisiert werden.[17] Dies betraf nicht allein Europa, sondern auch die außereuropäischen Märkte. So wurde beispielsweise E. P. Wanner, der bisher in New York die Interessen des Unternehmens vertreten hatte, mit umfangreichen Vollmachten für die Reorganisation des Geschäfts in den USA ausgestattet:

»– Vollmacht zur Vornahme aller Rechtshandlungen, welche für die Durchführung der Reorganisation notwendig sind.
– Vollmacht für die Erhöhung des Aktienkapitals bei der Thonet brs. [brothers] inc.
– Vollmacht für die Ausübung des Stimmrechtes bei der Thonet brs. inc., der Thonet inc., der Thonet Wanner Co. und der neuen Realitätengesellschaft.
– Vollmacht für die Vornahme aller Agenden welche noch weiterhin im Interesse der Firma Gebrüder Thonet in den Verein. Staaten erforderlich sind.«[18]

Auch für die anderen Märkte gab es Vorschläge, wie man dort wieder Kunden gewinnen könne. Für die Mittel- und Südamerikanischen Absatzgebiete sollte dies durch die persönliche Wiederaufnahme von Kontakten zu den Hamburger Exporteuren geschehen, in den nordafrikanischen Regionen – hier wurden vor allem Ägypten, Sudan, Palästina Abessinien und Tripolis genannt – durch »sofortige Entsendung eines Zentralbeamten nach Ägypten, […] Ernennung von Subagenten in den Hauptstädten, Vergebung von Alleinverkaufsrechten in den Provinzstädten. Aufnahme eines passenden Dépôt für Lagerware[…]«.[19]

Überraschenderweise wurde zu dieser Zeit auch noch über Zukäufe von ausländischen Unternehmen diskutiert.[20] So sprachen sich die Gesellschafter neben Beteiligungsobjekten in Rumänien und Ungarn, die aber »augenblicklich noch nicht spruchreif sind«[21], dafür aus, »dass den Propositionen der Karlovacer A.G.[22] unter der Voraussetzung nähergetreten werden soll, dass keine bedeutenden Barinvestitionen erforderlich sind und die Firma ›Thonet‹ trotzdem die Kontrolle über das neu zu bildende Unternehmen dauernd in die Hand bekommt«.[23] Ein Schreiben mit im Grunde unannehmbaren Bedingungen für eine Zusammenarbeit[24] wurde einige Monate später nach Karlovac geschickt – u. a. die kostenlose Abtretung von 51 % der Aktien; eine Beteiligung kam nicht zustande.

12.2. Die Aktiengesellschaften

An dieser Stelle ist eine kurze Vorbemerkung zu Forschungsstand und Quellenlage betreffend die Thonetschen Aktiengesellschaften für die Zeit nach dem Ersten Weltkrieg notwendig.

Zu deren Geschichte liegt keine umfassende oder zumindest zusammenfassende Darstellung vor, sondern lediglich eine Reihe von verstreuten Bemerkungen in thematisch unterschiedlichen Publikationen mit im Vergleich häufig widersprüchlichen Annahmen und Datierungen.[25] Nachweise finden sich nie bis selten. Die Autoren beziehen sich meist auf Informationen aus früheren Publikationen, die durch häufiges Zitieren im Laufe der Jahrzehnte nahezu den Status einer Quelle erhalten haben.[26] Es würde zu weit führen, dies an einer Vielzahl von Beispielen aufzuzählen, doch wurde beispielsweise in einem Katalogbeitrag zu einer der letzten Ausstellungen zu dem Thema Thonet erstmals auf Widersprüche in der Datierung hingewiesen.[27]

Häufig finden sich auch Aussagen derart, dass es zu einer irgendwie gearteten Zusammenarbeit, ja sogar einem Anschluss der Thonetschen Gesellschaften an die Mundus gekommen sei.[28] Diese im Grunde nicht falsche, doch stark simplifizierende Behauptung wird der Komplexität des Ganzen bei weitem nicht gerecht.

Eine weitere Schwierigkeit liegt in der Benennung des rechtlichen Status' der Thonetschen Unternehmen zur Mundus und zu deren Gesellschaften. Meist ist hierbei von einer Fusion die Rede, was das tatsächliche Verhältnis der beiden Firmen allerdings missverständlich beschreibt.[29] Darauf hatte schon Bruno Otto aufmerksam gemacht, der den Zusammenschluss der Firmen in der Holding Mundus, Allgemeine Handels- und Industrie A.G. als eine Konzentration beschrieb, »deren Intensität nahezu einer Fusion gleichkommt«[30], wobei allerdings der Eindruck einer solchen »hauptsächlich deswegen vermieden wurde, weil vor allem die in den Nachfolgestaaten liegenden Produktionsanlagen selbständige juristische Personen bleiben, bezw. dazu umgewandelt werden mussten«.[31] Man muss allerdings konstatieren, dass das Firmengeflecht, welches sich schließlich hinter dem Namen Mundus und auch Thonet-Mundus verbarg, sehr unübersichtlich ist.[32] So ist es leicht nachvollziehbar, dass die Beziehungen zwischen der Thonet-Mundus A.G. Zürich, in der ab 1923 neben anderen auch die Thonetschen Aktiengesellschaften organisiert waren und der Mundus, Allgemeine Handels- und Industrie A.G. Zürich, eine Holding, die bereits 1920 gegründet worden war[33] und unter deren Dach schließlich auch die Thonet-Mundus A.G. und noch weitere Gesellschaften zusammengeführt wurden, häufig für eine gewisse Ratlosigkeit sorgen. Aber auch hier gilt das zu Anfang Gesagte: Die Forschungssituation war sehr schwierig. Die Firmenarchive im Westen – Wien und

Frankenberg – waren zerstört und die Quellen in den Archiven in der Tschechoslowakei konnten erst nach der Öffnung in den 1990er Jahren offiziell eingesehen werden.

12.2.1. Thonet A.G. Brünn 1921

In der Zeitung *Die Börse* erschien am 13. Januar 1921 folgende Notiz: »Infolge verschiedener Umstände hat sich die Firma Thonet entschlossen, die Möbelfabrik, welche bis jetzt eine öffentliche Handelsgesellschaft war, in eine Aktiengesellschaft umzuwandeln. Die neue Gesellschaft wird ein Aktienkapital von 4 ½ Millionen Kč haben, das sich auf 9000 Aktien à Kč 500,- verteilen wird. Sitz der Gesellschaft wird Brünn sein. Die neue Gesellschaft wird bis zu einem gewissen Grade eine Familiengesellschaft sein, dem Verwaltungsrate werden jedoch 1 bis 2 Tschechen zugeteilt werden.«[34]

Die Überlegungen, die Familiengesellschaft in eine oder mehrere Aktiengesellschaften umzuwandeln, waren indes nicht spontan entstanden, sondern wurden schon Jahre zuvor angestellt. Bereits 1918, so erfuhr Josef (Joschi) Thonet von seinem Bruder Alfred, habe man in der Familie die Idee der Gründung einer Aktiengesellschaft ins Auge gefasst[35], in den folgenden Jahren immer wieder diskutiert, doch konkret wurden diese Pläne erst Ende 1919.

In einem Schreiben vom Januar 1920 informierte Theodor Thonet Julius über einen Beschluss der übrigen Gesellschafter, »die Bildung folgender Aktiengesellschaften [...] umgehend in Angriff zu nehmen, bzw. durchzuführen«.[36] Dazu gehörte einmal die Gründung einer Aktiengesellschaft in der Tschechoslowakei, wo sich die meisten Fabrikationsstandorte, Filialbetriebe und weitere Produktionsstätten befanden, dann in Polen, wo das Werk Nowo Radomsk, die Warschauer Niederlassung und die Herrschaften Barwinek und Polany mit den dazugehörigen Sägewerken als Aktiva vorhanden waren.[37] Darüber hinaus sollte diese »Gründung einer eigenen polnischen A.G. für uns die günstigste Vorstufe für irgend eine spätere polnische Combination resp. Firmen-Gruppierung darstellen [...]«.[38] Und schließlich sollte in der Schweiz eine Aktiengesellschaft als Verkaufsgesellschaft installiert werden, in der alle jetzt im Ausland gelegenen Niederlagen einbezogen werden sollten. Zweck dieser sollte es sein, »unsere Interessen, die in Gebieten liegen, in welchen die Entente ihren Einfluß ausübt, sozusagen in neutrale Hände zu legen und dadurch wirksamer zu immunisieren, als es bisher durch den Schutz des č. sl. Staates erzielt werden konnte«.[39] Über die in »Deutschösterreich und Deutschland« gelegenen Werte ebenso wie über die Niederlage in Budapest sollte »aus politischen Gründen«[40] erst später entschieden werden.

Als Rechtsberater für all diese Angelegenheiten wurde Dr. Wilhelm Eitner[41] (1884–1967) eingestellt[42], der die Neu- und Umfirmierungen begleitete und auch an der am 19. Januar 1921 stattfindenden Vorbesprechung der Aktionäre zur Gründung der Thonet A.G. Brünn teilnahm. Neben Eitner und einem Direktor Schöps waren folgende Personen anwesend: Jakob Thonet, jüngster Sohn von Michael Thonet sen., dessen Söhne Viktor und Richard, Carl und Theodor, Söhne von August Thonet und Alfred, Sohn von Josef Thonet. Julius, Sohn von Michael Thonet jun., fehlte bei diesem Treffen.[43] Unter anderem wurde festgelegt, dass Mitglieder des Verwaltungsrats vorerst nur die bisherigen Gesellschafter der Gebrüder Thonet sein sollten, dessen Präsident wiederum Jakob Thonet. Norbert Rotter, bisher Zentralinspektor, sollte als Direktor der Thonet A.G. Brünn Prokura erhalten, ebenso Einzelprokura der Firma Gebrüder Thonet, Brünn. Im weiteren Verlauf der Vorbesprechung einigte man sich auf die künftige Geschäftsordnung: Es sollten drei Generaldirektoren etabliert werden, ein Exekutivkomitee mit den drei Generaldirektoren und drei Mitgliedern des Verwaltungsrats, dann ein Finanzkomitee, besetzt ebenso mit den Generaldirektoren und einem Mitglied des Verwaltungsrats. Personell ergab sich folgende Konstellation:

- Als Generaldirektoren wurden genannt: Theodor, Alfred und Viktor Thonet.
- In das Exekutivkomitee sollten gewählt werden: Carl, Julius und Richard Thonet.
- Dem Finanzkomitee sollte neben den Generaldirektoren Julius Thonet angehören.

Vorbehaltlich der Zustimmung der Generalversammlung waren als Entlohnung für die drei Generaldirektoren für 1920 insgesamt Kč 300.000, für 1921 dann Kč 360.000 vorgesehen.[44]

In der nur zehn Tage später abgehaltenen ersten Sitzung des Verwaltungsrats wurden alle Vorschläge aus der Vorbesprechung einstimmig angenommen und die Aufgaben der einzelnen Organe und Ressorts nochmals genauer gefasst.[45] Großen Wert legte man auf die Führung eines der Funktion entsprechenden Titels, so war Direktor Rotter »Prokurist und Kontrollinspektor der THONET A.G. Bruenn«, Direktor Landgesell[46] »Direktor der technischen Betriebs Inspektion der THONET A.G. Bruenn.«[47] Die Leiter der Filialen Brünn und Prag »haben den offiziellen Titel ›Leiter der Filiale …‹ der THONET A.G. Bruenn zu führen. Ebenso haben alle anderen Angestellten […] nur den ihrer Funktion entsprechenden Titel zu führen.«[48]

Die 9.000 Aktien wurden entsprechend ihres Nominalwerts auf die Gesellschafter und innerhalb von deren Familien auf die Familienmitglieder verteilt. (Abb. 90)[49] Von den sieben Gesellschaftern erhielten sechs Aktien im Nennwert von 1.350.000 tschechischen Kronen, den Hauptanteil jeweils die Väter, daraus dann Anteile die Ehefrauen und Kinder. Jakob Thonet erhielt ein Aktienpaket im Wert von Kč 900.000.

Dessen beide Söhne Viktor und Richard, die ja ebenso wie ihr Vater Gesellschafter waren, erhielten zusätzlich zu ihrem Aktienpaket nochmals Aktien im Nominalwert von Kč 150.000 aus dem Anteil des Vaters. Viktor und Martha hatten keine Kinder, die Söhne von Richard und Friederike waren noch nicht großjährig, weshalb von deren Paketen Aktien im Wert von Kč 550.000 auf ein Treuhandkonto überwiesen wurden.[50]

Auf einer Sitzung des Exekutivkomitees am 9. und 10. September 1921 wurde die momentane Lage der Firma ausführlich erörtert.[51] Man hatte zwischenzeitlich mit anderen Herstellern von Bugholzmöbeln Übereinkommen getroffen, sich in bestimmen Ländern gegenseitig keine Konkurrenz zu machen.[52] Mit der Firma D. G. Fischel Söhne war man in Verhandlungen über eine solche Vereinbarung, hatte jedoch den Verdacht, dass Fischel die Konventions-Verhandlungen so lange hinauszögere, »bis sie ihren neuen im französischen Staatsgebiet gelegenen Betrieb in Weissenburg vollbetriebsfähig gemacht hat, um dann durch jetzt schon eingeleitete Quertreibereien bei der Französischen Regierung Einfuhrhindernisse für ausländische Bugholzware zu erreichen«.[53] Direktor Rotter empfahl daher, diese sogenannte Französische Konvention wie auch fast alle anderen, »d.i. England, Holland, Italien, Oesterreich, Schweiz, Tschechoslowakei« zu kündigen, was von dem Exekutivkomitee einstimmig angenommen wurde. Richard Thonet gab zu bedenken, dass mit diesen Kündigungen ein »scharfer Konkurrenzkampf und damit ein empfindlicher Druck auf das allgemeine Preisniveau zu befürchten sei«. Julius Thonet bemerkte, »dass dieses Bedenken in einer Periode des allgemeinen Preisabbaues weniger ins Gewicht falle, als die Gefahr vom Markt verdrängt zu werden«. Darüber hinaus habe man bei neuerlichen Konventionsvereinbarungen dann eine viel freiere Hand, »da alle bisher gemachten Konzessionen, wie die Festsetzung der Margen u.s.w. dabei von vorneherein in Wegfall kämen«.[54]

Ein weiterer Punkt, der ausführlich diskutiert wurde, war der sogenannte Veredelungsvertrag. Hierbei ging es um die Frage, ob die Thonet A.G. Waren, Warenteile und Materialien der Firma Gebrüder Thonet zu deren Inventur-Werten oder zu ihren wirklichen Werten erwerben sollte und welche steuerlichen Vor- oder Nachteile dies für die beteiligten Parteien hätte.[55] Die technische Abteilung wurde mit der Beurteilung einer entsprechenden Vereinbarung beauftragt. Eine Entscheidung wurde vertagt.

Wie schwierig sich in den folgenden Monaten die Situation der Thonet A.G. in finanzieller Hinsicht darstellte, geht aus einem Protokoll des Exekutivkomitees vom Februar 1922 hervor. Die der A.G. von tschechoslowakischen Banken eingeräumten Kredite in Höhe von Kč 34.000.000 hatte man bereits um Kč 6.000.000 überschritten, Kredite anderer Banken, wie beispielsweise der Mährischen Agrarbank, wurden gekündigt und mussten ab November 1922 zurückgezahlt werden. Die Kreditinstitute

A K T I E N B E S I T Z .

"Thonet"-A.G., Brünn.

Jakob Thonet.

Jakob Thonet: Kč 300.000

No 1 - 20 u.9001 - 9020 = 40 St.à 500 = ... Kč 20.000.-

" 201 - 560 = 18 " " 10.000 = ... " 180.000.-

" 4001 - 4200 = 2 " " 50.000 = ... " 100.000.-

Kč 300.000.-

Viktor Thonet: Kč 150.000

No 561 - 580 u.9201 - 9280 = 5 St.à 10.000 = ... Kč 50.000.-

" 4201 - 4400 = 2 " " 50.000 = ... " 100.000.-

Kč 150.000.-

Richard Thonet: Kč 150.000

No 9281 - 9380 = 5 St.à 10.000 = ... Kč 50.000.-

" 4401 - 4500 u.13001 - 13100 = 2 " " 50.000 = ... " 100.000.-

Kč 150.000.-

Alla Kreuzbruck: Kč 150.000

No 9381 - 9480 = 5 St.à 10.000 = ... Kč 50.000.-

" 13101 - 13300 = 2 " " 50.000 = ... " 100.000.-

Kč 150.000.-

Marg.Primavesi: Kč 150.000

No 9481 - 9580 = 5 St.à 10.000 = ... Kč 50.000.-

" 13301 - 13500 = 2 " " 50.000 = ... " 100.000.-

Kč 150.000.-

Kč 900.000 Kč 900.000.-

Karl Thonet.

Karl Thonet Kč 450.000

No 581 - 680 = 5 St. à 10.000 = ... Kč 50.000.-

" 4501 - 5300 = 8 " " 50.000 = ... " 400.000.-

Kč 450.000 Transport: Kč 450.000.-

./.

- 2 -

Kč 450.000 Uebertrag: Kč 450.000.-

Johanna Thonet: Kč 350.000

No 13501 - 14200 = 7 St.à 50.000 = ... Kč 350.000.-

Treuhänder: Kč 550.000

No 21 - 50 u.9021 - 9050 = 60 St.à 500 = ... Kč 30.000.-

" 681 - 1140 u.9581 -10160 = 52 " " 10.000 = ... " 520.000.-

Kč 550.000.-

Kč 1,350.000 Kč1,350.000.-

Julius Thonet.

Julius Thonet: Kč 450.000

No 51 - 80,9051 - 9080 = 60 St.à 500 = ... Kč 30.000.-

" 1141 -1720,10161 - 10220 = 32 " " 10.000 = ... " 320.000.-

" 5301 - 5500 = 2 " " 50.000 = ... " 100.000.-

Kč 450.000.-

Carrie Thonet: Kč 360.000

No 10221 - 10240 = 1 St.à 10.000 = ... Kč 10.000.-

" 5501 - 6000,14201-14400 = 7 " " 50.000 = ... " 350.000.-

Kč 360.000.-

Michaël Thonet: Kč 180.000

No 10241 - 10400 = 8 St.à 10.000 = ... Kč 80.000.-

" 14401 - 14600 = 2 " " 50.000 = ... " 100.000.-

Kč 180.000.-

Heinrich Thonet: Kč 180.000

No 10401 - 10560 = 8 St.à 10.000 = ... Kč 80.000.-

" 14601 - 14800 = 2 " " 50.000 = ... " 100.000.-

Kč 180.000.-

Julius Thonet: Kč 180.000

No 10561 - 10720 = 8 St.à 10.000 = ... Kč 80.000.-

" 14801 - 15000 = 2 " "50.000 = ... " 100.000.-

Kč 180.000.-

Kč 1,350.000 Kč 1,350.000.-

./.

- 3 -

Theodor Thonet.

Theodor Thonet: Kč 450.000

No 171 - 200 = 30 St.à 500 = ... Kč 15.000.-

" 9171 - 9200 = 30 " " 500 = ... " 15.000.-

" 3721 - 4000 = 14 " " 10000 = ... " 140.000.-

" 12741 - 13000 = 13 " " 10000 = ... " 130.000.-

" 8901 - 9000 = 1 " " 50000 = ... " 50.000.-

" 17801 - 18000 = 2 " " 50000 = ... " 100.000.-

Kč 450.000.-

Hugo Thonet: Kč 300.000

No 3421 - 3520 = 5 St.à 10.000 = ... Kč 50.000.-

" 12441 - 12540 = 5 " " 10.000 = ... " 50.000.-

" 8301 - 8500 = 2 " " 50.000 = ... " 100.000.-

" 17201 - 17400 = 2 " " 50.000 = ... " 100.000.-

Kč 300.000.-

Theodora Babo: Kč 300.000

No 3521 - 3620 = 5 St.à 10.000 = ... Kč 50.000.-

" 12541 - 12640 = 5 " " 10.000 = ... " 50.000.-

" 8501 - 8700 = 2 " " 50.000 = ... " 100.000.-

" 17401 - 17600 = 2 " " 50.000 = ... " 100.000.-

Kč 300.000.-

August Thonet: Kč 300.000

No 3621 - 3720 = 5 St.à 10.000 = ... Kč 50.000.-

" 12641 - 12740 = 5 " " 10.000 = ... " 50.000.-

" 8701 - 8900 = 2 " " 50.000 = ... " 100.000.-

" 17601 - 17800 = 2 " " 50.000 = ... " 100.000.-

Kč 300.000.-

Kč 1,350.000 1,350.000.-

Viktor Thonet.

Viktor Thonet: Kč 450.000

No 2281 - 2380 = 5 St.à 10.000 = ... Kč 50.000.-

" 6801 - 7500,15701-15800 = 8 " " 50.000 = ... " 400.000.-

Kč 450.000 Uebertrag: Kč 450.000.-

./.

- 4 -

Kč 450.000 Uebertrag: Kč 450.000.-

Martha Thonet: Kč 350.000

No 15801 - 16500 = 7 St.à 50.000 = ... Kč 350.000.-

Treuhänder: Kč 550.000

No 111 - 140, 9111 - 9140 = 60 St.à 500 = ... Kč 30.000.-

" 2381 -2860,11301-11860 = 52 " " 10.000 = ... " 520.000.-

Kč 550.000.-

Kč 1,350.000 Kč 1,350.000.-

Siehe weiters unter Jakob Thonet !

Viktor Thonet: Kč 150.000

No 561 - 580 u.9201 -9280 = 5 St.à 10.000 = ...Kč 50.000.-

No 4201 - 4400 = 2 " " 50.000 = ... " 100.000.-

Kč 150.000.-

Dr. Richard Thonet.

Dr.Richard Thonet: Kč 450.000

No 141 - 170, 9141 - 9170 = 60 St. à 500 = ... Kč 30.000.-

" 2861 - 3420,11861 - 11940 = 32 " " 10.000 = ... " 320.000.-

" 7501 - 7700 = 2 " " 50.000 = ... " 100.000.-

Kč 450.000.-

Friderike Thonet: Kč 180.000

No 11941 - 12100 = 8 St.à 10.000 = ... Kč 80.000.-

" 7701 - 7900 = 2 " " 50.000 = ... " 100.000.-

Kč 180.000.-

Fritz Jakob Thonet: Kč 180.000

No 12101 - 12160 = 3 St.à 10.000 = ... Kč 30.000.-

" 7901 - 8200 = 3 " " 50.000 = ... " 150.000.-

Kč 180.000.-

Georg Thonet: Kč 180.000

No 12161 - 12220 = 3 St.à 10.000 = ... Kč 30.000.-

" 8201 - 8300,16501-16700 = 3 " " 50.000 = ... " 150.000.-

Kč 990.000 Uebertrag: Kč 180.000.-

./.

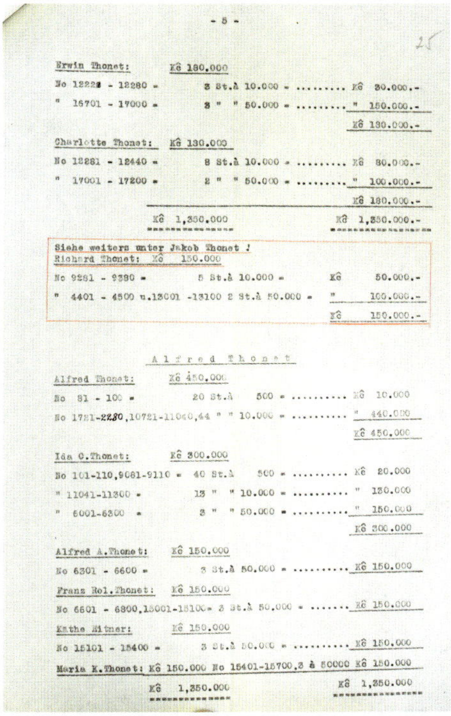

- 5 -

25

Erwin Thonet: Kč 180.000

No 1222[illegible] - 12280 = 3 St.à 10.000 = ... Kč 30.000.-

" 16701 - 17000 = 3 " " 50.000 = ... " 150.000.-

Kč 180.000.-

Charlotte Thonet: Kč 180.000

No 12281 - 12440 = 8 St.à 10.000 = ... Kč 80.000.-

" 17001 - 17200 = 2 " " 50.000 = ... " 100.000.-

Kč 180.000.-

Kč 1,350.000 Kč 1,350.000.-

Siehe weiters unter Jakob Thonet !

Richard Thonet: Kč 150.000

No 9281 - 9380 = 5 St.à 10.000 = Kč 50.000.-

" 4401 - 4500 u.13001 -13100 2 St.à 50.000 = " 100.000.-

Kč 150.000.-

Alfred Thonet

Alfred Thonet: Kč 450.000

No 81 - 100 = 20 St.à 500 = ... Kč 10.000

No 1781-2280,10721-11040,44 " " 10.000 = ... " 440.000

Kč 450.000

Ida C.Thonet: Kč 300.000

No 101-110,9081-9110 = 40 St.à 500 = ... Kč 20.000

" 11041-11300 = 13 " " 10.000 = ... " 130.000

" 6001-6300 = 3 " " 50.000 = ... " 150.000

Kč 300.000

Alfred A.Thonet: Kč 150.000

No 6301 - 6600 = 3 St.à 50.000 = ... Kč 150.000

Franz Rol.Thonet: Kč 150.000

No 6601 - 6800,15001-15100= 3 St.à 50.000 = ... Kč 150.000

Käthe Eitner: Kč 150.000

No 15101 - 15400 = 3 St.à 50.000 = ... Kč 150.000

Maria K.Thonet: Kč 150.000 No 15401-15700,3 à 50000 Kč 150.000

Kč 1,350.000 Kč 1,350.000

Abb. 90: Aktienbesitz der Thonet A.G. Brünn

wussten natürlich um die Schwierigkeiten des Unternehmens, boten auch weiterhin Hilfe an, doch zu für die Thonets unter zu dieser Zeit noch unannehmbaren Bedingungen. So forderte die Länderbank bei einer nächsten Neuemmissionierung »eine Abgabe von 25 % der Aktien« und der Zusicherung einer »Vertretung im Verwaltungsrat«. Die laufenden Ausgaben konnten trotz der Remittierungen der Lager und weiterer Eingänge bei weitem nicht mehr gedeckt werden, so dass, wie es der Prokurist Palzer auf der Sitzung formulierte, »ohne Verzug energische Maßnahmen« ergriffen werden mussten. Alfred Thonet schlug vor, es solle »durch die Aufnahme von Hypotheken auf die Herrschaft Wsetin, sowie auf die Realitäten in Brünn, Prag und Paris, sowie durch die Rückberufung des in die Thonet Brothers inc. New-York investierten Kapitals von $ 200.000 der Debetstand bei den Banken auf ca. čK 20.000.000, - abgebaut werden«.[56]

Zur gleichen Zeit unternahm Wilhelm Eitner zahlreiche Reisen ins Ausland – Berlin, London und Den Haag –, bei denen er sich um Kredite bemühte. Bei dem Bankhaus Dreyfus & Co. in Berlin und den englischen Banken war er nicht erfolgreich, doch erklärte sich die Reconstruktiebank in Den Haag bereit, unter bestimmten Bedingungen einen Kredit von Kč 20.000.000 zu gewähren.[57] Am 6. März 1922 stellte das Unternehmen einen Antrag auf eine erste Rate aus einem fristgebundenen Kredit in Höhe von Kč 4.000.000, der auch bewilligt wurde.[58] Doch in der Verwaltungsratsitzung am 22. Mai 1922 musste Theodor Thonet konstatieren, dass alle bisherigen Maßnahmen nicht gefruchtet hatten und »die finanzielle Situation derzeit völlig in der Luft hängt«.[59] Er schlug daher vor, den Beschluss zu fassen, nun doch »mit der Länderbank das angebotene Arrangement auf Gewährung eines 20 Millionen Kredites durchzuführen«.[60] Die daran geknüpften Bedingungen – »Optionsrecht auf 2 bis 4% der Aktien im Falle einer Kapitalserhöhung, Haftung der Gesellschafter mit einer Einlage von 20 Millionen, Aufnahme in den Verwaltungsrat«[61] – hätte man vier Monate zuvor keinesfalls akzeptiert, doch hatte sich die Situation mittlerweile so zugespitzt, dass man auch dazu jetzt bereit war.[62]

In einem Memorandum nur drei Monate später fasste Wilhelm Eitner die zu dieser Zeit wirtschaftlich und finanziell nahezu hoffnungslose Lage des Unternehmens zusammen: »Die bisher gehegte Erwartung, dass die laufenden Ausgaben durch die laufenden Einnahmen gedeckt werden könne, hat sich nicht bestätigt. Es besteht vielmehr ein stetiger Ausgabenüberschuss, sodass die Bankschulden neuerdings im Wachsen begriffen sind. [...] Die bestehenden Kreditquellen sind nahezu erschöpft. [...] Wir sind nicht in der Lage der Reconstruktie B. die per 31. VIII. fällig gewesene Schuld von 3.500.000 zurückzuzahlen. [...] Wir haben also unter gleichbleibenden Verhältnissen in allerkürzester Zeit die völlige Erschöpfung aller disponiblen Mittel und somit Zahlungsunfähigkeit zu erwarten. [...] Es ist demnach aus der Eröffnung neuer Kreditquellen kein Ausweg aus der krisenhaften Situation zu erhoffen. Nur die durch die sofortige Anwendung radikalster Mittel erwirkte Erhöhung der Geldeingangsziffer und Herabsetzung der Ausgaben kann eine Katastrophe verhindern.«[63]

In einer Sitzung des Verwaltungsrats am 15./16. November 1922 wurde die Situation in Polen und der Fabrik Radomsk intensiv diskutiert.[64] Peyser führte aus, dass eines der Hauptprobleme dort der ständige Holzmangel sei, da die polnischen Waldbesitzer Raubbau betrieben und alles Nutzholz als Brennholz abgeführt werde. Zwar sei Klotzholz vorhanden, doch stünden nicht genug Sägewerke zur Verfügung, dieses zu verarbeiten. Zur Hebung der Preise schlug Alfred Thonet eine Kontingentierung vor, d. h., die bisherigen Lieferungen ins Inland sollten auf die Hälfte reduziert werden. Auf den Einwand von Peyser, dass man »sämtliche Ministerien etc. und die Warschauer Direktion der Eisenbahnen« beliefere, weshalb die Regierung auf deren Belieferung sicher Einfluss nehmen werde, meinte Alfred Thonet, dass man der Regierung ja nicht zu sagen brauche, »dass wir kontingentieren; wir müssen sagen, dass wir nicht mehr Waren liefern können, da die Nachfrage im Verhältnis zur Erzeugung zu gross ist. Ohne eine strickte [sic] Vorschrift für die Kontingentierung geht es einmal nicht.« Als eine weitere Möglichkeit wurde ins Auge gefasst, die Produktion in Radomsk zu erhöhen, da die Erzeugungskosten dort wesentlich geringer seien als in den mährischen Fabriken.[65] Fertigte Radomsk zu Anfang des Jahres 1922 nur 300 Sessel pro Tag, seien es nun – November 1922 – zwar 800, doch müsse man wieder auf die Vorkriegszahl von 1.500 kommen, so Alfred Thonet.[66]

Einer der Beamten, Franz Scheibel, hatte allerdings bereits in einem Schreiben an die Herrn Chefs im Oktober darauf hingewiesen, dass in Polen nicht alleine die unzureichenden Stückzahlen das Problem seien, sondern die Tatsache, dass ein großer Teil der Ware »im polnischen Inlande indirekt an die Schieber gehe, die uns dann mit unseren eigenen billigen Waren Konkurrenz machen und alle Märkte verderben«.[67] Scheibel machte weitere Vorschläge:

»– Drosselung des Verkaufes im polnischen Inlande.
– Erhöhung der Kapazität der Fabrik Radomsk um möglichst 100 % der gegenwärtigen Leistung.
– Aenderung des Fabrikations-Programmes nach Massgabe der zu beliefernden Gebiete.
– Ueberführung der hiezu nötigen Biegformen und Maschinen aus den mährischen Fabriken.«[68]

Um die finanzielle Lage des Unternehmens zu verbessern, zog man auch die Aufnahme von Hypotheken auf vorhandene Sachwerte in Erwägung. Vom Juli des folgenden Jahres, 1923, beispielsweise liegt ein Antwortschreiben der Familie Thonet'schen Ökonomie Verwaltung Veľké Uherce auf eine Anfrage der Thonet A.G. Brünn vor.[69] Diese verlangte eine ungefähre Schätzung des Wertes der Herrschaft. Man dachte offensichtlich daran, eine Hypothek darauf aufzunehmen – Wsetin war bereits belastet – die von der Pensionsanstalt für Privatangestellte zwei Jahre später dann auch gewährt wurde.[70]

Die Thonet A.G. Brünn, die – wie auch alle anderen Einzelgesellschaften – nach dem Zusammenschluss von Thonet und Mundus erst einmal eigenständig blieb, existierte in ihrer ursprünglichen Form bis 1924. Dieses »Herzstück« der Thonetschen Unternehmungen war bereits 1923 eine sogenannte »Interessengemeinschaft« mit der Mundus, Jakob & Josef Kohn, Vereinigte Tschechoslowakische Bugholzmöbelfabriken A.G. eingegangen, die dazu dienen sollte, »die Regiekosten auf ein Mindestmaß herabzusetzen.« Die Generalversammlungen beider Unternehmen beschlossen im Juni 1924, »die Fusion dieser beiden Unternehmungen nun auch in formaler Hinsicht durchzuführen.« Um die Verluste aus dem Jahr 1923 auszugleichen, wurde bei beiden Gesellschaften das Aktienkapital reduziert: bei der Thonet A.G. Brünn von Kč 9.000.000 auf Kč 6.000.000, bei der Mundus J. & J. Kohn von Kč 24.000.000 auf Kč 14.000.000[71], womit nach Ansicht der Gesellschafter das jeweilige »Reinvermögen« beider Gesellschaften voll gedeckt war. Das gesamte Vermögen der Thonet A.G. ging schließlich im Tausch gegen 15.000 Aktien im Nominalwert von

Kč 400 auf die neue Gesellschaft Thonet-Mundus, Vereinigte Tschechoslowakische Bugholzmöbelfabriken, A.G. mit Sitz in Brünn, über.[72]

Als eine der ersten Maßnahmen zur Kostenreduzierung wurden die den beiden Gesellschaften gehörenden kleineren Fabriken geschlossen und die Produktion in die größeren Betriebe verlagert, wodurch es möglich war, »die Leistungsfähigkeit dieser Anlagen auf die Vorkriegskapazität zu bringen und eine Verbilligung der Produktionskosten zu erzielen«.[73] Dass die neuen Maßnahmen erfolgreich waren, belegt die Bilanz für das Geschäftsjahr 1925/26, in dem »eine Dividende von 6 % zur Verteilung gelangte«.[74]

12.2.2. Handelmaatschappij Gebroeders Thonet Amsterdam 1921

Richard Thonet, einer der Gesellschafter der Gebrüder Thonet und Wilhelm Eitner, Rechtsberater der Firma, waren im Sommer 1921 nach Holland gereist, um die Möglichkeiten der Gründung einer Handelsgesellschaft dort zu sondieren. In einem Bericht an die Gesellschafter der Gebrüder Thonet informierte Eitner über das Ergebnis.[75]

Die Gründung einer Aktiengesellschaft in Holland war nicht – wie es die Thonets befürchtet hatten – an die Bedingung geknüpft, dass holländisches Kapital eingebracht werden musste, lediglich holländische Staatsangehörige mussten in die Verwaltung der Gesellschaft aufgenommen werden. Man suchte drei Personen, von denen einer ein »Mann mit politischem Einfluss«, einer »mit kommerziellen Verbindungen« und ein dritter »ein Finanzmann« sein sollte. Catharinus Johannes van Dusseldorp, der die Thonets in dieser Angelegenheit in Holland beriet und der »ausgedehnte finanzielle und geschäftliche Verbindungen zu besitzen scheint«, erklärte sich bereit, in der Geschäftsführung mitzuwirken. Van Dusseldorp schlug als zweiten Kandidaten Floris Cunrad [Koenrad] Herrings vor. Herrings war Unterstaatssekretär im Ministerium für Industrie und Handel, von dem man sich daher eine Unterstützung in politischer Hinsicht versprach. Die dritte Person sollte ein Herr Hegenbart sein, von dem sich aber herausstellte, dass »dieser Herr erstens ausgesprochen deutschfeindlich sein soll und von ihm eine wirkliche Mitarbeit an einer verhältnismäßig nicht sehr umfangreichen Gründung nicht zu erwarten ist«.[76] Man verzichtete schließlich vorerst auf die Berufung eines dritten Mitglieds im Verwaltungsrat.[77]

Der konstitutive Gründungsakt der Handelmaatschappij Gebroeders Thonet erfolgte am 14. Dezember 1921 vor dem Notar H.M.A. Schade in Rotterdam, bei dem persönlich lediglich van Dusseldorp und drei weitere Zeugen anwesend waren.[78] Bei der Gesellschaftersitzung der Gebrüder Thonet am 3. und 4. Januar 1922 in Wien wurden Theodor und Richard Thonet zusammen mit Wilhelm Eitner beauftragt,

15

A K T I E N B E S I T Z.

Handelmaatschappy Gebroeders Thonet.

Gr.A. = Gründer-Aktien

St.A. = Stamm-Aktien.

J a k o b T h o n e t.

Jakob Thonet:	hfl. 29.000	
No 1 - 4 Gr.A. =	4 St.à 1000 = ...	hfl. 4.000.-
" 1 - 25 St.A. =	25 " " 1000 = ...	" 25.000.-
		hfl. 29.000.-
Viktor Thonet:	hfl. 14.000	
No 26 - 39 St.A. =	14 St.à 1000 = ...	hfl. 14.000.-
Richard Thonet:	hfl. 14.000	
No 40 - 53 St.A. =	14 St.à 1000 = ...	hfl. 14.000.-
Ella Kreuzbruck:	hfl. 14.000	
No 54 - 67 St.A. =	14 St.à 1000 = -.	hfl. 14.000.-
Marg.Primavesi:	hfl. 14.000	
No 68 - 81 St.A. =	14 St.à 1000 = ...	hfl. 14.000.-
	hfl. 85.000	hfl. 85.000.-

K a r l T h o n e t.

Karl Thonet:	hfl. 42.500	
No 5 - 10 Gr.A.	6 St.à 1000 = ...	hfl. 6.000.-
½ von No 567 St.A.	½ v. 1 St.à 1000 = ...	" 500.-
No 325 - 360 St.A.	36 St.à 1000 = ...	" 36.000.-
		hfl. 42.500.-
Johanna Thonet:	hfl. 32.000	
No 361 - 392 St.A.	32 St.à 1000 = ...	hfl. 32.000.-
Treuhänder:	hfl. 53.000	
No 393 - 445 St.A.	53 St.à 1000	hfl. 53.000.-
	hfl. 127.500	hfl. 127.500.-

- 2 -

16

J u l i u s T h o n e t.

Julius Thonet:	hfl. 42.500	
No 11 - 16 Gr.A. =	6 St.à 1000 = ...	hfl. 6.000.-
½ v.No 324 St.A. =	½ v. 1 St.à 1000 = ...	" 500.-
No 82 - 117 St.A.=	36 St.à 1000 = ...	" 36.000.-
		hfl. 42.500.-
Carrie Thonet:	hfl. 34.000	
No 118 - 151 St.A. =	34 St.à 1000 = ...	hfl. 34.000.-
Michael Thonet:	hfl. 17.000	
No 152 - 168 St.A. =	17 St.à 1000 = ...	hfl. 17.000.-
Heinrich Thonet:	hfl. 17.000	
No 169 - 185 St.A. =	17 St.à 1000 = ...	hfl. 17.000.-
Julius Thonet:	hfl. 17.000	
No 186 - 202 St.A. =	17 St.à 1000 = ...	hfl. 17.000.-
	hfl. 127.000	hfl. 127.000.-

T h e o d o r T h o n e t.

Theodor Thonet:	hfl. 43.500	
No 17 - 22 Gr.A. =	6 St.à 1000 = ...	hfl. 6.000.-
½ v.No.567 St.A. =	½ v.1 St.à 1000 = ...	" 500.-
No 446 - 482 St.A. =	37 St.à 1000 = ...	" 37.000.-
		hfl. 43.500.-
Rosa Thonet:	hfl. 26.000	
No 483 - 508 St.A. =	26 St.à 1000 = -.	hfl. 26.000.-
Hugo M.Thonet:	hfl. 26.000	
No 509 - 534 St.A. =	26 St.à 1000 = ...	.hfl. 26.000.-
August E.Thonet:	hfl. 26.000	
No 535 - 560 St.A. =	26 St.à 1000 = ...	.hfl. 26.000.-
Thea Babo:	hfl. 6.000	
No 561 - 566 St.A. =	6 St.à 1000 = ...	hfl. 6.000.-
	hfl. 127.500	hfl. 127.500.-

./.

- 3 -

17

V i k t o r T h o n e t.

Viktor Thonet:	hfl. 42.500	
No 29 - 34 Gr.A. =	6 St.à 1000 = ...	hfl. 6.000.-
½ v.No 810 St.A. =	½ v.1 St.à 1000 = ...	" 500.-
No 568 - 603 St.A. =	36 St.à 1000 = ...	" 36.000.-
		hfl. 42.000.-
Martha Thonet:	hfl. 32.000	
No 604 - 635 St.A. =	32 St.à 1000 = ...	hfl. 32.000.-
Treuhänder:	hfl. 53.000	
No 636 - 688 St.A. =	53 St.à 1000 = ...	hfl. 53.000.-
	hfl. 127.500	hfl. 127.500.-

Siehe weiters unter Jakob Thonet !

Viktor Thonet:	hfl. 14.000	
No 26 - 39 St.A. =	14 St.à 1000 = ...	hfl. 14.000.-

D r. R i c h a r d T h o n e t.

Dr.Richard Thonet:	hfl. 42.500	
No 35 - 40 Gr.A. =	6 St.à 1000 = ...	hfl. 6.000.-
½ v.No.810 St.A. =	½ v.1 St.à 1000 = ...	" 500.-
No 689 - 724 St.A. =	36 St.à 1000 = ...	" 36.000.-
		hfl. 42.500.-
Friderike Thonet:	hfl. 17.000	
No 725 - 741 St.A. =	17 St.à 1000 = ...	hfl. 17.000.-
Fritz Jakob Thonet:	hfl. 17.000	
No 742 - 758 St.A. =	17 St.à 1000 = ...	hfl. 17.000.-
Georg Thonet:	hfl. 17.000	
No 759 - 775 St.A. =	17 St.à 1000 = ...	hfl. 17.000.-
Erwin Thonet:	hfl. 17.000	
No 776 - 792 St.A. =	17 St.à 1000 = ...	hfl. 17.000.-
Charlotte Thonet:	hfl. 17.000	
No 793 - 809 St.A. =	17 St.à 1000 = ...	hfl. 17.000.-
	hfl. 127.500	hfl. 127.500.-

Siehe weiters unter Jakob Thonet !

Richard Thonet:	hfl. 14.000	
No 40 - 53 St.A. =	14 St.à 1000 = ...	hfl. 14.000.-

- 4 -

18

A l f r e d T h o n e t

Alfred Thonet:	hfl. 42.500	
No 23 - 28 Gr.A. =	6 St.à 1000 = ...	hfl. 6.000
½ v.No 324 St.A. =	½ v. 1 St.à 1000 = ...	" 500
No 203 - 238 =	36 St.à 1000 = ...	" 36.000
		hfl. 42.500
Ida G.Thonet:	hfl. 29.000	
No 239 - 267 =	29 St.à 1000 = ...	hfl. 29.000
Alfred A.Thonet:	hfl. 14.000	
No 268 - 281 =	14 St.à 1000 = ...	hfl. 14.000
Franz Rol. Thonet:	hfl. 14.000	
No 282 -295 =	14 St.à 1000 = ...	hfl. 14.000
Käthe Sitner:	hfl. 14.000	
No 296 - 309 =	14 St.à 1000 = ...	hfl. 14.000
Maria E.Thonet:	hfl. 14.000	
No 310 - 323 =	14 St.à 1000 = ...	hfl. 14.000
	hfl. 127.500	hfl. 127.500

Abb. 91: Aktienbesitz der Handelmaatschappij Gebroeders Thonet

nach Holland zu reisen, »um dort in Vertretung der übrigen Aktionäre in der konstituierenden Generalversammlung [der Handelmaatschappij Gebroeders Thonet] die notwendigen Beschlüsse zu fassen und auch sonst alle, für die Einleitung der Geschäftsführung notwendigen Schritte zu unternehmen«.[79] Am 15. Februar 1922 erfolgte die Bewilligung[80] und fünf Tage später wurden die Statuten im Staatsanzeiger veröffentlicht. Der Zweck der Gesellschaft war »die Fabrikation von – und der Handel mit Möbeln und verwandten Artikeln und alles, was in dem ausgedehnteste Sinne dazu gerechnet werden kann, sowohl für die eigene Rechnung wie für die Rechnung von oder mit Dritten, sowie die Beteiligung in derartigen Geschäften Anderer«.[81] Das Gesellschaftskapital betrug 1.650.000 holländische Gulden, 860.000 davon wurden durch Sachwerte eingebracht.[82] Auch hier fand wieder das Verteilungs-Modell bei der Gründung der Thonet A.G. Brünn Anwendung, nach welchem jeder der Gesellschafter die gleichen Aktienanteile erhielt – hier im Wert von jeweils hfl. 127.500 – Jakob allerdings lediglich einen Anteil von hfl. 85.000, da die Söhne Richard und Viktor ja ebenso Gesellschafter waren, die wiederum Aktienanteile ihres Vaters im Nominalwert von jeweils hfl. 14.000 erhielten.[83] (Abb. 91)

Neben den beiden Herren van Dusseldorp und Herrings saßen – ebenso wie bei der Thonet A.G. Brünn – sechs der Gesellschafter im Verwaltungsrat, dem Jakob Thonet als Präsident vorstand. Aus Gründen der Zweckmäßigkeit und »mit Rücksicht auf die Spesen und auf die Langwierigkeit der Verständigung mit den Fabriken«[84], sollte die kommerzielle Korrespondenz durch eine Brünner Expositur geführt werden, lediglich die Buchhaltung und eine Bilanzierungsstelle mussten in Amsterdam eingerichtet werden.

Die Etablierung einer internationalen Verkaufsgesellschaft war ursprünglich in der Schweiz geplant[85], doch wären die Bedingungen dort für die Thonets unannehmbar gewesen. Im Falle einer Gründung in der Schweiz hätte nach Schweizer Aktienrecht ein Schweizer Präsident dieser Gesellschaft sein müssen, ebenso wie auch die Mehrheit des Verwaltungsrats aus Schweizer Staatsbürgern hätte bestehen müssen. Doch wurde die Gründung einer Handelsgesellschaft immer dringlicher; man war zunehmend skeptisch, was die Neutralität des neu gegründeten tschechoslowakischen Staates betraf und glaubte seine Interessen durch eine Handelsagentur in einem neutralen Holland wesentlich besser geschützt.

Folgerichtig übertrug die Gebrüder Thonet A.G. den sogenannten Generalverkaufsvertrag, den sie am 21. Dezember 1921 mit den Gebrüdern Thonet Brünn abgeschlossen hatte, nun auf die Handelmaatschappij Gebroeders Thonet in Amsterdam.[86] Deren Aufgabengebiet umfasste hiermit »die Geschäfte sämtlicher Verkaufsniederlagen, mit Ausnahme der Lager Brünn, Prag und Warschau, weiters die Exportabteilung«.[87] Die beiden erstgenannten Niederlagen befanden sich in der

Tschechoslowakei für die weiterhin die Gebrüder Thonet Brünn zuständig waren[88], Warschau in Polen, wo ebenso die Umwandlung der dortigen Betriebe in eine Aktiengesellschaft geplant war.

Die internationale Ausrichtung der holländischen Verkaufsgesellschaft wird deutlich an den zahlreichen Tochtergesellschaften, die ihr zugeordnet waren: Gebrüder Thonet, Verkaufsstelle Frankfurt/Main und Verkaufsstelle Hamburg, die Verkaufsstelle der Vereinigten Bugholzmöbel-Fabriken Thonet-Mundus-J. & J. Kohn G.m.b.H. in München und ebenso in Berlin. Hinzu kamen die Firmen Thonet frères in Paris, Thonet frères Brüssel, die Filiale in Amsterdam, Fratelli Thonet in Mailand, Thonet Brothers Limited London und Gebrüder Thonet Wien. Darüber hinaus noch die Niederlagen in Brüssel und Amsterdam.[89]

Diese umfangreiche Zuständigkeit wurde bis auf kleine Änderungen auch bei dem Zusammenschluss mit Mundus so beibehalten.[90] 1925 jedoch wurde die gesamte Verkaufstätigkeit in den Ländern, für welche bisher die holländische Gesellschaft zuständig war, an die Thonet-Mundus GmbH Wien übertragen.[91] Lediglich das Geschäft in Holland verblieb noch bei der Handelsgesellschaft in Amsterdam.[92] Es fanden sich keine Unterlagen, aus denen sich die Gründe für diese Änderung schließen ließen.

12.2.3. Thonet Bros. Limited, London 1922

Neben der Gründung einer Verkaufsgesellschaft in Holland war das gleiche auch für England geplant. Theodor und Richard Thonet, die im Januar 1922 zu der konstituierenden Generalversammlung der Handelsgesellschaft nach Holland gereist waren, sollten bei dieser Gelegenheit auch schon die notwendigen Maßnahmen für die Gründung einer ebensolchen Gesellschaft in England einleiten.

Diese »Company Limited by shares« wurde am 1. April 1922 nach dem üblichen Musterstatut gegründet, das Kapital betrug 5.000 Pfund, je Aktie 1 Pfund. Als shareholder fungierte die Handelmaatschappij Gebroeders Thonet in Amsterdam.[93] Zwei Engländer, ein Mr. Etscheid und ein Mr. Humphries, hielten, da gesetzlich vorgeschrieben, je eine Aktie. Ersterer fungierte als »Managingdirektor«, letzterer als »Secretary«. Die Aufgaben der Gesellschaft waren sehr weit gefasst: »Wholesale and retail furniture dealers & manufacturers timber merchants etc.«.[94] Es fanden sich keine weiteren Unterlagen, aus denen hervorgeht, aus welchem Grund die Gründung einer eigenen Verkaufsgesellschaft in England erfolgte. Die Aktien hielten nicht, wie in allen anderen Fällen, die Familienmitglieder, sondern die Handelmaatschappij Gebroeders Thonet, in der allerdings wiederum die familiären Gesellschafter die Majorität stellten.

12.2.4. Thonet A.G. Frankenberg 1922

Im Mai 1922 stimmten die Gesellschafter der Gebrüder Thonet dem Vorschlag zu, auch den deutschen Standort Frankenberg in eine Aktiengesellschaft umzuwandeln[95], am 6. Juli wurde der Gesellschaftsvertrag festgestellt.[96] »Aus Gründen der Zweckmässigkeit [wurde] von einer Apportgründung[97] abgesehen und eine Bargründung vorgenommen. Zu diesem Zweck wurde die Gesellschaft zunächst unter dem Namen ›Aktiengesellschaft für Möbelfabrikation in Frankfurt am Main‹ errichtet (mit einem Barkapital von 4 Millionen Mark) und ins Handelsregister eingetragen.«[98] Dieses Barkapital wiederum wurde zum Ankauf der der Firma Thonet in Brünn gehörenden Fabrikanlage Frankenberg verwendet. Der Kaufvertrag listete auf, was alles dazu gehörte: Grundstücke im Wert von M. 300.000, Maschinen und Werkzeuge, Waren, Halb- und Fertigfabrikate sowie sämtliche Forderungen aus allen Geschäften.[99] Darüber hinaus verpflichtete sich die AG, den Sitz der Gesellschaft von Frankfurt nach Frankenberg zu verlegen und den bisherigen Namen »Aktiengesellschaft für Möbelfabrikation in Frankfurt am Main« in »Gebrüder Thonet« umzuwandeln. Diese Namensänderung indes war mit der Einschränkung verbunden, dass sich die Gebrüder Thonet Brünn vorbehielten, »das Recht auf die Führung des Namens ›Thonet‹ in der Firma auch für die Zukunft widerruflich zu machen und das Recht auf diesen Widerruf der Hauptgesellschaft zu verleihen«.[100] Die Entscheidung, ob auch die deutschen Niederlagen in diese Gesellschaft einbezogen werden sollten, wurde auf einen späteren Zeitpunkt vertagt.[101] Die weiteren Bestimmungen enthielten das Übliche wie die Form der Verwaltung der Gesellschaft und Geschäftsführung, Bilanz und Gewinnverteilung und schließlich auch das Procedere bei einer möglichen Auflösung.

Die erste Generalversammlung wählte Jakob, Carl, Julius, Theodor, Alfred und Richard Thonet, Franz Rudolf Andreae[102] und Hermann Brose[103] zu Mitgliedern des Aufsichtsrats. Viktor Thonet, Alfred Schleier und Franz Rudolf Andreae wurden zu Vorstandsmitgliedern ernannt.[104] Alle sieben Gesellschafter der Thonet A.G. Brünn waren somit auch in Frankenberg vertreten. Der Aktienbesitz wurde wie in den beiden Fällen zuvor gleichmäßig verteilt.[105] Jeder der Gesellschafter bekam Aktienanteile im gleichen Wert – hier RM 600.000 – den Hauptanteil jeweils die Väter, daraus dann Anteile die Ehefrauen und Kinder. Jakob Thonet erhielt lediglich Aktien im Wert von RM 400.000. Dessen Söhne Viktor und Richard wurden als Gesellschafter mit jeweils RM 600.000 bedacht und erhielten zusätzlich noch Anteile von ihrem Vater. Für Viktor, ebenso wie für Carl, wurden jeweils Aktien im Wert von RM 250.000 auf einem Treuhandkonto hinterlegt. (Abb. 92)

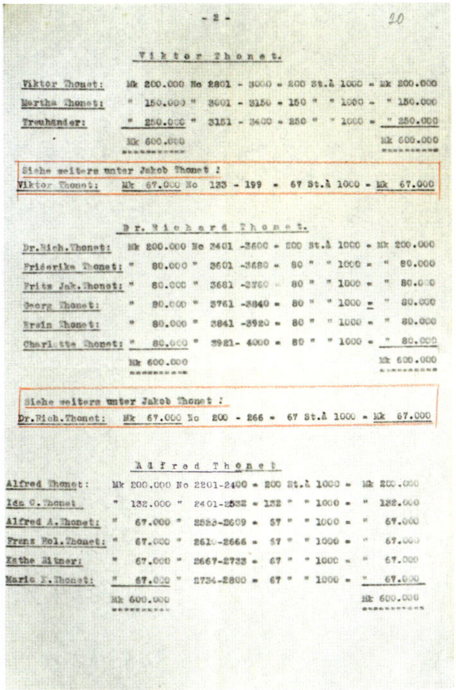
- 2 -

20

Viktor Thonet.

Viktor Thonet:	Mk 200.000	No 2801 - 3000	= 200 St.à	1000	= Mk 200.000
Martha Thonet:	" 150.000	" 3001 - 3150	= 150 "	" 1000	= " 150.000
Treuhänder:	" 250.000	" 3151 - 3400	= 250 "	" 1000	= " 250.000
	Mk 600.000				Mk 600.000

Siehe weiters unter Jakob Thonet !

Viktor Thonet:	Mk 67.000	No 133 - 199	= 67 St.à	1000	= Mk 67.000

Dr. Richard Thonet.

Dr.Rich.Thonet:	Mk 200.000	No 3401 -3600	= 200 St.à	1000	= Mk 200.000
Friderike Thonet:	" 80.000	" 3601 -3680	= 80 "	" 1000	= " 80.000
Fritz Jak.Thonet:	" 80.000	" 3681 -3760	= 80 "	" 1000	= " 80.000
Georg Thonet:	" 80.000	" 3761 -3840	= 80 "	" 1000	= " 80.000
Erwin Thonet:	" 80.000	" 3841 -3920	= 80 "	" 1000	= " 80.000
Charlotte Thonet:	" 80.000	" 3921- 4000	= 80 "	" 1000	= " 80.000
	Mk 600.000				Mk 600.000

Siehe weiters unter Jakob Thonet !

Dr.Rich.Thonet:	Mk 67.000	No 200 - 266	= 67 St.à	1000	= Mk 67.000

Alfred Thonet

Alfred Thonet:	Mk 200.000	No 2201-2400	= 200 St.à	1000	= Mk 200.000
Ida C.Thonet	" 132.000	" 2401-2532	= 132 "	" 1000	= " 132.000
Alfred A.Thonet:	" 67.000	" 2533-2609	= 67 "	" 1000	= " 67.000
Franz Hol.Thonet:	" 67.000	" 2610-2666	= 57 "	" 1000	= " 67.000
Käthe Bitner:	" 67.000	" 2667-2733	= 67 "	" 1000	= " 67.000
Marie F.Thonet:	" 67.000	" 2734-2800	= 67 "	" 1000	= " 67.000
	Mk 600.000				Mk 600.000

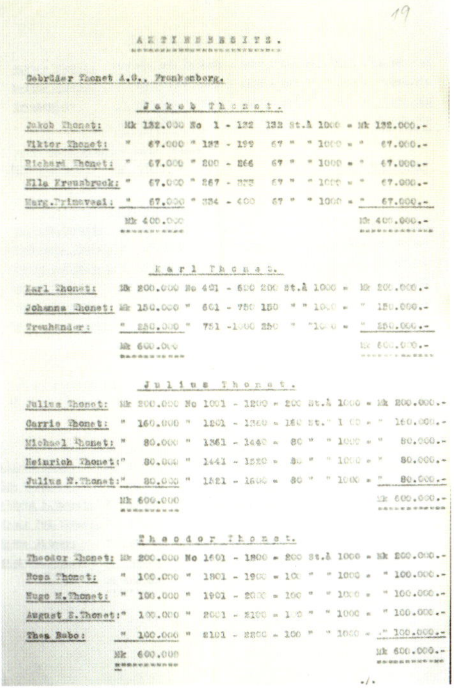
19

AKTIENBESITZ.

Gebrüder Thonet A.G., Frankenberg.

Jakob Thonet.

Jakob Thonet:	Mk 132.000	No 1 - 132	132 St.à	1000	= Mk 132.000.-
Viktor Thonet:	" 67.000	" 133 - 199	67 "	" 1000	= " 67.000.-
Richard Thonet:	" 67.000	" 200 - 266	67 "	" 1000	= " 67.000.-
Ella Kreusbrock:	" 67.000	" 267 - 333	67 "	" 1000	= " 67.000.-
Marg.Primavesi:	" 67.000	" 334 - 400	67 "	" 1000	= " 67.000.-
	Mk 400.000				Mk 400.000.-

Karl Thonet.

Karl Thonet:	Mk 200.000	No 401 - 600	200 St.à	1000	= Mk 200.000.-
Johanna Thonet:	Mk 150.000	" 601 - 750	150 "	" 1000	= " 150.000.-
Treuhänder:	" 250.000	" 751 -1000	250 "	"1000	= " 250.000.-
	Mk 600.000				Mk 600.000.-

Julius Thonet.

Julius Thonet:	Mk 200.000	No 1001 - 1200	= 200 St.à	1000	= Mk 200.000.-
Carrie Thonet:	" 160.000	" 1201 - 1360	= 160 St."	1000	= " 160.000.-
Michael Thonet:	" 80.000	" 1361 - 1440	= 80 "	" 1000	= " 80.000.-
Heinrich Thonet:	" 80.000	" 1441 - 1520	= 80 "	" 1000	= " 80.000.-
Julius E.Thonet:	" 80.000	" 1521 - 1600	= 80 "	" 1000	= " 80.000.-
	Mk 600.000				Mk 600.000.-

Theodor Thonet.

Theodor Thonet:	Mk 200.000	No 1601 - 1800	= 200 St.à	1000	= Mk 200.000.-
Rosa Thonet:	" 100.000	" 1801 - 1900	= 100 "	" 1000	= " 100.000.-
Hugo M.Thonet:	" 100.000	" 1901 - 2000	= 100 "	" 1000	= " 100.000.-
August E.Thonet:	" 100.000	" 2001 - 2100	= 100 "	" 1000	= " 100.000.-
Thea Babo:	" 100.000	" 2101 - 2200	= 100 "	" 1000	= " 100.000.-
	Mk 600.000				Mk 600.000.-

./.

Abb. 92: Aktienbesitz der Frankenberg AG

Mit der Etablierung der Aktiengesellschaft Frankenberg waren die Neugründungen und Umfirmierungen weitgehend abgeschlossen und es stellt sich die Frage, warum es den Geschäftsführern der mittlerweile in mehrere Einzelgesellschaften aufgespaltenen ehemaligen Firma Gebrüder Thonet trotz all dieser Maßnahmen nicht gelang, eigenständig zu bleiben. Betrachtet man die vorliegenden Protokolle und Sitzungsberichte, in denen eine Unzahl von Vorschlägen zur Sanierung der Firma gemacht wurden, erhält man den Eindruck, dass die Enkelgeneration von Michael Thonet mit der Bewältigung der wirtschaftlichen und finanziellen Situation in den Nachkriegsjahren überfordert war und die familiären Gesellschafter kein geeignetes Instrumentarium fanden, mit dem sie die Probleme hätten angehen können. Auf den zahlreichen Sitzungen saßen sich immer wieder die gleichen Beteiligten gegenüber; alle wesentlichen Posten in den neu gegründeten Gesellschaften wurden von den ehemaligen Gesellschaftern besetzt. Externer Sachverstand wurde zwar hinzugezogen, doch am Ende entschieden die Familienmitglieder, deren Interessen zunehmend divergierten. Theodor Thonet fasste die Lage der Firma in einem Schreiben an die übrigen Gesellschafter zusammen, benennt die Ursachen und macht Sanierungsvorschläge.[106]

Nach seiner Einschätzung seien es insbesondere Probleme und Fehlentwicklungen auf drei Gebieten, die für die derzeitige »verzweifelte Lage« der Firma verantwortlich seien. Einmal die desolate finanzielle Situation, dann die neue Form, in der die Firma nach dem Krieg organisiert worden sei und schließlich die ineffiziente Verkaufsorganisation. So betrage der Schuldenstand zur Zeit Kč 70 Millionen, noch nicht eingerechnet die Kapitalforderungen der Gesellschafter. Alleine Kč 50 Millionen davon seien innerhalb der letzten 1 ½ Jahre aufgelaufen. Mit der Neuorganisation des Geschäfts nach dem Ersten Weltkrieg habe man drei selbstständige Ressorts geschaffen – Administration, Fabriken und kommerzielle Abteilung – die alle mittlerweile ihre eigenen Ziele verfolgten. Es fehle eine verantwortliche Führungskraft, doch, so formuliert Theodor es ein wenig pathetisch, »kann es auf einem Schiffe nur einen Kapitän geben und nur dieser kann die letzten Entscheidungen treffen«. Mittlerweile aber werde produziert, ohne die genauen Kosten zu kennen, eingekauft, ohne Kenntnis des voraussichtlichen Bedarfs und über die Gelder disponiert, ohne zu wissen, welche Eingänge zu erwarten sind. Alle Verluste, welche die Firma in den letzten 1 ½ Jahren erlitten habe und noch weiter werde erleiden müssen, seien nur die Konsequenzen des Systems und hätten bei einer einheitlichen und zielbewussten Leitung vermieden werden können. Dies sei der eigentliche »Hauptmangel«: das Fehlen einer zentralen Leitung, einer Spitze, in der »alle Fäden des weitverzweigten Unternehmens zusammenlaufen.« Theodor macht folgende Sanierungsvorschläge:

- An die Spitze des Unternehmens gehört ein versierter Kaufmann, der gleichzeitig ein hervorragender Finanzmann sein muss.
- Die drei Ressorts können bleiben, müssen aber ihre Autonomie verlieren.
- Die Fabriken Koritschan und Bystritz müssen wieder in Betrieb gesetzt, das Sortiment auf die gängigsten Typen beschränkt werden, womit gleichzeitig eine Reduzierung der Kosten zu erzielen sei.
- Die Fabrik Radomsk muss ihre Kapazität erhöhen.
- Große Ersparnisse lassen sich erzielen, wenn man Personal reduziert.[107]

Ob und in welcher Weise die von Theodor Thonet gemachten Vorschläge[108] innerhalb der Gruppe der familiären Gesellschafter diskutiert wurden, ist nicht bekannt. Der einzige, von dem ein Antwortschreiben auf dieses Exposé vorliegt, ist Alfred Thonet.[109] Was die Lage der Firma betrifft, stimmte er Theodor zu. Doch ursächlich für die Probleme sei nicht die mehrgliedrige Leitung – von einer solchen würden alle großen Unternehmen geführt – sondern die Nichtbeachtung, ja sogar die Sabotage der durch die Gesellschaft festgelegten Prinzipien. Dass eine mehrgliedrige Leitung funktionieren könne, sei »gerade durch das Beispiel unserer Väter am besten bewiesen«.[110] Unabhängig von der Bewertung der Vorschläge Theodor Thonets kann Alfred allerdings auch hier nicht auf gewisse Spitzen verzichten, was die trotz der krisenhaften Situation weiterhin bestehenden Animositäten zwischen den Gesellschaftern und den Familienstämmen erkennen lässt. So weist er Theodor darauf hin, dass man eine zentrale Führung doch schon habe und er »möchte Theodor empfehlen, unseren damaligen Beschluss gelegentlich mal wieder zu studieren«.[111] Eine Mitschuld an der unzureichenden Koordination der verschiedenen Ressorts habe aber auch die Direktion. Und während seiner Abwesenheit – Alfred hielt sich für einige Monate in New York auf – hätten die administrativen und kommerziellen Ressorts ja beide unter Theodors Leitung gestanden.[112]

Die Thonet A.G. Frankenberg war die einzige der nach dem Krieg gegründeten Aktiengesellschaften, die sowohl über einen Produktionsbetrieb als auch – bis 1923 – über einen eigenen Vertrieb verfügte, der die Belieferung des Marktes in Deutschland übernahm. Wien war zu dieser Zeit für Österreich zuständig, während die Handelmaatschappij Gebroeders Thonet in Amsterdam – nachdem die Thonet A.G. Brünn ihr 1922 den Generalvertretungsvertrag für alle anderen Märkte übertragen hatte – als Hauptgesellschaft für den internationalen Vertrieb agierte.

1923 kam es durch den Zusammenschluss der Thonetschen Aktiengesellschaften mit denen der Mundus zu einigen Veränderungen, von denen auch Frankenberg betroffen war. Der Geschäftssitz der Gebrüder Thonet A.G. Berlin wurde 1924 von Frankenberg nach Berlin verlegt[113], und auch die zahlreichen deutschen eigenen Verkaufsniederlagen wurden ab 1. Januar 1925 der Direktion in Berlin unterstellt.[114] Nach den vorliegenden Geschäftsberichten arbeitete die Fabrik Frankenberg in den folgenden Jahren gewinnbringend. Zwar war Ende 1923 durch einen Brand ein Teil der Produktionsanlagen vernichtet worden[115], doch konnte fehlende Ware durch die mährischen Fabriken bezogen werden, weshalb das Geschäftsergebnis darunter nur unwesentlich litt. Die Gebrüder Thonet A.G. Berlin schüttete in den nächsten Jahren Dividenden zwischen 8 und 10 % aus, doch schon Ende der 1920er Jahre begann der Absatz in dem Gesamtkonzern zu stocken. Kleinere Gewinne, wenn sie denn überhaupt anfielen, konnten nurmehr durch kostensparende Maßnahmen erzielt werden.[116]

Einen kleinen Lichtblick bot die Produktion von Stahlrohrmöbeln, die Frankenberg 1929 aufgenommen hatte, doch »die befriedigende Entwicklung des Stahlrohrmöbelgeschäfts hat den Ausfall des Bugholzmöbelumsatzes nicht ausgleichen können«.[117] Erstmals 1931 und auch in den folgenden Jahren wurden keine Gewinnanteile mehr ausgezahlt.[118] Erst 1936 konnte die Mundus[119], ebenso der Betrieb in Frankenberg[120] wieder eine Dividende ausschütten. Frankenberg und die Mundus trennten sich 1939, »wobei die Mundus etwa 0,6 Mill. sfr eigene Aktien zurückerhielt, die sie inzwischen weiterverkauft hat«.[121]

12.2.5. Thonet-Mundus A.G. 1923

Kontakte zwischen den beiden Firmen Thonet und Mundus gab es schon lange vor der Gründung der gemeinsamen A.G. im Jahr 1923. Wenn auch eher anekdotisch und lange bevor der Gedanke oder die Notwendigkeit einer Zusammenarbeit, geschweige denn eines Zusammenschlusses überhaupt aufkam, beklagte sich die »›Mundus‹ Aktiengesellschaft der Vereinigten Oesterreichischen Bugholzmöbel-Fabriken«[122] in einem Brief an die Herrn Gebrüder Thonet in Bistritz darüber, dass ihr Filialleiter in Keltsch »den Arbeitern Versprechungen gemacht haben soll, bessere Löhne zu zahlen, als wir sie in unserer Filiale bezahlen«.[123] Wie aus dem Schreiben hervorgeht, gab es eine Abmachung, gegenseitig keine Arbeiter abzuwerben, woran man die Herren Gebrüder Thonet mit diesem Schreiben erinnern wollte. Die Antwort der Firma ist nicht bekannt.

Die Mundus war zu dieser Zeit – die Gebrüder Thonet befanden sich in den Jahren vor dem Ersten Weltkrieg auf dem Höhepunkt ihres Erfolgs[124] – noch kein ernsthafter Konkurrent der Thonets. Doch änderte sich dies nach dem Krieg. Die Gebrüder Thonet kamen einmal wegen der allgemeinen schlechten wirtschaftlichen Lage, aber auch, weil sich Pilzers Mundus mit dem Erwerb weiterer Firmen – vor allem der Jakob und Josef Kohn A.G. – zu einem ernst zu nehmenden Mitbewerber entwickelt hatte, nicht umhin, eine wie auch immer geartete Zusammenarbeit in Erwägung zu ziehen.

Erste geschäftliche Kontakte hatten die Thonets und Pilzer schon in den Jahren vor dem Zusammenschluss, wie zahlreiche Besprechungen und Schreiben ab 1920 belegen. So nahm Pilzer an den sogenannten Branchenkonferenzen teil, bei der sich die großen Bugholzmöbelproduzenten, Thonet, Fischel, Kohn und Mundus über die Preisgestaltung auf den internationalen Märkten verständigten.[125] Auch bei den Beratungen zur Gründung einer Thonetschen Aktiengesellschaft in Polen gab es bereits Gespräche mit Pilzer, in denen dieser den Vorschlag eines Zusammenschlusses der beiden Firmen machte, was von den Thonets zu dieser Zeit jedoch noch entschieden abgelehnt wurde.[126] Stattdessen zogen sie in Erwägung, »im Gegensatze dazu für Polen einen Zusammenschluss mit KOHN Radomsk, KOHN Radom und Vojciechow [...] anzustreben«.[127] Je nachdem wie diese Besprechungen ausgingen, könne dann ja auch noch die Mundus hinzugezogen werden, doch sei es »geboten, dieses Vorhaben [die Verhandlungen mit Kohn und Vojciechow] strengst geheim zu halten, um zu verhüten, dass Pilzer davon vorzeitig erfahre«.[128] Der sich weiter verschlechternden wirtschaftlichen Situation versuchte das Unternehmen nicht nur durch Absprachen mit anderen Herstellern zu begegnen, sondern durch die Schaffung neuer und noch günstigerer Modelle – der sogenannten Simplex-Sessel, intern auch »Kampfsessel«

genannt. In einer Anweisung an die Verkaufsfilialen wies das Brünner Büro 1922 darauf hin, dass diese anonym zu verkaufen seien und auch nicht mit der Thonetschen Schutzmarke gekennzeichnet werden dürften.[129] Diese Vorgehensweise, das Anbieten von Ware, die in besseren Zeiten den Qualitätsansprüchen der Gebrüder Thonet niemals hätte genügen können, zeigt, wie verzweifelt die Lage der Firma tatsächlich war. Schließlich zog man zumindest eine Kooperation mit Mundus in Erwägung.[130] So nahm Leopold Pilzer im August 1922 an einer Besprechung der Gesellschafter der Gebrüder Thonet in Wien teil, in der es um die gemeinsame Gründung einer Fabrik in Budapest ging. Das Geschäft in Ungarn hatte sich als sehr schwierig erwiesen, da hohe Fracht- und Zollkosten für die Lieferungen aus den tschechoslowakischen Fabriken anfielen. Dem wollte man mit der Errichtung eines Produktionsstandortes im Inland begegnen.[131] Um sich selbst keine Konkurrenz auf anderen Märkten zu machen, sollte diese Fabrik allerdings nur für das Inland und »nicht für den Export arbeiten dürfe[n]«,[132] dem auch Pilzer zustimmte.

Die Gesellschafter der Gebrüder Thonet diskutierten lange darüber, ob bei der Benennung einer gemeinsamen Firma der Name Thonet verwendet werden sollte.[133] Pilzer hingegen stellte ganz praktische Erwägungen in den Vordergrund. Er gab zu bedenken, dass mit einem gemeinsamen Standort ja nicht nur die erwähnten Zoll- und Frachtkosten gespart werden könnten, sondern, »auch im Auslande ein derartiges gemeinsames Vorgehen, wie insbesondere Zusammenlegung der Kaufsstätten [sic] aus Regieersparnis-Rücksichten sehr zweckmäßig wäre und ein Mittel bieten könnte auch unter den gegenwärtigen ungünstigen Kursverhältnissen zu prosperieren«.[134] Es wurde schließlich kein gemeinsamer Fabrikationsstandort in Ungarn oder Budapest errichtet, sondern eine Verkaufsgesellschaft etabliert, womit sich Pilzers Einschätzung, dass man vor allem durch die Zusammenlegung von Niederlassungen Kosten sparen könne, als richtig erwiesen hatte.[135]

In der ersten Hälfte der 1923er Jahre wurde es für die Thonets immer offensichtlicher, dass lediglich eine Zusammenarbeit mit Pilzer die Probleme nicht würde lösen können und man an der Gründung einer gemeinsamen Gesellschaft nicht vorbeikommen würde. Doch bevor sie sich darauf einließen, beauftragten die Gesellschafter eine Auskunftei, genauere Erkundigungen über die wirtschaftliche und finanzielle Situation von Pilzers Firmen einzuziehen. Resümierend heißt es in dem Bericht der Auskunftei Kühne: Der Schuldenstand der Firma betrage zwar in etwa 80 Milliarden Kronen, »was doch im Verhältnis zu den Aktien eine Kleinigkeit ist. […] Die finanzielle Situation der Firma ist eine ausgezeichnete. Die erzielten Umsätze umfassen viele Milliarden und ist der Gewinn auch ein dementsprechender«.[136] Auch bei der 1920 gegründeten Holding Mundus, Allgemeine Handels- und Industrie

Aktiengesellschaft habe man »gutes Vertrauen in die finanzielle Position und kann eine Geschäftsverbindung empfehlen«.[137]

In einem Memorandum der Thonet Gesellschafter wurden die Rahmenbedingungen eines Zusammenschlusses dieser neu zu gründenden Aktiengesellschaft skizziert.[138] Als Kapital sollten beide Gruppen die Aktienpakete der Einzelgesellschaften einbringen, für deren Wert sie wiederum Aktien der Thonet-Mundus erhielten. (Abb. 93) Die Gesellschaft selbst sollte »von einem 5 gliedrigen Verwaltungsrat geleitet [werden], der seine Befugnisse […] an ein 7 gliedriges Exekutiv-Komitee überträgt«.[139] Dieses wiederum bestimmte den Geschäftsführer. Der Verwaltungsrat sollte erstmals folgendermaßen besetzt sein: Als Präsident waren Jakob Thonet, als Vizepräsidenten Leopold Pilzer und drei weitere Schweizer Staatsbürger vorgesehen.[140] Das Exekutiv-Komitee sollte aus drei Vertretern der Thonet Gruppe bestehen, dreien von der Mundus, hinzu komme eine einvernehmlich zu berufende neutrale Persönlichkeit. Der Geschäftsführer, »Administrateur Délégué« sollte von dem Exekutiv-Komitee gewählt werden, doch hatte man sich schon auf Leopold Pilzer festgelegt. Die drei

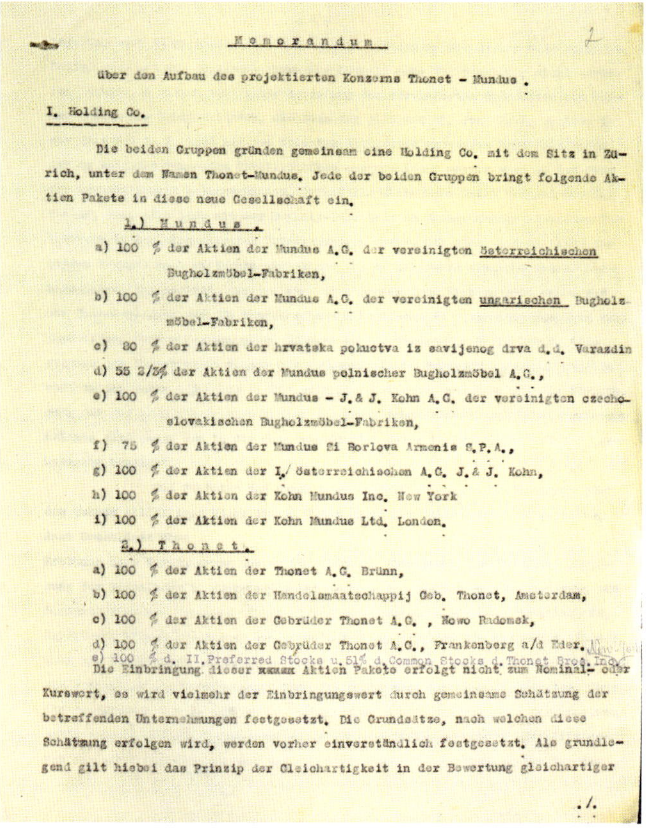

Memorandum

über den Aufbau des projektierten Konzerns Thonet – Mundus.

I. Holding Co.

Die beiden Gruppen gründen gemeinsam eine Holding Co. mit dem Sitz in Zürich, unter dem Namen Thonet-Mundus. Jede der beiden Gruppen bringt folgende Aktien Pakete in diese neue Gesellschaft ein.

1.) Mundus.

a) 100 % der Aktien der Mundus A.G. der vereinigten österreichischen Bugholzmöbel-Fabriken,

b) 100 % der Aktien der Mundus A.G. der vereinigten ungarischen Bugholzmöbel-Fabriken,

c) 80 % der Aktien der hrvatska pokuctva iz savijenog drva d.d. Varazdin

d) 55 2/3% der Aktien der Mundus polnischer Bugholzmöbel A.G.,

e) 100 % der Aktien der Mundus – J.& J. Kohn A.G. der vereinigten czechoslovakischen Bugholzmöbel-Fabriken,

f) 75 % der Aktien der Mundus Si Borlova Armenis S.P.A.,

g) 100 % der Aktien der I. österreichischen A.G. J.& J. Kohn,

h) 100 % der Aktien der Kohn Mundus Inc. New York

i) 100 % der Aktien der Kohn Mundus Ltd. London.

2.) Thonet.

a) 100 % der Aktien der Thonet A.G. Brünn,

b) 100 % der Aktien der Handelsmaatschappij Geb. Thonet, Amsterdam,

c) 100 % der Aktien der Gebrüder Thonet A.G., Nowo Radomsk,

d) 100 % der Aktien der Gebrüder Thonet A.G., Frankenberg a/d Eder,

e) 100 % d. II. Preferred Stocks u. 51% d. Common Stocks d. Thonet Bros. Inc.

Die Einbringung dieser xxxxx Aktien Pakete erfolgt nicht zum Nominal- oder Kurswert, es wird vielmehr der Einbringungswert durch gemeinsame Schätzung der betreffenden Unternehmungen festgesetzt. Die Grundsätze, nach welchen diese Schätzung erfolgen wird, werden vorher einverständlich festgesetzt. Als grundlegend gilt hiebei das Prinzip der Gleichartigkeit in der Bewertung gleichartiger

./.

Abb. 93: Memorandum über den Aufbau des projektierten Konzerns Thonet-Mundus, einzubringende Aktienpakete

Namen Thonet, Kohn und Mundus sollten auf jeden Fall als eigenständige Marken erhalten bleiben, eine Vereinheitlichung sollte nur dort erfolgen, »wo es die Utilität erfordert«[141], beispielsweise bei dem Materialeinkauf. Die Thonetsche Schrauben- und Maschinenfabrik in Wsetin sollte allen Betrieben zur Verfügung stehen, Löhne, Gehalts- und Arbeiterfragen einheitlich behandelt werden. Die Verkaufstätigkeit sollte eine gemeinsame Zentrale übernehmen.

Da sich die Aktien der Thonetschen Firmen ausschließlich im Familienbesitz befanden, war die Zustimmung der Familienmitglieder Voraussetzung für den Zusammenschluss. Wie dies konkret aussah, wird beispielsweise an der Familie von Julius Thonet deutlich. Julius hatte seine Ehefrau Carrie und die Söhne in einem offiziellen Schreiben darüber verständigt, wie viele der Aktien der neuen Gesellschaft (Abb. 94) sie im Tausch für ihre Aktien erhalten sollten. Da es sich bei diesen um sogenannte syndizierte Aktien handelte, war es notwendig, dem Syndikatsvertrag beizutreten, was allerdings lediglich eine Formsache war.[142] Carrie und die Söhne Heinrich, Michael und Julius unterzeichneten das von Julius vorbereitete Schreiben und erhielten im Tausch für ihre Aktien folgende Anzahl von Aktien der Thonet-Mundus A.G. Zürich. (Tabelle 13)

Jeweils Stück u. Nominalwert	Thonet A.G. Brünn	Thonet A.G. Frankenberg	Handelmaatschappij Gebroeders Thonet	Thonet-Mundus A.G. Zürich
Julius	900 Stück Kč 450.000	200 Stück Mk. 200.000	42 ½ Stück Hfl. 42.500	Stück sfr. 318.000
Carrie	720 Stück Kč 360.000	160 Stück Mk. 160.000	34 Stück Hfl. 34.000	2.577 Stück sfr. 257.700
Heinrich, Michael, Julius (Luis), jeweils	360 Stück Kč 180.000	80 Stück Mk. 80.000	17 Stück Hfl. 17.000	1.288 Stück sfr. 128.800

Tabelle 13: Tausch der Aktien der Thonet Gesellschaften aus dem Besitz der Familie von Julius Thonet gegen Aktien der Thonet-Mundus A.G. Zürich, 1923

Auf der Gesellschafterkonferenz am 13. Oktober 1923 in Wien wurde die Besetzung der Verwaltungsratsstellen in den Untergesellschaften der A.G. besprochen. Man hatte sich hierzu bereits im Vorhinein verständigt und dem von Richard Thonet vorbereiteten Papier stimmten alle zu.[143] (Abb. 95) Einen Vorentwurf gab es auch bei der Besetzung des erwähnten Thonet-Mundus Syndikats, das »für die Aktien der Thonet-Mundus A.G. mit dem Exekutivkomitee dieser Gesellschaft identisch sein solle«.[144] Das Syndikat erhielt eine eigene Geschäftsordnung, nach der die Mundus Gruppe und die Thonet Gruppe die jeweils gleiche Anzahl von Vertretern erhalten sollten. Hinzu kam ein Vertreter der Österreichischen Creditanstalt für Handel und Gewerbe.

Abb. 94: Aktie der Thonet-Mundus A.G. Zürich

ad Punkt 10 des Protokolles der
Gesellschafter-Konferenz in Wien
vom 13. Oktober 1923.

Verwaltungsräte.

Thonet-Mundus Syndikat
Exekutif-Comite

Banken 1
Mundus-Gruppe 2
Thonet-Gruppe 2 (Julius Thonet /in Vertretung Carl Thonet/
(Jakob Klein

NB. Wenn Banken 2 Vertreter fordern, dann erhält
Mundus-Gruppe 3 Vertreter
Thonet-Gruppe 3 Vertreter

Thonet Aktiengesellschaft, Brünn

Mindestzahl: 5
Maximalzahl: 15
dzt. besetzt: 10

7 Gesellschafter
Hruban
Klein
Neurath
Deutsch
Pilzer
Luhac
Portsch

Davon müssen 2/3 tschechoslovakische Staatsbürger sein.

Handelsmaatschappij Gebrmders Thonet:

Mindestzahl: 3
Maximalzahl: unbeschränkt
dzt.besetzt: 9

7 Gesellschafter
Heringa
Düsseldorp
Wanner
Zitner
Weill
Klein

Thonet Aktiengesellschaft, Frankenberg:

Mindestzahl: 3
Maximalzahl: 12
dzt.besetzt: 8

5 Gesellschafter
F. Andreae
Brose
Pilzer
Alfred Thonet
Klein

Oesterr. Mundus:

Mindestzahl: 10
Maximalzahl: 15
dzt.besetzt: 11

11 Mundus
Carl
Theodor
Klein

J. & J. Kohn A.G.

Mindestzahl: 5
Maximalzahl: 11
dzt.besetzt: 9

9 Mundus
Richard
Klein

Polnischer Mundus:

Mindestzahl: 9
Maximalzahl: 15
dzt.besetzt: 11

Mundus 11
Julius
Carl
Alfred
Viktor

./.

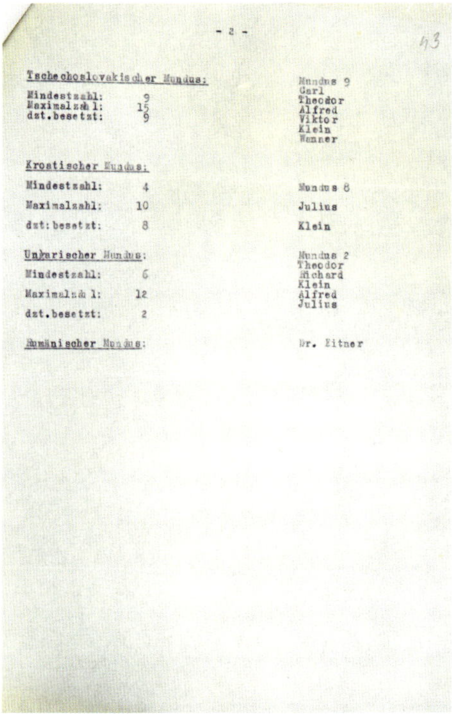

- 2 -

Tschechoslovakischer Mundus:

Mindestzahl: 9
Maximalzahl: 15
dzt.besetzt: 9

Mundus 9
Carl
Theodor
Alfred
Viktor
Klein
Wanner

Kroatischer Mundus:

Mindestzahl: 4
Maximalzahl: 10
dzt: besetzt: 8

Mundus 8
Julius
Klein

Unkarischer Mundus:

Mindestzahl: 6
Maximalzahl: 12
dzt.besetzt: 2

Mundus 2
Theodor
Richard
Klein
Alfred
Julius

Rumänischer Mundus:

Dr. Zitner

Abb. 95: Vorschlag der Besetzung der Verwaltungsratsposten in der Thonet-Mundus AG

Auf einer Zusammenkunft zehn Tage später erklärte sich die Gesellschafterkonferenz »mit der Gründung der Thonet-Mundus A.G. in Zürich mit einem Kapitale von schw. frs. 15.000.000, - einverstanden«.[145] Die konstituierende Generalversammlung fand am 3. November 1923 im Büro des Rechtsanwalts Sulzer in Zürich, Talstraße 22, statt. Am Ende der Sitzung erklärten die Anwesenden »[…] die Thonet-Mundus Aktiengesellschaft in Zürich als konstituiert gemäss den Vorschriften des Schweizerischen Obligationenrechts« und ermächtigten den Verwaltungsrat, »die Gesellschaft ins Handelsregister des Kantons Zürich eintragen zu lassen«.[146] Einen Überblick über die in der Thonet-Mundus A.G. vereinigten Einzelgesellschaften, die teilweise umbenannt oder auch zu neuen Gesellschaften vereinigt wurden, gibt der erste Geschäftsbericht[147], in dem diese, unterschieden nach Produktions- und Verkaufsgesellschaften, aufgeführt sind:

Zu den vier Produktionsgesellschaften gehörten:

1. Thonet-Mundus Vereinigte Tschechoslowakische Bugholzmöbelfabriken A.G. Brünn (Vereinigung der Thonet A.G. Brünn mit der Mundus J. & J. Kohn Vereinigte Tschechoslowakische Bugholzmöbelfabriken A.G. Teschen)
2. Thonet-Mundus Polnische Bugholzmöbelfabriken A.G. Bielitz[148] (Vereinigung der Mundus Polnische Bugholzmöbelfabriken A.G. Heinzendorf mit den Thonetschen Betrieben in Nowo Radomsk)
3. Thonet-Mundus Kroatische Bugholzmöbelfabriks A.G. Varaždin (Der ursprüngliche Name Mundus Kroatische Bugholzmöbelfabriks A.G. wurde geändert.)
4. Gebrüder Thonet A.G. Berlin

Zu den neun Verkaufsgesellschaften gehörten:

1. Handelsgesellschaft für Bugholzmöbel- und Holzindustrie A.G. Amsterdam
   Namensänderung: ursprünglicher Name war: Gebrüder Thonet H.G. Amsterdam
   Der Gesellschaft waren folgende Niederlassungen angegliedert:
   - Die deutschen Niederlagen in Berlin, Hamburg, München, Frankfurt und Cöln, die in Form selbständiger Verkaufsgesellschaften organisiert waren
   - Die Niederlagen in Brüssel und Amsterdam
   - Thonet Frères in Paris
   - Fratelli Thonet in Mailand
   - Die Firma Gebrüder Thonet in Wien, zuständig für den Verkauf der Marke Thonet in Österreich

2. Mundus A.G. der Vereinigten Österreichischen Bugholzmöbelfabriken in Wien
3. Erste Österreichische A.G. zur Erzeugung von Möbeln aus gebogenem Holz Jacob & Josef Kohn in Wien
   Beide Gesellschaften waren zuständig für den Verkauf der Marken Mundus und Kohn in Österreich.
4. Thonet bros. Inc. New York
   Zuständig für den Verkauf der Marke Thonet in den USA und Kanada
5. J. & J. Kohn and Mundus Inc. New York
   Zuständig für den Verkauf der Marken Kohn und Mundus in den USA und Kanada
6. Thonet-Wanner Comp. New York
   Zuständig für einen Teil des Detailgeschäfts der Marke Thonet in New York
7. Thonet Brothers Ltd. London
   Zuständig für den Verkauf der Marke Thonet in England
8. Mundus and J. & J. Kohn Ltd. London
   Zuständig für den Verkauf der Marken Kohn und Mundus in England
9. Thonet Mundus A.G. der Vereinigten ungarischen Bugholzmöbelfabriken, Budapest
   Vereinigung der Mundus A.G. der Vereinigten ungarischen Bugholzmöbelfabriken mit der Budapester Filiale der Gebrüder Thonet

Im ersten Jahr der gemeinsamen Gesellschaft war der Geschäftsverlauf zufriedenstellend.[149] Zu den wichtigsten kostensenkenden Maßnahmen gehörte eine erhebliche Verkleinerung des Sortiments.[150] Kleinere und unrentable Fabriken wurden geschlossen, wodurch die größeren besser ausgelastet waren. In den nächsten Jahren wurden nahezu jährlich noch weitere Einzelgesellschaften in die Thonet-Mundus A.G. eingegliedert und bestehende zu neuen zusammengefasst[151], so dass Pilzer schließlich über ein Möbelimperium verfügte, von denen die Thonets nur noch ein Teil waren.[152]

Mit dem Zusammenschluss der Mundus Jacob & Josef Kohn, Vereinigte Tschechoslowakische Bugholzmöbelfabriken mit der Thonet A.G. Brünn und weiterer Thonetscher Aktiengesellschaften in der Thonet-Mundus Aktiengesellschaft war eine Entwicklung abgeschlossen, die sich schon Jahre vorher abgezeichnet hatte. Die Aufteilung der ehemaligen Familiengesellschaft in nationale Verkaufs- und Produktionsgesellschaften ab 1919 trug zwar den Folgen des Krieges mit den Verschiebungen von Territorialgrenzen und der Gründung neuer Staaten Rechnung, zeigt aber auf der anderen Seite auch, dass die Thonets auf diese neue Situation nicht vorbereitet waren. Aus eigener Kraft konnten sie nicht wieder die beherrschende Marktstellung wie vor 1914 erreichen; Leopold Pilzer gelang dies. In einem Börsenbericht nur ein Jahr nach dem Zusammenschluss heißt es: »Für das Interesse, dass hauptsächlich schweizerisches Kapital diesem Papier [der Mundus Aktie] zuwendet, dürfte der befriedigende Geschäftsgang maßgeblich sein, den die verschiedenen Unternehmungen der Gesellschaft zu verzeichnen haben, sowie die Annahme, daß die bereits im abgelaufenen Geschäftsjahr von 5 auf 6 Schweizer Franken erhöhte Dividende im laufenden Geschäftsjahr eine weitere Steigerung auf 7 Schweizer Franken erfahren soll.«[153]

In den nächsten Jahren verlief das Geschäft des neuen Konzerns zufriedenstellend, die Aktionäre erhielten ihre Dividenden und auch von Seiten der Thonetschen Anteilseigner gab es keine Klagen. Doch mit dem Beginn der Weltwirtschaftskrise begannen neue Schwierigkeiten. Betriebe mussten wiederum stillgelegt werden[154], da, so heißt es in einem Geschäftsbericht von 1930, keine neuen Lokale errichtet würden, »und der Bedarf für deren Möblierung, aus welchem früher der Hauptteil für die Beschäftigung unserer Betriebe stammte, beinahe vollkommen aufgehört [hat]«.[155]

Bis 1936 verschlechterte sich die Lage der Thonet Mundus A.G. weiterhin. Schon seit Jahren wurden keine Dividenden mehr ausbezahlt, so dass einige Thonetsche Familienmitglieder, die auf diese regelmäßigen Zahlungen angewiesen waren, daran dachten, ihre Aktien zu verkaufen.[156] Am 5. Juli 1936 hatte Rechtsanwalt Indra mit Pilzer wegen eines möglichen Verkaufs bereits gesprochen und ihm 14 Tage später ein Schreiben geschickt, in dem er auf Einzelheiten und Bedingungen seitens der Thonetschen Anteilseigner einging. Dieses Schreiben war William Eitner[157] zufällig – wie er sagt – in die Hände gefallen und er leitete es – ohne Wissen der Beteiligten – an Julius Thonet weiter, der ebenso wie Richard Thonet nicht zu den Verkaufswilligen gehörte. In dem Begleitschreiben von Eitner heißt es, dass er es als seine »moralische Pflicht« betrachte, Julius von dieser Angelegenheit in Kenntnis zu setzen. »Wenn es wirklich das letzte Kapitel der Thonetschen Chronik sein sollte, so ist es wohl das traurigste und erbaermlichste zugleich.«[158]

Aus dem Brief von Indra an Pilzer geht hervor, dass bei einigen Mitgliedern der Thonet Familie die Barmittel inzwischen so knapp geworden waren, dass sich der gewohnte Lebensstandard nicht mehr aufrechterhalten ließ. Vor allem Viktor, so Indra, befindet sich »in höchst drückender Lage« und muss, um seine Schulden zu bezahlen »seinen Mietvertrag auf Schloss Lehnhof liquidieren [...]«. »Die Damen Kreuzbruck, Primavesi, Johanna Th. und Clementine Schmitt[159] – durchwegs in vorgerückten Jahren – sind nicht an einer schwer liquidierbaren Kapitalanlage, sondern ausschließlich an einer Erhöhung ihres Jahreseinkommens interessiert.« Unterschiedliche Vorstellungen gab es allerdings über den aktuellen Wert der Aktien. Pilzer hatte »im äußersten Fall« sfr. 10 geboten, der Gegenseite schwebten anfangs unrealistische sfr. 50 vor, wovon Indra sie allerdings abbringen konnte. Es standen nun sfr. 15 im

Raum und Indra versuchte, Pilzer dazu zu bewegen, sfr. 15 zu akzeptieren.[160] Er betonte, dass ein schneller Abschluss, was bei sfr. 15 kein Problem sein würde, doch auch Vorteile für beide Seiten habe: »Die Familie Thonet braucht Bargeld um sich ihrer Verpflichtung aus den letzten Jahren zu entledigen und ihre Lebensführung für die folgenden Jahre unter Bedachtnahme auf die geänderten Verhältnisse einzurichten. Das Unternehmen andererseits braucht Ruhe und kann es sich, ebenso wenig wie irgend ein anderes leisten, die besten Kräfte seiner Verwaltung in zeitraubenden Auseinandersetzungen mit den Aktionären aufreiben zu lassen.«[161]

Es sind keine Unterlagen in dem Archiv in Nitra vorhanden, die Aufschluss darüber geben, ob und von wem Aktien zu welchem Kurs verkauft wurden und wie die ganze Angelegenheit am Ende ausging.[162]

13. Der Verkauf von Immobilien: Barwinek und das Mailänder Haus

Auch nachdem alle Aktiengesellschaften, welche die Thonets nach dem Ersten Weltkrieg gegründet hatten, nun unter dem Dach der Mundus vereint waren, gab es noch zahlreiche Häuser und Güter, die sich im Eigentum oder Teileigentum der Firma und der zahlreichen Familienmitglieder befanden und Einkünfte sicherten und Erträge abwarfen.[1] Bereits 1923 hatte man damit begonnen, einen Teil dieser Immobilien und Besitzungen zu verkaufen, unter anderem die Häuser in Brüssel, Brünn, Berlin und Mailand und das Gut Barwinek in Polen. Wie schwierig sich die Verhandlungen gestalteten, wird deutlich bei dem Verkauf des Gutes Barwinek und des Mailänder Hauses. So befand sich auf Gut Barwinek beispielsweise noch ein Sägewerk, welches sich allerdings mittlerweile im Eigentum der Thonet Mundus A.G. befand, mit der man bei einem Verkauf entsprechende Vereinbarungen treffen musste. Carl Thonet, ein passionierter Jäger, wiederum war an dem Erwerb des Jagdhauses, des Hegerhauses und der zugehörigen Wirtschaftsgebäude in Barwinek interessiert und hatte bereits einen Kaufantrag gestellt, wobei der Preis, den er zu zahlen hätte »im Verhältnis zum erzielten Preis festzusetzen«[2] sei. Dass dies, insbesondere bei unterschiedlichen Vorstellungen über den Wert der Einrichtungen und Gebäude zu Streitigkeiten führen konnte, ist zu vermuten.

Noch schwieriger gestaltete sich der Verkauf des Hauses in Mailand, dem »Palazzo Thonet«. Das Mailänder Haus befand sich in ausländischem Besitz und wurde – wie viele Immobilien der Kriegsverlierer – von dem italienischen Staat unter Zwangsverwaltung gestellt. Solange staatlicherseits keine entsprechenden Verhandlungen geführt und keine Regelungen gefunden wurden, konnte es nicht verkauft werden. So war bei dem Mailänder Haus beispielsweise unklar, wer eigentlich für die Aufhebung der Sequestrierung zuständig war: die österreichischen oder die tschechoslowakischen Behörden. Hinzu kam die Frage, wer von den Besitzern welche Staatsangehörigkeit hatte.[3] Über die beiden Gesandtschaften in Rom hatten die Thonets Gesuche nach einer Desequestrierung eingereicht, darüber hinaus schickten sie einen Vertrauten, Sektionschef Eberan, nach Mailand und Rom, der sich mit italienischen Anwälten beraten, bei den Behörden intervenieren und die Lage sondieren sollte. Eberan erfuhr, dass man zwar damit rechne, dass die tschechoslowakischen Anteile bald freigegeben würden, das Problem jedoch die österreichischen Anteile seien, die aufgrund des Friedensvertrags unwiderruflich dem italienischen Fiskus zugefallen seien. Eine Aufhebung könne somit erst dann geschehen, »wenn der Schätzungswert der österr. Anteile an den italienischen Staat gezahlt werde«.[4] Da offensichtlich keine andere Lösung möglich war und sie nicht über die nötigen Barmittel verfügten, beschlossen die acht Thonetschen Eigentümer, eine Hypothek im Schätzwert der österreichischen Anteile aufzunehmen. Alfred Thonet allerdings stimmte dem nur unter mehreren Vorbehalten zu, was Richard Thonet wiederum zu einem empörten Brief an Julius veranlasste: »Ich muss es als ein Unglück bezeichnen, wenn unter mehreren Besitzern sich jemand [Alfred] befindet, der förmlich die krankhafte Sucht hat, fortwährend Komplikationen zu bereiten und alles besser zu wissen und zu verstehen glaubt, wie die anderen.«[5]

In einer privaten Aufstellung, wie hoch die österreichischen Anteile zu beziffern seien, in welcher Höhe man somit eine Hypothek aufnehmen müsse, kam man auf eine relativ moderate Summe, die aber dann von der Schätzung des italienischen Staates mit 15.000.000 Lire weit übertroffen wurde. Am Ende konnte der Mailänder Palazzo – vermutlich Ende des Jahres 1924 – verkauft werden. Über den Käufer oder die erzielte Kaufsumme fanden sich keine Unterlagen. Im Zusammenhang mit diesem Verkauf kam es jedoch auch im Nachhinein noch zu lebhaften Diskussionen und Streitereien zwischen den ehemaligen österreichischen und tschechischen Besitzer darüber, wer die Spesen und Provisionen und in welcher Höhe zu zahlen habe, ob man die Vermögensabgabe der österreichischen Mitbesitzer zu den Spesen rechnen könne[6] und »ob die Österreicher trotz der Beschlagnahme ihrer Hausanteile zur Zahlung der italienischen Vermögensabgabe bzw. Kriegssteuer verpflichtet sind [...]«.[7]

14. Der Prozess 1920/1921

Eine Darstellung der Geschichte der Firma Gebrüder Thonet nach dem Ersten Weltkrieg wäre unvollständig, ohne darauf einzugehen, wie die zahlreichen Schwierigkeiten, denen sich das Unternehmen in diesen Jahren ausgesetzt sah, sich nicht nur auf unternehmerische Entscheidungen, sondern auch auf die persönlichen Beziehungen vor allem zwischen den Familien auswirkten. Berücksichtigt man die Verteilung der Geschäftsanteile und des Aktienbesitzes sowie die Beteiligungen an den zahlreichen Immobilien, so musste dies nahezu zwangsläufig zu Auseinandersetzungen führen. Die vier Familienstämme waren zunehmend nicht mehr auf das Wohl der Firma, sondern auf ihre Interessen bedacht, was zu zahlreichen Streitereien, Ehrenhändeln bis hin zu gerichtlichen Auseinandersetzungen führte. Für das größte Aufsehen sorgte der sogenannte »Drei Millionen Prozeß«, den Josef, genannt »Joschi«, Thonet, 1881 geborener Sohn des Joseph Thonet, gegen seinen Onkel Jakob, führte.[1] Joschis Vater hatte kurz vor seinem frühen Tod, 1887, seinen Bruder Jakob zum Vormund seines Sohnes bestimmt. Dessen Hauptvorwurf gegenüber seinem Onkel war nun, dass »ich der einzige bin, dessen Aufnahme in die Gesellschaft durch das Verschulden des Herrn Jakob Thonet absichtlich und schuldhaft vereitelt wurde«.[2] Dies spielt darauf an, dass sein Vormund, der Onkel Jakob, ihn nicht darüber informiert hatte, dass es ein Angebot der Juniorgesellschafter gab, dass er bei Vollendung der Großjährigkeit, am 15. September 1905, zehn Geschäftsanteile von ihnen erhalten sollte. Diese Option musste er jedoch bis spätestens zum 31. Dezember des gleichen Jahres wahrnehmen, erfuhr aber erst 1918 von seinem Bruder Alfred durch Zufall davon[3], woraufhin er seinen Onkel verklagte. Dieser hatte bereits 1908 versucht, ihn »wegen Schwachsinns und Verschwendung«[4] unter Kuratel stellen zu lassen – was jedoch gerichtlich aufgehoben wurde – und behauptete in dem nun stattfindenden Prozess, dass sein Neffe Josef nach Ansicht der beiden Senior-Gesellschafter – er, Jakob, und der zu dieser Zeit noch lebende Bruder August – sowieso keinerlei Eignung zum Eintritt in das Unternehmen gehabt habe.[5] Das Testament des Vaters, seines Bruders Joseph, bezeichnete er als nichtig, da »dessen Geisterzustand getrübt gewesen [sei]«[6], was er durch zahlreiche Zeugen belegen könne. In den Aussagen der Beteiligten gab es unterschiedliche Interpretationen einzelner Bestimmungen des Gesellschaftervertrags. So warf Josef dem Onkel vor, daß dieser ein persönliches Interesse daran hatte, »dass mir nicht die von meinem Vater mir legierten zehn Geschäftsanteile zugewiesen wurden, sondern bloss deren Buchwert der mit 250.000 FL angenommen wurde«.[7] Es existieren seitenlange Schriftsätze der Parteien. Darüber hinaus fand die ganze Angelegenheit auch in der Presse große Aufmerksamkeit.[8]

Neben dem »offiziellen« Schriftverkehr, anwaltlichen Schreiben und den Exposés der Prozessbeteiligten sind jedoch auch persönliche Briefe der Familienmitglieder – der Söhne von Jakob, aber auch der anderen Juniorgesellschafter – aus dieser Zeit erhalten, in denen die wirklichen Interessen der Familienstämme, ihre Egoismen, unberührt von allen rechtlichen Fragen, deutlich werden. So hatte Richard, Sohn des beklagten Jakob, seine Vettern Theodor und Carl (Söhne von August) aufgefordert, sich in dem Prozess aus Solidarität auf die Seite seines Vaters zu stellen, da »wir anderen uns an den Josef zugedachten Anteilen bereichert haben [...]«. Carl gab zu bedenken, dass »doch die Familie Jakob Thonet durch Viktor an dieser ›Bereicherung‹ auch beteiligt [war] und weiter verfolgt, indirekte auch Richard, somit kam der Stamm Jakob Thonet dabei nicht zu kurz«.[9] Auf jeden Fall hatte Richard Carl und Theodor aufgefordert, zu bestätigen, dass Besprechungen darüber stattgefunden hätten, »ob der Optionsbrief an Josef mitgeteilt werden soll oder nicht«.[10] Jakob versuchte hierdurch den Eindruck zu erwecken, dass er nicht alleine diese Entscheidung getroffen habe, sondern dies der Beschluss aller Gesellschafter gewesen sei. Doch hatte weder eine solche Besprechung stattgefunden, noch war ein solcher Beschluss gefasst worden. Carl schreibt an seinen Bruder: »Das ist ja ganz aus der Luft gegriffen – bei den Haaren herbeigezogen und ich könnte es unter Eid bestreiten.«[11] Den beiden Söhnen von August war auch bewusst, weshalb man sie zu dieser »Falschaussage« bewegen möchte: »Des Pudels Kern bleibt doch – offen gesagt – dass Onkel von uns einen ungerechtfertigten Beitrag zu den ihm bevorstehenden großen Verlusten zugesagt haben will [...]. Ich, an Onkels stelle wäre zu stolz, – 40 % der Geschäftsanteile in meiner Familie besitzend – auf Beiträge zu reflektieren, wenn mir selbe nicht freiwillig angeboten würden.«[12]

Doch ganz so wohl – weil sie natürlich auch erheblich von den Josef vorenthaltenen Optionen profitiert hatten – war auch den Brüdern nicht, weshalb Carl vorschlug, dass »wir uns auf eine entsprechende Barsumme einigen würden, die wir Onkel als Beitrag anbieten«.[13]

Dass es um erhebliche Summen ging, wird deutlich in dem Antrag von Jakob Thonet, von der mittlerweile bestehenden Thonet A.G. die Erstattung der Prozess- und Gerichtskosten mit der Begründung zu verlangen, »da durch die Führung dieser Prozesse seitens der genannten Herrn auch vitale Interessen des Unternehmens geschützt worden sind«.[14] Der Verwaltungsrat stimmte diesem Antrag zu.[15]

In dem Prozess wurde mit Behauptungen, Gegenbehauptungen, Erinnerungslücken, Unterstellungen und Gegendarstellungen gearbeitet, doch endete die ganze Angelegenheit, nachdem sie durch mehrere Instanzen gegangen war, im Oktober 1921 schließlich damit, »daß beide Parteien sich freundschaftlich geeinigt haben«.[16]

Dieser Prozess war nur eine der zahlreichen Auseinandersetzungen innerhalb der Familie. In weiteren Briefen aus dieser Zeit werden daneben auch die persönlichen Animositäten der Familienmitglieder und der Stämme deutlich. So erklärte eine Ida Catherine Thonet im März 1923, dass sie ein »Herr Bogdan Thonet auf das Tiefste beleidigt« habe und sie verlange eine Entschuldigung.[17] Worin diese Beleidigung bestand, geht aus den vorliegenden Unterlagen nicht hervor.

Zur gleichen Zeit gab es einen weiteren Streit zwischen Theodor vom Stamm August und Alfred vom Stamm Josef Thonet, in dem es nicht um Geld, sondern ebenso um die Ehre ging. Ein jeder beschuldigte jeden und beide Seiten sollten Ehrenerklärungen abgeben, die aber der Gegenseite häufig nicht genügten, weshalb sie noch weitergehende Erklärungen forderten.[18] In diesem Fall schaltete sich nun Carl Thonet, Bruder von Theodor, ein und schlug eine interne Lösung vor, bei der das »Dekorum« der Firma gewahrt werden könne.[19] Schließlich gab es eine Entschuldigung von Franz, Sohn von Alfred, der sich allerdings auch noch sein Vater anschließen musste und zog »die auf einem bedauerlichen Missverständnis beruhende Behauptung ›Herr Theodor Thonet wäre mit dem bewussten Brief verleumderischen Inhaltes, sei es als Verfasser, oder als Veranlasser desselben in irgend einem Zusammenhange gestanden‹ in unsrer beider Namen zurück.«[20] Eine der größten Sorgen der Beteiligten bei all diesen Streitigkeiten war stets, dass sie nicht an die Öffentlichkeit gelangten, das Bild einer einigen und heilen Familie sollte in jedem Fall aufrechterhalten werden.

Es ist bemerkenswert, dass man in der Zeit größter wirtschaftlicher Schwierigkeiten sich mit solchen familiären Zwistigkeiten glaubte beschäftigen zu müssen, deren Bedeutung gegenüber dem baldigen Ende des Unternehmens aus heutiger Sicht geradezu skurril wirkt.

Es erging den Thonets offensichtlich ebenso wie vielen anderen Familien, in denen große Vermögen oder Gesellschaftsanteile vererbt wurden. Der Gründergeneration war das Streitpotential, welches darin liegt, bewusst und sie wusste um die Gefahren, die in der Zukunft lauerten. Harmonie und Einheit waren daher die Werte, die immer wieder beschworen wurden. Michael Thonet mahnte in zahlreichen Briefen »Zufriedenheit und Einigkeit«[21] an. Franz, der keine Nachkommen, somit keine »dynastischen« Interessen hatte, schrieb in seinem Testament, »obwohl bei dem practischen Sinne der Thonet eine Störung der Eintracht nicht so leicht stattfinden kann, [...] so müßen wir doch bedenken, daß alle oder doch die Meisten in demselben Geschäfte wirken, wo die größte Eintracht herrschen muß«.[22] Alle diese Ermahnungen und guten Vorsätze konnten jedoch nicht verhindern, dass es immer wieder und zunehmend zu Streitigkeiten dieser Art kam. Die Ehrenhändel und das Bestreben, für seine Familie, seinen Stamm das finanziell Beste herauszuholen, belegen, dass vor allem Partikularinteressen im Vordergrund standen und nicht der Erfolg und das Wohl der Firma. Dies konnte solange gutgehen, wie keine Schwierigkeiten auftraten, erwies sich in Krisenzeiten jedoch als fatal. Hinzu kommt, dass die unternehmerischen Fähigkeiten der Enkelgeneration bei weitem nicht so ausgeprägt waren wie die der Gründer.[23] All dies zusammen war neben den durch den Ersten Weltkrieg verursachten wirtschaftlichen Schwierigkeiten der Grund dafür, dass die ehemalige Familiengesellschaft Gebrüder Thonet schließlich 1923 alle ihre Geschäftsanteile gegen Aktien eines Konzerns tauschen musste, in dem nicht mehr die ehemals familiären Gesellschafter, sondern Leopold Pilzer das Sagen hatte.

15. Zusammenfassung

Die vorliegende Arbeit beschäftigt sich mit der Zeit Michael Thonets in Boppard und den ersten Jahren in Wien, ab 1853 dann mit dem Aufstieg der in diesem Jahr gegründeten Firma Gebrüder Thonet bis in die Zeit nach dem Ersten Weltkrieg. Die Gebrüder Thonet nutzten die wirtschaftlichen Chancen, welche ihnen die Gründerzeit bot und schufen in den 1850er Jahren einen neuen Typus von Möbeln, der bis heute ihren Namen trägt. Daher ist es erstaunlich, dass bei der Bekanntheit des Namens Thonet und der Bedeutung, die ihm ehemals zukam, nahezu ausschließlich Arbeiten vorliegen, welche sich mit den Möbeln des Unternehmens beschäftigen, es zu den politischen, ökonomischen und sozialen Bedingungen, unter denen sie produziert und konsumiert wurden, jedoch keinerlei fundierte Untersuchungen gibt. Die Konzentration auf die Möbel verhinderte es darüber hinaus, dass auch die Vorgeschichte der Werkstatt in Boppard ebenso wie die ersten Jahre der Unselbständigkeit in Wien genauer untersucht wurden. Doch die Geschichte der Firma beginnt nicht erst mit dem Bau der Fabrik in Koritschan, sondern mit der Gründung der Werkstatt in Boppard, wo die Grundlagen und Voraussetzungen für den späteren Erfolg gelegt wurden.

Die nur wenigen Unterlagen aus der Bopparder Zeit – und die für diese Arbeit erstmals ausgewertet wurden –, lassen die wirtschaftlich zunehmend schwierigere Situation der Familie in diesem kleinstädtischen Milieu erkennen und zeigen ein Bild Michael Thonets, das erhebliche Zweifel an der firmeneigenen Erzählung weckt. Michael Thonet war nicht das von allen verkannte Genie, dessen Talent nur ein Klemens Fürst Metternich erkennen konnte, sondern ein ehrgeizig experimentierender Handwerker, der ein Verfahren entwickeln wollte, womit sich die zu dieser Zeit modernen Möbel effizienter und kostengünstiger herstellen ließen als dies in einer traditionell arbeitenden Werkstatt möglich war. Der englische Seitenrahmenstuhl war für ihn das Initial, ein grundsätzlich bereits bekanntes Verfahren zur Herstellung von Sitzmöbeln zu verbessern. Hiermit legte er den Grundstein für den beispiellosen Aufstieg einer ehemals kleinen Werkstatt am Mittelrhein zu dem weltweit größten Möbelhersteller in der zweiten Hälfte des 19. Jahrhunderts. Diese Leistung Michael Thonets verdient den höchsten Respekt. Dass er mit seinen Versuchen in der Bopparder Zeit wirtschaftlich scheiterte und gezwungen war, seine Heimatstadt zu verlassen, sollte sich im Nachhinein als wahrer Glücksfall erweisen.

Der Erfolg in Österreich war nicht geplant und auch nicht planbar. In Wien waren es die Bekanntschaft mit dem englischen Architekten Peter Hubert Desvignes und die Arbeiten für Palais Liechtenstein, die nochmals Michael Thonets Ehrgeiz weckten und ihn veranlassten, das Bopparder Herstellungsverfahren weiterzuentwickeln, was am Ende zu den aus massivem Holz gebogenen Möbeln führte. Mit einer überschaubaren Anzahl identischer Bauteile, die in einfachen und immer gleichen Bearbeitungsschritten massenhaft und in kurzer Zeit mit Hilfe tausender von gleichen Formen hergestellt werden konnten, war das Unternehmen in der Lage, gleiche oder gleichartige Möbel zu erzeugen. Die Produktion war arbeitsteilig organisiert, nahezu alle Bearbeitungsschritte konnten von ungelernten Arbeitern ausgeführt werden, was es erlaubte, die Herstellung in die ländlichen Gebiete des Habsburger Reiches zu verlagern, was wiederum die Produktionskosten senkte und den billigen Preis der Möbel möglich machte. Der Rohstoff, das Buchenholz, war dort reichlich vorhanden, teure Transportwege von den Wäldern in die Fabriken entfielen.

Diese neue Art der Organisation von Arbeit, der Übergang von einer gewerblichen Fertigung zu einer massenhaften Herstellung von Waren in einer Fabrik ist ein Kennzeichen der kapitalistischen Produktionsweise und hatte sich in anderen Bereichen wie der Baumwoll-, Textil- oder Schwerindustrie schon länger durchgesetzt. Für die Herstellung von Möbeln indes war es etwas völlig Neues. Die sogenannten »Jahresausweise«, die für diese Arbeit erstmals zur Verfügung standen, bieten mit ihrer Unmenge an Detailinfomationen einen Einblick in die speziellen Bedingungen und Voraussetzungen der Arbeitsorganisation einer Bugholzmöbelfabrik, über die bisher nur Bruchstückhaftes vorlag. Mit Hilfe der aus diesen Unterlagen erstellten Statistiken und Tabellen kann der Ablauf der Produktion grundsätzlich und in Teilbereichen umfassend beschrieben werden. Darüber hinaus veranschaulichen zahlreiche Grafiken Teilaspekte des Herstellungsverfahrens wie auch die Entwicklung der Zahl der Beschäftigten in den verschiedenen Tätigkeitsbereichen und damit einhergehend die sich verändernde Struktur der Arbeiterschaft. Das Unternehmen beschäftigte im gesamten 19. Jahrhundert in der Mehrzahl Arbeiterinnen, was enorme Einsparungen auf der Lohnkostenseite bedeutete und wesentlich zu den erheblichen Gewinnen der Firma beitrug. Die sogenannten jährlichen »Gesammtabsendungen« zeigen, dass nicht jede Fabrik alles produzierte. Durch die Konzentration bestimmter Fabriken auf die Herstellung bestimmter Möbeltypen oder Modellnummern konnte die Produktivität nochmals gesteigert werden.

Die Gebrüder Thonet hatten schon früh erkannt, dass nicht mehr dem individuell gefertigten, sondern dem industriell produzierten Möbel die Zukunft gehört. Durch die zunehmende Urbanisierung und die immer größer werdenden Städte entstanden öffentliche und halböffentliche Bereiche, für die ihre leichten und preisgünstigen Sessel ideal geeignet waren. Keine Werkstatt oder Manufaktur wäre in der Lage gewesen, die benötigten Stückzahlen zu liefern. Sie konnten nur industriell in einer Fabrik produziert werden, und das Unternehmen besaß bereits Ende der 1860er Jahre mehrere Fabriken mit tausenden von Arbeitern in den ruralen Gebieten der

Monarchie. Die Gebrüder Thonet waren der einzige Arbeitgeber in diesen Regionen, in denen es keinerlei sonstigen Rohstoffe gab, welche die Errichtung einer Fabrik nahegelegt hätten. Der Erfolg der Thonetschen Möbel war so überwältigend, dass die Bezeichnung »Thonet Möbel« bald schon für alle Möbel aus gebogenem Holz, ob von den Gebrüdern Thonet oder den Konkurrenten erzeugt, die gängige Bezeichnung wurde. Die Firma schuf so eine bis heute unverwechselbare Marke. Thonet Möbel waren allgegenwärtig in Caféhäusern, Restaurants und in allen Bereichen, in denen sich Gruppen von Menschen trafen und wo sich das öffentliche Leben abspielte.

Neben der Konsumware, die in erster Linie für den Erfolg der Firma verantwortlich war, erweiterten und ergänzten ab den 1880er Jahren neue Möbeltypen das Sortiment. Opulent gepolsterte Salonsessel und -fauteuils gab es für den privaten Bereich und Kastenmöbel mit dekorativen Sperrholzfüllungen erweiterten das Angebot um komplette Zimmereinrichtungen für das bürgerliche Heim.

Das Unternehmen wusste um die Vorteile der Massenproduktion, wusste aber auch, dass ein dementsprechender Absatz sichergestellt werden musste. Neben der Arbeitsorganisation in den Fabriken war die spezielle Organisation der Distribution der Möbel mit einer großen Anzahl eigener Filialen einer der Garanten für das Wachstum und den unglaublichen Erfolg des Unternehmens. Ein Konvolut von nahezu 200 Briefen, größtenteils von Franz Thonet an die Brüder, zeigt eindrücklich dessen Vorgehensweise bei dem Aufbau eines weltweiten Vertriebsnetzes.

Die neuen dampfgetriebenen Verkehrsmittel waren unabdingbar für den Transport der Ware zum Kunden: erst innerhalb Österreichs, sehr rasch aber auch darüber hinaus, bis die Möbel schließlich in alle Erdteile geliefert wurden. Bugholzmöbel können platzsparend verschickt werden, da sie verschraubt sind und erst am Bestimmungsort montiert werden müssen. Das eigene, weltweite Vertriebsnetz garantierte, dass die Ware schnell und vor allem zuverlässig den Kunden erreichte. Keiner der mittlerweile zahlreichen Mitbewerber konnte in dieser Hinsicht mit den Gebrüdern Thonet konkurrieren.

Vor allem die Transportmöglichkeiten, welche die Eisenbahn bot, waren für das Unternehmen entscheidend. Zwar setzte der Aufbau eines Eisenbahnnetzes in Österreich gegenüber anderen Staaten deutlich verzögert ein, doch nahezu gleichzeitig mit dem Beginn der industriellen Produktion in Mähren stand ein Streckennetz zur Verfügung, mit dem die Gebrüder Thonet ihre Möbel nach Wien und von hier aus weiter zu den Verkaufs- und Verteilstellen schaffen konnten. Zahlreiche Briefe belegen, dass ihnen die Bedeutung der Eisenbahn als wichtigstes Transportmittel für ihre Möbel bewusst war und sie daher alles daransetzten, dass neue Strecken möglichst nah an ihren Fabriken vorbeiführen sollten.

Ausstellungen, die ab der Mitte des 19. Jahrhunderts den technischen Fortschritt demonstrierten und zunehmend auch inszenierten, nutzte das Unternehmen nicht nur zur Präsentation seiner Möbel. Darüber hinaus waren sie auch Teil einer neuartigen Vermarktungsstrategie: Die Teilnahme an einer Ausstellung ging häufig einher mit der Eröffnung eines Verkaufsstandorts in der jeweiligen Stadt, wodurch die nur temporäre Präsenz durch eine ständige ersetzt werden konnte. Erstmals wird dieses Modell bei der Weltausstellung 1862 in London praktiziert; zeitgleich mit dieser Präsentation errichtete das Unternehmen dort seine erste internationale Verkaufsniederlage.

In der firmeneigenen Darstellung und den meisten Publikationen – die sich wiederum darauf berufen – war es Michael Thonet, der die Geschicke des Unternehmens bis zu seinem Tod lenkte. Briefzeugnisse belegen, dass dem nicht so war. Die Söhne hatten bereits mit der Firmengründung 1853 die Geschäfte übernommen. Sie erkannten das Potential und die wirtschaftlichen Möglichkeiten, welche eine neue Zeit bot und bauten ein Möbelimperium auf, welches es in dieser Form vorher noch nie gegeben hatte. Jeder der fünf Söhne hatte seinen Aufgabenbereich: Franz, der älteste, organisierte ein weltweites Vertriebsnetz und war auf den nationalen und internationalen Märkten aktiv. Michael leitete von Beginn an erfolgreich die erste Fabrik in Koritschan, August war der Praktiker, der sich überwiegend in den Fabriken um technische Angelegenheiten kümmerte und Josef hielt in der Firmenzentrale in Wien die Fäden in der Hand. Jakob, der jüngste, zwar noch in Boppard geboren, doch in Wien aufgewachsen, war noch zu jung, um von Anfang an in die Firmenleitung eingebunden zu sein. Mit dem wirtschaftlichen Aufstieg der Firma ging ein wachsendes gesellschaftliches Ansehen der Familie einher, wofür zahlreiche persönliche Auszeichnungen und Mitgliedschaften in öffentlichen Einrichtungen stehen. In dem Gedenkblatt, der firmeneigenen Erzählung des Aufstiegs des Unternehmens, inszenierten die Gebrüder Thonet ihre Erfolgsgeschichte als Abfolge einsamer und genialer Entscheidungen des Vaters. Manches wurde in den Vordergrund gestellt, vieles verschwiegen und am Ende eine Geschichte erzählt, wie man wünschte, dass die Nachwelt es so sehen sollte. Mit dieser Art der Darstellung bewegte sich die Familie ganz in der Tradition einer Art von Firmengeschichtsschreibung, die typisch ist für das 19. Jahrhundert und welche das Bild der Firma bis heute prägt.

Die vorliegende Arbeit versucht, diese Erzählung zu korrigieren, ohne die großartige Leistung Michael Thonets und seiner Söhne zu schmälern.

Zu der Frage nach den Gründen für den Erfolg der Firma Gebrüder Thonet gehört ebenso die Frage nach den Gründen für ihren Niedergang. Sicher spielte die politische und territoriale Situation nach dem Ersten Weltkrieg eine wichtige Rolle. Doch wie zahlreiche persönliche Briefe belegen, waren es auch zunehmende Auseinandersetzungen innerhalb der Familien und zwischen den Familienstämmen, die eine Fortführung der Erfolgsgeschichte verhinderten. Franz Thonet hatte das Unternehmen zusammen mit seinen Brüdern groß gemacht. Er war die dominante Figur, derjenige, bei dem alles zusammenlief und der die wegweisenden Entscheidungen traf. Dies war allen bewusst und alle akzeptierten es, es gab keinen Streit hierüber. Nach Franz' Tod wuchs die Firma weiterhin, die Grundlagen, die er geschaffen hatte, sorgten für ein dynamisches Wachstum, welches durch den Ersten Weltkrieg abrupt endete. Den Herausforderungen der Jahre nach dem Krieg war die Enkelgeneration, die ab 1880 nach und nach in die Geschäftsführung eingetreten war, nicht gewachsen. Die familiäre Kontinuität hatte bisher den Erfolg des Unternehmens gesichert, doch gerade sie verhinderte nun eine Fortsetzung der Erfolgsgeschichte. Zu viele unterschiedliche Interessen der Familienstämme trafen aufeinander.

Zunehmende Streitigkeiten und wirtschaftlich fragwürdige Entscheidungen führten dazu, dass das Unternehmen Gebrüder Thonet bereits 70 Jahre nach seiner Gründung aufhörte, zu existieren. Groß wurde die Firma, solange die Zeitumstände günstig waren, sie verschwand, als die ersten ernsthaften Schwierigkeiten auftauchten.

»Der Vater erstellt's, der Sohn erhält's, dem Enkel zerfällt's.«

(Thomas Mann, *Die Buddenbrooks*)

16. Anhang

16.1. Anmerkungen

1. Forschungsstand und Zielsetzung der Arbeit

1 *Michael Thonet, Ein Gedenkblatt. Aus Anlaß der 100. Wiederkehr seines Geburtstages, 2. Juli 1896. Von seinen Söhnen und Enkeln*, Wien 1896.

2 Ole Bang, *Thonet, Geschichte eines Stuhls*, Stuttgart 1979; Christopher Wilk, Thonet: *150 years of furniture*, New York 1980; Karl Mang, *Thonet Bugholzmöbel, Von der handwerklichen Fertigung zur industriellen Produktion*, Wien 1982.

3 Sebastian Hackenschmidt/Wolfgang Thillmann, *Bugholz vielschichtig, Thonet und das moderne Möbeldesign*, Wien 2020.

4 Vgl. Hans Ottomeyer, Von Stilen und Ständen in der Biedermeierzeit, in: ders. (Hrsg.), *Biedermeiers Glück und Ende... die gestörte Idylle 1815–1848*, München 1987, S. 91–127.

5 *Michael Thonet, Ein Gedenkblatt;* Diese Schrift wurde ab August 1896 an alle wichtigen Zeitungen verschickt, wodurch sie nun auch als offizielle Firmengeschichte verbreitet und rezipiert wurde: »Als ein Muster echten deutschen Fleißes schildert das zu Ehren seines hundertsten Geburtstages von seinen Söhnen und Enkeln edirte Gedenkblatt den wackeren Gewerbemeister Michael Thonet [...].« *Beilage zur Allgemeinen Zeitung*, Jahrgang 1896, München, 19. December, S. 7.

6 So wurden in einem Antiquitäten-Ratgeber aus dem Jahr 1979 Teile dieses Gedenkblatts nochmals mit folgender Begründung abgedruckt: »Wir sind in der glücklichen Lage, von seinen [Michael Thonets] engsten Mitarbeitern, nämlich von seinen Söhnen, zu seinem hundertsten Geburtstag eine Gedenkschrift in Händen zu haben, die über jeden seiner Schritte Rechenschaft ablegt und in ihrer Direktheit durch keine andere Darstellung übertroffen werden kann.« Albrecht Bangert, *Thonet Möbel, Die Geschichte einer großen Erfindung*, Stuttgart 1979, S. 43.

7 Auf die Problematik dieser Art von Quellen für die Firmengeschichtsschreibung wurde schon verschiedentlich hingewiesen, so z. B. bei den Lebenserinnerungen des Werner von Siemens: »Als Selbstverortung des Verfassers sind die Lebenserinnerungen eine Quelle von größtem Wert. Wie dieses Leben verlaufen ist, lässt sich in den Briefen jedoch zuverlässiger entnehmen.« Johannes Bähr, *Werner von Siemens 1816–1892, Eine Biografie*, München 2016, S. 12; vgl. auch: Klaus Kunkel, *Vom Hofbericht zur Pop-Broschüre, Über Firmenschriften, Unternehmerbiographien und Selbstdarstellungen*, Köln 1971.

8 Wilhelm Franz Exner, *Das Biegen des Holzes*, Leipzig 1876; vierte und letzte Auflage 1922.

9 Louis Edgar Andés, *Die Holzbiegerei. Herstellung der Möbel aus gebogenem Holz*, Wien und Leipzig 1903; das Buch erschien in einer zweiten erweiterten Auflage 1923.

10 Andés, *Die Holzbiegerei*, III, Vorwort.

11 Ebd.

12 Hermann Heller, *Von der kleinen Tischlerwerkstätte zum Weltindustriehaus. Michael Thonet, der Erfinder und Begründer der Bugholzmöbel-Industrie. Lebens- und Charakterbild. Für Volk und Jugend*: Brünn, 1920. https://archive.org/details/michaelthonetder00hell (Zugriff: 10.08.2025).

13 »[...] stimmt zum großen Teil wörtlich mit der erstgenannten Lebensbeschreibung überein.« Stefan Jellinek, Michael Thonet, der Begründer der Bugholzmöbelindustrie, in: Conrad Matschoss (Hrsg.), *Beiträge zur Geschichte der Technik und Industrie*. 21. Band, Berlin 1932, S. 143–147, hier S. 147.

14 Bruno Otto, *Die Entwicklung der mitteleuropäischen Bugholzmöbel-Industrie*, Eberswalde 1931.

15 Ebd., S. 46.

16 Vgl. ebd., S. 100.

17 Vgl. Maren-Sophie Fünderich, Perfektion in Technik und Form. Unternehmensstrategien in der Möbelfertigung zwischen 1750 und 1914, in: *Zeitschrift für Unternehmensgeschichte: Journal of Business History* 68 (2023), H. 1, S. 37–62.

18 So kam es beispielsweise in Deutschland nach dem Zweiten Weltkrieg zur Gründung zahlreicher »Design-Institutionen«, initiiert u. a. durch die deutsche Industrie, um die Konkurrenzfähigkeit ihrer Produkte auf dem Weltmarkt zu erhalten, was aber gleichzeitig auch ein Interesse und eine Orientierung an Beispielen aus der Vergangenheit weckte; vgl. Gert Selle, *Geschichte des Designs in Deutschland*, Frankfurt 2007, hier: IV. Der Weg in die Automation und den Massenkomfort, 1. Institutionalisierung des Design, S. 219–254.

19 The Museum of Modern Art, *Thonet furniture, 1830–1953*, New York 1953, S. 1. https://www.moma.org/documents/moma_catalogue_1722_300170768.pdf (Zugriff: 10.08.2025).

20 Henry Dreyfuss, *Thonet, 19th Century Bentwood Furniture*, (UCLA, Art Galleries), September 18–October 15, 1961, Los Angeles 1961, o. S.

21 Die Rezeption fand überwiegend in Fachzeitschriften statt; vgl. Șerban Cantacuzino, Thonet furniture, in: *The Architectural Review* 1968, Vol. 144, S. 281–286.

22 Karl Mang (für das Österreichische Bauzentrum), *Bugholzmöbel, das Werk Michael Thonets*, Wien 1965, o. S.; Diese Ausstellung war als Wanderausstellung konzipiert und wurde unter anderem 1967 in Helsinki und 1968 in Bethnal Green/London präsentiert.

23 Hans Buchwald, *Form from process, The Thonet chair*, The Carpenter Center for the Visual Arts. Harvard University, Cambridge, Massachusetts, 1967, S. 9.

24 »[...] an indication of growing awareness of university responsibility towards the shaping of visual environment in all its aspects.« Buchwald, *Form from process*, preface.

25 Vgl. Buchwald, *Form from process*, S. 31.

26 Die letzte Publikation hierzu: Hackenschmidt/Thillmann, *Bugholz vielschichtig*; auch: dies., Angeblich Loos, angeblich Hoffmann, Anmerkungen zu den Bugholzmöbeln der Wiener Moderne, in: G. Ulrich Großmann/Daniel Heß (Hrsg.), *Anzeiger des Germanischen Nationalmuseums 2017,* Nürnberg 2024, S. 131–158.

27 Le Corbusier, *Almanch d'Architecture Moderne*, Paris 1925, S. 145; Sigfried Giedion, einer der prominentesten Propagandisten und Historiker der modernen Architekturbewegung, nennt als Grund für Le Corbusiers Wahl des anonymen Thonet Stuhls dessen »durch Serienproduktion gereinigte Form«; vgl. Sigfried Giedion, *Die Herrschaft der Mechanisierung, Ein Beitrag zur anonymen Geschichte*, Frankfurt 1982, S. 535; Das Original wurde veröffentlicht unter dem Titel *Mechanization Takes Command*, Oxford University Press, 1948.

28 »In many respects the Thonet story reads like the Ford story in the automobile industry.« *Thonet furniture, 1830–1953*, S. 1; »Vom industriellen Gesichtspunkt aus gleicht die Entwicklung und der Erfolg der Firma Thonet in manchen Zügen dem abenteuerlichen Aufschwung von Ford eine Generation später.« Bang, *Thonet*, S. 119.

29 Henry Dreyfuss, *Thonet, 19th Century Bentwood Furniture*, o. S.

30 Albrecht Bangert/Peter Ellenberg, *Thonet Möbel. Bugholz-Klassiker von 1830–1930, Ein Handbuch für Liebhaber und Sammler*, München 1993, S. 132.

31 *Michael Thonet, Ein Gedenkblatt*, S. 25.

32 »Durchdringende wirtschaftliche und soziale Änderungen, verbunden mit der Industrierevolution, griffen in Ostmähren in der ersten Hälfte des 19. Jahrhunderts mit größerer oder kleinerer Intensität in das Leben aller sozialen Gruppen der Bevölkerung ein, und früher oder später berührten sie jedes Gebiet.« Ladislav Baletka, Das Holz als Phänomen der Industrialisierung Ostmährens, in: Gerhard Bott (Hrsg.), *Sitzgelegenheiten, Bugholz- und Stahlrohrmöbel von Thonet, Ausstellungskatalog des GNM Nürnberg*, Nürnberg 1989, S. 111–118, hier S. 111.

33 So wurde das Museum der Firma Gebrüder Thonet GmbH in Frankenberg erst 1989 aus Anlass des 100-jährigen Jubiläums der Fabrik eingerichtet. Dies wurde jedoch nicht als Anlass genommen, die Geschichte des damals einzigen noch in Familienbesitz verbliebenen Standorts aufzuarbeiten oder aufarbeiten zu lassen, sondern man bediente sich älterer Publikationen oder mündlicher Auskünfte von Mitarbeitern. »Diese Chronik ist entstanden mit aktiver Unterstützung von Mitarbeitern, ehemaligen Mitarbeitern, Freunden des Unternehmens und Frankenberger Bürgern, die zahlreiche Photos

und ihre persönlichen Erinnerungen eingebracht haben. Herzlichen Dank dafür. Die allgemeinen Ausführungen zur Geschichte des Gesamtunternehmens basieren auf den Buchveröffentlichungen von Alexander von Vegesack und Albrecht Bangert.« Gebrüder Thonet AG (Hrsg.), *100 Jahre Thonet Frankenberg, 1889–1989*, Frankenberg 1989, S. 4. In dieser, wie auch in der Festschrift zum 150jährigen Bestehen der Firma 20 Jahre zuvor (*Das Haus Thonet*, Frankenberg 1969), hatten sich die Autoren der Informationen des Gedenkblatts aus dem Jahr 1896 bedient, womit das Unternehmen in einer Art von selbstreferentiellem Akt dessen Darstellung nochmals bestätigte. In Österreich errichtete die Wiener Linie der Familie nach zwei provisorischen Standorten nach dem Zweiten Weltkrieg 1963 eine Fabrik in Friedberg in der Steiermark und richtete 1994 dort auch ein Museum ein, um sich der eigenen Geschichte zu vergewissern und auf die Tradition des Unternehmens hinzuweisen. Das Museum in Boppard, der Heimatstadt Michael Thonets, und das MAK in Wien erwarben in den 1980er Jahren umfangreiche Bestände an Bugholzmöbeln.

34 So beispielsweise: Derek E. Ostergaard (Hrsg.), *Bent Wood and Metal Furniture: 1850–1946*, New York 1987; Bott (Hrsg.), *Sitzgelegenheiten*; Eva B. Ottillinger, *Gebrüder Thonet, Möbel aus gebogenem Holz,* Wien/Köln/Weimar, 2003.

35 Alexander von Vegesack (Hrsg.), *Thonet, Pionier des Industriedesigns, 1830–1900*, Weil am Rhein 1994; Karin Gaillard (Hrsg.), *Buigen, zien en zitten – designklassiekers van Thonet*, Zwolle 1998; Wolfgang Thillmann/Bernd Willscheid (Hrsg.), *MöbelDesign. Roentgen, Thonet und die Moderne*, Neuwied 2011; Angelika Nollert (Hrsg.), *Thonet & Design*, München 2019.

36 Vgl. Henry Dreyfuss, *Thonet, 19th Century Bentwood Furniture*, o. S., »He [Michael Thonet] suited his concepts to the material and the technique, producing chairs with complete design anonymity - really the absence of design, which is the best of all design.«

37 Vgl. Buchwald, *Form from process*.

38 Wilk, *Thonet: 150 years of furniture*, S. 4.

39 So zum Beispiel Maren-Sophie Fünderich, *Wohnen im Kaiserreich, Einrichtungsstil und Möbeldesign im Kontext bürgerlicher Selbstrepräsentation*, Berlin 2019; Jan Mende beispielsweise hat in seiner Untersuchung der Produktion Berliner Kachelöfen im 19. Jahrhundert wirtschaftshistorische und kunsthistorische Fragestellungen miteinander kombiniert; vgl. Jan Mende, *Die Tonwarenfabrik Tobias Chr. Feilner in Berlin. Kunst und Industrie im Zeitalter Schinkels* (Kunstwissenschaftliche Studien 178), München 2014.

40 Vgl. Ottillinger, *Gebrüder Thonet*.

41 So 1990: Peter Ellenberg, Schutzmarken, Etiketten und sonstige Markierungen, in: Bott (Hrsg.), *Sitzgelegenheiten*, S. 127–138; und 1993: Schutzmarken, Etiketten und sonstige Markierungen, in: Bangert/Ellenberg, *Thonet Möbel*, S. 213–227.

42 Eva Maria Hoyer (Hrsg.), *Sitzen-Liegen-Schaukeln, Möbel von Thonet*, Bielefeld 2014.

43 Nollert (Hrsg.), *Thonet & Design*.

44 So etwa Robert Keil, The social and cultural context of bent wood and metal furniture, in: Ostergaard (Hrsg.), *Bent Wood and Metal Furniture*, S. 175–195.

45 So zum Beispiel der Aufsatz von Ekaterini Kyriazidou und Martin Pesendorfer in *The Journal of Economic History*, in welchem die Autoren die Entstehung der österreichisch-ungarischen Bugholzmöbelindustrie als ein Beispiel für Möglichkeit der Industrialisierung auch arbeitsintensiver Branchen in der zweiten Hälfte des 19. Jahrhunderts vorstellen; vgl. Ekaterini Kyriazidou/Martin Pesendorfer, Viennese Chairs: A Case Study for Modern Industrialization, in: *The Journal of Economic History*, Volume 59, Issue 1, March 1999, S. 143–166; auch: Fünderich, Perfektion in Technik und Form. Unternehmensstrategien in der Möbelfertigung zwischen 1750 und 1914, in: *Zeitschrift für Unternehmensgeschichte: Journal of Business History* 68 (2023), H. 1, S. 37–62.

2. Quellenlage

1 Vgl. Alexander von Vegesack/Albrecht, *Das Thonet Buch*, München 1987.

2 Vgl. den gleichnamigen Aufsatz: Reinhard Lahr, Familie und Werkstatt Thonet bis 1842. Ihre Stellung im Bopparder Wirtschafts- und Gesellschaftsleben, in: Ulrich Löber (Hrsg.), *Thonet. Biegen oder Brechen*, Koblenz 1996, S. 20–33.

3 Vgl. Helmut Lang, Die Bugholztechniken Michael Thonets und seiner Konkurrenten, in: Bott (Hrsg.), *Sitzgelegenheiten*, S. 67–74; Helmut Lang, »Die Gelder gehen schlecht ein…«, Briefe und Akten zur Geschichte der Thonets in Wien, 1842–859, in: Löber (Hrsg.), *Thonet*, S. 82–87.

4 Der Bestand in Tschechien befand sich bei Einsichtnahme (2006/2007) noch im Staatlichen Bezirksarchiv in Třebíč (Státní okresní archiv Třebíč). Es waren lediglich unsignierte Pappboxen mit ebenso unsignierten Archivalien vorhanden. Der Bestand wird heute im Mährischen Landesarchiv in Brünn (Moravský zemský archiv v Brně) unter folgenden Signaturen aufbewahrt: H 1191, H 1192, H 1193.

5 »In den letzten Tagen des Zweiten Weltkriegs wurde das Werk [Frankenberg] am 8. April 1945 durch Bomben […] größtenteils zerstört. Am 12. April des gleichen Jahres fiel auch die Konzernzentrale von Thonet Mundus am Stephanplatz in Wien einem Brand zum Opfer.« Heimo Keindl, Die Thonet Unternehmen in Österreich und Deutschland nach 1945, in: Hackenschmidt/Thillmann, *Bugholz vielschichtig*, S. 64–79, hier S. 64. In dem Stadtarchiv Frankenberg sind nach Auskunft des Archivleiters, Dr. Horst Hecker, für den Untersuchungszeitraum nur sehr wenige Unterlagen über die Firma Gebrüder Thonet vorhanden. In einem Aktenband aus dem Jahr 1924 über gewerbliche Anlagen geht es um die Einführung eines neuen Anschlussgleises zur Firma Gebrüder Thonet (StA Frankenberg, Bestand A 1, Nr. 60). 1893 waren Arbeiter der Stuhlfabrik Thonet mit ihren Umlagen an die Stadtkasse im Rückstand (StA Frankenberg, Best. A 1, Nr. 4748). Ebenfalls um Gemeindeumlagen der Firma Thonet geht es in einem Aktenband von 1890 (StA Frankenberg, Best. A 1, Nr. 4884). In einer weiteren Akte betr. Erteilung von Vollmachten zur Auflassung von Grundeigentum wird auch die Firma Thonet genannt. Mail von Herrn Dr. Hecker vom 2. September 2024.

3. Boppard 1796–1842

1 In einer Bopparder Bürgerleiste aus dem Jahr 1807 wird er als »tanneur« bezeichnet; vgl. Landeshauptarchiv Koblenz (im Folgenden: LHAK), 256, Nr. 6475.

2 Der zweite Mann von Anna Margarethe Fischbach, der Rotgerber Jakob Lukas, verstarb 1791. Franz Anton Thonet heiratete die Witwe ein Jahr später, 1792, in Boppard. Er war hier vermutlich schon länger ansässig. Ob er seine Lehre als Gerber in Boppard oder in Andernach absolvierte, ließ sich nicht ermitteln. Zu den genealogischen Daten vgl. auch: Michael Frauenberger, Vor- und Nachfahren des Ehepaares Michael und Anna Maria Thonet, in: Löber (Hrsg.), *Thonet*, S. 172–177.

3 Arnd Kluge, *Die Zünfte*, Stuttgart 2007, S. 324; als Zeitraum, der der Witwe für eine Wiederverheiratung zugestanden wurde, findet sich häufig die Angabe: innerhalb eines Jahres. »Meistens jedoch wurden die Witwen aus der Zunft entfernt, wenn eine Übergangszeit von maximal einem Jahr abgelaufen war und sie immer noch keinen Betriebsnachfolger gefunden hatten.« ebd., S. 329; vgl. auch: Peter Per Krebs, *Die Stellung der Handwerkerswitwe in der Zunft vom Spätmittelalter bis zum 18. Jahrhundert*, Regensburg 1974, S. 38. »Die Witwe muß nach Jahresfrist das Geschäft schließen. Sie kann sich und einem Gesellen das Amt erhalten, wenn sie ihn innerhalb der festgesetzten Zeit heiratet.«

4 Vgl. Heinz Kähne, *Die Thonets in Boppard*, Erfurt 2008, S. 20.

5 Heinz E. Mißling, *Boppard, Geschichte einer Stadt am Mittelrhein*, Zweiter Band, Boppard 1994, S. 30.

6 Werner Plumpe verwendet diesen Begriff zur Charakteristik von Optionen, welche sich aus institutionellen Änderungen ergeben. Doch auch in diesem Fall beschreibt er anschaulich die Möglichkeiten, welche die Aufhebung des Zunftrechts während der französischen Zeit bot, wenn auch nur innerhalb eines zeitlich begrenzten Rahmens; vgl. Werner Plumpe, *Das kalte Herz, Kapitalismus: Geschichte einer andauernden Revolution*, Berlin ²2021, S. 176–179.

7 Vgl. Lahr, Familie und Werkstatt Thonet bis 1842, in: Löber (Hrsg.), *Thonet,* S. 20–33, hier S. 21.

8 LHAK 587, 17, Nr. 965, Notar Deynet.

9 Vgl. Ahnentafel der Familie Thonet, o. D., wahrscheinlich 1926, Štátna archív v Nitre, (im Folgenden: ŠA NR), Archiv-Box 96, Thonet Uherce, (im Folgenden: TU) Inv. 466.

10 Die Dauer der Lehrzeit war allerdings nicht genau festgelegt; vgl. Fritz Hellwag, *Die Geschichte des deutschen Tischlerhandwerks*, Berlin 1924, S. 147–157.

11 Eintrag über das Schreiben des Bürgermeisters Doll an die Kreis Direktion (Landratsamt St. Goar), 25. März 1816, in: *Correspondenz Register der Bürgermeisterei Boppard, 1815/16*, LHAK 618, Nr. 1133.

12 Vgl. *Michael Thonet, Ein Gedenkblatt,* S. 7.

13 »Um diese Zeit [der Antragstellung des Vaters] war Michael Thonet 20 Jahre alt. Ein Jahr zuvor hatte er schon eine selbständige Schreinerei eröffnet.« Paul L. Kämpchen, Die Thonets in Boppard, in: *Schule und Leben, gestern, heute, morgen. Kultur- und heimatkundliches Jahrbuch für die ehemaligen Schülerinnen und Freunde von St. Carolus, Boppard/Rhein*, o. O., Jahrgang 66/1985, S. 158–162, hier S. 159.

14 LHAK 618, Nr. 1129.

15 »Michael Thonet erlernte in Boppard das Tischlerhandwerk und begann im Jahre 1819 seinen selbstständigen Geschäftsbetrieb als Bau- und Möbeltischler.« *Michael Thonet, Ein Gedenkblatt,* S. 7.

16 Vgl. Standesamt Boppard, Heiratsmatrikel 1820.

17 Lahr, Familie und Werkstatt Thonet bis 1842, in: Löber (Hrsg.), *Thonet*, S. 20–33, hier S. 21.

18 Vgl. S. 107; auch Anm. 7, S. 430.

19 »Das in öffentlichen Blättern des Auslandes angeblich durch Briefe aus Berlin verbreitete Gerücht, als ob aus den zeitherigen Berathungen des Staatsraths über die Steuerverfassung das Resultat hervorgehe, daß die Gewerbefreiheit in der Monarchie aufgehoben werden soll, ist völlig unbegründet, [...] ganz abgesehen von dem fruchtlosen Bemühen, ein in sich selbst versunkenes Zunftwesen herzustellen, das seine Zeit überlebt hat.« *Allgemeine Preußische Staats-Zeitung*, 1stes Stück, Berlin, den 2ten Januar 1819, S. 4.

20 Vgl. Christian F. Zander, *Das Tischlerhandwerk in Deutschland (1350–1870), Schürze, Elle, Ehrbarkeit: Zur Geschichte einer belächelten Elite*, Hamburg 2013, S. 180–82.

21 Vgl. Lahr, Familie und Werkstatt Thonet bis 1842, in: Löber (Hrsg.), *Thonet,* S. 23–27.

22 Vgl. Christian Kleinschmidt, Von der exklusiven zur inklusiven Konsumgesellschaft. ›Industrious Revolution‹ und Anfänge des Massenkonsums (1770–1918), in: Christian Kleinschmidt/Jan Logemann (Hrsg.), *Konsum im 19. und 20. Jahrhundert*, Berlin/Boston 2021, S. 11–56, hier S. 21.

23 Begriffe wie zum Beispiel »Kunde«, »Käufer« und ähnliche werden im Sinne des generischen Maskulinums verwendet.

24 Vgl. Mißling, *Boppard*, S. 63.

25 Vgl. *Coblenzer Anzeiger*, 18. Januar und 8. Februar 1822, o. Sign., Stadtarchiv Koblenz, (im Folgenden: STAK); ausführlich hierzu: Mißling, *Boppard,* S. 66.

26 Vgl. LHAK 587, Nrn. 17, 1849, 1859, 1862, 1874, Notar Holthof.

27 Wo sich Michael Thonets Elternhaus befand, ist nicht bekannt. Die fünf zwischen 1826 und 1831 geborenen Kinder wurden im Haus Nr. 152, im Balz, einem kleinen Platz zwischen Stein- und Pitzgasse geboren. Es handelt sich um ein Grundstück von circa 100 m². »Hinter dem langgestreckten giebelständigen Wohnhaus und einem winzigen Hof befand sich die Werkstatt, die auf der Rückseite von einer schmalen Gasse angefahren werden konnte.« Lahr, Familie und Werkstatt Thonet bis 1842, in: Löber (Hrsg.), *Thonet*, S. 20–33, hier S. 21.

28 *Michael Thonet, Ein Gedenkblatt*, S. 7.

29 In der Literatur wird für die in Boppard gefertigten Stühle der Begriff »Sessel«, für die Stühle mit Armlehnen der Begriff »Fauteuil« verwendet. Dieser österreichische Sprachgebrauch findet sich ebenso in der Thonetschen Korrespondenz und auch in den späteren Verkaufskatalogen und wird hier so übernommen.

30 Ausführlicher zu diesen drei Firmen: Maren-Sophie Fünderich, *Bürgerlichkeit als kulturelle Praxis. Die Selbstrepräsentation des Bürgertums und die Anfänge der Serienmöbelfertigung am Beispiel der bürgerlichen Stadtwohnung im Kaiserreich*, Magisterarbeit, Universität Frankfurt, Historisches Seminar 2015, S. 146–149.

31 So der Stuhl von Wolfgang Knussmann aus dem Bestand des Landesmuseums Mainz, (Abb. 1, links); vgl. auch: Wilhelm Kimbel (Hrsg.), *Journal für Möbelschreiner und Tapezierer 1835, 1839, 1841*, Wissenschaftliche Stadtbibliothek Mainz, 13:2/23 1.1835.

32 Ein vergleichbares Lesetischchen, präsentiert auf der Weltausstellung 1855 in Paris, befindet sich in den Sammlungen des MAK in Wien; vgl. Hackenschmidt/Thillmann, *Bugholz vielschichtig*, S. 111.

33 Heidrun Zinnkann, *Mainzer Möbelschreiner der ersten Hälfte des 19. Jahrhunderts*, Frankfurt 1985, S. 70.

34 Auf die Abhängigkeit der Thonetschen Experimente in Boppard von dem Formenrepertoire der 1830er Jahre am Mittelrhein, wurde schon früh hingewiesen. »On the other hand, it seems unlikely that Thonet would have experimented with the bending of wood if chairs with curved forms had not been in vogue in the early 19th century.« Buchwald, *Form from process*, S. 58.

35 Österreichischer Patentantrag vom 14. Mai 1842, Archiv der Technischen Universität Wien, Privilegien-Register, Nr. 4358.

36 In dem begleitenden Brief zum ersten Patentantrag schreibt Michael Thonet am 25. August 1840 an die Bezirksregierung in Koblenz: »Der Bittsteller [Thonet] sieht sich in die Nothwendigkeit versetzt, das angedeutete Patent um so dringender nachzusuchen, da einesteils die Erfindung nicht allein mit vieler Mühe und Arbeit sondern auch die vielen damit verknüpften Versuchen mit nicht geringen Ausgaben verbunden waren [...].« LHAK 441, Nr. 5508.

37 Zu den unterschiedlichen Vorgehensweisen von Michael Thonet und beispielsweise Jean Joseph Chapuis und der sich daraus ergebenden Problematik einer Definition des Begriffs »Schichtverleimung« vgl. Wolfgang Thillmann, *Schichten, Möbeldesign vom Klassizismus bis zur Moderne*, München 2018, S. 49–53.

38 Französischer Patentantrag, 16.11.1841, Transkription der Patentschriften, in: Robin Rehm/Christoph Wagner (Hrsg.), *Designpatente der Moderne 1840–1970*, Berlin 2019, S. 418.

39 Vgl. Werner Sombart, *Der moderne Kapitalismus*, Bd. 1: Die Genesis des Kapitalismus, Leipzig 1902, S. 467–469.

40 Vgl. 3.3. Die Konkurrenten am Mittelrhein.

41 Vgl. *Adreß-Buch der Stadt Coblenz, 1840*, STAK, o. Sign.

42 Vgl. Hektor Rößler, *Ausführlicher Bericht über die von dem Gewerbeverein für das Großherzogtum Hessen im Jahre 1842 veranstaltete Allgemeine Deutsche Industrie-Ausstellung zu Mainz*, Darmstadt 1843, S. 113.

43 Vgl. Vortrag des Hof- Clavier- Instrumentenmachers Johann Baptist Streicher am 6. Juni 1842 vor dem Niederösterreichischen Gewerb-Verein: Ueber ein neues Verfahren, Holz auf chemisch-mechanischem Wege in jede beliebige Form zu biegen, in: *Verhandlungen des Niederösterreichischen Gewerb-Vereins*, Achtes Heft, Wien 1843, S. 28–32, hier S. 31.

44 Vgl. LHAK 587, 17, Nr. 2091, Notar Holthof und LHAK 587, 17, Nr. 2111, Notar Holthof.

45 »Jakob Mündnich, Möbelhändler, Theilhaber der Firma Peter Mündnich, Paradeplatz zwei.« *Adreß-Buch der Stadt Koblenz, 1868*, STAK o. Sign.

46 Dies finanzierte Johann Walther van Meerten, der aber nicht genannt werden durfte.

47 Vgl. LHAK 587, 17, Nr. 1372, Notar Holthof.

48 Die Obligation zugunsten der Gebrüder Caspers und weitere Schuldverschreibung werden in Sekundärquellen zwar erwähnt, doch sind weder die Repertorien noch die Verträge selbst erhalten, so dass sich zu deren genauem Inhalt und vor allem zu den Summen nichts sagen lässt; vgl. Lahr, Familie und Werkstatt Thonet bis 1842, in: Löber (Hrsg.), *Thonet*, S. 20–33, hier S. 31.

49 »Ich glaube nicht, daß Caspers sich so leicht [wird] abfinden lassen, sie sind durch Carl aufgehezt viel zu böse und denken daß alle darauf aus sein nur sie zu betrügen, Seeligmann hat ein Urtheil, er kann Dich und Meerten verhaften lassen, verhält sich aber ganz ruhig, Mantell hat uns auch verklagt,

ebenso Wilhelm wegen der Schuld, wofür Krämer Bürge ist.« Franz Thonet an den Vater in Wien, Boppard, 8. September 1842, in: Lahr, Familie und Werkstatt Thonet bis 1842, in: ebd., S. 20–33, hier S. 31.

50 Zu diesen beiden Typen von Fabrikgründern vergleiche: Wolfgang Ruppert, *Die Fabrik, Geschichte von Arbeit und Industrialisierung in Deutschland*, München ²1993, S. 47–49.

51 Schreiben Michael Thonets an das Finanzministerium in Berlin, 5. Mai 1841, Geheimes Staatsarchiv Preußischer Kulturbesitz (im Folgenden: GStA PK), I. HA, Rep. 120, D XI, Nr. 25.

52 Insofern ist der Annahme, Michael Thonet sei ein typischer Repräsentant der Fabrikgründergeneration der zweiten Hälfte des 19. Jahrhunderts, nur bedingt zuzustimmen; vgl. Melanie Kurz/Thilo Schwer, *Geschichte des Designs*, München 2022, S. 12–14.

53 Vgl. LHAK 587, 17, Nr. 1227, Notar Holthof; ausführlich hierzu: Wolfgang Thillmann, Die Leimsiederei Michael Thonets, 1838–1841, in: Löber (Hrsg.), *Thonet*, S. 71–81.

54 Das Gedenkblatt nennt dieses Jahr als Beginn der Produktion schichtverleimter Möbel, doch in englischsprachigen Werbeanzeigen der Gebrüder Thonet aus den 1880er Jahren wird 1835 angegeben. »Invented by Michael Thonet, 1835.« *The Furniture Gazette, An illustrated monthly Journal*, Volume XXIV.-New Series, January-December, 1886, Supplements.

55 *Michael Thonet, Ein Gedenkblatt*, S. 9.

56 Rößler, *Ausführlicher Bericht*, S. 113.

57 LHAK 618, Nr. 1129.

58 Ebd.

59 *Catalog der zweiten Gewerbeausstellung von Erzeugnissen des Gewerbefleißes aus dem Regierungs-Bezirk Coblenz, veranlaßt von dem Coblenzer Gewerbe-Vereine*, Coblenz 1839, S. 10, STAK, KH 4.

60 Zum Ablauf des Genehmigungsverfahrens vgl. Thillmann, Die Leimsiederei Michael Thonets, 1838–1841, in: Löber (Hrsg.), *Thonet*, S. 71–81, hier S. 71–72.

61 Vgl. Mißling, *Boppard*, S. 66.

62 In der Zeitschrift Rund um Boppard erschien 1968 ein Artikel, in dem die These aufgestellt wurde, dass der Verkauf des Marienbergs im Zusammenhang mit der Ausweisung von Christian Brentano aus dem Rheinland stehe. »Christian hat wegen seiner regen Betätigung auf religiösem Gebiet 1838 das Rheinland verlassen müssen.« Der Grund der Ausweisung seien die sogenannten »Kölner Wirren« gewesen, wonach Brentano, katholischer Schriftsteller und Publizist, damit rechnen konnte, jederzeit aus dem Rheinland ausgewiesen zu werden; vgl. Alexander Stollenwerk, Clemens Brentano in Boppard, in: *Rund um Boppard*, Nr. 35, Boppard, 31. August 1968, o. S.

63 Vgl. LHAK 403, Nr. 3435.

64 Ebd.

65 Ebd.

66 Ebd. [Hervorhebung im Original].

67 LHAK 618, Nr. 1129.

68 Ebd.

69 Vgl. LHAK 587, 17, Nr. 1669, Notar Holthof.

70 Vgl. Klein, *Geschichte von Boppard*, Boppard 1909, S. 219.

71 Diese wird in dem Kaufvertrag ausdrücklich genannt: »Die zuerstgenannten Eheleute Breidbach verkaufen hiermit an die zuletztgenannten Genius und Thonet […] die ihnen eigenthümlich zugehörige Mahlmühle mit allen übrigen dazu gehörigen Gebäulichkeiten, Hofraum, Garten, Teichgerechtigkeit […].« LHAK 587, 17, Nr. 1227, Notar Holthof.

72 LHAK 618, Nr. 1129.

73 Michael Thonet ging im Frühjahr 1842 nach Wien, die Familie folgte im Herbst, nur der älteste Sohn Franz blieb noch bis zur Versteigerung des Thonetschen Besitzes am 24. Februar 1843 in Boppard.

In den Repertorien des Notars Holthof fand sich bis zu diesem Datum kein Hinweis darauf, dass die Michelsmühle verkauft worden wäre oder was sonst damit geschah. Wegen der Auseinandersetzungen scheint es allerdings keine Verstimmungen zwischen den Parteien gegeben zu haben. Nur ein Jahr später, im September 1842, berichtete Franz in einem Brief an die mittlerweile in Wien lebende Familie, dass er mit eben diesem Doktor Schmitz ein »Compagnie Geschäft« anfangen wolle; vgl. Franz Thonet an den Vater in Wien, Boppard, 8. September 1842, in: Lahr, Familie und Werkstatt Thonet bis 1842, in: Löber (Hrsg.), *Thonet*, S. 20–33, hier S. 31.

74 »Thonet erlitt das Schicksal einer großen Begabung, die von ihrer engstirnigen Umgebung nicht verstanden wurde.«, von Vegesack, *Das Thonet Buch*, S. 27; vgl. auch: Paul L. Kämpchen, Michael Thonet (1796–1871). Ein rheinischer Schreinermeister wird in Österreich weltberühmt, in: *Rheinische Heimatpflege*, 21. Jahrgang, Nr. 2/84, o. O., 1984, S. 96–104; auch in dem Gedenkblatt wird dies zwar nicht ausdrücklich genannt, ist als Unterton aber in den entsprechenden Passagen immer wieder erkennbar.

75 Vgl. 3.4. Der Versuch einer Konsolidierung: Der erfolglose Patentantrag in Preußen.

76 Auch die Forschung vermeidet diese Thematik. Das Narrativ der offiziellen Firmengeschichte – Michael Thonet ist der Erfinder der Schichtverleimung – scheint so überzeugend zu sein, dass man dies nie in Frage stellte und die familiäre Sichtweise aus der Gedenkschrift übernahm.

77 Eine ausführliche Darstellung von Kertell und Mündnich in: Thillmann, *Schichten*, S. 43–49. Die Namen Andreas Müller und Peter Honard fanden sich erst bei den Recherchen zu der vorliegenden Arbeit.

78 Vgl. Victoria & Albert Museum, London, Accession Number W.5-1976. Zu dessen unterschiedlicher Herstellungstechnik vgl. Thillmann, *Schichten*, S. 43–49.

79 *Allgemeine Polytechnische Zeitung und Handlungs-Zeitung*, No. 50, 15. Dezember 1842, S. 245. In dem Verzeichnis der nach Mainz gelieferten Gegenstände werden allerdings für die Stühle von Honard höhere Preise – zwischen 34 fl und 38 fl für ein Dutzend – genannt; vgl. *Verzeichniss der zur Allgemeinen deutschen Industrie-Ausstellung in Mainz eingelieferten Gegenstände.* Erste Abtheilung, Mainz 1842, S. 102; https://archive.org/details/bub_gb_MhA1AAAAMAAJ/page/n3/mode/2up (Zugriff: 10.08.2025).

80 So etwa: Wolfgang Thillmann, Thonet: Experiment und Innovation, 1830–1939, in: Hoyer (Hrsg.), *Sitzen-Liegen-Schaukeln,* S. 184–223, hier S. 185.

81 Wenn hier von der Werkstatt Mündnich die Rede ist, so aus dem Grund, da nicht nachzuweisen ist, doch mit großer Sicherheit angenommen werden kann, dass es nicht der Vater Peter Mündnich, sondern – mit gleichem Vornamen – der Sohn war, der mit dieser neuen Herstellungstechnik vertraut war.

82 *Amtlicher Bericht über die allgemeine Deutsche Gewerbe-Ausstellung in Berlin im Jahr 1844, Zweiter Theil*, Berlin 1846, S. 103.

83 So waren sie für die 1851 in London stattfindende Weltausstellung zugelassen worden, doch das dafür vorgesehene »Möbel [ein Damen Schreibsekretär mit Aufsatz, ganz von Ebenholz, in rein gothischem Style ausgeführt] […], wurde aber durch die schwierige Arbeit, so wie, daß nur eine gewisse Anzahl Arbeiter zur Anfertigung dieses Möbels verwendet werden konnte, vor einigen Wochen erst fertig.« *Coblenzer Anzeiger*, 11. September 1851, STAK, o. Sign.

84 Ausführlich hierzu: Thillmann, *Schichten*, S. 43–45 und S. 55–56.

85 Vgl. *Verzeichnis der zur allgemeinen deutschen Industrie-Ausstellung in Mainz eigelieferten Gegenstände*, Mainz 1842, Zweite Abtheilung, S. 14–15; https://archive.org/details/bub_gb_MhA1AAAAMAAJ/page/n3/mode/2up (Zugriff: 10.08.2025).

86 Rößler, *Ausführlicher Bericht,* S. 113 [Hervorhebung im Original].

87 Ebd.

88 So wird der Erfolg der Bugholzmöbel als Exportartikel auch darauf zurückgeführt, »[…], dass die gebogenen Sitzmöbel so zusammengebaut sind, dass die einzelnen Theile ohne Leimverbindung, blos mittelst eiserner Schrauben montirt und zerlegt werden können, und im demontirten Zustande in Kisten verpackt, einen verhältnismässig sehr geringen Raum einnehmen, […].« *Michael Thonet, Ein Gedenkblatt, S.* 29.

89 *Didaskalia, Blätter für Geist, Gemüth und Publizität*, Nr. 314, Frankfurt, 10. November 1841.

90 Vgl. *Allgemeine Polytechnische Zeitung und Handlungs-Zeitung*, Nr. 7, 17. Februar 1842, S. 35.

91 Vgl. Alfred Heggen, *Erfindungsschutz und Industrialisierung in Preußen 1793–1877*, Göttingen 1975, S. 143–144.

92 Am 1. Juli 1877 wurde ein neues Patentgesetz verabschiedet, welches weitestgehend den Interessen der Industrie folgte. Unter anderem enthielt es die Bestimmung, dass ein Patent nicht dem Erfinder, sondern dem Antragsteller erteilt wurde. Praktisch bedeutete dies, dass die Rechte an Erfindungen von Angestellten oder Arbeitern nun bei dem Unternehmen lagen, bei dem sie beschäftigt waren; vgl. Heggen, *Erfindungsschutz*, S. 131–135.

93 Vgl. ebd., S. 39–40.

94 Vgl. ebd., S. 50.

95 Zitiert nach: ebd., S. 40.

96 Vgl. Begleitschreiben zu Michael Thonets Patentantrag vom 25. August 1840, LHAK 441, Nr. 5508.

97 Schreiben Lassaulx' an die Bezirksregierung Koblenz vom 17. Oktober 1840; ebd.

98 Gutachten der Königlich Technischen Deputation für Gewerbe vom 22. Dezember 1840, GStA PK, I. HA, Rep. 120, D XI, Nr. 25.

99 Ebd.

100 Vgl. Schreiben Michael Thonets an das Finanzministerium in Berlin, 18. Februar 1841, ebd.

101 Laut des Schreibens des Finanzministeriums an Michael Thonet vom 4. April 1841 wurden diese Unterlagen an ihn zurückgeschickt; vgl. ebd.; über deren weiteren Verbleib ist allerdings nichts bekannt.

102 Schreiben Michael Thonets an das Finanzministerium in Berlin, 18. Februar 1841, ebd.

103 Ebd.

104 *Frankfurter Konversationsblatt*, Nr. 11, Belletristische Beilage, 11. Januar 1841.

105 Schreiben der Technischen Gewerbe-Deputation an das Finanzministerium, 22. März 1841, GStA PK, I. HA, Rep. 120, D XI, Nr. 25.

106 »Nachdem Sie das von Ihnen angegebene Verfahren zur Anfertigung geschweifter Möbel durch die unterm 18t. Februar eingereichten Beschreibungen und Modelle näher erläutert haben, ist dasselbe (+ hinsichtlich der Neuheit geprüft), aber nicht für patentfähig erachtet worden, da die Anfertigung geschweifter Gegenstände durch Zusammenleimen mehrerer Lagen von dünnen Brettern oder Fournieren schon sonst bekannt, und in dem Verfahren des Preßens sowie den dabei angewandten Mitteln nichts wesentlich Neues enthalten ist. Dasselbe ist auch mit dem Preßen der verzierten Holzsachen in Relief der Fall, indem dasselbe nach Ihrer Beschreibung ganz auf dieselbe Weise geschieht, wie das Preßen anderer Verzierungen in Papiermasse, Leder, Holzmasse, Steinpappe u. dergl. m[ehr]. Sie empfangen daher die von Ihnen direct und durch die Königl. Regierung zu Coblenz eingereichten Beschreibungen, Zeichnung und Modelle hierneben mit dem Eröffnen zurück, daß Ihrem Patentgesuche nicht gewillfahrt werden kann.« Schreiben des Finanzministeriums in Berlin an Michael Thonet, 4. April 1841 (Ergänzung im Original], ebd.

107 Schreiben Michael Thonets an das Finanzministerium in Berlin, 5. Mai 1841, ebd.

108 Ebd.; diese neue Argumentation geht sicher auf den Einfluss von Johann Walther van Meerten zurück, der mit Michael Thonet drei Wochen zuvor einen ersten Vertrag über eine Patentbeantragung und -verwertung im Ausland geschlossen hatte; vgl. 3.5.1. Die Patentanträge im Ausland.

109 In den Anfangsjahren der preußischen Patentgesetzgebung war neben der Neuheit zwar auch der gesamtgesellschaftliche Nutzen der Erfindung wichtig, dieser trat jedoch gegenüber der Neuheit zunehmend in den Hintergrund und spielte in den 1840er Jahren nur noch eine untergeordnete Rolle; vgl. Heggen, *Erfindungsschutz*, S. 11–13.

110 Schreiben des Finanzministeriums in Berlin an Michael Thonet, 16. Mai 1841, GStA PK, I. HA, Rep. 120, D XI, Nr. 25, [Ergänzung im Original].

111 Die genealogischen Daten zur Familie van Meerten sind entnommen aus: Adolf T. Schneider, *Genealogische und andere Informationen zur Familie van Meerten*, unpubl. Manuskript, Vallendar 2021.

112 von Vegesack, *Das Thonet Buch*, S 17; vgl. auch: Eva B. Ottillinger, Thonet-eine illustrierte Familienchronik, in: Bott (Hrsg.), *Sitzgelegenheiten,* S. 11 – 50, hier S. 13.

113 Der Begriff Bürger meint einen mit den Bürgerrechten, etwa der Vertretung im Rat, der Ausübung eines zünftigen Gewerbes, aber auch bestimmten Pflichten, wie die Zahlung von Steuern oder das Erbringen bestimmter Dienstleistungen, ausgestatteten Einwohner einer Stadt. Im Gegensatz dazu stand der sogenannte »Beisasse«, der beispielsweise von der Vertretung im Rat ausgeschlossen war. Rechte und Pflichten regelte das Beisassenrecht.

114 In einer Kur- und Durchreisenden-Liste vom Juli 1838 wird als Wohnsitz der Familie van Meerten noch Neuwied erwähnt, in dem Vertrag über den Kauf der Kammeraths-Mühle vom 6. August 1840 dann Boppard. Vgl. *16. Liste der Kurgäste und Durchreisenden zu Ems, Schwalbach, Schlangenbad und Weilbach, 11. bis 14. Juli 1838,* Bad Ems 1838 und LHAK 587, 17, Nr. 1950, Notar Holthof.

115 Vgl. LHAK, 587, 17, Nr. 1829, Notar Holthof.

116 Vgl. LHAK 587, 17, Nrn. 2026, 2027, Notar Holthof. Für die Erwerbungen im Jahr 1841 waren insgesamt 172 Taler zu zahlen, so dass eine noch ausreichend große Summe vorhanden war, die van Meerten in die Beantragung und Verwertung des Thonetschen Patents investieren konnte.

117 Vgl. Mr. C.J van Vleuten, Mr. C.H. Perk, *Het Regt in Nederland, Regtsgeleerd Tijdschrift,* Amsterdam 1839, S. 133 – 34.

118 LHAK 587, 17, Nr. 1961, Notar Holthof.

119 Vgl. LHAK 587, 17, Nr. 2002, Notar Holthof.

120 In einigen notariellen Urkunden und auch in Kirchenbüchern findet sich für van Meerten auch der Begriff »Rentner«, wobei es sich hier offensichtlich um eine fehlerhafte Übertragung des französischen Begriffs »rentière« handelt, d. h. jemand mit regelmäßigen Einnahmen aus Vermögen.

121 Die Söhne wussten um die Rolle, die van Meerten bei den Patentanträgen spielte. So heißt es in einem Brief von Franz vom 8. September 1842 an den Vater in Wien: »Seeligmann [einer der Gläubiger] hat ein Urtheil, er kann dich und Meerten verhaften lassen.« Franz Thonet an den Vater in Wien, Boppard, 8. September 1842, in: Lahr, Familie und Werkstatt Thonet bis 1842, in: Löber (Hrsg.), *Thonet*, S. 20 – 33, hier S. 31. Man muss daher davon ausgehen, dass es sich bei der Nichterwähnung von van Meerten in dem Gedenkblatt nicht um eine Versehen, sondern um ein bewusstes Verschweigen handelt. Auf eine Anfrage, ob der Name van Meerten in der Familie bekannt sei, erklärte einer der ehemaligen familiären Geschäftsführer der Thonet GmbH in Frankenberg: »Von Herrn van Meerten höre ich zum 1. Mal.« Mail vom 3. Februar 2021.

122 LHAK 587, 17, Nr. 2091, Notar Holthof.

123 Ebd.

124 Ebd.

125 Ebd.

126 Vortrag des k. k. Hof- Clavier- Instrumentenmachers Streicher am 6. Juni 1842 vor dem Niederösterreichischen Gewerb-Verein, in: *Verhandlungen des Niederösterreichischen Gewerb-Vereins*, S. 28.

127 Alle Zitate in diesem Abschnitt: LHAK 587, 17, Nr. 2107, Notar Holthof.

128 Johann Ruhl war in diesen Angelegenheiten nicht unerfahren und hatte bereits am 26. Oktober 1840 zusammen mit dem Spenglermeister Friedrich Bentler ein Privilegium »auf eine von ihnen erfundene eigentümlich eingerichtete Lampe« erhalten; vgl. *Sammlung der Gesetze, Verordnungen und Ausschreiben für das Königreich Hannover*, Hannover 1840, S. 447.

129 LHAK 587, 17, Nr. 2111, Notar Holthof.

130 Ebd.

131 Ebd.

132 Ebd.

133 Vgl. Schreiben des Finanzministeriums in Berlin an Michael Thonet, 16. Mai 1841, GStA PK, I. HA, Rep. 120, D XI, Nr. 25.

134 LHAK 587, 17, Nr. 2111, Notar Holthof.

135 Auch in zeitgenössischen Zeitschriften, die aus dem Pariser Journal »Le Siécle« zitieren, findet sich der Name Thonet nicht: »Wir wünschen dem Hern. Van Meerten aus Boppard in Rheinpreußen Glück dazu, daß er in Frankreich ein Patent auf 15 Jahre genommen hat und diesen Industriezweig in unserem Lande ausbreiten will.« *Allgemeines Organ für Handel und Gewerbe*, Nr. 88, Köln, 24. Juli 1841.

136 Französischer Patentantrag, 16.11.1841, Transkription der Patentschriften, in: Rehm/Wagner (Hrsg.), *Designpatente*, S. 418.

137 »On peut concevoir déjà combien cette invention est précieuse par le grand nombre d'applications intéressantes qu'on peut-on faire ; car ce n'est pas seulement à des meubles d'appartement, mais à des meubles de jardin; ce n'est pas seulement à l'ébénisterie en général, mais bien aussi à d'autres industries non moins importantes, qu'on peut l'appliquer.« Französischer Patentantrag, 16.11.1841, Transkription der Patentschriften, in: ebd., S. 418.

138 In dem Gedenkblatt werden, ebenso wie in Hektor Rößlers Bericht über die Allgemeine Deutsche Industrie-Ausstellung 1842 in Mainz, Frankreich, England und Belgien erwähnt, es fehlt Russland. In dem notariellen Vertrag vom 14. April 1841 werden erwähnt: Frankreich, England und Russland, in der Vollmacht vom 8. Mai Frankreich, die Staaten Englands und Russland, in dem Vertrag vom 10. Mai »alle andern Staaten, wo sie [van Meerten und Ruhl] es für zweckdienlich erachten werden« und in dem Vertrag vom 9. September Preußen und Österreich; vgl. *Michael Thonet, Ein Gedenkblatt,* S. 10; Rößler, *Ausführlicher Bericht*, S. 113 und LHAK, 587, 17, Notar Holthof, Nrn. 2091, 2107, 2111 und 2166.

139 Bei Johann Jacobsohn handelt es sich um den in dem Post Office London Directory von 1841 erwähnten jüdischen Kaufmann »Jacobsohn, John, merchant«, Adresse: Broad street buildings, cont. of New Broad street No. 11. Unter dieser Adresse ist er bereits 1837 als »householder«, jedoch ohne Berufsbezeichnung aufgelistet. Weiteres über ihn ist nicht bekannt; vgl. *The city of London, Poll book, Election 1837*, London 1837, S. 18.

140 LHAK 587, 17, Nr. 2166, Notar Holthof [Streichung im Original].

141 Ebd.

142 Ebd.

143 LHAK 587, 17, Nr. 2177, Notar Holthof.

144 LHAK 587, 17, Nr. 2166, Notar Holthof.

145 Der Kontakt zu Joseph Wilhelm Fischer kam vermutlich durch Johann Ruhl zustande; als früherer Wohnsitz Fischers wird ebenfalls Wiesbaden genannt.

146 LHAK 587, 17, Nr. 2178, Notar Holthof.

147 Ebd.

148 Franz Thonet an den Vater in Wien, Boppard, 8. September 1842, in: Lahr, Familie und Werkstatt Thonet bis 1842, in: Löber (Hrsg.), *Thonet*, S. 20–33, hier S. 31.

149 Vgl. 4.1. Das Privileg für Österreich.

150 *Wiener Zeitung*, Nr. 261, 21. September 1843.

151 Vgl. LHAK 587, 17, Nr. 1950, Notar Holthof.

152 Vgl. LHAK 587, 17, Nrn. 2026, 2027, Notar Holthof.

153 LHAK 587, 17, Nr. 2165, Notar Holthof.

154 Schaarwächter und van Meerten waren befreundet. Julius Schaarwächter war einer der Taufpaten des dritten Kindes der van Meertens, Maria Wilhelmina Gertrude Julie Arnoldine.

155 Vgl. LHAK, 587, 17, Nr. 0415, Notar Peters.

156 LHAK, 587, 17, Nr. 0544, Notar Peters.

157 »Dienstag, den 9ten Juni nächsthin Nachmittags 2 Uhr, soll auf Anstehen des Herrn van Meerten die demselben zugehörige im Mühlenthale dahier gelegene Mühle nebst allen Zubehörungen und circa zehn Morgen Acker und Wiesenland nebst Hecken einer öffentlichen, freiwilligen Versteigerung unter ausgedehnten Zahlungsterminen ausgesetzt werden, Tages darauf werden seine Mobilien versteigert.« LHAK, 587, 17, Nr. 0906, Notar Peters.

158 »Die Besitzung besteht aus: 1.) einem herrschaftlichen Wohnhaus mit englischen Anlagen nebst schönen Gemüsegärten und Bosqueten umgeben; 2.) circa 10 Morgen Wiesen-, Ackerland und Strauchholz, bepflanzt mit mehreren hundert der besten Obstbäumen, welche durch die geschützte Lage vorzüglich gedeihen.« *Kölnische Zeitung*, Nr. 156, 5. Juni 1846.

159 LHAK 587, 17, Nr. 0415, Notar Peters.

160 LHAK 587, 17, Nr. 0906, Notar Peters.

161 Doch wechselte die Mühle schon bald wieder den Besitzer; nur drei Jahre später wurde sie an den Rentner Ludwig Dürselen aus Wevelinghofen verkauft; vgl. LHAK 587, 17, Nr. 1511, Notar Peters.

162 Vgl. Christian J. Polvliet, *Genealogie van het Geslacht van Meerten*, Genealogisch en Heraldisch Archief, Rijswijk bij' s-Gravenhage 1902, S. 7. »Mij is daarvan alleen bekend, dat de zoon [...] was gehuwd met een dochter van den raadsheer Herborn te Neuwied bij welke hij twee kinderen had Max en Maria van Meerten. In 1857 was hun vader reeds overleden, en was hun moeder hertrouwd [...].« (»Ich weiß nur, dass der Sohn mit einer Tochter des Ratsherrn Herborn in Neuwied verheiratet war, mit der er zwei Kinder hatte, Max und Maria van Meerten. 1857 war ihr Vater bereits gestorben und ihre Mutter hatte erneut geheiratet.«)

163 Vgl. Landesarchiv NRW, Abteilung Rheinland, PA 3103, (Personenstandsregister Sterbefälle), Nr. 2304, Bonn 1890. Auch über die Kinder der van Meertens fanden sich nur spärliche Informationen: Das erste Kind, Maximilian Wolterus Hubert Ernst, wurde am 22.12.1836 noch in Neuwied geboren, starb aber bereits 29. Januar 1841 in Boppard im Alter von nur vier Jahren. Am 20. Februar 1842 kam in Boppard Maximilian Walther Ernst zur Welt. Max war Kaufmann, lebte in Düsseldorf und war dort in erster Ehe mit einer Therese Hörlein verheiratet. Sie verstarb am 19. Februar 1886. Ein Jahr später heiratete Max die 1859 geborene Ruszina Kramer. Max van Meerten ist bis 1914 in Düsseldorf nachweisbar. Das dritte Kind der van Meertens, Maria Wilhelmina Gertrude Julie Arnoldine, wurde am 19. April 1845 Boppard geboren, weiteres über sie ist nicht bekannt.

164 Vgl. u. a.: Otto, *Die Entwicklung*, S. 38; von Vegesack, *Das Thonet Buch*, S. 20; Jaromíra Šimoníková, *Möbel aus Bystřice pod Hostýnem,* Bystřice pod Hostýnem 1992, S. 19. In einer neueren Publikation wird gar von »Schicksalsbegegnungen« gesprochen; vgl. Jiří Uhlíř, Michael Thonet, eine Kurzvita, in: Nollert (Hrsg.), *Thonet & Design*, S. 16–29, hier S. 16.

165 *Michael Thonet, Ein Gedenkblatt*, S. 10–11.

166 Ebd., S. 10.

167 Protokoll der Sitzung des Stadtrats zu Coblenz, 13. Januar 1835, Einrichtung zweier Jahresmessen, STAK, 623, Nr. 2188.

168 Hinzu kommt, dass seine schichtverleimten Möbel sehr empfindlich auf Feuchtigkeit reagierten und er auch aus diesem Grund wohl nicht das Risiko einer Präsentation unter freiem Himmel in Kauf genommen hätte.

169 Eine Übersicht der wichtigsten Ausstellungen im Deutschen Reich, die »von ihrem Anspruch und ihrer tatsächlichen Beschickung den städtischen Rahmen wie auch den Kleinbezirk überschritten haben«, findet sich in: Thomas Großbölting, *»Im Reich der Arbeit«, Die Repräsentation gesellschaftlicher Ordnung in den deutschen Industrie- und Gewerbeausstellungen 1790–1914*, München 2008, Anhang, S. 439–448, Zitat S. 439.

170 Zur Geschichte des Gewerbevereins vgl. Max Bär, *Aus der Geschichte der Stadt Koblenz, 1814/1914*, Koblenz 1922, 18. Handel und Gewerbe, S. 216–226, hier S. 223–24.

171 Heinrich Goossens, Geschichte des Realgymnasiums zu Coblenz und der Anstalten, aus denen es hervorgegangen ist, seit der Gründung der Provinzial-Gewerbeschule am 11. Oktober 1855, in: *Festschrift zu der am 12. Oktober 1907 stattfindenden Feier der Einweihung des neuen Schulgebäudes und des*

52jährigen Bestehens der Anstalt, Coblenz 1907, S. 1–113, S. 21. In einem Beschluss in der ersten Versammlung des Vereins vom 11. August 1836 hieß es allerdings, dass die Gründung des Vereins mit einer »jährlichen Ausstellung und Preisbewerbung« verbunden sein sollte; vgl. *Verhandlungen des Gewerbe-Vereins zu Coblenz*, Nr. 1, Januar 1836, S. 3, Rheinische Landesbibliothek Koblenz, 1.1836–4.1839; Z 3427 SOM; https://www.dilibri.de/rlb/periodical/structure/1350277 (Zugriff: 10.08.2025).

172 Vgl. *Catalog der ersten Gewerbeausstellung von Erzeugnissen des Gewerbefleißes aus dem Regierungs-Bezirk Coblenz, veranlaßt von dem Coblenzer Gewerbe-Vereine*, Coblenz 1837, STAK, KH 4.

173 An dieser Ausstellung nahmen lediglich drei Schreiner teil, Johann Pfriem und Peter Mündnich aus Koblenz und Johann Wilhelm Vetter aus Neuwied. Alle drei zeigten Möbel im historistischen Stil, Mündnich allerdings keine Sitzmöbel ähnlich den Bopparder Sesseln, wie er sie zu dieser Zeit vermutlich schon fertigte; vgl. *Catalog der zweiten Gewerbeausstellung*, STAK, KH 4. Mündnich und Vetter waren darüber hinaus an der Innenausstattung von Schloss Stolzenfels beteiligt, welches die Stadt Koblenz 1815 dem Kronprinzen Friedrich Wilhelm von Preußen zum Geschenk gemacht hatte. Zu Mündnich vgl. 3.3. Die Konkurrenten am Mittelrhein.

174 Versammlung vom 26ten September 1839, in: *Protocollbuch des Gewerbe-Vereins zu Coblenz*, LHAK 661, Nr. 049.

175 Neben der oben bereits zitierten Bemerkung heißt es lediglich: »Neben [?] die Sonntagsschule, Mohr [einer der Mitglieder des Vorstands] zeigt einen neuen Trimbohrer vor der seitlich gedreht wird, Neuer sehr genau getheilter Maasstab.« ebd.

176 Versammlung vom 23. März 1844, in: ebd.

177 »In der nächsten Versammlung soll die Ergänzung resp. Erneuerung des Vorstandes Platz finden.« ebd.

178 Vgl. *Verhandlungen des Gewerbe-Vereins zu Coblenz*, Januar 1836–April 1839, Rheinische Landesbibliothek Koblenz, 1.1836–4.1839; Z 3427 SOM.

179 In einer Publikation aus den 1920er Jahren heißt es zu den Gründen: »[…] es scheint, als seien für die Nutzung des Inhaltes seiner [des Gewerbevereins] Verhandlungen und Vorträge die Stadt und ihre gewerblichen Verhältnisse doch zu klein und zu unbedeutend gewesen und die Gewerbetreibenden selbst zu lässig und zu bequem. In den vierziger Jahren nahm das Vereinsleben ab, die Beteiligung an den Versammlungen wurde geringer.« Bär, *Aus der Geschichte der Stadt Koblenz,* S. 224.

180 »Im August 1841 beteiligte er [Thonet] sich […] an der Koblenzer Gewerbeausstellung […].« Ottillinger, *Gebrüder Thonet* S. 12; »Im Sommer konnte man seine [Thonets] eleganten Produkte aus gebogenem Holz im Koblenzer Kunstverein bewundern.« von Vegesack, *Das Thonet Buch*, S. 20.

181 Vortrag des k. k. Hof- Clavier- Instrumentenmachers Streicher am 6. Juni 1842 vor dem Niederösterreichischen Gewerb-Verein, in: *Verhandlungen des Niederösterreichischen Gewerb-Vereins*, S. 29.

182 Metternich sprach und schrieb fließend Französisch. Briefe an den Vater schrieb er in Deutsch, an die Mutter immer in Französisch.

183 Vgl. Šimoníková, *Möbel aus Bystřice pod Hostýnem,* S. 19; Abbildung des Wohlverhaltenszeugnisses vom 7. September 1841 S. 20, Abb. 9.

184 Šimoníková nimmt an, dass Metternich die Unterlagen zwischen September 1841 und der Abfahrt Thonets nach Wien im Frühjahr 1842 erhielt. Nach dem Besuch auf dem Johannisberg im September gab es jedoch keine weiteren Kontakte mehr. Auch die Tatsache, dass sich die Unterlagen im Archiv der Familie Metternich befinden, spricht dafür, dass Metternich sie persönlich in Empfang nahm; vgl. ebd., S. 19.

185 Faksimile in: ebd., S. 21, Abb. 10.

186 LHAK 587, 17, Nr. 2091, Notar Holthof.

187 Nur hypothetisch einmal angenommen, Metternich hätte Thonet tatsächlich nach Wien eingeladen wie in der Gedenkschrift behauptet. Warum dann nicht auch van Meerten, Teilhaber der Werkstatt?

188 LHAK 587, 17, Nr. 2166, Notar Holthof.

189 Dieser Aspekt wird bereits in einem Zeitungsartikel anlässlich der 1878er Weltausstellung in Paris erwähnt, wobei der zweite Teil des Satzes allerdings wieder dem familiären Narrativ folgt: »Die damaligen Erzeugnisse kamen dem österreichischen Staatskanzler Fürsten Metternich auf seinem Schloß Stolzenfels [sic] zu Gesicht und dieser Staatsmann, der auch für den Werth practischer Bestrebungen einen scharfen Blick hatte, erkannte die Entwicklungsfähigkeit und Zukunft dieses Industriezweigs, und bewog, um die wirtschaftlichen Vortheile desselben für Österreich zu gewinnen, den Erfinder zur Übersiedlung nach Wien.« Thonet's gebogene Möbel in Paris, in: *Die Presse*, Wien, 4. August 1878. Eine vergleichbare Argumentation findet sich auch in einem neueren Aufsatz: »In the case Thonet he [Metternich] might have seen an economic development project at the micro level. Political affinity, technical interest and economic interest, all these elements support the perception that Metternich really felt an urge to help this man, where he could.« Andries Nentjes, Metternich, the man who made Thonet, in: Jürgen Backhaus/Günther Chaloupek/Hans Frambach (Hrsg.), *The Congress of Vienna in contemporary economic and political literature and in historiography,* Marburg 2016, S. 239–258, hier S. 246–247.

190 Vgl. Kähne, *Die Thonets in Boppard*, S. 54.

191 »[…] sind von Berlin noch keine näheren Nachrichten wegen dem Privilegium gekommen?« Michael Thonet an die Söhne, Bistritz 9. Juli 1860, Moravský zemský archiv v Brně (Mährisches Landesarchiv Brünn), (im Folgenden: MZA).

192 Wolfram Siemann, *Metternich, Stratege und Visionär*, München 2016, S. 762.

193 In einigen Publikationen ist auch von einem früheren Beginn die Rede. Für Wrigley beispielsweise begann sie schon im 17. Jahrhundert mit der Möglichkeit des leichten Zugriffs auf Kohle und dem Hinter-sich-lassen einer organischen Ökonomie. »One of the best ways of defining the essence of the industrial revolution is to describe it as an escape from the constraints of an organic economy.« Edward A. Wrigley, *Energy and the English Industrial Revolution*, Cambridge 2010, S. 239; vgl. auch: Andreas Fahrmeir, Rezension von: E. A. Wrigley: Energy and the English Industrial Revolution, Cambridge: Cambridge University Press 2010, in: *sehepunkte* 11 (2011), Nr. 2 [15.02.2011], https://www.sehepunkte.de/2011/02/18156.html (Zugriff: 10.08.2025); auch: Martin J. Daunton, *Progress and Poverty: An Economic and Social History of Britain 1700–1850*, Oxford University Press, New York 1995.

194 »Aus den Neuberechnungen, die Komlos durchführte, ergibt sich, daß der Beginn einer längerfristigen Zunahme der Industrieproduktion in Österreich in die späten zwanziger Jahre angesetzt werden muss […].« Sandgruber, *Die Anfänge der Konsumgesellschaft, Konsumgüterverbrauch, Lebensstandard und Alltagskultur in Österreich im 18. und 19. Jahrhundert*, München 1982, S. 97. Zur Kritik an dem Modell von Komlos vgl. Hermann Rebel, Österreich und die Entwicklung der Weltwirtschaft, John Komlos' neoklassisches Modell. Eine Kritik, in: *Österreichische Zeitschrift für Geschichtswissenschaften*, Nr. 1, Bd. 4, 1993, S. 44–73.

195 Helmut Lackner, Das Fabriksprodukten-Kabinett, das polytechnische Institut und die Anfänge der Industrialisierung in der österreichischen Monarchie, in: Helmut Lackner/Thomas Werner (Hrsg.), *Das k. k. Nationalfabriksproduktenkabinett: Technik und Design des Biedermeier*, München/New York/Technisches Museum Wien 1995, S. 44–65, hier S. 50.

196 Vgl. Siemann, *Metternich*, S. 756–758.

197 Vgl. Ernst Kris/Otto Kurz, *Die Legende vom Künstler, Ein geschichtlicher Versuch*, Frankfurt, [7]2018, [Erstausgabe Wien 1934], Künstleranekdoten und biographische Motive, S. 29–34.

198 »Unternehmensnahen Firmengeschichten geht es häufig primär darum, bestimmte Topoi auszufüllen. Eines der strapaziertesten Klischees ist die Ausstaffierung des Gründers mit geradezu übermenschlichen Qualitäten. Auf diese Weise wird der spätere Erfolg des Unternehmens in seine Gründungsphase zurückprojiziert und ihm eine Zwangsläufigkeit unterstellt, die in der Realität selten ist.« Hartmut Berghoff, *Zwischen Kleinstadt und Weltmarkt. Hohner und die Harmonika. 1857–1961: Unternehmensgeschichte als Gesellschaftsgeschichte*, Paderborn 1997, S. 55–56.

199 *Die Presse*, Nr. 63, 4. März, 1871; vgl. auch: *Wiener Zeitung,* Nr. 64, 5. März 1871 und *Die Neue Zeit: Organ des Vereins der Deutschen in Mähren,* Nr. 56, 9. März 1871.

200 *Oesterreichisches Journal*, Nr. 219, 1. Dezember 1881, S. 2.

201 *Neues Wiener Tagblatt*, Nr. 231, 23. August 1887.

202 Wie wichtig den Thonets ihre Darstellung in der Presse war, belegt eine firmeninterne Aufstellung aller Meldungen nationaler und internationaler Zeitungen, in denen über die »Centenar Feier« 1896 berichtet wurde und in denen sich die gleichen Narrative wie in der Gedenkschrift auch finden; vgl. Verzeichnis der Zeitungen und Anschreiben an Theodor Thonet, Wien, 11. Januar 1897, MZA.

203 »Es ist anzunehmen, dass dabei [der Erteilung des Privilegs] die Protektion durch den Fürsten Metternich eine entscheidende Rolle spielte.« von Vegesack, *Das Thonet Buch*, S. 26.

204 Šimoníková, *Möbel aus Bystřice pod Hostýnem*, S. 21.

205 *Coblenzer Anzeiger*, Jahrgang 1842, Nr. 70, 71, und 72, STAK, o. Sign.

206 LHAK 587, 17, Nr. 2451, Notar Holthof.

207 Franz Thonet an den Vater in Wien, Boppard, 8. September 1842, in: Lahr, Familie und Werkstatt Thonet bis 1842, in: Löber (Hrsg.), *Thonet*, S. 20 – 33, hier S. 31.

208 In den Repertorien des Notars Holthof in Boppard fand sich kein derartiger Vertrag, so dass man davon ausgehen muss, dass es sich hier lediglich um eine Überlegung von Franz handelte, die Geschäftsgründung aber nicht zustande kam.

209 Er meint vermutlich das Geld, welches er sich aus dem Vertrag mit Dr. Schmitz erwartete.

210 Franz Thonet an den Vater in Wien, Boppard, 8. September 1842, in: Lahr, Familie und Werkstatt Thonet bis 1842, in: Löber (Hrsg.), *Thonet*, S. 20–33, hier S. 31.

211 LHAK 587, 17, Nr. 2451, Notar Holthof.

212 Vgl. Lahr, Familie und Werkstatt Thonet bis 1842, in: Löber (Hrsg.), *Thonet*, S. 20 – 33, hier S. 32.

213 Vgl. LHAK 587, 57, Nr. 12675, Notar Simon.

214 Vgl. LHAK 587, 17, Nr. 2451, Notar Holthof.

215 Vgl. LHAK 587, 17, Repertorium Notar Holthof, Nrn. 2116 bis 2494, hier Nr. 2308.

4. Wien 1842 – 1858

1 *Michael Thonet, Ein Gedenkblatt*, S. 11.

2 Vgl. *Michael Thonet, Ein Gedenkblatt*, S. 11 – 12; der Zweifel gründet sich einmal auf die grundsätzliche Skepsis gegenüber den Erzählungen des Gedenkblatts, aber auch auf die perfekte Einpassung in das Künstler-Narrativ, in welchem, wie auch hier, der Verweis auf Metternich eine wesentliche Rolle spielt.

3 *Michael Thonet, Ein Gedenkblatt*, S. 11.

4 Vgl. »Angekommene Fremde vom 2. Mai 1842«, in: *Nürnberger Zeitung,* Nr. 124, 4. Mai 1842, »Hr. Thonert [sic] von Boppard«.

5 Vgl. »Fremden-Anzeige«, in: *Regensburger Zeitung,* Nr. 124, 6. Mai 1842, »Hr. Thonet, Meubelfabrikant v. Boppart [sic]«.

6 *Michael Thonet, Ein Gedenkblatt*, S. 11.

7 Wann van Meerten nach Wien reiste oder wann er dort eintraf, ist nicht bekannt. Eine Recherche der möglichen Reiseroute ähnlich wie bei Michael Thonet brachte keine Ergebnisse.

8 Vgl. Vortrag des k. k. Hof- Clavier- Instrumentenmachers Streicher am 6. Juni 1842 vor dem Niederösterreichischen Gewerb-Verein, in: *Verhandlungen des Niederösterreichischen Gewerb-Vereins*, S. 32.

9 Vgl. Paul Alexander Beck, *Der Erfindungsschutz in Österreich*, Wien [2]1885.

10 Maria Rabl, *Die Privilegiensammlung des Österreichischen Patentamtes, Ein Beitrag zum UNESCO-Weltdokumentenerbe?*, Wien 2008, S. 27.

11 Bestrebungen, die Beschränkungen und Hindernisse des Zunftsystems zu beseitigen, lassen sich nicht erst am Anfang des 19. Jahrhunderts erkennen, sondern »die österreichischen Regierungen

[sind] schon seit dem Ende des 17. Jahrhunderts bestrebt gewesen […], die Schranken zu beseitigen, durch welche das Zunftwesen jeder freien Bewegung auf dem Gebiet der gewerblichen Production hinderlich zu sein trachtete«. Heinrich Reschauer, *Geschichte des Kampfes der Handwerkerzünfte und der Kaufmannsgremien mit der österreichischen Bureaukratie. (vom Ende des 17. Jahrhunderts bis zum Jahre 1860)*, Wien 1882, S. 198.

12 Otto, *Die Entwicklung*, S. 32; wesentlich für diese Unterlegenheit war eine fehlende Kapitalbasis, wodurch kleine Werkstätten bei weitem nicht mit der technischen Ausstattung einer Fabrik oder deren Grad von Spezialisierung konkurrieren konnten.

13 Zur Verwendung der Begriffe »Privileg«, »Patent« und »Erfindungsschutz« vgl. Rabl, *Die Privilegiensammlung*, S. 7.

14 Vortrag des k. k. Hof- Clavier- Instrumentenmachers Streicher am 6. Juni 1842 vor dem Niederösterreichischen Gewerb-Verein, in: *Verhandlungen des Niederösterreichischen Gewerb-Vereins*, S. 32.

15 Bericht der besonderen Commission über das Verfahren der Herren Thonet und Van Meerten, Holz auf chemisch-mechanischem Wege in beliebige Form zu biegen, in: *Verhandlungen des Niederösterreichischen Gewerb-Vereins*, S. 34.

16 Ebd.

17 Ebd.

18 Vgl. Französischer Patentantrag, 16.11.1841, Transkription der Patentschriften, in: Rehm/Wagner (Hrsg.), *Designpatente*, S. 152.

19 *Linzer Zeitung*, Nr. 151, 23. September 1842, S. 585 [Einfügung im Original].

20 Vgl. LHAK 587, 17, Nr. 2091, Notar Holthof.

21 Das Privileg wurde ausgestellt »dem Michael Thonet und Comp. und dem J. W. van Meerten«. Bei »Comp.« dürfte es sich um diese beiden Vertragspartner, Ruhl und Fischer, handeln.

22 LHAK 587, 17, Nr. 2111, Notar Holthof.

23 LHAK 587, 17, Nr. 2166, Notar Holthof.

24 LHAK 587, 17, Nr. 2178, Notar Holthof.

25 »Holz in allerhand Formen zu biegen, für Galanterie- Tischlerarbeiten, Radfelgen, Schiffsarbeiten etc., ist von Thonet und Van Meerten aus Boppard am Rhein in Mustern dem Vereine [Niederösterreichischer Gewerbeverein] vorgezeigt worden.« *Wiener Zeitung,* Nr. 261, 21. September 1843, S. 1936.

26 Ebd.

27 Bericht der besonderen Commission über das Verfahren der Herren Thonet und Van Meerten, Holz auf chemisch-mechanischem Wege in beliebige Form zu biegen, in: *Verhandlungen des Niederösterreichischen Gewerb-Vereins*, S. 34.

28 LHAK 587, 17, Nr. 2111, Notar Holthof. In dem Vertrag mit Fischer vom 3. Oktober 1841 findet sich ein solcher Passus nicht.

29 Möglicherweise gibt es noch Informationen in der Familie, die, wenn vorhanden, nicht zugänglich sind. Auf schriftliche Nachfrage am 18. Januar 2021 erklärte die Familie in Frankenberg, dass ihr all diese Verträge wie auch der Name Johann Walther van Meerten nicht bekannt seien. Weitere Familienmitglieder in Österreich antworteten auf eine entsprechende Anfrage nicht.

30 In dem Gedenkblatt ist von einem Franz List die Rede, doch dürfte es sich hierbei um einen Schreibfehler handeln; vgl. *Michael Thonet, Ein Gedenkblatt*, S. 14; vgl. auch: Lang, Die Bugholztechniken Michael Thonets und seiner Konkurrenten, in: Bott (Hrsg.), *Sitzgelegenheiten,* S. 67 – 74, hier S. 69.

31 Vgl. »Clemens List« in: Deutsche Biographie; https://www.deutsche-biographie.de/pnd1168042976.html (Zugriff: 10.08.2025).

32 Vgl. *Adressen-Buch der Handlungs-Gremien und Fabriken der kaiserlich-königlichen Haupt- und Residenzstadt Wien für das Jahr 1825*, S. 207.

33 *Adressen-Buch der Handlungs-Gremien und Fabriken der kaiserlich-königlichen Haupt- und Residenzstadt Wien für das Jahr 1834*, S. 344.

34 Vgl. *Bericht über die erste allgemeine österreichische Gewerbsprodukten-Ausstellung im Jahre 1835*, Wien o. J., S. 315.

35 Vgl. *Almanach für das Jahr 1841, den Bürgern und Bewohnern der k. k. Haupt- und Residenzstadt Wien gewidmet,* von Karl Rohr, Wien 1841, S. 136.

36 August und Josef gingen noch zur Schule, ebenso die 1833 geborene Gertraud. Der jüngste, Jakob, war bei der Mutter. Anna Maria, geboren 1823, wird vermutlich der Mutter im Haushalt geholfen haben.

37 Vgl. *Adressen-Buch der Handlungs-Gremien und Fabriken der k. k. Haupt- und Residenzstadt Wien für das Jahr 1834*, S. 344.

38 Vgl. Franz Thonet an den Vater in Wien, Boppard, 8. September 1842, in: Lahr, Familie und Werkstatt Thonet bis 1842, in: Löber (Hrsg.), *Thonet*, S. 20–33, hier S. 31.

39 Vgl. Adressangabe auf dem Briefumschlag des Schreibens vom 8. September 1842, Franz Thonet aus Boppard an den Vater in Wien, MZA. Der Begriff »Windmühl« geht zurück auf eine historische Bezeichnung dieses Gebiets. Der Windmühlgrund teilte sich in die Obere und die Untere Windmühle. 1850 wurde der Windmühlgrund gemeinsam mit den Vorstädten Mariahilf, Magdalenengrund, Gumpendorf und Laimgrube als 5. Bezirk Mariahilf eingemeindet, die Große Schmi[e]dgasse wurde 1862 in Webgasse umbenannt.

40 Die Informationen zu Desvignes stammen aus unterschiedlichen Quellen, es gibt keine umfassende Biographie. Eine kurze Zusammenfassung findet sich in: Godfrey Smith, *Hither Green: The Forgotten Hamlet: Including the Corbett Estate*, Chapter 7, The Desvignes Family, o. O., 1997, S. 22–24; genealogische Daten finden sich in: https://www.familysearch.org/de (Zugriff: 10.08.2025).

41 Vgl. Marianne Zweig (Hrsg.), *Zweites Rokoko. Innenräume und Hausrat in Wien um 1830–1860*, Wien 1924, S. 15. »Unter allen Schöpfungen repräsentativen Stils aus der Epoche des Neurokoko in Wien ist die Innenausstattung des Liechtensteinschen Majoratshauses die bedeutendste.« In dieser ersten Darstellung einer für Wien wichtigen Epoche finden sich auch zahlreiche Abbildungen der Innenausstattung des Palais' Liechtenstein, wobei die fälschliche Zuordnung einiger Möbel an Michael Thonet (Tafeln 39 und 49) dem Wissensstand der 1920er Jahre geschuldet sein dürfte.

42 *Österreichisches Morgenblatt,* Nr. 146, 5. Dezember 1842, S. 590; der Kauf der Maschinen in England wird vermutlich auf einen Hinweis von Desvignes hin erfolgt sein.

43 Österreichischer Patentantrag vom 14. Mai 1842, Archiv der Technischen Universität Wien, Privilegien-Register, Nr. 4358.

44 Vgl. *Michael Thonet, Ein Gedenkblatt*, S. 11.

45 Michael Formánek/Peter Kopp/Wolfgang Baatz/Albrecht Czernin, Intarsienparkett in Bugholztechnik: Die Fußböden von Michael Thonet im Stadtpalais Liechtenstein in Wien, in: Österreichische Sektion des IIC (Hrsg.), *Holzobjekte und Holzoberflächen*, Klosterneuburg 2010, S. 165–172, hier S. 166. Eine ausführliche Darstellung der Herstellung und Restaurierung der Thonetschen Parketten für Palais Liechtenstein findet sich in: Michael Formánek, *Intarsienparkett in Bugholztechnik*, Akademie der bildenden Künste, Wien 2009.

46 Französischer Patentantrag, 16.11.1841, Transkription der Patentschriften, in: Rehm/Wagner (Hrsg.), *Designpatente*, S. 418.

47 Franz Thonet hielt sich Anfang Oktober 1864 in London auf und berichtete in einem Brief von einem Treffen mit Hubert Desvignes, dem Sohn gleichen Namens. »Hubert Desvignes ist jetzt wieder zu Hause, die Zeit fällt ihm aber lang, bis er einmal wieder fort kommt.« Franz Thonet an den Bruder Josef in Wien, Berlin, 21. Oktober 1864, Archiv Die Neue Sammlung – Signatur: Zugang 2001/2002 (im Folgenden: Archiv Neue Sammlung).

48 Zitiert nach Michael C. M. Huey, *Peter Hubert Desvignes und die Neo-Rokoko-Gestaltung des Stadtpalais Liechtenstein 1837–1849*, Wien 1999, S. 247.

49 Tischrede des Jakob Thonet zu seinem siebzigsten Geburtstag am 29. Oktober 1911 [Einfügung im Original], Archiv Thillmann.

50 LIECHTENSTEIN. The Princely Collections, Vaduz-Vienna, Hausarchiv (im Folgenden: HAL), H2603 [Einfügung im Original].

51 Die Österreichische Nationalbank bietet einen historischen Währungsrechner an, weist aber gleichzeitig darauf hin, dass die Ergebnisse stets nur als grobe Annäherungen zu betrachten sind; vgl. https://finanzbildung.oenb.at/docroot/waehrungsrechner/#/ (Zugriff: 10.08.2025). Auf eine Umrechnung in die heutige Währung wurde verzichtet, da sich je nach zugrundeliegender Berechnungsmethode ganz erhebliche Unterschiede ergeben; vgl. hierzu: https://www.measuringworth.com (Zugriff: 10.08.2025).

52 Vgl. HAL, H2603.

53 In dem Gedenkblatt ist davon die Rede, dass Michael Thonet »auch viele Parketten mit geradlinigen Zeichnungen« fertigte. Diese können ihm jedoch heute nicht mehr eindeutig zugeordnet werden, da solche auch von Leistler hergestellt wurden; vgl. *Michael Thonet, Ein Gedenkblatt*, S. 16.

54 Vgl. Huey, *Peter Hubert Desvignes*, Die mobile Ausstattung, S. 233–250.

55 Gelegentlich findet sich die Vermutung, diese Laufsessel seien Entwürfe Michael Thonets. Dies ist nicht der Fall. Auf allen Handwerkerrechnungen, auch auf denen von Leistler gestellten, heißt es: »auf Anschaffung und unter Leitung des H. Architekten Desvignes«; vgl. Handwerkerrechnungen, in: HAL, H1853.

56 Dies zeigt einmal mehr: Michael Thonet war nie Entwerfer in dem Sinn, dass er etwas formal Neues geschaffen hätte, seine Leistung beruhte ausschließlich auf der Entwicklung technisch handwerklicher Lösungen für Anwendungen, die ihm vorgegeben wurden. Auch der Bugholzstuhl ist kein »Entwurf« Michael Thonets, sondern das Resultat einer sich aus einem innovativen Herstellungsverfahren ergebenden neuen Form.

57 Es ist nicht möglich, heute zu beurteilen, welchen Anteil Michael Thonet oder die bereits mitarbeitenden Söhne an diesen und den zahlreichen weiteren Experimenten hatten. Doch grundsätzlich kann man davon ausgehen, dass es zu dieser Zeit vor allem der Vater war, der hierbei die führende Rolle spielte.

58 Vgl. Exner, *Das Biegen des Holzes*, Leipzig ^{4}1922, S. 6–9; in einem Vortrag 1874, »Oesterreichs Antheil an der Entwicklung der Technik im letzten Jahrhundert«, sprach Exner die Idee, Möbel aus gebogenem Holz herzustellen, dem Bregenzer Wagner Fink zu. »[…] der Gedanke, Möbel aus gebogenem Holz herzustellen, wie jetzt Thonet 2000 Stühle in einem Tage fabricirt, ist Eigenthum des Bregenzer Wagners Fink.« *Wiener Zeitung*, Nr. 71, 28. März 1874, S. 1247. Er revidierte diese Ansicht jedoch teilweise in einem Vortrag ein Jahr später; vgl. *Wiener Zeitung,* Nr. 272, 27. November 1875.

59 Exner, *Das Biegen des Holzes,* S. 43. Exner hat in der vierten Auflage seiner Publikation den Text einer handschriftlich vorliegenden Firmengeschichte der Firma Gebrüder Thonet, 1919 verfasst von einem ihrer Mitarbeiter, nahezu wörtlich übernommen. Anlass und Entstehung des ursprünglichen Textes gehen aus dem begleitenden Schreiben hervor: »In Dr. Kaplan's Brief vom 2. Juni 1919 heisst es wörtlich: Damit ich den Gründer- und Revisionsbericht vorbereiten und entwerfen kann, ersuche ich höfl., dass sie mir eine historische Darstellung liefern, von wem Sie die einzelnen Objekte käuflich erworben bzw. erbaut haben, in welchem Zustande sich die Fabrikanlagen damals befanden, wie gross ihr Geschäftsumfang war, insbesondere, welche Artikel erzeugt wurden und wie gross die Kapazität der damaligen Fabriksanlagen war und wie sich Ihr Unternehmen im Inlande & Auslande ausbreitete, bis es den heutigen Umfang und Rang erreichte.« [Hervorhebungen im Original], MZA; vgl. Exner, *Das Biegen des Holzes*, S. 38–47; der Abschnitt »Geschäftskapital« fehlt bei Exner.

60 Vgl. Rechnung der Polster-Firma Josepha Weissenberger vom 11. September 1847, HAL, H1853.

61 *Michael Thonet, Ein Gedenkblatt*, S. 17–18.

62 HAL, H1197.

63 Alle Zitate aus: Inventarium über die im fürstl. Majorathause befindlichen Gegenstände, aufgenommen im Monate Juni 1847, HAL, H1853, [Hervorhebungen im Original], (Abb. 11).

64 C. Witt-Dörring, Eine Art Offenbarung. Die Neugestaltung der Innenräume des Stadtpalastes Liechtenstein (1837–1848), in: *Parnass* 11, 1995, S. 72–78, hier S. 76.

65 Dies galt zu dieser Zeit nicht nur für die luxuriöse Innenausstattung beispielsweise eines Palais'. Marianne Zweig erwähnt beispielsweise die Lithographie einer »Wohnstube, deren Mobiliar, trotz einiger Reminiszenzen an den Spätklassizismus, dennoch bis zu den geringfügigsten Gegenständen die völlige Maßlosigkeit in der Verwertung der aus dem Rokoko übernommenen Motive verrät.« Zweig (Hrsg.), *Zweites Rokoko*, S. 13; Abb. der Lithographie: S. 16, Nr. 14.

66 Jakob von Falke, *Die Kunst im Hause*, Wien 1873, S. 287.

67 Vgl. Huey, *Peter Hubert Desvignes*, S. 246–248.

68 Ebd., S. 247.

69 zitiert nach: ebd., S. 202–03 [Einfügung im Original].

70 Ebd., S. 203.

71 »Als die Arbeiten für das Palais Liechtenstein beendet waren [1846], wurden in der Thonetschen Werkstätte bei Leistler vorwiegend feine Parketten und nebenbei auch Sessel aus gebogenem Holz gearbeitet.« *Michael Thonet, Ein Gedenkblatt*, S. 16–17.

72 Ebd., S. 17.

73 So wird er in dem Census von 1851, kurz nach seiner Rückkehr nach Lewisham, mit 46 Jahren, bereits als »retired architect« bezeichnet, die Ehefrau war 1850 verstorben; vgl. https://www.familysearch.org/ark:/61903/1:1:SGRZ-F9B (Zugriff: 10.08.2025); nach seinem Tod hinterließ Desvignes ein beträchtliches Vermögen von 21.000 Pfund; vgl. Huey, *Peter Hubert Desvignes*, S. 37.

74 Franz Thonet an einen der Brüder, Berlin, 21. Oktober 1864, Archiv Neue Sammlung. Der vermutlich 1837 in London geborene Sohn Hubert war Chirurg. Er starb 1910 in Chertsey, Surrey; vgl. https://www.familysearch.org/ark:/61903/1:1:2J7K-F1P (Zugriff: 10.08.2025).

75 Vgl. *Shipping & Mercantile Gazette*, 29th December 1883.

76 »Wie man hört, so ist Se. Durchlaucht gesonnen, die Gemächer seines Palastes im Laufe dieses Winters gegen ein Entree von 2 fl. C.M dem Publicum zu öffnen, damit es sich an dem Anblick dieser feenhaften Herrlichkeit weiden könne, deren Schilderung und Bewunderung ohne Zweifel unsern Zeitungen und Salons genug zu thun geben wird.« *Die Grenzboten, Zeitschrift für Politik, Literatur und Kunst*, Heft 4 (1845) I. Semester. II. Band., S. 361.

77 Die Stabverleimung wurde jedoch nicht ganz aufgegeben und wenigstens bis zu den Möbeln für die 1851er Weltausstellung in London und auch bei der Herstellung von Luxusmöbeln weiterhin verwendet; vgl. Abb. 9.

78 »[…] dann müßen auch die Kapitaler [Kapitelle] größer werden, die kleinen Kapitaler sind Schuld daran, daß die Vorderfüße nicht halten.« Franz Thonet an die Brüder in Koritschan, Wien, 12. April 1858, Archiv Neue Sammlung.

79 *Michael Thonet, Ein Gedenkblatt*, S. 17–18.

80 Ebd., S. 17.

81 »1850 erfolgte mit dem Erwerb des Liechtensteinschen Schlosses Rabensburg (Niederösterreich) und der Installierung eines nach engl. System angelegten Sägewerkes eine weitere Expansion für die Erzeugung von Parketten, Eichen- und Eschenholzbrettchen und Dimensionshölzern für den Waggonbau der Nord- und Staatsbahn.« Deutsche Biographie: https://www.deutsche-biographie.de/sfz50070.html#ndbcontent (Zugriff: 10.08.2025). Im Österreichischen Biographischen Lexikon findet sich ein inhaltlich gleicher Text, ergänzt allerdings um die Information, dass Leistler dort eine zweite Fabrik errichtete; vgl. Österreichisches Biographisches Lexikon (ÖBL): https://www.biographien.ac.at/oebl/oebl_L/Leistler_Carl_1805_1857.xml;internal&action=hilite.action&Parameter=leistler (Zugriff: 10.08.2025).

82 Vgl. *Michael Thonet, Ein Gedenkblatt*, S. 17.

83 So betrug die Anzahl der Dampfmaschinen in Wien im Jahr 1841 38, zehn Jahre später 100 und im Jahr 1862 schließlich 233; vgl. Andreas Weigl, *Von der Existenzsicherung zur Wohlstandsgesellschaft. Überlebensbedingungen und Lebenschancen in Wien und Niederösterreich von der Mitte des 19. Jahrhunderts bis zur Gegenwart*, Wien/Köln/Weimar 2020, S. 28.

84 Vgl. Peter Eigner/Andrea Helige, Vormärz oder Biedermeier? Im Spannungsfeld von politischer Reaktion und wirtschaftlicher Dynamik, in: dies. (Hrsg.), *Österreichische Wirtschafts- und Sozialgeschichte im 19. und 20. Jahrhundert*, Wien 1999, S. 15–50.

85 Es ist nicht sicher, ob in der Werkstatt zu dieser Zeit alle Söhne mitarbeiteten. In einem Brief vom 15. August 1851 erwähnt Michael Thonet jun. gegenüber seinem Freund Jacob Henrich in Boppard einen »Herrn Erlach wo August gearbeitet hat«. Auch Franz ging eigenen Plänen nach: »Franz geht es auch noch immer gut er arbeitet jetzt für sich und hat schon zwei Gesellen er macht eingelegte Tischplatten [...].« Michael Thonet jun. an Jacob Henrich in Boppard, Wien, 15. August 1851, Faksimile und Transkription in: Löber, Jacob Henrich, Schreinermeister aus Boppard und Wegbegleiter der Thonets, in: ders. (Hrsg.), *Thonet*, S. 34–49, Brief: S. 38–41, hier S. 41.

86 »Hierauf machte Herr Reuter auf Erzeugnisse des Herrn Michael Thonet in Gumpendorf Hauptstraße Nro. 396 auf gebogenem Längen-Holz jeder Art aufmerksam und empfahl dessen Meubeln von welchem mehrere Stücke aus Palisader [sic] oder Jacaranda Holz im k. k. technischen Cabinete aufgestellt sind, zur Besichtigung.« *Zeitschrift des Niederösterreichischen Gewerb-Vereins*, Nr. 35, Wien 1850, S. 372.

87 Vgl. *Oesterreichische Illustrirte Zeitung*, Nr. 73, 15. November 1852, S. 580.

88 An dieser Stelle ein Hinweis auf das häufig geäußerte Missverständnis, dass die öffentlichen Kaffeehäuser geradezu auf günstige Sitzgelegenheiten für Jedermann gewartet hätten. Bei dem Publikum, welches diese Etablissements besuchte, gab es eine Differenzierung hinsichtlich der beruflichen Zuordnung, aber auch eine soziale Stufung. So war beispielsweise das Wiener Café Daum der Treffpunkt von Offizieren, das Café Wedl von Schauspielern. Ein Kaffeehaus war nicht grundsätzlich ein Etablissement für Jedermann; vgl. auch: Karl Baedeker, *Handbuch für Reisende in Oesterreich*, Coblenz, ^{5}1853, S. 4.

89 Alle Zitate in diesem Satz: *Michael Thonet, Ein Gedenkblatt*, S. 19.

90 Michael Thonet jun. an Jacob Henrich in Boppard, Wien, 15. August 1851, Faksimile und Transkription in: Löber, Jacob Henrich, in: ders. (Hrsg.), *Thonet*, S. 34–49, Brief: S. 38–41, hier S. 41.

91 Ebd.

92 Die Firma TON in Bistritz, in deren Museum sich heute die meisten der Weltausstellungsmöbel befinden, hat freundlicherweise eine eingehende Untersuchung der Sitzgarnitur gestattet. Hierfür mein herzlicher Dank. Die Beantwortung der Frage, ob die Thonetschen Laufsessel für Palais Lichtenstein ebenso einen Kern aus Buchenholz haben oder vollständig aus Mahagoni- oder Palisanderholz gefertigt sind, muss offenbleiben. Eine Untersuchung ist zerstörungsfrei nicht möglich.

93 Fr. B. W. von Hermann (Hrsg.), *Bericht der Beurtheilungs-Commission bei der allgemeinen deutschen Industrie-Ausstellung zu München im Jahr 1854*, München 1855, S. 84.

94 Man ging sogar so weit, dass man in den frühen Jahren Möbel aus der Serienproduktion in Palisanderimitation anbot, wobei es hierbei nicht alleine mit dem Beizen getan war, sondern durch ein spezielles Verfahren, bei dem zusätzlich die für diese Holzart typischen Streifen aufgewalzt wurden, dieser Eindruck noch verstärkt wurde.

95 Franz Thonet an die Eltern und Brüder, Shootershill, 6. Mai, 1860, Archiv Neue Sammlung.

96 Franz Thonet an den Vater und die Brüder in Koritschan, Wien, 21. September 1861, ebd.

97 Franz Thonet an den Bruder Michael in Koritschan, Bistritz, 3. Oktober 1867, ebd.

98 Franz Thonet an den Bruder Michael in Koritschan, Bistritz, 7. Oktober 1867, ebd.

99 »[N]ach Triest haben wir wieder eine große Bestellung, die Arbeit wird uns hoffentlich nicht mehr ausgehen.« Michael Thonet jun. an Jacob Henrich in Boppard, Wien, 15. August 1851, Faksimile und Transkription in: Löber, Jacob Henrich, in: ders. (Hrsg.), *Thonet*, S. 34–49, Brief: S. 38–41, hier S. 41.

100 Ebd., S. 41.

101 So fertigte man Sessel für Palais Liechtenstein noch in den 1850er Jahren. In einem Brief von Josef Thonet aus dem Jahr 1857 heißt es: »die Mahagoni Sessel für Liechtenstein werden sehr schön wenn

sie aber schon fertig wären wäre mir lieber.« Josef Thonet an einen der Brüder, Wien, 21. Dezember 1857, Archiv Neue Sammlung.

102 Handschriftlich verfasste Firmengeschichte, 1919 [Einfügung im Original], MZA; auch in: Exner, *Das Biegen des Holzes*, S. 38.

103 Zitiert nach dem Text der Bekanntgabe der Verlängerung durch das Handelsministerium vom 23. August 1853, *Wiener Zeitung*, Nr. 210, 3. September 1853, S. 2082. Dieses Privileg wurde jährlich verlängert, im Januar 1867 dann aus dem Privilegien Archiv gelöscht; vgl. *Wiener Zeitung*, Nr. 75, 29. März 1867, S. 496. Der originale Antrag hat sich bisher noch nicht gefunden.

104 Der Begriff »Augensessel« meint die Modellnummern 6, 9 und 13, bei denen die Vorderbeine nicht wie in allen anderen Fällen mit dem Sitzrahmen verzapft, sondern aus jeweils zwei, aus dem unteren Teil des Sitzrings herauslaufenden Holzleisten gebildet werden. In die Mitte der entstehenden Öffnung wurde ein Massivholzteil – ähnlich einem Auge – eingesetzt; vgl. auch: Abb. 14.

105 *Fremden-Blatt*, Nr. 97, 23. April 1853. Die identische Anzeige erschien bis zum 7. Mai insgesamt fünfmal im *Fremden-Blatt*; vgl. Ausgaben vom 26., 29. April und 4. und 7. Mai 1853.

106 Ebd.

107 Vgl. *Fremden-Blatt*, Nr. 279, 25. November 1853. Die identische Anzeige erschien im *Fremden-Blatt* nochmals am 27. und 30. November.

108 *Amtsblatt zur Wiener Zeitung*, Nr. 204, 20. August 1864.

109 In den Palais »Clam-Gallas« und »Larisch-Moennich« in Wien finden sich Thonetsche Parkettböden, ebenso im Schloss Schönbrunn, in dem ein ursprünglich während des Exils des Kaisers nach Prag gelieferter Parkettboden verlegt ist. Es ist davon auszugehen, dass sich noch weitere, bisher nicht als solche identifizierte Thonetsche Parkettböden in Wien und auch anderswo finden werden; vgl. auch: Formánek, *Intarsienparkett in Bugholztechnik*, S. 49–52.

110 *Michael Thonet, Ein Gedenkblatt*, S. 18.

111 Franz Thonet an die Eltern und Brüder in Koritschan, Wien, 29. April 1857, Archiv Neue Sammlung.

112 Franz Thonet an die Eltern und Brüder in Koritschan, Wien, 28. Mai 1857, ebd.

113 »Es ist keine Aussicht vorhanden, diesen Winter auf den Hubsägen Fournire zu schneiden [...] ihr werdet finden, daß die Hubsägen für solche Sachen zu viel Holz wegnehmen.« Franz Thonet an die Eltern und Brüder in Koritschan, Wien, 15. Dezember 1856, ebd.

114 Franz Thonet an den Bruder Michael, London 1. Juli 1862, ebd.

115 *Mährischer Korrespondent*, Nr. 111, 14. Mai 1862, S. 2.

116 Der Name des Ortes wechselte mehrmals. So finden sich 1863 Gímeskosztolány, 1873 Gýmešské Kostolany, 1882 Gimeskosztolán, ab 1948 dann der heutige Name Kostoľany pod Tribečom.

117 »Eine große Fabrik für Parketten (dekorative quadratische Tafeln aus Hartholz für die Ausstattung prächtiger Räume) in Gýmešské Kostolany haben dieser Tage die Gebrüder Thonet von dem Wiener Dr. Bastler zu dem Preis von 12.000 Gold erworben.« (Übersetzung: Miroslav Ontko), *Obzor Noviny*, 15. Februar 1873.

118 Das Gebäude ist in der Außenansicht größtenteils erhalten, wird jedoch nicht mehr als Hotel genutzt; heutige Adresse: Horní náměstí 424/23.

119 Der sogenannte Thonet Hof in Pest, ein repräsentatives Zinshaus (Abb. 60), war kurz zuvor errichtet und mit firmeneigenen Parkettböden ausgestattet worden; hier gab es offensichtlich noch Restbestände, die Franz Wilhelm Lauer angeboten hatte.

120 Wilhelm Lauer an Franz Thonet, Olmütz, 12. Mai 1872, ŠA NR, Archiv-Box 57, TU.

121 »Da du auch erwähnst die Parquetten legen zu lassen, so zeige ich dir an, daß ich mit meinem hiesigen Lager, welches sich seit Jahren damit befaßt, verständigt habe und würde selbe [nicht eindeutiges Zeichen, vermutlich Quadratklafter] mit 1fl 30 x legen. Sollte es durch deine Leute billiger kommen, so könnte ich sie im Haus unterbringen, glaube jedoch daß die Reise & andere Bedürfnisse für selbe

viel Spesen verursachen würden. Habe die Güte mir herüber bald zu schreiben. Da ich die Parquetten nicht früher legen will bis alles gemalt & tapeziert ist, so kommt es zurecht wenn du sie Ende Juli absendest.« Wilhelm Lauer an Franz Thonet, Olmütz, 9. Juni 1872 [Hervorhebung im Original], ŠA NR, Archiv-Box 57 TU.

122 Vgl. Abb. 79 und 84; auch: 10.6. Weltausstellung London 1862 und 9.3.3.1. Die Thonetschen Werbekampagnen in England.

123 *Amtsblatt zur Wiener Zeitung*, Nr. 182, 11. August 1887, S. 204.

124 »Die 50er Jahre des 19. Jahrhunderts sind tatsächlich eine Zeit des wirtschaftlichen Wachstums. [...] Ein neuer, einschneidender Wendepunkt ist die Entscheidung der Staatsführung für den Wirtschaftsliberalismus; durch die Abschaffung der Zölle im Binnenhandel entsteht ein Wirtschaftsraum von der Größe der Gesamtmonarchie.« Jean Paul Bled, Wien. *Residenz-Metropole-Hauptstadt*, Wien/Köln/Weimar 2002, S. 119.

125 »Die Jahre 1849 bis 1857 standen in ganz Europa im Zeichen eines äußerst lebhaften Konjunkturaufschwungs. Dieser Boom der fünfziger Jahre allerdings war in Österreich viel weniger akzentuiert ausgeprägt als in Deutschland, Frankreich oder England.« Sandgruber, *Die Anfänge der Konsumgesellschaft*, S. 98.

126 Zur Verwendung des Begriffs »Verkaufsniederlage« oder auch nur »Niederlage« vgl. 9.3 Die Filialen, Vorbemerkung.

127 Zur Geschichte des Wiener Zinshauses vgl. Marion Krammer/Andreas Nierhaus/Margarethe Szeless, *Das Wiener Zinshaus, Bauen für die Metropole*, Salzburg/Wien 2023.

128 Handschriftlich verfasste Firmengeschichte, 1919 [Hervorhebung im Original], MZA; auch in: Exner, *Das Biegen des Holzes*, S. 38.

129 *Michael Thonet, Ein Gedenkblatt*, S. 21.

130 Vgl. die drei identischen Werbeanzeigen in: *Fremden-Blatt*, 25., 27. und 30. November 1853; zum Vergleich: Das erste massiv gebogene Modell, Sessel Nr. 14, kostete 3 Gulden.

131 »Während bis jetzt die Maschinen blos mit Handbetrieb gearbeitet hatten, wurde Ende 1853 zum Betriebe derselben eine kleine vierpferdige Dampfmaschine aufgestellt.« *Michael Thonet, Ein Gedenkblatt*, S. 21. Bereits unmittelbar nach der Verlegung der Werkstatt in Mollardmühle hatte man durch eine verbesserte maschinelle Ausstattung erstmals die Preise senken können. In zeitgleich erscheinenden Zeitungsanzeigen wiesen die Thonets ausdrücklich auf diesen Zusammenhang hin. »Durch zweckmäßigere Einrichtungen, und gewonnene neue Vortheile in der Fabrikation sind wir in die angenehme Lage versetzt, unsere Erzeugnisse auf einen bedeutend billigen Preis zu stellen [...].« *Fremden-Blatt*, 23., 26. und 29. April, 4. und 7. Mai 1853.

132 »Die Rohrgeflechte wurden außer Haus besorgt.« *Michael Thonet, Ein Gedenkblatt*, S. 21.

133 Berghoff beschreibt »das organische Hineinwachsen in einen Industriebetrieb« als einen der zentralen Aspekte für die Verwendung des Begriffs »Protofabrik« und erläutert dies an dem Beispiel der Harmonikafabrik Hohner; vgl. Berghoff, *Zwischen Kleinstadt und Weltmarkt*, S. 55–68, hier S. 61.

134 Die sogenannten bürgerlichen Tischler waren zünftig organisiert und versuchten, ihre Rechte und ihren Einfluss mit allen Mitteln zu verteidigen. Zugereiste Tischler galten als Störenfriede der althergebrachten Ordnung und hatten keinen Zugang zur heimischen Zunft. Durch die Zahlung einer moderaten Gebühr an die Stadt Wien konnten letztere jedoch eine Befugnis zur Ausübung einer gewerblichen Tätigkeit erhalten, daher der Name: befugte Tischler. Erst mit der gesetzlichen Neugestaltung der Gewerbeordnung 1859 kam es dann praktisch zu einer Aufhebung des Zunftssystems. Eine wenn auch politisch einseitige, so doch sehr detailreiche Darstellung der Lage des Handwerks und der Gewerbegesetzgebung in Österreich beginnend mit Karl VI. bis zur Gewerbeordnung von 1859 findet sich in: Heinrich Reschauer, *Geschichte des Kampfes der Handwerkerzünfte und der Kaufmannsgremien mit der österreichischen Bureaukratie. (vom Ende des 17. Jahrhunderts bis zum Jahre 1860)*, Wien 1882.

135 *Die Presse*, Nr. 109, 11. Mai 1854.

136 Eine ausführliche Darstellung findet sich in: Helmut Lang, Auch im Kampf gegen die Konkurrenz Thonets Motto: Biegen oder Brechen, in: *Das wilde Biedermeier. 1800–1848*, (Parnass 4, Sonderheft 1987), S. 56–65.

137 Vgl. Niederösterreichisches Landesarchiv, Wien, Statthalterei 19.149/1855 Fasz.A2.

138 Anlässlich des 100. Geburtstages von Michael Thonet erschienen in zahlreichen Wiener Zeitungen Berichte über dessen Werdegang. Hier ist unter anderem auch von den Intrigen der Wiener Tischler die Rede; vgl. den Beitrag von Exner, in: *Wiener Zeitung,* Nr. 150, 1. Juli 1896.

139 Gutachten des Handelsgerichts anlässlich der Firmenprotokollierung am 24. Dezember 1853; zitiert nach: Lang, Auch im Kampf gegen die Konkurrenz, in: *Das wilde Biedermeier*, S. 64.

140 Das Gesuch wird verschiedentlich auf Juli 1857 datiert, so: Lang, »Die Gelder gehen schlecht ein«, in: Löber (Hrsg.), *Thonet*, S. 83–87, hier S. 86. Doch in einem Brief von Franz Thonet vom 29. April 1857 heißt es: »Das Landesprivilegium haben wir noch nicht erhalten.« Franz Thonet an die Eltern und Brüder in Koritschan, Wien, 29. April 1857, Archiv Neue Sammlung.

141 Auch hier finden sich zwei unterschiedliche Datierungen: Helmut Lang nimmt den 5. November an, Herman Heller den 9. November; vgl. Lang, »Die Gelder gehen schlecht ein«, in: Löber (Hrsg.), *Thonet*, S. 83–87, hier S. 86; Heller, *Von der kleinen Tischlerwerkstätte zum Weltindustriehaus.* S. 26.

142 Vgl. Bertrand Michael Buchmann, Die Epoche vom Ende des 18. Jahrhunderts bis um 1860, Wirtschaft und Finanzen, in: Peter Csendes/Ferdinand Opll (Hrsg.), *Wien-Geschichte einer Stadt*, Bd. 3, Wien 2006, S. 129–148.

143 Heller, *Von der kleinen Tischlerwerkstätte zum Weltindustriehaus*, S. 26.

144 In einem Schreiben des Brünner Gemeinderats an die Gebrüder Thonet wird auf einen Brief vom 7. Juli 1858 verwiesen, in dem von dem »Thonet'schen Niederlagslocale im Hotel Padowetz« die Rede ist; vgl. Schreiben des Brünner Gemeinderat an die Gebrüder Thonet in Koritschan, Brünn, 24. November 1859, MZA; zum Inhalt des Schreibens vergleiche die beiden folgenden Anmerkungen 145 und 146. Das Palais Padowetz wurde 1838/39 von dem Geschäftsmann Lorenc Padowetz errichtet und beherbergte unter anderem auch ein Hotel.

145 »Nachdem die ämtlich gepflogene Revision der gedachten Möbelniederlage herausgestellt hat, daß sich daselbst wirklich fremde Tischlererzeugnisse behufs ihres Verschleißes [Verkaufs] befunden; – so fällt den genannten Niederlagshaltern eine Überschreitung der ihnen als Privilegiums und Landesfabrikbefugniß Besitzern gesetzlich zustehenden Verschleißrechte, zur Last[...].« Schreiben des Brünner Gemeinderats an die Gebrüder Thonet in Koritschan, Brünn, 24. November 1859 [Hervorhebungen im Original], MZA.

146 »[...] stellt sich sowohl durch den an Esvel Rosenfeld gerichteten Brief der Fabrikanten Thonet dtto. Koritschan am 7. Juli [1]858 als auch von der, von denselben bei dem k. k. Bezirksamte Gaya zu Protokoll gegebene Aussage dtto. 20. August 1859 als erwiesen dar, daß Rosenfeld von den Fabrikanten Thonet im Allgemeinen angewiesen und ermächtigt wurde, jene Möbeln, nach denen in ihrer hierortigen Niederlage Nachfrage geschieht, die aber weder im Lager vorräthig sind, noch von der Koritschaner Fabrik verschiedener Hindernisse wegen erzeugt werden können, von Wiener Tischlermeistern für Rechnung der Koritschaner Fabrik zu beziehen und zu verschleißen.« ebd.

147 »Viertens: Die Leitung des gesellschaftlichen Geschäftsbetriebes wird im Interesse aller [...] dem Vater Michael Thonet senior übertragen.« Gesellschaftsvertrag vom 1. November 1853, Kopie Archiv Thillmann. Nicht nur der Jüngste, Jakob, auch der 1830 geborene Josef war erst 23 Jahre alt, mithin noch nicht »großjährig«; das Bürgerliche Gesetzbuch legte die »Großjährigkeit«, heute Volljährigkeit, generell mit Vollendung des 24. Lebensjahres fest.

148 Vgl. Gesellschaftsvertrag vom 1. November 1853, Kopie Archiv Thillmann.

149 Ebd.

150 Ebd.

151 Die Protokollierung durch das Handelsgericht erfolgte, wie üblich, erst nach dem Nachweis dieser Kapitaleinlagen am 24. Mai 1854.

152 Gesellschaftsvertrag vom 1. November 1853, Kopie Archiv Thillmann.

153 Wie aus dem Nachtragsartikel vom 8. Februar 1862 hervorgeht, wurde am 28. Jänner 1858 bereits schon einmal ein Zusatzartikel aufgenommen. Dessen Inhalt ist allerdings nicht bekannt; vgl. Nachtragsartikel zum Gesellschaftsvertrag, 8. Februar 1862, ebd.

154 Ebd.

155 Ebd. [Hervorhebung im Original].

156 Nicht nur von dem Möbelgeschäft versprach man sich viel, vor allem wegen der Wagenräder für das Militär und die Londoner Omnibus Kompagnien war man sicher, »daß das Geschäft hier ungeheure Dimensionen annehmen muß«. Franz Thonet an die Eltern und Brüder, Shooters Hill/London, 6. Mai 1860, Archiv Neue Sammlung.

157 Nachtragsartikel zum Gesellschaftsvertrag, 8. Februar 1862, Kopie Archiv Thillmann.

158 Gesellschaftsvertrag vom 1. November 1853, ebd.

159 Nachtragsartikel zum Gesellschaftsvertrag, 8. Februar 1862, ebd.

160 Nachtragsartikel zum Gesellschaftsvertrag, 11. Oktober 1876 [Hervorhebung im Original], ebd.

161 Ebd.

162 Weiterer Nachtrag zum Gesellschaftsvertrag, Bistritz, 22. März 1879 und Wien, 2. April 1879, ebd.

163 Dieser Vertrag liegt nicht vor. Alle folgenden Informationen sind entnommen aus der Abschrift eines Schreibens von Josef (Joschi) Thonet an das Zivil-Landesgericht Wien. Dieser hatte 1920 seinen Onkel Jakob Thonet verklagt, da er ihn von seinem, Joschis Optionsrecht auf Eintritt in die Firma bei Volljährigkeit, nicht in Kenntnis gesetzt habe. In diesem Zusammenhang rekapituliert dieses Schreiben nochmals einige Bestimmungen aus dem Gesellschaftervertrag vom 31.12.1886; vgl. Abschrift des 18-seitigen Schreibens von Josef Thonet an das Zivil-Landesgericht Wien, o. O., o. D., Archiv Thillmann.

164 Vgl. 14. Der Prozess 1920/1921.

165 Privilegiums-Antrag vom 26. Februar 1856; die Akten des ehemaligen Handelsministeriums werden im Bestand »Handelsministerium« unter der alten Aktenzahl – k. k. Handelsministerium Z. 17142/1447 vom 10. Juli 1856 – im Allgemeinen Verwaltungsarchiv, Abteilung des Österreichischen Staatsarchivs, aufbewahrt.

166 Schreiben des Handelsministerium an das Polytechnische Institut, 10. März 1856, ebd.

167 Schreiben des Polytechnischen Instituts an das Handelsministerium, 1. Juli 1856, ebd.

168 *Wiener Zeitung,* Nr. 167, 20. Juli 1856, S. 2176.

169 Vgl. u. a.: *Klagenfurter Zeitung,* 26. Juli 1856; *Amtsblatt zur Wiener Zeitung*, Nr. 186, 12. August 1856; *Vereinigte Laibacher Zeitung,* Nr. 192, 21. August 1856.

170 Nachruf auf Josef Thonet, in: *Mährisch -Schlesischer Correspondent*, Nr. 192, 25. August 1887.

171 Vgl. Nachruf auf Michael Thonet jun., in: *Illustriertes Wiener Extrablatt*, 27. Dezember 1902.

172 *Michael Thonet, Ein Gedenkblatt*, S. 24–25.

5. Von Michael Thonet zu den Gebrüdern Thonet

1 *Michael Thonet, Ein Gedenkblatt*, S. 28.

2 Kämpchen, Michael Thonet, in: *Rheinische Heimatpflege*, S. 98.

3 Vgl. beispielsweise das begleitende Schreiben zu dem preußischen Patentantrag vom 18. Februar 1841, GStA PK, I. HA, Rep. 120, D XI, Nr. 25.

4 Wohlverhaltenszeugnis betreffend Michael Thonet von dem Bopparder Bürgermeister Matthias Jacobs vom 7. September 1841, Staatliches Zentralarchiv Prag; Faksimile in: Šimoníková, *Möbel aus Bystřice pod Hostýnem,* S. 20, Abb. 9.

5 »In diesem Häuschen [auf dem Leistlerschen Fabrikgelände] erlebten wir mancherlei Trauriges, so auch die 48er Revolution. Nun die hat mich wenig genirt. Ich hatte ja schulfrei, die gehörten Schüsse schreckten mich nicht, aber ich erinnere mich noch, wie mir das Kommissbrot schmeckte, welches meine Brüder vom Exerciren heimbrachten.« Tischrede des Jakob Thonet, Archiv Thillmann. Sollte diese Aussage Jakobs den Tatsachen entsprechen, so eröffneten sich interessante Spekulationen. Wenn die Brüder 1848 tatsächlich zum Exerzieren gingen, würde dies bedeuten, dass sie dies bei der Bürgerwehr taten und nicht beim regulären Militär, da sie die österreichische Staatsbürgerschaft erst 1856 erhielten. Damit würden auf der einen Seite zwar die Vorwürfe der Wiener Tischler plausibel, dass sich die Thonets auf die Seite Aufständischen geschlagen hätten, (s. S. 98; auch: Anm. 138, S. 428) passte aber auf der anderen Seite nicht zu der immer wieder betonten »Nähe« zu Metternich.

6 *Wiener Zuschauer, Zeitschrift für Gebildete,* Nr. 188, 16. Dezember 1848, S. 1552.

7 Vgl. Rubrik: Verstorbene in Wien, »Den 14. December 1848. Dem Hrn. Michael Thonnet, Fabrikstischler und Privilegiums=inhaber, in Gumpendorf Nr. 9 wohnhaft, seine Tochter Anna Maria, alt 22 J., und seine Tochter Gertraud, alt 18 J. beyde in Folge Verbrennung, an Erschöpfung der Kräfte im k. k. allgemeinen Krankenhause.« *Wiener Zeitung*, Nr. 21, 25. Januar 1849, S. 237. Die Altersangaben der beiden Töchter stimmen nicht mit den genealogischen Daten überein.

8 »[...] daß deine Tochter meinen Sohn liebt, habe ich aus ihrem letzten Schreiben an ihn ersehen, daß mein Sohn Deine Tochter liebt geht daraus hervor, daß er mich täglich fragt ob ich noch nicht an dich geschrieben, und daß er sich gegen die Mutter geäußert, daß er sie [die Mutter] heiraten würde, wenn er sein Gredchen [sic] nicht bekäme, was mich und die gute Mutter betrifft, so wäre es uns sehr erwünscht ein wohlerzogenes gutes Mädchen und dabei Freundin unsere Tochter zu nennen, und in unserer Mitte zu haben, ich bin gewiß, daß sie bei uns sehr zufrieden sein wird, unsere Verhältnisse sind so gestellt, daß wir auf eine Mitgabe an Geld keinen Anspruch machen; unser Geschäft geht Gott sei Dank recht gut und gewinnt täglich mehr Ausdehnung.« Brief Michael Thonets an Jakob May in Oberwesel, Wien, 18. Dezember 1855, Original vermutlich im Besitz der Familie May, zitiert nach: Kähne, *Die Thonets in Boppard*, S. 45–46.

9 Vgl. Brief von Michael Thonet an Jakob May in Oberwesel, Koritschan, 18. Februar 1859, ebd., S. 48–49.

10 Vgl. Brief von Jakob May an Michael Thonet in Koritschan, Oberwesel, 30. März 1859, ebd., S. 49–50.

11 *Amtsblatt der königlichen Regierung zu Coblenz*, Nr. 5, 31. Januar 1850, S. 37–38.

12 Michael Thonet jun. an Jacob Henrich in Boppard, Wien, 15. August 1851, Faksimile und Transkription in: Löber, Jacob Henrich, in: ders. (Hrsg.), *Thonet*, S. 34–49, Brief: S. 38–41, hier S. 41.

13 Michael Thonet an die Söhne, vermutlich Koritschan, September 1860, MZA; Transkription in: Wolfgang Thillmann, *Perfektes Design, Thonet Nr. 14*, Bielefeld/Berlin 2015, S. 105.

14 »Seine Majestät der Kaiser haben in Anbetracht der Zeitverhältnisse zu genehmigen geruht, daß die ordentliche Heeresergänzung des Jahres 1861 nach Umständen auch vor dem Monate Februar 1861, und wenn es nöthig sein sollte, selbst noch vor Ablauf des Jahres 1860 vorgenommen werden dürfe. [...] Nachdem die Vornahme der Heeresergänzung noch vor Ablauf dieses Jahres als eine in den Zeitverhältnissen begründete Vorsichtsmaßregel nothwendig ist, so sind auch die erforderlichen Einleitungen bereits getroffen worden und hierbei wird das normale Jahreskontingent der Monarchie von 85.000 Mann aufrecht erhalten. Die im Jahre 1840 Geborenen bilden die erste Altersklasse.« *Wiener Zeitung,* Nr. 228, 28. September 1860.

15 Vgl. *Die Neue Zeit, Olmüzer Zeitung,* Nr. 225, 30. September 1860.

16 Hieraus lässt sich schließen, dass die anfänglichen finanziellen Probleme der Thonets Anfang der 1860er Jahre wohl endgültig ausgeräumt waren.

17 Michael Thonet an die Söhne, Bistritz, 7. Oktober 1860, MZA; Transkription in: Thillmann, *Perfektes Design*, S. 106.

18 Franz Thonet an die Eltern und Brüder in Koritschan, Wien, 10. Dezember 1856, Archiv Neue Sammlung.

19 Vgl. Lang, »Die Gelder gehen schlecht ein«, in: Löber (Hrsg.), *Thonet*, S. 83 – 87, hier S. 85 – 86. In dem Gedenkblatt wird als Datum der Verleihung der österreichischen Staatsbürgerschaft an Michael Thonet und die Söhne der 17. Juni 1856 genannt; vgl. *Michael Thonet, Ein Gedenkblatt*, S. 24.

20 »[…] stellt sie [die Dampfmaschine] daher nicht auf bis ich zu euch komme, eben so macht nichts an der Transmission die zu dem Ventilator und den Maschienchen zum zusammenarbeiten der Stühle gebraucht wird ich muß noch Kupferrohr zum aus und Einströhmen des Dampfes hinaus schicken schreibt mir wie viele 1 ½ Zoll und 2 Zoll Kupferrohr noch in Koritschan vorräthig ist […].« Michael Thonet an die Kinder in Koritschan, ohne Ort und Datum, vmtl. Wien, sicher nach 1862, MZA.

21 Laut der Angaben auf dem Deckblatt »Michael Thonet senior Bistritz a/H. während des Fabriksbaues 22/VI 1860 bis 30/XII 1860, 29 Briefe nach Koritschan gerichtet, Bistritz 12. V. 1896« enthielt es ursprünglich 29 Briefe. 25 davon sind erhalten und werden im MZA in Brünn verwahrt. Der Brief vom 22. Juni 1860 ist faksimiliert und mit zusammen 23 weiteren transkribiert und auszugsweise abgedruckt in: Thillmann, *Perfektes Design*, S. 90 – 107.

22 Michael Thonet an die Kinder in Koritschan, Bistritz, 9. Juli 1860, MZA.

23 *Abendblatt der Wiener Zeitung*, Nr. 28, 4. Februar 1856.

24 Franz Thonet nach Koritschan, London, 26. März 1862, Archiv Neue Sammlung.

25 Franz Thonet an den Bruder Michael in Koritschan, Bistritz, 23. Dezember 1868, ebd.

26 Franz Thonet an den Bruder Michael in Koritschan, Bistritz, 1. August 1869, ebd.

27 Vgl. Stadtarchiv Baden, Bibliothek Z 02/18, Curliste Baden 1863, Chronologische Zahl 1061, Ankunft 15. Juni; Curliste Baden 1864, Chronologische Zahl 1186, Ankunft 24. Juni.

28 Vgl. *Wiener Zeitung*, Nr. 11, 15. Jänner 1862, S. 77.

29 »[…] die Mutter ist immer noch leidend aber gegenüber früher doch in einem viel besseren Zustand; ich hoffe, daß sich ihre Gesundheit diesen Sommer bessern wird.« Michael Thonet an Jakob May in Oberwesel, Koritschan, 18. Februar 1859, Original vermutlich im Besitz der Familie May, abgedruckt in: Kähne, *Die Thonets in Boppard*, S. 49.

30 Vgl. Stadtarchiv Baden, Bibliothek Z 02/18, Curliste Baden 1859, Chronologische Zahl 2489, Ankunft 7. September. Im Stadtarchiv Baden fand sich kein weiterer Nachweis über einen Kuraufenthalt von Anna Thonet vor oder nach 1859.

31 Vgl. die beiden Briefe Michael Thonets an die Söhne, Bistritz 28. Juni und 9. Juli 1860, MZA. Transkription in: Thillmann, *Perfektes Design*, S. 94 und S. 97 – 98.

32 Sohn von Michael Thonet jun. und Johanna (Jeanette) geb. Herbert, geb. 23.11.1862.

33 Tochter von Michael Thonet jun. und Johanna (Jeanette) geb. Herbert, geb. 19.07.1861.

34 Michael Thonet an die Kinder in Koritschan, Wien, 22. Juni 1863, Archiv der Firma »Továrny ohýbaného nábytku« (Fabriken für gebogene Möbel), abgekürzt »TON«, die sich auf dem ehemaligen Firmengelände der Thonetschen Fabrik Bistritz befindet. Im Folgenden: Firmenarchiv TON, Bistritz.

35 Michael Thonet an die Söhne, Bistritz 19. Dezember 1860, MZA; Transkription in: Thillmann, *Perfektes Design*, S. 107

36 Michael Thonet an die Söhne, Wien, o. D., Firmenarchiv TON, Bistritz.

37 Vgl. hierzu und zu den Angaben für die folgenden Jahre: *Adolph Lehmann's allgemeiner Wohnungs-Anzeiger: nebst Handels- u. Gewerbe-Adressbuch für d. k. k. Reichshaupt- u. Residenzstadt Wien u. Umgebung*; (im Folgenden: Lehmann's allgemeiner Wohnungs-Anzeiger).

38 Vgl. 9.3.1. Wien 1852.

39 *Michael Thonet, Ein Gedenkblatt*, S. 43.

40 Diese beiden Gebäude ließ das Unternehmen 1875/76 bzw. 1882/83 als Zinshäuser im Zentrum Wiens errichten; vgl. 9.3.1. Wien 1852.

41 Der Wiener Bildhauer Rudolf Weyr schuf für die Ruhestätte der nahezu 400 Opfer, die 1881 bei dem Brand des Ringtheaters ums Leben kamen, mit diesem Grabmal eine Erinnerungsstätte.

42 Theodor Charlemont (1859–1938) war ein österreichischer Bildhauer, dessen Brüder waren Maler.

43 *Neue Freie Presse*, 1. November 1888, S. 5 [Einfügung im Original].

44 *Wiener Zeitung*, Nr. 251, 30. Oktober 1888, S. 4.

6. Die industrielle Herstellung von Bugholzmöbeln

1 Vgl. Gustav Schmoller, Die Umgestaltung von Produktion und Verkehr im 19. Jahrhundert. I. Die Ursachen, in: ders., *Zur Geschichte der deutschen Kleingewerbe im 19. Jahrhundert. Statistische und nationalökonomische Untersuchungen*, Halle 1870, S. 159–195. Schmoller nennt als Beispiele für die Vorteile der Großindustrie gegenüber dem Handwerk, Flachs- und Baumwollspinnereien, den Steinkohlebergbau und Ziegeleien, doch gehört die industrielle Erzeugung von Bugholzmöbeln sicher ebenso dazu.

2 Vgl. Karl Bücher, Das Gesetz der Massenproduktion, in: *Zeitschrift für die gesamte Staatswissenschaft*, Bd. 66, Heft 3, 1910, S. 429–444.

3 Die Kosten betrugen FL. C.M. 4.000. Die Summe war durch zwei Solawechsel von je FL. C.M. 2.000 gedeckt; vgl. auch: Anm. 6, S. 444.

4 *Michael Thonet, Ein Gedenkblatt*, S. 26.

5 Bled, *Wien*, S. 120; auf einen weiteren Effekt dieser »Beseitigung der alten Untertanenverhältnisse« macht Matis aufmerksam: »Wohl konnten Großgrundbesitzer und auch die in der Folge sehr selbstbewusst agierenden Großbauern Kommassierungen und Meliorationen vornehmen; auf der andern Seite entstand aus den zahlreichen abgewirtschafteten Kleinhäuslern und Nebenerwerbsbauern ein ländliches Proletariat.« Herbert Matis, Die Habsburgermonarchie (Cisleithanien) 1848–1918, in: Wolfram, Fischer/Jan, van Houtte/Hermann, Kellenbenz/Ilya, Mieck/Friedrich, Vittinghoff (Hrsg.), *Europäische Wirtschafts- und Sozialgeschichte von der Mitte des 19. Jahrhunderts bis zum Ersten Weltkrieg*, (Handbuch der Europäischen Wirtschafts- und Sozialgeschichte, Bd. 5), Stuttgart 1985, S. 479–507, hier S. 487.

6 Werner Sombart, *Der moderne Kapitalismus*, Bd. 2, Leipzig 1902, S. 490; dies betraf nicht nur den landlosen Bevölkerungsanteil, sondern teilweise auch die Kleinbauern. »Bei den Kleinbauern waren die Übergänge zum ländlichen Proletariat fließend; nicht selten waren die Familienmitglieder zur zusätzlichen Lohnarbeit genötigt, und der vielfach durch Erbgang zersplitterte Kleinbesitz zwang zum agrarischen oder industriellen Nebenerwerb.« Matis, Die Habsburgermonarchie (Cisleithanien) 1848–1918, in: Fischer/van Houtte/Kellenbenz/Mieck/Vittinghoff (Hrsg.), *Europäische Wirtschafts- und Sozialgeschichte*, S. 479–507, hier S. 488.

7 Fünderich, *Wohnen im Kaiserreich*, S. 117.

8 »In der ersten Zeit wurde die halbfertige Waare zum fertigmachen und Montiren von Koritschan in die Wiener Fabrik geschickt und erst 1857 war die Fabrik Koritschan so weit, ausschliesslich fertiges Produkt in directen Versand zu bringen.« *Michael Thonet, Ein Gedenkblatt*, S. 26.

9 Die Holzzufuhr für die beiden ersten Fabriken, Koritschan und Bistritz, war durch den Abschluss von Lieferverträgen mit örtlichen Waldbesitzern sichergestellt; vgl. beispielsweise den Kauf- und Liefervertrag vom 14. August 1855 mit der Koritschaner Gutsverwaltung, MZA. Groß Ugrócz war die erste Fabrik, in der Holz aus eigenen Wäldern verarbeitet wurde. Unternehmerische Entscheidungen dieser Art zeigen, dass die Gebrüder Thonet schon frühzeitig ein vertikal integriertes Unternehmen anstrebten, was sich auch für die folgenden Jahre immer wieder belegen lässt. So beispielsweise mit dem Kauf von Sägewerken, der Errichtung einer Schrauben- und Maschinenfabrik oder einer Gießerei an dem Standort Wsetin; vgl. 8.5.2. Neue Betriebe in Wsetin.

10 So stieg der Preis für Buchenholz von den Anfängen der Erzeugung von Bugholzmöbeln bis Mitte der 1870er Jahre auf etwa das Achtfache; vgl. *Wiener Abendpost*, Beilage zur Wiener Zeitung, Nr. 272, 27. November 1875.

11 Vertrag zwischen den Gebrüdern Thonet und den Grundbesitzern Anton Priwara, Franz Hubik und Franz und Johann Skacal, Bistritz, 17. April 1866, MZA. Die Entlohnung hierfür – 7 Kreuzer österreichischer Währung pro Kubikfuß – wurde jeweils wöchentlich abgerechnet.

12 Ebd.

13 So berichtet der Jugendfreund von Michael Thonet jun., Jacob Henrich, in einem Brief nach einem Besuch in Koritschan davon, dass hier 60 Pferde für Transportleistungen zur Verfügung stehen; vgl. Brief von Jacob Henrich vom 9. September 1873 an die Familie und Eltern nach Boppard, Faksimile und Transkription in: Löber, Jacob Henrich, in: ders. (Hrsg.), *Thonet*, S. 44–46.

14 Vgl. Arbeiterstand 1890, Jahresausweis der Fabriken 1890, ŠA NR, Archiv-Box 90, TU.

15 Hierfür gab es unterschiedliche Gründe, entscheidend für diese Erweiterungen war aber in allen Fällen der ständige Mangel an genügend Ware.

16 Anfang der 1870er Jahre erhielten Hallenkau und Wsetin, 1883 dann auch Groß Ugrócz eigene Filialbetriebe.

17 Tabelle 1 basiert auf den Angaben zum Arbeiterstand in den Jahresausweisen von 1879 bis 1914; vgl. ŠA NR, Archiv-Box 90, 91, 92, TU; es fehlen die Jahrgänge 1880, 1907, 1908 und 1913. In einigen Fällen konnten fehlende Zahlenangaben ergänzt werden, da in den vorliegenden Jahrgängen auch die Vergleichszahlen für das Vorjahr oder die Vorjahre enthalten sind, diese jedoch meist nicht in aufgeschlüsselter Form, sondern lediglich als Gesamtzahl. In den Fällen, in denen keine Angaben vorhanden waren, wurden die Zahlen durch die Bildung eines Mittelwertes für das fehlende Jahr ergänzt. Es dürften sich dadurch lediglich Unschärfen ergeben, die aber zu vernachlässigen sind. Die Zahlen für die Jahre von 1914 bis 1922 wurden nicht mit aufgenommen, da sie wenig aussagekräftig sind. Die Situation des Unternehmens während der Kriegsjahre und die durch die veränderten politischen Verhältnisse nach dem Krieg notwendig gewordene Umstrukturierung der Firma wird ausführlich erläutert in: 11. 1914–1918 und 12. 1918–1924.

18 In den Jahresausweisen ist von »Hütte« oder »Glashütte« die Rede; vgl. auch: Abb. 51; die Thonets hatten diese jedoch bereits 1869 wieder verkauft, so dass anzunehmen ist, dass hiermit nur die Lokalität bezeichnet ist; vgl. Jahresausweise der Fabriken 1903 bis 1914, ŠA NR, Archiv-Box 90, 91, 92, TU.

19 Vgl. die detaillierte Aufstellung: Tabelle 10.

20 »Das Thonet'sche Verfahren ist, um wirtschaftlich von Bedeutung sein zu können, an den Großbetrieb, der über umfangreiche, kostspielige Spezialeinrichtungen verfügen muß, gebunden. Der Kleinbetrieb, in erster Linie aber der handwerkliche Tischlereibetrieb, ist von einer bedeutenden Verwendung von gebogenem Holz ausgeschlossen.« Otto, *Die Entwicklung,* S. 14.

21 Auf diesen Zusammenhang weist Werner Plumpe am Beispiel der englischen Baumwollindustrie hin. »Bei alldem wurde deutlich, dass die Vorteile des Fabriksystems nur zu haben waren, wenn große Mengen hergestellt wurden, die wiederum Voraussetzung für die niedrigen Preise und daher ein wichtiger Faktor im Verkauf waren.« Plumpe, *Das kalte Herz,* S. 186.

22 »[...] ich habe euch Zinn und Zink zum verzinnen der Schienen geschickt, die Operation ist ganz einfach, in eine Mischung von 1 Theil Vitriolöhl und 10 bis 15 Theil Wasser werden die Schienen zirka eine Stunde oder auch länger in einem hölzernen Schaffel [wasserdichter Behälter] oder Kästchen eingeweicht, dann werden sie mit Sägscharten [Sägespänen] trocken abgerieben, ferner werden alsdann die Schienen soweit man diese verzinnen will in einer Zinkauflösung mit Salzgeist mit einem steifen Borstenpinsel angestrichen, man haut nämlich das Zink in kleine Bröckchen wie Erbsen, thut ihn in den Salzgeist hinein und last ihn verrauchen und erkalten und dann die Schienen damit anstreichen, dann kann man sogleich die Schienen in die Mischung von halb Blei und halb Zinn geschmolzen eintauchen die Pfanne kann von dem dicken 1½ Zoll Blech im Feuer ausgehämmert werden [...].« Michael Thonet an die Söhne in Koritschan, Wien, undatiert, verm. April 1865, MZA.

23 Wird Dampf unter Druck gesetzt, kann er heißer als 100 Grad werden; bei zwei Atmosphären Druck sind etwa 120 Grad möglich. Die Thonets fanden heraus, dass dies die Dauer, die ein Holzstab im Dämpfkessel bleiben musste, um biegbar zu werden, entsprechend verkürzte. Diesen unter Druck gesetzten Dampf bezeichnet man als gespannten Dampf.

24 Die Biegeformen, in welche die Arbeiter die gedämpften Holzstäbe einlegten, waren auf einem gusseisernen, tischähnlichen Untergestell befestigt, einem sogenannten »Biegebock«; vgl. Abb. 46.

25 »Versäume nicht die Tischfüße, wenn sie geraspelt sind, noch wenigstens 1 Woche in den Dürrofen zu thun ehe dieselben zusammen gesetzt werden, sonst thun sie nachher zuviel zusammentrocknen und werden wacklich.« Franz Thonet an den Bruder Michael in Koritschan, Bistritz, 11. Januar 1867, Archiv Neue Sammlung.

26 »Sonntag hatten wir zum Unterschied wieder ein kleines Feuerchen im Dürrofen, sonderbarer Weise wurde den ganzen Tag nicht eingeheizt, das Gewölbe des Dürrofens war schadhaft, es müssten Sägspäne darin liegen, die erst abends oben zu brennen anfingen. Es sind bloß einige Sitze abgebrannt, sonst sind wir mit dem Schrecken davongekommen.« Franz Thonet an den Bruder Michael in Koritschan, Bistritz, 22. Juli 1867, ebd.

27 Die Bauteile wurden ab 1856 aus bereits massiv gebogenen Teilen gefertigt, mussten aber teilweise verleimt werden, da man die benötigten Materialstärken zu dieser Zeit noch nicht aus einem einzigen Stück biegen konnte. Beispiel hierfür sind die aus drei oder vier massiv gebogenen Teilen gefertigten Sitze, wie man sie bis zum Anfang der 1860er Jahre finden kann. Vermutlich mit der Inbetriebnahme der Fabrik Bistritz, 1861, war das Herstellungsverfahren jedoch so weit verbessert, dass Bistritz von Beginn an ausschließlich vollständig massiv gebogene Teile erzeugen konnte. In einem Brief vom Februar 1861 forderte Franz: »[…] laßt jetzt gar keine Sesselsitze mehr nach der alten Manier anfertigen. Die Sitze sind dick genug.« Mit den Sitzen »nach der alten Manier« meint Franz die noch verleimten drei- und vierteiligen. »Die Sitze sind dick genug« bedeutet, dass man die benötigten Stärken nun aus einem einzigen Stück Massivholz biegen konnte. Franz Thonet an die Brüder, Wien, 1. Februar 1861, ebd.

28 »Die Massenproduktion für den Massenbedarf beziehungsweise dessen Stimulierung durch ein entsprechendes Angebot preiswerter Güter und Dienstleistungen setzt mithin einen kapitalintensiven Produktionsapparat voraus, dessen Erhalt selbst wiederum von der Massennachfrage abhängt.« Plumpe, *Das kalte Herz*, S. 192.

29 »Die größte Noth haben wir aber an Vorderfüßen. Kannst Du uns nicht mit einigen Tausenden Nro 14 aushelfen.« Franz Thonet an den Bruder Michael in Koritschan, Bistritz, 22. Juli 1867, Archiv Neue Sammlung.

30 Exner, *Das Biegen des Holzes*, S. 34.

31 Die 1853 gegründete Firma Topham war eine österreichische Maschinenfabrik, die unter anderem auch Maschinen zur Herstellung von Möbeln aus gebogenem Holz anbot. In einer eigenen Publikation gab sie eine detaillierte Übersicht des Ablaufs der Erzeugung von Bugholzmöbeln und der für die einzelnen Arbeitsschritte hierzu notwendigen Maschinen; vgl. Maschinenfabrik und Eisengiesserei G. Topham & Co., G.M.B.H., Wien, XI, Simmeringer Hauptstrasse 36, *Die Fabrikation von Möbeln aus massiv gebogenem Holze*, Wien, o. J. (vermutlich 1920er Jahre). Zur grundsätzlichen Bedeutung des Aufstiegs einer jeden Industrie (hier die Baumwollindustrie in Großbritannien) »auch für den Maschinenbau und dahinterstehend die Eisen- und Stahlindustrie sowie den Bergbau […]«. vgl. Plumpe, *Das kalte Herz*, S. 187.

32 Eine Übersicht von Herstellern von Biegemaschinen – nicht nur für den Möbelbau – und eine Beschreibung ihrer Funktionsweise mit dem Schwerpunkt auf amerikanischen Herstellern findet sich bei Exner, *Das Biegen des Holzes*.

33 »In Wien habe ich mich darum gekümmert, daß auf die Drechselmaschinen ein Privilegium erwirkt wurde.« Franz Thonet an den Bruder Michael in Koritschan, Bistritz, 16. Februar 1868, Archiv Neue Sammlung.

34 Dies betrifft nicht nur die Produktion von Bugholzmöbeln, sondern grundsätzlich die Erzeugung gleichartiger Güter durch Massenproduktion. »Daraus erwuchs eine Tendenz zur Standardisierung, das heißt zur Typisierung und Normierung der Erzeugnisse. Unter Typisierung wird hier die Vereinheitlichung ganzer Produkte, unter Normierung die Vereinheitlichung von in verschiedenartigen Produkten enthaltenen Teilen verstanden.« Wolfgang König, Maschinisierung, Massenproduktion, Rationalisierung. Zur Produktentstehung im 19. Jahrhundert, in: Kleinschmidt/Logemann (Hrsg.), *Konsum im 19. und 20. Jahrhundert*, S. 165–190, hier S. 176. Zu den Bugholzmöbeln speziell vgl. Bruno Otto: »Typung und Normung […], wie sie heute für jede rationell gestaltete Massenproduktion selbstver-

ständlich sind, treten also hier in der holzverarbeitenden Industrie – in Oesterreich wenigstens wohl zum ersten male – Mitte des 19. Jahrhunderts in Erscheinung.« Otto, *Die Entwicklung*, S. 43.

35 »Wenige Phantasiestücke ausgenommen, sind für die im Handel gangbare Waare auch die Thonet'schen Formen gangbar geblieben. In der Industrie gibt es keine Geheimnisse und keine Gränze [sic]. Auch diese ist noch einer weiteren Ausdehnung, einer weiteren Entwicklung fähig, aber die Welt wird recht daran thun, ihre Erzeugnisse später so wie heute ›**Thonetsche Möbel**‹ zu nennen.« *Kölnische Zeitung*, Nr. 254, 12. September 1878 [Hervorhebung im Original].

36 Gebrüder Thonet, *Verkaufskatalog*, Wien, um 1879 [Hervorhebungen im Original].

37 Napagedl (auch Nepagedel) war die Koritschan nächstgelegene Bahnstation.

38 Bisenz (auch Bisentz) war ebenfalls eine Bahnstation nahe Koritschan.

39 Franz Thonet an den Bruder Michael in Koritschan, Bistritz, 27. Oktober 1867, Archiv Neue Sammlung.

40 »N« verwendet Franz Thonet häufig anstelle von »Nr.«. Der Einfachheit und Eindeutigkeit halber galt die Teilebezeichnung N 14 für alle Modelle, die – wie Sessel Nr. 14 – einen kreisrunden, N 1 für alle Modelle, die – wie Sessel Nr. 1 – einen trapezförmigen Sitzring hatten.

41 In den Jahresausweisen für 1882, 1905 und 1912 sind diese Sessel nicht mehr aufgeführt; vgl ŠA NR, Archiv-Box 90, 91, 92, TU; Karl Mang weist zu Recht darauf hin, dass eine industrielle und massenhafte Produktion dieser drei Modelle nicht möglich war, da »einzelne Konstruktionsteile zu sehr dem Handwerklichen nahestanden.« Karl Mang, *Bugholzmöbel-Das Werk Michael Thonets,* Frankenberg 1982, o. S.

42 Vgl. Buchenholzpräliminar pro 1877, Jahresausweis der Fabriken 1876, Mappe Victor Thonet, Archiv Heimo Keindl.

43 Für andere Jahre finden sich auch Multiplikatoren von 3,0 bis 3,5.

44 So z. B. von dem ungarischen Händler Eissler; vgl. S. 133; auch: Anm. 46, S. 435.

45 »Bei Präliminirung konnte nach der vorjährigen Umsatz-Steigerung unmöglich mit einer so bedeutenden neuerlichen Steigerung gerechnet werden!« Alfred Thonet, Bericht Sommer-Conferenz in Koritschan, 6. bis 8. Juli 1906, ŠA NR, Box 73, TU.

46 Der Holzhändler Eissler aus der damals ungarischen Gemeinde Temesszlatina, heute Slatina-Timiș in Rumänien, hatte 1906 an die inländischen Thonet Fabriken mehr als 8.000 Kubikmeter Holz geliefert; vgl. Buchenklotzholz-Verschneidung 1906, Jahresausweis der Fabriken 1906, ŠA NR, Box 91, TU.

47 In Barwinek in der Ostslowakei (heute Polen) und Polany (heute Ungarn) hatten die Gebrüder Thonet 1885 bzw. 1889 Waldgüter erworben und betrieben dort auch eigene Sägewerke.

48 Alfred Thonet, Bericht Sommer-Conferenz in Koritschan, 6. bis 8. Juli 1906 [Hervorhebung und Einfügung im Original], ŠA NR, Archiv-Box 73, TU.

49 Bei dem Stockverkauf erwirbt der Käufer die noch ungeschlagenen Bäume vom Waldbesitzer und sorgt anschließend selbst für Fällung und Abtransport.

50 Alfred Thonet, Bericht Sommer-Conferenz in Koritschan, 6. bis 8. Juli 1906, ŠA NR, Archiv-Box 73, TU.

51 Vgl. Jahresausweise der Fabriken 1874 bis 1907, Mappe Victor Thonet, Archiv Heimo Keindl und ŠA NR, Archiv-Box 90, 91, TU.

52 Vgl. II. Buchenklotzholz-Präliminar, Jahresausweis der Fabriken für 1906, ŠA NR, TU, Archiv-Box 91; zur Sperrholzherstellung vgl. 8.6.1. Sperrholz – das neue Material.

53 Weitere Jahresausweise Buchenholz finden sich noch für folgende Jahre: 1919, 1920, 1921 und 1922; vgl. ŠA NR, Archiv-Box 92, TU.

54 Jahresausweis II, Buchenholz, 1914, ebd.

55 Die Statistik: »Material-Consum« findet sich erstmals in dem Jahresausweis von 1887; vgl. Jahresausweis der Fabriken 1887, ŠA NR, Archiv-Box 90, TU; vgl. auch: Abb. 21.

56 Die Statistik: Flechtrohr findet sich erstmals in dem Jahresausweis von 1879 mit einem Verweis auf die Zahlen von 1878. In den beiden Jahresausweisen von 1874 und 1876 sind keine Aufzeichnungen hierüber enthalten, die statistische Erfassung muss somit 1877 oder 1878 eingeführt worden sein; vgl. Jahresausweis der Fabriken 1879 ŠA NR, Archiv-Box 90, TU; vgl. Abb. 22.

57 Mit »Rohrgattungen« sind die unterschiedlichen Breiten des Materials gemeint. Wofür die Nr. 6, die breiteste Ausführung verwendet wurde, lässt sich auch aus der Tabelle im Technischen Hilfsbuch (Abb. 23) nicht erschließen, da diese Ausführung hier nicht erwähnt wird. Doch da Rohrgröße Nr. 6, wie auch Nr. 3, in allen Fabriken verbraucht wurde, ist es wahrscheinlich, dass es sich um das sogenannte Einfass- oder Umfassband handelt, mit dem die Flechtlöcher abgedeckt wurden, wofür auch die Breite des Materials spricht. Dies erklärt darüber hinaus, dass es sich im Technischen Hilfsbuch nicht findet, da es nicht für bestimmte Artikel, sondern für alle geflochtenen Sitze und Rücklehnen und andere geflochtene Rahmenkonstruktionen verwendet wurde.

58 H.C. Meyer war neben der 1882 gegründeten Stuhlrohrfabrik des Rudolph Sieverts, beide in Hamburg-Bergedorf ansässig, der weltgrößte Importeur von Stuhlrohr, welches sie aus Süd-Ost-Asien bezogen und in ihren Fabriken weiterverarbeiteten. Zu Platzer fanden sich keine Informationen.

59 Gebrüder Thonet, *Technisches Hilfsbuch für Möbelbestandteile*, 1909, Archiv Yvan Snauwaert. Es sind hier zwar nicht alle Bezeichnungen aus der Aufstellung in den Jahresausweisen aufgeführt oder zuzuordnen, doch sind die Informationen ausreichend, um die Systematik zu erkennen.

60 Rohrgattung 4 meint zwar ein breiteres Flechtrohr als Nummer 3, doch durch die dichter nebeneinander liegenden Flechtlöcher ergab sich hier eine geringere Maschenweite als bei der mit der Nummer 3 eingeflochtenen Konsumware.

61 Bei dem gewöhnlichen Geflecht für Konsumware gab es noch die Variante »3 H II mit 5 m gekreuzt«. Hierbei wurden die vier ersten Lagen mit der Rohrgröße 3 geflochten, die beiden letzten diagonalen Lagen mit dem breiteren Material, Größe 5, wodurch sich die Haltbarkeit des Geflechts ein wenig verbesserte. Dieser Aspekt war für das Unternehmen nicht unwesentlich, weshalb man beispielsweise ab 1905 das sogenannte »Langol« Geflecht anbot, bei dem »die Flechtlöcher statt eines regelmäßigen Achteckes ein längliches Sechseck« bildeten. Hierdurch erlangte das Geflecht nach Meinung der Firma ein »modernes Aussehen« trug aber auch zur »Erhöhung der Festigkeit« bei; vgl. *Gebrüder Thonet 'scher Zentral-Anzeiger,* Nr. 13, 31. Mai 1905, S. 8. MZA.

62 Das Unternehmen sprach in den Verkaufskatalogen allerdings nicht von einem gewöhnlichen, sondern euphemistisch von einem starken Geflecht und verwendete hierfür auch eine entsprechende grafische Darstellung; vgl. Gebrüder Thonet, *Verkaufskatalog*, Wien, September 1904, Vorwort, S. e.

63 Gebrüder Thonet, *Technisches Hilfsbuch* (Abb. 23), Archiv Yvan Snauwaert.

64 Vgl. Gebrüder Thonet, *Verkaufskatalog*, Wien, September 1904, I. Supplement September 1905.

65 Gurte wurden traditionell an der Unterseite der Sitzzargen mit Hilfe von Nägeln befestigt. Durch Unachtsamkeit des Polsterers konnte es passieren, dass die Zargen dabei rissen. Dies wurde bei der Ausführung »grob vorgeflochten zum Polstern« verhindert; vgl. *I. Supplementheft zu dem Hauptkatalog vom 1. Oktober 1904*, September 1905.

66 Die genauen Zahlen hierzu finden sich in der Übersicht Gesamt-Absendungen der Fabriken vom Jahre 1857 bis 1914, Jahresausweis der Fabriken 1914, ŠA NR, Archiv-Box 92, TU; vgl. Abb. 43 und Grafiken 10 und 11.

67 Hiermit sind überwiegend die klassischen Sessel mit Trapezsitz, einem aufwändig gebogenen oder geflochtenen Rückeneinsatz und Vorderbeinen mit Kapitellen gemeint, wie sie überwiegend in Koritschan hergestellt wurden; vgl. Auszug aus den Gesamt-Absendungen Sessel für 1886, Jahresausweis der Fabriken 1886, ŠA NR, Archiv-Box 90, TU, (Abb. 39); auch: Gebrüder Thonet, *Technisches Hilfsbuch* (Abb. 23), Archiv Yvan Snauwaert.

7. Der »Arbeiterstand«

1 Vgl. *Michael Thonet, Ein Gedenkblatt*, S. 21.

2 Hierzu zählten einmal 163 sogenannte Professionisten, aber auch 54 Personen, welche die Arbeiter beaufsichtigten; vgl. Arbeiterstand, Jahresausweis der Fabriken 1874, Mappe Victor Thonet, Archiv Heimo Keindl; die Statistik enthält auch die Zahlen für die vorhergehenden Jahre 1871 bis 1873.

3 Eigner/Helige (Hrsg.), *Österreichische Wirtschafts- und Sozialgeschichte*, S. 19.

4 Vgl. 7.5. Die Löhne.

5 Vgl. Abb. 27, maschinelles Schleifen und Abb. 25 unten, maschinelles Biegen in der Fabrik Bistritz.

6 Dieses Jahr wurde gewählt, weil es beispielhaft für die Zeit bis 1900 steht.

7 Vgl. Jahresausweis der Fabriken 1893, ŠA NR, Archiv-Box 90, TU.

8 Ugrócz hatte von 1883 bis 1892 eigene kleine Filialen mit durchschnittlich 34 Beschäftigten. Ab 1893 ist für Ugrócz keine Filiale mehr nachweisbar. Radomsk hatte nie eine Filiale. Bis 1900 wurden in den Fabriksfilialen keine Polierarbeiten ausgeführt, ab 1901 finden sich, allerdings nur sehr vereinzelt, Hinweise darauf, dass in den Fabriksfilialen auch poliert wurde, dies jedoch nur sehr selten und wohl nur in Ausnahmefällen; vgl. auch: Tabelle 10. Die Endbearbeitung der Möbel, somit auch das Polieren, fand grundsätzlich in den Fabriken statt.

9 Vgl. auch: Grafik 7.

10 Vgl. Jahresausweis der Fabriken 1896, ŠA NR, Archiv-Box 90, TU.

11 Die Zahlen zum Arbeiterstand für die Jahre 1871 bis 1877 finden sich in: Mappe Victor Thonet, Archiv Heimo Keindl; die Zahlen für die Jahre 1878 bis 1921 in den Jahresausweisen der Fabriken für die betreffenden Jahre in: ŠA NR, Archiv-Box 90, 91, 92, TU.

12 Die unterschiedlichen Anfangsjahre (1871, 1873, 1874, 1878, 1879 und 1881) hier und in den folgenden Grafiken ergaben sich dadurch, dass für die 1870er Jahre teilweise keine Zahlen vorliegen oder diese nur lückenhaft vorhanden sind. Für die Darstellung wurde nur Datenmaterial verwendet, welches als gesichert gelten kann.

13 Vgl. Grafik 17.

14 Für die Zeit vor 1871 finden sich nur gelegentlich Angaben für einzelne Fabriken, die je nach Quelle voneinander abweichen und daher in die Darstellung nicht mit aufgenommen wurden. Man kann davon ausgehen, dass die Zahl der Arbeiter mit Beginn der Produktion in Koritschan von etwa 300 bis auf etwa 3.000 im Jahr 1871 kontinuierlich gestiegen ist.

15 Dies betraf allerdings nicht allein Österreich, sondern auch andere Staaten; vgl. hierzu: Harold James, *Schockmomente, Eine Weltgeschichte von Inflation und Globalisierung 1850 bis heute*, Freiburg 2022, S. 85–112.

16 Alle Zahlenangaben in diesem Absatz: Jahresausweise der Fabriken für die betreffenden Jahre, ŠA NR, Archiv-Box 90, 92, TU.

17 Es ist in den Aufzeichnungen nicht ersichtlich, welche Art von Arbeiten – raspeln oder flechten – die Arbeiterinnen in Fabrik- oder Hausarbeit verrichteten. Innerhalb dieser beiden Tätigkeitsbereiche wird lediglich die Anzahl der hier Beschäftigten genannt, es wird aber nicht nochmals danach aufgeschlüsselt, ob es sich um Fabrik- oder Hausarbeit handelt. Die Gründe für den Rückgang der Hausarbeit liegen vermutlich in einem zunehmenden Anteil von Arbeiten, bei denen jetzt Maschinen zum Einsatz kamen, womit sich die Arbeitsplätze in die Fabriken verlagerten.

18 Vgl. Arbeiterstand, Jahresausweis der Fabriken 1902, ŠA NR, Archiv-Box 90, TU.

19 Vgl. Aufstellung der zwischen 1877 und 1892 angeschafften Maschinen, ŠA NR, Archiv-Box 90, TU, Ročne výkazy tovární (Jahresberichte der Fabriken), 1879–1900.

20 Ebd.

21 Vgl. ebd.

22 Berghoff bezeichnet Zeitlohnsysteme als Grundlage für die Entlohnung von Hausarbeit »von vornherein als unpraktikabel.«; vgl. Berghoff, *Zwischen Kleinstadt und Weltmarkt*, S. 108–109.

23 Daneben wird auch die Qualität der abgelieferten Teile eine Rolle gespielt haben. Wie das Unternehmen im Falle einer nicht zufriedenstellenden Arbeit reagierte, ist nicht bekannt.

24 Alle Zahlenangaben in diesem Absatz: Arbeiterstand aus den Jahresausweisen der Fabriken 1902 und 1903, ŠA NR, Archiv-Box 90, TU.

25 August Thonet konstruierte bereits 1862 eine Maschine zum Biegen der Fußreifen, die auch zur Herstellung von Sitzringen verwendet werden konnte. Diese arbeitete zunächst im Handbetrieb, wurde aber schließlich durch Maschinenkraft angetrieben; vgl. Exner, *Das Biegen des Holzes*, S. 28.

26 So ist für das Biegen der Rundung im Bereich des Rücklehnbogens eine auf Erfahrung beruhende Feinfühligkeit notwendig, die ein Bieger erst nach einer jahrelangen Lehrzeit hat und eine Maschine nie erreichen kann. Der Holzstab wird hierbei nicht nur mechanisch gebogen, sondern muss, um einen dreidimensionalen Verlauf zu erreichen, während des Einlegens in die Form in sich verwunden werden. Wie dies zu bewerkstelligen ist, ist unter anderem abhängig von der Art des Holzes, wie es gewachsen ist, wie es aufgeschnitten wurde, der Dämpfzeit und noch anderen Faktoren. Eine Maschine wäre dazu nicht in der Lage. Claus M. Thonet, ehemaliger Geschäftsführer der Thonet GmbH in Frankenberg, berichtete dem Verfasser in einem Gespräch im September 2011 davon, dass man in den 1960er Jahren versuchsweise eine Maschine probeweise im Einsatz hatte, mit deren Hilfe die Herstellung dreidimensionaler Bugholzteile möglich sein sollte. Der Ausschuss sei jedoch so groß gewesen, dass man wieder zu dem alten, händischen Verfahren zurückkehren musste.

27 Aus allen bisher vorliegenden Aufzeichnungen ließ sich nie die Anzahl der in den Biegereien – das Herz der Fabriken – beschäftigten Arbeiter ermitteln. Zumindest für die Jahre 1902/03 liegen nun erstmals Zahlen hierzu vor.

28 Vgl. Arbeiterstand, Jahresausweis der Fabriken 1902, ŠA NR, Archiv-Box 90, TU.

29 Vgl. Arbeiterstand, Jahresausweise der Fabriken 1878 bis 1921, ŠA NR, Archiv-Box 90, 91 und 92, TU.

30 Berghoff, *Zwischen Kleinstadt und Weltmarkt*, S. 111.

31 Weigl, *Von der Existenzsicherung zur Wohlstandsgesellschaft*, S. 66.

32 Alle Angaben dieses Absatzes aus: Arbeiterstand aus den Jahresausweisen der Fabriken 1879 bis 1914, ŠA NR, Archiv-Box 90, 91, 92, TU.

33 *Arbeitsordnung der Gebrüder Thonet'schen Möbelfabrik in Bystritz am Hostein und deren Filialen,* Bystritz am Hostein, 3. Dezember 1910, MZA.

34 Die Zahl beruht auf den Angaben in den Jahresausweisen der Fabriken von 1879 bis 1914. Während des Ersten Weltkriegs sank die jährlich verarbeitete Menge, unter anderem wegen kriegsbedingter Lieferschwierigkeiten ganz erheblich und ist hier nicht mehr berücksichtigt; vgl. Jahresausweise der Fabriken 1879 bis 1914 ŠA NR, Archiv-Box 90, 91, 92, TU.

35 Da diese Arbeiten im Stücklohn bezahlt wurden, lassen sich hier keine Vergleichszahlen angeben, doch ist zu vermuten, dass der Stücklohn von vorneherein sehr niedrig angesetzt wurde, da diese Arbeit nahezu ausschließlich von Frauen ausgeführt wurde.

36 Ferdinand Tremel, *Wirtschafts- und Sozialgeschichte Österreichs, Von den Anfängen bis 1955*, Wien 1969, S. 312.

37 Vgl. 8.6.1. Sperrholz – das neue Material.

38 »Diese Furniersitze haben sich sehr rasch Eingang verschafft und allmählich zu großem Teile die Rohrsitze verdrängt, so daß im Jahr 1914 schon ca. 60 % der erzeugten Sessel mit Holzsitzen versehen wurden. Seit Kriegsbeginn konnten überhaupt fast nur noch Sessel mit Holzsitzen erzeugt werden, weil kein Flechtrohr mehr zu beschaffen war.« Handschriftlich verfasste Firmengeschichte, 1919, MZA; auch in: Exner, *Das Biegen des Holzes*, S. 43.

39 *Gebrüder Thonet'scher Central-Anzeiger*, Nr. 1, 10. Oktober 1903, S. 2.

40 Vgl. Grafik 9.

41 Vgl. Rekapitulation der Absendungen im Jahre 1900, Jahresausweis der Fabriken 1900, ŠA NR, Archiv-Box 90, TU.

42 Vgl. Rekapitulation der Absendung per 1912, Jahresausweis der Fabriken 1912, ŠA NR, Archiv-Box 92, TU.

43 Zur grundsätzlichen Problematik von Aussagen zu Löhnen, Lohnentwicklung und Einkommensdaten für das 18. und 19. Jahrhundert vgl. Sandgruber, *Die Anfänge der Konsumgesellschaft*, 1.3.4. Die Einkommensentwicklung, S. 111–130.

44 »Auswechselbare Ergänzungsrahmen«, mit dem Namen »Wechselgeflechte« beworben, führte das Unternehmen 1910 ein und ließ sie auch in verschiedenen Ländern (Österreich, Ungarn, Deutschland, Belgien, Russland und Schweiz) patentieren. Bei diesen zu einem geringen Aufpreis angebotenen »Sesseln in Spezialausführung mit Wechselgeflecht« wurde auf den eigentlichen Sitzrahmen ein zweiter, dünnerer, der das Geflecht trug, aufgenagelt. Im Falle, dass das Geflecht unbrauchbar wurde, musste nicht der gesamte Stuhl zum Flechter gebracht werden, sondern der obere Rahmen wurde entfernt und ein neuer Wechselgeflechtrahmen angebracht; vgl. *Gebrüder Thonet'scher Zentral-Anzeiger*, Nr. 27/V., S. 10.

45 Diese Sitze wurden mit dem gewöhnlichen Geflecht für Konsumware, »3 H II«, ausgestattet; vgl. *Technisches Hilfsbuch* (Abb. 23), Archiv Yvan Snauwaert und die entsprechenden Erläuterungen.

46 Die unterschiedliche Entlohnung ergibt sich durch die unterschiedliche Anzahl der Flechtlöcher der Sitze.

47 Akkordlöhne für Sesselsitze und Wechselgeflechte, Ad Flechterei, Schreiben der Fabrik Bystritz am Hostein, 10. September 1913, MZA.

48 Vgl. auch: Berghoff, *Zwischen Kleinstadt und Weltmarkt*, S. 111.

49 Vgl. Gustav Otruba, Entstehung und soziale Entwicklung der Arbeiterschaft und der Angestellten bis zum Ersten Weltkrieg, in: Erich Zöllner, *Österreichs Sozialstrukturen in historischer Sicht*, Wien 1980, S. 123–154, hier S. 127; auch Tremel, *Wirtschafts- und Sozialgeschichte Österreichs*, S. 311–12.

50 Weigl, *Von der Existenzsicherung zur Wohlstandsgesellschaft*, S. 270.

51 Vgl. Otruba, Entstehung und soziale Entwicklung der Arbeiterschaft und der Angestellten bis zum Ersten Weltkrieg, in: Zöllner, *Österreichs Sozialstrukturen*, S. 123–154, hier S. 138.

52 »Eine Untersuchung der niederösterreichischen Handels- und Gewerbekammer [im Jahr 1870] über die Lohnverhältnisse in Fabriken und Gewerben Niederösterreichs kam zu dem Ergebnis, daß in einzelnen Bereichen, z. B. Webereien, Seidenzeugfabrikation und Baugewerbe, der Lohn des einzelnen Arbeiters wie auch einer Arbeiterfamilie hinter dem von der Kammer angenommenen Existenzminimum zurückblieb.« Emmerich Talos, *Staatliche Sozialpolitik in Österreich, Rekonstruktion und Analyse*, Wien, 1981, S. 21.

53 Zur Höhe der Löhne in Wien, beispielsweise für Bauhilfsarbeiter vgl. Sandgruber, *Die Anfänge der Konsumgesellschaft*, S. 121, Abb. 8; vgl. auch: Weigl, *Von der Existenzsicherung zur Wohlstandsgesellschaft*, Entwicklung der Realeinkommen (ca. 1830–1880) S. 56–61.

54 Vgl. Weigl, *Von der Existenzsicherung zur Wohlstandsgesellschaft*, S. 48.

55 Ebd., S. 57.

56 *Arbeitsordnung der Gebrüder Thonet'schen Möbelfabrik Bystritz am Hostein und deren Filialen*, Bystritz am Hostein, 3. November 1910 [Einfügung im Original], MZA. Ein vergleichbares Dokument vom Ende des 19. Jahrhunderts ist nicht bekannt, doch werden die Arbeitsbedingungen ähnlich, sicher aber nicht besser gewesen sein.

57 *Institutionen zum Wohle der Arbeiter, Als Beitrag zur Ausstellung für Unfall-Verhütung Berlin 1889*, Wien 1889, Im Selbstverlag der Firma (Gebrüder Thonet), o. S., Technisches Museum Wien, Bibliothek, Signatur 749 PP (im Folgenden: TMW, 749 PP).

58 Alle Zahlenangaben in den folgenden Abschnitten – 1. Krankenversicherung bis 7. Geselliges Leben und Pflege der Musik – aus: Gebrüder Thonet Wien, *Institutionen*, TMW, 749 PP.

59 »Die Fabriksherren haben für ihre Arbeiter in Koritschan und Bistritz Krankenvereine gegründet. Der hiesige Krankenverein ist derart eingerichtet, daß die Einlagen der Theilnehmer bis auf 8 Kr. [euzer] wöchentlich sich belaufen; im Erkrankungsfalle hat dann der Arbeiter freie Apotheke und ärzt-

liche Behandlung und ein Krankengeld bis zum wöchentlichen Betrage von fl. 3 Öst. W.« *Mährischer Correspondent*, 14. Mai 1862.

60 Kaiserliches Patent vom 20. December 1859, womit eine Gewerbe-Ordnung für den ganzen Umfang des Reiches, mit Ausnahme des venetianischen Verwaltungsgebietes und der Militärgränze [sic], erlassen, und vom 1. Mai 1860 angefangen und in Wirksamkeit gesetzt wird., in: *Reichs-Gesetz-Blatt für das Kaiserthum Oesterreich*, 1859, LXV. Stück. Ausgegeben und versendet am 27. December 1859, 227., S. 619.

61 Hausindustriell beschäftigte Personen mussten laut der Gewerbeordnung nicht versichert werden. Nowo Radomsk lag im Ausland und war daher von dieser Regelung ausgenommen.

62 Vgl. Gebrüder Thonet Wien, *Institutionen*, TMW, 749 PP.

63 Vgl. Gesetz vom 30. März 1888, betreffend die Krankenversicherung der Arbeiter, in: *Reichsgesetzblatt für die im Reichsrathe vertretenen Königreiche und Länder*, X. Stück. Ausgegeben und versendet am 6. April 1888, S. 57–71. Eine Unfallversicherung für Arbeiter war bereits 1887 beschlossen worden, doch betraf dies nur besonders gefährliche Betriebe, zu denen die Fabriken der Gebrüder Thonet nicht gehörten; vgl. Gesetz vom 28. December 1887, betreffend die Unfallversicherung der Arbeiter, in: *Reichsgesetzblatt für die im Reichsrathe vertretenen Königreiche und Länder*, I. Stück. 1. Jänner 1888, Ausgegeben und versendet am 1. Jänner 1888, S. 1–14, hier: Gefahrenclassen, § 14.

64 Gesetz vom 30. März 1888, betreffend die Krankenversicherung der Arbeiter, III. Betriebskrankenkassen, § 42, in: *Reichsgesetzblatt*, X., S. 65.

65 Vgl. Schreiben der Fabrik Bistritz »ad Krankenkassa«, 24. März 1911, MZA.

66 Brief eines der in Bistritz angestellten Ärzte (Unterschrift nicht lesbar) an den Vorstand der Betriebskrankenkasse der Firma Gebrüder Thonet, Bistritz, 17. März 1911, MZA. Aus einem im gleichen Jahr vorliegenden Schreiben der Fabrik Bistritz geht hervor, dass die Ärztekammer »eine Erhöhung der Aerztetaxe auf Kronen 5.- per Kopf und Jahr in Aussicht genommen [hatte]«. Schreiben der Fabrik Bistritz »ad Krankenkassa«, 24. März 1911, MZA.

67 Vgl. Gesetz vom 30. März 1888, betreffend die Krankenversicherung der Arbeiter, § 47, 8. in: *Reichsgesetzblatt*, X. Stück., S. 66.

68 Vgl. Statuten der Betriebskrankenkasse der Firma Gebrüder Thonet in Bistritz a. H., § 9, S. 10–12, in: *Einlagsbuch Nr. 471 für Josef Knappek*, ausgestellt am 1. August 1889, Archiv Herweg Wutscher.

69 Gesetz vom 30. März 1888, betreffend die Krankenversicherung der Arbeiter, § 6, 2., in: *Reichsgesetzblatt*, X. Stück, S. 58.

70 Vgl. Statuten der Betriebskrankenkasse der Firma Gebrüder Thonet in Bistritz a. H., § 5, S. 6., in: *Einlagsbuch*, Archiv Herweg Wutscher.

71 Vgl. *Bericht über die Deutsche Allgemeine Ausstellung für Unfallverhütung Berlin 1889 unter dem Allerhöchsten Protektorate Seiner Majestät des Kaisers und Königs*. Herausgegeben vom Vorstand, 1. Band, Berlin 1890, S. 909.

72 So etwa das am 15. Juni 1883 unter dem damaligen Reichskanzler Otto von Bismarck erlassene »Gesetz betreffend die Krankenversicherung der Arbeiter« und das Unfallversicherungsgesetz von 1884, an die sich die österreichische Gesetzgebung eng anlehnte.

73 Auch bei der Gründung von Sparvereinen anderer Firmen spielte dieser erzieherische Aspekt eine Rolle. So heißt es etwa in einem zeitgenössischen Bericht über die Firma W. Spindler, eine Wäscherei und Färberei aus Berlin, die im Jahr 1872 für ihre Arbeiter eine eigene Sparkasse einrichtete: »Trotzdem ein großer Theil der Mitglieder [...] das über den eisernen Fonds hinaus Ersparte regelmäßig vierteljährlich wieder abzieht, darf die Absicht der Firma, die besseren Arbeitselemente durch Gewöhnung zum Sparen zu erziehen, doch als erreicht betrachtet werden[...].« *Bericht über die Deutsche Allgemeine Ausstellung für Unfallverhütung*, S. 916.

74 Gebrüder Thonet Wien, *Institutionen*, TMW, 749 PP.

75 Ebd.

76 So betrug das Sparvermögen in Ugrócz im Jahr 1889 fl. 10.706, 05; vgl. Gebrüder Thonet Wien, *Institutionen*, TMW, 749 PP.

77 Ebd.

78 Ebd.

79 Ebd. Bei dieser Begründung ist allerdings auch zu berücksichtigen, dass der Konsumverein je nach Angebot immer auch in Konkurrenz zu den örtlichen Einzelhändlern trat, woran die Firma Gebrüder Thonet nicht in jedem Fall ein Interesse hatte, da dies der Stimmung in den kleinen und überschaubaren Ortschaften sicher nicht zuträglich war.

80 Aus diesem Grund waren bei den von den Unternehmen errichteten Arbeiterwohnungen häufig Gärten oder kleine Ställe mit dabei, die der Selbstversorgung dienten; vgl. Gebrüder Thonet Wien, *Institutionen*, TMW, 749 PP; vgl. auch: 7.6.5. Arbeiter-Wohnhäuser.

81 Insofern muss die Gründung von Konsumvereinen »auch als ein Aspekt der betrieblichen Sozialpolitik betrachtet« werden.«; vgl. Ralf Banken/Christian Kleinschmidt/Jan Logemann, Absatz und Reklame: Die Anfänge von modernem Einzelhandel und die Werbung bis zum Ersten Weltkrieg, in: Kleinschmidt/Logemann (Hrsg.), *Konsum im 19. und 20. Jahrhundert*, S. 191–207, hier S. 198.

82 *Bericht über die Deutsche Allgemeine Ausstellung für Unfallverhütung*, S. 914.

83 »Es ist ein Verbrechen, nicht nur vom Standpunkt des Menschen, sondern auch vom Standpunkt des Gesetzes, dass sich der Fabrikant von dem sauer erworbenen Hungerlohn des Arbeiters einen Teil durch Truck- oder Blechsystem zurückstiehlt.« Victor Adler, Die Lage der Ziegelarbeiter, in: *Gleichheit. Sozial-demokratisches Wochenblatt*, 1. Dezember 1888, S. 11–16, hier S. 15.

84 In einer neueren Publikation wird, allerdings ohne Nachweis, die These aufgestellt, dass die Firma Gebrüder Thonet diese Notmünzen ausgab, da die Behörden in der Zeit der Umstellung von Gulden zu Kronen nicht genug Münzen zur Verfügung stellen konnten; vgl. Jiří Uhlíř, *Michael Thonet. Rodina a Firma*, Praha 2021, S. 119. Diese Behauptung konnte nicht verifiziert werden. Statt von Münzen würde man korrekterweise allerdings besser von Wertmarken sprechen, da zwar eine Nominale eingeprägt war, dieses Blechgeld jedoch nicht mit anderen Währungen getauscht werden konnte.

85 Einige österreichische Firmen mit ihren Regelungen und Leistungen auf diesem Gebiet, darunter auch die Gebrüder Thonet, sind aufgeführt in: Bericht über die Deutsche Allgemeine Ausstellung für Unfallverhütung, S. 911–914; in Deutschland richtete die Firma Siemens bereits 1869 mit den Geldern aus einem in diesem Jahr frei werdenden Reservefonds einen Arbeiter- und einen Beamtenunterstützungsfonds ein; vgl. Bähr, *Werner von Siemens*, S. 310–11.

86 Gebrüder Thonet Wien, *Institutionen*, TMW, 749 PP.

87 Ebd.

88 Die Einzahlungen des Unternehmens betrugen in den Jahren 1887 und 1888 für Koritschan fl. 4.732, für Bistritz fl. 6.906, Groß Ugrócz fl. 1.497, Wsetin fl. 1.293 und Hallenkau fl. 1.120. Hinzu kamen noch die Zinsen aus dem vorhandenen Bestand; vgl. Gebrüder Thonet Wien, *Institutionen*, TMW, 749 PP.

89 Talos, *Staatliche Sozialpolitik in Österreich*, S. 63.

90 Vgl. Schreiben des Jakob und August Thonet an die Firma Gebrüder Thonet, Wien, 1. April 1903, MZA.

91 Testament Franz Thonet, 15. April 1893, Archiv Thillmann; Franz Thonet starb 1898; »Mein letzter Wille. Für den Fall meines Ablebens treffe ich nach reiflicher Überlegung nachfolgende Anordnungen: [...] 2., Einen Betrag von 40000 sage Vierzigtausend Kronen oesterreichischer Goldwährung bestimme ich als Anlagekapital, aus dessen Erträgnissen Witwen und Waisen von Arbeitern der Firma Gebrüder Thonet unterstützt werden sollen. Die Verwahrung sowie die Verwaltung dieses Capitales und die Vertheilung des Erträgnisses behalte ich jedoch ausschließlich den jeweiligen Inhabern der Firma Gebrüder Thonet vor, welche hierüber Niemanden Rechnung zu legen schuldig sind.«

92 Bestimmungen über die Verwendung der Zinsen der Franz Thonet-Stiftung für Witwen und Waisen, Bistritz a. H., 7. März 1900, MZA.

93 1900 arbeiteten insgesamt 4.358 Personen in den inländischen Fabriken und Fabriksfilialen. In Koritschan waren es 1.310, was etwa 30 %, in Bistritz 1.787, was 41 %, in Wsetin 663 was 15 %, in Hal-

lenkau 249 was 5,7 und in Ugrócz 349, was etwa 8 % der Beschäftigten entspricht; vgl. Arbeiterstand im Jahr 1900, in: Jahresausweis der Fabriken 1900, ŠA NR, Archiv-Box 90, TU.

94 Vgl. Bestimmungen über die Verwendung der Zinsen der Franz Thonet-Stiftung für Witwen und Waisen, Bistritz a. H., 7. März 1900, MZA.

95 Vgl. Franz-Thonet-Stiftung für Arbeiterwitwen u. -waisen, Bistritz am Hostein, 26. Jänner 1901, MZA.

96 »In einzelnen Etablissements ist es üblich, dass bei vorkommenden Unfällen mit dem Verletzten eine Art Protokoll aufgenommen wird, in welchem er durch seine Unterschrift bestätigt, dass der Unfall durch ›eigenes Verschulden‹ entstanden wäre. Die Verletzten geben aber oftmals nachträglich an, dass dies thatsächlich nicht richtig war und dass sie sich zur Erklärung vom ›eigenen Verschulden‹ nur deshalb bestimmen liessen, weil ihnen Zusagen bezüglich Unterstützung und Wiederverwendung zu leichteren Arbeiten gemacht wurden. Die gemachten Versprechungen seien jedoch nicht gehalten worden. Die Unterstützung war ganz unbedeutend, und die Wiederverwendung hätte nur kurze Zeit gedauert, indem sie bei passender Gelegenheit, angeblich wegen Arbeitsmangel, entlassen wurden.« Bericht des k. k Gewerbeinspectors Kulka über den I. Aufsichtsbezirk (Wien), in: *Bericht der k. k. Gewerbe-Inspektoren über ihre Amtsthätigkeit im Jahre 1888*, Wien 1889, S. 46.

97 Bei den Gebrüdern Thonet waren es beispielsweise 10 Jahre. Da jedoch etwa 90 Prozent der Arbeiter zu den nicht oder wenig qualifizierten Arbeitern gehörten, dürfte dies eine eher untergeordnete Rolle gespielt haben; vgl. auch: Grafik 3.

98 In anderen Fällen hatten auch die Arbeiter ein Mitspracherecht bei der Vergabe von Unterstützungsleistungen wie beispielsweise bei den Farbenfabriken Elberfeld und Leverkusen. »Die Verwaltung der Zinsen erfolgt mit Unterstützung von Arbeiterausschüssen durch die Fabrikkontore in Elberfeld und Leverkusen.« Die Wohlfahrtseinrichtungen der Farbenfabriken vorm. Friedr. Bayer & Co. in Elberfeld und Leverkusen, in: *Gemeinwohl, Zeitschrift des Bergischen Vereins für Gemeinwohl*, 15. Jg. H. 8, 9, 10, Elberfeld 1903, S. 210–226, hier S. 210.

99 Vgl. Bewilligung einer Unterstützung für die Witwen Anna Baron, Veronika Novosad und Maria Martis, Wsetin, 6. September 1900; vgl. auch das Gesuch der Politiererin Marie Polareczky, deren Mann, ein Maschinenarbeiter in der Fabrik Nagy Ugrócz, am 22. Februar 1902 gestorben war und die für sich und ihre fünf Kinder um eine Unterstützung bat; Gesuch der Marie Polareczky, 8. April 1902, MZA.

100 Gesuch des Franz Mending, 24. Mai 1878, MZA.

101 Gesuch der Lehrer der Schule in Wschechovitz um Unterstützung zur Einrichtung einer neuen Schulklasse, 15. Oktober 1882, MZA. In diesem Fall wurde handschriftlich vermerkt, dass eine Unterstützung von fl. 50 gewährt werden sollte.

102 Gesuch des Franz Mending, 24. Mai 1878, MZA.

103 Gesuch der Lehrer der Schule in Wschechovitz, 15. Oktober 1882, MZA.

104 Hartmut Berghoff, *Moderne Unternehmensgeschichte. Eine themen- und theorieorientierte Einführung*, Berlin ^{2}2016, S. 231.

105 Vgl. hierzu die Stichworte: »Arbeiterbewegung« und »Arbeiterbildungsvereine«, in: Felix Czeike, *Historisches Lexikon Wien*, Bd. 1, Wien 2004, S. 138–141.

106 *Neue Freie Presse*, 30. April 1892 [Hervorhebung im Original].

107 Bähr, *Werner von Siemens*, S. 309.

108 Gebrüder Thonet Wien, *Institutionen*, TMW, 749 PP.

109 Die Handels- und Gewerbekammern empfahlen die Errichtung in unmittelbarer Nähe der Fabrik, »denn es lassen sich in diesem Falle leicht auch andere Einrichtungen damit in Verbindung bringen, welche das Wohl der Arbeiter und ihrer Angehörigen fördern, deren sittliche Haltung und geistige Ausbildung heben.« Sandgruber, *Die Anfänge der Konsumgesellschaft*, S. 343.

110 Gebrüder Thonet Wien, *Institutionen*, TMW, 749 PP.

111 Ebd.

112 Vgl. Alfred Baier, *»Single factory town« Berndorf/NÖ, 1843–1938*, Wien 2011, S. 30–32.

113 Vgl. *Bericht über die Deutsche Allgemeine Ausstellung für Unfallverhütung*, S. 866–867.

114 Vgl. ebd., S. 867–868.

115 Vgl. ebd., S. 869.

116 Gebrüder Thonet Wien, *Institutionen*, TMW, 749 PP.

117 Vor- und Nachteile dieser Arbeitergärten, sowohl für den Unternehmer als auch für den Arbeiter, erläutert Berghoff am Beispiel der Firma Hohner; vgl. Berghoff, *Zwischen Kleinstadt und Weltmarkt*, Arbeit mit Bauernhänden, S. 104–111.

118 »Namentlich in Gross-Ugrócz, wo die Dorfhäuser kaum den geringsten Ansprüchen genügten, fanden wir es als dringend geboten, auch in dieser Hinsicht Abhilfe zu schaffen und für eine bessere Unterkunft unserer Arbeiter zu sorgen.« Gebrüder Thonet Wien, *Institutionen*, TMW, 749 PP.

119 Hier sind miteingerechnet auch die umliegenden kleineren Ortschaften wie Malé Uherce, Malé Kršteňany und Kolačno; vgl. Vlado Uhlár, *Veľké Uherce, 1274–1974*, Vlastivedné múzeum Topoľčany 1980, S. 47.

120 »V matrike narodených sa v prvej polovici roku 1867 začali objavovať priezviská, ktoré tu nikdy pred tým neexistovali [...].« (»Im Geburtenregister tauchten in der ersten Hälfte des Jahres 1867 Familienamen auf, die es hier noch nie gegeben hatte.« Übersetzung: Miroslav Ontko); Miroslav Ontko, *Vplyv Thonetovcov na sociálne, ekonomické a kultúrne pomery vo Veľkých Uherciach* (Der Einfluss der Thonets auf die sozialen, wirtschaftlichen und kulturellen Bedingungen in Veľké Uherce), Veľké Uherce 2019, S. 16.

121 Vgl. Felvételi ív a népesség és háziállatok számlálására az 1869. (Erhebungsbogen für die Volks- und Haustierzählung im Jahr 1869.), https://www.familysearch.org/ark:/61903/3:1:3QS7-899K-C34L?wc=QZ7W-SYT%3A323641901%2C323864101%26cc%3D1986782&cc=1986782&i=2 (Zugriff: 10.08.2025).

122 Auf der Deutschen Allgemeinen Ausstellung für Unfallverhütung 1889 in Berlin, bei der auch die »Wohlfahrt der Arbeiter« berücksichtigt wurde, präsentierte das Unternehmen den Plan eines dieser Arbeiterwohnhäuser. Es sind keine Abbildungen oder weiteren Informationen hierzu erhalten; vgl. *Deutsche Allgemeine Ausstellung für Unfallverhütung Berlin 1889: Ausstellung für Industrie, Bergbau, Baugewerbe, Landwirtschaft, Schiffahrt, Verkehrsgewerbe etc. aus den Gesichtspunkten der Unfallverhütung, der Gewerbehygiene und der Wohlfahrt der Arbeiter*, Berlin 1889, S. 197.

123 Für die anderen Standorte gibt das Unternehmen folgende Zahlen an: 28 in Koritschan, 52 in Bistritz, 30 in Wsetin, 10 in Hallenkau und 11 in Radomsk; vgl. Gebrüder Thonet Wien, *Institutionen*, TMW, 749 PP.

124 »Die Wohnungsgröße von 35 m² (Zimmer und Küche) galt als Norm für einen Arbeiterhaushalt.« Sandgruber, *Die Anfänge der Konsumgesellschaft*, S. 344.

125 Vgl. ŠA NR, Archiv-Box 15, TU, Inv. 79/80; hier auch die detaillierten »Kostenanschläge« des örtlichen Bauunternehmers Jozef Rajnoha vom Februar 1887.

126 »Liebe Kinder! Ich habe gestern den Plan und einzelne Zeichnungen an euch abgeschickt, beikommend folgt nun auch der Kostenanschlag, ich habe nicht geglaubt daß die Sache so hoch käme, aber schlechter, einfacher und billiger können und dürfen wir nicht bauen, aus inliegendem wirst du ersehen daß 2 ebenerdige Häuser mit 8 Wohnungen 557 fl höher kommen als ein 1 stöckiges mit 8 Wohnungen, statt 30 fl Zins käme dann jede 35 fl.« Michael Thonet an die Herrn Gebr. Thonet Gr. Ugrocz, Post Oszlán, Ungarn, Wien, 17. März 1870, ŠA NR, Archiv-Box 57, TU, (Abb. 33).

127 »[...] die längsten Klötze brauchen ja nur 28 ½ F[uß] l[ang] und oben 15 Zoll dick zu sein dies giebt 2 Tramen [süddeutsch für Balken] [Zeichnung] von dem Giepfel kann das Dachgespärr [die sich gegenüberliegenden Sparren] gemach[t] werden, ich habe jedem Professionisten die Zeichnungen klar und deutlich gemach[t], wenn darauf richtig gearbeitet wird muß alles klappen [...].« ebd., vgl. auch: Abb. 33.

128 Vgl. Gebrüder Thonet Wien, *Institutionen*, TMW, 749 PP.

129 Diesen Vertrag erwähnt der Forstmeister Frieb in einem Schreiben an Julius Thonet. Der Vertrag selbst liegt nicht vor; vgl. Schreiben des Forstmeisters Johann Frieb an Julius von [sic] Thonet, Veľké Uherce, 30. Oktober 1924, ŠA NR, Archiv-Box 52, TU.

130 Im 19. Jahrhundert bezeichnete man Einrichtungen, in denen Kinder vor dem schulpflichtigen Alter tagsüber betreut wurden, mit einer Vielzahl von Namen: Warteschule, Spielschule, Bewahranstalt, Strickschule, Kleinkinderschule, Suppenschule, Aufsichtsanstalt, Kinderpflege, Kindersaal, Kinderasyl, Aufbewahrungsanstalt und Verwahrschule. Grundsätzlich entsprechen diese Einrichtungen unserem heutigen Kindergarten.

131 Vgl. Gebrüder Thonet Wien, *Institutionen*, TMW, 749 PP.

132 Vgl. *Bericht über die Deutsche Allgemeine Ausstellung für Unfallverhütung*, III: Asylhäuser. Waisenhäuser, Kinderverwahranstalten. Schulen., S. 897–906.

133 Gebrüder Thonet Wien, *Institutionen*, TMW, 749 PP.

134 Ebd.

135 Talos, *Staatliche Sozialpolitik in Österreich*, S. 20.

136 »Eine wesentliche Voraussetzung für eine Änderung in der Wahrnehmung von Lohnarbeiterproblemen ist der – im Vergleich zu 1848 – merkbar in Gang gekommene kollektive Bewußtseinsprozeß von Teilen der Lohnarbeiterschaft über ihre sozialen Verhältnisse.« ebd., S.20.

137 Ebd., S. 49

138 Ebd., S. 62; So gab es viele Streitpunkte, etwa bei der Frage des Versichertenkreises, ob beispielsweise auch Arbeitende in der Land- und Forstwirtschaft versichert werden mussten, für welche Betriebe in welcher Größe, ja sogar Betriebsteile das Gesetz gelten sollte, so dass schließlich zwölf verschiedene Gefahrenklassen definiert wurden, nach denen der prozentuale Anteil der von der Lohnsumme abhängigen Beiträge berechnet wurde; vgl. Gesetz vom 28. December 1887, betreffend die Unfallversicherung der Arbeiter, in: *Reichsgesetzblatt*, I. Stück., S. 1–14, hier: Gefahrenclassen, § 14.

139 Berghoff, *Moderne Unternehmensgeschichte*, S. 232.

140 Reinhard Lahr, Ausweitung der Produktion, Zur Firmengeschichte der Thonet-Fabriken, in: Löber (Hrsg.), *Thonet*, S. 89–99, hier S. 99.

141 Julius Post, *Musterstätten persönlicher Fürsorge von Arbeitgebern für ihre Geschäftsangehörigen*, Bd. 1, Die Kinder und jugendlichen Arbeiter, Berlin 1889, S. 12.

142 Carl Hilt, Wohlfahrtseinrichtungen der »Vereinigungs-Gesellschaft für Steinkohlenbau im Wurm-Revier«, in: Franz Hitze (Hrsg.), *Arbeiterwohl, Organ des Verbandes Katholischer Industrieller und Arbeiterfreunde*, Siebenter Jahrgang, Viertes und fünftes Heft, Köln 1887, S. 85–98, hier S. 97.

143 Ebd., S. 97.

8. Die Fabriken

1 *Wiener Zeitung*, Nr. 7, 10. Januar 1858, S. 86 [Einfügung im Original].

2 Vgl. Kauf- und Liefervertrag vom 14. August 1855, MZA; der Verkauf erfolgte durch das Handelsunternehmen H. Wittgenstein & J. Figdor und Söhne. Die beiden Familien waren auch privat verbunden. Hermann Wittgenstein (1802–1878) heiratete 1839 Franziska Figdor (1814–1890), Tochter des Wilhelm (1793–1873) und Schwester des Gustav Figdor (1816–1879). Das Unternehmen H. Wittgenstein & J. Figdor und Söhne war im Banken- und Immobiliengeschäft tätig.

3 FL. C.M. = Gulden Conventions Münze

4 Koritschan mit dem noch unbebauten späteren Fabriksgelände »za Miesteczkem«, 1827, ÚAZK, Mähren und Schlesien, Císařský otisk SK: 1277-1-002, Signatur: B2/a/6MS

5 Kauf- und Liefervertrag vom 14. August 1855, MZA.

6 Vgl. Peter Ellenberg, Von der Schreiner-Manufaktur zur Möbelfabrik, in: Nollert (Hrsg.), *Thonet & Design*, S. 68–73, Abbildung eines der Wechsel S. 70, Bild 3, ohne Nachweis.

7 Vgl. Kauf- und Liefervertrag vom 14. August 1855, MZA.

8 »Verbinden sich die He. Gebrüder Thonet [...] ein Gebäude von 20 sage zwanzig Klafter Länge und 6 sage sechs Klafter Breite [circa 38m x 11m] auf ihre Kosten solid und dauerhaft unter Ziegeldach herzustellen und darin eine Dampfmaschine von wenigstens 6 sage sechs Pferdekraft gleichfalls auf ihre Kosten aufzustellen.« ebd.

9 Vgl. ebd.

10 Nachtrag zum Kauf- und Liefervertrag vom 14. August 1855, 11. September 1856, MZA.

11 Vertrag der Gebrüder Thonet mit Caspar Biber über die Lieferung von Dachziegeln, Koritschan, 9. März 1856, MZA.

12 »Im Jahre 1856 kam ich (nach Austritt aus der Schule) zu den Eltern nach Koritschan, wo ich Vater bei der Bauaufsicht helfen durfte und böhmisch lernen mußte [...].« Tischrede des Jakob Thonet [Einfügung im Original], Archiv Thillmann; wie auf dem Katasterplan für die Jahre 1877 – 1906 zu sehen, wurden auf dieser Parzelle später Arbeiterwohnhäuser errichtet, (Abb. 35 und 36, Karte II).

13 »Wir übersenden Euch abermals fl. 200 und hoffen, daß ihr damit für jetzt auskommen werdet.« Franz Thonet an die Eltern und Brüder in Koritschan, Wien, 2. Mai 1856, Archiv Neue Sammlung.

14 Franz Thonet an die Eltern und Brüder in Koritschan, Wien, Dezember 1856, ebd.

15 »12 Schraubböcke, 1 Bettstelle nebst Strohmatratze, 1 Korb mit Rettich und Salat, 28 Speck, 1 Cntr. Schellak, 1 Cntr. Leim, die Weinreben, die ihr gleich bei der Ankunft ins Wasser stellen müßt. Modellier-Erde die gleich in den Keller muß, zuerst aber begossen wird. Platzer hat einen Kasten, 1 Bettstelle 1 Matratze und 1 Haferl mit Schmalz für seine Frau geschickt nebst 1 Pack Rohr. Die Bohrer worunter wir Bohrstengel verstehen, werden wir mitbringen. Strohhüte haben wir auch mitgeschickt. Hobelbänke und Werkzeug haben wir keines mehr.« Franz Thonet an die Eltern und Brüder in Koritschan, Wien, 28. Mai 1857, ebd.

16 Vgl. Franz Thonet an die Eltern und Brüder in Koritschan, Wien, 15. Januar 1857, ebd.

17 Vgl. Franz Thonet an die Eltern und Brüder in Koritschan, Wien, 9. Dezember 1856, ebd.

18 »Wir werden Euch nächstens Buchenholz schicken damit ihr die Kanapeeschlingen stärker machen könnt. [In] [d]ie zusammengepassten von der vorletzten Sendung passen die Rückfiguren gar nicht in die Lehnen, wir hätten weniger Arbeit damit wenn sie gar nicht zusammengesetzt wären. Bei den kleinen Kanapee mußten wir die ganzen Figuren herausdrehen damit man sie nur gebrauchen konnte.« Franz Thonet an die Eltern und Brüder in Koritschan, Wien, 28. Mai 1857, ebd.

19 Franz Thonet an die Eltern und Brüder, Wien, 29. April 1857, ebd.

20 In den beiden folgenden Jahren erhöhte sich die Zahl der in Koritschan Beschäftigten von 240 im Januar 1858 bis auf 300 im Jahr 1860; vgl. handschriftlich verfasste Firmengeschichte, 1919, MZA; auch in: Exner, *Das Biegen des Holzes*, S. 40.

21 »[...] wir wollen eine ordentliche Inventur machen, weil von diesem Jahr angefangen extra gestempelte Bücher darüber geführt werden müssen [...].« Franz Thonet an einen der Brüder, Wien, 21. Dezember 1857, Archiv Neue Sammlung; diese detaillierten schriftlichen Aufstellungen liegen allerdings erst ab 1874 vor, frühere sind nicht bekannt. Es finden sich in dem Jahresausweis von 1874 zwar einige wenige Hinweise und Zahlen für die vorhergehenden Jahre, die allerdings nur bis 1871 zurückreichen; vgl. Jahresausweis der Fabriken 1874, Mappe Victor Thonet, Archiv Heimo Keindl.

22 Mit dem Begriff »Gesammtabsendungen« – auch »Gesamt-Absendungen« – wurden in den Jahresausweisen einmal die Produktionszahlen des gesamten Sortiments für das jeweilige Jahr angegeben, detailliert aufgeschlüsselt nach Möbeltyp und der jeweiligen Modellnummer (Abb. 39 und 40). Darüber hinaus wurden aber auch die Gesamtzahlen vom Produktionsbeginn 1857 bis zum Jahr des jeweils aktuellen Jahresausweises zusammengefasst. Bis 1899 unterschied man hierbei lediglich zwei Kategorien: »Sessel« und »Diverse«, ab 1900 fand dann eine Differenzierung statt. Bei den Sesseln wurden ab diesem Jahr die Zahlen für das weitaus größte Segment, die Konsummodelle, hier Nrn. 14, 18, 14 ½, 18 ½, 20, 56 und 114–120 separat aufgeführt, der Rest dann unter »Diverse Sessel« subsumiert (Abb. 43); bei allen anderen Möbeln unterschied man lediglich nach Typen, beispielsweise Kaminsessel und -fauteuils, Schaukel-, Kinder- und Gartenmöbel und noch andere, wobei dann

jeweils die Zahlen für jede der sieben Fabriken und die Gesamtzahl innerhalb des entsprechenden Zeitraums angegeben wurde.

23 Vgl. für Karte II: Evidenzkarte, 1877–1906, Koritschan, ÚAZK, Mähren und Schlesien, Katastrální mapa evidenční 1277-1A_02, Signatur: B2/a/14MS; für Karte III: Evidenzkarte, 1906–1943, Koritschan, ÚAZK, Mähren und Schlesien, Katastrální mapa evidenční 1277-1C_02, Signatur: B2/a/14MS; nach Auskunft von Herrn Miroslav Kronus, Zentralarchiv für Landesvermessung und Kataster in Prag, handelt es sich bei diesen beiden Karten um sogenannte Evidenzkarten, die für die Aufzeichnung von Veränderungen im Kataster innerhalb eines bestimmten Zeitraums benutzt wurden. Insofern bilden sie nur einen Zeitraum, nicht aber den Bestand für ein bestimmtes Jahr ab. Mail von Miroslav Kronus vom 6. Mai 2020.

24 Am 7. Mai 1870 wurde die Fabrik durch ein Feuer größtenteils zerstört.

25 Vgl. Berechnungen zum Assekuranz-Antrag 1890/94, Gebäude – Maschinen, Waaren etc. u. Material Bestände Fabrik Koritschan, Oktober 1889, ŠA NR, Archiv-Box 55, TU, Inv. 214, Továreň Koričany 1889–1922. Die verschiedenen Fabrikgebäude werden mit H bis P bezeichnet, wobei sich die unter diesen Buchstaben subsumierten Gebäudeteile auf einen sogenannten »Situationsplan« beziehen, welcher allerdings nicht vorliegt.

26 »Obgleich sofort Hilfe zur Hand war, brannte das große Fabriksgebäude innerhalb von vier Stunden fast ganz nieder. Aus den Magazinen, wo mehrere tausend Möbelstücke in Stroh verpackt zur Versendung bereit lagen, konnte kaum der zwanzigste Theil gerettet werden. Die kostbaren Maschinen und große Vorräthe theurer Holzgattungen fielen ebenfalls dem Elemente zum Opfer. Für den Moment sind 1.400 Arbeiter, die in der Fabrik Arbeit fanden, ohne Beschäftigung.« *Neue Freie Presse*, 9. Mai 1870.

27 Dies erregte Aufmerksamkeit bis nach Boppard, wo sich Michael Thonet jun. zu dieser Zeit eine Villa bauen ließ; vgl. Bopparder Zeitung, 2. Februar, 1884; sogar Zeitungen in England, wo das Unternehmen mittlerweile zahlreiche Verkaufsstellen hatte, berichteten über dieses Unglück;; vgl. *Huddersfield Daily Examiner*, 4th February 1884, *The Daily News* (London), 4th February 1884 und *Dorset County Chronicle*, 7th February 1884.

28 Vgl. auch: Abb. 13.

29 Die These, dass Bugholzstühle »ein sehr frühes Beispiel dafür [sind], wie die konsequente Anwendung der neuen Techniken zu neuen, ihnen entsprechenden Formen führen konnte«, gilt daher nicht für alle Modelle. Die neue Technik kam bei den klassischen Modellen noch nicht zum Tragen. Erst mit der sogenannten Konsumware zeigte sich das ganze Potential des neuartigen Verfahrens; vgl. Christiane Wachsmann, Die Gründerzeit, in: Arno Votteler, *Wege zum modernen Möbel*, Stuttgart 1989, S. 13–23, hier S. 19.

30 König, Maschinisierung, Massenproduktion, Rationalisierung. Zur Produktentstehung im 19. Jahrhundert, in: Kleinschmidt/Logemann (Hrsg.), *Konsum im 19. und 20. Jahrhundert*, S. 165–190, hier S. 176.

31 Nicht Louis Sullivans berühmtes Dictum: »form follows function«, sondern »form follows manufacturing« war hierbei der Leitspruch. Die Thonets haben diesen Sessel nicht »designt«, seine Form ist die perfekte Umsetzung an die Erfordernisse eines neuartigen industriellen Herstellungsverfahrens.

32 Beispielhaft einige Zahlen für 1876, das Jahr, für das erstmals gesicherte Zahlen vorliegen. 1876 produzierte das Unternehmen insgesamt 504.489 Sessel, davon 434.246, somit mehr als 86 % Konsumware, von der wiederum alleine die Nr. 14 mit 326.797 Stück mehr als 75 % ausmachte; vgl. Gesammtabsendungen 1876, Jahresausweis der Fabriken 1876, Mappe Victor Thonet, Archiv Heimo Keindl; vgl. für den Zeitraum von 1857 bis 1914 auch die Grafiken 10 und 11.

33 Es wäre reizvoll, diese Zuständigkeiten einzelner Fabriken für bestimmte Modelle oder auch Möbeltypen im Detail aufzuschlüsseln, doch würde dies über den Rahmen dieser Arbeit hinausgehen. Die Differenzierung findet sich nicht nur bei Sitzmöbeln, sondern ebenso bei Tischen, Schaukel- oder Gartenmöbeln und auch bei Kinder-, Salon- oder Schreibmöbeln. Doch waren es am Ende die einfachen Sessel, mit denen das Unternehmen mehr als 80 Prozent seines Umsatzes machte, weshalb dieses Sortiment in allen Fabriken erzeugt werden musste.

34 Der Großteil der Informationen aus der Bauphase stammt aus dem bereits erwähnten Konvolut von 25 Briefen, die Michael Thonet vom 22. Juni bis zum 30. Dezember 1860 aus Bistritz an die Söhne schickte; vgl. auch: Anm. 21, S. 431.

35 Gebrüder Thonet, *Bystritz am Hostein, Zur Feier des 50-jährigen Bestandes, 2. Juli 1911*, Bistritz 1911. Hier wird als Baubeginn das Frühjahr 1861 genannt, doch die Briefe Michael Thonets belegen, dass er sich bereits ab Juni 1860 in Bistritz befand und die Bauarbeiten, die schon begonnen hatten, beaufsichtigte; vgl. Brief von Michael Thonet an die Söhne, Bistritz, 22. Juni 1860, MZA.

36 Brief des k. k. Bezirkshauptmanns an die Thonetsche Möbelfabrik in Bistritz, Holleschau, 4. Februar 1884, MZA.

37 Vgl. Plan der Schleppbahn zur Bystritzer Möbelfabrik der Firma Gebr. Thonet in Wien, Wien, im April 1909, MZA.

38 »Im Grunde des provis. Gesetzes über die Gebühren von Rechtsgeschäften, Urkunden, Schriften und Amtshandlungen [...] wird die Gebühr von der Eigenthumsübertragung eines Ackerantheiles pr 1 Joch 590 1/3 Th von der Parzelle Nr. 403 im [...] Dubiyek [?] bei Bistritz, laut Kaufvertrag vom 20. März 1860 dem Herrn Michael Thonet senior in Bistritz [es folgt eine Auflistung der Gebühren] mit fünfzehn Gulden 42 fl. öW bemessen.« Zahlungsauftrag an Michael Thonet sen. in Bistritz, 28. August 1860, MZA; in Österreich betrug der Flächeninhalt eines Jochs für Äcker zu dieser Zeit 5.750 m^2.

39 Vgl. ÚAZK, Bystřice pod Hostýnem, 1831, Inventární číslo: 315, Signatur: B2/a/6MS. Heute befindet sich auf dem Areal die Firma TON, die dort immer noch Bugholzmöbel fertigt.

40 Vgl. Anm. 21, S. 431.

41 Die Gebrüder Thonet hatten am 8. Januar des gleichen Jahres ein Privileg auf die Erfindung einer neuen Konstruktion von Wagenrädern erhalten, wovon sie sich gute Geschäfte mit dem Militär und auch den Bus Companien – vor allem in London – versprachen. So wurde dieses Patent neben anderen Staaten auch in England angemeldet. »1065. And Franz Thonet, of the firm of Thonet Brothers, of Vienna, in the empire of Austria, Manufacturers, has given the like notice in respect of the invention of ›improvements in the construction of wooden wheels.‹« *The London Gazette*, September 4th 1860, S. 3264. Doch waren die Thonets mit ihren Wagenrädern weder in England noch anderswo erfolgreich. Im Juli schrieb Franz, der die Räder dem Kriegsministerium in London angeboten hatte, nach Wien: »Die Antwort vom Arsenale und Kriegsministerium habe ich erhalten. Sie wollen diese Construktion adaptieren, uns aber nichts zahlen, weil dieselbe schon in Indien im Gebrauche ist. Ob dieses wahr ist oder nicht hätten wir zu untersuchen. Hier in London sagt uns aber jedermann es ist neu, und die Regierung sucht uns nur auf diese Weise zu umgehen.« Franz Thonet an Eltern und Brüder in Wien, London, 16. Juli 1860, Archiv Neue Sammlung. Auch in Österreich, Preußen und Frankreich lehnten die Militärs eine Übernahme des Patents ab, grundsätzlich mit der gleichen Begründung wie in England, dass man alte Zeichnungen gefunden habe, die diese Konstruktion schon zeigten. Das Privileg in Österreich wurde schließlich am 8. Juli 1865 wieder zurückgegeben; vgl. *Amtsblatt zur Wiener Zeitung*, Nr. 230, 7. Oktober 1865, S. 631. Es ist anzunehmen, dass es auch in den anderen Staaten zu dieser Zeit aufgelassen wurde.

42 Michael Thonet an die Söhne, Bistritz, 22. Juni 1860, MZA.

43 »[...] schick[t] mir doch sogleich 4 Zimmerleute womit ich etwas ausrichten kann mit den hiesigen ärgere ich mich zu Tod, fauler und dümmer ist mir noch niemand vorgekommen eben so sind die Tagwerker ich habe 15 Sclowaken und 6 Zimmerleute zum Dramen [korrekt Tramen, süddt. Bezeichnung für Holzbalken] aufziehen was die Leute so faul und grob sind ist nicht zu ertragen wenn alle in der Umgegend so sind dann haben wir einen schlechten Platz gewählt [...].« Michael Thonet an die Söhne, Bistritz, 4. Juli 1860, MZA.

44 Michael Thonet an die Söhne, Bistritz, 30. Juli 1860, MZA.

45 »[...] schreibt mir morgen nach Wien ich habe wegen der Maschiene mit Nehmet, Zaremba, und dem Kesselmaurer nöthig zu sprechen, auch werde ich die Thür und Fensterbeschläge anschaffen.« Michael Thonet an die Söhne, Bistritz, 30. Juli 1860, MZA.

46 »Ich bin recht froh daß August hierhin kommt ich kann die Leute nicht gut alle überwachen […].« Michael Thonet an die Söhne, Bistritz, 24. Oktober 1860, MZA.

47 Michael Thonet an die Söhne, Bistritz, 19. Dezember 1860, MZA.

48 Vgl. *Michael Thonet, Ein Gedenkblatt*, S. 36.

49 »[…] dann werdet ihr bei eurem Besuch 2 gut möblierte Zimmer mit 4 Betten antreffen.« Michael Thonet an die Söhne, Bistritz, 22. Juni 1860, MZA.

50 Erst im Jahr 1869 wurde die Dampfmaschine durch ein neues Modell der Wiener Firma Topham mit der nahezu doppelten Leistung von 45 HP ersetzt; vgl. Gebrüder Thonet, *Bystritz am Hostein*, S. 6.

51 Vgl. Franz Thonet an den Bruder Josef in Koritschan, London, 1. Juli 1862, Archiv Neue Sammlung.

52 »Habt Ihr denn ein ordentliches Muster von einem Schaukelfauteuil [von Koritschan] nach Bistritz geschickt. Heute habe ich den ganzen Morgen damit zugebracht, einen Bistritzer Schaukelfauteuil zu richten so schief hat derselbe gestanden. Wenn wir nicht in so großer Verlegenheit damit wären hätte ich ihn in Million Trümmer geschlagen.« Franz Thonet an Vater und Bruder in Koritschan, Berlin, 24. Februar 1865, ebd.

53 »[…] die Schlosserwerkstatt müssen wir zuerst fertig machen damit an den Maschienen kann angefangen werden.« Michael Thonet an die Söhne, Bistritz, 28. Juni 1860, MZA.

54 »In Keltsch habe ich wieder ein Lokal aufgenommen, arbeiten dort 32 Rasplerinnen und 20 Flechterinnen […].« Franz Thonet an den Bruder Michael, Bistritz, 3. Oktober 1867, Archiv Neue Sammlung.

55 »In Keltsch waren vorigen Winter 40 Rasplerinnen jetzt 27.« Franz Thonet an den Bruder Michael, Bistritz, 1. November 1868, ebd.

56 Vgl. Arbeiterstand 1884, Jahresausweis der Fabriken 1884, ŠA NR, Archiv-Box 90, TU.

57 Franz Thonet an den Bruder Michael, Bistritz, 7. November 1866, Archiv Neue Sammlung.

58 Vgl. Gebrüder Thonet, *Bystritz am Hostein*, S. 6.

59 Franz Thonet an den Bruder Michael, Bistritz, 4. November 1866, Archiv Neue Sammlung.

60 Böcke meint die sogenannten Biegeböcke, d. h. ein Arbeitsplatz für die Bieger; vgl. Anm. 24, S. 433 und Abb. 46.

61 Franz Thonet an den Bruder Michael, Bistritz, 13. Dezember 1866, Archiv Neue Sammlung.

62 So konstruierte August Thonet 1862, kurz nach Einführung der Fußreifen, hierfür eine spezielle Biegemaschine, welche ebenso zur Herstellung von Sitzringen benutzt werden konnte; vgl. Exner, *Das Biegen des Holzes*, S. 28.

63 Alle Angaben in diesem Abschnitt: Arbeits-Leistung per Tag, Biegerei der Möbelfabrik Nagy Ugrócz, o. D., ŠA NR, Archiv-Box 90, TU.

64 Bei der Konsumware erhielt lediglich Sessel Nr. 15 einen geflochtenen Rücklehneinsatz. Ansonsten waren geflochtene Rücken allein den klassischen Sesseln vorbehalten. Der höhere Preis allerdings war nicht alleine dadurch bedingt, dass der Rücken geflochten wurde, darüber hinaus war auch das Rückenoval aufwändiger herzustellen, da es ja noch verleimt werden musste. Hier betrug die Tagesproduktion im Vergleich zu den in Tabelle 4 aufgeführten Modellen lediglich 100 Stück; vgl. Arbeits-Leistung pro Tag, Biegerei der Möbelfabrik Nagy Ugrócz, Nagy Ugrócz, o. D., ŠA NR, Archiv-Box 90, TU.

65 Gesammtabsendungen in den 25 Jahren 1857–1881, ŠA NR, Archiv-Box 90, TU, Ročne výkazy tovární, (Abb. 42); während es sich bei den Tabellen zu den Gesamtabsendungen in den Jahresausweisen der Fabriken um eine allgemeine Übersicht handelt, finden sich hier wesentlich detaillierte Angaben. Von dieser Art der statistischen Erfassung fanden sich noch weitere für folgenden Zeiträume: »Gesammtabsendungen in den 18 Jahren 1857/1874«, in: Jahresausweis der Fabriken 1874, Mappe Victor Thonet, Archiv Heimo Keindl; »Gesammt-Absendungen der Fabriken im 19ten Jahrhundert (1857 – 1900)«, in: Jahresausweis der Fabriken 1900, ŠA NR, Archiv-Box 90, TU.

66 Sitze Nr. 1 meint glatte trapezförmige Sitze wie bei Sessel Nr. 1, Sitze Nr. 12 kannelierte wie bei Sessel Nr. 12.

67 Vgl. Jahresausweis der Fabriken 1879 ŠA NR, Archiv-Box 90, TU.

68 Vgl. ebd.

69 Für den in Frage kommenden Zeitraum liegt lediglich ein Verkaufskatalog vor, in dem dieses Modell allerdings nicht erscheint. Es ist jedoch zu berücksichtigen, dass in den Katalogen nicht immer alle Modelle, die in dem Jahr der Herausgabe des Katalogs produziert wurden, auch aufgeführt sind.

70 Vgl. Jahresausweis der Fabriken 1876, Mappe Victor Thonet, Archiv Heimo Keindl; Jahresausweis der Fabriken 1879, ŠA NR, Archiv-Box 90, TU.

71 Gesamt-Absendungen der Fabriken vom Jahre 1857 bis 1914, Jahresausweis der Fabriken 1914, ŠA NR, Archiv-Box 92, TU, Ročne výkazy tovární.

72 Vgl. Gesammtabsendungen in den 30 Jahren 1857 – 1886, ŠA NR, Archiv-Box 90, TU.

73 Gebrüder Thonet, *Bystritz am Hostein*, S, 6.

74 Vgl. 9.3.5.2 Berlin 1864.

75 Vgl. hierzu die Briefe von Franz Thonet aus den Jahren 1862 bis 1869, Archiv Neue Sammlung.

76 Alle Angaben in diesem Abschnitt: Gebrüder Thonet, *Bystritz am Hostein*, S. 6 – 14.

77 Vgl. Franz Thonet an die Eltern und Brüder, Shootershill, o. D., (vermutlich Mitte Mai 1860), Archiv Neue Sammlung.

78 Vgl. Franz Thonet an den Bruder Michael, Bistritz, 28. Oktober 1865, ebd; vgl. auch: 8.3.5.1. Die Glasfabrik.

79 »Den Schaukelfauteuil Nr 2 haben wir erhalten, Form und Konstruktion sind gut, nur müssen einige wesentliche Veränderungen gemacht werden um demselben mehr Vollkommenheit in Form und Bequemlichkeit zu geben. Der Rücken muß 3 Zoll niederer sein, ist dann immer noch so hoch als wie Nr 1. – Der Rücken muß am Sitze 1 ½ Zoll breiter gestellt werden steht dann im genauen Verhältnis zu unseren anderen Armsesseln, thut dem Auge nicht weh und kann auch eine dicke Person bequem sitzen welches jetzt nicht der Fall ist. Nachdem der Rücken kürzer gemacht, muß er auch nach oben mehr zurück liegen man sitzt jetzt zu gestaucht. Wenn der Rücken breiter gemacht wird, wo er am Sitze angeschraubt ist, kommen auch die Hinterfüße mehr paralell [sic] mit den Läufen zu stehen und sind die Armlehnen besser zum anpassen. Die Form des Sitzes ist auch nicht ganz richtig. Der Sitz steht vorne zu viel in der Höhe und ist die Höhlung nicht genug nach hinten, dadurch ist er so spitz und thut wehe in der Kniekaule.« Franz Thonet an den Bruder Josef in Wien, London, 10. Oktober 1862, Archiv Neue Sammlung.

80 Die Jahre nach 1914 sind nicht berücksichtigt, da die Zahlen kein realistisches Bild zeigen können. »Zwischen 1915 und 1918 lag die durchschnittliche jährliche Inflation bei 84 %. 1918 war das Verbraucherpreisniveau elfmal höher als 1914 […]. 1919 lag die Inflationsrate bei 149 %, 1920 bei 99 %, 1921 bei 205 % und 1922 explodierte sie auf 2.877 %. Insgesamt erhöhte sich das Verbraucherpreisniveau zwischen 1914 und 1924 um knapp das 14.000-Fache.« Christian Beer/Ernest Gnan/Maria Teresa Valderrama, Die wechselvolle Geschichte der Inflation in Österreich, in: *Monetary Policy & the Economy* (Quarterly Review of Economic Policy), Österreichische Nationalbank, Wien 2016, S. 6 – 35, hier S. 15.

81 Vgl. Jahresausweis der Fabriken 1897, ŠA NR, Archiv-Box 90, TU.

82 »In Erwiderung des bezüglichen anhergelangten Einschreitens gebe ich über Allerhöchsten Befehl Euer Wohlgeboren bekannt, dass Seine k. und k. Apostolische Majestät Ihre in Bistritz am Hostein gelegene Fabrik zwischen dem 2. und 4. September l. J. anläßlich der Fahrt aufs Manöverfeld oder gelegentlich der Rückkehr von demselben zu besichtigen geruhen werden.« Schreiben des Generaladjutanten des Kaisers Eduard Graf von Paar, Ischl, 4. Juli 1897, MZA.

83 Vgl. Schriftverkehr der Firma Franz Carl Bisenius mit den Gebrüdern Thonet in Bistritz von Juni bis August 1897, MZA

84 Ad Kaiser-Besuch in der Fabrik Bistritz a. H., 3. September 1897 [Hervorhebungen und Einfügung im Original], MZA. Die Erinnerungstafeln und -plaketten dieses Besuchs – von denen eine an dem Stuhl, auf dem der Kaiser gesessen und eine an dem Schreibtisch, den er benutzt hatte, später angebracht wurden – fertigte das Wiener »Gravur Atelier des Johann Schwerdtner« in der Mariahilferstraße, welches schon das Kunsthistorische Museum in Wien mit hunderten solcher Platten beliefert hatte. Der Stuhl und der Schreibtisch befinden sich heute im Museum der Stadt Boppard.

85 Franz Thonet an den Vater und Bruder [August?] in Bistritz, Berlin, 27. März 1864, ebd.

86 Vgl. Krammer/Nierhaus/Szeless, *Das Wiener Zinshaus*.

87 Vgl. 9.3. Die Filialen, Vorbemerkung.

88 *Fabriks-Anzeiger, Internes Organ der Fabrik Bystritz a/Host*, MZA.

89 Die Nrn. 1 bis 76 (10. Oktober 1903 bis 1. März 1923) befinden sich im MZA.

90 Andere Großunternehmen hatten häufig ebenso eine Mitarbeiterzeitung, die sich allerdings nicht nur an die leitenden, sondern an alle Mitarbeiter richtete. Sie erschien beispielsweise ab 1910 »Die Erholung«, eine Zeitschrift des Unternehmens Bayer oder ab 1919 der »Bosch Zünder«, eine Mitarbeiterzeitschrift der Robert Bosch GmbH.

91 Vgl. *Thonet-Mundus Zentralanzeiger*, MZA.

92 Von 1911 bis 1929 erschienen insgesamt 182 Ausgaben, lediglich 24 befinden sich im Bestand des MZA.

93 »Alle Schreibfauteuil Typen Nr. 3 erhalten von nun an Lehnfüsse, welche vom Sitz hinauf zylindrisch gedrechselt und an der Vorderseite flach abgefräst sind.« *Fabriks-Anzeiger, Internes Organ der Fabrik Bystritz a/Host.,* 25. August 1911, MZA.

94 Vgl. *Fabriks-Anzeiger, Internes Organ der Fabrik Bystritz a/Host*., 7. August 1911, MZA.

95 Vgl. *Vorschriften für die möglichste Verhütung eines Fabriksbrandes*, Bystritz am Hostein, August 1913, MZA.

96 »Die großen Vorräthe an Möbeln, die Maschinen, ja sämtliche Einrichtung der Fabriksbesitzer sind ein Raub der Flammen geworden. […] Der Schaden ist ungeheuer; das Unglück trifft aber auch die Hunderte von Arbeitern, welche guten Verdienst in der Fabrik fanden und nun wenigstens momentan mit ihren Familien darben müssen.« *Die Neue Zeit*, Nr. 30, 6. Februar 1873; vgl. auch: *Wiener Zeitung*, Nr. 30, 6. Februar 1873; *Linzer Volksblatt,* Nr. 30, 6. Februar, 1873.

97 Vgl. *Deutsches Volksblatt für Mähren*, Nr. 24, 12. Juni 1874.

98 2008 wurde die Villa vollständig in ihrem ursprünglich äußeren Zustand wiederhergestellt, heute beherbergt sie die Verwaltung und Ausstellung des Unternehmens TON. Bis 1953 verwendete diese damals staatliche Firma noch die Firmenbezeichnung »Thonet«, durfte sie dann aber aufgrund internationaler Markenrechte nicht mehr nutzen und nannte sich »Továrny ohýbaného nábytku« (Fabriken für gebogene Möbel), abgekürzt »TON«. Als Erinnerung an die Anfänge befindet sich neben dem Haupteingang dieses Gebäudes heute eine bronzene Gedenktafel mit dem Porträt Michael Thonets, einem Werk des Wiener Künstlers Peter Breithut aus dem Jahr 1904.

99 *Deutsches Volksblatt für Mähren*, Nr. 24, 12. Juni 1874.

100 Vgl. *Satzungen der Gebr. Thonetschen freiwilligen Fabriks-Feuerwehr in Groß Ugrócz, errichtet am 20ten Mai 1873 durch Herrn Franz Thonet* (im Folgenden: Satzungen), Archiv der Feuerwehr Veľké Uherce, o. D., o. S.

101 Vgl. Dienst-Vorschriften, in: *Satzungen*, ebd.

102 Satzung 2, in: *Satzungen*, ebd.

103 »Bei auswärtigen Bränden hat sich bloß die Bereitschaft zu versammeln.« Vorschriften beim Brande, 3., in: *Satzungen*, ebd.

104 Vgl. Fabriks Wache, in: *Satzungen*, ebd.

105 Vgl. *Gedenkbuch der Gross-Ugroczer Freiwilligen Fabriks-Feuerwehr,* Unterschriften von Franz und Josef Thonet, Maria Thonet (geb. Dieblich, Frau von Josef), Bertha Thonet (Tochter von Josef und Maria) und Phoebe Bovingdon, Schwester von Franz' verstorbener erster Frau Caroline, Archiv der Feuerwehr Veľké Uherce.

106 Gebrüder Thonet Wien, *Institutionen*, TMW, 749 PP.

107 Gebrüder Thonet Wien, *Institutionen*, TMW, 749 PP.

108 Vgl. Gebrüder Thonet Wien, *Institutionen*, TMW, 749 PP.

109 »In jeder unserer Fabriken besteht eine wohlorganisirte, 80 bis 120 Mann starke Feuerwehr.« Gebrüder Thonet Wien, *Institutionen*, TMW, 749 PP.

110 Nach den Aufzeichnungen in dem Jahresausweis von 1888 beschäftigte das Unternehmen in diesem Jahr 5.607 Arbeiter; vgl. Arbeiterstand 1888, Jahresausweis der Fabriken 1888, ŠA NR, Archiv-Box 90, TU.

111 Berghoff, *Zwischen Kleinstadt und Weltmarkt*, S. 113.

112 Gebrüder Thonet Wien, *Institutionen*, TMW, 749 PP.

113 »Im Jahre 1874 gründete August Thonet die Fabriksfeuerwehrmusikkapelle.« Gebrüder Thonet, *Bystritz am Hostein*, S. 8; vgl. auch: Anm. 289, S. 460.

114 Gebrüder Thonet Wien, *Institutionen*, TMW, 749 PP.

115 Vgl. auch: Tabelle 1.

116 Vgl. Jahresausweise der Fabriken 1915 bis 1919, ŠA NR, Archiv-Box 92, TU.

117 *Fabriks-Anzeiger, Internes Organ der Fabrik Bystritz a/Host.*, 19. August 1920, MZA.

118 Franz Thonet an den Vater und die Brüder, Berlin, 5. Juni 1865, Archiv Neue Sammlung.

119 Vgl. József Sisa, Alois Pichl. Die Tätigkeit eines Wiener Architekten in Ungarn während der ersten Hälfte des 19. Jahrhunderts, in: *Acta historiae artium, Academiae scientiarium Hungaricae*, Akadémiai kiadó, Budapest 1982, S. 67–116, Schloss Nagyugrócz, S. 98–106.

120 Bei dieser Entscheidung spielten vermutlich auch wirtschaftliche Gründe eine Rolle, da der ungarische Adel nach der Aufhebung der sogenannten Zwischenzolllinie 1851 erstmals Steuern zahlen musste. »Die Steuerfreiheit des Adels, die erst die Revolution von 1848 beseitigte, bedeutete nicht weniger, als daß ungefähr 700.000 Gutsbesitzer, größtenteils auf mittlerer Einkommensstufe, keine Steuern bezahlten.« Robert A. Kann, *Geschichte des Habsburgerreiches 1526 bis 1918*, Wien/Köln/Weimar, [3]1993, S. 265; auch David F. Good: »Nach der Niederschlagung des ungarischen Aufstandes durch vereinigte russische und habsburgische Truppen wurde Ungarn wieder Teil des Reiches. Später, im selben Jahr, wurde die Steuerfreiheit des ungarischen Adels aufgehoben und eine allgemeine Steuerpflicht eingeführt.«, David F. Good, *Der wirtschaftliche Aufstieg des Habsburgerreiches 1750–1914*, Wien/Köln/Graz 1986, S. 76; grundsätzlich zur Einführung der Zollunion zwischen Österreich und Ungarn vgl. John Komlos, *Die Habsburgermonarchie als Zollunion, die Wirtschaftsentwicklung Österreichs-Ungarns im 19. Jahrhundert*, Wien 1986, Kapitel I., Die Reformen der Jahrhundertmitte, S. 25–39.

121 Josef Thonet leitete nie eine der zahlreichen Fabriken des Unternehmens, sondern war als Leiter der Wiener Zentrale zuständig für alle kaufmännischen Angelegenheiten. Während Franz europaweit unterwegs war und die übrigen Brüder zwischen ihren Wohnsitzen in der Nähe der Fabriken und Wien pendelten, war sein Lebensmittelpunkt die Hauptstadt. Josef war verheiratet mit Maria Dieblich, das Paar hatte zehn Kinder. Von den drei Söhnen verstarb der 1862 geborene Rudolf bereits 1869, von den sieben Töchtern die 1866 geborene Olga bereits im Jahr ihrer Geburt, eine zweite, die 1868 geborene Emma, mit vier Jahren. Die Familie wohnte stets in Wien, ab 1865 in der Großen Stadtgutgasse 42, wo auch Michael Thonet ab diesem Jahr lebte. In den nächsten Jahren wechselte die Wohnadresse der Familie mehrmals: ab 1874 Augarten-Alleestrasse, ab 1875 dann Kaiser-Josephstrasse 40. Josef Thonet verstarb nach längerer Krankheit am 22. August 1887 auf seinem Gut in Maria Enzersdorf. Josef Thonet war bereits seit 1863 Mitglied im Niederösterreichischen Gewerbeverein, hatte einen Verwaltungsratsposten bei dem Länderbanken Verein inne und war Vorstandsmitglied des technologischen Gewerbemuseums in Wien. Trägt man das wenige zusammen, was noch an weiteren verstreuten Informationen über ihn bekannt ist, ergibt sich das Bild eines Mannes, dessen Stärken im administrativen Bereich und in allen Angelegenheiten lagen, die sich von der Zentrale in Wien aus koordinieren und organisieren ließen; vgl. auch den Nachruf in: *Mährisch-Schlesischer Correspondent*, Nr. 192, 25. August 1887.

122 »Liebe Kinder [,] Ihr werdet wohl von hier benachrichtigt sein daß uns eine paßende Herrschaft vom Grafen Keglevich angebothen wurde, zu deren Besichtigung Josef und August heute abgereist sind, bei ihrer Zurückkunft werde ich mit August fahren und einige Tage dort bleiben, und dann nach Koritschan kommen [...].« Michael Thonet an die Söhne, Wien, o. D., (vermutlich Anfang April 1865), MZA.

123 Josef Thonet an den Bruder Michael in Koritschan, Wien, 13. April 1865, MZA.

124 Josef schrieb dem Vater, dass der Graf davon gesprochen habe, dass er beabsichtige, in Ugrócz eine Fabrik für Zündhölzer zu gründen, woraufhin er, Josef, ihn darauf aufmerksam machte, dass man hierzu vor allem Nadelholz brauche, wovon es jedoch keines in Ugrócz gebe; vgl. Josef Thonet an den Vater, Wien, 29. Mai 1865, MZA.

125 Josef Thonet an den Vater und Bruder [August?], Pesth, 9. Juni 1865, MZA.

126 »Auf mein letztes Schreiben habe ich von Josef die Antwort heute erhalten und ihm auch in Betreff des zu kaufenden Gutes meine Rathschläge eingeschickt, es handelt sich nicht allein darum, daß dieses Gut vortheilhaft für uns sei, sondern auch sich zu vergewissern, daß darauf keine Lasten und Verbindlichkeiten haften, die es am Ende nicht mehr zum Vortheile erscheinen lassen, dann welche Beamten darauf sind, welchen Ertrag das Gut abgeworfen hat, welche Lasten an Steuer, Zehnten (Ungarn) Beitrag zu Kirchen, Schulhaus, Straßenbauten oder sonstigen Verbindlichkeiten. Besonders habe ich Josef aufgetragen, die ganze Schloßeinrichtung mitzukaufen, alles was zu Garten, Park Stall und Hof gehört, Wagen u. Pferd überhaupt Alles was für uns brauchbar ist, oder sein kann. Wenn es einmal zum Abschluß kommt, so geht dieser ganze Kram umsonst mit, den wir uns sonst für theures Geld kaufen müssen. Kostet nur ein Federzug [...].« Franz Thonet an den Bruder Michael in Koritschan, Berlin, 10. Juni 1865, Archiv Neue Sammlung.

127 Josef Thonet an den Vater und Bruder [August?] [Hervorhebungen im Original], Wien, 13. Juni 1865, MZA.

128 Josef Thonet an Franz [Hervorhebung im Original], Wien, 13. Juni 1865, MZA.

129 »Das Dach wird mit Schindeln gedeckt, hier kann man bauen wie man will, braucht keine Anzeige. Wenn wir ein Certifikat haben, daß die gekauften Kessel probiert wurden, ist hier gar keine Kesselprobe nöthig. Wenn wir alles mit Stroh decken fragt auch Niemand darnach.« Franz Thonet an den Bruder Michael, Groß Ugrotz, 24. August 1865, Archiv Neue Sammlung.

130 Franz Thonet an den Bruder Michael, Groß Ugrotz, 18. September 1865, ebd.

131 »Der Contrakt mit den Kameralischen ist abgeschlossen.« Franz Thonet an den Bruder Michael, Groß Ugrotz, 18. August 1865, ebd.

132 »Die [Teile für] Sessel Nr 14 die wir von Ugrotz bekommen genügen durchaus nicht unserem Bedarfe zudem verhindert der schlechte Weg auch den schnelleren Transport.« Franz Thonet an den Bruder Michael, Bistritz, 20. Januar 1866, ebd.

133 »Vorräthige rohe gebogene Waaren [aus Groß Ugrócz] haben wir keine. Gestern sollten die Fuhren kommen sind aber heute noch nicht da. Bei diesem schlechten Wetter werden wol 2 Tage bis Brumov und von dort her auch 2 Tage gebraucht werden.« Franz Thonet an den Bruder Michael, Bistritz, 27. Oktober 1866, ebd.

134 Franz Thonet an den Bruder Michael, Ugrotz, 24. September 1866, ebd.

135 »Auf dem Gestrigen Holleschauer Markte war gar nichts zu kaufen, waren nur Schindmähren dort. 4 Pferde habe ich früher gekauft, von denen Dienstag 3 nebst Wagen nach Ugrotz gehen werden um zwischen U.[grócz] + Koritschan gebraucht zu werden. Du brauchst also keine Pferde für U. zu kaufen. Jetzt muß ich noch 2 Pferde haben um 1 Fuhrwerk einzurichten die direkt zwischen hier und Ugrotz gehen, sonst bekommen wir zu wenig Sessel.« Franz Thonet an den Bruder Michael, Bistritz, 14. Dezember 1866, ebd.; vgl. auch den Brief von Jacob Henrich aus dem Jahr 1873, in dem er von etwa 60 Pferden spricht, die allein in Koritschan für Transportleistungen zur Verfügung stehen müssen; Jacob Henrich an die Familie in Boppard, Koritschan, 9. September 1873, Faksimile und Transkription in: Löber, Jacob Henrich, in: ders. (Hrsg.), *Thonet*, S. 44–46.

136 »Ich kann hier auf 1000 Metzen Hafer abschließen minimum 46 [Zeichen nicht lesbar] zu 2 fl. 5x, den ich für Koritschan kaufen will [...].« Franz Thonet an den Bruder Michael, Bistritz, 2. März 1867, Archiv Neue Sammlung. »Metzen« ist der Name eines alten Hohlmaßes u. a. für Getreide. Der Inhalt ist je nach Land oder Region unterschiedlich. Der Metzen in Österreich, Mähren und Ungarn betrug 61,487 Liter; »X« oder »x« wird häufig als Abkürzung für die Währungsbezeichnung »Kreuzer« verwendet.

137 Franz Thonet an den Bruder Michael, Bistritz, 13. Februar 1867, Archiv Neue Sammlung.

138 »Sobald der Ingenieur [der Eisenbahngesellschaft] angekommen ist, so schreibe mir, wir werden ihn dann zusammen in die Arbeit nehmen.« Franz Thonet an einen der Brüder, Bistritz, 14. März, 1866, ebd.

139 Vgl. Handschriftlich verfasste Firmengeschichte, 1919, MZA; auch in: Exner, *Das Biegen des Holzes,* S. 42.

140 Vgl. Aufstellung des Biegeformenbedarfs für die Fabrik Gr. Ugrócz zur täglichen Erzeugung von 950 Sesseln, 13. September 1873, ŠA NR, Archiv-Box 57, TU.

141 Zur Erläuterung: Für die Herstellung von täglich 150 Sitzen Nr. 1 – trapezförmige Sitze – benötigte man wegen der Trockenzeit von drei Tagen insgesamt 450 Biegeformen. Für 800 Sitze Nr. 14 – runde Sitze – waren es 2.000 Formen, da man diese nach 2 ½ Tagen Trockenzeit wieder aus der Form entnehmen konnte. Ähnlich bei den Rücklehnen. Alle anderen Teile konnten nach bereits einem Tag aus der Form genommen und wieder verwendet werden. Auf diesen Zusammenhang weist beispielsweise Bruno Otto hin, wenn er schreibt, »daß infolge der geschilderten Erzeugungsart – schon aus dem rein technischen Moment des Erfordernisses vieler Schablonen zur Herstellung verschiedener Bugholzmöbeltypen heraus – eine ertragreiche Fabrikation solcher Möbel nur dann möglich erscheint, wenn eine Massenproduktion gegeben ist«., Otto, *Die Entwicklung*, S. 9.

142 Vgl. Gesammt-Absendungen der Fabriken im 19ten Jahrhundert (1857–1900); ŠA NR, Archiv-Box 90, TU, Ročne výkazy tovární.

143 »Uherce byly z několika hledisek zvláštní. [...] Zaostalost tamějšího obyvatelstva byla větší, než si dnes vůbec dovedeme představit.« (Uherce war aus mehreren Gesichtspunkten etwas Besonderes. Die Rückständigkeit der einheimischen Bevölkerung war weit größer, als wir es uns heute überhaupt vorstellen können.) Uhlíř, *Michael Thonet,* S. 61.

144 Vgl. Gesammt-Absendungen der Fabriken im 19ten Jahrhundert (1857–1900); ŠA NR, Archiv-Box 90, TU, Ročne výkazy tovární.

145 Zu den Zahlen vgl. ebd.

146 Alle Zahlenangaben aus den Jahresausweisen der Fabriken 1876 bis 1900, ŠA NR, Archiv-Box 90, TU.

147 Handschriftlich verfasste Firmengeschichte, 1919 [Hervorhebungen im Original], MZA; auch in: Exner, *Das Biegen des Holzes,* S. 43. Es fanden sich keine Hinweise, aus denen sich erschließen ließe, warum das Unternehmen diese Neuerung erstmals in Ugrócz einführte.

148 Vgl. Franz Thonet, Die Holzindustrie mit besonderer Rücksicht auf die Anwendung gebogener Hölzer, in: *Oesterreichische Commission für die Weltausstellung in Philadelphia 1876*, Wien 1877, S. 91–111.

149 Handschriftlich verfasste Firmengeschichte, 1919, MZA; auch in: Exner, *Das Biegen des Holzes,* S. 43.

150 Ausführlich zur Verwendung dieses Materials: 8.6.1. Sperrholz – das neue Material.

151 Vgl. 5. Arbeiter-Wohnhäuser, in: Gebrüder Thonet Wien, *Institutionen,* TMW, 749 PP.

152 Franz Thonet an den Bruder Michael, Groß Ugrotz, 24. August 1865, Archiv Neue Sammlung.

153 Testament des Franz Thonet, 15. April 1893, Archiv Thillmann.

154 Sisa, Alois Pichl. Die Tätigkeit eines Wiener Architekten in Ungarn während der ersten Hälfte des 19. Jahrhunderts, in: *Acta historiae artium* S. 100.

155 Ebd., S. 104.

156 Ebd., S. 106.

157 Vgl. beispielsweise die Schreiben des Familie Thonet'schen Forstamtes Veľké Uherce an Se. Hochwohlgeborenen Herrn Julius von Thonet, Veľké Uherce, vom 9., 15. und 18. August 1923, ŠA NR, Archiv-Box 16, TU, MP 1923; ebenso die Schreiben des Advokaten Dr. Otto Metall an August von Thonet und Julius von Thonet, Prag, 3. September und 13. Oktober 1941, ŠA NR, Archiv-Box 19, TU, MP 1935.

158 Franz Thonet an den Bruder Michael in Koritschan, Bistritz, 28. Oktober 1865, Archiv Neue Sammlung.

159 Ebd.

160 Vgl. Franz Thonet an den Bruder Michael in Koritschan, Bistritz, 12. Mai 1866, ebd.; es ist eher unwahrscheinlich, dass, wie in einigen Publikationen zu lesen, auf dem Gebiet der Herrschaft bereits eine Glashütte existierte, als die Thonets sie kauften; vgl. Vlado Uhlár: *Veľké Uherce, 1274 – 1974,* S. 76; auch Ondrej Bešše, Továreň na výrobu nábytku z ohýbaného dreva vo Veľkých Uherciach, (Die Fabrik zur Herstellung von Möbeln aus gebogenem Holz in Veľké Uherce), in: Martin Osveta, *Horná Nitra: Vlastivedný zborník. IX.*, o. O., 1980, S. 53.

161 »Ferner errichten die Gebrüder Thonet in Groß-Ugrocz, unweit Ošzlau [korrekt: Oszlan, heute slowakisch: Oslany], woselbst seit vorigem Jahre eine Stuhlfabrik (aus gebogenem Holze) besteht, eine große Glasfabrik, die nächstens den Betrieb eröffnen und damit dem Holze eine entsprechende Verwerthung bieten soll.« *Allgemeine land- und forstwirthschaftliche Zeitung,* Nr. 17, Wien, 26. April 1867, S. 417.

162 Vgl. Habsburg Empire (1869–1887), Third Military Survey (1:25000); https://maps.arcanum.com/en/map/thirdsurvey25000/?bbox=2019154.4564372613%2C6180346.270960116%2C2100559.891560974%2C6243941.878493383&map-list=1&layers=129 (Zugriff: 10.08.2025).

163 *Amtsblatt zur Wiener Zeitung*, Nr. 34, 8. Februar 1868. Groß Ugrócz lag in Ungarn, weshalb nach dem österreichisch-ungarischen Ausgleich von 1867 die Erteilung dieses Privilegs nicht durch Österreich, sondern durch das ungarische Ministerium für Ackerbau, Industrie und Handel erfolgte.

164 *Pester Llyod*, Nr. 85, 13. April 1869, S. 5. In einer Zeitungsannonce nur zwei Wochen später weist die Gesellschaft auf ihre Erzeugnisse »aus den ihr gehörigen renommirten Fabriken zu Gr. Ugrocz, Hamer, Hrinjova und Skaliska« hin. *Pester Llyod*, Nr. 100, 30. April 1869, S. 6.

165 Josef Thonet an den Bruder Michael in Koritschan, Wien, 13. April 1865, MZA.

166 Vgl. Aufstellung Gebrüder Thonet'sches Forstamt, Gr. Ugrócz, Besitzstand von Ugrócz nach dem Status 1884, 15. April 1884, ŠA NR, Archiv-Box 73, TU, Inv. 348. Umrechnungsfaktor 0,575 (1 österr. Joch = 0,5754642 Hektar).

167 Franz Thonet an den Bruder Michael, Bistritz, 16. Mai 1867, Archiv Neue Sammlung.

168 Auch eine Aufstellung der in den Jahren 1921/22 geplanten Holzeinschläge in den der Familie Thonet bei Veľké Uherce gehörenden Forsten bestätigt die Zahlen von 1884; vgl. ŠA NR, Archiv-Box 52, TU, Inv. 211.

169 Josef Thonet an den Bruder Michael in Koritschan, Wien 13. April 1865, MZA.

170 Vgl. Aufstellung Gebrüder Thonet'sches Forstamt, Gr. Ugrócz, Besitzstand von Ugrócz nach dem Status 1884, 15. April 1884, ŠA NR, Archiv-Box 73, TU, Inv. 348.

171 Vgl. beispielsweise den Pachtvertrag mit dem Müller Wloznowsky über die Nutzung einer Mühle, Groß Ugrócz, 8. Februar 1870, ŠA NR, Archiv-Box 15, TU, Inv. 79/80.

172 Vgl. Ruppert, *Die Fabrik,* S. 47 – 52.

173 Vgl. Ontko, *Vplyv Thonetovcov*, S. 31.

174 Alfred Thonet an Victor Thonet, 3. März 1919, ŠA NR, Archiv-Box 57, TU, Inv. 227.

175 Ebd.

176 Vgl. Ontko, *Vplyv Thonetovcov*, S. 29 – 30. Aus dem Geschäftsbericht des Verwaltungsrats der Thonet-Mundus, Vereinigte Tschechoslowakische Bugholzmöbelfabriken A.G. Brünn für das Geschäftsjahr 1927/28 geht hervor, dass »wir die Fabriken Veľké Uherce und Hallenkau zu befriedigenden

Bedingungen verkauft [haben]«. ŠA NR, Archiv-Box 95, TU, Inv. 460, Tlače [Gedrucktes]. Es dürfte mit Fabrik hier wohl nur das Gebäude gemeint sein.

177 ŠA NR, Archiv-Box 15, TU, Inv. 79/80, MP 1920. Anlass der Änderung zum 20. April 1923 war, dass die Anteile von Jakob Thonet an dessen vier Kinder; Viktor, Richard, Ella und Margarethe übertragen werden sollten. Durch die seit 1919 in der Tschechoslowakei geltenden Gesetze zur Bodenreform war es notwendig, die Genehmigung des Bodenamtes in Prag einzuholen, das dieser Übertragung zustimmte.

178 »Am Gute besteht eine modern eingerichtete Spiritusbrennerei, die im Jahre 1922 ein Kontingent von 358,59 HL Spiritus hatte. In früheren Jahren wurden gegen 1.600 HL Spiritus erzeugt.« Schreiben der Familie Thonet'schen Ökonomie Verwaltung Veľké Uherce an die Thonet A.G. Brünn, Velkè Uherce, 12. Juli 1923, ŠA NR, TU, Box 15, Inv. 79/80; vgl. auch: Ontko: »Poľnohospodárska výroba veľkostatku dokázala vyprodukovať pre liehovar ročne 12 000 – 16 000 q [q = Maßeinheit für 100 kg] zemiakov.« (»Die landwirtschaftliche Produktion des großen Anwesens konnte jährlich 12.000 – 16.000 Doppelzentner Kartoffeln für die Brennerei produzieren.« Übersetzung: Miroslav Ontko), in: ders., *Vplyv Thonetovcov*, S. 33 – 34.

179 Grundsätzliches zu der Bodenreform in: Joachim von Puttkamer, Die Tschechoslowakische Bodenreform von 1919: Soziale Umgestaltung als Fundament der Republik, in: *Bohemia, Zeitschrift für Geschichte und Kultur der böhmischen Länder: A Journal of History and Civilisation in East Central Europe*, Nr. 46/2005, S. 315 – 342.

180 Vgl. Ontko, *Vplyv Thonetovcov*, S. 19.

181 Joachim von Puttkamer, Die Tschechoslowakische Bodenreform von 1919, in: *Bohemia*, S. 328.

182 Vgl. Schreiben des tschechoslowakischen Außenministeriums an die österreichische Gesandtschaft, 8. März 1926, MZA.

183 Eine Entschädigung war geplant, um zumindest das Prinzip der Rechtsstaatlichkeit aufrecht zu erhalten. Der Durchschnitt der Jahre 1913 – 1915 hätte etwa 15 bis 25 Prozent des tatsächlichen Wertes entsprochen.

184 So schlecht scheint es den Thonets in Veľké Uherce allerdings nicht gegangen zu sein. Im Jahr 1926, dem Jahr, als der Bettelstab drohte, konnte man den bestehenden Fuhrpark durch die Anschaffung eines luxuriösen Automobils, eines amerikanischen Packard Six Modell 333 Phaeton, noch weiter aufstocken; vgl. Ontko, *Vplyv Thonetovcov*, S. 43

185 Die Fabrik in Veľké Uherce war allerdings bereits seit 1923 nicht mehr in Betrieb.

186 Alle vorstehenden Briefzitate aus: Schreiben an die Gesandtschaft der Republik Österreich, vermutlich Theodor Thonet, o. O., 25. Februar 1926, MZA.

187 Schreiben des tschechoslowakischen Außenministeriums an die österreichische Gesandtschaft, 8. März 1926, MZA.

188 Ebd.

189 Aktennotiz vom 10. Oktober 1926, Wsetin, ohne Namen, vermutlich Dr. Albert Lazarus, Anwalt der Thonets, MZA.

190 Ebd.

191 Vgl. Uhlíř, *Michael Thonet*, S. 281. (»Schließlich profitierten sie von einem Formfehler des Bezirksgerichts in Topoľčany. Der Rechtsanwalt der Familie Dr. Albert Lazarus legte beim Obersten Gerichtshof in Brünn Widerspruch ein, der am Ende zugunsten der Thonets entschieden wurde.«) Der Autor gibt keinen Nachweis hierfür an.

192 Vgl. Testament des Franz Thonet, Wien, 15. April 1893, Archiv Thillmann.

193 Vgl. *Robotnícke noviny*, 1. November 1930

194 Vgl. Ľudový *denník,* 20. Oktober 1935.

195 Vgl. Ľudový *denník*, 1. März 1936.

196 Vgl. *Gardista*, 5.März 1943.

197 Demgegenüber findet sich auch die – allerdings ohne Nachweis – gegenteilige Einschätzung: »[…] Julius Michael (1902–1953), který strávil prakticky celý život ve Velkých Uhercích a udělal pro tamější obyvatelstvo víc, než by dokázal kdokoliv jiný.« (»[…] Julius Michael (1902 – 1953), der praktisch sein ganzes Leben in Veľké Uherce verbrachte und mehr für die Bevölkerung tat, als jeder andere.«) Uhlíř, *Michael Thonet*, S. 281.

198 »Du bist sicherlich durch Deine Erotik sehr beeinflusst und tust anderen Menschen weh, wenn du nur zu Deinem Ziel kommst.« Brief von Wilma [?] an Julius Thonet, 6. August 1943, Archiv Nitra, ŠA NR, Archiv-Box 57, TU, Inv. 227.

199 »V roku 1939 mal založiť miestnu organizáciu nemeckej fašistickej strany DP (Deutsche Partei), bol jej vedúcim činiteľom a propagoval túto organizáciu u svojich zamestnancov a v okolitých nemeckých usadlostiach.« (»Im Jahr 1939 soll er eine örtliche Organisation der deutschen faschistischen Partei DP gegründet haben, deren Vorsitzender er war und für die er unter seinen Mitarbeitern und in den umliegenden deutschen Siedlungen Werbung machte.« Übersetzung: Miroslav Ontko) Ontko, *Vplyv Thonetovcov*, S. 47.

200 Vgl. Rechnung des Forstamtes der Familie Thonet in Veľké Uherce an Julius Thonet, 26. März 1943, ŠA NR, Archiv-Box 52, TU, Inv. 211.

201 Albert Smagon an Julius Thonet, Pressburg, 15. Juni 1943, ŠA NR, Archiv-Box 57, TU, Inv. 227.

202 Schreiben der Familie Thonet'schen Herrschaft Veľké Uherce, Veľké Uherce, 10. Jänner 1942, ŠA NR, Archiv-Box 57, TU, Inv. 227.

203 Vgl. Archív Zboru väzenskej a justičnej stráže (ZVJS) Archiv des Gefängnis- und Justizwachkorps, Akte des Július Thonet, geb. 24. 06. 1902. Online zugänglich: www.zvjs.sk/sk/zariadenia/archiv-a-expozicia, (Zugriff: 10.08.2025).

204 Ebd.

205 Vgl. Slovak National Archives (SNA), Censusblatt des Dorfes Šišov, Familie Leidenfrost, 23/6261, 1930; Censusblatt des Dorfes Veľké Uherce, Familie Thonet, 1481/44355, 1940. Für das Jahr 1930 sind die Angaben online frei zugänglich unter: https://slovakiana.sk/kulturne-objekty/cair-ko1p-x1u?content=CAIR_DIV_IMAGES_1&contentDo=urn:nbn:sk:cair-do4hijn (Zugriff: 10.08.2025); für 1940 sind sie – noch bis 2030 – geschwärzt und können nur persönlich vor Ort eingesehen werden; vgl. https://slovakiana.sk/kulturne-objekty/cair-ko11yhj?content=CAIR_DIV_IMAGES_1&contentDo=SNA-0000614699b (Zugriff: 10.08.2025).

206 Ausführlich zu Julius Thonet und der Zeit nach 1945, Ontko, *Vplyv Thonetovcov*, S. 45 – 49.

207 Vgl. *Michael Thonet, Ein Gedenkblatt,* S. 42.

208 »In Hallenkau haben wir die Schneiderei übernommen, wir schneiden auf eigene Rechnung […].« Franz Thonet an den Bruder Michael, Bistritz, 2. Juli 1868, Archiv Neue Sammlung.

209 »Donnerstag fahre ich nach Hallenkau um zu veranstalten, daß die dritte Drechselmaschine dort aufgestellt wird.« Franz Thonet an den Bruder Michael, Bistritz, 27. Oktober 1867, ebd.

210 Franz Thonet an den Bruder Michael, Bistritz, 15. Oktober 1868, ebd.

211 Franz Thonet an den Bruder Michael, Bistritz, 12. Oktober 1868, ebd.

212 Vgl. Jahresausweise der Fabriken 1874 bis 1876, Mappe Victor Thonet, Archiv Heimo Keindl; Jahresausweise der Fabriken 1879 bis 1921, ŠA NR, Archiv-Box 90, 91, 92, TU.

213 »Im Jahre 1869 wurde die ganze Hallenkauer Anlage successive zu einer vollständigen Fabrik zur Erzeugung von Rohwaare für die anderen mährischen Fabriken ausgestaltet.« *Michael Thonet, Ein Gedenkblatt*, S. 43.

214 Vgl. Gesammtabsendungen 1874, Mappe Victor Thonet, Archiv Heimo Keindl.

215 Vgl. Gesammtabsendungen 1876, Arbeiterstand, ebd.

216 Howiessy ist eine Gemeinde in der Bezirkshauptmannschaft Valašské Meziříčí mit der Bezirkshauptstadt gleichen Namens. Die Thonets erwarben das dortige Gut in den 1860er Jahren.

217 Vgl. Abb. 24 und Grafik 3.

218 Vgl. Jahresausweise der Fabriken 1875 bis 1914, ŠA NR, Archiv-Box 90, 91, 92, TU. Auch als die Filiale Howiessy – ab 1897 in den Unterlagen nicht mehr als Zulieferbetrieb aufgeführt – 1906 nochmals reaktiviert wurde, änderte sich an dieser Situation nichts. In den Unterlagen ab 1908 sucht man Howiessy als Filialbetrieb dann wieder vergebens.

219 Ausführlich hierzu: 8.5.2 Neue Betriebe in Wsetin.

220 Buchenklotzholz Praeliminar pro 1922, in: 1921. II, Jahresausweis der Fabriken Buchenholz [Hervorhebung im Original], ŠA NR, Archiv-Box 92, TU.

221 Buchenklotzholz Praeliminar pro 1922 [sicher Schreibfehler: korrekt 1923], in: 1922. II, Jahresausweis der Fabriken Buchenholz [Hervorhebung im Original], ŠA NR, Archiv-Box 92, TU.

222 »Die stilliegenden kleinen Betriebe sind wir nach wie vor bestrebt, zu verwerten. In Verfolgung dieser Absicht haben wir die Fabriken Veľké Uherce und Hallenkau zu befriedigenden Bedingungen verkauft.« Geschäftsbericht des Verwaltungsrates der Thonet-Mundus, Vereinigte Tschechoslowakische Bugholzmöbelfabriken A.G. Brünn für das Geschäftsjahr 1927 – 28, Brünn 1928, S. 10, ŠA NR, Archiv-Box 95, TU, Tlače.

223 Vgl. Glas-Werbetafel: »Výroba dřevěných domků V. Thonet a spol. Halenkov« (Herstellung von Holzhäusern V[ictor]. Thonet et al. Hallenkau), MZA.

224 Brief der Eigentümer des Verlassenschaftsfonds Jakob Thonet an die Eigentümer der Thonet'schen Säge in Hallenkau, Wien, Mödling und Kitzbühel, 15. November 1936, ŠA NR, Archiv-Box 19, TU, Inv. 84, MP 1936.

225 Vgl. Ladislav Baletka, Das Holz als Phänomen der Industrialisierung Ostmährens, in: Bott (Hrsg.), *Sitzgelegenheiten,* S. 111 – 118, hier S. 111 – 112.

226 »2 Wagen [gehen] täglich nach Wsetin um dort frische Rücklehnlatten abzuholen nebst [Latten] für Vorderfüße und Sitze. »Franz Thonet an den Bruder Michael, Bistritz, 11. Juli 1867, Archiv Neue Sammlung.

227 Franz Thonet an den Bruder Michael, Bistritz, 17. Juli 1867, ebd.

228 Baletka, Das Holz als Phänomen der Industrialisierung Ostmährens, in: Bott (Hrsg.), *Sitzgelegenheiten*, S. 111 – 118, hier S. 113.

229 Vgl. Franz Thonet an den Bruder Michael, Bistritz, 23. März 1869, Archiv Neue Sammlung.

230 »C.[arl] Mallmann will es mit Emil Mallmann kaufen, wenn es nicht zu theuer kommt. Man verlangt 2 Millionen 392.000 ich glaube für 2 Millionen ist Wsetin zu haben.« Franz Thonet an den Bruder Michael, Bistritz, 19. September 1868, ebd.

231 Franz Thonet an den Bruder Michael, Bistritz, 12. Oktober 1868, ebd.

232 »In Wsetin sieht man noch keine Spur von einer Fabrik [der Kohns].« Franz Thonet an den Bruder Michael, Bistritz, 18. März 1867, ebd.

233 »Die Kohn in Wsetin haben ein Patent auf 5 Jahre erhalten auf eine Verbesserung in der Fabrikation von Möbeln aus gebogenen Längeholze, haben von der Herrschaft dasselbe Gebäude gemiethet, auf welches wir reflektirt hatten und es grade in einer Zeit, wo sie fest glauben mußten, daß wir es von ihnen [der Herrschaft] miethen würden.« Franz Thonet an den Bruder Michael, Bistritz, 13. Dezember 1867, ebd.

234 »Die mit Cohn abgeschlossenen Contrakte sind für die Herrschaft so ungünstig, daß sich schwerlich Jemand zum Ankauf entschließen wird, außer die Herrschaft kommt sehr billig weg d. h. für 1.600.000 fl. mehr kann man nicht geben.« Franz Thonet an den Bruder Michael, Bistritz, 23. März 1869, ebd.

235 »Es ist aber auch ein Lichtenstein [sic] da, der die Wälder besichtigen ließ in der Absicht zu kaufen.« ebd.

236 Vgl. Jiří Uhlíř, *Vom Wiener Stuhl zum Architektenmöbel*, Wien 2009, S. 15–23.

237 Franz Thonet an den Bruder Michael, Bistritz, 27. März 1869, Archiv Neue Sammlung.

238 Franz Thonet an den Bruder Michael, Bistritz, 1. August 1869, ebd.

239 Vgl. den Pachtvertrag zwischen Emile Raikem, Mitbesitzer und Generalbevollmächtigter Direktor der Herrschaft Wsetin und den Gebrüdern Thonet, Wsetin 25. Februar 1870, MZA.

240 Diese Zahl erscheint in der Spalte »Bistritz«, doch mit dem ausdrücklichen Hinweis auf Wsetin; vgl. Gesammtabsendungen 1874, Mappe Victor Thonet, Archiv Heimo Keindl.

241 Vgl. Gesammtabsendungen der 18 Jahre 1857/74, ebd.

242 Handschriftlich verfasste Firmengeschichte, 1919, MZA; auch in: Exner, *Das Biegen des Holzes,* S. 40.

243 Vgl. Gesamt-Absendungen der Fabriken vom Jahre 1857 bis 1914, Jahresausweis der Fabriken 1914, ŠA NR, Archiv-Box 92, TU, (Abb. 43).

244 Vgl. Gesammtabsendungen 1876, Mappe Victor Thonet, Archiv Heimo Keindl.

245 Bei der Suche nach den Gründen für solche unternehmerischen Entscheidungen – die Einführung neuer Modelle oder Modellreihen, Erweiterung des Sortiments oder die Verlagerung oder Konzentration der Produktion – macht sich das Fehlen eines zentralen Firmenarchivs bemerkbar. Es gibt keine Unterlagen, aus denen sich die Gründe für unternehmerische Entscheidungen dieser und auch anderer Art zweifelsfrei belegen lassen. Mit Hilfe der mehr oder weniger zufällig erhaltenen Unterlagen der einzelnen Standorte lassen sich nur Sachverhalte konstatieren und Entwicklungen beschreiben. Bei der Suche nach Gründen ist man im glücklichsten Fall auf Zufallsfunde, häufig aber auf Wahrscheinlichkeiten angewiesen, die je nach vorhandenem Quellenmaterial eine mehr oder weniger große Plausibilität beanspruchen können. Dies darf kein Freibrief für Spekulationen jedweder Art sein, doch gebietet es der wissenschaftliche Anspruch gerade im Fall des Unternehmens Gebrüder Thonet, bei dem die Unternehmensgeschichte ohne Unternehmensarchiv auskommen muss, darauf hinzuweisen.

246 Zu allen Angaben in diesem Abschnitt vgl. Jahresausweise der Fabriken ab 1884, ŠA NR, Archiv-Box 90, 91, 92, TU.

247 »Ende 1890 ging die Herrschaft Wsetin in den Besitz der Firma Gebrüder Thonet über.« *Michael Thonet, Ein Gedenkblatt*, S. 48, hier Anm. 8. Es wäre interessant, den Kaufpreis zu kennen und ihn mit den aus dem Jahr 1868 im Raum stehenden Zahlen zu vergleichen, doch ließ sich hierzu nichts finden.

248 Dies ist neben dem Kauf von Wäldern als Rohstoffquelle und zugehöriger Sägewerke ein weiterer Beleg für die vertikal integrierte Produktion des Unternehmens.

249 Vgl. Jahresausweise der Fabriken 1898 und 1906, ŠA NR, Archiv-Box 90 (1898) und 91 (1906), TU.

250 Vgl. hierzu beispielsweise die »Aufstellung des Biegeformenbedarfs für die Fabrik Gr. Ugrócz zur täglichen Erzeugung von 950 [Sesseln]« für das Jahr 1873, 13. September 1873, (Abb. 49).

251 Vgl. Material-Consum, Jahresausweis der Fabriken für 1890 und 1900, ŠA NR, Archiv-Box 90, TU.

252 Vgl. Material-Consum, Jahresausweis der Fabriken 1901, ŠA NR, Archiv-Box 90, TU; auch: Material-Consum 1904, Abb. 21.

253 Zu allen Zahlenangaben in diesem Abschnitt vgl. Jahresausweise der Fabriken für die betreffenden Jahre, ŠA NR, Archiv-Box 90, 91, 92, TU.

254 Das Sortiment dieser Fabrik war sehr klein, da man nur die Schrauben produzierte, die man zur Montage der eigenen Möbel benötigte. Hätte man einen Handel betrieben, wäre nicht nur der Umfang der Produktion ungleich größer gewesen, man hätte auch verschiedene Typen von Schrauben erzeugen müssen, was wiederum Investitionen erfordert hätte, die sich vermutlich nicht bezahlt gemacht hätten. Es ging dem Unternehmen, wie in vielen anderen Bereichen auch, in erster Linie um Autarkie.

255 Memorandum über den Aufbau des projektierten Konzerns Thonet-Mundus, Geschäftsführung, a) technische Leitung, o. O., o. D., [vmtl. Mitte 1923], ŠA NR, Archiv-Box 16, TU, Inv. 81, MP 1923.

256 Hinzu kam die Herrschaft Rožnau mit nochmals 1000 Hektar Wäldern, die von Wsetin aus mit betreut wurde. Wann die Thonets Rožnau kauften, ließ sich nicht ermitteln.

257 Als weiterer Bereich wird »Bauleitung« genannt. Hier finden sich die Posten: Gehälter und Löhne und Ausgaben für Geräte und Material. Diese Abteilung kümmerte sich um die Erhaltung, Instandsetzung oder Neuerrichtung von Gebäuden, weshalb sie gegenüber den anderen Bereichen weder Gewinne noch Verluste auswies und in den statistischen Unterlagen nicht aufgeführt ist.

258 Alle Zahlenangaben in diesem Abschnitt: Gebrüder Thonetsche Herrschaft Wsetin, Übersicht der Betriebsergebnisse 1909, ŠA NR, Archiv-Box 55, TU, Inv. 217, Ordner Vsetin, 1906–1934. Im letzten Kriegsjahr hatten sich die Einnahmen aus der Herrschaft Wsetin zwar mit 346.975 Kronen gegenüber 1909 mehr als verdoppelt, doch betrug die Kaufkraft dieser Summe durch die kriegsbedingte Inflation nur noch circa 20 % verglichen mit dem Wert aus dem Jahr 1909.

259 »Ferner haben die Gesellschafter im Jahre 1918 die Herrschaft Wsetin in Mähren unter sich aufgeteilt, nachdem sie früher ungefähr 2000 Joch um 3.000.000.- K[ronen] abverkauft hatten. Während Wsetin bis dahin im Eigentum der Firma war, sind jetzt die Gesellschafter als Miteigentümer grundbücherlich einverleibt.« Abschrift eines 16-seitigen Schreibens des Rechtsanwalts von Josef Thonet, Dr. Edmund Benedikt, an das Zivil-Landesgericht Wien im Zusammenhang mit seinem Prozess gegen den Onkel Jakob, o. O., o. D., Archiv Thillmann; vgl. auch: 14. Der Prozess 1920/21. Berücksichtigt man die Familienstämme so sah die Verteilung folgendermaßen aus: Stamm Jakob (Viktor und Richard), 8/20, Stamm August (Carl und Theodor) 6/20, Stamm Michael (Julius) 3/20) und Stamm Josef (Alfred) 3/20.

260 Vgl. Alfred Thonet an Julius, Brno, 21. Jänner 1924; ŠA NR, Archiv-Box 16, TU, Inv. 81; wie dringend man zu dieser Zeit auf Einnahmen angewiesen war, wird an weiteren Verkaufsabsichten deutlich: »Jedenfalls haben wir jetzt eine Reihe von Eisen im Feuer (Barwinek, Polany, Komarnik, Wsetin, Berliner Haus, wozu neuerlich auch Interessenten für Bruesseler und Pariser Haus auftauchten).« [Einfügung im Original], ebd.

261 Vgl. Options Brief-Entwurf betr. Verk. Herrsch. Wsetin, 13. Dezember 1923, ŠA NR, Archiv-Box 16, TU, Inv. 81.

262 Ebd.

263 Das Scheitern des Verkaufs belegt ein Brief des Anwalts der Familie, Dr. Albert Lazarus, der 1926 vorschlug, dass man bei den Verhandlungen über eine Verstaatlichung von Veľké Uherce dem nur zustimmen sollte, wenn man im Gegenzug die Zusicherung erhalte, dass die Bodenreform in Wsetin in den nächsten 25 Jahren nicht durchgeführt würde.

264 Vgl. den fünfseitigen Antrag von Viktor Thonet an Julius Thonet vom 10. Februar 1935 mit seiner Unzahl von Bestimmungen. ŠA NR, Archiv-Box 19, TU, Inv. 84, MP 1935.

265 Vgl. Schreiben des Rechtsanwalts Kipper an den Kollegen Adler, Wien, 24. Jänner 1935, ŠA NR, Archiv-Box 19, TU, Inv. 84, MP 1935. Die Absicht von Julius Thonet war es offensichtlich, auf diese Weise Veľké Uherce in seinen alleinigen Besitz zu bekommen.

266 Rechtsanwalt Indra an den Kollegen Kipper, Wien, 11. April 1935, ŠA NR, Archiv-Box 19, TU, Inv. 84, MP 1935; in diesem Ordner befinden sich weitere Dokumente den Verkauf von Wsetin betreffend, unter anderem verschiedene Schreiben der Rechtsanwälte der beteiligten Parteien und persönliche Briefe der Familienmitglieder.

267 Der Kaufvertrag liegt nicht vor, doch in einem Schreiben des Rechtanwalts Max Adler an Julius Thonet wird dieser Termin für die Unterschrift verbindlich genannt; vgl. Max Adler an Julius Thonet, Topoľčany, 4. Oktober 1935, ŠA NR, Archiv-Box 19, TU, Inv. 84, MP 1935.

268 In der Zeit der Besetzung durch Russland wurde der ursprünglich polnische Name Radomsko in Nowo Radomsk geändert. Nach dem Ersten Weltkrieg erhielt die Stadt dann wieder den ursprünglichen Namen. In den Thonetschen Unterlagen ist überwiegend von »Radomsk« die Rede.

269 Handschriftlich verfasste Firmengeschichte, 1919 [Hervorhebung im Original], MZA; auch in: Exner, *Das Biegen des Holzes,* S. 40–41.

270 Vgl. Auszug aus der geogr. Statistik über Absendung von Sesseln Nr. 14, 18 und 20 (zus.), Jahresausweis der Fabriken 1885, ŠA NR, Archiv-Box 90, TU; vgl. auch: Auszug aus der geographischen Statistik der Verkäufe pro 1905, Jahresausweis der Fabriken 1905, ŠA NR, Archiv-Box 91, TU, (Abb. 77).

271 Vgl. Sesselfabrikation 1882, Jahresausweis der Fabriken 1882, ŠA NR, Archiv-Box 90, TU.

272 »Anfangs beschränkte sich diese Fabrik Nowo-Radomsk darauf, die von den mährischen Fabriken Bystritz und Wsetin bezogenen halbfertigen Möbelbestandteile fertig zu stellen und von dort aus in Versand zu bringen, als aber bald darauf auch auf halbfertige Ware die Eingangszölle erhöht wurden, mußte die Fabrik durch Zubauten und Neuanlagen ausgestaltet werden, um sich die Rohware selbst erzeugen zu können.« Handschriftlich verfasste Firmengeschichte, 1919 [Hervorhebung im Original], MZA; auch in: Exner, *Das Biegen des Holzes,* S. 40–41.

273 Vgl. Sesselfabrikation 1883, Jahresausweis der Fabriken 1883, ŠA NR, Archiv-Box 90, TU.

274 Vgl. hierzu auch: Tabelle 8

275 In den Unterlagen finden sich unterschiedliche Bezeichnungen hierfür: Sitzbrettel, Holz- oder Furniersitz. Ab dem Anfang des 20. Jahrhunderts hat sich für dieses Material im deutschsprachigen Raum der Begriff »Sperrholz«, im anglo-amerikanischen »plywood« durchgesetzt.

276 »Wir wollen noch erwähnen, dass die Furniersitze beinahe gleichzeitig von *Thonet* und von *Gardner* in New York erfunden wurden, wie der hochinteressante Patentstreit des Jahres 1880 beweist, in welchem das Patent *Gardner's* annulliert werden musste, weil Thonet die Priorität der Ausübung nachweisen konnte.« Ernst Pliwa, *Die industrielle Verwertung des Rothbuchenholzes. Eine Denkschrift*, herausgegeben von einer Commission, welche von dem Österreichisch-ungarischen Verein der Holzproducenten, Holzhändler und Holz-Industriellen und dem Technologischen Gewerbe-Museum eingesetzt wurde, Wien 1884, S. 29. Zu dem angeblichen Patentrechtsstreit ausführlich in: Thillmann, *Schichten*, S. 83–93.

277 »An example of the latter practice is the legal dispute between Thonet and the firm Gardner of New York about the compressed-veneer seats, in which Thonet was able to document that it was the first to apply this technique.« Kyriazidou/Pesendorfer, Viennese Chairs: A Case Study for Modern Industrialization, in: *The Journal of Economic History*, S. 143–166, hier S. 158.

278 Vgl. Jahresausweis der Fabriken 1879, ŠA NR, Archiv-Box 90, TU.

279 Sessel Nr. 14 wurde gewählt, da es sich um das meistverkaufte Konsummodell handelt und es beispielhaft für alle Modelle innerhalb dieses Segments gelten kann.

280 Vgl. Jahresausweis der Fabriken 1892, ŠA NR, Archiv-Box 90, TU.

281 Vgl. Gesamt-Absendungen der Fabriken vom Jahre 1857 bis 1914, Jahresausweis der Fabriken 1914, ŠA NR, Archiv-Box 92, TU, (Abb. 43); auf den hier beschriebenen Zusammenhang machte Exner schon 1893 aufmerksam: »Wenn diese Stuhlsorte [Sessel N. 14] durch die Menge der inzwischen hinzugekommenen anderen billigen Sessel in den letzten Jahren auch eine Einbusse erlitten hat, so bleibt dieselbe doch auch heute noch immer der Hauptconsumartikel der meisten Fabriken von Möbeln aus gebogenem Holz.« Exner, *Das Biegen des Holzes*, Leipzig [3]1893, S. 28.

282 Vgl. Gebrüder Thonet, *Verkaufskatalog*, Wien, September 1904, S. 22–24.

283 Handschriftlich verfasste Firmengeschichte, 1919, MZA; auch in: Exner, *Das Biegen des Holzes,* S. 43.

284 Lediglich die Firma J. & J. Kohn erzeugte ab 1890 in der Fabrik in Holleschau eigenes Sperrholz.

285 Vgl. Gesammtabsendungen 1884, Jahresausweis der Fabriken 1884, ŠA NR, Archiv-Box 90, TU.

286 Hiervon erzeugte allein Groß Ugrócz in diesem Jahr 24.217 Stück; vgl. Gesammtabsendungen 1884, Jahresausweis der Fabriken 1884, ŠA NR, Archiv-Box 90, TU.

287 »[...] da sie nicht nur eine außerordentliche Haltbarkeit [besitzen], sondern sie bekommen durch Pressungen, Brandtechnik usw. ein sehr hübsches Aussehen.« Alexander von Engel, *Österreichs Holz-Industrie und Holzhandel, Technische, Wirtschaftliche und Statistische Mitteilungen für Holzindustrielle, Holzhändler, Forstwirthe usw.* I. Teil, Wien 1907, S. 307.

288 Gebrüder Thonet, *Verkaufskatalog*, Wien, September 1904, Vorwort.

289 August Thonet an Julius Thonet in Groß Ugrócz, Wien, 15. Mai 1893, ŠA NR, Archiv-Box 57, TU, August Thonet 1893. August war derjenige der Brüder, der sich mit der Entwicklung innovativer Modelle und auch neuer Anwendungen für Sperrholz beschäftigte. Nach seiner Zeit als Leiter der Fabrik in Bistritz, 1861 bis 1886 – unterbrochen von einem vierjährigen Intermezzo von Franz – pendelte er häufig zwischen den Standorten und war für technische Fragen und koordinative Aufgaben

innerhalb des Unternehmens zuständig. Daneben betätigte er sich dilettierend auch auf musikalischem Gebiet, komponierte zahlreiche kleinere Stücke mit Namen wie »Schelmenstreiche«, »Glockenpolka«, eine »Polka française«, schließlich auch einen Walzer für Pianoforte »Die Gebogenen« – bereits Opus 225. Das Jahr 1898 dürfte für ihn der Höhepunkt in seinem musikalischen Schaffen gewesen sein. Im Theater in der Josefstadt wurde seine vieraktige Oper »Die Brautfahrt« aufgeführt, doch war die musikalische Qualität dieser und ähnlicher Aufführungen wohl eher fragwürdig. In einem zeitgenössischen Zeitungsbericht wird darauf hingewiesen, dass August Thonet zu jenen reichen Leuten gehöre, »die zwar keine Dichter und Componisten sind, dafür aber Geld genug haben, um die von ihnen Gott weiss wie zusammengestoppelten Stücke vollständig auf eigene Kosten aufführen zu lassen.« So habe der Erfolg anderer Industrieller »[ihn] nicht ruhen lassen, und so bekamen denn dessen Freunde am Donnerstag in der Josefsstadt eine ›gebogene Möbeloper‹ zu hören.« *Allgemeine Sport-Zeitung*, 29. Oktober 1898. Die ganze Angelegenheit, so eine andere Zeitung, soll ihn »weit über 20.000 fl. gekostet haben«. *Deutsches Volksblatt*, Nr. 3528, 28. Oktober 1898, S. 10.

290 Vgl. Berechnung der Erzeugungskosten »Sessel - Sitzbrettel Nr. 14 perf. poliert«, Nagy-Ugrócz, 24/IV 1897, ŠA NR, Archiv-Box 90, TU.

291 Wie aus statistischen Unterlagen über den Materialverbrauch hervorgeht, wurde in Ugrócz das dort entwickelte Bindemittel verwendet; vgl. Streichmassen Recepte, Nagy Ugrócz, 22. XII. 1896, ŠA NR, Archiv-Box 90, TU; zu Radomsk fanden sich keine weiteren Informationen.

292 Vgl. Jahresausweis der Fabriken 1918, ŠA NR, Archiv-Box 92, TU.

293 Vgl. Jahresausweise der Fabriken 1911, 1912, 1914, ŠA NR, Archiv-Box 92, TU; (Jahresausweis 1913 fehlt).

294 Vgl. Rekapitulation der Absendung, Jahresausweis der Fabriken 1918, ŠA NR, Archiv-Box 92, TU.

295 Alfred Schleier an Julius Thonet in Ugrócz, Frankenberg 10. August 1920, ŠA NR, Archiv-Box 55, TU, Mappe: Technická Korešpondencia–Továren Frankenberg 1918–1921; Inv. 214 (Technische Korrespondenz–Fabrik Frankenberg 1918–1921), (im Folgenden: Mappe: Továren Frankenberg).

296 Aus dem Jahr 1989 liegt eine Chronik der Firma vor. Sie stützt sich auf Informationen und persönliche Erinnerungen »von Mitarbeitern, ehemaligen Mitarbeitern, Freunden des Unternehmens und Frankenberger Bürgern.« Gebrüder Thonet AG (Hrsg.), *100 Jahre Thonet Frankenberg*, S. 4.

297 *Kreisblatt für den Kreis Frankenberg*, 23. Februar 1889.

298 Ebd.

299 *Kreisblatt für den Kreis Frankenberg*, 3. Februar 1890.

300 *Kreisblatt für den Kreis Frankenberg*, 19. Mai 1890.

301 Vgl. Jahresausweise der Fabriken 1890 bis 1921, ŠA NR, Archiv-Box 90, 91, 92, TU.

302 Vgl. Jahresausweise der Fabriken 1890 bis 1900, ŠA NR, Archiv-Box 90, TU.

303 Vgl. Jahresausweis der Fabriken 1891, ŠA NR, Archiv-Box 90, TU

304 Vgl. ebd.

305 Vgl. Jahresausweise der Fabriken 1891 bis 1913, ŠA NR, Archiv-Box 90, 91, 92, TU und die hierauf basierende Tabelle 9; auch Grafik 13.

306 Vgl. Jahresausweise der Fabriken für die entsprechenden Jahre, ŠA NR, Archiv-Box 90, 91, TU.

307 August Thonet an einen seiner Brüder, Wsetin, 2. Juli 1892 [Hervorhebung im Original], MZA.

308 Hinzu kommt, dass die Reichsregierung bereits 1879 Schutzzölle auf ausländische Agrar- und Industrieprodukte eingeführt hatte, die Fabrik Frankenberg aber erst zehn Jahre später errichtet wurde.

309 August Thonet an einen seiner Brüder, Wsetin, 2. Juli 1892 [Hervorhebungen im Original], MZA.

310 Auszug aus der geographischen Statistik der Verkäufe pro 1905, Jahresausweis der Fabriken 1905, ŠA NR, Archiv-Box 91, TU. Eine derartige Übersicht liegt für 1892 nicht vor, doch dürfte die Verteilung in etwa auch der Situation in der Mitte der 1890er Jahre entsprochen haben.

311 In der Schrift zum 100. Jubiläum der Fabrik Frankenberg sind alle Direktoren, Prokuristen und Betriebsleiter ab 1929 aufgeführt. Für die Zeit von 1889 bis 1928 findet sich lediglich die Angabe:

»Herr Babilon, Direktor in den 10er und 20er Jahren.« Gebrüder Thonet AG (Hrsg.), *100 Jahre Thonet Frankenberg*, S. 46. Der Name Babilon fand sich in archivalischen Unterlagen nicht, Alfred Schleier wird in der Festschrift nicht erwähnt.

312 Vgl. ŠA NR, Archiv-Box 55, TU, Inv. 214, Mappe: Tovåren Frankenberg.

313 Dem Wochenbericht beiliegender Brief von Alfred Schleier an Julius Thonet, Frankenberg, 25. Februar 1918, ŠA NR, Archiv-Box 55, TU, Inv. 214, Mappe: Tovåren Frankenberg, (Abb. 56).

314 Wochenbericht Fabrik Frankenberg vom 24. Februar 1918, ebd.

315 Ebd.

316 Bestätigungsschreiben des Erhalts der Wochenberichte vom 24. Februar, 2. und 9. März 1918, Wien, 26. März 1918, ebd.

317 Bestätigungsschreiben des Erhalts des Wochenberichts vom 16. Februar 1918, Wien, 5. März 1918, ebd.

318 Alfred Schleier an Julius Thonet in Ugrócz, Frankenberg 25. März 1918, ebd.

319 Alfred Schleier an Julius Thonet in Ugrócz, Frankenberg 31. März 1918, ebd.

320 Brief des Otto Pleschke an die Gebrüder Thonet in Wien, Frankenberg, 11. Mai 1918, ebd.

321 Alfred Schleier an Julius Thonet in Ugrócz, Frankenberg 28. Mai 1918, ebd.

322 Theodor Thonet an Alfred Schleier, Wien, 12. Juni 1918, ebd.

323 Vgl. Alfred Schleier an die Fabrikskontrolle Wsetin, 2. September 1918, ebd.

324 Alfred Schleier an Viktor Thonet in Bistritz, Frankenberg, 26. November 1920, ebd.

325 Alfred Schleier an Julius Thonet in Ugrócz, Frankenberg 10. August 1920, ebd.; Alwin Türpe war ein Dresdner Möbelfabrikant, der bereits 1873 in Österreich ein Privileg auf die Erfindung von Kleider- und Huthaken aus massiv gebogenem Holz erhalten hatte, die Alsfelder Möbelfabrik stellte seit 1893 Möbel aus gebogenem Holz in Alsfeld/Hessen her.

326 Ebd.

327 Ebd.

328 »So habe ich hier 7 Jahre bitter böse zugebracht und bin wirtschaftlich u. gesundheitlich samt meiner Familie vollkommen auf dem Hunde.« ebd.

329 Alfred Schleier an Viktor Thonet in Bistritz, Frankenberg, 5. März 1921, ebd.

330 Vgl. 12.2.4. Thonet A.G. Frankenberg 1922.

331 »Um demnach nicht unnütz Zeit zu verlieren, wird beschlossen, schon jetzt sowohl an Franz Rudolf Andreae jun., Albin Weber und Direktor Alfred Schleier einheitlich in dem Sinne zu schreiben, dass die von ihnen erhaltenen Aufklärungen durchaus unbefriedigend sind und die Firma daraus die Konsequenzen zu ziehen genötigt sei; sie werden daher aufgefordert, ihre Funktionen bei der A.G. Frankenberg bzw. der G.m.b.H. Frankfurt niederzulegen und um ihre Entlassung aus dem Dienste der Firma anzusuchen.« Protokoll der Sitzung der Generaldirektoren in Brünn, 1. und 2. März 1923, ŠA NR, Archiv-Box 55, TU, Inv. 214, Mappe: Tovåren Frankenberg.

332 Frankenberg hatte eine Anfrage zur Lieferung von Türklinken aus Holz erhalten, welche Schleier weiterleitete und nun schon geraume Zeit auf einen Bescheid aus Wsetin wartete. In diesem Zusammenhang schrieb er: »Meine andere Firma hätte sich schon lange auf einige Millionen Stück eingerichtet.« Alfred Schleier an Julius Thonet in Ugrócz, Frankenberg 25. März 1918, ebd.

333 »Dankend bestätige ich [...] den mir gütigst übersandten Betrag von Mk. 600.- für die Monate Mai und Juni.« Alfred Schleier an Julius Thonet, Marburg a. d. Lahn, 6. Mai 1934, ŠA NR, Archiv-Box 19, TU, Inv. 84.

334 »Ich nehme jede Arbeit an sei es was es will. Es muss ja auch nicht Frankenberg sein, ich gehe überall in die Welt hinaus.«, Alfred Schleier an Julius Thonet, Marburg a. d. Lahn, 22. November 1933, ebd.

335 So berichtet er Julius stolz, dass seine drei Buben »in der Bewegung drin und stramme S.A. Leute« sind. Einer der Söhne, Wolfi, ist in der Hitlerjugend, hat das »denkwürdige Fest in Nürnberg« mitmachen dürfen, »ist Kameradschaftsführer und hat eine Schaar von 20 Mann unter sich.« Alfred Schleier an Julius Thonet, Marburg, 18. September 1933, ebd.; die Wirtschaft belebt sich wieder und »man muss wirklich vor Hitler alle Achtung haben dass er aus diesem Chaos einen klaren Weg gefunden hat.« Alfred Schleier an Julius Thonet, Marburg, 6. Mai 1934, ebd.

336 »Es ist begreiflich dass wenn dieses Werk in Judenhänden ist, dass da alle Aufträge storniert oder garnicht erteilt werden. Darum schrieb ich schon vor längerer Zeit, die Juden ganz auszuschiessen [sic], damit man in der Oeffentlichkeit dieses Unternehmen wieder als rein Deutsch und Arisch, hinstellen kann. Das ist heute ein sehr wichtiges Kapitel. Ausserdem sind beide Direktoren Ausländer was auch sehr viel zu dieser Propaganda beiträgt. Ich würde dir, lieber Julius sehr empfehlen, im Handelsregister alle Juden und Judennamen durch Arisch ersetzen zu lassen.« Alfred Schleier an Julius Thonet, Marburg a. d. Lahn, 18. September 1933, ebd.

337 Vgl. Jahresausweise der Fabriken 1912 bis 1915, ŠA NR, Archiv-Box 92, TU. Bei den Zahlen für 1914 ist zu berücksichtigen, dass die Produktion bis zum Kriegsausbruch im Juli des Jahres in allen Fabriken nahezu ungehindert weiterlief. So betrug die Anzahl der Arbeiter am 31. Juli – drei Tage nach Kriegsbeginn – 5.1914, am 31. Dezember 1914 noch lediglich 2.218.

338 Die »Mundus, Aktiengesellschaft der vereinigten Oesterreichischen Bugholzmöbelfabriken« – so ihre ursprüngliche Bezeichnung – war 1907 von Leopold Pilzer, einem galizischen Juden, unter finanzieller Beteiligung der Österreichischen Kreditanstalt gegründet worden. Diese Gesellschaft hatte in diesem Jahr sieben kleinere, eher unbedeutende Bugholzmöbelfabriken übernommen. Durch weitere Übernahmen und Zukäufe in den nächsten Jahren entstand ein weitverzweigtes Firmengeflecht, welches unter dem Dach der »Mundus, Allgemeine Handels- und Industrie Aktiengesellschaft« mit Sitz in Zürich schließlich den weltweit größten Bugholzmöbelkonzern bildete. Leopold Pilzer musste 1938 in die USA emigrieren.

339 Ausführlich hierzu: 12.2.5. Thonet-Mundus A.G. 1923.

9. Filialnetz und Logistik

1 *Michael Thonet, Ein Gedenkblatt*, S. 17.

2 Auch Gumpendorferstraße oder Gumpendorfer Hauptstraße

3 »Eisenbahn und Dampfschiffe überwanden die räumliche Distanzen in einer bis dahin nicht gekannten Schnelligkeit« Margrit Schulte Beerbühl, Europa als Zentrum der Weltwirtschaft im langen 19. Jahrhundert, in: Mark Häberlein/Markus A. Denzel (Hrsg.), *Handbuch globale Handelsräume und Handelsrouten, Von der Antike bis zur Gegenwart*, Berlin/Boston 2024, S. 685–732, hier S. 691.

4 »Die Tarife fielen zwischen 1815 und 1850 um 80 % und nochmals um 70 % zwischen 1870 und 1900.« ebd., S. 692.

5 Vgl. Michael Thonet jun. an Jacob Henrich in Boppard, Wien, 15. August 1851, Faksimile und Transkription in, Löber, Jacob Henrich, in: ders. (Hrsg.), *Thonet*, S. 34–49, Brief: S. 38–41. hier S. 41.

6 Vgl. Bled, *Wien*, S. 199.

7 Vgl. Michael Thonet jun. an Jacob Henrich in Boppard, Wien, 15. August 1851, Faksimile und Transkription in: Löber, Jacob Henrich, in: ders. (Hrsg.), *Thonet*, S. 34–49, Brief: S. 38–41.

8 »Bellino hat heute zum drittenmahle geschrieben, daß er noch keinen Brief erhalten hat von uns [säumt] dafür keine Stunde Ihm gleich die Kopie samt Rechnung zu schicken. Er muß wahrscheinlich dringend Waren brauchen und weiß sich nicht zu richten weil er noch keine Nachrichten von uns hat.« Josef Thonet nach Koritschan, Wien, 21. Dezember 1857, Archiv Neue Sammlung.

9 Auf die Bedeutung der Eisenbahn für die Industrialisierung Österreichs weist Matis hin: »Bestimmte infrastrukturelle Aufwendungen auf dem Verkehrssektor [...] waren zwar vorderhand noch wenig effizient, bedeuteten aber für die Zukunft eine wertvolle Investition. Der Ausbau der ersten Eisen-

bahnen, von denen bis 1850 in der Gesamtmonarchie rund 1500 km in Betrieb standen, war wegen der regionalen Niveauunterschiede und der ungünstigen Kombination der Bodenschätze von großer Bedeutung.« Matis, Die Habsburgermonarchie (Cisleithanien) 1848 – 1918, in: Fischer/van Houtte/Kellenbenz/Mieck/Vittinghoff (Hrsg.), *Europäische Wirtschafts- und Sozialgeschichte,* S. 479 – 507, hier S. 497.

10 Nachdem es absehbar war, dass es eine regelmäßige Eisenbahnverbindung nach Italien geben würde, hatten die Gebrüder Thonet offensichtlich die Absicht, ihre Geschäftsbeziehungen dorthin zu intensivieren. Beleg sind Zeitungsannoncen aus dem Jahr 1858. »Zum praktischen Unterricht in der italienischen Sprache wird ein geborener Italiener gesucht. Näheres: Stadt, Strauchgasse N. 248, bei Gebrüder Thonet.« *Wiener Zeitung*, 29. August 1858 und 2. September 1858.

11 Vgl. Buchmann, Die Epoche vom Ende des 18. Jahrhunderts bis um 1860, Wirtschaft und Finanzen, in: Csendes/Opll (Hrsg.), *Wien-Geschichte einer Stadt*, S. 129 – 148.

12 Vgl. Claudia Benkö, *Der österreichische Eisenbahnbau von 1825 bis 1860 am Beispiel der Budweis/České Budějovice-Linz-Gmundner Pferdeeisenbahn, der Kaiser Ferdinands-Nordbahn, der Südbahn sowie der Kaiserin Elisabeth-Bahn (Westbahn)*, Graz 2015, S. 48.

13 Bei den Zahlen zum Ausbau des Streckennetzes finden sich unterschiedliche Angaben; vgl. Sandgruber, *Die Anfänge der Konsumgesellschaft*, S. 99; auch: Hans Kernbauer/Eduard März, Das Wirtschaftswachstum in Deutschland und Österreich von der Mitte des 19. Jahrhunderts bis zum Ersten Weltkrieg: eine vergleichende Darstellung, in: Wilhelm H. Schröder & Konrad H. Jarausch (Hrsg.), *Historische Konjunkturforschung*, Stuttgart 1980, S. 47 – 59, hier S. 51; https://www.ssoar.info/ssoar/handle/document/34014 (Zugriff: 10.08.2025); eine Übersichtskarte des Baufortschritts der österreichischen Eisenbahnen von 1837 bis 1913 findet sich in: Tremel, *Wirtschafts- und Sozialgeschichte Österreichs*, S. 369.

14 So gehörten die Thonets unter anderem zu einem Konsortium, welches sich 1867 für den Bau einer Eisenbahnlinie von Brünn nach Trentschin einsetzte; vgl. Franz Thonet an den Bruder Michael in Koritschan, Bistritz, 6. September 1867, Archiv Neue Sammlung.

15 Franz Thonet an den Bruder Michael in Koritschan, Bistritz, 23. Februar 1866, ebd.

16 Franz Thonet an den Bruder Michael in Koritschan, Bistritz, 6. März 1866, ebd.

17 Franz Thonet an den Bruder Michael in Koritschan, Bistritz, 7. Februar 1867 [Hervorhebung im Original], ebd.

18 Franz Thonet an den Bruder Michael in Koritschan, Bistritz, 10. Februar 1868, ebd.

19 »Sie [die Familie Mallmann] offerieren uns das ungarische Gut für 200.000 flor. Es hat ihnen 700.000 gekostet, ist aber viel zu weit entfernt um für uns von Vortheil zu sein.« Franz Thonet an den Vater und die Brüder, Berlin, 5. Juni 1865, ebd.

20 Vgl. Eisenbahngeschichte Alpen-Donau-Adria, Die Kaiser Ferdinands-Nordbahn; http://www.oberegger2.org/enzyklopaedie/kfnb.htm (Zugriff: 10.08.2025).

21 Die enormen Investitionen für den Bau und Betrieb der Eisenbahn konnten in den 1850er Jahren staatlicherseits nicht mehr geleistet werden, weshalb der Staat Konzessionen, häufig mit Zinsgarantien, vergab. Der konjunkturelle Einbruch 1873 jedoch »führte zu einer Revision der Verkehrspolitik. […] Aus militärischen, vor allem auch aus fiskalischen Rücksichten wurde daher eine Rückkehr zum Staatsbahnsystem gefordert […]«. Matis, Die Habsburgermonarchie (Cisleithanien) 1848 – 1918, in: Fischer/van Houtte/Kellenbenz/Mieck/Vittinghoff (Hrsg.), *Europäische Wirtschafts- und Sozialgeschichte,* S. 479 – 507, hier S. 504.

22 Briefentwurf von einem der Söhne Michael Thonets, Bistritz, April 1884 [Einfügung im Original], MZA.

23 Eine detaillierte Übersicht zur Nord- und Südbahn und der 1836 gegründeten Dampfschiffahrts-Gesellschaft bis 1903 findet sich bei Adolf Hadwiger, Zwei Jahrhunderte des Gewerbefleisses, des Handels und des Verkehrs in Oesterreich, in: *Beilage zur Jubiläums-Festnummer der kaiserlichen Wiener-zeitung 1703 – 1903*, 8. August 1903, II Kommerzieller Teil, III–VI, S. 1 – 5.

24 Die Gebrüder Thonet arbeiteten nie mit Kauf- oder Warenhäusern zusammen, sondern alleine mit dem Möbel-Fachhandel. So findet sich beispielsweise in einem Verkaufskatalog des KaDeWe unter

anderem auch ein Schreibtischstuhl, erkennbar ein Bugholzmöbel, das aber sicher von einem der Konkurrenzunternehmen stammt. Vgl. *Illustrierter Hauptkatalog des Kaufhaus des Westens* (Reprint), Berlin/Hildesheim/Zürich/New York 1998 [1913], Abteilung Kleinmöbel, S. 136.

25 Vgl. 9.3.5.3. München 1864.

26 Zur Verwendung des Begriffs »Niederlage« vgl. 9.3 Die Filialen, Vorbemerkung.

27 »Nachdem die ämtlich gepflogene Revision der gedachten Möbelniederlage heraus gestellt [sic] hat, daß sich daselbst wirklich fremde Tischlererzeugnisse behufs ihres Verschleißes [Verkaufs] befunden; – so fällt den genannten Niederlagshaltern eine Überschreitung der ihnen als Privilegiums und Landesfabrikbefugniß Besitzern gesetzlich zustehenden Verschleißrechte, zur Last[…].« Schreiben des Brünner Gemeinderats an die Gebrüder Thonet in Koritschan, Brünn, 24. November 1859 [Hervorhebungen im Original], MZA.

28 Sowohl für die Ein- als auch für die Ausfuhr von Waren wurden aufgrund der bis 1850 bestehenden Zollgrenze zwischen Österreich und Ungarn Steuern erhoben. Erst mit dem Wegfall dieser sogenannten Zwischenzolllinie wurde ein einheitlicher Wirtschaftsraum geschaffen, was den Warenverkehr wesentlich erleichterte; vgl. Good, *Der wirtschaftliche Aufstieg des Habsburgerreiches,* S. 75–76; Komlos hingegen weist dieser neuen Zollunion keine größere Bedeutung zu und bemerkt, »daß die vor 1850 bestehenden Handelsbeschränkungen, auch wenn sie lästig gewesen waren, keineswegs als größeres Hindernis für die wirtschaftliche Entwicklung angesehen werden können«. Komlos, *Die Habsburgermonarchie als Zollunion*, S. 137. Die wirtschaftlichen Beziehungen der Thonets nach Ungarn begannen in den 1850er Jahren. Dass der Wegfall der Handelshemmnisse das Engagement der Thonets in Pest erleichterte, kann vermutet, wegen fehlender Unterlagen allerdings nicht genauer untersucht werden.

29 Vgl. George Wallis, The artistic, industrial and commercial results of the Universal Exhibition of 1855, in: *The exhibition of Art-Industry in Paris, 1855*, London 1855, S. I–XX, S. XI.

30 Vgl. 9.3.5.1. Hamburg 1863.

31 Darüber hinaus wird der Begriff »Filiale« in der Thonetschen Terminologie auch als Bezeichnung für die sogenannten Zulieferbetriebe, welche die Fabriken mit vorbereiteten Teilen, den sogenannten Halbfertigwaren versorgten, verwendet, die dann »Fabriks-Filialen« heißen. Hier ist die Bedeutung immer durch den jeweiligen Zusammenhang eindeutig.

32 Vgl. 13. Der Verkauf von Immobilien: Barwinek und das Mailänder Haus.

33 Vgl. 9.4. Zusammenfassung und Übersicht der Thonetschen Standorte.

34 Vgl. *Lehmann's allgemeiner Wohnungs-Anzeiger*, 1877, S. 835.

35 Vgl. *Fremden-Blatt,* Nr. 171, 22. Juni 1875.

36 *Michael Thonet, Ein Gedenkblatt*, S. 20.

37 »Als mit dem zunehmenden Bedarfe und der Vergrösserung des Geschäfts die Werkstätte im zweiten Stock des Hauses Nr. 396 in der Gumpendorferstrasse zu klein geworden, miethete Michael Thonet im Frühjahre 1853 von dem Maler Amerling die […] zur ehemaligen Herrschaft Gumpendorf gehörige Mollardmühle, Gumpendorf, Mollardgasse Nr. 173, sammt Wohnhaus und Nebengebäuden, wo sich vorläufig Raum genug fand, der Fabrication eine grössere Ausdehnung zu geben.« *Michael Thonet, Ein Gedenkblatt,* S. 21; vgl. zu den Adressenangaben auch: Werbeanzeige der Gebrüder Thonet, *Fremden-Blatt,* Nr. 279, 25. November 1853 (Abb. 83).

38 Vgl. Emanuel Pernold (Hrsg.), *Firmenbuch: enthaltend nach alphabetischer Ordnung alle bei dem hohen k. k. Handelsgerichte in Wien protokollirten Handels-, Fabriks- und Gewerbs-Firmen mit Angabe ihrer Domicile*, Wien 1855, S. 141. Für die folgenden Jahre finden sich sowohl Strauchgasse 247/248 als auch Strauchgasse 248; vgl. hierzu die Firmenbücher für die Jahrgänge 1855 bis 1859.

39 Vgl. Franz Thonet an den Vater und die Brüder, Wien, 1. Oktober 1858, Archiv Neue Sammlung.

40 »Thonet Gebrüder, Möbelniederl., Stadt, Strauchg. 247 u. 248. Fabrik Jägerz., Franzensallee 26.«, *Lehmann's allgemeiner Wohnungs-Anzeiger,* 1859, S. 806.

41 Vgl. *Lehmann's allgemeiner Wohnungs-Anzeiger*, 1860, Inserate S. LII.; für 1861, Inserate S. XXIV. In verschiedenen Quellen aus dieser Zeit finden sich verschiedene Adressangaben: Jägerzeile oder Jäger-

zeile 26, Am Praterstern oder Praterstern 26, Franzensbrückengasse oder -strasse, mit oder ohne Nummer 26. Hierbei handelt es sich nicht um unterschiedliche Adressen, sondern lediglich um verschiedene Bezeichnungen für den gleichen Standort.

42 Erzlagerstätten und Kohlevorkommen lagen in Österreich räumlich weit auseinander. Diese »ungünstige regionale Verbreitung und Kombinierbarkeit der wichtigsten Bodenschätze« war einer der Hauptgründe der späten und schwierigen Industrialisierung Österreichs; vgl. Matis, Die Habsburgermonarchie (Cisleithanien) 1848–1918, in: Fischer/van Houtte/Kellenbenz/Mieck/Vittinghoff (Hrsg.), *Europäische Wirtschafts- und Sozialgeschichte,* S. 479–507, hier S. 479. Eisenbahnstrecken dienten in erster Linie dazu, diese beiden Rohstoffe zusammenzubringen. Auch der zunehmende Energiebedarf konnte nicht mehr wie bisher durch die standortgebundene Wasserkraft oder das reichlich vorhandene Holz gesichert werden, weshalb man beispielsweise die Steinkohle aus den mährisch-schlesischen und böhmischen Abbaugebieten in die industriellen Zentren schaffte. Für die Thonetsche Industrie war nicht der Energiebedarf das Problem, sondern die Versorgung mit dem Rohstoff Holz. Das Unternehmen erkannte die Bedeutung der neuen Transportmittel für seine Zwecke und nahm wie hier – der Anlage einer Fabrik in unmittelbarer Nähe des Nordbahnhofs – diese Möglichkeiten wahr.

43 Exner, *Das Biegen des Holzes*, S. 41.

44 »Von Sperlin haben wir heute den 11. Tischfuß hier der auseinander ist, am Ganselberg sind auch mehrere auseinander und alles wackelt, es kommt auch selten ein anderer Tischfuß herein der nicht auseinander ist.« Franz Thonet an die Brüder in Koritschan, Wien, 7. Februar 1861, Archiv Neue Sammlung.

45 Dies erklärt auch den Begriff »Fabrik«. Er wurde zu dieser Zeit nicht in unserem heutigen Sinne als zentraler Ort industrieller Arbeit verwendet, sondern auch zur Bezeichnung von Werkstätten oder Betriebsräumen, in denen Personen mit bestimmten Aufgaben handwerklich arbeiteten. So heißt es beispielsweise schon im Coblenzer Anzeiger vom März 1842, dass Michael Thonet für seine Werkstatt Gesellen sucht, die »dauernde Arbeit in der Fabrik gepreßter Möbel in Boppard finden.«; vgl. *Coblenzer Anzeiger*, Jahrgang 1842, Nr. 70, 71, und 72, STAK, o. Sign.

46 *Wiener Zeitung*, 11. August 1859, S. 3412.

47 1862 wurden aufgrund der Eingemeindung der Vorstädte die Hausnummern neu vergeben. Eine hilfreiche Gegenüberstellung der alten und der neuen Hausnummern findet sich in: *Lehmann's allgemeiner Wohnungs-Anzeiger,* 1864.

48 Alle Zitate und Angaben in diesem Abschnitt: *Lehmann's allgemeiner Wohnungs-Anzeiger,* 1864.

49 Vgl. *Handels- und Gewerbe-Adressenbuch des österreichischen Kaiserstaates*, 1868, S. 191.

50 Vgl. *Fremden-Blatt,* Nr. 132, 14. Mai 1872, S. 4.

51 *Neue Freie Presse*, 1. August 1879. Diese Anzeige erschien mehrmals.

52 In dem Patent, welches die Gebrüder Thonet im Februar 1868 für die Fabrikation einer speziellen Art von Glas erhielten, findet sich folgende Firmenadresse: »Gebrüder Thonet, Fabricanten in Wien, untere Donaustraße Nr. 1«, *Amtsblatt zur Wiener Zeitung*, Nr. 34, 8. Februar 1868.

53 *Lehmann's allgemeiner Wohnungs-Anzeiger*, 1870, S. 449.

54 Vgl. Kassette: »Die Gesellschafter der Firma Gebrüder Thonet entbieten ihrem allverehrten Senior Herrn August Thonet zu seinem achtzigsten Geburtstage die innigsten Glückwünsche, welchen sich die Beamten des Hauses in Verehrung und Dankbarkeit anschließen, 28. März 1909.« Muzeum regionu Valašsko (Regionalmuseum der Walachei), Wsetin, o. Sig.

55 Vgl. Mang, *Thonet Bugholzmöbel*, S. 64.

56 Ebd.

57 Jürgen Kocka nennt beispielsweise für die Firma Siemens für die Jahre 1873 und 1890 folgende Zahlen: »1873 entfielen auf einen Beamten 9,3, 1890 7,5 Arbeiter.« Jürgen Kocka, *Unternehmensverwaltung und Angestelltenschaft am Beispiel Siemens 1847–1914*, Stuttgart 1969, S. 254–55.

58 *Fremden-Blatt,* Nr. 171, 22. Juni 1875.

59 Doch waren diese drei firmeneigenen Filialen für die Metropole Wien bei weitem nicht ausreichend. Darüber hinaus offerierten auch Händler die Thonetschen Möbel wie beispielsweise die 1835 als Tischler- und Tapeziererbetrieb gegründete Firma J. G. & L. Frankl. In einem illustrierten 8-seitigen Katalog findet sich das nahezu gesamte Sortiment Thonetscher Möbel mit dem Hinweis. »Wiederverkäufer entsprechenden Rabatt, nach Uebereinkommen«; vgl. *Möbel-Album*, [vmtl. 1879], MZA. Darüber hinaus bot Frankl neben eigenen auch die Möbel noch anderer Hersteller an. In einer Werbeannonce offerierte die Firma »Pariser und Wiener Möbel, sehr elegant, solid und billig. Elegante, illustrirte Preiscourants gegen 2 fl. Einlage.« *Illustrirtes Wiener Extrablatt*, Nr. 302, 1. November 1878.

60 Vgl. Bericht über den Vortrag des Herrn Architekten Fellner: »Ueber die von ihm im Vereine mit Herren Architekten Hellmer ausgeführten Neubauten in der Innern Stadt Wien.«, in: *Wochenschrift des österreichischen Ingenieur- und Architekten-Vereins*, Wien 1877, S. 143–146. Zur stadtgeschichtlichen, kulturellen, architektonischen und ökonomischen Bedeutung des Wiener Zinshauses vergleiche: Krammer/Nierhaus/Szeless, *Das Wiener Zinshaus.*

61 *Das finanzielle Tagblatt, Die Reporter, Zeitung für Finanzwesen und Volkswirthschaft*, Nr. 262, 15. November 1874.

62 Vgl. *Wiener Zeitung,* Nr. 92, 23. April 1875.

63 »Durch die Anwendung von Eisenstützen statt Mauerpfeilern wurde in der Kärnthnerstrasse-Fronte ein Schaufensterlänge von minimale 7 Fuß (2.2 Meter) gewonnen, welcher Gewinn, in Zins ausgedrückt, auf diesem Platze mit minimale fl. 3000 beziffert werden muss.« *Allgemeine Bauzeitung*, Zwei und vierzigster Jahrgang, Wien 1877, S. 60.

64 Das Eiserne Haus wurde 1909 an die Firma Ignaz Bittmann zum Preis von 2 Millionen Kronen verkauft.

65 Vgl. *Möbel-Album*, [vmtl. 1879], MZA.

66 Vgl. *Lehmann's allgemeiner Wohnungs-Anzeiger*, 1880 bis 1882.

67 *Wiener Zeitung,* Nr. 283, 10. Dezember 1882, S. 12.

68 Österreichischer Ingenieur und Architekten Verein, *Wien am Anfang des XX. Jahrhunderts. Ein Führer in technischer und künstlerischer Richtung*, Zweiter Band, Wien 1906, S. 417.

69 Vgl. *Eintrag der offenen Handelsgesellschaft unter der Firma: Gebrüder Thonet*, Königliches Amtsgericht Frankenberg, 29. August 1889. Carl Andreae war ein Bruder der zweiten Frau, Gertrude, von Franz Thonet. Deren Vater war Hubert Andreae, Steuereinnehmer, Sohn des Oberförsters Carl Andreae aus Boppard, den Michael Thonet, aus derselben Generation stammend, sicher gekannt haben dürfte. Dessen Anstellung ist ein weiterer Beleg dafür, dass die Firma leitende Positionen häufig mit Personen besetzte, deren freundschaftlicher oder familiärer Loyalität sie sich sicher sein konnte.

70 Protokoll über die Gesellschafter-Konferenz in Wien vom 23. Oktober 1923, ŠA NR, Archiv-Box 16, TU, Inv. 81, MP 1923.

71 »Herrn Bartl in Pest haben wir die erste Bestellung nähmlich 4 Dutzend Sessel und 1 Dutzend Fauteuil schon gemacht er bestellte aber jetzt noch mehr dazu und will wenn wir fertig damit sind den Speisesaal ganz von Mahagoni einrichten er will uns noch den ganzen Winter beschäftigen […].« Michael Thonet jun. an Jacob Henrich in Boppard, Wien, 15. August 1851, Faksimile und Transkription in: Löber, Jacob Henrich, in: ders. (Hrsg.), *Thonet*, S. 34–49, Brief: S. 38–41, hier S. 41.

72 »Der Kaffeesieder Herr Bihr, welcher dieser Tage von seiner Reise nach Wien zurückkehrte, hat für seinen, auf dem neueren Marktplatze zu errichtenden Kiosk, in der Niederlage der Gebrüder Thonet in Wien, die prachtvollsten und elegantesten Möbeln im Werthe von 5.000 fl. Cv. Mze. gekauft.« *Pest-Ofner Localblatt*, Nr. 89, 19. April 1855.

73 Vgl. Handels- und Gewerbe- Adressenbuch von Pest, Ofen und Alt-Ofen, in: *Pester Lloyd-Kalender für das Jahr 1859.*

74 Vgl. Handels- und Gewerbe- Adressenbuch von Pest, Ofen und Alt-Ofen, in: *Pester Lloyd-Kalender für das Jahr 1860.*

75 Franz Thonet an den Vater und die Brüder in Koritschan, Wien, 27. August 1861, Archiv Neue Sammlung.

76 »[…] die Möbelhandlungen beklagen sich, daß Immervoll die Sessel ihnen zu theuer berechnet, zudem bei Barzahlung keine Prozente einräumt.« Franz Thonet an den Vater und die Brüder, Pesth, 30. September 1861, ebd.

77 »Schickt mir umgehend das Verzeichnis aller Waaren, die an Immervoll für uns gegangen sind, damit ich mit ihm ausgleichen kann, es stimmt nicht alles.« Franz Thonet an den Vater und die Brüder, Pesth, 15. Oktober 1861, ebd.

78 »In Pest werden auch viele Kaffeehäuser eingerichtet, die uns nicht durchgehen dürfen, wenn wir einmal unten sind.« Franz Thonet an den Vater und die Brüder in Koritschan, Wien, 18. September 1861, ebd.

79 Franz Thonet an die Brüder in Koritschan, Pesth, 28. September 1861, ebd.

80 »Den hinteren Theil der Niederlage habe ich auch durch einen Boden auftheilen lassen, wodurch nach meiner Berechnung wir Alles unterbringen werden.« Franz Thonet an den Vater und die Brüder, Pesth, 30. September 1861, ebd.

81 »Es wird uns hart hergehen, bis Ende der Woche fertig zu werden. Wir sind im Innern jetzt schon soweit fertig, aber das Portal ist noch nicht ganz fertig, wird vor Mittwoch gar nichts angestrichen.« Franz Thonet an den Vater und die Brüder, Pesth, 7. Oktober 1861, ebd.

82 Franz Thonet an den Vater und die Brüder, Pesth, 3. Oktober 1861, ebd.

83 Franz Thonet an den Vater und die Brüder, Pesth, 10. Oktober 1861 [Hervorhebungen im Original], ebd.

84 »Im Kaiserbad wollen [sie] 600 Gartensessel haben bis zum Frühjahr. Wir werden schwerlich so viele machen können als gebraucht werden.« Franz Thonet an den Vater und die Brüder, Pesth, 15. Oktober 1861, ebd.

85 »Thonet Gebr., L[eopoldstadt], Dorotheag[asse]., Lyka'sches H[aus]« Handels- und Gewerbe-Adressenbuch von Pest, Ofen und Alt-Ofen, Veränderungen während des Druckes, S. 109, in: *Pester Lloyd-Kalender für das Jahr 1862.*

86 Vgl. Eröffnungsanzeige in: *Beiblatt zum Kladderadatsch*, Nr. 17, Berlin, 14. April 1872.

87 Ursprünglich war geplant, dort das neue National Theater zu errichten; der Erlös aus dem Verkauf des Grundstücks wurde später für den Bau der Oper auf dem Herminenplatz verwendet; vgl. *Neues Fremden-Blatt,* Nr. 188, 10. Juli 1873.

88 »Das in Pest einträglichste Haus soll der Thonet-Hof sein. Dieses Haus trägt das nette Sümmchen von jährlich 105.000 fl und genießt obendrein eine 20jährige Steuerfreiheit.«, *Klagenfurter Zeitung*, 17. April 1873, S. 587.

89 Vgl. *Neue Freie Presse*, 18. Juli 1871, S. 10.

90 Vgl. *Abendblatt des Pester Lloyd*, Nr. 93, 23. April 1872.

91 Vgl. *Pester Lloyd*, Nr. 91, 20. April 1876, S. 4.

92 Vgl. Mietvertrag mit Inventarliste, Budapest 1876, Stadtarchiv Budapest, Budapest Főváros Levéltára (im Folgenden: HU BFL), VII.168.a - 1876 - 0355.

93 Vgl. Mietvertrag über das Caféhaus im Thonethof, Budapest 19. September 1878, HU BFL, VII. 168.a - 1878 - 0490.

94 »Wir Unterzeichneten bestellen hiermit Herrn Josef Skupil [sic] zum Geschäftsführer in unserer Niederlage zu Budapest und bevollmächtigen denselben zu allen Geschäften und Rechtshandlungen, welche zum ordentlichen Betriebe unserer Niederlage in B[uda]pest gehören insbesondere ermächtigen wir ihn Verkäufe unserer Fabrikerzeugnisse zu besorgen, Bestellungen und Aufträge zu übernehmen Lieferungsverträge abzuschließen, Zahlungen zu leisten Geld und Geldwerth für uns in Empfang zu nehmen […]. Wir bestellen denselben auch zum Administrator unserer Häuser in Bpest No. 316a Waleriangasse (neu 4/5) und Nr. 18 Moritznergasse und bevollmächtigen ihn Miethverträge für die ortsübliche Dauer abzuschließen, Miethen zu kündigen, Miethzinse einzukassiren und zu quittiren

und uns in allen auf die Verwaltung der Häuser bezüglichen Angelegenheiten den Behörden oder gegenüber Privaten zu vertreten. Wir bevollmächtigen denselben ferner in unserem Namen in allen die Geschäfte unserer Bpester Niederlage oder die Verwaltung unserer obigen Häuser betreffenden Angelegenheiten Prozesse anhängig zu machen, und davon abzustehen Vertretungen zu begehren und zu leisten […].« Vollmacht für Josef Skoupil, Budapest 28. Februar 1880, HU BFL, VII.175 - 1882 - 0793. Aufgrund der Mietverträge aus dem Jahr 1876, die von Skoupil unterschrieben sind, ist davon auszugehen, dass es bereits eine frühere Vollmacht gegeben haben muss, die aber nicht vorliegt.

95 Adoptionsvertrag Josef Skoupil - Viktor Thonet, Budapest 13. April 1902, HU BFL, VII. 168.a - 1902 - 0156. (»Vor mir, István Görgei - Königlicher Notar in Budapest, an dem Ort und zu der Zeit, die in der Unterschrift am Ende des Dokuments angegeben sind, erschienen der mir persönlich bekannte Herr József Skoupil, Geschäftsführer, wohnhaft in Budapest (V. Thonet Udvar = Thonet Hof) und Herr Viktor Thonet, wohnhaft in Wien (I. Stephansplatz Brandstätte 2), und baten mich, den folgenden Adoptionsvertrag in das notarielle Register aufzunehmen. Adoptionsvertrag.

1. József Skoupil adoptiert hiermit Viktor Thonet, wohnhaft in Wien, der am 26. August 1871 in Bistritz geboren wurde und entsprechend des Taufregisters der Bistritzer Pfarrei, benannt nach St. Egídia, Seite 53, dort am 7. September getauft wurde […].
2. Der Adoptierende Jozef Skoupil überträgt seinen Nachnamen nicht auf den Adoptierten, und der Adoptierte wird daher nur seinen Nachnamen, den Familiennamen Thonet, nutzen, und da der Adoptierte volljährig ist, besteht keine Notwendigkeit, die elterliche Gewalt auf ihn zu übertragen. […].

Budapest, 13. April 1902 Skoupil József, Thonet Viktor, Görgei István«; (Übersetzung Miroslav Ontko und Ladislav Rosival).

96 Viktor heiratete zwei Jahre später Martha Scheid.

97 Vgl. Archiv der Französischen Kirche Berlin, Kirchenbuch der Französisch-Reformierten Kirche Friedrichstadt, Berlin, A 5717 Band 5, 1872, Seite 99, (Film Nr. 102561873, Aufnahme 136).

98 Das Haus in der Waitznergasse – auch Waitznerstrasse – befand sich ebenfalls im Besitz der Thonets. Aus einer Übersicht geht hervor, dass Jakob, Carl, Julius, Theodor, Alfred, Viktor und Rosa Thonet Anteile daran hatten; vgl. Privat-Realitäten 1916, ŠA NR, Archiv-Box 15, TU, Inv. 79/80.

99 In der zweiten Hälfte der 1880er Jahre kauften die Thonets ein Grundstück in der Waitznergasse, rissen die alten Gebäude ab und ließen in den Jahren 1888 bis 1890 nach Plänen des bekannten Architekten Ödön Lechner das sogenannte Thonet Haus errichten, in dem zeitweise auch die Verkaufsfiliale untergebracht war.

100 Ausführlich hierzu: 11.2. Verkauf des Thonet Hofs in Budapest 1917/18.

101 Der Transport der Waren zu den Weltausstellungen wurde nicht von den teilnehmenden Unternehmen, sondern als Sammeltransport meist von den nationalen Gewerbevereinen organisiert. Für Österreich war dies beispielsweise der Niederösterreichische Gewerbeverein. Spätere Lieferungen an Kunden oder Händler im Ausland hingegen lagen in den Händen der Firmen.

102 *Hamburgisches Adreß-Buch*, 1857, Anhang; daneben findet sich auch zu dieser Zeit schon »Neuer Wall«. Im fortlaufenden Text wird die heutige Schreibweise »Neuer Wall« verwendet.

103 In einem Pariser Adressbuch von 1860 werden Ingelbach & Wolffgang als »agents de fabriques« und »agents de manufacture étrangères« aufgeführt; vgl. *Annuaire-Almanach du commerce et de L'industrie, 63e Année de la publication*, Paris 1860, S. 306 und S. 534; Geschäftskontakte nach Paris dürften allerdings bereits schon mit der Firmengründung 1858, spätestens aber seit 1859 bestanden haben.

104 »Herr Wolffgang will die Sache [den Verkauf in London] mit uns übernehmen.« Franz Thonet an den Vater und Bruder in Koritschan, London, 26. März 1862, Archiv Neue Sammlung.

105 »Wolffgang will nicht zur Hälfte mit uns gehen, er hat nicht den Muth, sondern möchte lieber gegen 5 % vom Verkauf dabei interessirt sein. Ich werde suchen ihn ganz beiseite zu schieben ausgenommen er betheiligt sich mit einem tüchtigen Kapital dabei.« Franz Thonet an den Bruder Josef in Wien, London, 4. April 1862, ebd.

106 Franz Thonet an den Vater und Bruder, Abbey Wood, 25. Dezember 1862, ebd.

107 Mimoskope sind Geräte, mit deren Hilfe man bewegte Bilder darstellen konnte. »Desvignes' Mimoskop erhielt auf der Internationalen Ausstellung 1862 in London eine Lobende Erwähnung ›für den Einfallsreichtum des Bauens‹. Es konnte ›Zeichnungen, Modelle, einzelne oder stereoskopische Fotografien ausstellen, um Tierbewegungen oder Maschinenbewegungen zu animieren und verschiedene andere Illusionen zu zeigen‹«; vgl. https://deutsch.wikibrief.org/wiki/Precursors_of_film (Zugriff: 10.08.2025). Ob es sich bei dem hier genannten Desvignes um Peter Hubert Desvignes handelt, ließ sich nicht ermitteln.

108 Franz Thonet an den Bruder Josef in Wien, Berlin, 21. Oktober 1864, Archiv Neue Sammlung.

109 Caroline Bovingdon wohnte mit der Familie in Lewisham, einem heutigen Stadtteil von London mit damals etwa 15.000 Einwohnern. Carolines Vater, John Bovingdon, wurde am 18. Juni 1807 in Amersham, Buckinghamshire geboren. In dem Trauungsbuch aus Bystřice pod Hostýnem wird bei der Heirat der ältesten Tochter Philippina als Beruf des Vaters »Ökonom« angegeben; vgl. Acta Publika, Trauungsbuch 1843 – 1882, Bystřice pod Hostýnem, Číslo knihy 7479, MZA. Von der Mutter, Phoebe, geb. Barnett, ist lediglich das Geburtsjahr, 1810, bekannt. John und Phoebe heirateten am 11. Mai 1828. Der 1831 geborene Sohn John war Kurzwarenhändler und unterstützte Franz bei dem Aufbau der Filiale und vermittelte Geschäftskontakte zu Londoner Händlern. Carry's Schwester Philippina, genannt Phoebe (1845–1926), begleitete Franz und Carry 1864/65 nach Berlin und ging anschließend mit den beiden nach Österreich, wo sie am 14. Februar 1868 den Oberförster Theodor Schleier in Bistritz heiratete. vgl. ebd. Alle weiteren genealogischen Angaben zur Familie Bovingdon sind entnommen aus https://www.familysearch.org und https://www.myheritage.com (Zugriff: 10.08.2025). Die Angaben in den beiden Quellen sind zum Teil widersprüchlich. Möglicherweise finden sich in Zukunft weitere und ergänzende Dokumente, mit deren Hilfe man die Daten im Detail und weitergehend überprüfen kann.

110 Franz Thonet an die Eltern und Brüder, Shootershill 6. Mai 1860, ebd.

111 Franz Thonet an die Eltern und Brüder, Shootershill 12. Mai 1860, ebd.

112 In einem Brief zwei Jahre später heißt es: »John wohnt nicht mehr in Red Lion Square.« Franz Thonet an den Bruder Josef in Wien, Berlin, 21. Oktober 1864, ebd.

113 »Das Waarenhaus in Dowgate hill müssen wir jetzt räumen, es kommt dorthin ein Bahnhof […].« Franz Thonet an den Bruder Josef in Wien, London, 23. November 1863, ebd.

114 Franz Thonet an den Vater und die Brüder, London 26. März 1862, ebd.

115 »Ich habe das Haus jetzt übernommen auf drei Jahre und es steht uns frei, nach Verlauf dieser Zeit dasselbe auf weitere 18 Jahren zu übernehmen.« Franz Thonet an den Bruder Josef in Wien, London, 3. April 1862, ebd.

116 Ebd.

117 Vgl. Franz Thonet an den Bruder Josef in Wien, London 21. April 1862, ebd.

118 »[…] es kommen viele Leute, kaufen aber wenig, unsere Möbel gefallen recht gut und ist gar nicht zu zweifeln, daß mit der Zeit das Geschäft recht gut hier sein wird.« Franz Thonet an den Vater und die Brüder, London, 6. Mai 1862, ebd.

119 »Es freut mich Euch melden zu können, daß das Geschäft sich immer besser einstellt, und glaube ganz sicher, daß bis zu Ende der Ausstellung Alles im Gange ist, und so geregelt, als wenn das Geschäft schon seit Jahren bestanden hätte.« Franz Thonet an den Vater und die Brüder, London, 31. Juni [sic] 1862, ebd.

120 »Es wäre sehr nothwendig, wenn Jakob diesen Sommer hier sein könnte. Einer sollte immer in der Ausstellung sein, der andere in London, John [Carry's Bruder] muß helfen zusammen schrauben [sic] und die Gänge in die Stadt besorgen.« Franz Thonet an August in Koritschan, London, 15. Mai 1862, ebd.

121 »In Betreff des Ehepaares weiß ich mir gar nicht anders zu helfen, als daß dieselben sobald als möglich herüberkommen sollen. Es mag hier gut oder schlecht gehen, so müssen die Massen schlechter

Sessel repariert, gebeizt und polirt werden, ehe sie verkauft können werden.« Franz Thonet an den Bruder, verm. Michael in Koritschan, London, 9. Oktober 1863, ebd.

122 »[…] es wurden schon Geschäftsverbindungen angeknüpft, die aber Alle wieder eingingen, da die Vorderfüße nicht standhielten und die lichten und mahagony Sessel ein so garstiges Ende nehmen, […] sie [die Kunden] haben das Zutrauen verloren und wenn der Engländer einmal gegen etwas eingenommen ist, fällt es schwer ihn vom Gegentheile zu überzeugen.« Franz Thonet an den Vater und die Brüder in Wien, Abbey Wood, 25. Dezember 1862, ebd.

123 Franz Thonet an den Bruder Josef in Wien, London, 3. August 1863, ebd.

124 »Je mehr über die Möbel geschrieben und geredet wird, je bedeutungsvoller erscheint dem Publikum die Möbelfrage. Ein munteres Frauchen liest morgens in einem Journal einen illustrierten Aufsatz über Möbel, besucht während des Tages verschiedene Geschäfte für Wohnungseinrichtungen und schmeichelt abends ihrem Manne das Versprechen ab, dies oder jenes Zimmer oder wohl gar die ganze Wohnung so oder so modern einrichten zu lassen. Erfahrene ›Möbelleute‹ wissen, daß große Aufträge sich oft auf solche Vorgänge oder andere Suggestionen zurückführen lassen.« A. F. Mobilis.: Wie liesse sich das Möbelgeschäft noch mehr fördern?, in: ***Die Leipziger Messe***, Heft 3, Ostermesse 1909, S. 67–68, hier S. 68, zitiert nach: Fünderich, ***Wohnen im Kaiserreich***, S. 215; zur Rolle der Frau beim Möbelkauf vgl. auch: ebd., S. 181–183.

125 Franz Thonet an den Bruder Josef in Wien, London, 3. August 1863, Archiv Neue Sammlung; eigentlich müsste es heißen: wir haben wieder angefangen.

126 »Respectfully solicit an inspection of their first-class stock of furniture, consisting of Arm. Rocking, Folding, Lounging and other chairs, Settees &c. &c., particularly recommended to those who wish to combine elegance with strength and cheapness. These chairs have, through their superior qualities, elicited universal approbation both in England and on the Continent, so much so in Vienna that they may be seen in almost every house, and especially in large hotels and Club-houses. Every article sold by THONET BROTHERS warranted for two years.« ***The Weekly Chronicle*** (London), 1st August 1863.

127 Vgl. Anm. 122, S. 471.

128 Vgl. ***Atlas***, ***The Standard*** (London), ***Morning Post*** und ***East London Observer***, 25th Juli bis 22nd December 1863.

129 »[…] suitable for noblemen and gentry, clubhouses, hotels, and railway companies, restaurants, &c.«, ***Morning Post***, 1st December 1863.

130 Franz Thonet an den Bruder Josef in Wien, London 23. November 1863, Archiv Neue Sammlung.

131 Vgl. Anm. 113, S. 470.

132 ***Railway News***, 2nd January 1864.

133 Franz Thonet an den Bruder Josef in Wien, London, 21. Oktober 1864, Archiv Neue Sammlung.

134 Franz Thonet an den Bruder Josef in Wien, London, 23. November 1863, ebd.

135 »Thonet brothers inform the public they have relinquished selling their ›veneered parquetry‹ for ›ARROWSMITH SOLID PARQUET FLOORS‹ […] as better adapted for this climate.« West-end Depot for their Austrian Bent Wood Chairs, from 7s, 6d., ARROWSMITH'S, 80, New Bond-street, W.« ***The Daily News*** (London), 21st January 1864 [Hervorhebungen im Original], weitere Annoncen finden sich in ***The Daily News*** bis April 1864.

136 Franz Thonet an den Bruder Josef in Wien, London, 23. November 1863, Archiv Neue Sammlung.

137 Es ist zu berücksichtigen, dass die Gebrüder Thonet die Filiale im April 1862 für drei Jahre gemietet hatten und dieser Vertrag noch bis 1865 lief; vgl. Franz Thonet an den Vater und die Brüder, London, 3. April 1862, ebd.

138 Franz spricht im Zusammenhang mit der Entschädigung von 2000 £, auf die man durch die Räumung des Warenhauses in Dowgate Hill in Aussicht habe, davon, dass man darauf achten müsse, dass dieses Geld trotz der Übertragung des Geschäfts an Arrowsmith den Gebrüdern Thonet nicht entgeht. »Wenn wir daher dieses Geschäft übertragen, so müssen wir uns vorsehen, daß uns dieser

mögliche Nutzen nicht entgeht.« Franz Thonet an den Bruder Josef in Wien, London, 23. November 1863, ebd.

139 Ebd.

140 »Davenport hat bestellt: 100 Sessel Nr. 10 eichen, 100 Nr. 12 [eichen], 100 Nr. 3 [eichen], 24 Armsessel Nr. 3.« Franz Thonet an den Bruder Michael in Koritschan, Bistritz 6. April 1866 (oder 1867, nicht lesbar), ebd.; »Wir haben von Davenport den Auftrag erhalten, 110 Sessel Nr 3, schwarz polirt anzufertigen.« Franz Thonet an den Bruder Michael in Koritschan, Bistritz, 11. Februar 1867, ebd.

141 Vgl. *The Railway News, Morning Post, The Standard* (London), 7th January bis 27th August 1864.

142 »Sold at the London Depot, by the sole agent, George Davenport, [...] Shippers and the trade liberally dealt with.« *Morning Post*, 20th February 1864; auch: *The Standard* (London), 11th February 1864. Bei größeren geschäftlichen Transaktionen allerdings wandten sich die Kunden immer noch direkt an die Gebrüder Thonet, Davenport übernahm dann die Auslieferung. So heißt es in einem Brief kurz nach Franz' Ankunft in Berlin: »Ich konnte nicht eher von London abreisen bis nicht Nachricht wegen der Walterischen Geschichte gekommen. Samstag erhielt ich nun ein Telegramm von Josef worinn er anzeigte, daß wir ihm die extra 10 % vom brutto oder 7 % netto für alles was er von Davenport kauft so lange zusagt als das Agio nicht unter 10 steht, mit Ausnahme von Nr. 14.« Franz Thonet an den Vater und Bruder in Bistritz, Berlin, 27. März 1864, Archiv Neue Sammlung.

143 Vgl. auch: *The Queen*, 13th May 1865; *John Bull*, 29th September 1866, 21st September 1867, 25th January 1868, 8th February 1868; 1866 fand ein Umzug der Filiale von 20 Ludgate Hill nach 45 Ludgate Hill statt.

144 »Ich hoffe daß sich Alles hier bald so gestalten wird, daß ich meine Thätigkeit anderswo mehr lohnend anwenden kann. Ich habe auch keine große Sehnsucht, zu lange hier in England zu bleiben. Die Mühe die man sich hier giebt, und die großen Auslagen stehen in keinem Verhältnis zu den bisherigen geringen Umsätzen. London ist zu groß und weitläufig, man wird nicht so geschwind bekannt.« Franz Thonet an den Bruder Josef in Wien, London, 23. November 1863, Archiv Neue Sammlung.

145 »Sonntag Abends sind wir von England abgereist und Dienstag in der Frühe hier [in Berlin] angekommen.« Franz Thonet an den Vater und Bruder in Bistritz, Berlin, 27. März 1864, ebd.

146 Vgl. *John Bull*, 29th September 1866.

147 Brief an Jeanette (Frau von Michael Thonet jun.), Koritschan, 16. Dezember 1868; Unterschrift des Absenders nicht lesbar. MZA

148 Vgl. *The Graphic*, 19th July bis 8th November 1873.

149 »Suitable for all rooms from drawing room to servants' hall and all climates not being affected in any way by degrees of temperature.« *The Standard* (London), 24th October 1873.

150 Zur Rückgabe des Massivholzprivilegs nach dem Einspruch der Kohns vgl. Uhlíř, *Vom Wiener Stuhl zum Architektenmöbel*, S. 15–23.

151 Oetzmann & Co. war ein Londoner Unternehmen, das ein nahezu vollständiges Angebot zur Ausstattung eines Haushalts führte. »Complete house furnishers, cabinet makers and upholsterers, British carpet and rug warehouse, importers of Turkey, Persian, Indian and every description of Oriental carpets and rugs.« *The Post-Office London directory*, 1894.

152 Vgl. *The Echo* (London), 2nd January 1873.

153 Vgl. *The Standard* (London), 17th August 1874.

154 Vgl. *The Standard* (London), 1st May 1878. Bei dieser neuen Adresse handelt es sich nicht um einen Wechsel in neue Räumlichkeiten, sondern die beiden nebeneinanderstehenden Häuser wurden zu einem einzigen mit der neuen Hausnummer 125 zusammengefasst. So ist bei der Ankündigung einer Versteigerung dieses Gebäudes die Rede von »double fronted shop«, was auf diese Zusammenlegung hinweist; vgl. *The Daily News* (London), 31st March 1880.

155 Vgl. *The Graphic*, 2nd February 1878 bis 24th September 1881.

156 Dies ist neben einer Werbeanzeige in München aus dem gleichen Jahr der bisher früheste Beleg der Umstellung von den sogenannten Verkaufsplakaten zu den Katalogen, in denen man jetzt nahezu das gesamte Sortiment präsentieren konnte; vgl. Abb. 72, rechts und Abb. 73.

157 Vgl. *The Standard* (London), 1st May 1878.

158 Vgl. *The Echo* (London), 29th July 1880 bis 25th January 1881.

159 *The Daily News* (London), 31st March 1880. Aufgrund der Größe des von den Thonets gepachteten Objekts ist zu vermuten, dass sich hier die Verkaufsfiliale mit Lagerräumen befand, diese Adresse aber auch offizielle Geschäftsadresse war. So findet sich auf einem Geschäftsbrief-Formular aus dem Jahr 1882 diese Anschrift, während in den Werbeanzeigen ab 1880 als Filialadresse 417 Oxford Street angegeben wird.

160 *The Daily News* (London), 31st March 1880.

161 Vgl. *St James's Gazette,* 22nd March 1882.

162 »[...] a fire on the premises occupied and owned by Messrs. Thonet Brothers, Austrian bentwood manufacturers.«, *London Daily Chronicle*, 22nd March 1882.

163 *Denton and Haughton Examiner*, 10th January 1885.

164 *Denton and Haughton Examiner*, 26th April 1884.

165 *Denton and Haughton Examiner*, 30th June 1883.

166 »Beware of inferior imitations. None genuine unless branded ›THONET‹«. *Hampstead & Highgate Express*, 31st March 1883.

167 Vgl. 10.8. Übersicht der Ausstellungen 1851–1916.

168 Vgl. 9.4. Zusammenfassung und Übersicht der Thonetschen Standorte.

169 Das Unternehmen hatte bereits 1870 der Firma Debenham and Freebody aus Gloucestershire die Vertretung seiner Möbel übertragen, was aber zu dieser frühen Zeit vermutlich ein Einzelfall gewesen sein dürfte; vgl. *Cheltenham Examiner*, 14th December 1870.

170 Vgl. *The Newcastle Daily Chronicle*, 7th June 1887.

171 Vgl. *The Munster News*, 19th February 1887.

172 Vgl. *Manchester Evening News*, 14th January 1890.

173 Vgl. *Manchester Evening News*, 3rd January 1890; Werbeannoncen von Hembry & Co. sind bis 1897 nachweisbar. Dieses Unternehmen hatte mittlerweile auch Filialen in London und Liverpool; vgl. *Manchester Evening News*, 14th August 1897 und 18th November 1897.

174 Vgl. *The Wellington Journal and Shrewsbury News*, 15th October 1892.

175 Vgl. *The Illustrated Sporting & Dramatic News*, 23rd December 1893.

176 Vgl. *Liverpool Journal of Commerce*, 25th August 1890. Diese Adresse fand sich in Verkaufskatalogen und auch im Zusammenhang mit einer gerichtlichen Auseinandersetzung, weshalb es sich hier sowohl um den Verkaufsstandort als auch um die Geschäftsadresse handeln dürfte.

177 *John Bull*, 31st July 1915.

178 *Holborn and Finsbury Guardian*, 24th March 1916. Hier findet sich als Anschrift der Firma 82 Great Eastern Street und nicht wie in dem Verkaufskatalog im Jahr zuvor 64 Great Eastern Street. Es ist zu vermuten, dass letztere die Filiale war und es sich bei der Nummer 82 um die offizielle Geschäftsadresse handelte.

179 Vgl. Auszug aus der geographischen Statistik der Verkäufe pro 1905, in: Jahresausweis der Fabriken 1905, ŠA NR, Archiv-Box 91, TU; hier werden zwar die Zahlen für 1905 angegeben – eine vergleichbare Statistik für die vorhergehenden Jahre liegt nicht vor – doch dürften die Zahlen im 19. Jahrhundert im Verhältnis ähnlich gewesen sein.

180 Für Spanien ist dies insofern nachvollziehbar, als es hier zahlreiche Firmen gab, die ebenso Bugholzmöbel herstellten.

181 Die frühest bekannte Erwähnung der Zusammenarbeit zwischen den Gebrüdern Thonet und Ingelbach & Wolffgang, die die Lieferungen nach Paris organisierten, findet sich in einem Brief von Franz vom Mai 1860: »Nach Paris schickt mir folgende Muster [es folgen einige Sesselnummern]. An Herrn G. Ingelbach & Wolfgang [sic]66 Rue de Bondy. Paris.«, Franz Thonet an die Eltern und Brüder, Shootershill, 12. May 1860, Archiv Neue Sammlung. Es ist jedoch anzunehmen, dass Geschäftskontakte über diese Firma nach Paris schon früher bestanden.; vgl. hierzu auch: Anm. 103, S. 469.

182 Franz Thonet an den Bruder Josef in Wien, London, 18. August 1861, ebd.

183 Vgl. Franz Thonet an den Vater und die Brüder in Wien, Abbey Wood, 25. Dezember 1862, ebd.; mit »Ingelbach« meint Franz vermutlich die Person, nicht die Firma.

184 »Ich bin nur gespannt wie es nach und nach in Paris aussehen wird, und ob dort der Lagerstand so anschwellen wird aus Mangel an Übersicht und Nachlässigkeit.« Brieffragment von Franz Thonet, ohne Ort und Datum, vermutlich an den Bruder Josef in Wien, verm. London, Juli 1862, ebd.

185 Aus dem Zusammenhang ist ersichtlich, dass es sich bei dem Begriff »Magazin« hier um eine Verkaufsstelle handelt. In anderen Fällen ist es nicht immer eindeutig, ob eine Verkaufsstelle, ein Lager oder auch beides gemeint ist; vgl. hierzu: 9.3. Die Filialen, Vorbemerkung und 9.3.5.1. Hamburg 1863.

186 Franz Thonet, verm. an den Bruder Josef in Wien, Berlin, 21. Oktober 1864, Archiv Neue Sammlung.

187 Franz Thonet an den Vater und die Brüder, Berlin, 5. Juni 1865, ebd.; bei der hier erwähnten Fürstin Metternich dürfte es sich um die 1832 geborene Melanie Zichy-Metternich, Tochter aus Metternichs dritter Ehe, handeln, die 1851 den Grafen Josef Zichy geheiratet hatte.

188 *Gebrüder Thonet'scher Zentral-Anzeiger,* Nr. 65, 1. August 1921, S. 2 [Hervorhebung im Original].

189 *Bulletin officiel de L'exposition de 1894*, Nr. 40, 4. Oktober 1894, 5. Bei »M. Velat« handelt es sich offensichtlich um einen Schreibfehler. Sowohl auf den kleinen Emaille-Plaketten, mit denen Velat die von ihm vertriebenen Thonetschen Möbel kennzeichnete, als auch in der Korrespondenz mit ihm findet sich »B. Velat«.

190 In dem Fabriks-Anzeiger Bistritz ist die Rede von einer Beschwerde des »Herrn B. Velat, Lyon«, dass die Schutzmarken an einigen der Möbel fehlen; vgl. *Fabriks-Anzeiger, Internes Organ der Fabrik Bystritz a/Host.*, Nr. 20, 21. August 1912, MZA.

191 Vgl. Protokoll der Gesellschafterkonferenz vom 10. und 15. Juni 1919, betreffend den Abschluss 1918, ŠA NR, Archiv-Box 16, TU, Inv. 81.

192 »Von jenen Möbeln und Möbelteilen, welche entweder in der Schutzmarke oder in dem eingedrückten Stempel das Wort ›Wien‹ oder das Wort ›Austria‹ aufweisen, sind diese Wörter gründlich (durch Abkratzen oder Wegstemmen oder auf eine andere zweckdienliche Art) zu entfernen.« *Fabriks-Anzeiger, Internes Organ der Fabrik Bystritz a/Host.*, Nr. 111, 12. Juli 1919, MZA.

193 *Fabriks-Anzeiger, Internes Organ der Fabrik Bystritz a/Host.*, Nr. 127, 18. Februar 1921 [Hervorhebung im Original], MZA.

194 »Weber Lührs & Co., Agent. und Commiss., Lager von Garnen u. Tuchen, B.Cto Vereinsbank, Neuerwall, Pl. 78.3, Niederl. v. Möbeln aus gebogenem Holz, Neuerwall 80.« *Hamburgisches Adreß-Buch,* 1863; unter der Anschrift »Neuerwall, Pl. 78.3« firmierte bereits das 1862 aufgelöste Handelsunternehmen Wolffgang, Lührs & Co.; die neu gegründete Gesellschaft Weber, Lührs & Comp. übernahm offensichtlich die Geschäftsräume.

195 Vgl. *Staats- und gelehrte Zeitung des Hamburgischen unpartheyischen Correspondenten*, 17. Juli 1863.

196 Das gebogene Möbel, *Bopparder Zeitung,* 21. August 1878.

197 »Einliegend ist der Contrakt, den ich mit Wolf[f]gang and [sic] Lührs abgeschlossen habe, nebst den 3 verschiedenen Preiskurranten, roth ist Detail, grün sind die Preise für Möbelhändler und weiß ist Exportpreis. Ich hoffe, daß ihr mit der Art und Weise, wie das Geschäft jetzt in Hamburg betrieben wird, zufrieden sein werdet.« Franz Thonet an die Eltern und Brüder in Wien, London, 7. Juli 1860, Archiv Neue Sammlung. Die Erwähnung der Preiskuranten belegt, dass Wolffgang und Lührs zwar

auch berechtigt waren, mit Thonetschen Möbeln zu handeln, doch setzt dies nicht notwendigerweise eine Verkaufsstelle voraus. Es fanden sich vor 1863 keinerlei Hinweise auf einen Verkaufsstandort, weder in der Korrespondenz noch in Adressbüchern oder Zeitungen.

198 »Einen von den runden Tischen mit eichen Grund schickt in die hiesige Niederlage [...].« Franz Thonet an einen der Brüder in Koritschan, Hamburg, 14. März 1862, ebd.

199 »Jede von diesen Städten [Liverpool, Dublin und Edinburg] ist größer als Wien und mit einem Hauptwaaren Lager in Hamburg können [wir] England, Schottland und Irland versehen.« Franz Thonet an den Vater und einen der Brüder in Bistritz, London, 15. Juli 1862, ebd.

200 Im Hamburgischen Adressbuch von 1867 heißt es im Personen- und Firmenverzeichnis unter Weber Lührs & Co. »Nieder.[lage] v. Möbeln aus gebogenem Holz: Neuerwall 80, n.(ach) 1. Mai Hermannstr. 27.« *Hamburgisches Adressbuch*, 1867, Personen- und Firmenverzeichnis.

201 Zur Familie Lührs hatte sich im Laufe der Jahre neben den geschäftlichen Beziehungen auch ein freundschaftlich persönliches Verhältnis entwickelt. Ludwig Lührs Ehefrau beispielsweise besuchte im Sommer 1865 die Thonets in Wien; vgl. Franz Thonet an den Bruder Michael in Koritschan, Wien, 2. Juli 1865, Archiv Neue Sammlung. Carl Herbert, Neffe oder Bruder von Michaels Frau Jeanette, absolvierte bei Weber Lührs & Co. Mitte der 1860er Jahre eine kaufmännische Ausbildung. »Carl Herbert arbeitet fleißig, wie mir Lührs schreibt, verdient wöchentlich 4 Thaler [...].« Franz Thonet vermutlich an den Bruder Michael in Koritschan, o. O., o. D., [vmtl. Mitte November 1865], ebd.

202 Hermann Brose war eines der sieben Mitglieder des ersten Aufsichtsrats der Gebrüder Thonet A.G. Frankenberg; vgl. *Deutscher Reichsanzeiger und Preußischer Staatsanzeiger,* Nr. 194, 31. August 1922, S. 19.

203 Alle Personen- Orts- und Jahresangaben in diesem Abschnitt vgl. *Hamburgisches Adressbuch*, 1867 bis 1924, Personen- und Firmenverzeichnis.

204 »Es ist unglaublich was diese Leute [hier in Berlin] nicht verlangt haben, um mich gehörig auszuweisen, und daß ich auch wirklich in London gewohnt habe.« Franz Thonet an den Vater und August in Bistritz, Berlin, 18. April 1864, Archiv Neue Sammlung.

205 Berlin wurde nun auch die offizielle Wohnadresse von Franz und Carry. Im Handelsregister-Eintrag für die neue Filiale werden die fünf Gesellschafter der offenen Handelsgesellschaft Gebrüder Thonet mit ihrem Wohnsitz genannt, unter anderem Franz in Berlin, August in Bistritz und die drei anderen Söhne in Wien. Der Vater erhielt Prokura; vgl. Handels Register des Königl. Stadtgerichts zu Berlin, in: *Königlich Preußischer Staats-Anzeiger,* Nr. 202, 28. August 1864, S. 2367.

206 »Ein kleines Rad muß ich noch unbedingt haben, ich hoffe, ein solches bei meiner Ankunft in Berlin vorzufinden.« Franz Thonet an die Eltern und Brüder, o. O., o. D., [vmtl. London, Mai 1860], Archiv Neue Sammlung.

207 »Bauhs schreibt mir von Berlin, daß er auch gerne ein so ähnliches Geschäft mit uns in Berlin machen möchte, als wie in Hamburg. Ich bin aber nicht der Meinung und werde ihm dieß auch schreiben, wir wollen unsere Kräfte nicht unnöthiger Weise zersplittern.« Franz Thonet an die Eltern und Brüder, London, 7. Juli 1860, ebd.

208 »Folgende Aufträge sind zu berichten: [...] Geheimer Medizinalrath Prof. Dr. Jüngken in Berlin, Zeughaus Nr. 1, 24 Sessel Nr. 7 nußbaum.« Franz Thonet an den Vater und die Brüder, Wien, 16. September 1861, ebd.

209 Vgl. *Nationalzeitung, Abend-Ausgabe,* Berlin, Nr. 68, 10. Februar 1864. In vielen Fällen gab es bei der Eröffnung einer Filiale immer auch eine illustrierte Annonce. Eine solche ließ sich für Berlin nicht finden.

210 Vgl. ebd.

211 »Die Zeiten sind hier lausig schlecht, kein Geschäft geht, Alles klagt, aber die Leute können sich am Ende doch nicht mit dem blanken auf den Fußboden setzen.« Franz Thonet an den Vater und August in Bistritz, Berlin, 18. April 1864, Archiv Neue Sammlung.

212 Franz Thonet an den Bruder Josef in Wien, Berlin, 3. Mai 1864, ebd.

213 Franz Thonet an den Vater und Bruder [August?] in Bistritz, Berlin, 27. März 1864, ebd.; vgl. auch: Abb. 44.

214 Franz Thonet an den Vater und Bruder [August?] in Bistritz, Berlin, 2. April 1864, ebd.

215 »Das Geschäft geht hier zur Zufriedenheit für die kurze Zeit des Daseins haben doch in diesem Monat über 2000 Thl. verkauft und denke ich daß hier mit der Zeit ein sehr großes Geschäfte werden wird.« Franz Thonet an den Bruder Michael in Koritschan, Berlin, 26. Juli 1864, ebd.

216 Franz Thonet an den Vater und Bruder [August?] in Bistritz, Berlin, 6. Dezember 1864, ebd.

217 Franz meint hier das »Huis Lorsont«, später Vanderborght Frères. Zu den Filialen und Händlerkontakten der Gebrüder Thonet nach Belgien vgl. Emma Devos, Thonet en de Belgische meubelmarkt, in: *Meubles en bois courbé, Belgische verkoopp Thonet en aats productie tijdens de Belle époque*, Masterproef, Universiteit Gent, 2020, S. 29–52.

218 »Es ist dieses ein großes Teppich-waaren und Tapetengeschäft, an einem der besten Plätze gelegen, mit einem ungeheuren Schaufenster und einem Raum im Innern, wie er uns in gar keinem unserer Etablissements zur Verfügung steht.« Franz Thonet an den Bruder Josef in Wien, Berlin, 21. Oktober 1864, Archiv Neue Sammlung.

219 Franz Thonet an den Bruder Michael in Koritschan, Berlin, 13. April 1865, ebd.

220 Vgl. *Berliner Adressbuch*, 1873.

221 *Berliner Adressbuch*, 1925.

222 Vgl. von Hermann (Hrsg.), *Bericht der Beurtheilungs-Commission*, S. 84–85.

223 Vgl. Liste der in München anwesenden Fremden, *Münchener Tages-Anzeiger*, Nr. 308, 4. November 1859, S. 2361.

224 Vgl. *Kurier für Niederbayern: Tagblatt aus Landshut*, Nr. 334, 7. Dezember 1862.

225 *Bayerischer Kurier*, Nr. 69, 11. März, 1963, S. 1863.

226 »Alleinige Niederlage der massiv gebogenen Rohrstühle aus den Fabriken der Herren Gebrüder Thonet in Wien.« *Neueste Nachrichten aus dem Gebiete der Politik*, Nr. 192, 10. Juli 1864.

227 »Durch besonders günstige Konditionen mit obiger Fabrik [Gebrüder Thonet] bin ich in der Lage, sämmtliche Meubles derselben zu besonders billigen Preisen abzugeben [...].« *Münchener Nachrichten*, Nr. 143, 23. Mai 1875.

228 *Bayerischer Kurier*, Nr. 287, 15. Oktober 1878. Bei der Illustration dieser Anzeige präsentierte man eines der teuersten Sitzmöbel, das sogenannte Palais Palffy Modell (Abb. 72, links), welches in den vorliegenden Verkaufsunterlagen nicht abgebildet und auch in den Produktionsstatistiken nicht aufgeführt wird, aber wohl noch bis weit in die 1870er Jahre gefertigt wurde. Auch in den Werbeanzeigen in London aus dieser Zeit werden die Thonetschen Möbel mit diesem Modell beworben (Abb. 72, rechts), was belegt, dass man sowohl in London als auch in München ein gut situiertes, bürgerliches Publikum im Auge hatte.

229 Ebd.

230 Vgl. *Bayerischer Kurier*, Nr. 343, 10. Dezember 1878, Zweites Blatt, S. 4.

231 Ebd.

232 Ein ähnliches Modell findet sich bereits 1865 auf einer Lithographie des Ausstellungsstandes der Gebrüder Thonet auf der Internationalen Gewerbe- und Industrieausstellung 1865 in Stettin; vgl. *Illustrirte Zeitung*, Nr. 1145, Leipzig, 10. Juni 1865, S. 5, (Abb. 85).

233 Vgl. *Passauer Zeitung*, Nr. 278, 8. Oktober 1864.

234 Vgl. Michael John, Land in Veränderung: Oberösterreich zur Zeit der Industrialisierung, in: *Mitteilungen des Oberösterreichischen Landesarchivs*, 16. Band, Linz 1990, S. 313–348, hier S. 332.

235 Vgl. *Tages-Post*, Linz, Nr. 103, 4. Mai 1873, S. 5.

236 Vgl. *Tages-Post*, Linz, Nr. 59, 12. März 1876, S. 6.

237 Vgl. *Salzburger Zeitung*, Nr. 211, 16. September 1865.

238 »Im Glassalon Möbel und Einrichtungsgegenstände – mit Ausnahme der von massiv gebogenem Holz aus der Fabrik von Thonet in Wien – lauter Salzburger Erzeugnisse.« *Salzburger Zeitung*, Nr. 211, 16. September 1865.

239 Vgl. *Salzburger Zeitung*, Nr. 258, 11. November 1865.

240 *Gmundner Wochenblatt*, Nr. 23, 4. Juni 1867.

241 *Donau-Zeitung*, Nr. 89, 15. April 1869.

242 Vgl. ebd.

243 »Mein Lager in allen Nummern Wiener Möbel aus der Fabrik der Gebr. Thonet in Wien sowie Otto Seitz & C. in München ist wieder vollständig sortiert [...].« *Lindauer Tagblatt für Stadt und Land*, Nr. 51, 1. März 1873.

244 Vgl. *Prager Abendblatt*, Nr. 302, 22. Dezember 1873.

245 »Selbe [die Thonetschen Möbel] eignen sich besonders für Hotelbesitzer und Cafetiers. Bei größerer Abnahme entsprechenden Rabatt.« ebd.

246 Vgl. *Prager Abendblatt*, Nr. 292, 10. Dezember 1873.

247 *Innsbrucker Nachrichten*, Nr. 289, 18. Dezember 1876.

248 Vgl. Plakat um 1860, abgebildet in: von Vegesack, *Das Thonet Buch*, S. 89; Plakat um 1867, abgebildet in: Thillmann/Willscheid (Hrsg.), *MöbelDesign*, S. 338; Plakat um 1873, ebd., S. 339.

249 Vergrößert man diese Photographie, so wird sie so unscharf, so dass lediglich Umrisse der Schrift, aber keine Wörter lesbar sind; der größer geschriebene Name des Unternehmens ist allerdings zweifelsfrei erkennbar; vgl. https://libwww.freelibrary.org/digital/item/zoom/1269 (Zugriff: 10.08.2025).

250 Vgl. u. a. *National-Zeitung*, Nr. 161, 5. April 1865 und *Kladderadatsch*, Nr. 16, 7. April 1867.

251 Donau-Zeitung, Nr. 89, 15. April 1869.

252 *Zweibrücker Zeitung*, Nr. 239, 13. Oktober 1875. Der Inhaber, Philipp Völcker, gibt in diesem Inserat an, »Schwager der Gebrüder Thonet« zu sein. Dies ließ sich allerdings nicht belegen.

253 »Mit dem beginnenden Export der Sitzmöbel nach Übersee trat unerwartet ein neues Problem auf. Der Leim zwischen den gebogenen Holzlamellen löste sich [...]. Der drohende Mißerfolg, der dem Aufbau einer Großfabrikation ein Ende gesetzt hätte, zwang Michael Thonet erneut, über eine Verbesserung seines Bugholzverfahrens nachzudenken. Jetzt wurde ihm endlich klar, daß nur massiv gebogene Holzstäbe das Problem lösen konnten.«, von Vegesack, *Das Thonet Buch*, S. 67–70; Der Grund für diese Annahme, könnte ein Satz aus dem Gedenkblatt sein, wonach die ersten Möbel nach Südamerika bereits nach der Weltausstellung in Paris 1855 dorthin geliefert worden seien: »[...] und es langten damals von dort [Paris 1855] auch die ersten Exportaufträge für Südamerika ein.« *Michael Thonet, Ein Gedenkblatt*, S. 24. Wie schon verschiedentlich nachgewiesen, ist das Gedenkblatt allerdings eine eher unzuverlässige Quelle und auch in diesem Fall scheint hier eine möglichst frühe internationale Ausrichtung des Geschäfts das Ziel der Darstellung gewesen zu sein.

254 »Folgende Aufträge sind zu berichten: Mallmann + Comp. in Buenos Ayeros pr. Wolffgang + Lührs in Hamburg, 36 Sessel und 12 Fauteuils Nr. 11 palliss., 36 Sessel und 12 Fauteuils Nr. 3, 12 Schaukelfauteuils pall., in dieselbe Kiste kommt noch 11 Sessel Nr. 11 pall., 11 Sessel Nr. 3, Wenn einfache Schaukelfaut. zum Sitzen fertig sind können auch noch 12 beigefügt werden. - Mallmann + Comp in Montevideo pr. Hamburg genau dieselbe Partie wie nach Buenos Ayros.« Franz Thonet an den Vater und die Brüder in Koritschan, Wien, 16. September 1861 [Hervorhebungen im Original], Archiv Neue Sammlung.

255 Ab den 1890er Jahren arbeiteten die Gebrüder Thonet dann auch mit dem 1887 gegründeten Unternehmen Staudt & Co zusammen, welches unter anderem Verkaufsausstellungen Thonetscher Möbel in Buenos Aires und Rosario organisierte; vgl. *Thonet-Mundus Zentralanzeiger*, Nr. 104, Dezember 1930, S. 5.

256 Zu der Rolle der Mallmanns im Zusammenhang der Errichtung eines Standortes in Wsetin vgl. 8.5. Die Fabrik Wsetin 1869 und 8.5.1. Der vorerst gescheiterte Kauf.

257 Lediglich in Chicago und New York besaßen die Thonets eigene Filialen.

258 Vgl. Jahresausweis der Fabriken 1905, ŠA NR, Archiv-Box 91, TU. Es ist nicht bekannt, ob Mallmann & Companie neben Nord- und Südamerika auch für die Lieferungen nach Asien und Afrika zuständig war.

259 Vgl. Natascha Lara/Wolfgang Thillmann, *Bugholzmöbel in Südamerika - Muebles de Madera Curvada en Sudamérica - Bent-Wood Furniture in South America*, La Paz 2008, S. 26–31 und S. 210–218.

10. Ausstellungen

1 »Industrie- und Gewerbeausstellungen wurde[n] dann relevant, als eine differenziertere Entwicklungsstufe der Ökonomie erreicht war. In der vorindustriellen Epoche bestimmte das Handwerk als zentraler Träger der gewerblichen Produktion den Warenkreislauf. [...] Einer eigenen Form der Präsentation von Erzeugnissen oder gar des Leistungsvergleichs bedurften die einzelnen Zünfte nicht, da alle diese Elemente Bestandteile der Zunftregeln waren.« Großbölting, *»Im Reich der Arbeit«*, S. 79–80.

2 Zur Rolle der Gewerbevereine für das Ausstellungswesen vgl. Großbölting, *»Im Reich der Arbeit«*, 3. Bürgerliche Selbstorganisation und neu entstehende Öffentlichkeit: Ökonomische Sozietäten, polytechnische Vereine und Gewerbevereine als Träger des Ausstellungswesens, S. 108–122.

3 »½ Dutzend elastisch-gepreßte Stühle von Mahagoniholz.« *Verzeichniss der zur Allgemeinen deutschen Industrie-Ausstellung in Mainz eingelieferten Gegenstände*, S. 10.

4 Vgl. *Zeitschrift des niederösterreichischen Gewerb-Vereins*, Nr. 35, Jg. 1850, Wien 1850, S. 273.

5 *The Art Journal illustrated Catalogue of the Industry of all Nations*, London 1851, S. 296.

6 *Official Catalogue of the New-York Exhibition of the Industry of All Nations*, New York 1853, S. 177.

7 Vgl. *Katalog der Allgemeinen deutschen Industrie-Ausstellung zu München im Jahr 1854*, München 1854, S. 124, S. 277, S. 359.

8 »The most noticeable example of furniture now contributed by Austria is at once devoid of all ornament, but most admirable in construction. It consists of a suite of chairs, fauteuils, & c., of extreme lightness, so much so as to be very suggestive of forms suited to cane or metal. These are exhibited by Thonet, *frères*, of Vienna (1486, Empire d'Aûtriche)«, Wallis, The artistic, industrial, and commercial results of the Universal Exposition in 1855, in: *The Exhibition of Art-Industry in Paris,* S. I–XX, S. XI.

9 Die Ausstellung in Paris unterschied »sich mit einem deutlichen Schwerpunkt auf der Luxusgüterindustrie und der Kunst [...] klar von ihrer Vorgängerin.« Petra Krutisch, *Aus aller Herren Länder, Weltausstellungen seit 1851*, (Kulturgeschichtliche Spaziergänge im Germanischen Nationalmuseum, Bd. 4), Nürnberg 2001, S. 30.

10 »[...] und es zeichnen sich die Thonet'schen Sessel und Stühle durch Eleganz der Form, Leichtigkeit und Festigkeit bei mäßigen Preisen auf das Vortheilhafteste aus.« *Amtlicher Bericht über die Industrie- und Kunst-Ausstellung zu London im Jahre 1862, erstattet nach Beschluß der Kommissarien der Deutschen Zollvereins-Regierungen*, Berlin 1863, S. 38.

11 Großbölting, *»Im Reich der Arbeit«*, S. 170.

12 Großbölting, *»Im Reich der Arbeit«*, S. 302.

13 Vgl. Oliver Korn, *Hanseatische Gewerbeausstellungen im 19. Jahrhundert, Republikanische Selbstdarstellung, regionale Wirtschaftsförderung und bürgerliches Vergnügen*, Opladen 1999, S. 15.

14 »Man kann das Eindringen der Bugholzmöbel in den Konsum als Beispiel für eine der mannigfachen Entstehungsgründe des Bedarfs ansehen; und zwar ist es hier die Produktion eines neuartigen Gutes, die das Bedürfnis weckt und damit einen Bedarf nach diesem Gute erzeugt. Bevor Thonet die Möbel aus gebogenem Holz auf den Markt brachte, bestand zweifellos nicht das geringste Bedürfnis nach derartigen Möbeln.« Otto, *Die Entwicklung*, S. 47.

15 »Innerhalb des Bereichs der tausend und abertausend Gegenstände, die blos zur Erleichterung und Verschönerung der verschiedenen Zustände und Verrichtungen des Lebens gehören, entsteht in vielen Fällen das Bedürfnis erst mit der Kenntnis des Gegenstandes, der ihm abhelfen soll.« Wilhelm Roscher, Die Industrieausstellungen, ihre Geschichte und ihr Einfluß auf die Culturentwicklung, in:

Die Gegenwart. Eine enzyklopädische Darstellung der neueren Zeitgeschichte für alle Stände, Bd. 12, Leipzig 1856, S. 470–534, hier S. 525.

16 »Dieser wesentliche Unterschied [in der Erzeugungsart] wurde nach dem einsichtigen Urtheile der Jurors auch dadurch ganz richtig gekennzeichnet, dass die Firma Thonet die Preismedaille erhielt, sein Nachahmer sich aber mit einer ehrenvollen Erwähnung begnügen musste.« Josef Arenstein, *Österreichischer Bericht über die Internationale Ausstellung in London 1862*, Wien 1863, S. 592.

17 Berghoff, *Moderne Unternehmensgeschichte*, S. 91–92. Zu Fragen der Wettbewerbsfähigkeit von Unternehmen vergleiche die sich an Chandler orientierente – aber auch dessen Ansatz problematisierende – Zusammenfassung in: ebd., 3.4. Skalenerträge, Synergien und Wettbewerbsvorteile von Nationen, S. 87–107.

18 »Die Thonet'schen Möbel sind keine Neulinge in Ausstellungen, sie haben bei allen Expositionen Aufsehen erregt und allenthalben eine besondere Auszeichnung durch Eleganz, modernen Styl, Leichtigkeit unverwüstliche Festigkeit und Dauerhaftigkeit erlangt. [...] Wir sind überzeugt, daß die Herren Gebrüder Thonet ihr Möbel-Sortiment nicht deshalb bei der landwirthschaftlichen Ausstellung ausstellten, um einen neuen Preis zu erringen, denn sie bedürfen dessen nicht.« *Wiener Zeitung*, Nr. 119, 20. Mai 1866, S. 596.

19 Während der Ausstellungen selbst wurde es in der Regel so gehandhabt, dass man Listen auslegte, in denen die Besucher ihre Bestellungen eintragen konnten, wodurch man bereits einen ersten Eindruck von dem Interesse erhielt.

20 Alexander Geppert, spricht von dem »transitorischen Charakter« der Großausstellungen im 19. und 20. Jahrhundert und verschiedenen Versuchen, wie diese »Flüchtigkeit des Mediums überwunden werden könne«. Alexander C. T. Geppert, Die normative Kraft des Flüchtigen: Exponierungen des Globalen in der Welt der Weltausstellungen, 1851–1900, in: Ulrike Bergermann/Isabell Otto/Gabriele Schabacher (Hrsg.), *Das Planetarische: Kultur-Technik-Medien im postglobalen Zeitalter.* München 2010, S. 81–96, hier S. 94. Das Unternehmen Gebrüder Thonet hatte dieses Problem für sich sehr pragmatisch gelöst, indem man seine Möbel auch nach dem Ende der Ausstellung in der betreffenden Stadt erwerben konnte.

21 »Der Erhalt von Preismedaillen wurde zum vermarktbaren Beweis von Leistung und Konkurrenzfähigkeit, mit der man sich gern auf Briefköpfen und in Werbeprosekten schmückte.« Großbölting, *»Im Reich der Arbeit«*, S. 128.

22 Vgl. *Der Zwischen-Akt*, Nr. 265, 4. Oktober 1861; auch: *Waldheim's Illustrirte Zeitung*, Nr. 16, 19. April 1862.

23 Großbölting, *»Im Reich der Arbeit«*, S. 119.

24 »Diese 26.002 Auszeichnungen theilen sich in 421 Ehrendiplome, 3.024 Fortschrittsmedaillen, 10.465 Anerkennungs-Diplome, 8.800 Verdienstmedaillen, 326 Medaillen für guten Geschmack, 978 Kunstmedaillen und 1.988 Medaillen für Mitarbeiter.« *Innsbrucker Nachrichten*, Nr. 217, 22. September 1873.

25 Großbölting, *»Im Reich der Arbeit«*, S. 290.

26 »Offensiv warben die selbsternannten Direktoren für die Teilnahme an ihren Veranstaltungen mit der Aussicht auf eine garantierte Medaille.« Großbölting, *»Im Reich der Arbeit«*, S. 144.

27 Ebd., S. 145.

28 *Allgemeine Illustrirte Weltausstellungs-Zeitung*, Bd. IV. Nr. 1, 5. Juli 1873, S. 34.

29 Vgl. *Der Praktische Landwirth*, Nr. 7, 18. Februar 1874.

30 Vgl. *Allgemeine Illustrirte Weltausstellungs-Zeitung*, Bd. III., Nr. 1, 18. Mai 1873, S. 134.

31 Großbölting, *»Im Reich der Arbeit«*, S. 120.

32 Rößler, *Ausführlicher Bericht*, S. 2 [Hervorhebung im Original].

33 Es hatten sich zwar nur ein wenig mehr als 700 Aussteller gemeldet, »[d]ennoch aber war erstmals der rein regionale Rahmen überwunden, da größere Abordnungen von Gewerbetreibenden auch aus Württemberg und Österreich gekommen waren.« Großbölting, *»Im Reich der Arbeit«*, S. 14; zu

den beiden folgenden Nationalausstellungen, 1844 in Berlin und 1854 in München, mit denen der »Strang der Nationalausstellung« aber wieder abriss vgl. ebd., S. 123–126.

34 Vgl. Rößler, *Ausführlicher Bericht*, S. 7. Ein Verzeichnis der Aussteller findet sich in: ebd., Verzeichnis der Aussteller, nach Staaten geordnet, S. 327–331; nach Angaben in diesem Verzeichnis betrug die Teilnehmerzahl 719. In dem Verzeichnis der nach Mainz eingelieferten Gegenstände werden 720 Aussteller genannt; vgl. *Verzeichniss der zur allgemeinen deutschen Industrie-Ausstellung in Mainz eingelieferten Gegenstände*, Nachtrag, S. 6.

35 Vgl. Rößler, *Ausführlicher Bericht*, S. 8.

36 Als Aussteller wurde allerdings nicht Franz, sondern der Vater, Michael Thonet, genannt. »Thonet, M., in Boppart [sic] am Rhein.« Rößler, *Ausführlicher Bericht*, Verzeichnis der Aussteller, nach Staaten geordnet, S. 328.

37 Die Preise der Thonetschen Möbel bewegten sich in dem üblichen Rahmen. Philipp Jakob Kertell, der Möbel in der gleichen Art wie Thonet herstellte, bot sie zu vergleichbaren Preisen an; vgl. Rößler, *Ausführlicher Bericht*, S. 112–113. Grundsätzlich konnten sich diese Möbel nur diejenigen leisten, die über ein weit über dem Durchschnitt liegendes Einkommen verfügten; vgl. hierzu auch: Carl von Tyszka, *Löhne und Lebenskosten in Westeuropa im 19. Jahrhundert. (Frankreich, England, Spanien, Belgien). Nebst einem Anhang: Lebenskosten deutscher und westeuropäischer Arbeiter früher und jetzt.* (Schriften des Vereins für Sozialpolitik, No. 145/III), Reprint, München/Leipzig, 1914, S. 259–289.

38 Rößler, *Ausführlicher Bericht* S. 113 [Einfügungen im Original]. Die Informationen über die Herstellungsmethode wurden von dem jeweiligen Hersteller dem Gewerbeverein zur Verfügung gestellt. Dies war zwar nicht zwingend vorgeschrieben, aber doch gewünscht. »Sehr erwünscht ist es, wenn bei den einzelnen Fabrikaten zugleich Notizen über den Stoff, aus welchem dieselben bereitet sind, ihre Verfertigungsweise, den Betrieb und Umfang des Geschäfts, sowie welche weitere Fabrikate der Producent verfertigt, mitgetheilt werden […].« ebd., § 7 des Reglements, S. 3.

39 Der offizielle Beschluss, diese Veranstaltung durchzuführen, datiert vom 14. April 1842; vgl. Rößler, *Ausführlicher Bericht*, S. 7. Wann die Einladungen verschickt wurden, ist nicht bekannt, weshalb man nicht sagen kann, ob Michael Thonet, der Ende des Monats April nach Wien reiste, mit Franz noch über die Bestückung der Ausstellung sprechen konnte.

40 »Dieses Verzeichnis enthält die Namen der Aussteller in der nämlichen Reihenfolge wie deren Einsendungen erfolgt sind.« *Verzeichniss der zur allgemeinen deutschen Industrie-Ausstellung in Mainz eingelieferten Gegenstände*, Vorbemerkung.

41 »Die einzusendenden Gegenstände […] müssen längstens bis zum 15. August in Mainz eintreffen.« Rößler, *Ausführlicher Bericht*, Reglement § 2, S. 2.

42 *Verzeichniss der zur allgemeinen deutschen Industrie-Ausstellung in Mainz eingelieferten Gegenstände*, Nachtrag, S. 5. In diesem Verzeichnis, in welchem ansonsten alle ausgestellten Gegenstände aufgeführt sind, findet sich der in dem Ausstellungsbericht erwähnte Lesetisch und das Tabulettchen nicht.

43 Franz Thonet an den Vater in Wien, Boppard, 8. September 1842, in: Lahr, Familie und Werkstatt Thonet bis 1842, in: Löber (Hrsg.), *Thonet*, S. 20–33, hier S. 31; bei Seeligmann, Mantell und Wilhelm handelt es sich um die Gläubiger.

44 »Geht die Sache [Franz' Absicht, eine eigene Werkstatt in Boppard zu eröffnen] nicht, so hab ich meinen Paß in der Tasche und kann jeden Augenblick abreisen.« ebd., S. 31.

45 Ebd. S. 31.

46 Vgl. Rößler, *Ausführlicher Bericht* S. 2

47 »Die isolierte Stellung, in welcher sich der Großherzogl. Hess. Gewerbverein in diesem, von ihm hervorgerufenen und nicht als gemeinschaftliche Angelegenheit der deutschen Staaten zu betrachtenden Unternehmen befand, ließ es aber auch als ebensowenig als zulässig erscheinen, eine kritische Beurtheilung der eingesandten Fabrikate mit dem Ausstellungsberichte zu verknüpfen und solche der Öffentlichkeit zu übergeben.« Rößler, Hektor, *Verhandlungen des Gewerb-Vereins für das Großherzogtum Hessen,* sechster Jahrgang, I. Quartalheft, Darmstadt 1842, S. 127.

48 Ob die Gegenstände verkäuflich sein sollten, war die Entscheidung des Herstellers. In dem Falle der Thonetschen Möbel hatte sich Franz Thonet für einen Verkauf entschieden, da in dem Ausstellungsbericht auch die Preise genannt werden. »Die einzusendenden Gegenstände sind mit einem genauen Verzeichnis derselben, sowie mit der Angabe zu versehen, ob dieselben verkäuflich sind, in welchem Fall zugleich die Beifügung der Verkaufspreise erforderlich ist.« Rößler, *Ausführlicher Bericht*, § 7 des Reglements, S. 3.

49 »Ich fange mit Doktor Schmitz ein Kompagnie Geschäft an, und zwar in St. Martin, [...].« Franz Thonet an den Vater in Wien, Boppard, 8. September 1842, in: Lahr, Familie und Werkstatt Thonet bis 1842, in: Löber (Hrsg.), *Thonet*, S. S. 20–33, hier S. 31.

50 »Im Mai 1849 begann Michael Thonet mit seinen Söhnen Franz, Michael, August und Josef Thonet, und zwar im zweiten Stocke des Hauses Gumpendorf, Hauptstrasse Nr. 396, Ecke Kaserngasse (jetzt Gumpendorferstrasse Nr. 74), selbstständig zu arbeiten [...].« *Michael Thonet, Ein Gedenkblatt*, S. 17.

51 Vgl. ebd., S. 18.

52 Vgl. *Fremdenblatt*, Nr. 342, Wien, 13. Dezember 1861.

53 Diese Weltausstellung, wie auch alle nachfolgenden, hatten neben der nationalen Selbstdarstellung und dem Prestige, das mit der Veranstaltung verbunden war, auch den Zweck, dem heimischen Gewerbe mustergültige Objekte vorzustellen, dienten somit in einem weiteren Sinne der Förderung der heimischen Wirtschaft. Auch die ab den 1850er Jahren entstehenden Gewerbemuseen sind in diesem Zusammenhang zu sehen. Ihre ursprüngliche Funktion lag nicht in einem musealen Auftrag im Sinne des Bewahrens von Erhaltenswertem, sondern darin, dem heimischen Gewerbe eine Vorbildersammlung zur Verfügung zu stellen. »Das Kunstgewerbemuseum entstand im Umkreis der Kunstgewerbebewegung [...].«, Großbölting, *»Im Reich der Arbeit«*, S. 73; »Einen Aufschwung erlebte die Kunstgewerbebewegung insbesondere im Anschluss an die Great Exhibition in London aus dem Jahre 1851: Kunstgewerbevereine mühten sich, die gewerbliche Produktion künstlerisch zu befruchten und damit international konkurrenzfähig zu machen.« ebd., S. 74.

54 Vgl. *Michael Thonet, Ein Gedenkblatt*, S. 17.

55 Vgl. *Zeitschrift des Niederösterreichischen Gewerb-Vereins*, Nr. 35, Wien 1850, S. 273.

56 Tischrede des Jakob Thonet [Einfügung im Original], Archiv Thillmann.

57 Vgl. *Düsseldorfer Journal und Kreis-Blatt*, Nr. 13, 15. Januar 1851.

58 Insofern könnte man sie als »Pilotmodelle« bezeichnen, nicht für den Verkauf gedacht, sondern als Ausweis des technisch Machbaren, wobei das Verfahren für eine industriell serielle Herstellung noch nicht geeignet war und optimiert werden musste. »Die ausgestellten Waren [der Londoner Ausstellung] konnte jeder erwerben, der das Geld dazu hatte; vielfach handelte es sich um Pilotmodelle für künftige Serienproduktion, nicht um exklusive Einzelstücke für einen primär aristokratischen Markt.« Andreas Fahrmeir, *Revolutionen und Reformen, Europa 1789–1850*, München 2010, S. 284.

59 »Franz geht es auch noch immer gut er arbeitet jetzt für sich und hat schon 2 Gesellen er macht eingelegte Tischplatten, [...].« Michael Thonet jun. aus Wien an Jakob Henrich in Boppard, 15. August 1851, Faksimile und Transkription in: Löber, Jacob Henrich, in: ders. (Hrsg.), *Thonet*, S. 34–49, Brief: S. 38–41, hier S. 41.

60 »[...] unsere Wohnung mußten wir ganz zur Werkstätte machen und haben so viel zu thun daß wir uns noch eine Wohnung aufnehmen mußten und Sanders Wohnung ebenfalls zur Werkstätte benutzen müssen, [...].« ebd., S. 41.

61 »Drittens: Außerdem hat jeder Gesellschafter nach Erforderniß und Möglichkeit bei der Ausübung des Privilegiums und dem Betriebe der hierzu eingerichteten Fabrik gleichmäßig mitzuwirken und keiner darf ein dem gesellschaftlichen Unternehmen nachteiliges Nebengeschäft betreiben.« Gesellschaftsvertrag vom 1. November 1853, Kopie Archiv Thillmann.

62 Vgl. *Fremden-Blatt,* Nr. 279, 25. November 1853; Sessel kosteten zu dieser Zeit zwischen 5 und 36 Gulden. (Abb. 83).

63 Heller, *Von der kleinen Tischlerwerkstätte zum Weltindustriehaus*, S. 23

64 Tischrede des Jakob Thonet, Archiv Thillmann.

65 *Wiener Zeitung,* Nr. 17, 20. Jänner 1853, S. 160; hier, wie auch in zahlreichen Zeitungsinseraten aus dem Frühjahr 1853 wird bereits der spätere Firmenname »Gebrüder Thonet« benutzt, obwohl die Firma erst am 1. November 1853 gegründet wurde; vgl. auch: *Fremden-Blatt,* Nr. 97, 23. April 1853.

66 Vgl. *Wiener Zeitung,* Nr. 52, 2. März 1853, S. 528.

67 »It was, therefore, a natural suggestion of patriotic and national feelings, that we should not only wish to see a like Exhibition in our own country, but that we should desire to reproduce in it the beneficial effects that had resulted from its great prototype.« *Statement made by the Association for the Exhibition of the Industry of all Nations, in regard to the organization progress of the Enterprise*, New York 1853, S. 7.

68 Dieser im Titel formulierte Anspruch, eine Ausstellung aller Nationen zu sein, verweist auf ein Problem, worüber sich die Forschung noch heute nicht einig ist. Welche Veranstaltungen können denn nun eigentlich als Weltausstellung bezeichnet werden. Der Begriff wurde bereits im 19. Jahrhundert zunehmend inflationär gebraucht und viele ähnliche Exhibitionen nahmen für sich in Anspruch, Weltausstellungen zu sein. 1928 wurde schließlich das Bureau International des Expositions (B.I.E.) gegründet, welches Kriterien dafür festlegte, wann sich eine Ausstellung tatsächlich Weltausstellung nennen durfte. »Waren zuvor die Grenzen zwischen der Vielzahl von Welt-, Industrie-, Gewerbe-, Kolonial- und anderen Formen städtischer Großausstellungen mit nationaler, bi- oder internationaler Beteiligung durchaus fließend und alles andere als trennscharf gewesen, wird seitdem eindeutig zwischen ›ordentlichen‹ Weltausstellungen und eher themenspezifischen internationalen Ausstellungen unterschieden.« Alexander C. T. Geppert, Weltausstellungen, in: *Europäische Geschichte Online* (EGO), hrsg. vom Leibniz-Institut für Europäische Geschichte (IEG), Mainz 2013-06-20. http://www.ieg-ego.eu/gepperta-2013-de (Zugriff: 10.08.2025). Die Kriterien des B.I.E. wurden auch auf vergangene Ausstellungen angewandt, wonach beispielsweise den beiden Ausstellungen in Dublin (1853) und New York (1853) das Prädikat Weltausstellung nicht zugesprochen werden konnte; vgl. https://www.bie-paris.org/site/en/expo-index (Zugriff: 10.08.2025).

69 *Official Catalogue of the New-York Exhibition*, S. 177; es ist anzunehmen, dass man die Möbel, die man im Montenuovoschen Palais ausgestellt hatte und die für Dublin bestimmt waren, dann in New York zeigte.

70 Vgl. *Association for the Exhibition of the Industry of all Nations, Official Awards of the Juries*, New York 1853.

71 Vgl. Schreiben der Fabrik Bistritz nach Wsetin, 5. Februar 1897, MZA.

72 Vgl. Fr. B. W. von Hermann (Hrsg.), *Bericht der Beurtheilungs-Commission bei der Allgemeinen Deutschen Industrie-Ausstellung zu München im Jahr 1854*, München 1855.

73 »Auch wenn das Gros der Aussteller, nämlich 2.331, aus Bayern selbst stammte, machte die wirtschaftspolitische Annäherung an Österreich, die mit dem Zollvertrag vom 19. Februar 1853 erreicht worden war, München auch für Gewerbetreibende aus anderen Regionen attraktiv.« Großbölting, *»Im Reich der Arbeit«*, S. 126.

74 von Hermann (Hrsg.), *Bericht der Beurtheilungs-Commission*, S. 68.

75 Ebd., Vorwort, S. 20.

76 »[…] der Sitz ist durch einen mittelst zweimal nebeneinandergelegter Aufwicklung auf eine Schablone, gefertigten, verleimten und vernagelten Holzring hergestellt, welcher mit Rohr eingeflochten ist.« ebd., S. 84.

77 Ebd., S. 70.

78 »Was insbesondere die Handwerkerarbeit betrifft, so ist dieselbe dann, wenn besondere Sorgfalt und Kunstfertigkeit darauf verwendet, oder etwas Neues, Eigenthümliches oder besonders Sehenswürdiges an ihr zu bemerken ist […] für die Ausstellung geeignet.« *Amtlicher Bericht über die allgemeine Deutsche Gewerbe-Ausstellung zu Berlin im Jahre 1844*. Erster Teil, Berlin 1845, S. 42–43.

79 *Bericht der allerhöchst angeordneten Königlich Bayerischen Ministerial-Commission über die im Jahre 1834 aus den 8 Kreisen des Königreichs Bayern in München stattgehabten Industrie-Ausstellung*, München 1835, S. 4–5.

80 Vgl. Ostergard (Hrsg.), *Bentwood and Metal furniture*, S. 55, Figure 3-2.

81 Vgl. auch: Abb. 13, untere Reihe links.

82 Vgl. Thillmann, *Schichten*, S. 31–34.

83 Dies war die erste von insgesamt sieben Weltausstellungen im 19. Jahrhundert, die in einem regelmäßigen Rhythmus von jeweils elf Jahren in Paris stattfanden. Bis auf die im Jahr 1889 nahmen die Gebrüder Thonet an allen Ausstellungen teil.

84 Krutisch, *Aus aller Herren Länder*, S. 26.

85 »Neben dem viel beachteten Kunstgewerbe hält 1855 die Kunst als selbstständige Abteilung Einzug in das Ausstellungsvorhaben.« ebd., S. 26.

86 »In der französischen Hauptstadt erregte Thonet durch zwei Tische und drei Parkettentafeln, in welchen Streifen gebogenen Holzes in den schönsten und mannigfaltigsten Verschlingungen eingelegt waren, besonders großes Aufsehen.« Heller, *Von der kleinen Tischlerwerkstätte zum Weltindustriehaus*, S. 23.

87 »[...] und seine [des Ausstellers] Möbel verbinden mit dem Anschein großer Leichtigkeit eine Festigkeit, welche in Erstaunen setzt. Ein Sessel, mit voller Mannskraft etwa zwanzig Schritte weit geworfen, zeigte nicht die geringste Beschädigung und ertrug das Schaukeln einer darauf sitzenden schweren Person recht gut. Zugleich haben die Möbel auch gute Verhältnisse und ein sehr geschmackvolles Aussehen. Die Preise sind billig.« Georg von Viebahn/Ernst Ludwig Schubarth, *Amtlicher Bericht über die Allgemeine Pariser Ausstellung von Erzeugnissen der Landwirthschaft, des Gewerbefleißes und der schönen Kunst im Jahre 1855*, Berlin 1856, S. 627.

88 »Die Aehnlichkleit ist vermöge der unübertrefflichen Vollkommenheit der Beize überaus täuschend [...].« *Die Presse*, Nr. 206, 7. September 1855.

89 Wallis, The artistic, industrial and commercial results of the Universal Exhibition of 1855, in: *The exhibition of Art-Industry in Paris*, S. I–XX, S. XI.

90 Diese Annahme stützt sich auf das Gründungsjahr der Handelsgesellschaft »Ingelbach & Wolffgang«, die für die Gebrüder Thonet Transporte unter anderem auch nach Paris organisierte; vgl. auch: Anm. 103, S. 469.

91 Vgl. Kauf- und Liefervertrag vom 14. August 1855, MZA.

92 Aus den österreichischen Abtheilungen des Pariser Industrie Palastes, in: *Die Presse*, Nr. 206, 7. September 1855. Es sind keine Dokumente bekannt, aus welchen sich hierzu Genaueres, beispielsweise über Lieferadressen oder die Anzahl der gelieferten Möbel entnehmen ließe. Ausstellungsberichte in der nationalen Presse sind allerdings immer auch mit einer gewissen Skepsis zu lesen.

93 Dies veranlasste das Unternehmen, ab August 1861 die Preise für alle seine Erzeugnisse zu senken. »[...] erlauben wir uns zugleich anzuzeigen, daß seit 15. Aug. 1861 eine bedeutende Preisermäßigung in allen unseren Erzeugnissen eingetreten ist.« *Der Zwischen-Akt*, Nr. 265, 4. Oktober 1861 [Hervorhebung im Original]; vgl. auch: Abb. 80.

94 *Wiener Zeitung*, Nr. 247, 25. Oktober 1862, S. 986.

95 So nahm das Unternehmen im nächsten Jahr wieder an dieser jährlich stattfindenden Ausstellung im Diana Saal wie auch an weiteren kleineren Präsentationen in Wien teil, wenn diese nicht mit Terminen internationaler Ausstellungen kollidierten.

96 Arenstein, *Österreichischer Bericht*, S. 592; Der Name des »Nachahmers« wird allerdings nicht erwähnt.

97 *Mährischer Correspondent*, 1. Juli 1862, S. 3.

98 Vgl. Franz Thonet an die Familie in Wien, Abbey Wood, 25. Dezember 1862, Archiv Neue Sammlung.

99 Franz Thonet an den Bruder Josef, London, 4. April 1862, ebd.

100 »Es kostet hier viele Mühe die Leute zu überzeugen, daß unsere Sessel stark genug sind.« Franz Thonet an den Bruder Josef, London, 21. April 1862, ebd.

101 Franz Thonet an die Familie in Wien, Abbey Wood, 25. Dezember 1862, ebd.

102 »Sie haben das Zutrauen verloren, und wenn der Engländer einmal gegen etwas eingenommen ist, fällt es schwer ihn vom Gegentheile zu überzeugen.« ebd.

103 »Wir sind jetzt am Zusammenschrauben der Sessel für die Ausstellungsrestauration, und finden heute zu unserem Schrecken, daß wir nicht einmal für die Hälfte Fußverbindungen haben.« Franz Thonet an den Bruder Josef, London, 21. April 1862, ebd.

104 »Der Besucher konnte nicht nur Maschinen und neue Produktionstechniken ansehen, sondern zugleich auch viele Exponate ausprobieren und probieren – sei es die neu entwickelte elektrische Eisenbahn [...], sei [sic] es Lebensmittel oder neuartige Produkten, die zum Verzehr oder Ausprobieren zur Verfügung standen.« Großbölting, *»Im Reich der Arbeit«*, S. 302.

105 Franz Thonet an den Bruder Josef, London, 4. April 1862, Archiv Neue Sammlung.

106 »[...] ist einer Liebenswürdigkeit der Herren Gebrüder Thonet aus Wien zu danken, welche die von ihnen fabrizirten Sessel in allen Sälen der österreichischen Abtheilung zur Benützung angeboten haben.« *Die Debatte und Wiener Lloyd*, Nr. 128, 11. Mai 1867.

107 Zu Davenport vgl. 9.3.3.1. Die Thonetschen Werbekampagnen in England.

108 Vgl. Franz Thonet, vermutlich an den Bruder Michael in Koritschan. Bistritz, 11. Februar 1867, Archiv Neue Sammlung.

109 »Die Fabrikanten gebogener Holzarbeiten, Gebrüder Thonet, haben sich erboten, die für die Bureaux im Ausstellungspalaste und in den Pavillons erforderlichen Möbel ihre Fabricats für die Dauer der Ausstellung unentgeltlich zur Verfügung zu stellen.« *Die Presse*, Nr. 164, 16. Juni 1872, S. 12.

110 Thonet's gebogene Möbel in Paris, in: *Local-Anzeiger der »Presse«*, Beilage zur Nr. 211, 4. August 1878, S. 10.

111 Franz Thonet an den Bruder Josef, London, 4. April 1862, Archiv Neue Sammlung.

112 »Mit Rädern werden wir ein kolossales Geschäft machen, wenn die Proben, die man mir bei der Omnibus Compagnie bestellte und bei der Fiaker-Compagnie gut ausfallen. Die Omnibus Compagnie hat 800, die andere 4000 Fuhrwerke. Auf diese Proben beruht auch, ob wir mit dem Kriegsministerium und dem Generalpostmeisteramt Geschäfte machen werden.« Franz Thonet an die Brüder und Eltern, London, 27. August 1860, ebd.

113 »Frany [sic] Thonet, Vienna, Improvements in the construction of wooden wheels, dated April 27. 1860.« *Birmingham Journal*, 3. November 1860.

114 »Ich werde von verschiedenen [Omnibus]Compagnien noch Probe Aufträge zu erhalten suchen, wenn unsere gebogenen Reifen auf dem Londoner Pflaster Stand halten, können wir ganz getrost für hier allein eine Fabrik bauen.« Franz Thonet an Eltern und Brüder, ohne Ort und Datum, sicher London, Mitte Mai 1860, Archiv Neue Sammlung.

115 Vgl. *Michael Thonet, Ein Gedenkblatt*, S. 33–34.

116 *The Illustrated London News*, 1st November 1862.

117 *Illustrated Times*, 15th November 1862.

118 Franz Thonet an den Bruder Josef, London, 1. Juli 1862, Archiv Neue Sammlung.

119 Carl Leistler hatte nach dem Abschluss der Arbeiten für Liechtenstein 1850 eine »Fabrik für Maschinenparquetten« in Rabensburg eingerichtet (vgl. Anm. 81, S. 424) und vermutlich entsprechende Kapazitäten frei.

120 »Sole manufacturers of bent wood furniture and parquet flooring.« *The Lady's Newspaper and Pictorial Times*, 4th October 1862 (Abb. 63); »Sole manufacturers of the celebrated Austrian bent wood chairs and parquet flooring.« *The Weekly Chronicle*«, 17th October 1863.

121 *The Daily News* (London), 2nd February 1864.

122 »Die ›Zusammenkünfte der Industriellen‹ dienten [...] nicht nur als Orte des Erfahrungsaustauschs und der Marktvorbereitung, sondern wurden auch zu einer gesellschaftlichen Bühne.« Thomas Großbölting, Die Ordnung der Wirtschaft, Kulturelle Repräsentation in den deutschen Industrie- und Gewerbeausstellungen des 19. Jahrhunderts, in: Hartmut Berghoff/Jakob Vogel (Hrsg.), *Wirtschaftsgeschichte als Kulturgeschichte, Dimensionen eines Perspektivenwechsels*, Frankfurt/New York 2004, S. 377–404, hier S. 388.

123 *Das Vaterland*, Nr. 82, 9. April 1862, S. 2.

124 »Insbesondere für neue, nicht in herkömmliche Beziehungsnetze eingebundene Industrieeliten waren die Ausstellungen ein attraktives Medium, in dem sich die Demonstration technischen und industriellen Fortschritts mit der Selbstdarstellung der eigenen Sozial- und Statusgruppe verbinden ließ.« Großbölting, *»Im Reich der Arbeit«*, S. 170.

125 Vgl. *Katalog der Internationalen landwirthschaftlichen Ausstellung zu Köln*, Köln 1865, Garten-Architektur und Ornamente, Abteilung III, S. 13.

126 Vgl. Franz Thonet an Vater und Bruder in Bistritz, London 15. Juli 1862, Archiv Neue Sammlung.

127 Henry Parkinson/Peter Lund Simmons, *The Illustrative Record and Descriptive Catalogue of the Dublin International Exhibition of 1865*, London 1866.

128 *Morgen-Post,* Nr. 205, 27. Juli 1865; »Das aufgelegte Bestellbuch zeigte bereits eine ganz respektable Reihe höchst respektabler Namen und noch respektablere Aufträge.«

129 Vgl. ebd.

130 Vgl. Brief der Stettiner Dampfschiffs-Gesellschaft an die Gebrüder Thonet, Stettin, 1. Februar 1863, MZA. Dieses Schreiben an die Gebrüder Thonet hat zwar keinen Briefkopf, doch dürfte es sich mit großer Wahrscheinlichkeit um die 1852 gegründete Stettiner Dampfschiffs-Gesellschaft J. F. Braeunlich handeln.

131 Vgl. *Königlich Preußischer Staats-Anzeiger,* Nr. 89, 13. April 1865, S. 1144.

132 *Illustrirte Zeitung,* Nr. 1145, Leipzig. 10. Juni 1865, 384. Der Redner meint hier Prinz Albert von Sachsen-Coburg und Gotha, Gemahl der britischen Königin Viktoria, der das Projekt der Londoner Industrieausstellung 1851 in vielfältiger Weise gefördert hatte.

133 Vgl. *Königlich Preußischer Staats-Anzeiger,* Nr. 89, 13. April 1865, S. 1144.

134 Vgl. *Illustrirte Zeitung,* Nr. 1145, Leipzig 10. Juni 1865, S. 5.

135 Da es sich hierbei um eine Annonce der eigenen Filiale in München handelt, ist es unwahrscheinlich anzunehmen, dass die Firma Thonet den Stuhl eines fremden Herstellers neben ihren eigenen Möbeln abgebildet oder vertrieben hätte.

136 »Eine gewisse Verwandtschaft mit den Korbsachen haben die Möbel der Gebrüder Thonet aus Wien […].« *Nationalzeitung,* Berlin, Nr. 426, 13. September 1862.

137 Vgl. *The Illustrated London News*, 1. November 1862 und Illustrated Times, 15. November 1862.

138 Vgl. Werbeanzeige in: *Kladderadatsch*, Nr. 1, 7. Januar 1866.

139 Vgl. *Fremden-Blatt,* Nr. 95, 7. April 1867.

140 »Zu diesem Zweck wurden beispielsweise besondere Stücke angefertigt, die nicht der üblichen Produktion entsprachen, sondern lediglich der Schaustellung dienten.« Großbölting, *»Im Reich der Arbeit«*, S. 128.

141 Vgl. Jahresausweis der Fabriken 1884, ŠA NR, Archiv-Box 90, TU.

142 Vgl. *Gemeinde-Zeitung*, Wien, 26. Februar 1867.

143 Ebd.

144 *Wiener Zeitung,* Nr. 10, 12. Jänner 1868, S. 117.

145 Vgl. *Ausstellung Altona 1869, Catalog nebst Führer*, Altona 1869, S. 27, und *Catalog der Internationalen Gartenbau-Ausstellung in Hamburg*, 2. bis 12. September 1869, Hamburg 1869, S. 24.

146 »Hölzerne Gartenmobilien: 4 gebogene Stühle, 2 Fauteuils, 1 Canapé und ein Tisch«, *Catalog der Internationalen Gartenbau-Ausstellung in Hamburg*, S. 24.

147 Vgl. Korn, *Hanseatische Gewerbeausstellungen, S.* 73–77.

148 Großbölting, *»Im Reich der Arbeit«*, S. 83.

149 »Most bourgeois apartments included such a space [that small windowed alcove off the salon]; […] Usually only several square feet in area, it was the brightest place in the entire apartment, making it the ideal setting both for plants and for a small set of elegant bent-wood chairs.« Keil, The social and

cultural context of bent wood and metal furniture, in: Derek Ostergard (Hrsg.), *Bent wood and metal furniture*, S. 175–195, hier S. 181.

150 Zu der Zielgruppe »Bürgerlicher Mittelstand« vgl. Fünderich, *Wohnen im Kaiserreich*, S. 38–51; auch die Thonetschen Werbeanzeigen aus den Jahren 1862–1886 in London, wandten sich dezidiert an ein bürgerliches Publikum; vgl. 9.3.3.1. Die Thonetschen Werbekampagnen in England.

151 Spätestens ab 1867 war die Firma in Rotterdam vertreten. Hierbei dürfte es sich um ein Depot gehandelt haben, von dem aus lokale Händler beliefert wurden. Eine Rolle könnten allerdings auch die Transporte nach England gespielt haben. Diese fanden zwar überwiegend von Hamburg aus statt, doch auch Rotterdam war eine Hafenstadt, von der aus England auf einem kürzeren Seeweg als von Hamburg aus erreicht werden konnte.

152 Vgl. Georg Jäger (Hrsg.), *Geschichte des deutschen Buchhandels im 19. und 20. Jahrhundert*, (Das Kaiserreich 1870–1918, Bd. 1, Teil 1), Frankfurt/M. 2001, S. 412.

153 *Deutsche Blätter*, Literarisch politische Feuilleton Beilage zur Gartenlaube, Nr. 1, 1870, S. 122.

154 *Wiener Zeitung,* Nr. 234, 29. September 1870, S. 1079.

155 Julius Lessing, *Das Kunstgewerbe auf der Wiener Weltausstellung 1873*, Berlin 1874, S. 72.

156 Diese Ausstellung mit all ihren Facetten beschreibt detailreich der Katalog des Wien Museums, herausgegeben zu der Ausstellung 2014. Wolfgang Kos/Ralph Gleis (Hrsg.), *Experiment Metropole, 1873: Wien und die Weltausstellung*, Wien 2014.

157 Vgl. *Wiener Geschäftszeitung*, Nr. 153, 8. Juli 1869.

158 Zitiert nach: Kos/Gleis (Hrsg.), *Experiment Metropole*, S. 60.

159 Vgl. Ausstellungskommissionen in Galizien/Krakau, in: *Beilage des Neuen Fremdenblattes*, Nr. 50, 20. Februar 1872.

160 *Neue Freie Presse*, 22. Februar 1872.

161 Heller, *Von der kleinen Tischlerwerkstätte zum Weltindustriehaus,* S. 20.

162 »Ebenso dürften unsere gebogenen Sessel, obwohl sie einige Solidität mit Leichtigkeit vereinigen und unter gewissen Verhältnissen, z. B. in Kaffeehäusern, sich mit größtem Vortheil verwenden lassen, doch für eine künstlerisch ausgestattete Wohnung nicht zu verwerthen sein, denn sie geben uns nur durchsichtiges Geflecht, magere, dünne Stäbe, wo das Auge einen bedeutungsvollen, durch Form und Farbe ausgezeichneten Gegenstand verlangt.« von Falke, *Die Kunst im Hause*, S. 287.

163 *Amtsblatt zur Wiener Zeitung*, Nr. 288, 6. Dezember 1867.

164 »Die Wiener Weltausstellung 1873 war in der Gruppe VIII von diesen Herrn [J. & J. Kohn] sehr reichhaltig und mit den schönsten Objecten ihrer gewerblichen Thätigkeit beschickt, die wohl manchen vermutlichen ersten Industriellen dieser Section erfolgreiche Concurrenz gemacht haben.« *Internationale Ausstellungs-Zeitung, (vormals: »Wiener Weltausstellungs-Zeitung«)*, Wien, 3. Juli 1875.

165 Ebd.

166 Vgl. *Denkschrift der Firma Jakob und Josef Kohn, Wsetin, anlässlich der Weltausstellung zu Philadelphia 1876*, Wien 1876, S. 16.

167 Einige Autoren nehmen für die sich bereits früh abzeichnende Ausweitung dieser Industrie innerhalb eines geographisch begrenzten Raums technologische Spillover Effekte an. »Finally, and perhaps most importantly, there is evidence of technological spillovers and thus of growth externalities within the industry, facilitated by the geographically close location of the bentwood factories.« Kyriazidou/Pesendorfer, Viennese Chairs: A Case Study for Modern Industrialization, in: *The Journal of Economic History*, S.143–166, S. 157.

168 *Wiener Weltausstellung, Amtlicher Katalog der Ausstellung des Deutschen Reiches*, Berlin 1873 [Einfügung im Original], hier S. 341.

169 Vgl. ebd., Verzeichnis der Aussteller in Gruppe VIII, Holz-Industrie, 1. Section, S. 343–352.

170 Vgl. *Wiener Zeitung,* Nr. 14, 18. Januar 1879.

171 Dies war eine in Frankreich bereits seit der Restauration bestehende Praxis, nach der nicht nur die Gewerbetreibenden oder Produzenten, sondern auch »Arbeiter, Vorarbeiter und Werksmeister« ausgezeichnet werden konnten; vgl. Großbölting, *»Im Reich der Arbeit«*, S. 119.

172 Vgl. *Deutsches Volksblatt für Mähren*, Nr. 43, 25. Oktober 1873.

173 Vgl. *Local-Anzeiger der »Presse«*, Beilage zu Nr. 231, 22. August 1873, S. 7.

174 Vgl. Exner, *Das Biegen des Holzes*; dieses erste und in gewisser Weise grundlegende Werk erschien erstmals 1876 und bis 1922 in insgesamt vier Auflagen.

175 Vgl. *Neue Freie Presse,* 9. Juni 1876.

176 Vgl. https://libwww.freelibrary.org/digital/item/zoom/1038 (Zugriff: 10.08.2025).

177 Skizzen der Weltausstellung in Philadelphia, in: *Tagespost, Morgenblatt*, Graz, Nr. 147, 29. Juni 1876.

178 *Neue Freie Presse, Morgenblatt*, Nr. 4281, 27. Juli 1876. Das »krönende Symbol« spielt vermutlich auf eine Art Baldachin aus Bugholz an, mit dem beide Ausstellungsstände überdacht waren.

179 Krutisch, *Aus aller Herren Länder,* S. 76.

180 Vgl. ebd., S. 75.

181 »Nach verschiedenen, aufgrund des Ersten Weltkrieges immer wieder gescheiterten Anläufen und drei internationalen Konferenzen wurde 1928 das Bureaux International des Exposition in Paris begründet, das seither weltweit koordiniert und für die Ausrichtungsvergabe verantwortlich zeichnet.« Geppert, Die normative Kraft des Flüchtigen: Exponierungen des Globalen in der Welt der Weltausstellungen, 1851–1900, in: Bergermann/Otto/Schabacher (Hrsg.), *Das Planetarische*, S. 92.

182 Einzig an der Weltausstellung 1889 in Paris nahm das Unternehmen, wie auch viele andere, aus politischen Gründen nicht teil. Trotz anfänglicher Bedenken des Veranstalters wurde sie als Hundertjahrfeier der Französischen Revolution beworben, was vor allem Staaten mit monarchischer Staatsform veranlasste, die Ausstellung zu boykottieren. Von dem am Ende insgesamt 61.000 Ausstellern kamen schließlich nur 7.000 aus dem Ausland. Die Gebrüder Thonet schlossen sich dem Boykott Österreichs an, obwohl sich in anderen Fällen, trotz des Boykotts staatlicherseits, Unternehmen als sogenannte inoffizielle Teilnehmer meldeten; vgl. Christian Beutler, Weltausstellungen im 19. Jahrhundert, in: ders., *Weltausstellungen im 19. Jahrhundert*, München 1973, S. III–X; auch Krutisch, *Aus aller Herren Länder,* S. 78–80.

183 Vgl. *The Times of India*, 10th December 1883.

184 Vgl. Auszug aus der Geographischen Statistik der Verkäufe pro 1905, in: Jahresausweis der Fabriken 1905, ŠA NR, Archiv-Box 91, TU. Diese Statistik listet für die Kontinente nochmals verschiedene Länder auf, beziffert deren Bruttowerte und setzt sie zusätzlich ins Verhältnis zur Einwohnerzahl; vgl. auch: Abb. 77.

185 Die Hersteller von Möbeln aus gebogenem Holz waren die einzigen österreichischen Unternehmen, die an der Weltausstellung 1879 in Sidney teilnahmen. Dies zeigt die Internationalisierung dieses Möbeltyps, Hersteller historistischer Wiener Möbel rechneten von vornherein nicht damit, dass sich eine Teilnahme auszahlen würde. Vgl. *Neue Freie Presse*, 2. März 1879.

186 Vgl. Fratelli Thonet, *Estratto del Catalogo Generale*, 1909 und 1912; der französische Händler Vélat aus Lyon bot beispielsweise in seinem auf den französischen Markt zugeschnittenen Katalog ebenfalls Möbel an, von denen er annahm, dass sie speziell auf dem französischen Markt erfolgreich sein würden. »Devant le succès de notre nouvelle fabrication j'ai dû doubler l'importance de ce catalogue pour y offrir les articles style anglais acajou foncé, les petits mobiliers garnis ou cannés pour salon, fumoir, véranda ces articles ayant obtenu un immense succès.« *Thonet frères, Modèles en stock a Lyon, 1914*, B. Vélat, 5 Rue de la Republique, Lyon.

187 Vgl. *Gebrüder Thonet, Theater Möbel, Einrichtungsgegenstände für Theater- Konzert- Sitzungs- und Hörsaele & Musikzimmer,* Wien, o. J.

188 Vgl. *Gebrüder Thonet, Wintersport*, Wien 1904/05.

189 Vgl. *Gebrüder Thonet, Lawn-Tennis,* Wien 1901.

190 Vgl. *Gebrüder Thonet, Gartenmöbel,* Wien 1912.

191 Vgl. Gebrüder Thonet, *Bystritz am Hostein,* S. 15.

192 Schreiben der Fabrik Bistritz nach Wsetin, 5. Februar 1897 [Hervorhebung im Original], MZA.

193 Tabellarische Aufstellung der der Firma Gebrüder Thonet zuteilgewordenen Auszeichnungen, o. O., o. D. [vermutlich 1916], MZA.

194 Vgl. Aufstellung der den männlichen Mitgliedern der Familie Thonet von 1862 bis 1917 verliehenen 48 Auszeichnungen, o. O., o. D., MZA.

195 »[Da] sämtliche Beamte u.s.w. welche damals in Ausstellungs Angelegenheiten orientiert waren, nun gestorben sind.« Schreiben der Thonet Brothers New York an die Gebrüder Thonetsche Herrschaft Wsetin, New York, 30. Januar 1902, MZA.

11. 1914–1918

1 Die wirtschaftliche Entwicklung in Österreich wurde nach dem massiven Aufschwung in den Jahren 1867 bis 1873 durch eine bis etwa 1880 andauernde Depression abgelöst. Für die Gebrüder Thonet bedeutete dies eine Stagnation der Produktion und die Entlassung von etwa 20 % der Beschäftigten. Erst 1881 wurde mit mehr als 4.000 Arbeitern wieder das Vorkrisenniveau erreicht. Vgl. Arbeiterstand in den Jahren 1873 bis 1881, in: Jahresausweise der Fabriken 1873 bis 1881, ŠA NR, Archiv-Box 90, TU.

2 Das galt nicht nur für die Gebrüder Thonet, sondern ebenso für alle anderen Möbelfabriken in Österreich-Ungarn und im Deutschen Reich. »Der Ausbruch des Weltkriegs veranlasste wie in den meisten anderen Produktionszweigen auch in der Möbelfabrikation zuerst ein vollkommenes Stillschweigen [sic] der Betriebe.« Bernhard Maaß: *Möbelproduktion und Möbelkonsumtion. Ein Vergleich der Vor- und Nachkriegszeit*, Frankfurt/M. 1922, S. 9.

3 Handschriftlich verfasste Firmengeschichte, 1919 [Hervorhebungen im Original], MZA; auch in: Exner, *Das Biegen des Holzes,* S. 46.

4 Vgl. Arbeiterstand in den Jahren 1912 bis 1916, in: Jahresausweise der Fabriken 1912 bis 1916, ŠA NR, Archiv-Box 92, TU.

5 Vgl. Artikel für Heereslieferungen, in: Jahresausweise der Fabriken 1915 bis 1918, ŠA NR, Archiv-Box 92, TU; Dies war kein unübliches Vorgehen. Auch die deutsche Möbelindustrie wurde im Ersten Weltkrieg verpflichtet, Artikel für das Militär herzustellen. »Doch schon 1915 kam die Produktion [nach einem Stillstand im ersten Kriegsjahr] wieder etwas in Gang. Die meisten Betriebe hatten sich jedoch, falls sie nicht ganz stillgelegt waren, der Heeresproduktion zugewandt.« Maaß: *Möbelproduktion und Möbelkonsumtion*, S. 9.

6 Zur Höhe der Inflation gibt es je nach Indikator unterschiedliche Angaben. Verlässlich scheinen die Berechnungen von Suppanz zu sein, der den Index der Lebenshaltungskosten heranzieht, da »für Österreich [...] für die Zeit von 1914 bis 1918 und für die ersten Nachkriegsjahre kein Großhandelspreisindex berechenbar [ist].« Christian Suppanz, *Die österreichische Inflation 1918–1922*, Forschungsbericht/Research Memorandum No. 111, Wien 1976, S. 36; ausführlich hierzu: ebd., S. 36–56.

7 1892 wurde in Österreich die Krone eingeführt, der Gulden blieb noch bis 1900 im Umlauf. Das Unternehmen Gebrüder Thonet wies die Bruttowerte in den Jahresausweisen bis 1899 noch in Gulden aus, ab 1900 dann in Kronen. Das Wechselverhältnis Gulden zur Krone war mit 1:2 festgelegt. Um die Werte vergleichbar zu machen, wurden die Angaben ab 1900 entsprechend in Gulden umgerechnet.

8 Ab 1911 wurde in den Jahresausweisen erstmals zwischen den inländischen (Koritschan, Bistritz, Wsetin und Ugrócz) und ausländischen Fabriken (Radomsk und Frankenberg) unterschieden. Über die Gründe ist nichts bekannt; vgl. Bruttowerte der Absendungen ab 1911, in: Jahresausweise der Fabriken 1911 bis 1921, ŠA NR, Archiv-Box 92, TU.

9 Brief von Jakob Thonet an die Mitgesellschafter, 12. August 1914 [Hervorhebung im Original], MZA.

10 Ebd.

11 Ebd. [Hervorhebungen im Original].

12 Im dortigen Thonet Hof befand sich ab 1872 die Hauptniederlage der Firma, die jedoch bereits 1878 in die Waitznergasse (Váci Utca) verlegt wurde. Der Thonet Hof wurde ab diesem Jahr ausschließlich als Zinspalais genutzt. Eigentümer waren die Gesellschafter und weitere Familienmitglieder, für das Unternehmen hatte der Thonet Hof insofern keine Bedeutung mehr.

13 Jakob Thonet an Julius in Ugrócz, Wien, 10./11. Oktober 1917 [Einfügungen im Original], ŠA NR, Archiv-Box 15, TU, Inv. 79/80.

14 »Solltest du darauf nicht eingehen wollen und u[nsere] Ansichten über die Behandlung nicht teilen, so wäre es uns lieb, wenn Du den Verkauf des Th. H. selbst in die Hand nehmen wolltest.« [Hervorhebung im Original], ebd.

15 »Ich wende mich nun an Sie mit dem Ersuchen alle jene Schritte einzuleiten, welche geeignet sind diese Angelegenheit in Gang zu bringen, Sie werden am besten beurteilen können in welcher Weise jene Kreise, wo die ernst zu nehmenden Kauf-Reflektanten zu suchen sind, von der Tatsache zu benachrichtigen sein werden, daß der Thonethof unter ob[en] besagten Bedingungen künftig erworben werden kann.« Julius Thonet an Julius Paalzow in Budapest, Wien, 3. November 1917, ebd.

16 Vgl. ebd.

17 »Wenden Sie sich mit Antrag an unseren Vertreter dort [Budapest], der von uns ermächtigt ist in Verkaufsverhandlungen einzutreten und vor einigen Tagen genaue Instruktionen erhalten hat.« Julius Thonet an Eduard Semler (ein Vermittler oder Interessent), Wien, 7. November 1917, ebd.

18 Aus dem Schreiben geht nicht hervor, ob hier die 1853 in Wien gegründete Escompte Gesellschaft oder die Böhmische Escompte-Bank (tschechisch: Česká eskomptní banka), eine am 1. Juli 1863 in Prag gegründete österreichisch-ungarische Großbank, gemeint ist.

19 Atlantika war eine Schifffahrt- und Schiffbaugesellschaft.

20 Julius Paalzow an Julius Thonet in Nagyugrocz, Budapest, 2. Dezember 1917 [Einfügung im Original], ŠA NR, Archiv-Box 15, TU, Inv. 79/80.

21 Jakob Thonet an Julius in Ugrócz, Wien, 3. Februar 1918, ebd.

22 Ebd.

23 Ebd.

24 Ebd.

25 »Du hast nun in deinen beiden Briefen v. 6. u. 13. bündig erklärt, daß Du zu einem Verkaufe unter 5 ½ Mill. Deine Zustimmung nicht erteilen werdest.« Jakob Thonet an Julius in Ugrócz, Wien, 17. Februar 1918 [Hervorhebungen im Original], ebd.

26 Ebd. [Einfügung und Hervorhebungen im Original].

27 Jakob Thonet an Julius in Ugrócz, Wien, 13. März 1918 [Hervorhebung im Original], ebd.

28 Moritz Herzog, (ungarisch: Mór Lipót Herzog de Csete), (1869–1934), war ein jüdisch-ungarischer Kunstsammler, Bankier und Großgrundbesitzer.

29 Vgl. »Kauf- und Verkaufsvertrag, welcher zwischen dem Unterfertigten Julius Thonet, wohnhaft in Budapest, auch als laut der gegenwärtigem Vertrage beigefügten notariellen Vollmacht Bevollmächtigter von Herrn Jakob Thonet, Frau Elsinger geb. Bertha Thonet, Frau Fränkl geb. Marie Thonet, Frau Schöller geb. Paula Thonet, Frau Rieser geb. Hermine Thonet, Herrn Karl Thonet und Herrn Theodor Thonet, im Folgenden kurz ›Verkäufer‹ genannt, einerseits und der unterfertigten Corso Palast Aktiengesellschaft, eingetragene Firma in Budapest V., Arany-János-utca 24., im Folgenden kurz ›Käufer‹ genannt, anderseits, an dem untenstehenden Orte und Tage unter folgenden Bedingungen geschlossen haben.« Kaufvertrag vom 30. April 1918, ŠA NR, TU, Box 15, Inv. 79/80.

30 Vgl. ebd.

31 Die Käuferseite erklärte sich bereit, »um eine beiderseits befriedigende Lösung zu finden 50 % von der von uns zu zahlenden Ablösung zu übernehmen [...]«. Julius Paalzow an Julius Thonet, Budapest25. April 1918, ŠA NR, Archiv-Box 15, TU, Inv. 79/80.

32 Vgl. 14. Der Prozess 1920/1921.

33 Jakob Thonet an Julius in Ugrócz, Wien, 17. Februar 1918 ŠA NR, Archiv-Box 15, TU, Inv. 79/80.

12. 1918–1924

1 Dies betraf nicht allein die Firma Gebrüder Thonet, sondern ebenso die beiden anderen großen, Bugholzmöbel produzierenden Unternehmen, J. & J. Kohn und Mundus. »Die meisten der im früheren Oesterreich-Ungarn zerstreut gelegenen Produktionsbetriebe und Sägewerke, sowie große Teile des eigenen Waldbesitzes dieser drei Firmen fielen nunmehr in die Staatsgebiete verschiedener Nachfolgestaaten.« Otto, *Die Entwicklung*, S. 66.

2 Ebd., S. 71.

3 Für Deutschland liegen für die Zeit unmittelbar nach dem Krieg zwar keine Zahlen vor, doch ein Vergleich der Einfuhr von Bugholzmöbeln vor dem Krieg und in den 1920er Jahren zeigt einen ganz erheblichen Rückgang; vgl. Gustav Schlingmann, *Die Entwicklung der deutschen Möbelindustrie in der Nachkriegszeit*, Lippe 1931, Tabelle: Möbeleinfuhr, S. 56.

4 »Mit dieser ›Besitzkonzentration‹ wurde die Konzernbildung in der österreichischen Bugholzmöbelindustrie eingeleitet.« Otto, *Die Entwicklung*, S. 68

5 Die 1870 gegründete Firma D. G. Fischel Söhne, Erste Böhmische Fabrik von Möbeln aus gebogenem Holz in Niemes, hatte nicht das wirtschaftliche Potential, der Mundus etwas entgegenzusetzen. Fischel war eine offene Handelsgesellschaft »der einzige größere Produzent von Bugholzmöbeln in der ehemaligen Tschechoslowakischen Republik, der keine Aktiengesellschaft und auch nicht Teil des neuen Konzerns THONET–MUNDUS–J. & J. KOHN wurde«. Jaromíra Šimoníková, *D. G. Fischel Söhne, Der Katalog von 1915*, München 1992, S. VI–XXXV, hier S. XX.

6 Zu den Vorgängen, welche die Umwandlung der Personengesellschaft Gebrüder Thonet in verschiedene Aktien- und Handelsgesellschaften nach dem Ersten Weltkrieg betreffen, liegen nahezu ausschließlich Archivalien aus dem Archiv in Nitra vor. Hierbei handelt es sich um private Unterlagen aus dem Besitz von Julius Thonet, einem der Gesellschafter und Anteilseigner, die sicher nicht vollständig, doch die zurzeit einzige valide Quelle zur Untersuchung dieser Thematik sind. Zu den beiden Aktiengesellschaften Brünn und Frankenberg befinden sich in diesem Fundus zahlreiche Dokumente, weit weniger zu der Gründung in Holland und für die Thonet Brothers Ltd. London ist, neben einigen Hinweisen in Sitzungsprotokollen, lediglich ein zweiseitiger zusammenfassender Bericht vom April 1922 vorhanden. Zur Thonet-Mundus A.G. und der Mundus, Allgemeine Handels- und Industrie A.G. Zürich liegen neben Unterlagen, welche deren Gründung betreffen, auch Geschäftsberichte bis 1935 vor. Bruno Otto, dessen Buch 1931 publiziert wurde, standen diese Unterlagen nicht zur Verfügung. In seinen Quellennachweisen finden sich überwiegend allgemeine Informationen aus Zeitungsberichten und Verweise auf persönliche Gespräche mit ehemaligen leitenden Mitarbeitern; vgl. Otto, *Die Entwicklung*, 3. Kapitel, Die Entwicklung der mitteleuropäischen Bugholzmöbel-Industrie seit dem Weltkriege, S. 65–81.

7 *Amtsblatt zur Wiener Zeitung*, Nr. 291, 23. Dezember 1919, S. 1004 [Hervorhebungen im Original].

8 Zwar wurde der Nostrifizierungsvertrag zwischen der Tschechoslowakei und Österreich erst am 31. August 1920 in Wien beglaubigt und die Regelungen hierzu am 16. September 1920 verabschiedet, doch »lief die Nostrifizierung in der Tschechoslowakei bereits vor der Verabschiedung der betreffenden Gesetze an«. Antonie Doležalová, Zwischen Autarkie, Emanzipation und Diskriminierung: Die Nostrifizierung in der Tschechoslowakei nach 1918, in: *Bohemia. Zeitschrift für Geschichte und Kultur der böhmischen Länder*, Bohemia 53 (2013), 1, München 2013, S. 46–93, hier S. 73. Die Gebrüder Thonet dürften von den laufenden Verhandlungen der Nostrifizierungskommission Kenntnis gehabt haben und kamen mit der Verlegung der Firmenzentrale nach Brünn im Dezember 1919, wie andere Firmen auch, den ab Oktober 1920 geltenden Bestimmungen zuvor; vgl. ebd.

9 Vgl. Erklärung zwischen den Gesellschaftern der offenen Handelsgesellschaft Bratři Thonetové in Brünn, Wien, 8. April 1920, ŠA NR, Archiv-Box 16, TU, Inv. 81, MP 1920.

10 In allen bisherigen Gesellschafterverträgen der Familiengesellschaft Gebrüder Thonet war in einer Art von kaufmännischem Fideikommiss festgelegt, dass Geschäftsanteile immer nur von dem Vater auf den Sohn übertragen werden konnten, womit sichergestellt war, dass das Unternehmen in den Händen der Familie blieb. Ebenso blieb das Prinzip der Stammesherrschaft erhalten, wobei jeder Stamm auch in der nächsten oder übernächsten Generation den ursprünglichen Anteil erhielt, unabhängig davon wie viele Erben vorhanden waren. Mit dieser Vereinbarung wollte man dies, wenn auch durch eine Ausweitung auf die Ehefrauen und legitime Erben ergänzt, ebenso für die Zukunft sichern.

11 Abänderung beziehungsweise Ergänzung der am 8. April abgegebenen Erklärung, o. O., o. D., ŠA NR, Archiv-Box 16, TU, Inv. 81, MP 1920.

12 Ebd. [Einfügung im Original].

13 Zu der Schwierigkeit einer sprachlich korrekten Bezeichnung für diese rechtlich komplexe Konstruktion vgl. 12.2. Die Aktiengesellschaften.

14 »Die Unternehmungen des Thonet-Mundus Konzerns, dessen Aktienmajorität wir im Portefeuille haben, blicken auf ein erfolgreiches Geschäftsjahr zurück.« »Mundus« Allgemeine Handels- und Industrie A.G. Zürich, Geschäftsbericht für 1926, Bericht des Verwaltungsrates für das Geschäftsjahr 1926, Zürich 1927. ŠA NR, Archiv-Box 95, TU, Inv. 460, Tlače.

15 Bei der handelsgerichtlichen Registrierung der Thonet A.G. in der Tschechoslowakei wurde der Name »Thonet« nur unter der Bedingung gestattet, dass dieser Name in der Bezeichnung der Firma Gebrüder Thonet alsbald gelöscht werde, »da zwei Firmen nicht gleichlautend sein dürfen.« Theodor Thonet an Julius, Wsetin, 31. August 1925, ŠA NR, Archiv-Box 16, TU, Inv. 81, MP 1925. Dies geschah bis 1925 nicht. Die Handelsgeschäfte für die Tschechoslowakei hatte die Firma Gebrüder Thonet mittlerweile jedoch auf die Thonet A.G. übertragen, so dass man mit einer Aufforderung des Handelsgerichts Brünn rechnete, diese aufzulösen. Um dem zuvorzukommen, schlug Theodor Thonet vor, nicht die Gesellschaft aufzulösen, sondern lediglich die »Eintragung der Auflösung der Firma Gebrüder Thonet in's Handelsregister,« womit »auch die Eintragung der Fusionsfirma Thonet–Mundus in's Handelsregister Brünn glatter erfolgen [würde].« ebd.

16 »Zolltechnische Gründe« – wie in einer neueren Publikation behauptet – spielten bei der Etablierung eines Geschäftssitzes in Brünn allerdings keinerlei Rolle; vgl. Xenia Riemann-Tyroller, Thonet in Frankenberg. Eine europäische Firmengeschichte, in: Nollert (Hrsg.), *Thonet & Design*, S. 148–155, hier S. 148.

17 »Die Rückeroberung bezw. Neuorientierung auf dem Absatzmarkte erwies sich in der Nachkriegszeit als äußerst schwierig. Vielerlei Ursachen [...] führten zu einem fast allgemeinen Autarkiebestreben, das sich nach außen durch die Schutzzollbewegung geltend machte und somit eine Erschwerung des internationalen Handelsverkehrs mit sich brachte.« Otto, *Die Entwicklung*, S. 73.

18 Protokoll über die vom 17. bis 23. Mai 1921 abgehaltene Sitzung der Gesellschafter der Firma Gebrüder Thonet, ŠA NR, Archiv-Box 15, TU, Inv. 79/80.

19 Franz Scheibel an die Gebrüder Thonet zu Handen [sic]des Herrn Alfred Thonet, Brünn, 14. Juni 1921, Betr.: Wiedereroberung des egyptischen [sic] Marktes, ebd.

20 Die Überlegungen, Unternehmen im Ausland zu erwerben, gehen möglicherweise auf den Vorschlag von Alfred Thonet zurück, der in einem Exposé Anfang des Jahres unter anderem die »Erwerbung von Produktionsstätten im Auslande« gefordert hatte; vgl. Theodor Thonet, 15-seitiges Exposé, Betrachtungen über unsere innere Organisation mit besonderer Berücksichtigung unserer heutigen verzweifelten Lage, o. O., o. D., [vmtl. Anfang 1922], ŠA NR, Archiv-Box 15, TU, Inv. 79/80, MP 1922.

21 Protokoll über die am 22. Mai 1922 in Wien abgehaltene Sitzung der Gesellschafter der Firma Gebrüder Thonet, ŠA NR, Archiv-Box 15, TU, Inv. 79/80.

22 Die Karlovac A.G. war eine kleinere, Bugholzmöbel produzierende Firma im damaligen Jugoslawien, heute Kroatien. Sie wurde »im Jahre 1921 von der Jugoslawischen Bank und der Nationalen Waldindustrie AG. als nationales Konkurrenzunternehmen gegen den Mundusbetrieb gegründet [...].« Otto, *Die Entwicklung*, S. 96.

23 Protokoll über die am 22. Mai 1922 in Wien abgehaltene Sitzung der Gesellschafter der Firma Gebrüder Thonet, ebd.

24 Vgl. die Bedingungen welche der Thonet-Konzern für den Fall einer Beteiligung an der Bugholzmöbel-Fabrik A.G. Karlovac stellt, Brünn 20. September 1922, ebd.

25 Unterschiedliche Angaben finden sich etwa bei Ottillinger: »1923 kam es schließlich zur Fusion der ›Gebrüder Thonet‹ mit Mundus-Kohn«, Ottillinger, Thonet, eine illustrierte Familienchronik, in: Bott (Hrsg.), *Sitzgelegenheiten,* S. 11–49, hier S. 41; einige Jahre später dann allerdings: »1922 kam es schließlich zur Fusion zwischen der Thonet und der Mundus AG.«, Ottillinger, *Gebrüder Thonet*, S. 44; Jiří Uhlíř wiederum datiert »die Fusion mit dem letzten von dem Trio der Riesen der Bugholzmöbel« auf 1924; vgl. Jiří Uhlíř, Die Fusion Thonet-Mundus, einige genauere Daten, in: *Materialien Sammelband aus dem Symposium, das zum 200. Gedenktag der Geburt Michael Thonets veranstaltet wurde. Das Bezirkslandkundliche Museum Vsetín, 17.–18. Oktober 1996*, Vsetín 1997, S. 43–54, hier S. 49; Uhlíř hat dies allerdings in einem Beitrag 2020 korrigiert; vgl. ders., Thonet 1900–1939: Innovation und Krise, in: Hackenschmidt/Thillmann, *Bugholz vielschichtig*, S. 48–63, hier S. 54.

26 Eine Ausnahme hiervon findet sich in einem Artikel aus dem Jahr 2020, in dem erstmals auch Nachweise genannt wurden; vgl. Jiří Uhlíř, Thonet 1900–1939: Innovation und Krise, in: Hackenschmidt/Thillmann, *Bugholz vielschichtig*, S. 48–63, hier S. 54.

27 »Die Daten der Fusionierung variieren von 1922 bis 1925 […].«, Riemann-Tyroller, Thonet in Frankenberg. Eine europäische Firmengeschichte, in: Nollert (Hrsg.), *Thonet & Design*, S. 148–155, hier S. 154, Anm. 4.

28 »Die Gebrüder Thonet […] schlossen sich aber schließlich 1922 auch der Kohn-Mundus Aktienges. an.«, von Vegesack, *Das Thonet Buch*, S. 150; »In 1922, the Thonets finally relented and became part of the largest furniture conglomerate in history: Thonet-Mundus-Kohn.«, Wilk, *Thonet: 150 years of furniture*, S. 78.

29 So schon Heller 1926: »[…] entschlossen sich die Gesellschafter der Firma […] mit der gleichartigen Mundus zu fusionieren.« Heller, *Von der kleinen Tischlerwerkstätte zum Weltindustriehaus*, S. 46.

30 Otto, *Die Entwicklung*, S. 79.

31 Ebd. Man würde daher besser, wie auch Otto, von einem Zusammenschluss als von einer Fusion sprechen. Der Begriff Fusion meint in unserer heutigen Verwendung immer auch das Verschwinden von Einzelgesellschaften in dem neuen, fusionierten Gebilde, was hier nicht der Fall war.

32 Vgl. den Überblick über die in der Thonet-Mundus A.G. vereinigten Einzelgesellschaften für 1925, in: 12.2.5. Thonet-Mundus A.G. 1923; wie den Geschäftsberichten zu entnehmen, änderte sich jedoch die Zusammensetzung nahezu jährlich, so dass man immer nur den Status für ein einzelnes Jahr angeben kann.

33 Die Gründung dieser Gesellschaft erfolgte im Juli 1920. In zahlreichen Anzeigen in österreichischen Zeitungen wurde gleichzeitig »den Aktionären der ›Mundus‹ Aktiengesellschaft der Vereinigten Oesterreichischen Bugholzmöbelfabriken und der ›Mundus‹ Aktiengesellschaft der Vereinigten Ungarischen Bugholzmöbelfabriken Gelegenheit geboten, sich an der ›Mundus‹ Allgemeine Handles. & Industrie A.G. Zürich durch Aktentausch […] zu beteiligen«. *Der Morgen, Wiener Montagblatt*, Nr. 30, 26. Juli 1920, S. 6. Dieser Aufforderung folgten nahezu alle Aktienbesitzer. Für eine ungarische oder österreichische Aktie im Nominalwert von 200 Kronen erhielten sie eine Aktie der Mundus Gesellschaft in Zürich im Nominalwert von 100 Schweizer Franken; vgl. ebd.

34 *Die Börse*, Nr. 2, Wien 13. Januar 1921.

35 Im Zusammenhang mit dem sogenannten 3 Millionen Prozess, den Josef (Joschi) Thonet gegen seinen Onkel Jakob führte (vgl. 14. Der Prozess 1920/1921), berichtete dieser von einem Besuch seines Bruders Alfred im Garnisonsspital in Wien, in das er, Josef, wegen einer Kriegsverwundung nach der Piave-Offensive 1918 eingeliefert worden war. »Hier besuchte mich mein Bruder Alfred Thonet, erzählte mir, dass man beabsichtige die Firma in eine Aktiengesellschaft zu verwandeln.« Abschrift eines 16-seitigen Schreibens des Rechtsanwalts von Josef Thonet, Dr. Edmund Benedikt, an das Zivil-Landesgericht Wien, Wien, o. D. (1920), Archiv Thillmann; vgl. auch den Brief von Jakob Thonet

an Julius vom Februar 1918, in dem er ihm vorwirft, dass durch seine Weigerung, einem Verkauf des Thonet Hofs in Budapest zuzustimmen, »unsere geplanten Transaktionen (A.G. etc.) in Frage gestellt erscheinen«. Jakob Thonet an Julius in Ugrócz, Wien, 17. Februar 1918, ŠA NR, Archiv-Box 15, TU, Inv. 79/80.

36 Schreiben von Theodor Thonet an Julius Thonet in Nagy Ugrócz, Wsetin, 31. Januar 1920, ebd.

37 Die Gründung in Polen wurde als besonders dringlich beschrieben, »als die Konkurrenz in Polen bereits eine intensive Tätigkeit entfaltet, der es zuvorzukommen gilt«. ŠA NR, Archiv-Box 15, TU, Inv. 79/80.

38 Ebd.

39 Ebd.

40 Ebd.

41 Wilhelm Eitner war verheiratet mit Käthe Thonet, Tochter von Alfred, somit Enkelin des bereits 1887 verstorbenen Josef Thonet.

42 »Mit 1. Dezember 1919 wurde ich auf Grund mündlicher Vereinbarungen probeweise mit der Führung gewisser juristischer Agenden der Firma und speziell auch mit der Mitwirkung bei der Umwandlung der Unternehmung in eine Aktiengesellschaft betraut.« Schreiben von Wilhelm Eitner an die Gebrüder Thonet zu Handen [sic] des Herrn Theodor Thonet mit der Bitte um Umwandlung der probeweisen in eine feste Tätigkeit, Koritschan 29. April 1920, ŠA NR, Archiv-Box 15, TU, Inv. 79/80.

43 Vgl. Protokoll über die am 19. Januar 1921 und den folgenden Tagen in Wien abgehaltene Vorbesprechung der Aktionäre der Thonet-Aktien-Gesellschaft Brünn, ŠA NR, Archiv-Box 16, TU, Inv. 81.

44 Alle Angaben in diesem Abschnitt: ebd.

45 Vgl. Protokoll über die am 29. und 30. Januar 1921 abgehaltene Sitzung des Verwaltungsrats der »THONET« A.G. Brünn, ebd.

46 Franz Landgesell war zuvor Direktor der Fabrik Bistritz.

47 Protokoll über die am 29. und 30. Januar 1921 abgehaltene Sitzung des Verwaltungsrats der »THONET« A.G. Brünn, ŠA NR, Archiv-Box 16, TU, Inv. 81.

48 Alle Zitate in diesem Abschnitt: ebd.

49 Vgl. ŠA NR, Archiv-Box 16, TU, Inv. 81, MP 1923; Bei der Gründung betrug das Aktienkapital Kč 4,5 Millionen, doch bereits im April des gleichen Jahres wurde eine Kapitalerhöhung auf Kč 9 Millionen beschlossen.

50 Dieses Modell wurde ebenso bei den Gründungen aller weiteren Aktiengesellschaften praktiziert.

51 Vgl. Protokoll über die am 9. und 10. September 1921 in Brünn abgehaltene Sitzung des Exekutivkomitees, ŠA NR, Archiv-Box 16, TU, Inv. 81.

52 In einigen Publikationen findet sich die These, dass es bereits vor 1914 zwischen den marktbeherrschenden Bugholzmöbelfirmen neben einer großen Vielzahl stillschweigender Arrangements der Nichtverfolgung von Patentrechtsverletzungen auch Preisabsprachen gegeben habe. »Furthermore, we find that the industry is characterized by strong patterns of cooperation among its firms, as demonstrated by their price-fixing behavior and the information sharing on new production technologies and product designs.« Kyriazidou/Pesendorfer, Viennese Chairs: A Case Study for Modern Industrialization, in: *The Journal of Economic History*, S.143–166, hier S. 144. Auch Andreas Resch, der Industriekartelle in Österreich vor dem Ersten Weltkrieg untersucht hat, nimmt an, dass sich zwischen den führenden Bugholzmöbelfirmen »in mehrfacher Hinsicht ein spontan kooperatives Verhalten« entwickelte und man nach der Rückgabe des Thonetschen Patents 1869 »dem Transfer von Innovationen zwischen den Firmen kaum Hindernisse entgegen[stellte]«. Andreas Resch, *Industriekartelle in Österreich vor dem Ersten Weltkrieg, Marktstrukturen, Organisationstendenzen und Wirtschaftsentwicklung von 1900 bis 1913*, Berlin 2002; hier: Die Bugholzmöbelindustrie, S. 233–242, hier S. 234. Für die Entwicklung bis zum Ersten Weltkrieg nimmt Resch drei Phasen an. Eine erste ab den 1870er Jahren mit »spontaner Kooperation weniger Großfirmen«, eine zweite ab den 1890er Jahren, »in der neue Anbieter in den Markt eintraten und sich der Konkurrenzkampf verschärfte« und eine dritte ab 1907, die »von der

Konzentration der wesentlichen Betriebe im Rahmen von wenigen Firmen gekennzeichnet [war]«. Die Fakten widersprechen dieser Darstellung. Ab den 1870er Jahren, nach der Rückgabe des Thonetschen Patents, entstanden mit D. G. Fischel Söhne und J. & J. Kohn zwar zwei Großfirmen, doch auch eine Vielzahl kleinerer Hersteller, die vor allem ihre nationalen Märkte bedienten. Ab den 1890er Jahren ist keine Zunahme von Firmengründungen zu verzeichnen. Von einer Betriebskonzentration nach 1907 kann man lediglich bei der Gründung der österreichischen und der ungarischen Mundus sprechen. Dabei versammelte Pilzer allerdings kleine und eher unbedeutende Betriebe unter einem Dach, eine marktbeherrschende Stellung war damit lange noch nicht gegeben. Zum Nachweis seiner Thesen lagen Resch Zahlen lediglich zu den beiden Aktiengesellschaften – »Erste österreichische AG zur Erzeugung von Möbeln aus gebogenem Holz, Jakob und Josef Kohn« und »Mundus, AG der Vereinigten Österreichischen Bugholzmöbelfabriken« – vor. Die beiden Familiengesellschaften D.G. Fischel Söhne und Gebrüder Thonet sind in seinen Ausführungen und den tabellarischen Aufstellungen nicht berücksichtigt.

53 Protokoll über die am 9. und 10. September 1921 in Brünn abgehaltene Sitzung des Exekutivkomitees, ŠA NR, Archiv-Box 16, TU, Inv. 81.

54 Alle Zitate dieses Abschnitts: ebd.

55 Man hatte »seinerzeit beschlossen die erwähnten Waren, Warenteile und Materialien der A.G. nicht ins Eigentum zu übergeben, es sollte die A.G. vielmehr die im Eigentum der G. Th. verbleibenden Waren, Warenteile und Materialien nur zur Verarbeitung, d. i. zur Herstellung versandbereiter Waren übernehmen und dafür einen Ausführungslohn erhalten. /Veredelungsvertrag/«. ebd.

56 Alle Angaben und Zitate in diesem Abschnitt: Protokoll über die am 3. und 4. Februar 1922 abgehaltene Sitzung des Exekutivkomités, ebd.

57 Vgl. Bericht Dr. Eitner über die in der Zeit vom 13. bis 18./2. eingeleiteten Kreditverhandlungen, ŠA NR, Archiv-Box 16, TU, Inv. 81, MP 1922.

58 Vgl. Schreiben der Thonet A.G. an die Reconstruktiebank voor Costenrijk, 6. März 1922, ebd.

59 Protokoll über die Verwaltungsratsitzung der »THONET« A.G. Brünn, abgehalten am 22. Mai 1922, 10 Uhr vormittags in Wien, ebd.

60 Ebd.

61 Ebd.

62 »Bezüglich der von der Länderbank gestellten Bedingungen [...] soll der Versuch gemacht werden, diese womöglich herabzudrücken. Im äussersten Falle soll man sich aber auch zu diesen Concessionen entschliessen.« ebd.

63 Wilhelm Eitner, Memorandum, Brünn, 30. August 1922 [Hervorhebungen im Original], ebd.

64 Vgl. Aktennotizen des Direktors Anton Peyser über die Sitzungen des Verwaltungsrats der Thonet A.G. in Brünn am 15. und 16. November 1922, Brünn, 17. November 1922, ebd.

65 Diesen Vorschlag hatte schon Theodor Thonet Anfang des Jahres 1922 in einem Exposé gemacht: vgl. ders., 15-seitiges Exposé, Betrachtungen über unsere innere Organisation mit besonderer Berücksichtigung unserer heutigen verzweifelten Lage, o. O., o. D. [vmtl. Anfang 1922], ebd.

66 Alle Angaben und Zitate in diesem Abschnitt: Aktennotizen des Direktors Anton Peyser über die Sitzungen des Verwaltungsrats der Thonet A.G. in Brünn am 15. und 16. November 1922, Brünn, 17. November 1922 [Hervorhebung im Original], ŠA NR, Archiv-Box 16, TU, Inv. 81, MP 1922.

67 Schreiben des Franz Scheibel an die Chefs der Firmen: Thonet Aktiengesellschaft Brünn, und Gebrüder Thonet H.G. Amsterdam, Brünn, 12. Oktober 1922, ŠA NR, Archiv-Box 16, TU, Inv. 81, MP 1920.

68 Ebd.

69 Vgl. Schreiben der Familie Thonet'schen Ökonomie Verwaltung Veľké Uherce an die Thonet A.G. Brünn, Velkè Uherce, 12. Juli 1923, ŠA NR, Archiv-Box 16, TU, Inv. 81, MP 1923.

70 »[...] besteht angeblich Aussicht auf Erhalt eines solchen Darlehens [auf die Güter Veľké Uherce und Krajnaplana] jedoch nicht in der szt. geforderten Höhe, sondern in einem bescheideneren Aus-

masse. Nachdem die Herrschaft Wsetin bereits belastet ist, wurde eine Hypothekaufnahme auf diese abgelehnt.« Protokoll über die am 15. und 16. Jänner 1925 in Wien stattgefundenen Gebrüder Thonet, Sitzungen, ŠA NR, Archiv-Box 16, TU, Inv. 81, MP 1925.

71 Diese Herabsetzung des Aktienkapitals wurde vom tschechoslowakischen Innenministerium nachträglich am mit Erlass vom 8. Juni 1925, Zahl 32.719/25/17 genehmigt; vgl. Schreiben an die Mitglieder des Verwaltungsrates der Mundus, J. & J. Kohn vereinigte cechoslowakische Bugholzmöbelfabriken A.G., o. O., o. D., ŠA NR, Archiv-Box 16, TU, Inv. 81, MP 1925.

72 Alle Angaben und Zitate in diesem Abschnitt: Abschrift einer Erklärung, o. O., o. D., [aufgrund des Inhalts vmtl. Juni/Juli 1924], ebd.

73 Geschäftsbericht der Thonet-Mundus A.G. Zürich für 1924, Zürich 1925, ŠA NR, Archiv-Box 95, TU, Inv. 460, Tlače.

74 Thonet-Mundus A.G. Zürich, Geschäftsbericht für 1926, Zürich 1927, ebd.

75 Vgl. Bericht über die von Dr. Richard Thonet und Dr. Eitner in Durchführung des Gesellschafter Beschlusses vom 23.VI. 1921 in der Angelegenheit ›Verkaufsgesellschaft‹ unternommenen Reise nach Holland, o. O., o. D., ŠA NR, Archiv-Box 16, TU, Inv. 81, MP 1921.

76 Ebd., Hegenbart scheint aber schließlich doch für die Gesellschaft tätig geworden zu sein. In dem Bericht über die Gründung der Handelmaatschappij Gebroeders Thonet findet sich sein Name. »Zu Prokuristen der Gesellschaft sind ernannt die Herrn Direktor Rotter und Hegenbart.« Bericht über die Gründung der Handelmaatschappij Gebroeders Thonet Amsterdam, Brünn, 6. April 1922, ŠA NR, Archiv-Box 16, TU, Inv. 81, MP 1922.

77 Alle Angaben und Zitate in diesem Abschnitt: Bericht über die von Dr. Richard Thonet und Dr. Eitner in Durchführung des Gesellschafter Beschlusses vom 23. VI. 1921 in der Angelegenheit ›Verkaufsgesellschaft‹ unternommenen Reise nach Holland, o. O., o. D., ŠA NR, Archiv-Box 16, TU, Inv. 81, MP 1921.

78 Vgl. Protokoll über die Gründung einer Aktien-Gesellschaft für den Handelsbetrieb, Rotterdam, 16. Dezember 1921, ebd.

79 Protokoll über die am 3. und 4. Jänner 1922 abgehaltene Sitzung der Gesellschafter der Firma Gebrüder Thonet, ŠA NR, Archiv-Box 16, TU, Inv. 81, MP 1922.

80 Vgl. Königlicher Bewilligungs–Beschluss Nr. 82., s-Gravenhage [Den Haag], 15. Februar 1922, ebd.

81 Statuten, Name und Sitz der Verkaufs-Gesellschaft Handelmaatschappy [sic]Thonet, o. O., o. D., ebd.

82 Vgl. Bericht über die Gründung der Handelmaatschappy Gebroeders Thonet Amsterdam, Brünn, 6. April 1922, ebd.

83 Vgl. Aktienbesitz. Handelmaatschappy Gebroeders Thonet, ŠA NR, Archiv-Box 16, TU, Inv. 81, MP 1923. Auch hier, ebenso wie bei der Verteilung des Aktienbesitzes der Thonet A.G. Brünn und aller weiteren Gründungen hielt der Stamm Jakob innerhalb der Thonet Familie 40 % der Aktien. In einem privaten Brief Carl Thonets an seinen Bruder Theodor wies ersterer bereits 1920 auf diese Ungleichverteilung hin. »Ich, an Onkels [Jakob Thonet] Stelle wäre zu stolz, – 40 % der Geschäftsanteile in meiner Familie besitzend – auf Beiträge zu reflektieren, wenn mir selbe nicht freiwillig angeboten würden.« Carl Thonet an seinen Bruder Theodor, Meran, 18. Februar 1920, ŠA NR, Archiv-Box 15, TU, Inv. 79/80, MP 1921. Dass diese Konstellation auch kein unwesentlicher Grund für Spannungen zwischen den Familenstämmen gewesen sein dürfte, ist zu vermuten.

84 Bericht über die von Dr. Richard Thonet und Dr. Eitner in Durchführung des Gesellschafter Beschlusses vom 23.VI. 1921 in der Angelegenheit ›Verkaufsgesellschaft‹ unternommenen Reise nach Holland, o. D., ŠA NR, Archiv-Box 16, TU, Inv. 81, MP 1921.

85 Vgl. Theodor Thonet an Julius Thonet in Nagy Ugrócz, Wsetin, 31. Januar 1920, ŠA NR, Archiv-Box 15, TU, Inv. 79/80.

86 »Es wird zur Kenntnis genommen, dass die Handelmaatschappy Gebroeders Thonet an Stelle der Firma Gebrüder Thonet in den mit dieser Gesellschaft am 21./12. 1921 abgeschlossenen General-

verkaufsvertrag eingetreten ist.« Protokoll über die am 22. Mai 1922 abgehaltene Sitzung der Gesellschafter der Firma Gebrüder Thonet, ŠA NR, Archiv-Box 16, TU, Inv. 81, MP 1922.

87 Bericht über die Gründung der Handelmaatschappy Gebroeders Thonet Amsterdam, Brünn, 6. April 1922, ebd.

88 Spätestens ab August 1925 betrieb die Firma Gebrüder Thonet Brünn keine Handelsgeschäfte in der Tschechoslowakei mehr; sie hatte diese mittlerweile auf die Thonet A.G. übertragen; vgl. Theodor Thonet an Julius Thonet, Wsetin, 31. August 1925, ŠA NR, Archiv-Box 16, TU, Inv. 81, MP 1925.

89 Vgl. Geschäftsbericht der Handelsgesellschaft für Bugholzmöbel- und Holzindustrie A.G. Amsterdam für das Geschäftsjahr 1924, Amsterdam, 30. Juni 1925, ebd.

90 Vgl. 12.2.2. Handelmaatschappij Gebroeders Thonet Amsterdam 1921.

91 Vgl. Thonet-Mundus A.G. Zürich, Geschäftsbericht für 1926, Bericht des Verwaltungsrates für das Geschäftsjahr 1926, Zürich 1927, ŠA NR, Archiv-Box 95, TU, Inv. 460, Tlače.

92 Vgl. ebd.

93 »Die Handelmaatschappy Gebroeders Thonet ist Inhaber der Anteile an der neu gegründeten ›Thonet Bros. Ltd. London.‹ Bericht über die Gründung der Handelmaatschappy Gebroeders Thonet Amsterdam, Brünn, 6. April 1922, ŠA NR, Archiv-Box 16, TU, Inv. 81, MP 1922.

94 Alle Angaben und Zitate in diesem Abschnitt: Bericht über die erfolgte Gründung der Thonet Bros. Limited, London, Brünn 6. April 1922, ebd.

95 »Es wird, vorbehaltlich der Zustimmung der nicht anwesenden Gesellschafter beschlossen, den Betrieb Frankenberg in eine Aktiengesellschaft umzuwandeln.« Protokoll über die am 22. Mai 1922 in Wien abgehaltene Sitzung der Gesellschafter der Fa. Gebrüder Thonet, ebd.

96 Vgl. *Deutscher Reichsanzeiger und Preußischer Staatsanzeiger,* Nr. 27, 1. Februar 1923, 4.) Handelsregister.

97 Einzahlung durch Sacheinlagen.

98 Bericht über die Gründung der Aktiengesellschaft Gebrüder Thonet in Frankenberg [Einfügung im Original], o. O., o. D., ŠA NR, Archiv-Box 16, TU, Inv. 81, MP 1922.

99 Vgl. Kaufvertrag zwischen der Handelsgesellschaft Gebrüder Thonet Brünn und der Aktiengesellschaft für Möbelfabrikation in Frankfurt am Main, o. O., o. D., ebd.

100 Bericht über die Gründung der Aktiengesellschaft Gebrüder Thonet in Frankenberg, o. O., o. D., ebd.

101 Vgl. Protokoll über die am 3. und 4. Jänner 1922 abgehaltene Sitzung der Gesellschafter der Firma Gebrüder Thonet, ebd.

102 Franz Rudolf Andreae war der älteste Sohn von Carl Andreae und Philippine Bovingdon. Ab 1913 war Franz Rudolf Leiter der Filiale Berlin, ab 1921 Generalbevollmächtigter der Gebrüder Thonet Brünn für Deutschland und Skandinavien. Ihm wurde allerdings 1923 wegen Unregelmäßigkeiten nahegelegt wurde, um Entlassung zu ersuchen; vgl. Protokoll der Sitzung der Generaldirektoren in Brünn, 1. und 2. März 1923, ŠA NR, Archiv-Box 55, TU, Inv. 214, Mappe: Továren Frankenberg; vgl. auch: Anm. 331, S. 462.

103 Hermann Brose war seit 1894 Leiter der Filiale in Hamburg

104 Vgl. Bericht über die Gründung der Aktiengesellschaft Gebrüder Thonet in Frankenberg, o. O., o. D., ŠA NR, Archiv-Box 16, TU, Inv. 81, MP 1922.

105 Vgl. Aktienbesitz Frankenberg, ŠA NR, Archiv-Box 16, Inv. 81, TU, MP 1923, (Abb. 92).

106 Vgl. Theodor Thonet, 15-seitiges Exposé, Betrachtungen über unsere innere Organisation mit besonderer Berücksichtigung unserer heutigen verzweifelten Lage, o. O., o. D., [vmtl. Anfang 1922], ŠA NR, Archiv-Box 15, TU, Inv. 79/80, MP 1922.

107 Alle Zitate und Angaben in diesen Abschnitten: ebd. [Hervorhebung im Original].

108 Ein Großteil dieser Sanierungsvorschläge von Theodor Thonet wurden später von Leopold Pilzer durchgeführt. So die Gesamtleitung durch eine einzige verantwortliche Person, die Reduzierung des Sortiments, die Schließung von Standorten verbunden mit der Konzentration der Produktion auf

nur wenige Fabriken und die Reduzierung des Personals. Dies zeigt, dass die Vorschläge Theodor Thonets, wären sie denn realisiert worden, zu einer Sanierung der Firma hätten beitragen können, sie jedoch innerhalb der zu dieser Zeit bestehenden Unternehmensstrukturen und auch familiärer Zwistigkeiten und Egoismen keine Aussicht auf eine Umsetzung hatte.

109 Vgl. Stellungnahme Alfred Thonets zum 15-seitigen Exposé Theodor Thonets: Betrachtungen über unsere innere Organisation mit besonderer Berücksichtigung unserer heutigen verzweifelten Lage, o. O., o. D., [vmtl. Anfang 1922], ŠA NR, Archiv-Box 15, TU, Inv. 79/80, MP 1922.

110 Ebd.

111 Ebd.

112 Vgl. ebd.

113 »Der Sitz der Gesellschaft ist nach Berlin verlegt.« *Deutscher Reichsanzeiger und Preußischer Staatsanzeiger,* Nr. 292, 11. Dezember 1924.

114 Vgl. Geschäftsbericht der Thonet-Mundus A.-G. Zürich für 1924, Zürich 1925, ŠA NR, Archiv-Box 95, TU, Inv. 460, Tlače.

115 Vgl. ebd.

116 »[…] so daß der gegenüber dem Vorjahr etwas gesteigerte Reingewinn ausschließlich auf die planmäßig fortgesetzten und sich immer mehr auswirkenden Rationalisierungsmaßnahmen zurückzuführen ist.« Geschäftsbericht des Verwaltungsrates der Thonet-Mundus, Vereinigte Tschechoslowakische Bugholzmöbelfabriken A.G. Brünn für das Geschäftsjahr 1929–30, Brünn 1930, ebd.

117 Ebd.

118 »Die Mundus Zürich hat für die Jahre 1931 bis 1935 keine Dividende entrichtet.« *Der Österreichische Volkswirt*, 19. Dezember 1936, S. 91–92.

119 Vgl. *Der Österreichische Volkswirt,* 26, Februar 1938, S. 163; über die Höhe wird nichts gesagt.

120 Vgl. *Die Börse,* Nr. 29, 22. Juli 1937; die Dividende betrug 3 %.

121 *Neues Wiener Tagblatt*, Nr. 361, 31. Dezember 1940, S. 9. Nach der Zerstörung der Fabrik in Frankenberg in den letzten Kriegstagen baute Georg Thonet, Sohn von Richard Thonet und Urenkel des Firmengründers, in den Jahren 1945 bis 1953 das Werk wieder auf. Durch eine Kapitalerhöhung erwarb 2013 der Finanzinvestor Afinum eine Mehrheitsbeteiligung an der GmbH. Seitdem wird die Firma von einer externen Geschäftsführung geleitet. 2022 übernahm die Benner Beteiligungsgesellschaft mbH & Co.KG 68 % der Anteile an der Thonet GmbH, 32 % verblieben bei der Familie. Das Werk hat zur Zeit etwa 150 Beschäftigte; weiterführende Informationen zu der Thonet GmbH in Frankenberg, der Gebrüder Thonet OHG und Gebrüder Thonet Vienna und auch die Situation der ehemaligen Werke in der Tschechoslowakei und Polen in: Heimo Keindl, Die Thonet-Unternehmen in Österreich und Deutschland nach 1945, in: Hackenschmidt/Thillmann, *Bugholz vielschichtig*, S. 64–78.

122 Die Gesellschaft wurde 1907 von Leopold Pilzer unter Mitwirkung der Österreichischen Kreditanstalt gegründet. Sie hatte in diesem Jahr folgende sechs Bugholzmöbelfirmen übernommen: Rudolf Weil & Co., Buczkowice; Josef Hofmanns Nachfolger, Bielitz; Josef Jaworek, Teschen; Rudolf Lazar, Niemes; Friedrich Flaschner, Bodenbach a. d. Elbe; Sommer, Mährisch Weiskirchen; 2 Jahre später dann noch Schlosser & Hückel, Drholetz.

123 »Mundus« Aktiengesellschaft der Vereinigten Oesterreichischen Bugholzmöbel-Fabriken« an die Gebrüder Thonet Bistritz a/H., 10. Oktober 1911, MZA.

124 Vgl. Grafik 22.

125 Vgl. Schreiben von Alfred an Viktor Thonet, o. O., 27. Jänner 1920, Archiv Heimo Keindl.

126 Man hatte in Erfahrung gebracht, »dass dieser Vorschlag uns erst gestellt wurde, nachdem eine von Pilzer geplant gewesene Kombination Mundus mit massgebenden polnischen Banken von letzteren rund abgelehnt wurde«. Theodor Thonet an Julius Thonet in Nagy Ugrócz, Wsetin, 31. Januar 1920, ŠA NR, Archiv-Box 15, TU, Inv. 79/80, MP 1920.

127 Ebd.

128 Ebd.

129 »Sowohl in den Preislisten als auch bei der Offerierung der neuen Typen darf keinesfalls darauf hingewiesen werden, dass die Kampfsessel Thonet Erzeugnisse sind.« *Gebrüder Thonet'scher Zentral-Anzeiger,* Nr. 69, Brünn, 1. Januar 1922.

130 Vgl. Protokoll über die am 2. August 1922 vorm. in Wien stattgehabte Besprechung ad ungarische Fabrik in Budapest, ŠA NR, Archiv-Box 16, TU, Inv. 81, MP 1922.

131 »Gegenwärtig sei es unbedingt ein Schaden für uns, aus der Čechoslowakei zu importieren, doch wenn wir nicht aus Ungarn verschwinden wollen, bleibt kein anderer Weg, als entweder weitere Opfer zu bringen oder in Ungarn zu fabrizieren.« ebd.

132 Ebd.

133 »Herr Carl Thonet meint, dass event. für die Marke der Name Thonet–Mundus gewählt werden könnte.« [Hervorhebung im Original], ebd.

134 Ebd.

135 In dem Geschäftsbericht der Thonet-Mundus A.G. Zürich für 1924 wird die Thonet-Mundus A.G. Vereinigte ungarische Bugholzmöbelfabriken Budapest, unter den Verkaufsgesellschaften aufgeführt; vgl. Geschäftsbericht der Thonet-Mundus A.G. Zürich für 1924, Zürich 1925, ŠA NR, Archiv-Box 95, TU, Inv. 460, Tlače.

136 Vgl. Auskunftei Kühne, Bericht über die »Mundus« A.G. Zürich, Wien 5. Mai 1923, ŠA NR, Archiv-Box 16, TU, Inv. 81, MP 1923.

137 Bericht über die »Mundus« Allgemeine Handels- und Industrie Aktiengesellschaft Zuerich, Talstrasse 22, [vmtl. Auskunftei Kühne], o. O., o. D., [vmtl. Mai 1923], ebd.

138 Vgl. Memorandum über den Aufbau des projektierten Konzerns Thonet-Mundus, o. O., o. D., ebd.; dieses Schrifstück liegt leider nicht vollständig vor, auch Autor und Datum fehlen. Aufgrund des Inhalts dürfte es aus der Mitte der 1923er Jahre stammen.

139 Ebd.

140 Nach Schweizer Aktienrecht konnte allerdings nur ein Schweizer Präsident einer Aktiengesellschaft werden, ebenso musste die Mehrheit des Verwaltungsrats aus Schweizer Staatsbürgern bestehen. Darauf wiesen auch die Thonetschen Gesellschafter in ihrer Sitzung vom 23. Oktober 1923 hin. »Mit Rücksicht darauf, dass nach schweizer [sic] Gesetzen nur ein schweizer Staatsbürger Präsident einer schweizer Gesellschaft sein kann und die Majorität des Verwaltungsrates aus schweizerischen Staatsbürgern bestehen muss, würde die Entsendung eines Herrn Thonet in den Verwaltungsrat einen weiteren Schweizer erfordern, was mit einer Auslage von schw. frs 10.000.— verbunden wäre, ohne dass das Präsidium auf einen Thonet fallen könnte.« Man verzichtete daher vorerst darauf, »einen Thonet in die Verwaltung der Thonet Mundus A.G. zu entsenden [...]«. Protokoll über die Gesellschafter-Konferenz in Wien vom 23. Oktober 1923, ŠA NR, Archiv-Box 16, TU, Inv. 81, MP 1923; wie die Angelegenheit am Ende geregelt wurde, ließ sich nicht feststellen.

141 Memorandum über den Aufbau des projektierten Konzerns Thonet-Mundus, o. O., o. D., ebd.

142 Vgl. Julius Thonet an Carrie und die Söhne Thonet, Veľké Uherce 10. September 1923, ŠA NR, ebd.

143 Vgl. Protokoll über die Gesellschafter-Konferenz in Wien vom 13. Oktober 1923, ebd.

144 Geschäftsordnung für das Syndikats- (Exekutiv) Komitee der Thonet-Mundus A.G., Ragaz, 5. September 1923, ŠA NR, Archiv-Box 92, TU, Korešpondencia fúzie Thonet-Mundus, (Korrespondenz zur Fusion Thonet-Mundus) 1924–25.

145 Protokoll über die Gesellschafter-Konferenz in Wien vom 23. Oktober 1923, Brünn, 29. Oktober 1923, ŠA NR, Archiv-Box 16, TU, Inv. 81, MP 1923.

146 Protokoll der constituierenden Generalversammlung der Thonet-Mundus Aktiengesellschaft in Zürich, Zürich, 3. November 1923, ebd.

147 Vgl. Geschäftsbericht der Thonet-Mundus A.-G. Zürich für 1924, Zürich 1925, ŠA NR, Archiv-Box 95, TU, Inv. 460, Tlače.

148 Zur weiteren Geschichte dieser Gesellschaft: Ihr Vermögen wurde »nach der Verordnung über die Behandlung von Vermögen der Angehörigen des ehemals polnischen Staates vom 17.9.1940« 1942 beschlagnahmt. *Deutscher Reichsanzeiger und Preußischer Staatsanzeiger,* Nr. 47, 25.02.1942. Ebenso wurde »auf Grund von § 1 Abs. 2 der Verordnung über die Einziehung von Vermögen im Protektorat Böhmen und Mähren vom 4. Oktober 1939« das Vermögen der Thonet Mundus A.G. in Prag eingezogen. *Deutscher Reichsanzeiger und Preußischer Staatsanzeiger,* Nr. 89, 17. 04. 1942.

149 »Durch organisatorische Maßnahmen wurde die Produktion und der Verkaufsapparat verbilligt und so die Konkurrenzfähigkeit trotz der hohen Frachten und Zölle, die in den meisten Absatzgebieten bestehen, behauptet und die Umsätze erhöht. Wir können mit Befriedigung feststellen, daß die in dieser Richtung intensiv betriebenen Bemühungen von Erfolg begleitet waren.« Geschäftsbericht der Thonet-Mundus A.-G. Zürich für 1924, Zürich 1925, ŠA NR, Archiv-Box 95, TU, Inv. 460, Tlače.

150 Ausgesondert wurden die Sesselmodelle der klassischen Reihe (Modellnummern 1 bis 13) und alles, was in der Herstellung zu aufwändig, somit zu teuer war. Die billige Konsumware wurde nach wie vor produziert, ja, es wurden darüber hinaus neue, noch einfachere Modelle geschaffen. In Wettbewerben wurden die Kriterien für diese neuen Entwürfe festgelegt: Die Einzelteile sollten möglichst kurz sein, damit man auch die Hölzer, die bisher nicht mehr verwendbar waren, noch nutzen konnte. Darüber hinaus sollten die Möbel aus möglichst wenigen gebogenen Teilen bestehen; vgl. *Thonet-Mundus Zentralanzeiger,* Nr. 98, März 1929. »Die Aufgabe [des Preisausschreibens bei der Wiener Kunstgewerbeschule] war: unter Heranziehung kurzer Teile, möglichst originelle Lehnformen zu schaffen.«

151 Dies führte unter anderem dazu, dass sich in der Literatur Aufstellungen der Zusammensetzung dieser A.G. finden, die nicht der Zusammensetzung im Jahr ihrer Gründung entspricht, sondern auf vermutlich eher zufällig gefundenen Hinweisen und Unterlagen basieren. So wird beispielsweise in Bruno Ottos 1931 erschienener Publikation: *Die Entwicklung der mitteleuropäischen Bugholzmöbel-Industrie*, S. 83, unter der Produktionsgesellschaft Gebr. Thonet A.G. Berlin eine Stahlrohrmöbelfabrik aufgeführt. Stahlrohrmöbel wurden in der Fabrik Frankenberg aber erst ab 1929 hergestellt, nachdem man bereits 1928 Entwürfe von Marcel Breuer gekauft und 1929 die Firma Standard Möbel übernommen hatte; vgl. Werner Möller/Otakar Máčel, *Ein Stuhl macht Geschichte*, München 1992, S. 53. »Zusammen mit den neuen Breuer Modellen besaß Thonet jetzt [nach Übernahme von Standard] das größte Assortiment an Stahlrohrmöbeln in Deutschland.« Ebenso wird der Firma Thonet-Bros. Inc., New York eine Bugholzmöbelfabrik zugeschrieben, bei der es sich jedoch um einen Betrieb zur Montage der aus Europa gelieferten Teile handelte und nicht um eine produzierende Fabrik, die erst in der zweiten Hälfte der 1930er Jahre gegründet wurde; vgl. Manfred Steinfeld, Thonet Industries, Inc. Die Erschließung des nordamerikanischen Marktes, in: Löber (Hrsg.), *Thonet*, S. 167–171, hier S. 167; »In einem Artikel, der im Juli 1945 unter dem Titel ›Humble Seats For The Many‹ erschien, bedauerte Leopold Pilzer, daß er nicht schon früher als in den Vorkriegsjahren 1938/39 Produktionsstätten in den Vereinigten Staaten gegründet hatte.« Die beiden Kunstmöbelfabriken Bothe & Ehrmann G.m.b.H. und J. W. Müller waren bis 1927 selbständige Firmen und wurden erst 1928 zur »Kunstmöbelfabriken und Bautischlereien Bothe & Ehrmann-J. W. Müller AG« vereinigt; vgl. »Mundus« Allgemeine Handels. & Industrie A.G. Zürich, Geschäftsbericht und Rechnungsabschluss für 1928, ŠA NR, Archiv-Box 91, TU, Ročné obchodné správy (Jährliche Geschäftsberichte); auch für: 1927, 1928, 1935/36.

152 Eine Übersicht, aus welchen Einzelgesellschaften sich die »Mundus«, Allgemeine Handels- und Industrie A.G. Zürich zusammensetzt und eine kurze Beschreibung des Geschäftsverlaufs für das jeweilige Jahr findet sich in folgenden Zeitungen und Zeitschriften: *Der Österreichische Volkswirt*: Ausgaben vom: 18. Dezember, 1926, S. 134–135; 14. Juli 1928, S. 487–489; 4. Mai 1929, S. 827–828; 19. September 1931, S. 596; 14. Oktober 1933, S. 23; 18. Juli 1936, S. 322–323; *Österreichische Möbelzeitung*, Nr. 3, März 1932, S. 8–9; *Die Börse*, Nr. 26, 28. Juni 1934 und Nr. 25, 20. Juni 1935.

153 *Die Börse,* Nr. 42, Wien, 15. Oktober 1925.

154 »Im Zusammenhang mit der schweren Konjunkturverschlechterung hat die Generaldirektion des ›Thonet-Mundus Konzerns‹ die Stillegung von zwei großen tsch.-sl. Bugholzmöbelfabriken und die weitgehende Konzentration der Produktion verfügt.« *Der Österreichische Volkswirt*, 19. September 1931, S. 596. Bei den beiden Fabriken handelte es sich um die Werke in Teschen und Wsetin.

155 Geschäftsbericht des Verwaltungsrates der Thonet-Mundus, Vereinigte Tschechoslowakische Bugholzmöbelfabriken A.G. Brünn für das Geschäftsjahr 1929–30, Brünn 1930, ŠA NR, Archiv-Box 95, TU, Inv. 460, Tlače.

156 »Nach Abverkauf der Aktien und zinstragender Anlage des Kaufpreises, werden alle diese Mitglieder der Familie Thonet wesentlich bequemer und ruhiger leben.« Schreiben des Rechtsanwalts A. Indra an Leopold Pilzer, o. O., 17. Juli 1936, ŠA NR, Archiv-Box 19, Inv. 84, MP 1936.

157 Es handelt sich um Wilhelm Eitner, Schwiegersohn von Alfred Thonet, der nach den USA übergesiedelt war und sich nun William nannte.

158 William Eitner an Julius Thonet, 14. August 1936, Florence, South Carolina, ŠA NR, Archiv-Box 19, Inv. 84, MP 1936.

159 Clementine Schmitt, (Tochter von August Thonet, verheiratet mit dem Fabrikbesitzer Norbert Schmitt), beispielsweise konnte die Miete für ihre Wohnung in der Rotenturmstrasse in Wien nicht mehr aufbringen, hatte aber noch ein Guthaben in Velké Uherce, aus dem diese Zahlungen nun beglichen wurden. Die Miete samt Steuern und Betriebskosten wurden »ab dem 1. Mai 1937 zu Lasten des für Frau Clementine Schmitt bei der Herrschaftsverwaltung Velké Uherce bestehenden Guthabens verrechnet […] und von daher von Frau Clementine Schmitt ab 1. Mai d. J. aus dem Titel der Wohnungsmiete Barzahlungen nicht mehr zu leisten sind.« Rechtsanwalt Stingl an Julius Thonet, Krems, 14. Mai 1937, ŠA NR, Archiv-Box 19, TU, Inv. 84, MP 1937.

160 In einem Schreiben nur einen Monat später informierte Eitner Julius darüber, dass Pilzer gegenüber einem Interessenten die Absicht geäußert habe, die Mundus Aktien zu verkaufen, aber auch erklärt habe »unter einem Preis von SFRs 25,- überhaupt nicht verhandeln zu wollen.« William Eitner an Julius Thonet, 14. September 1936, Florence, South Carolina, ŠA NR, Archiv-Box 19, Inv. 84, MP 1936.

161 Alle Angaben und Zitate in diesem Abschnitt: Schreiben des Rechtsanwalts A. Indra an Leopold Pilzer, o. O., 17. Juli 1936, ebd.

162 Die Archivalien, mit deren Hilfe dieser geplante Verkauf hier dargestellt werden konnte, stammen nahezu ausschließlich aus dem Bestand des Archivs in Nitra, welches den geschäftlichen und privaten Nachlass von Julius Thonet, der nicht zu den Verkaufswilligen gehörte, umfasst. Es war daher zu erwarten, dass Unterlagen, welche weiteren Ausschluss geben könnten, hier nicht zu finden sein würden. Es ist allerdings zu vermuten, dass ein Verkauf nicht zustande kam. Die Miete beispielsweise, welche Clementine Schmitt für ihre Wohnung in Wien zahlen musste, wurde, da sie nicht mehr über genügend Barmittel verfügte, ab dem 1. Mai 1937 mit einem Guthaben, das sie noch in Velké Uherce hatte, verrechnet. Bei einem Verkauf der Aktien im Laufe des Jahres 1936 wäre der Rückgriff hierauf sicher nicht unbedingt notwendig gewesen; vgl. auch Anm. 159, S. 500.

13. Der Verkauf von Immobilien: Barwinek und das Mailänder Haus

1 Hierzu gehörten unter anderem Häuser in Brünn, Prag, Berlin, Hamburg, Brüssel, Paris, Graz und Mailand, jeweils zwei Häuser in Budapest und in Wien, die Güter Barwinek und Kormanik und die Herrschaften Wsetin und Veľké Uherce.

2 Protokoll über die am 15. und 16. Jänner 1925 in Wien stattgefundenen Sitzungen der Gebrüder Thonet, ŠA NR, Archiv-Box 16, TU, Inv. 81, MP 1925.

3 Einige der Familienmitglieder hatten beide Staatsangehörigkeiten, was zu zusätzlichen Komplikationen führte. Die Anteile wurden schließlich zu 22/70stel den Besitzern mit der österreichischen Staatsangehörigkeit, zu 48/70stel denen mit der tschechoslowakischen zugerechnet.

4 Bericht des Sektionschefs Eberan in Angelegenheit Sequester, Palazzo Thonet, Mailand, Wien, 17. Februar 1923, ŠA NR, Archiv-Box 16, TU, Inv. 81, MP 1923, (Milano).

5 Richard Thonet an Julius in Velke Uherce, o. O., 3. März 1923, ebd.

6 »Die tschechosl. Mitbesitzer der Mailänder Hauses beschliessen […], dass die Vermögensabgaben, welche den österr. Mitbesitzern persönlich vorgeschrieben wurden, mit den Verkaufsspesen nichts gemeinsam haben und somit von den österreichischen früheren Anteilhabern zu entrichten sind, nicht abgehen zu können.« Protokoll über die am 15. und 16. Jänner 1925 in Wien stattgefundenen Sitzungen der Gebrüder Thonet, ŠA NR, Archiv-Box 16, TU, Inv. 81, MP 1925.

7 Theodor Thonet an Alex [?], Wsetin, 24. Jänner 1925, ebd.

14. Der Prozess 1920/1921

1 Anhand von Zeitungsmeldungen lässt sich der Fortgang des Prozesses durch die verschiedenen Instanzen auch für den rechtlichen Laien recht gut verfolgen; vgl. *Neue Freie Presse* vom 26. Juni 1920, 3. Juli 1920, 4. Juli 1920 und 20. Januar 1921 und *Neues Wiener Tagblatt* vom 1. Juni und 18. Juni 1921; Auseinandersetzungen innerhalb familiengeführter Gesellschaften gab und gibt es noch heute. »Wo nicht mehr die Familienräson den Ton angibt, sondern der individuelle Vorteil, sind Nachteile für das Unternehmen unvermeidbar. […] Spektakulären Anschauungsunterricht mit bühnenreifen Streitigkeiten boten in den 1990er-Jahren Villeroy & Boch, Bahlsen, Quelle, Herlitz, 4711 und Pelikan.« Berghoff, *Moderne Unternehmensgeschichte*, S. 126. Zu Bahlsen vgl. auch: Hartmut Berghoff/Manfred Grieger, *Die Geschichte des Hauses Bahlsen: Keks-Krieg-Konsum, 1911–1974*, Göttingen 2024, hier: 4.2. Die Übernahme der Geschäftsführung durch die Erbengeneration, S. 96–118.

2 Abschrift eines 16-seitigen Schreibens des Rechtsanwalts von Josef Thonet, Dr. Edmund Benedikt, an das Zivil-Landesgericht Wien, Wien, o. D. (1920), Archiv Thillmann.

3 Vgl. ebd.

4 »Im Jahre 1908 beschloss ich mich zu verheiraten. Diese Heirat, die ich mit meiner gegenwärtigen Frau eingegangen bin, gab dem Herrn Jakob Thonet Anlass, wegen Schwachsinns und Verschwendung über mich die Kuratel zu beantragen.« Abschrift einer 22-seitigen Revisionsbeantwortung des Rechtsanwalts von Jakob Thonet, Dr. Gruber, an das Revisionsgericht, Wien, o. D., [vmtl. 1920/21], Archiv Thillmann.

5 »Causal hierfür [für den Nichteintritt von Josef] war das Verhalten der Senioren, die keine Offerte gestellt hatten, und deren freies Recht es war, nichts zu sagen, ja deren Pflicht es war, die Firma nicht durch die Aufnahme ungeeigneter Elemente zu gefährden, weshalb Verhinderung des Eintrittes des Klägers durch Gebrauch meines Rechtes als Gesellschafter und meiner Pflicht als Senior keine widerrechtliche Handlung war.« [Hervorhebungen im Original], ebd.

6 *Neue Freie Presse*, 10. November 1920, S. 8.

7 Abschrift des 18-seitigen Schreibens von Josef Thonet an das Zivil-Landesgericht Wien, o. O., o. D., [vmtl. 1920], Archiv Thillmann.

8 Vgl. *Neue Freie Presse* vom 26. Juni 1920, 3. Juli 1920, 4. Juli 1920, 10. November 1920 und 20. Januar 1921; *Neues Wiener Tagblatt* vom 1. Juni und 18. Juni 1921.

9 Carl Thonet an seinen Bruder Theodor, Meran, 18. Februar 1920, ŠA NR, Archiv-Box 15, TU, Inv. 79, MP 1917–1921.

10 Ebd.

11 Ebd.

12 Ebd.

13 Ebd.

14 Protokoll der Sitzung des Verwaltungsrates der Thonet A.G. Brünn, 21. Dezember 1921, ŠA NR, Archiv-Box 16, TU, Inv. 81. Josef (Joschi) Thonet hatte erst die damaligen Juniorgesellschafter verklagt, da er davon ausgegangen war, dass sie verantwortlich dafür gewesen seien, dass ihm die Optionen vorenthalten wurden. Als sich herausstellte, dass dies nicht der Fall war, zog er die Klage gegen sie zurück. Neben Jacob stellten auch die zuvor beklagten Carl, Julius, Theodor und Viktor Thonet

in dieser Sitzung des Verwaltungsrats den Antrag, dass ihnen ihre Kosten – aus diesem ersten Rechtstreit – ersetzt würden.

15 Vgl. ebd.

16 *Volks-Zeitung*, 30. Oktober 1921.

17 Erklärung der Ida Catherine Thonet, Koritschan, 27. März 1923, ŠA NR, Archiv-Box 16, TU, Inv. 81, MP 1923. Bei Bogdan Thonet handelt es sich um Theodor Thonet. In einem Schriftstück gibt einer der Neffen von Theodor Thonet an, dass sein Onkel Theodor Geschäftspapiere mit »Theodor Thonet« oder »Gebrüder Thonet« unterzeichne, »militärische Papiere aber zieht er vor, mit dem Vornamen Bogdan zu fertigen.« Erklärung eines der Neffen von Theodor Thonet, o. O., o. D., ŠA NR, Archiv-Box 16, TU, Inv. 81, MP 1923.

18 »[...] kann ich mich mit der mir unter dem 11. ds. angebotenen Erklärung leider nicht ganz befriedigt erklären und muss vielmehr ausser derselben noch Folgendes fordern:« Kopie eines Schreibens von Alfred Thonet an Julius Thonet, 12. April 1923 [Hervorhebung im Original], ŠA NR, Archiv-Box 16, TU, Inv. 81, MP 1923.

19 »Wenn Alfred nicht infolge der so ungünstigen Beeinflussungen durch seine Familie die in die Firma und nächste Verwandtschaft Zwietracht gebracht, alles gesunde Urteil verloren hat, so muss er, sowie sein Sohn Franz Dich entweder in korrekter Weise schriftlich um Entschuldigung bitten, worauf wohl alle Firmengesellschafter, schon um das Dekorum in der Firma selbst zu wahren, dringen sollten, oder aber müsste eine ›Familienkonferenz‹ sämtlicher Gesellschafter stattfinden, in welcher Alfred im Plenum seine Entschuldigung in einer Dich befriedigenden Art vorzubringen [hätte]. Franz Th. bräuchte an dieser Konferenz nicht teilzunehmen, seinerseits würde wohl ein korrekter Entschuldigungsbrief genügen.« Carl Thonet an seinen Bruder Theodor, Wien, 19. März, 1923, ŠA NR, Archiv-Box 15, TU, Inv. 79, MP 1917–1921. Ob das »Dekorum« der Firma zu dieser Zeit, als der Zusammenschluss mit Pilzers Mundus immer wahrscheinlicher wurde, das dringlichste Problem war, sei dahingestellt.

20 Gegenerklärung des Herrn Alfred Thonet, o. D., [sicher Mai 1923], MZA.

21 Michael Thonet an die Söhne, Bistritz, 24. Oktober 1860, MZA.

22 Testament des Franz Thonet, 15. April 1893, Archiv Thillmann.

23 Auf dieses Problem der mangelnden Qualifikation der eigenen Kinder in Familienunternehmen weist Berghoff hin. »Die Fehleinschätzung der Potentiale der eigenen Kinder hat im Mittelstand den Generationenwechsel vielfach zu einem Problem werden lassen und manches Unternehmen ruiniert.« Berghoff, *Moderne Unternehmensgeschichte*, S. 74.

16.2. Dank

Nach jahrzehntelanger Forschung zu dem Thema Bugholzmöbel, begleitet von kuratorischer Tätigkeit in verschiedenen Museen, arbeitete ich bereits seit einigen Jahren an einer Biographie über die Familie und das Unternehmen Gebrüder Thonet. Im Dezember 2023 ergab es sich durch die Vermittlung von Frau Dr. Maren-Sophie Fünderich, dass ich wegen einiger Fragen zu meiner Arbeit mit Herrn Prof. Johannes Bähr, Verfasser zahlreicher Unternehmensbiographien, Kontakt aufnehmen konnte. Im Verlaufe eines Gesprächs entstand die Idee, ob aus diesem Projekt nicht auch eine Dissertation entstehen könnte. Prof. Bähr empfahl mir, mich deswegen an Herrn Prof. Andreas Fahrmeir zu wenden, der sich, nachdem ich ihm das Projekt vorgestellt hatte, gerne bereit erklärte, die Betreuung zu übernehmen. Ab dem Sommersemester 2024 war ich an der Johann Wolfgang Goethe-Universität in Frankfurt, Fachbereich Philosophie und Geschichtswissenschaften immatrikuliert und wurde im Sommersemester 2025 promoviert. Titel der Dissertation: Das Unternehmen Gebrüder Thonet 1796–1924. Erstgutachter war Prof. Andreas Fahrmeir, Zweitgutachter Prof. Johannes Bähr; Datum der Disputation: 18. Juni 2025.

Herrn Prof. Fahrmeir möchte ich an dieser Stelle für seine Betreuungszusage herzlich danken, beiden, ihm und Herrn Prof. Bähr, gilt darüber hinaus mein Dank für die ausgezeichnete Zusammenarbeit und die wertvollen Anregungen.

Eine Arbeit dieser Art wäre nicht möglich ohne Hilfe und Unterstützung von vielen Seiten. Mit der Recherche war sehr viel Archivarbeit verbunden. Das Landeshauptarchiv in Koblenz, Nebenstelle Rommersdorf, verwahrt u. a. die Notariatsunterlagen der ehemaligen Regierungsbezirke Koblenz und Trier, somit auch aus Boppard. In dem Geheimen Staatsarchiv Preußischer Kulturbesitz in Berlin ist der Patentvorgang des Tischlers Michael Thonet aus dem Jahr 1840/1841 nahezu vollständig erhalten. Herrn Bernd Breidenbach in Rommersdorf und Frau Christiane Brandt-Salloum in Berlin danke ich für ihre fachliche Hilfe.

Der Aufstieg des Unternehmens Gebrüder Thonet begann in Österreich. Unterlagen, die Auskunft darüber geben können, befinden sich heute in Archiven in Tschechien, der Slowakei und Ungarn. In den Jahren 2006/2007 konnte ich die zu dieser Zeit im Státní okresní archiv Třebíč befindlichen Bestände sichten. Frau Martina Olivová unterstützte mich dabei in vielfältiger Weise. Den Kontakt dorthin vermittelte der 2023 verstorbene Sammler und Buchautor Jiří Uhlíř, dem ich hierfür wie auch für seine fachkundige Begleitung bei zahlreichen Reisen zu den Stätten der Thonetschen Geschichte in Tschechien ganz herzlich danke. Gleiches gilt für Miroslav Ontko in der Slowakei. Er bereitete die Besuchstermine im Štátna archív v Nitre vor und unterstützte mich dort bei der täglichen Arbeit; sowohl bei der hin und wieder schwierigen Kommunikation als auch beim Sichten und Photographieren der Dokumente. Frau Beata Lőrinczová versorgte uns zuverlässig mit allen angeforderten Unterlagen, wenn nötig, auch über die offiziellen Besuchszeiten hinaus. Miroslav Ontko ist auch noch heute ein Ansprechpartner und eine große Hilfe bei allen aufkommenden Fragen, so beispielsweise auch bei der Übersetzung der Archivalien aus dem Stadtarchiv in Budapest und den slowakischen Quellen. Ihm gilt mein ganz besonderer Dank.

Zugang zu den Sammlungen des Palais Liechtenstein in Wien gewährte Frau Mag. Alexandra Hanzl, bei der Recherche im Archiv war Herr Dr. Stögmann behilflich, ebenso wie in dem Stadtarchiv in Baden Frau Birgit Doblhoff-Dier.

Ing. Heimo Keindl, profunder Kenner der Geschichte Wiens, stellte zahlreiche Kontakte in Wien und Österreich her, bereitete viele Termine und zahlreiche Besuche vor – unter anderem in den Liechtensteinischen Sammlungen und in Baden – und stand in all den Jahren immer mit Rat und Tat zur Verfügung. Vieles wäre ohne ihn nicht möglich gewesen, auch ihm gilt mein ganz herzlicher Dank.

Einsicht in das nach 1945 aufgebaute Archiv der Firma Thonet GmbH in Frankenberg gewährte Frau Susanne Korn, die mir jederzeit den Zugang zu den Beständen gestattete.

Ein großer Teil der Archivalien aus dem 19. Jahrhundert liegt in Deutscher Kurrentschrift vor. Bei Fragen der Transkription unterstützte mich Dr. Reinhard Lahr zuverlässig und war eine große Hilfe. Auch ihm mein herzlicher Dank.

Dr. Maren-Sophie Fünderich und Dr. Sebastian Hackenschmidt begleiteten die Entstehung dieser Arbeit von Beginn an und gaben in zahlreichen Diskussionen Anregungen und Hinweise. Ihnen beiden gilt mein ganz besonderer Dank.

Wenn auch nicht unmittelbar mit der Arbeit an dem Text befasst, so waren doch Freunde aus den Jahren, in denen ich begann, mich mit dem Thema Thonet nicht nur als Sammler, sondern auch als Autor zu beschäftigen, in vielfältiger Weise eine Hilfe. Neben den bereits Erwähnten waren dies:

in Deutschland Dr. Achim Werner und Bernd Willscheid,
in Belgien Prof. Willem Flameng, Yvan Snauwaert und Prof. Luc Snoeckx,
in England Philip Chamberlain,
in Österreich Dr. Helmut Lang.

Mein letzter und größter Dank gilt meiner Frau Christa, die mir in all den Jahren eine unentbehrliche Hilfe war und auch den Plan einer solch umfangreichen Publikation vorbehaltlos mittrug. Ohne sie wäre diese Arbeit nicht entstanden.

16.3. Abkürzungsverzeichnis

&	und
%	Prozent
*	geboren
†	gestorben
[…]	Auslassung
Abb.	Abbildung
Anm.	Anmerkung
Art.	Artikel
Bd.	Band
C.M./c.m.	Conventionsmünze
Co.	Compagnie
Cv. Mze.	Conventionsmünze
Ders./ders.	Derselbe
Dies./dies.	Dieselbe/Dieselben
DP	Deutsche Partei
Dr.	Doktor
dtto.	ebenso
Ebd./ebd.	Ebenda
FL./fl.	Gulden
Friedr.	Friedrich
Gebr.	Gebrüder
GmbH/G.m.b.H	Gesellschaft mit beschränkter Haftung
Gr.	Groschen
GStA PK	Geheimes Staatsarchiv Preußischer Kulturbesitz
H.	Heft
Ha/ha	Hektar
HAL	LIECHTENSTEIN. The Princely Collections, Vaduz-Vienna, Hausarchiv
Hfl/hfl	Holländische Gulden
H.G.	Handelsgesellschaft
Hp	horsepower
Hrsg.	Herausgeber
HU BFL	Budapest Főváros Levéltára (Stadtarchiv Budapest)
Jg.	Jahrgang
Jh.	Jahrhundert
KaDeWe	Kaufhaus des Westens
Kap.	Kapitel
Kč/kč	Tschechische Krone
k. k.	kaiserlich-königlich
Klft.	Klafter
Kr.	Kronen
Kr./X	Kreuzer

LHAK	Landeshauptarchiv Koblenz
m^2	Quadratmeter
mm	Millimeter
Mill.	Millionen
M/Mk.	Mark
MZA	Moravský zemský archiv v Brně (Mährisches Landesarchiv Brünn)
Nachf.	Nachfolger
NÖ	Niederösterreich
Nr./Nro.	Nummer/Numero
Nrn.	Nummern
NRW	Nordrhein-Westfalen
NSDAP	Nationalsozialistische Deutsche Arbeiterpartei
o. D.	ohne Datum
o. J.	ohne Jahr
o. O.	ohne Ort
o. S.	ohne Seitenzählung
o. Sign.	ohne Signatur
OStR.	Oberstudienrat
o. T.	ohne Titel
Ö. W./Öst. W.	österreichische Währung
Prof.	Professor/Professorin
priv.	Privat
privil.	priviligiert
PS	Pferdestärke
RM	Reichsmark
S.	Seite
S/öS	Österreichischer Schilling
ŠA NR	Štátna archív v Nitre (Staatsarchiv Nitra)
Sfr/sfr	Schweizer Franken
sic	sic erat scriptum
Sign.	Signatur
SNA	Slovenský národný archív (Slowakisches Nationalarchiv)
SS	Schutzstaffel
STAK	Stadtarchiv Koblenz
StR.	Studienrat
Thl.	Taler
u. a.	unter anderem
ÚAZK	Ústřední archiv zeměměřictví a katastru (Zentralarchiv für Landesvermessung und Kataster)
u.s.w./usw.	und so weiter
u. zw.	und zwar
Vgl./vgl.	vergleiche
vmtl.	vermutlich

vorm.	vormals
z. A.	zur Anstellung
z. B.	zum Beispiel
zit. nach	zitiert nach
ZVJS	Archív Zboru väzenskej a justičnej stráže (Archiv des Gefängnis- und Justizwachkorps (Leopoldov))

16.4. Verzeichnis der Abbildungen, Grafiken und Tabellen

16.4.1. Abbildungen

16.4.2. Grafiken

16.4.4. Tabellen

16.5. Unpublizierte Quellen

16.5.1. Öffentliche Archive und Bibliotheken

Deutschland

Archiv der Französischen Kirche Berlin:

Kirchenbuch der Französisch-Reformierten Kirche Friedrichstadt, Berlin 1872, A 5717 Band 5, 1872, Seite 99, (Film Nr. 102561873, Aufnahme 136)

Archiv Die Neue Sammlung, München (Archiv Neue Sammlung):

Konvolut von 199 persönlichen Briefen der Familie Thonet aus der Zeit von 1856 bis 1869, Sign. Zugang 2001/2002

Geheimes Staatsarchiv Preußischer Kulturbesitz (GStA PK):

I. HA, Rep. 120, D XI, Nr. 25. (Ministerium für Handel und Gewerbe)

Landesarchiv Nordrhein-Westfalen, Abteilung Rheinland:

PA 3103, (Personenstandsregister Sterbefälle), Nr. 2304, Bonn 1890

Landeshauptarchiv Koblenz (LHAK):

LHAK 403, Nr. 3435

LHAK 441, Nr. 5508

LHAK 618, Nr. 1133, Correspondenz Register der Bürgermeisterei Boppard, 1815/16

LHAK 618, Nr. 1129

LHAK 661, Nr. 049

Landeshauptarchiv Koblenz (LHAK), Außenstelle Rommersdorf:

In dem Landeshauptarchiv Koblenz, Außenstelle Rommersdorf, befinden sich die Notariatsunterlagen der ehemaligen Regierungsbezirke Koblenz und Trier.

Notar Deynet, Boppard (1806–1830), LHAK 587, 17, Nr. 965

Notar Holthof Boppard (1832–1843), LHAK 587, 17, Nr. 1227, 1372, 1669, 1829, 1849, 1859, 1862, 1874, 1950, 1961, 2002, 2026, 2027, 2091, 2107, 2111, 2166, 2177, 2178, 2451

Notar Peters, Boppard (1843–1860), LHAK 587, 17, Nr. 0415, 0544, 0906, 1511

Notar Simon, Koblenz, LHAK 587, 57, Nr. 12675

Rheinische Landesbibliothek Koblenz:

Verhandlungen des Gewerbe-Vereins zu Coblenz, 4 Jahrgänge, Januar 1836–April 1839, 1.1836 - 4.1839; Z 3427 SOM, https://www.dilibri.de/rlb/periodical/structure/1350277 (Zugriff: 10.08.2025).

Stadtarchiv Koblenz (STAK):

Coblenzer Anzeiger, auf Mikrofilm, o. Sign.

Adreß-Buch der Stadt Koblenz, 1840 und 1868, o. Sign.

Cataloge der Gewerbeausstellungen 1837 und 1839, Sign. KH 4.

Protokoll der Sitzung des Stadtrats zu Coblenz, 13. Januar 1835, Sign. 623, 2188

Standesamt Boppard:

Heiratsmatrikel 1820, o. Sign.

Wissenschaftliche Stadtbibliothek Mainz:

Wilhelm Kimbel (Hrsg.), Journal für Möbelschreiner und Tapezierer 1835, 1839, 1841, 13:2/23 1.1835

Österreich

Allgemeines Verwaltungsarchiv, Abteilung des Österreichischen Staatsarchivs:

k. k. Handelsministerium, Z. 17142/1447 vom 10. Juli 1856

Archiv der Technischen Universität Wien:

Privilegien-Register, Nr. 4358

LIECHTENSTEIN. The Princely Collections, Vaduz-Vienna, Hausarchiv (HAL):

H1197, H1853, H2603

Niederösterreichisches Landesarchiv, Wien:

Statthalterei 19.149/1855 Fasz.A2

Stadtarchiv Baden:

Bibliothek Z 02/18, Curlisten Baden 1859–1864

Technisches Museum Wien:

Bibliothek, Sign. 749 PP

Slowakei

Štátna archív v Nitre (ŠA NR), Staatsarchiv Nitra:

99 Archivboxen, Sign. Thonet Uherce (TU), die Bestände sind nicht digitalisiert.

Archív Zboru väzenskej a justičnej stráže (ZVJS), Archiv des Gefängnis- und Justizwachkorps (Leopoldov):

Akte des Július Thonet, o. Sign., https://www.zvjs.sk (Zugriff: 10.08.2025)

Slovenský národný archív (SNA), Slowakisches Nationalarchiv:

Censusblatt des Dorfes Šišov 1930, Leidenfrost, 23/626

Censusblatt des Dorfes Veľké Uherce 1940, Thonet, 1481/44355

https://slovakiana.sk (Zugriff: 10.08.2025)

Archiv der Feuerwehr Veľké Uherce:

Feuerwehrbuch, Satzungen der Gebr. Thonetschen freiwilligen Fabriks-Feuerwehr in Groß Ugrócz, errichtet am 20ten Mai 1873 durch Herrn Franz Thonet, o. Sign.

Tschechien

Moravský zemský archiv v Brně (MZA), Mährisches Landesarchiv in Brünn:

Bratří Thonetové, Bystřice pod Hostýnem (1730) 1851–1945 (1960), Sign. H 1192

Thonet – Mundus, a. s., Bystřice pod Hostýnem (1901) 1909–1946 (1951), Sign. H 1191

Thonet – Mundus, a. s., Koryčany (1858) 1872–1951, Sign. H 1193

https://portal.nacr.cz/aron/apu?q=thonet (Zugriff: 10.08.2025)

Matriky uložené v Moravském zemském archivu v Brně (Register im mährischen Landesarchiv Brünn):

Trauungsbuch Bystřice pod Hostýnem, 1843–1882, Číslo knihy 7479
https://www.mza.cz/actapublica/matrika/hledani (Zugriff: 10.08.2025)

Ústřední archiv zeměměřictví a katastru (ÚAZK), Zentralarchiv für Landesvermessung und Kataster:

https://cuzk.gov.cz (Zugriff: 10.08.2025)

Ungarn

Budapest Főváros Levéltára (BFL), Stadtarchiv Budapest:

HU BFL - VII.168.a - 1876 - 0355, Notar István Görgei

HU BFL - VII.168.a - 1878 - 0490, Notar István Görgei

HU BFL - VII.168.a - 1902 - 0156, Notar István Görgei

HU BFL - VII.175. – 1882 - 0793, Notar István Steinbach

https://bparchiv.hu (Zugriff: 10.08.2025)

16.5.2. Digitale Zeitungs- und Bibliotheksarchive (Zugriff: 10.08.2025)

Deutsches Zeitungsportal:

https://deutsche-digitale-bibliothek.de

Historische Zeitungen und Zeitschriften im Archiv der österreichischen Nationalbibliothek:

https://anno.onb.ac.at

The British Newspaper Archive:

https://britishnewspaperarchive.co.uk

Wienbibliothek im Rathaus:

https://digital.wienbibliothek.at

Zeitungsportal der Bayerischen Staatsbibliothek:

https://digipress.digitale-sammlungen.de

16.5.3. Privatarchive

Keindl, Heimo, Wien

Snauwaert, Yvan, Loppem/Belgien

Thillmann, Wolfgang, Vallendar

Wutscher, Herweg, Wien

16.6. Gedruckte Quellen

16.6.1. Kataloge, Berichte, Adressbücher, amtliche und sonstige Quellen

Adolph Lehmann's allgemeiner Wohnungs-Anzeiger: nebst Handels- u. Gewerbe-Adressbuch für die k. k. Reichshaupt- u. Residenzstadt Wien u. Umgebung, 1859–1882

Adressen-Buch der Handlungs-Gremien und Fabriken der kaiserlich-königlichen Haupt- und Residenzstadt Wien für das Jahr 1825 und 1834

Allgemeine Bauzeitung, Zwei und vierzigster Jahrgang, Wien 1877

Allgemeine Illustrirte Weltausstellungs-Zeitung, Bd. IV. Nr. 1, 5. Juli 1873

Allgemeine Illustrirte Weltausstellungs-Zeitung, Bd. III. Nr. 1, 18. Mai 1873

Almanach für das Jahr 1841, den Bürgern und Bewohnern der k. k. Haupt- und Residenzstadt Wien gewidmet von Karl Rohr, Wien 1841

Amtlicher Bericht über die allgemeine Deutsche Gewerbe-Ausstellung zu Berlin im Jahre 1844. Erster Teil, Berlin 1845

Amtlicher Bericht über die Industrie- und Kunst-Ausstellung zu London im Jahre 1862, erstattet nach Beschluß der Kommissarien der Deutschen Zollvereins-Regierungen, Berlin 1863

Amtsblatt der königlichen Regierung zu Coblenz, Nr. 5, 31. Januar 1850

Amtsblatt zur Wiener Zeitung Nr. 186, 12. August 1856, Nr. 204, 20. August 1864, Nr. 230, 7. Oktober 1865, Nr. 288, 6. Dezember 1867, Nr. 34, 8. Februar 1868, Nr. 182, 11. August 1887, Nr. 291, 23. Dezember 1919

Andés, Louis Edgar, Die Holzbiegerei. Herstellung der Möbel aus gebogenem Holz, Wien und Leipzig 1903

Annuaire-Almanach du commerce et de L'industrie, 63e Année de la publication, Paris 1860

Arbeitsordnung der Gebrüder Thonet'schen Möbelfabrik in Bystritz am Hostein und deren Filialen, Bystritz am Hostein, 3. Dezember 1910

Arenstein, Josef, Österreichischer Bericht über die Internationale Ausstellung in London 1862, Wien 1863

Association for the Exhibition of the Industry of all Nations, Official Awards of the Juries, New York 1853

Ausstellung Altona 1869, Catalog nebst Führer, Altona 1869

Baedeker, Karl, Handbuch für Reisende in Oesterreich, Coblenz [5]1853

Bär, Max, Aus der Geschichte der Stadt Koblenz, 1814/1914, Koblenz 1922

Beck, Paul Alexander, Der Erfindungsschutz in Österreich, Wien [2]1885

Bericht der allerhöchst angeordneten Königlich Bayerischen Ministerial-Commission über die im Jahre 1834 aus den 8 Kreisen des Königreichs Bayern in München stattgehabten Industrie-Ausstellung, München 1835

Bericht der k. k. Gewerbe-Inspektoren über ihre Amtsthätigkeit im Jahre 1888, Wien 1889

Bericht über die Deutsche Allgemeine Ausstellung für Unfallverhütung Berlin 1889 unter dem Allerhöchsten Protektorate Seiner Majestät des Kaisers und Königs. Herausgegeben vom Vorstand, 1. Band, Berlin 1890

Bericht über die erste allgemeine österreichische Gewerbsprodukten-Ausstellung im Jahre 1835, Wien, o. J.

Berliner Adressbuch 1873–1925

Catalog der ersten Gewerbeausstellung von Erzeugnissen des Gewerbefleißes aus dem Regierungs-Bezirk Coblenz, veranlaßt von dem Coblenzer Gewerbe-Vereine, Coblenz 1837

Catalog der Internationalen Gartenbau-Ausstellung in Hamburg, 2. bis 12 September 1869, Hamburg 1869

Catalog der zweiten Gewerbeausstellung von Erzeugnissen des Gewerbefleißes aus dem Regierungs-Bezirk Coblenz, veranlaßt von dem Coblenzer Gewerbe-Vereine, Coblenz 1839

Denkschrift der Firma Jakob und Josef Kohn, Wsetin, anlässlich der Weltausstellung zu Philadelphia 1876, Wien 1876

Deutsche Allgemeine Ausstellung für Unfallverhütung Berlin 1889: Ausstellung für Industrie, Bergbau, Baugewerbe, Landwirtschaft, Schiffahrt, Verkehrsgewerbe etc. aus den Gesichtspunkten der Unfallverhütung, der Gewerbehygiene und der Wohlfahrt der Arbeiter, Berlin 1889

Deutscher Reichsanzeiger und Preußischer Staatsanzeiger Nr. 194, 31. August 1922, Nr. 27, 1. Februar 1923, Nr. 292, 11. Dezember 1924, Nr. 47, 25.02. 1942, Nr. 89, 17.04.1942

Die Großindustrie Oesterreichs, in: Die Großindustrie Oesterreichs, Festgabe zum 50-jährigen Regierungs-Jubiläum Kaiser Franz Josephs I., Band III, Wien 1898

Die Wohlfahrtseinrichtungen der Farbenfabriken vorm. Friedr. Bayer & Co. in Elberfeld und Leverkusen, in: Gemeinwohl, Zeitschrift des Bergischen Vereins für Gemeinwohl, 15. Jg. H. 8, 9, 10, Elberfeld 1903, S. 210–226

Einlagsbuch Nr. 471 für Josef Knappek, ausgestellt am 1. August 1889

Engel, Alexander von, Österreichs Holz-Industrie und Holzhandel, Technische, Wirtschaftliche und Statistische Mitteilungen für Holzindustrielle, Holzhändler, Forstwirthe usw. I. Teil, Wien 1907

Exner, Wilhelm Franz, Das Biegen des Holzes, Leipzig [4]1922

Falke, Jakob von, Die Kunst im Hause, Wien 1873

Gebrüder Thonet, Bystritz am Hostein, Zur Feier des 50-jährigen Bestandes, 2. Juli 1911, Bistritz, 1911

Gesetz vom 30. März 1888 betreffend die Krankenversicherung der Arbeiter, in: Max Mandl (Hrsg.), Österreichische Gesetze über die Arbeiterversicherung, Zweiter Teil, Wien 1894, S. 7–115

Goossens, Heinrich, Geschichte des Realgymnasiums zu Coblenz und der Anstalten, aus denen es hervorgegangen ist, seit der Gründung der Provinzial-Gewerbeschule am 11. Oktober 1855, in: Festschrift zu der am 12. Oktober 1907 stattfindenden Feier der Einweihung des neuen Schulgebäudes und des 52jährigen Bestehens der Anstalt, Coblenz 1907, S. 1–113

Hadwiger, Adolf, Zwei Jahrhunderte des Gewerbefleisses, des Handels und des Verkehrs in Oesterreich, in: Beilage zur Jubiläums-Festnummer der kaiserlichen Wienerzeitung 1703–1903, 8. August 1903, II Kommerzieller Teil, III–VI, S. 1–5

Hamburgisches Adressbuch, 1867–1925

Hamburgisches Adreß-Buch, 1857, 1863

Handels- und Gewerbe-Adressenbuch des österreichischen Kaiserstaates, 1868

Hermann, Fr. B. W. von (Hrsg.), Bericht der Beurtheilungs-Commission bei der allgemeinen deutschen Industrie-Ausstellung zu München im Jahr 1854, München 1855

Illustrierter Hauptkatalog des Kaufhaus des Westens, Berlin 1913, Hildesheim, Zürich, New York 1998 [1913]

Institutionen zum Wohle der Arbeiter. Als Beitrag zur Ausstellung für Unfall-Verhütung Berlin 1889, Im Selbstverlag der Firma (Gebrüder Thonet), o. S., Wien 1889

Katalog der Allgemeinen deutschen Industrie-Ausstellung zu München im Jahr 1854, München 1854.

Königliches Amtsgericht Frankenberg, Eintrag der offenen Handelsgesellschaft unter der Firma: Gebrüder Thonet, 29. August 1889

Königlich Preußischer Staats-Anzeiger, Nr. 202, 28. August 1864

Königlich Preußischer Staats-Anzeiger, Nr. 89, 13. April 1865

Kimbel, Wilhelm (Hrsg.), Journal für Möbelschreiner und Tapezierer für die Jahre 1835, 1839, 1841

Lessing, Julius, Das Kunstgewerbe auf der Wiener Weltausstellung 1873, Berlin 1874

Maaß, Bernhard, Möbelproduktion und Möbelkonsumtion. Ein Vergleich der Vor- und Nachkriegszeit, Frankfurt/M. 1922

Maschinenfabrik und Eisengiesserei G. Topham & Co., GmbH, Die Fabrikation von Möbeln aus massiv gebogenem Holze, Wien XI, Simmeringer Hauptstrasse 36, Wien, o. J

Michael Thonet, Ein Gedenkblatt aus Anlass der hundertsten Wiederkehr seines Geburtstages 2. Juli 1896, von seinen Söhnen und Enkeln, Wien 1896

Möbel-Album der Firma J. G. & L. Frankl, o. J. (vermutlich 1879)

Österreichischer Ingenieur und Architekten Verein, Wien am Anfang des XX. Jahrhunderts. Ein Führer in technischer und künstlerischer Richtung, Zweiter Band, Wien 1906

Official Catalogue of the New-York Exhibition of the Industry of All Nations, New York 1853

Otto, Bruno, Die Entwicklung der mitteleuropäischen Bugholzmöbel-Industrie, Eberswalde 1931

Parkinson, Henry/Simmons, Peter Lund, The Illustrative Record and Descriptive Catalogue of the Dublin International Exhibition of 1865, London 1866

Pernold, Emanuel (Hrsg.), Firmenbuch: enthaltend nach alphabetischer Ordnung alle bei dem hohen k. k. Handelsgerichte in Wien protokollirten Handels-, Fabriks- und Gewerbs-Firmen mit Angabe ihrer Domicile, Wien 1855–1859

Pester Lloyd-Kalender für das Jahr 1859, 1860, 1862

Pliwa, Ernst, Die industrielle Verwertung des Rothbuchenholzes, Eine Denkschrift, herausgegeben von einer Commission, welche von dem Österreichisch-ungarischen Verein der Holzproducenten, Holzhändler und Holz-Industriellen und dem Technologischen Gewerbe-Museum eingesetzt wurde, Wien 1884

Polvliet, Christian J., Genealogie van het Geslacht van Meerten, Genealogisch en Heraldisch Archief, Rijswijk bij' s-Gravenhage 1902

Post, Julius, Musterstätten persönlicher Fürsorge von Arbeitgebern für ihre Geschäftsangehörigen, Bd. I, Die Kinder und Jugendlichen Arbeiter, Berlin 1889

Reichs-Gesetz-Blatt für das Kaiserthum Oesterreich, 1859, LXV. Stück. Ausgegeben und versendet am 27. December 1859, 227, Kaiserliches Patent vom 20. December 1859, womit eine Gewerbe-Ordnung für den ganzen Umfang des Reiches, mit Ausnahme des venetianischen Verwaltungsgebietes und der Militärgränze [sic], erlassen, und vom 1. Mai 1860 angefangen und in Wirksamkeit gesetzt wird

Reichsgesetzblatt für die im Reichsrathe vertretenen Königreiche und Länder, I. Stück. Ausgegeben und versendet am 1. Jänner 1888, Gesetz vom 28. December 1887 betreffend die Unfallversicherung der Arbeiter

Reichsgesetzblatt für die im Reichsrathe vertretenen Königreiche und Länder, X. Stück. Ausgegeben und versendet am 6. April 1888, Gesetz vom 30. März 1888 betreffend die Krankenversicherung der Arbeiter

Reschauer, Heinrich, Geschichte des Kampfes der Handwerkerzünfte und der Kaufmannsgremien mit der österreichischen Bureaukratie. (vom Ende des 17. Jahrhunderts bis zum Jahre 1860), Wien 1882

Rößler, Hektor, Verhandlungen des Gewerb-Vereins für das Großherzogtum Hessen, sechster Jahrgang, I. Quartalheft, Darmstadt 1842

Rößler, Hektor, Ausführlicher Bericht über die von dem Gewerbeverein für das Großherzogtum Hessen im Jahre 1842 veranstaltete Allgemeine Deutsche Industrie-Ausstellung zu Mainz, Darmstadt 1843

Sammlung der Gesetze, Verordnungen und Ausschreiben für das Königreich Hannover, Hannover 1840

Satzungen der Gebr. Thonetschen freiwilligen Fabriks-Feuerwehr in Groß Ugrócz, Archiv der Feuerwehr Veľké Uherce

Schlingmann, Gustav, Die Entwicklung der deutschen Möbelindustrie in der Nachkriegszeit, Lippe 1931

Schmoller, Gustav, Zur Geschichte der deutschen Kleingewerbe im 19. Jahrhundert. Statistische und nationalökonomische Untersuchungen, Halle 1870

Statement made by the Association for the Exhibition of the Industry of all Nations, in regard to the organization progress of the Enterprise, New York 1853

Technisches Hilfsbuch für Möbelbestandteile, Gebrüder Thonet, 1909

The Art Journal illustrated Catalogue of the Industry of all Nations, London 1851

The Museum of Modern Art, Thonet furniture, 1830–1953, New York 1953, https://www.moma.org/documents/moma_catalogue_1722_300170768.pdf (Zugriff: 10.08.2025)

The Post-Office London directory, 1894

Tyszka, Carl von, Löhne und Lebenskosten in Westeuropa im 19. Jahrhundert. (Frankreich, England, Spanien, Belgien). Nebst einem Anhang: Lebenskosten deutscher und westeuropäischer Arbeiter früher und jetzt. (Schriften des Vereins für Sozialpolitik, No. 145/III), Reprint, München/Leipzig 1914

Verhandlungen des Niederösterreichischen Gewerb-Vereins, Achtes Heft, Wien 1843

Verzeichniss der zur allgemeinen deutschen Industrie-Ausstellung in Mainz eingelieferten Gegenstände. Erste Abtheilung, Mainz 1842

Viebahn, Georg von/Schubarth, Ernst Ludwig, Amtlicher Bericht über die Allgemeine Pariser Ausstellung von Erzeugnissen der Landwirthschaft, des Gewerbefleißes und der schönen Kunst im Jahre 1855, Berlin 1856

Wiener Weltausstellung, Amtlicher Katalog der Ausstellung des Deutschen Reiches, Berlin 1873

Zweig, Marianne (Hrsg.), Zweites Rokoko. Innenräume und Hausrat in Wien um 1830–1860, Wien 1924

Verkaufskataloge der Gebrüder Thonet:

Gebrüder Thonet, Wien 1879 (vmtl.)

Gebrüder Thonet, Lawn-Tennis, Wien 1901

Gebrüder Thonet, Wien September 1904, I. Supplement September 1905

Gebrüder Thonet, Wintersport, Wien 1904/05

Estratto del Catalogo Generale, 1909 und 1911

Gebrüder Thonet, Wien 1911, Supplement 1915

Gebrüder Thonet, Gartenmöbel, Wien 1912

Thonet frères, Modèles en stock a Lyon 1914

Gebrüder Thonet, Theater Möbel, Einrichtungsgegenstände für Theater- Konzert- Sitzungs- und Hörsaele & Musikzimmer, Wien, o. J.

16.6.2. Zeitgenössische Mitteilungsblätter, Zeitschriften und Zeitungen

Deutsch

Abendblatt des Pester Lloyd, Nr. 93, 23. April 1872

Abendblatt der Wiener Zeitung, Nr. 28, 4. Februar 1856

Allgemeine land- und forstwirthschaftliche Zeitung, Nr. 17, Wien, 26. April 1867

Allgemeine Preußische Staats-Zeitung, 1stes Stück, Berlin, den 2ten Januar 1819

Allgemeine Sport-Zeitung, 29. Oktober 1898

Bayerischer Kurier, Nr. 69, 11. März 1963, Nr. 287, 15. Oktober 1878, Nr. 343, 10. Dezember 1878

Beiblatt zum Kladderadatsch, Nr. 17, Berlin, 14. April 1872

Beilage des Neuen Fremdenblattes, Nr. 50, 20. Februar 1872

Bopparder Zeitung, 21. August 1878, 2. Februar, 1884

Coblenzer Anzeiger, 18. Januar 1822, 8. Februar 1822, Jahrgang 1842, Nr. 70, 71, und 72, 11. September 1851

Das finanzielle Tagblatt, Die Reporter, Zeitung für Finanzwesen und Volkswirthschaft, Nr. 262, 15. November 1874

Das Vaterland, Nr. 82, 9. April 1862

Der Morgen, Wiener Montagblatt, Nr. 30, 26. Juli 1920

Der Österreichische Volkswirt, 18. Dezember, 1926, 14. Juli 1928, 4. Mai 1929, 19. September 1931, 14. Oktober 1933, 18. Juli 1936, 19. Dezember 1936, 26. Februar 1938

Der Praktische Landwirth, Nr. 7, 18. Februar 1874

Der Zwischen-Akt, Nr. 265, 4. Oktober 1861

Deutsche Blätter, Literarisch politische Feuilleton Beilage zur Gartenlaube, Nr. 1, 1870

Deutsches Volksblatt, Nr. 3528, 28. Oktober 1898

Deutsches Volksblatt für Mähren, Nr. 24, 12. Juni 1874, Nr. 43, 25. Oktober 1873, 12. Juni 1874

Die Börse, Wien, Nr. 2, 13. Januar 1921, Nr. 42, 15. Oktober 1925, Nr. 26, 28. Juni 1934, Nr. 25, 20. Juni 1935, Nr. 29, 22. Juli 1937

Die Debatte und Wiener Lloyd, Nr. 128, 11. Mai 1867

Die Grenzboten, Zeitschrift für Politik, Literatur und Kunst, Heft 4, 1845

Die Neue Zeit, Nr. 225, 30. September 1860, Nr. 56, 9. März 1871, Nr. 30, 6. Februar 1873

Die Presse, Nr. 109, 11. Mai 1854, Nr. 206, 7. September 1855, Nr. 63, 4. März, 1871, Nr. 164, 16. Juni 1872, Nr. 211, 4. August 1878

Donau-Zeitung, Nr. 89, 15. April 1869

Düsseldorfer Journal und Kreis-Blatt, Nr. 13, 15. Januar 1851

Fremden-Blatt, 23., 26., 29. April, 4., 7. Mai, 25., 27., 30. November 1853, 14. Mai 1872, 28. Mai 1873, 22. Juni 1875

Gemeinde-Zeitung, Wien, 26. Februar 1867

Gleichheit. Sozial-demokratisches Wochenblatt, 1. Dezember 1888

Gmundner Wochenblatt, Nr. 23, 4. Juni 1867

Illustrirte Zeitung, Nr. 1145, Leipzig, 10. Juni 1865

Illustrirtes Wiener Extrablatt, Nr. 302, 1. November 1878, 27. Dezember 1902

Innsbrucker Nachrichten, Nr. 217, 22. September 1873, Nr. 289, 18. Dezember 1876

Internationale Ausstellungs-Zeitung, (vormals: »Wiener Weltausstellungs-Zeitung«), Wien, 3. Juli 1875.

Kladderadatsch, Nr. 1, 7. Januar 1866, Nr. 16, 7. April 1867

Klagenfurter Zeitung, 26. Juli 1856, 17. April 1873

Kreisblatt für den Kreis Frankenberg, 23. Februar 1889, 3. Februar 1890, 19. Mai 1890

Kurier für Niederbayern: Tagblatt aus Landshut, Nr. 334, 7. Dezember 1862

Linzer Volksblatt, Nr. 30, 6. Februar 1873

Linzer Zeitung, Nr. 151, 23. September 1842

Local-Anzeiger der »Presse«, Beilage zu Nr. 231, 22. August 1873, Nr. 211, 4. August 1878

Mährischer Correspondent, 14. Mai 1862, 1. Juli 1862

Mährisch-Schlesischer Correspondent, Nr. 192, 25. August 1887

Münchener Nachrichten, Nr. 143, 23. Mai 1875

Münchener Tages-Anzeiger, Nr. 308, 4. November 1859

Nationalzeitung, Abend-Ausgabe, Berlin, Nr. 68, 10. Februar 1864

Nationalzeitung, Berlin, Nr. 426, 13. September 1862, Nr. 161, 5. April 1865

Neue Freie Presse, 18. Juli 1871, 22. Februar 1872, 9. Juni 1876, 2. März 1879, 1. August 1879, 1. November 1888, 30. April 1892, 26. Juni 1920, 3. Juli 1920, 4. Juli 1920, 10. November 1920, 20. Januar 1921

Neue Freie Presse, Morgenblatt, Nr. 4281, 27. Juli 1876

Neues Fremden-Blatt, Nr. 188, 10. Juli 1873

Neues Wiener Tagblatt, Nr. 231, 23. August 1887, 1. und 18. Juni 1921, Nr. 361, 31. Dezember 1940
Nürnberger Zeitung, Nr. 124, 4. Mai 1842
Oesterreichische Illustrirte Zeitung, Nr. 73, 15. November 1852
Österreichische Möbelzeitung, Nr. 3, März 1932
Österreichisches Morgenblatt, Nr. 146, 5. Dezember 1842
Passauer Zeitung, Nr. 278, 8. Oktober 1864
Pester Llyod, Nr. 85, 13. April 1869, Nr. 100, 30. April 1869
Pest-Ofner Localblatt, Nr. 89, 19. April 1855
Prager Abendblatt, Nr. 292, 10. Dezember 1873, Nr. 302, 22. Dezember 1873
Regensburger Zeitung, Nr. 124, 6. Mai 1842
Salzburger Zeitung, Nr. 211, 16. September 1865, Nr. 258, 11. November 1865
Staats- und gelehrte Zeitung des Hamburgischen unpartheyischen Correspondenten, 17. Juli 1863
Tages-Post, Linz, Nr. 103, 4. Mai 1873, Nr. 59, 12. März 1876
Tagespost, Morgenblatt, Graz, Nr. 147, 29. Juni 1876
The Times of India, 10th December 1883
Vereinigte Laibacher Zeitung, Nr. 192, 21. August 1856
Volks-Zeitung, 30. Oktober 1921
Waldheim's Illustrirte Zeitung, Nr. 16, 19. April 1862
Wiener Geschäftszeitung, Nr. 153, 8. Juli 1869
Wiener Zeitung, Nr. 52, 2. März 1853, Nr. 210, 3. September 1853, Nr. 261, 21. September 1843, Nr. 167, 20. Juli 1856, Nr. 7, 10. Januar 1858, Nr. 228, 28. September 1860, Nr. 11, 15. Jänner 1862, Nr. 247, 25. Oktober 1862, Nr. 119, 20. Mai 1866, Nr. 75, 29. März 1867, Nr. 10, 12. Jänner 1868, Nr. 234, 29. September 1870, Nr. 30, 6. Februar 1873, Nr. 71, 28. März 1874, Nr. 92, 23. April 1875, Nr. 14, 18. Januar 1879, Nr. 283, 10. Dezember 1882, Nr. 251, 30. Oktober 1888
Wiener Zuschauer, Zeitschrift für Gebildete, Nr. 188, 16. Dezember 1848
Wochenschrift des österreichischen Ingenieur- und Architekten-Vereins, Wien 1877
Zeitschrift des Niederösterreichischen Gewerb-Vereins, Nr. 35, Wien 1850
Zweibrücker Zeitung, Nr. 239, 13. Oktober 1875

Englisch

Atlas, 18th July bis 3th October 1863
Birmingham Journal, 3rd November 1860
Cheltenham Examiner, 14th December 1870
Denton and Haughton Examiner, 30th June 1883, 26th April 1884, 10th January 1885
Dorset County Chronicle, 7th February 1884
East London Observer, 25th July bis 22nd December 1863
Hampstead & Highgate Express, 31st March 1883
Holborn and Finsbury Guardian, 24th March 1916
Huddersfield Daily Examiner, 4th February 1884
Illustrated Times, 15th November 1862
John Bull, 29th September 1866, 21st September 1867, 25th January 1868, 8th February 1868, 31st July 1915
Lady's Newspaper and Pictorial Time, 1863, 1862

Liverpool Journal of Commerce, 25th August 1890
London Daily Chronicle, 22nd March 1882
Manchester Evening News, 14th January 1890, 3rd January 1890, 14th August 1897, 18th November 1897
Morning Post, 1st December 1863
Shipping & Mercantile Gazette, 29th December 1883
St James's Gazette, 22nd March 1882
The Daily News (London), 21st January 1864, 2nd February 1864, 31st March 1880, 4th February 1884
The Echo (London), 2nd January 1873, 29th July 1880 bis 25th January 1881
The Furniture Gazette, An illustrated monthly Journal, Volume XXIV.-New Series, January-December, 1886, Supplements
The Graphic, 19th July bis 8th November 1873, 2nd February 1878 bis 24th September 1881
The Illustrated London News, 1st November 1862
The Illustrated Sporting & Dramatic News, 23rd December 1893
The London Gazette, September 4th 1860
The Munster News, 19th February 1887
The Newcastle Daily Chronicle, 7th June 1887
The Queen, 13th May 1865
The Railway News, 2nd January bis 27th August 1864
The Standard (London), 11th February 1864, 24th October 1873, 17th August 1874, 1st May 1878
The Weekly Chronicle, 17th October 1863
The Wellington Journal and Shrewsbury News, 15th October 1892

Slowakisch

Gardista, 5. März 1943
Ľudový denník, 20. Oktober, 1935, 1. März 1936
Obzor Noviny, 15. Februar 1873
Robotnícke Noviny, 1. November 1930

16.7. Internetquellen (Zugriff: 10.08.2025)

https://archive.org
https://finanzbildung.oenb.at
https//www.biographien.ac.at
https://www.wien.gv.at
https://portal.nacr.cz
https://www.mza.cz
https://ags.cuzk.gov.cz
http://www.sehepunkte.de
https://www.deutsche-biographie.de
https://www.dilibri.de

https://www.archive.nrw.de
https://egykor.hu
https://bparchiv.hu
www.zvjs.sk
https://slovakiana.sk
https://www.ieg-ego.eu
https://maps.arcanum.com
https://www.measuringworth.com
https://www.myheritage.com
https://upload.wikimedia.org
https://www.freelibrary.org
https://www.moma.org
https://www.gesis.org
http://www.oberegger2.org
https://www.familysearch.org

16.8. Literatur

Bähr, Johannes, Werner von Siemens 1816–1892, Eine Biografie, München 2016

Baier, Alfred, »Single factory town« Berndorf/NÖ, 1843–1938, Diplomarbeit, Wien 2011

Bang, Ole, Thonet, Geschichte eines Stuhls, Stuttgart 1979

Bangert, Albrecht, Thonet Möbel, Die Geschichte einer großen Erfindung, Stuttgart 1979

Bangert, Albrecht/Ellenberg, Peter, Thonet Möbel. Bugholz-Klassiker von 1830–1930, München 1993

Benkö, Claudia, Der österreichische Eisenbahnbau von 1825 bis 1860 am Beispiel der Budweis/České Budějovice-Linz-Gmundner Pferdeeisenbahn, der Kaiser Ferdinands-Nordbahn, der Südbahn sowie der Kaiserin Elisabeth-Bahn (Westbahn), Graz 2015

Berghoff, Hartmut, Moderne Unternehmensgeschichte. Eine themen- und theorieorientierte Einführung, Berlin 2016

Berghoff, Hartmut, Zwischen Kleinstadt und Weltmarkt. Hohner und die Harmonika. 1857–1961: Unternehmensgeschichte als Gesellschaftsgeschichte, Paderborn 1997

Berghoff, Hartmut/Grieger, Manfred, Die Geschichte des Hauses Bahlsen: Keks-Krieg-Konsum, 1911–1974, Göttingen 2024

Berghoff, Hartmut/Vogel, Jakob (Hrsg.), Wirtschaftsgeschichte als Kulturgeschichte, Dimensionen eines Perspektivenwechsels, Frankfurt/New York 2004

Bethnal Green Museum, Bentwood Furniture. The Work of Michael Thonet, Bethnal Green 1968

Bled, Jean Paul, Wien. Residenz-Metropole-Hauptstadt, Wien/Köln/Weimar 2002

Bott, Gerhard (Hrsg.), Sitzgelegenheiten, Bugholz- und Stahlrohrmöbel von Thonet, Ausstellungskatalog des GNM Nürnberg, Nürnberg 1989

Buchwald, Hans, Form from process, The Thonet chair. The Carpenter Center for the Visual Arts, Harvard University, Cambridge, MA 1967

Csendes, Peter/Opll, Ferdinand (Hrsg.), Wien-Geschichte einer Stadt, Bd. 3, Wien 2006

Czeike, Felix, Historisches Lexikon Wien, Bd. 1, Wien 2004

Daunton, Martin J., Progress and Poverty: An Economic and Social History of Britain 1700–1850, Oxford University Press, New York 1995

Dreyfuss, Henry, Thonet 19th Century Bentwood Furniture, (UCLA, Art Galleries), September 18–October 15, 1961, Los Angeles 1961

Eigner, Peter/Helige, Andrea (Hrsg.), Österreichische Wirtschafts- und Sozialgeschichte im 19. und 20. Jahrhundert, Wien 1999

Fahrmeir, Andreas, Revolutionen und Reformen, Europa 1789–1850, München 2010

Formánek, Michael, Intarsienparkett in Bugholztechnik, Akademie der bildenden Künste, Wien 2009

Fünderich, Maren-Sophie, Wohnen im Kaiserreich, Einrichtungsstil und Möbeldesign im Kontext bürgerlicher Selbstrepräsentation, Berlin 2019

Fünderich, Maren-Sophie, Bürgerlichkeit als kulturelle Praxis. Die Selbstrepräsentation des Bürgertums und die Anfänge der Serienmöbelfertigung am Beispiel der bürgerlichen Stadtwohnung im Kaiserreich, Magisterarbeit, Universität Frankfurt, Historisches Seminar 2015

Gaillard, Karin (Hrsg.), Buigen, zien en zitten - designklassiekers van Thonet, Zwolle 1998

Gebrüder Thonet AG (Hrsg.), 100 Jahre Thonet Frankenberg 1889–1989, Festschrift, Frankenberg 1989

Gebrüder Thonet AG (Hrsg.), Das Haus Thonet, Frankenberg/Eder 1969, Entwurf und Zusammenstellung Karl Mang

Giedion, Sigfried, Die Herrschaft der Mechanisierung, Ein Beitrag zur anonymen Geschichte, Frankfurt 1982, S. 535; Original veröffentlicht unter dem Titel: Mechanization Takes Command, Oxford University Press, 1948

Good, David F., Der wirtschaftliche Aufstieg des Habsburgerreiches 1750–1914, (Forschungen zur Geschichte des Donauraumes, Bd. 7), Wien/Köln/Graz 1986

Großbölting, Thomas, »Im Reich der Arbeit«, Die Repräsentation gesellschaftlicher Ordnung in den deutschen Industrie- und Gewerbeausstellungen 1790–1914, (Ordnungssysteme, Studien zur Ideengeschichte der Neuzeit, Bd. 21), Beyrau/Doering-Manteuffel/Raphael (Hrsg.), München 2008

Hackenschmidt, Sebastian/Thillmann, Wolfgang, Bugholz vielschichtig, Thonet und das moderne Möbeldesign, Wien 2020

Heggen, Alfred, Erfindungsschutz und Industrialisierung in Preußen 1793–1877, (Studien zu Naturwissenschaft, Technik und Wirtschaft im Neunzehnten Jahrhundert, Bd. 5), Göttingen 1975

Heller, Herrman, Von der kleinen Tischlerwerkstätte zum Weltindustriehaus. Michael Thonet, der Erfinder und Begründer der Bugholzmöbel-Industrie. Lebens- und Charakterbild, Brünn 1920

Hellwag, Fritz, Die Geschichte des deutschen Tischlerhandwerks, Berlin 1924

Hoyer, Eva Maria (Hrsg.), Sitzen-Liegen-Schaukeln, Möbel von Thonet, Grassi Museum für angewandte Kunst, Leipzig 2014

Huey, Michael C. M., Peter Hubert Desvignes und die Neo-Rokoko-Gestaltung des Stadtpalais Liechtenstein 1837–1849, Wien 1999

Jäger, Georg (Hrsg.), Geschichte des deutschen Buchhandels im 19. und 20. Jahrhundert, (Das Kaiserreich 1870–1918, Bd. 1, Teil 1), Frankfurt/M. 2001

James, Harold, Schockmomente, Eine Weltgeschichte von Inflation und Globalisierung 1850 bis heute, Freiburg 2022

Kähne, Heinz, Die Thonets in Boppard, Erfurt 2008

Kann, Robert A., Geschichte des Habsburgerreiches 1526 bis 1918, (Forschungen zur Geschichte des Donauraumes, Bd. 4), Wien/Köln/Weimar ³1993

Klein, Geschichte von Boppard, Boppard 1909

Kleinschmidt, Christian/Logemann, Jan (Hrsg.), Konsum im 19. und 20. Jahrhundert, (Boldorf, Marcel/Kleinschmidt, Christian (Hrsg.), Handbücher zur Wirtschaftsgeschichte, Bd. 2), Berlin/Boston 2021

Kluge, Arnd, Die Zünfte, Stuttgart 2007

Kocka, Jürgen, Unternehmensverwaltung und Angestelltenschaft am Beispiel Siemens 1847–1914, Stuttgart 1969

Komlos, John, Die Habsburgermonarchie als Zollunion, Die Wirtschaftsentwicklung Österreich-Ungarns im 19. Jahrhundert, Wien 1986

Korn, Oliver, Hanseatische Gewerbeausstellungen im 19. Jahrhundert, Republikanische Selbstdarstellung, regionale Wirtschaftsförderung und bürgerliches Vergnügen, Opladen 1999

Kos, Wolfgang/Gleis, Ralph (Hrsg.), Experiment Metropole, 1873: Wien und die Weltausstellung, Wien 2014

Krammer, Marion/Nierhaus, Andreas/Szeless, Margarethe, Das Wiener Zinshaus, Bauen für die Metropole, Salzburg/Wien 2023

Krebs, Peter Per, Die Stellung der Handwerkerswitwe in der Zunft vom Spätmittelalter bis zum 18. Jahrhundert, Regensburg 1974

Kris, Ernst/Kurz, Otto, Die Legende vom Künstler, Ein geschichtlicher Versuch, Frankfurt, [7]2018, (Erstausgabe Wien 1934)

Krutisch Petra, Aus aller Herren Länder, Weltausstellungen seit 1851, (Kulturgeschichtliche Spaziergänge im Germanischen Nationalmuseum, Bd. 4), Nürnberg 2001

Kunkel, Klaus, Vom Hofbericht zur Pop-Broschüre, Über Firmenschriften, Unternehmerbiographien und Selbstdarstellungen, Köln 1971

Kurz, Melanie/Schwer, Thilo, Geschichte des Designs, München 2022

Lara, Natascha/Thillmann, Wolfgang, Bugholzmöbel in Südamerika - Muebles de Madera Curvada en Sudamérica - Bent-Wood Furniture in South America, La Paz 2008

Mang, Karl, Bugholzmöbel-Das Werk Michael Thonets. Ein Wiener Sessel erobert die Welt, Frankenberg 1982, o. S.

Mang, Karl, Thonet Bugholzmöbel, Von der handwerklichen Fertigung zur industriellen Produktion, Wien 1982

Mang, Karl (für das Österreichische Bauzentrum), Bugholzmöbel, das Werk Michael Thonets, Wien 1965

Mende, Jan, Die Tonwarenfabrik Tobias Chr. Feilner in Berlin. Kunst und Industrie im Zeitalter Schinkels (Kunstwissenschaftliche Studien 178), München 2014

Mißling, Heinz E., Boppard, Geschichte einer Stadt am Mittelrhein, Zweiter Band, Boppard 1994

Möller, Werner/Máčel, Otakar, Ein Stuhl macht Geschichte, München 1992

Nollert, Angelika (Hrsg.), Thonet & Design, München 2019

Ontko, Miroslav, Vplyv Thonetovcov na sociálne, ekonomické a kultúrne pomery vo Veľkých Uherciach, Veľké Uherce 2019

Ostergaard, Derek E. (Hrsg.), Bent Wood and Metal Furniture: 1850–1946, New York 1987

Ottillinger, Eva B. (Hrsg.), Gebrüder Thonet, Möbel aus gebogenem Holz, Wien/Köln/Weimar 2003

Ottomeyer, Hans (Hrsg.), Biedermeiers Glück und Ende… die gestörte Idylle 1815–1848, München 1987

Plumpe, Werner, Das kalte Herz, Kapitalismus: Geschichte einer andauernden Revolution, Berlin [2]2021

Rabl, Maria, Die Privilegiensammlung des Österreichischen Patentamtes. Ein Beitrag zum UNESCO-Weltdokumentenerbe?, Wien 2008

Rehm, Robin/Wagner, Christoph (Hrsg.), Designpatente der Moderne 1840–1970, Berlin 2019

Resch, Andreas, Industriekartelle in Österreich vor dem Ersten Weltkrieg, Marktstrukturen, Organisationstendenzen und Wirtschaftsentwicklung von 1900 bis 1913, (Schriften zur Wirtschafts- und Sozialgeschichte 74), Berlin 2002

Sandgruber, Roman, Die Anfänge der Konsumgesellschaft, Konsumgüterverbrauch, Lebensstandard und Alltagskultur in Österreich im 18. und 19. Jahrhundert, (Sozial- und wirtschaftshistorische Studien Bd. 15), München 1982

Schneider, Adolf T., Genealogische und andere Informationen zur Familie van Meerten, unpubl. Manuskript, Vallendar 2021

Selle, Gert, Geschichte des Designs in Deutschland, Frankfurt 2007

Siemann, Wolfram, Metternich, Stratege und Visionär, München 2016

Šimoníková, Jaromíra, D. G. Fischel Söhne, Der Katalog von 1915, München 1992

Šimoníková, Jaromíra, Möbel aus Bystřice pod Hostýnem, TON-Bugholzmöbelfabriken, Bystřice pod Hostýnem 1992

Suppanz, Christian, Die österreichische Inflation 1918–1922, Forschungsbericht/Research Memorandum No. 111, Wien 1976

Talos, Emmerich, Staatliche Sozialpolitik in Österreich, Rekonstruktion und Analyse. (Österreichische Texte zur Gesellschaftskritik B. 5), Wien 1981

Thillmann, Wolfgang, Schichten, Möbeldesign vom Klassizismus bis zur Moderne, München 2018

Thillmann, Wolfgang, Perfektes Design, Thonet Nr. 14, Bielefeld/Berlin 2015

Thillmann, Wolfgang/Willscheid, Bernd (Hrsg.), MöbelDesign. Roentgen, Thonet und die Moderne, Neuwied 2011

Tremel, Ferdinand, Wirtschafts- und Sozialgeschichte Österreichs. Von den Anfängen bis 1955, Wien 1969

Uhlár, Vlado, Velké Uherce, 1274–1974, Vlastivedné múzeum Topoľčany 1980

Uhlíř, Jiří, Michael Thonet. Rodina a Firma, Praha 2021

Uhlíř, Jiří, Vom Wiener Stuhl zum Architektenmöbel, Wien 2009

Vegesack, Alexander von (Hrsg.), Thonet, Pionier des Industriedesigns, 1830–1900, Weil am Rhein 1994

Vegesack, Alexander von, Das Thonet Buch, München 1987

Weigl, Andreas, Von der Existenzsicherung zur Wohlstandsgesellschaft. Überlebensbedingungen und Lebenschancen in Wien und Niederösterreich von der Mitte des 19. Jahrhunderts bis zur Gegenwart, Wien/Köln/Weimar 2020

Wilk, Christopher, Thonet: 150 years of furniture, New York 1980

Wrigley, Edward A., Energy and the English Industrial Revolution, Cambridge 2010

Zander, Christian F., Das Tischlerhandwerk in Deutschland (1350 – 1870), Schürze, Elle, Ehrbarkeit: Zur Geschichte einer belächelten Elite, Hamburg 2013

Zinnkann, Heidrun, Mainzer Möbelschreiner der ersten Hälfte des 19. Jahrhunderts, Frankfurt 1985

16.8.1. Aufsätze in Büchern und Zeitschriften

Baletka, Ladislav, Das Holz als Phänomen der Industrialisierung Ostmährens, in: Bott, Gerhard (Hrsg.), Sitzgelegenheiten, Bugholz- und Stahlrohrmöbel von Thonet, Ausstellungskatalog des GNM Nürnberg, Nürnberg 1989, S. 111–118

Banken, Ralf/Kleinschmidt, Christian/Logemann, Jan, Absatz und Reklame: Die Anfänge von modernem Einzelhandel und die Werbung bis zum Ersten Weltkrieg, in: Kleinschmidt, Christian/Logemann, Jan (Hrsg.), Konsum im 19. und 20. Jahrhundert, (Boldorf, Marcel/Kleinschmidt, Christian (Hrsg.), Handbücher zur Wirtschaftsgeschichte, Bd. 2), Berlin/Boston 2021, S. 192–207

Beer, Christian/Gnan, Ernest/Valderrama, Maria Teresa, Die wechselvolle Geschichte der Inflation in Österreich, in: Monetary Policy & the Economy (Quarterly Review of Economic Policy), Österreichische Nationalbank, Wien 2016, S. 6–35

Bešše, Ondrej, Továreň na výrobu nábytku z ohýbaného dreva vo Veľkých Uherciach, (Die Fabrik für die Herstellung von Möbeln aus gebogenem Holz in Veľké Uherce), in: Osveta, Martin, Horná Nitra: Vlastivedný zborník. IX., o. O, o. S. 1980

Beutler, Christian, Weltausstellungen im 19.Jahrhundert, in: ders., Weltausstellungen im 19. Jahrhundert, München 1973, S. III–X

Buchmann, Bertrand Michael, Die Epoche vom Ende des 18. Jahrhunderts bis um 1860, Wirtschaft und Finanzen, in: Csendes, Peter/Opll, Ferdinand (Hrsg.), Wien-Geschichte einer Stadt, Bd.3, Wien 2006, S. 129–48

Bücher, Karl, Das Gesetz der Massenproduktion, in: Zeitschrift für die gesamte Staatswissenschaft, Bd. 66 (1910), Heft 3, S. 429–444

Cantacuzino, Şerban, Thonet furniture, in: The Architectural Review 1968, Vol. 144, S. 281–286

Doležalová, Antonie, Zwischen Autarkie, Emanzipation und Diskriminierung: Die Nostrifizierung in der Tschechoslowakei nach 1918, in: Bohemia. Zeitschrift für Geschichte und Kultur der böhmischen Länder, Bohemia 53 (2013), 1, München 2013, S. 46–933

Ellenberg, Peter, Von der Schreiner-Manufaktur zur Möbelfabrik, in: Nollert, Angelika (Hrsg.), Thonet & Design, München 2019, S. 68–73

Fahrmeir, Andreas, Rezension von: E. A. Wrigley: Energy and the English Industrial Revolution, Cambridge: Cambridge University Press 2010, in: sehepunkte 11 (2011), Nr. 2 [15.02.2011], http://www.sehepunkte.de/2011/02/18156.html (Zugriff: 10.08.2025)

Formánek, Michael/Kopp, Peter/Baatz, Wolfgang/Czernin, Albrecht, Intarsienparkett in Bugholztechnik: Die Fußböden von Michael Thonet im Stadtpalais Liechtenstein in Wien, in: Österreichische Sektion des IIC (Hrsg.), Holzobjekte und Holzoberflächen, Klosterneuburg 2010

Fünderich, Maren-Sophie, Perfektion in Technik und Form. Unternehmensstrategien in der Möbelfertigung zwischen 1750 und 1914, in: Burhop, Carsten/Kleinschmidt, Christian/Hesse, Jan-Otmar (Hrsg.), Zeitschrift für Unternehmensgeschichte: Journal of Business History 68 (2023), H.1, S. 37–62

Geppert, Alexander C. T., Weltausstellungen, in: Europäische Geschichte Online (EGO), (2013-06-20) hrsg. vom Leibniz-Institut für Europäische Geschichte (IEG), Mainz

Geppert, Alexander C. T., Die normative Kraft des Flüchtigen: Exponierungen des Globalen in der Welt der Weltausstellungen, 1851–1900, in: Bergermann, Ulrike/Otto, Isabell/Schabacher, Gabriele (Hrsg.), Das Planetarische: Kultur-Technik-Medien im postglobalen Zeitalter. München 2010, S. 81–96

Großbölting, Thomas, Die Ordnung der Wirtschaft, Kulturelle Repräsentation in den deutschen Industrie- und Gewerbeausstellungen des 19. Jahrhunderts, in: Berghof, Hartmut/Vogel, Jakob (Hrsg.), Wirtschaftsgeschichte als Kulturgeschichte, Dimensionen eines Perspektivenwechsels, Frankfurt/New York 2004, S. 377–404

Hackenschmidt, Sebastian/Thillmann, Wolfgang, Angeblich Loos, angeblich Hoffmann, Anmerkungen zu den Bugholzmöbeln der Wiener Moderne, in: Großmann, Ulrich/Heß, Daniel (Hrsg.), Anzeiger des Germanischen Nationalmuseums 2017, Nürnberg 2024, S. 131–158

Hilt, Carl, Wohlfahrtseinrichtungen der Vereinigungs-Gesellschaft für Steinkohlenbau im Wurm-Revier, in: Hitze, Franz (Hrsg.), Arbeiterwohl, Organ des Verbandes Katholischer Industrieller und Arbeiterfreunde, Siebenter Jahrgang, Viertes und fünftes Heft, Köln 1887, S. 85–98

Jellinek, Stefan, Michael Thonet, der Begründer der Bugholzmöbelindustrie, in: Matschoss, Conrad (Hrsg.) Beiträge zur Geschichte der Technik und Industrie, 21. Bd., Berlin 1931, 1932, S. 143–147

John, Michael, Land in Veränderung: Oberösterreich zur Zeit der Industrialisierung, in: Mitteilungen des Oberösterreichischen Landesarchivs, 16. Band, Linz 1990, S. 313–348

Kämpchen, Paul L., Die Thonets in Boppard, in: Schule und Leben, gestern, heute, morgen, Kultur- und heimatkundliches Jahrbuch für die ehemaligen Schülerinnen und Freunde von St. Carolus, Boppard/Rhein, Jahrgang 66/1985, o. O., S. 158–162

Kämpchen, Paul L., Michael Thonet (1796–1871). Ein rheinischer Schreinermeister wird in Österreich weltberühmt, in: Rheinische Heimatpflege, 21. (1984) Nr. 2, o. O. 1984, S. 96–104

Keil, Robert, The social and cultural context of bent wood and metal furniture, in: Ostergaard, Derek E. (Hrsg.), Bent Wood and Metal Furniture: 1850–1946, New York 1987, S. 175–195

Kernbauer, Hans/März, Eduard, Das Wirtschaftswachstum in Deutschland und Österreich von der Mitte des 19. Jahrhunderts bis zum Ersten Weltkrieg: eine vergleichende Darstellung, in: Schröder, Wilhelm H./Jarausch, Konrad H. (Hrsg.), Historische Konjunkturforschung (Historisch-sozialwissenschaftliche Forschungen, Bd. 11), Stuttgart 1980, S. 47–59

Kleinschmidt, Christian, Von der exklusiven zur inklusiven Konsumgesellschaft. ›Industrious Revolution‹ und Anfänge des Massenkonsums (1770–1918), in: Kleinschmidt, Christian/Logemann, Jan (Hrsg.), Konsum im 19. und 20. Jahrhundert, (Boldorf, Marcel/Kleinschmidt, Christian (Hrsg.), Handbücher zur Wirtschaftsgeschichte, Bd. 2), Berlin/Boston 2021, S. 11–56

König, Wolfgang, Maschinisierung, Massenproduktion, Rationalisierung. Zur Produktentstehung im 19. Jahrhundert, in: Kleinschmidt, Christian/Logemann, Jan (Hrsg.), Konsum im 19. und 20. Jahrhundert, (Boldorf, Marcel/Kleinschmidt, Christian (Hrsg.), Handbücher zur Wirtschaftsgeschichte, Bd. 2), Berlin/Boston 2021, S. 165–190

Kyriazidou, Ekaterini/Pesendorfer, Martin, Viennese Chairs: A Case Study for Modern Industrialization, in: The Journal of Economic History, Volume 59, Issue 1, March 1999, S. 143–166

Lackner, Helmut, Das Fabriksprodukten-Kabinett, das polytechnische Institut und die Anfänge der Industrialisierung in der österreichischen Monarchie, in: Lackner, Helmut/Werner, Thomas (Hrsg.), Das k. k. Nationalfabriksproduktenkabinett: Technik und Design des Biedermeier, München/New York/Technisches Museum Wien 1995, S. 44–65

Lahr, Reinhard, Familie und Werkstatt Thonet bis 1842, Ihre Stellung im Bopparder Wirtschafts- und Geschäftsleben, in: Löber, Ulrich (Hrsg.), Thonet. Biegen oder Brechen, Koblenz 1996, 20–33

Lang, Helmut, »Die Gelder gehen schlecht ein …«, Briefe und Akten zur Geschichte der Thonets in Wien, 1842–1859, in: Löber, Ulrich (Hrsg.), Thonet. Biegen oder Brechen, Koblenz 1996, S. 82–87

Lang, Helmut, Auch im Kampf gegen die Konkurrenz Thonets Motto: Biegen oder Brechen, in: Das wilde Biedermeier. 1800–1848, (Parnass 4, Sonderheft 1987), S. 56–65

Matis, Herbert, Die Habsburgermonarchie (Cisleithanien) 1848–1918, in: Fischer, Wolfram/van Houtte, Jan/Kellenbenz, Hermann/Mieck, Ilja/Vittinghoff, Friedrich (Hrsg.), Europäische Wirtschafts- und Sozialgeschichte von der Mitte des 19. Jahrhunderts bis zum Ersten Weltkrieg (Handbuch der europäischen Wirtschafts- und Sozialgeschichte, Bd. 5), Stuttgart 1985, S. 474–511

Nentjes, Andries, Metternich, the man who made Thonet, in: Backhaus, Jürgen/Chaloupek, Günther/ Frambach, Hans (Hrsg.), The Congress of Vienna in contemporary economic and political literature and in historiography, Marburg 2016, S. 239–258

Otruba, Gustav, Entstehung und soziale Entwicklung der Arbeiterschaft und der Angestellten bis zum Ersten Weltkrieg, in: Zöllner, Erich (Hrsg.), Österreichs Sozialstrukturen in historischer Sicht, Wien 1980, S. 123–154

Ottillinger, Eva B., Thonet-eine illustrierte Familienchronik, in: Bott, Gerhard (Hrsg.), Sitzgelegenheiten, Bugholz- und Stahlrohrmöbel von Thonet, Nürnberg 1989, S. 11–50

Puttkamer, Joachim von, Die Tschechoslowakische Bodenreform von 1919: Soziale Umgestaltung als Fundament der Republik, in: Bohemia, Zeitschrift für Geschichte und Kultur der böhmischen Länder: A Journal of History and Zivilisation in East Central Europe, Nr. 46, München 2005, S. 315–342

Rebel, Hermann, Österreich und die Entwicklung der Weltwirtschaft, John Komlos' neoklassisches Modell. Eine Kritik, in: Österreichische Zeitschrift für Geschichtswissenschaften, Nr. 1, Bd. 4, 1993, S. 44–73

Riemann-Tyroller, Xenia, Thonet in Frankenberg. Eine europäische Firmengeschichte, in: Nollert, Angelika (Hrsg.), Thonet & Design, München 2019, S. 148–155

Roscher, Wilhelm, Die Industrieausstellungen, ihre Geschichte und ihr Einfluß auf die Culturentwicklung, in: Die Gegenwart. Eine enzyklopädische Darstellung der neueren Zeitgeschichte für alle Stände, Bd. 12, Leipzig 1856, S. 470–534

Schulte Beerbühl, Margrit, Europa als Zentrum der Weltwirtschaft im langen 19. Jahrhundert, in: Häberlein, Mark/Denzel, Markus A., Handbuch globale Handelsräume und Handelsrouten, Von der Antike bis zur Gegenwart, Berlin/Boston 2024, S. 685–732

Sisa, József, Alois Pichl. Die Tätigkeit eines Wiener Architekten in Ungarn während der ersten Hälfte des 19. Jahrhunderts, in: Acta historiae artium, Academiae scientiarium Hungaricae, Akadémiai kiadó, Budapest 1982, S. 67–116, Schloss Nagyugrócz, S. 98–106

Steinfeld, Manfred, Thonet Industries, Inc. Die Erschließung des nordamerikanischen Marktes, in: Löber, Ulrich (Hrsg.), Thonet. Biegen oder Brechen, Koblenz 1996, S. 167–171

Stollenwerk, Alexander, Clemens Brentano in Boppard, in: Rund um Boppard, Nr. 35, Boppard 31. August 1968, o. S

Thillmann, Wolfgang, Thonet: Experiment und Innovation, 1830–1939, in: Hoyer, Eva Maria (Hrsg.), Sitzen-Liegen-Schaukeln, Möbel von Thonet, Leipzig 2014, S. 184–223

Thillmann, Wolfgang, Die Leimsiederei Michael Thonets, 1838–1841, in: Löber, Ulrich (Hrsg.), Thonet. Biegen oder Brechen, Koblenz 1996, S. 71–81

Uhlíř, Jiří, Michael Thonet, eine Kurzvita, in: Nollert, Angelika (Hrsg.), Thonet & Design, München 2019, S. 16–29

Uhlíř, Jiří, Die Fusion Thonet-Mundus. Einige genauere Daten, in: Materialien Sammelband aus dem Symposium, das zum 200. Gedenktag der Geburt Michael Thonets veranstaltet wurde. Das Bezirkslandeskundliche Museum Vsetín, 17.–18. Oktober 1996, Vsetín 1997, S. 43–54

Wachsmann, Christiane, Die Gründerzeit, in: Votteler, Arno, Wege zum modernen Möbel, Stuttgart 1989, S. 13–23

Wallis, George, The artistic, industrial and commercial results of the Universal Exhibition of 1855, in: The exhibition of Art-Industry in Paris, 1855, London 1855, S. I–XX

Welskopp, Thomas, Feine Unterschiede oder scharfe Differenzen: Klassen, Milieus und Konsum im Kapitalismus, in: Kleinschmidt, Christian/Logemann, Jan (Hrsg.), Konsum im 19. und 20. Jahrhundert, (Boldorf, Marcel/Kleinschmidt, Christian (Hrsg.), Handbücher zur Wirtschaftsgeschichte, Bd. 2), Berlin/Boston 2021, S. 59–85

Witt-Dörring, Christian, Eine Art Offenbarung. Die Neugestaltung der Innenräume des Stadtpalastes Liechtenstein (1837–1848), in: Parnass 11, 1995, S. 72–78

16.9. Währungen und Währungsbezeichnungen

Bei den Währungsbezeichnungen ist zu berücksichtigen, dass es in dem hier behandelten Zeitraum in Österreich verschiedene Währungen gab. Von 1820 bis 1858 lautete die Bezeichnung »Gulden Conventionsmünze«, (»fl.« oder »FL.«, »C.M.« oder »Conv. M.«). 1 Gulden entsprach 60 Kreuzern (»kr« oder »x«). 1858 wurde der Gulden um 5 % aufgewertet, die Währungsbezeichnung hieß »Gulden österreichischer Währung«, (»fl. ö. W.«). 1 Gulden entsprach 100 Kreuzern. Ab 1892 wurde die österreichische Krone (»K«) eingeführt, der Gulden blieb noch bis 1900 in Umlauf. Das Wechselverhältnis Gulden zu Krone entsprach 1 : 2; 1 Krone wiederum waren 100 Heller. 1924 wurde die österreichische Krone, die durch die Inflation nach dem Ersten Weltkrieg sehr stark an Wert verloren hatte, durch den Schilling (»S/öS«) ersetzt, 10.000 Kronen entsprachen 1 Schilling, 1 Schilling wiederum 100 Groschen (Gr.).

16.10. Ortsnamen

Historisch bedingt finden sich für den behandelten Zeitraum unterschiedliche nationale Schreibungen und Bezeichnungen von Orten und Städten. Um eine geographische Lokalisation zu erleichtern, ist in der folgenden Tabelle die heutige nationale der damaligen Schreibung gegenüberstellt.

Deutsch oder im Text	Tschechisch/Slowakisch	Ungarisch	Polnisch
Bielitz	Bílsko-Bělá (PL)		Bielsko-Biała
Bisenz (Bisentz)	Bzenec (CZ)		
Bistritz am Hostein	Bystřice pod Hostýnem (CZ)		
Blischitzi	Blišice (CZ)		
Bodenbach	Děčín (CZ)		
Brumov	Brumov-Bylnice (CZ)		
Butschkowitz	Bučovice (CZ)		Buczkowice

Deutsch oder im Text	**Tschechisch/Slowakisch**	**Ungarisch**	**Polnisch**
Drewohostitz	Dřevohostice (CZ)		
Drholetz	Drnholec (CZ)		
Groß Ugrotz/Ugrócz	Veľké Uherce (SK)	Nagy Ugrócz	
Gýmešské Kostolany	Kostoľany pod Tribečom (SK)	Gímeskosztolány	
Hallenkau	Halenkov (CZ)		
Hamer	Hamr (CS)		
Holleschau	Holešov CS)		
Howiessy	Hovězí (CZ)		
Hrinjova	Hriňová (SK)	Herencsvölgy	
Hullein	Hulín (CZ)		
Kaschau	Košice (SK)	Kassa	
Keltsch	Kelč (CZ)		
Klein Karlowitz	Malé Karlovice (CZ)		
Klein Ugrotz	Malé Uherce (SK)	Kisugróc	
Kolačno	Kolačno (SK)	Kalacsna	
Komarno	Komárno (CZ)		
Koritschan	Koryčany (CZ)		
Lipthal	Liptál (CZ)		
Malé Kršteňany	Malé Kršteňany (SK)	Kiskeresnye	
Malé Uherce	Malé Uherce (SK)	Kisugróc	
Michalovice	Michalovce (SK)		
Napagedl (Nepagedel)	Napajedla (CZ)		
Neu Hrosenkau	Nový Hrozenkov (CZ)		
Niemes	Mimoň (CZ)		
Nowo Radomsk			Radomsko
Oszlan(y)	Oslany (SK)	Oszlány	
Paschit	Pažiť (SK)	Pázsit	
Považská Bystrica	Považská Bystrica (SK)	Vágbeszterce	
Prowodowitz	Provodovice (CZ)		
Przemysl			Przemyśl
Radomsk			Radomsko
Rožnau	Rožnov pod Radhoštěm (CZ)		

Deutsch oder im Text	Tschechisch/Slowakisch	Ungarisch	Polnisch
Saybusch			Żywiec
Šišov	Šišov (SK)	Sissó	
Skaliska	Skalica (SK)	Szakolca	
Szkaczan	Skačany (SK)	Szkacsány	
Temesch-Slatina	Slatina-Timiş	Temesszlatina	
Teschen	Český Těšín (CZ)		Czeski Cieszyn
Topolzan	Topoľčany (SK)		
Tornocz	Trnovec nad Váhom (SK)	Tornócz	
Trentschin	Trenčín (SK)		
Ugrócz (Ugrotz)	Veľké Uherce (SK)	Nagy Ugrócz	
Valašské Meziříčí	Valašské Meziříčí (CZ)		
Vyšný Komárnik	Vyšný Komárnik (SK)		
Wschechowitz	Všechovice (CZ)		
Wsetin/Vsetin	Vsetín (CZ)		

16.11. Personenregister, Firmen und Institutionen

Aus Gründen einer besseren Orientierung und Übersichtlichkeit wird dem Personenregister auszugsweise eine kurze Genealogie der Familie Thonet vorangestellt. Alle Familienmitglieder können so den Familienstämmen eindeutig zugeordnet werden.

Vereinfachter Auszug aus dem Stammbaum der Familie Thonet
Michael Thonet, *02.07.1796 Boppard, † 03.03.1871 Wien
∞ 13.04.1820, Anna Maria Grass (auch Graß, Grahs oder Crass), *23.02.1799 Boppard, † 10.01.1862 Wien

Michael Thonets Vorfahren
Thonet, Johannes, *21.01.1730, † 10.07.1805, Großvater
Thonet, Antonius, *11.07.1695, † 1752, Urgroßvater

Michael Thonets Eltern
Thonet, Franz Anton, *31.08.1761, † 18.07.1837 Boppard
∞ Anna Margarethe, geb. Fischbach, verw. Lamesin, verw. Lukas, *1759, † 01.01.1815 Boppard

Anna Maria Grass' Eltern
Grass, Nikolaus
Grass, Catharina

Michael Thonets Geschwister
Margarethe, *23.04.1793
Sophie, *22.07.1799
Johannes, Halbbruder, † 1834

Die Kinder
Franz, *21.12.1820, † 08.01.1898, Wien
Anna Maria *18.04.1823, † 25.12.1902, Wien
Michael *30.09.1824 (auch 30.10.1824), † 25.12.1902, Wien
Margarethe *24.03.1826 (auch 12.08.1826), † 13.08.1826, Boppard
Sophia, *31.05.1827, † 16.01.1828, Boppard
August, *28.03.1829, † 16.03.1910, Arco
Josef, *29.05.1830, † 22.08.1887, Maria Enzersdorf
Gertrud, *09.12.1831, † 16.06.1832, Boppard
Gertraud, *16.03.1833, † 14.12.1848, Wien
Johannes, *15.08.1834, † 13.02.1835, Boppard
Heinrich, *27.12.1836, † 25.08.1837, Boppard
Theresia, *22.11.1839 (auch 29.11.1839), † 12.06.1840, Boppard
Jakob, *30.10.1841, † 10.11.1929, Mödling

Gebrüder Thonet

FRANZ *21.12.1820 BOPPARD, † 08.01.1898 WIEN
∞ I. Caroline (Carrie) Bovingdon *1834, † 09.07.1874 kinderlos
∞ II. Gertrude Andreae *1856, † 1942 kinderlos

MICHAEL *30.09.1824 BOPPARD, † 25.12.1902 WIEN
∞ 19.02.1860 Johanna (Jeanette) Herbert 24.05.1836 Wien, † 12.08.1915 Mödling
Emilie *19.07.1861, † 06.06.1881
Julius *23.11.1862 Koritschan, † 08.03.1939 Groß Ugrócz
∞ 07.04.1891 Caroline (Carrie) Schleier *08.05.1871
Julius, *24.06.1902, † 14.01.1953
∞ 1939, Hilda Leidenfrost *01.11.1916, gesch. 1943
Michael *30.06.1894 Wien, † 27.03.1931
Heinrich (Ricco) *09.05.1897 Wien, † 16.05.1968

AUGUST *28.03.1829 BOPPARD, † 16.03.1910 ARCO
∞ Amalie Skoupil *14.05.1838, † 03.12.1917
Carl *12.06.1860 Koritschan, † 14.12.1925
∞ 19.11.1887 Johanna von Wurmb, *19.11.1868, † 09.07.1956
Clementine *20.11.1861 Groß Ugrócz, † 29.09.1945 Krems
∞ 30.01.1883 Norbert Schmitt *03.04.1853 Rehberg bei Krems, †13.03.1913 Purkersdorf.

Theodor *11.11.1864 Bistritz, † 08.12.1932 Wsetin

∞ 09.11.1889 Rosa Thonet (Cousine)*17.10.1870 Wien, † 01.05.1945 Wien

Hugo Michael Thonet-Drechsel *22.12.1892 Wien, † 29.05.1974

Hugo *30.12.1865, † 15.10.1888 Rehberg bei Krems

JOSEF *29.05.1830 BOPPARD, † 22.08.1887 MARIA ENZERSDORF

∞ 05.05.1861 Maria Dieblich *10.04.1840 Olmütz, † 20.03.1898

Rudolf *12.02.1862 Bistritz, † 12.10.1869 Groß Ugrócz

Bertha *21.06.1863 Maria Enzersdorf, † 08.08.1923 Wien

∞ 18.06.1884 Friedrich Elsinger *18.07.1848 Wien, † 28.05.1928 Wien

Olga *21.02.1866 Groß Ugrócz, † 13.09.1866 Groß Ugrócz

Alfred *20.01.1867 Wien, † 28.12.1935 Wien

∞ 02.12.1893 Ida Wanner *15.07.1872, † 13.11.1949 Wien

Emma *16.10.1868 Wien, † 30.05.1873 Wien

Rosa *17.10.1870, † 01.05.1945 Wien

∞ 09.11.1889 Theodor Thonet (Cousin) *11.11.1864, † 08.12.1932 Wsetin

Maria (Mitzi) 12.02.1872, † 02.01.1949 Wien

∞ 03.06.1893 Alexander Fraenkel *09.11.1850, † 16.01.1941

Paula *05.02.1875 Wien, † 23.04.1945 Maria Enzersdorf

∞ 20.07.1895 Franz Schoeller *03.03.1861, † 19.07.1947

Hermine (Minka) *8.4.1876, † 22.6.1957

∞ 01.03.1905 Hermann Rieser *23.07.1871, † 18.04.1928

Josef (Joschi) *14.09.1881, † 04.06.1930

JAKOB *30.10.1841 BOPPARD, † 10.11.1929 MÖDLING

∞ 20.04.1869 Gabriele Dieblich *19.03.1849 Olmütz, † 30.04.1928 Mödling

Clara *1870 Bistritz, † 1872

Viktor *26.08.1871 Bistritz, † 06.09.1946 Oberweis

∞ 10.07.1903 Martha Scheid *03.10.1874 Wien, † 18.12.1946 Oberweis

Ottilie *24.09.1874 Bistritz, † 18.10.1875 Bistritz

Gabriele (Ella) *10.02.1878 Koritschan

∞ 20.04.1899 Robert Kreutzbruck (Namensänderung 1892: eigentl. Krätzig) von Lilienfels *09.01.1863 Olmütz, † 19.11.1939 Kitzbühel

Richard *15.12.1879 Bistritz, † 03.01.1951 Wien

∞ 21.04.1907 Friederike Schmitt *26.10.1885, † 1960

Erwin *21.07.1881 Bistritz, † 22.11.1883 Bistritz

Margarethe (Gretl) *18.07.1889

∞ 19.08.1916 Eduard Primavesi *23.10.1872 Troppau, † 16.02.1942 Mödling

Die kursiv gesetzten Seitenzahlen verweisen auf eine Nennung in den Anmerkungen

Firmen und Institutionen